*Franchising
für Dummies*

Franchising für Dummies – Schummelseite

Wo Sie Informationen über Franchisegelegenheiten erhalten können

Verzeichnisse sind der beste Ort, um Ihre Suche zu beginnen, denn sie stellen die meisten Informationen zu verfügbaren Gelegenheiten im Kleinformat zusammen.

- ✔ **Die Franchise-CD:** Diese CD ist eine wahre Fundgrube. Dort finden Sie eine umfangreiche Datenbank mit über 4000 Geschäftsideen aus ganz Europa. Außerdem werden zahlreiche Franchisekonzepte detailliert vorgestellt. Die CD erscheint einmal im Jahr und ist erhältlich bei www.fanchise-portal.de.

- ✔ **Franchise-Chancen:** Dieses Verzeichnis wird alle 2 Jahre vom Verlag für die Deutsche Wirtschaft AG herausgegeben und stellt über 500 Franchisesysteme vor. Es ist über den Deutschen Franchise-Verband e.V. zu beziehen: www.dfv-franchise.de.

- ✔ **Der Franchise Opportunities Guide:** Wird zweimal jährlich von der International Franchise Association veröffentlicht. www.franchise.org.

- ✔ **Bond's Franchise Guide:** Veröffentlicht einmal pro Jahr von Robert Bond. www.worldfranchising.com.

- ✔ **International Herald Tribune International Franchise Guide:** Veröffentlicht einmal pro Jahr von Source Book Publications. www.franchiseeintl.com.

Verschiedene Zeitschriften und Zeitungen veröffentlichen regelmäßig Abschnitte zum Thema Franchising, in denen sich Artikel und Anzeigen finden.

- ✔ **Franchise.mag:** Das zentrale deutschsprachige Franchise-Magazin. Zu beziehen unter www.franchising-network.de.

- ✔ **Franchise Guide to Switzerland:** Behandelt allgemeine Franchise-Themen sowie spezielle Angebote für die Schweiz. Zu beziehen unter guide@gtsverlag.ch.

- ✔ **Franchise-net.de:** Ist ein Online-Magazin, in dem Sie ständig aktuelle Informationen rund ums Franchising bekommen.

- ✔ **Franchise Update Magazin:** Ein Muss für Profis im Bereich Franchising. Enthält gut geschriebene Artikel über Geschäftsthemen und über Management in Franchising. www.franchise-update.com.

- ✔ **Franchise World Magazin:** Die offizielle Publikation der International Franchise Association deckt die neuesten Entwicklungen in der Franchisebranche ab. www.franchise.org.

Handelsmessen und Ausstellungen geben Ihnen die Gelegenheit, Franchisegeber persönlich zu treffen. Die International Franchise Exposition ist die größte Veranstaltung der Welt für Franchisegeber, die neue Franchisenehmer suchen. Nehmen Sie Kontakt zum Sponsor der International Franchise Association unter www.franchise.org. In Deutschland findet jährlich die Internationale Franchise-Messe in Frankfurt/Main statt: www.francise-messe.de. Durchgeführt wird sie vom Deutschen Franchise-Verband e.V., Veranstalter ist die Firma »Miller Freeman« Blenheim Heckmann GmbH, Tel. 0211/901 91-145.

Franchising für Dummies – Schummelseite

Was tun Sie, bevor Sie sich entschließen, Franchisenehmer zu werden

- ✔ Entscheiden Sie, ob Sie entweder Ihr eigenes Unternehmen gründen oder Franchisenehmer werden möchten – dies ist ein großer Unterschied.
- ✔ Stellen Sie eigene Nachforschungen an; setzen Sie keinen Franchisemakler ein.
- ✔ Bringen Sie so viel wie möglich über die verfügbaren Gelegenheiten in Erfahrung.
- ✔ Wählen Sie die richtige Branche oder Branchen für Sie aus.
- ✔ Untersuchen Sie die Gelegenheiten in jeder der von Ihnen ausgewählten Branchen.

Daves zehn Goldnuggets von Erfahrungsschätzen im Bereich Franchising

1. Seien Sie bei allem ehrlich.
2. Erstellen Sie eine Aufgabenbeschreibung für Ihr Unternehmen, und stellen Sie sicher, dass Ihre Angestellten diese kennen und umsetzen.
3. Bedenken Sie, dass *Gewinn* kein schmutziges Wort ist.
4. Kümmern Sie sich um Ihr Unternehmen, und Ihr Unternehmen wird sich um Sie kümmern.
5. Konzentrieren Sie sich auf die wichtigen Dinge.
6. Umgeben Sie sich mit den besten Leuten, die Sie finden können. Lernen Sie zu delegieren, und übertragen Sie keine Verantwortung, ohne gleichzeitig Autorität zu übertragen.
7. Fürchten Sie sich nicht davor, totes Holz aus Ihrem Unternehmen herauszuschneiden.
8. Haben Sie Überzeugungen, und stehen Sie zu diesen.
9. Behandeln Sie Ihre Angestellten mit Respekt; Sie können keinen Respekt erwarten, wenn Sie nicht auch Respekt geben.
10. Geben Sie etwas zurück.

Dave Thomas & Michael Seid

Franchising für Dummies

Ihr Einstieg ins Franchise-Geschäft

Übersetzung aus dem
Amerikanischen von Brigitte Zenner
und Angela Becker
Bearbeitung von Dr. J. Patrick Giesler,
Verbandsanwalt beim
Deutschen Franchise-Nehmer Verband e.V.

Die Deutsche Bibliothek – CIP-Einheitsaufnahme:

Thomas, Dave:
Franchising für Dummies / Dave Thomas ; Michael Seid. Übers. aus dem Amerikan. von Brigitte Zenner und Angela Becker. -
Bonn : MITP-Verlag, 2000
    Einheitssacht.: Franchising For Dummies <dt.>
ISBN 3-8266-2878-0
NE: Seid, Michael

ISBN 3-8266-2878-0
1. Auflage 2000

Alle Rechte, auch die der Übersetzung, vorbehalten. Kein Teil des Werkes darf in irgendeiner Form (Druck, Fotokopie, Mikrofilm oder einem anderen Verfahren) ohne schriftliche Genehmigung des Verlages reproduziert oder unter Verwendung elektronischer Systeme verarbeitet, vervielfältigt oder verbreitet werden. Der Verlag übernimmt keine Gewähr für die Funktion einzelner Programme oder von Teilen derselben. Insbesondere übernimmt er keinerlei Haftung für eventuelle aus dem Gebrauch resultierende Folgeschäden.

Die Wiedergabe von Gebrauchsnamen, Handelsnamen, Warenbezeichnungen usw. in diesem Werk berechtigt auch ohne besondere Kennzeichnung nicht zu der Annahme, dass solche Namen im Sinne der Warenzeichen- und Markenschutz-Gesetzgebung als frei zu betrachten wären und daher von jedermann benutzt werden dürften.

Übersetzung der amerikanischen Originalausgabe:
Dave Thomas & Michael Seid: Franchising For Dummies

Copyright © 2000 by MITP-Verlag GmbH, Bonn
Original English language edition text and art copyright © 2000 by IDG Books Worldwide, Inc.
All rights reserved including the right of reproduction in whole part or in part in any form.
This edition published by arrangement with the original publisher, IDG Books Worldwide, Inc.,
Foster City, California, USA.

Printed in Germany

Ein Unternehmen der verlag moderne industrie AG & Co. KG, Landsberg

Lektorat: Sabine Müthing
Korrektorat: Katrin Sauerländer
Fachkorrektorat: Dr. J. Patrick Giesler, Bonn
Herstellung: Carin Lebenstedt
Druck: Media-Print, Paderborn
Umschlaggestaltung: Sylvia Eifinger, Bornheim
Satz und Layout: Lieselotte und Conrad Neumann, München

Inhaltsverzeichnis

Einführung   17

    Über dieses Buch   18
    Zur Verwendung dieses Buches   18
    Die Perspektive   19
    Zum Aufbau des Buches   19
        Teil I: Die bloßen Fakten: Grundzüge des Franchising   19
        Teil II: Die Neugründung: Wie Sie Ihr Franchiseunternehmen etablieren   20
        Teil III: Eine gut geölte Maschine: Ihr Franchiseunternehmen betreiben   20
        Teil IV: Die Zeiten ändern sich: Entscheiden, was als Nächstes zu tun ist   20
        Teil V: Aber ich möchte doch gerne ein Franchisegeber sein!   21
        Teil VI: Zweimal Zehn zum Erfolg   21
    In diesem Buch verwendete Symbole   21
    Wie es weitergeht   22

Teil I
Die bloßen Fakten: Grundzüge des Franchising   23

Kapitel 1
Verstehen, wie Franchising funktioniert   25

    Was ist ein Franchiseunternehmen?   25
    Zwei Franchisetypen   27
        Produktions- und Vertriebsfranchising   28
        Dienstleistungs-Franchiseunternehmen   28
    Aufgaben und Ziele von Franchisegebern und Franchisenehmern   30
        Was ist ein Franchisegeber?   30
    Der Franchisevertrag   34
    Sind Franchise-Unternehmen immer rentabel?   35

Kapitel 2
Die Untersuchung von Franchisegelegenheiten:
Bei Franchising geht es um mehr als nur um Restaurants   37

    Die verschiedenen Möglichkeiten   37
        Was beliebt ist   37
        Franchisebranchen   39
    Was ist überhaupt so toll an Marken?   40
    Welche Arten von Franchiseverträgen gibt es?   41

Einzel- oder Direktfranchisevertrag	41
Franchiseunternehmen mit mehreren Standorten	41
Nicht-traditionelle Standorte	45
Dual Branding	45
Retrofranchising	46
Vielfalt im Bereich Franchising	48

Kapitel 3
Hand aufs Herz: Sind Sie der Typ für einen Franchisenehmer? 51

Die Vor- und Nachteile des Franchiseeigentums	52
Die Vorteile eines Franchisenehmers	52
Nachteile für Franchisenehmer	53
Worin unterscheiden sich Unternehmer und Franchisenehmer?	55
Möchten und können Sie etwas dazulernen?	56
Bevorzugen Sie es, Befehle zu erteilen oder zu empfangen?	57
Sind Sie bereit, sich von Unternehmensleistungen zu verabschieden?	58
Wie steht es mit Ihrer Gesundheit?	58
Mögen Sie Menschen?	59
Wie viel wollen Sie investieren, wie viel Risiko können Sie sich leisten?	59
Was halten Ihre Familie und Ihre Freunde von Ihrem Plan, ein Franchiseunternehmen zu kaufen?	60
Sind Sie ein Franchisenehmer?	61

Kapitel 4
Die Entscheidung: Welches Unternehmen ist das richtige für Sie 63

Entscheiden Sie sich, ob Sie unabhängig oder Teil einer Mannschaft sein möchten	63
Ein eigenes Unternehmen gründen	64
Franchisenehmer werden	65
Franchisemaklern aus dem Weg gehen	65
Wie Sie wertvolle Informationsquellen über verfügbare Franchiseunternehmen finden	66
Verzeichnisse	67
Veröffentlichungen für Verbraucher	68
Messen und Ausstellungen	69
Das Internet	70
Lieber ein eingeführtes Franchiseunternehmen kaufen oder lieber einen neuen Standort eröffnen?	72
Der Kauf eines bestehenden Franchiseunternehmens	72
Der Neuanfang	74
An die Arbeit	77
Ein paar Worte zum Schluss	77

Kapitel 5
Kapital aufbringen: Feilschen, Handeln und Gewinnen — 79

- Die aktuelle Finanzlage prüfen — 79
- Was ein Franchiseunternehmen wirklich kostet — 81
  - Franchisegebühren — 83
  - Schulungskosten — 84
  - Gründungskosten — 84
- Die Kapitalbeschaffung: Was ist dazu notwendig — 84
  - Verschuldung vermeiden — 85
  - Ein Unternehmenskonzept erstellen — 86
  - Einkommen und Cashflow schätzen — 90
  - Der Besuch bei der Bank — 91
  - Die Suche nach dem Engel — 92

Kapitel 6
Die Unterschrift unter den Vertrag: Rechtliche Aspekte — 95

- Vorvertragliche Aufklärungspflichten: der Hintergrund — 95
- Vorvertragliche Aufklärungspflichten: der Umfang — 99
- Vorvertragliche Aufklärungspflichten: die Rechtsfolgen — 101
- Vorvertragliche Aufklärungspflichten: die richtige Verhaltensweise — 102
- Den Franchisevertrag richtig beurteilen — 106
  - Brauche ich einen Rechtsanwalt, Steuer- oder Unternehmensberater? — 107
- Verhandlungen mit dem Franchisegeber — 109

Teil II
Die Neugründung:
Wie Sie Ihr Franchiseunternehmen etablieren — 111

Kapitel 7
Schulungen und andere Dienstleistungen — 113

- Finden Sie, bevor Sie den Franchisevertrag unterzeichnen, alles über die Schulungen heraus! — 113
- Gute Schulungen bevor und nachdem Sie Ihr Franchiseunternehmen eröffnet haben — 115
  - Eine gute Einführungsschulung — 115
- Sicherstellen, dass Sie fortlaufend effektive Schulungen erhalten — 117
  - Die Ausbildung Ihrer Angestellten — 119
- Die Bewertung der anderen Dienste: Welche Art der Unterstützung bietet die Systemzentrale? — 120

Dienstleistungen vor Eröffnung Ihres Franchiseunternehmens 120
Dienstleistungen nach der Eröffnung des Unternehmens 120
Der Hilferuf 121

Kapitel 8
Die Wahl der besten Standorte 123

Hochgradig sichtbare Standorte – immer die beste Wahl? 123
Herausfinden, was einen guten Standort ausmacht 123
Wie Sie sich allgemeine Informationen über die Standortwahl verschaffen können 124
Den Standort anhand bestimmter Daten bewerten 125
Die Wahl eines guten Standorts 130
Hilfe vom Franchisegeber erhalten 130
Beeinträchtigungen vermeiden 132
Betreiben Sie Ihre eigene Marktforschung 134
Spezifische Standortangebote untersuchen 137
Von Zuhause arbeiten 138
Sich für einen nicht-traditionellen Standort entscheiden 139
Einen Mietvertrag verstehen 140
Der Bau eines Standorts 142

Kapitel 9
Einkaufsquellen: Handelswaren und Betriebsstoffe 145

Die Regeln befolgen: Wenn der Franchisegeber Ihre Einkäufe bestimmt 146
Waren direkt vom Franchisegeber kaufen 146
Waren und Betriebsstoffe bei zugelassenen Lieferanten einkaufen 147
Vom Franchisegeber zugelassene Produkte einkaufen 148
Wareneinkauf über Kooperativen 149
Den richtigen Lieferanten und die Waren finden 149
Lieferanten auswählen 150
Lieferanten bewerten 151
Der Wareneingang 152
Lieferungen entgegennehmen 152
Waren nach der Lieferung im Geschäft überprüfen 153
Rechnung prüfen 153
Lagerverwaltung 154
Die Rückseite des Gebäudes 154
Der vordere Gebäudeteil 156

Teil III
Eine gut geölte Maschine: Ihr Franchiseunternehmen betreiben 157

Kapitel 10
Die Zusammenarbeit mit dem Franchisegeber und den anderen Franchisenehmern 159

Die Franchiseregeln befolgen	159
Den Standards des Franchisesystems entsprechen	159
Das System unterstützen und beobachten	160
Das System verändern	163
Eine Beziehung zu Ihrem Franchisegeber aufbauen	164
Ein Mannschaftsspieler sein	164
Aus der Beziehung mitnehmen, was man braucht	165
Mit Veränderungen leben	170
Wenn sich Größe oder Zielsetzung des Systems ändern	170
Wenn Konflikte auftreten	172
Kontakt zu anderen Franchisenehmern aufnehmen	173
In Kontakt bleiben	175
Werden Sie Mitglied von Beratungsgremien und Zusammenschlüssen	175
Die Nummer eins sein	177

Kapitel 11
Kunden gewinnen und halten 179

Wie ein Leuchtfeuer in der Nacht: Verkaufsförderung, Marketing und Werbung	179
Einen effektiven Marketingplan aufstellen	180
Bundesweite und lokale Werbestrategien bewerten	183
Erstklassiger Kundendienst	192
Die Kundschaft kennen lernen	192
Warum es nicht nett ist, die Kundschaft zu täuschen	194
Testen Sie sich	195
Über die Kasse hinausschauen	197

Kapitel 12
Einstellen, Entlassen, Schulungsmaßnahmen und andere Personalentscheidungen 199

Die besten Techniken für Bewerbungsgespräche und die Einstellung	199
Diskriminierung vermeiden	200
Die richtigen Fragen stellen	200
Ihre Bewerber aussieben	206
Das Bewerbungsgespräch fortführen	206

Die Anforderungen des Arbeitsplatzes erklären	207
Die Fragen der Bewerber beantworten	208
Effektive Geschäftsführung	208
Die richtigen Angestellten finden	210
Ihr Team schulen	212
Ihre Angestellten halten	216
Ein gutes Arbeitsumfeld	217
Sich an die Vorgaben des Deutschen Arbeitsrechts halten	218
Sicherheit am Arbeitsplatz gewährleisten	221

Teil IV
Die Zeiten ändern sich: Entscheiden, was als Nächstes zu tun ist   223

Kapitel 13
Andere Franchiseunternehmen erwerben   225

Ihren Franchisevertrag prüfen: Können Sie ein weiteres Franchiseunternehmen kaufen?	225
Ihre Kaufoptionen verstehen	226
Ein Franchiseunternehmen von einem anderen Franchisenehmer des Systems kaufen	226
Retrofranchising: einen systemeigenen Standort kaufen	230
Den Standort eines Wettbewerbers umwandeln	232
Ganz von vorne anfangen	233
Viele Standorte kaufen	233
Ein Gebiet erwerben	233
Persönliche und geschäftliche Ressourcen einschätzen	236
Einen Blick in den Spiegel werfen: Sind Sie bereit für den Besitz mehrerer Standorte?	236
Einen genauen Blick auf Ihr Geschäft und Ihre Finanzen werfen	237
Die Vor- und Nachteile für den Besitz mehrerer Franchiseunternehmen gegeneinander abwägen	240
Vorteile	240
Nachteile	242

Kapitel 14
Andere Marken erwerben   243

Einen Gang höher schalten	244
Expandieren	244
Rechtliche Aspekte prüfen	248
Ihre ganze Sorgfalt walten lassen – wieder einmal	250

Branchen mischen, Marken mischen	251
Beim selben Franchisegeber kaufen	251
Mit einem neuen Unternehmen einen neuen Anfang machen	254
Sich der Herausforderung stellen	255
Co-Branding	256
Einen One-Stop-Laden eröffnen	257
Ihre Ressourcen kombinieren	259

Kapitel 15
Die Zeit ist um — 263

Den Franchisevertrag verlängern	263
Das Beste herausholen	264
Einen neuen Vertrag aushandeln	266
Änderungen aushandeln	268
Ein würdevoller Abschied	269
Das Timing ist entscheidend	270
Alles den Kindern hinterlassen – vielleicht	272
Verkaufen	274
Wie Sie das meiste aus dem Unternehmen herausholen	275
Die Bewertung des Unternehmens	276
Nach den Spielregeln des Franchisegebers spielen	278
Die Verkaufsmethode wählen	281
Wenn das Licht ausgeht	283
Aus den Erfahrungen lernen	283
Das Wettbewerbsverbot beachten	284
Die nächsten Schritte	285

Teil V
Aber ich möchte doch gerne ein Franchisegeber sein! — 287

Kapitel 16
Vom kleinen Unternehmer zum Franchisegeber — 289

Machbarkeit	289
Ist Ihr Unternehmen franchisegeeignet?	290
Den rechtlichen Vorgaben entsprechen	290
Die Kriterien für ein gutes Franchisesystem prüfen	292
Zielsetzungen hinsichtlich Marketing für Franchisenehmer und Systemunterstützungsprogramme	304
Die richtigen Märkte auswählen	304
Das Profil Ihrer Franchisenehmer festlegen	305
Marketing für Franchisenehmer	306

Ihre Franchisenehmer unterstützen	307
Ein effektiver Franchisegeber werden: taktische Ausführung	309
Änderungen vornehmen, um die Vorteile von E-Commerce zu nutzen	315
Ihren Rechtsanwalt bei der Erstellung Ihrer Rechtsunterlagen unterstützen	316
Unterstützung für die Entwicklung Ihres Franchiseprogramms suchen	317
Franchisepakete: Einheitsgröße für alle?	318
Professionelle Berater finden	319

Kapitel 17
Das Netzwerk aufbauen: Klug expandieren — 321

Allgemein gültige Expansionsregeln beachten	322
Die Märkte verstehen	326
Ein Netzwerk aufbauen	327
Ihr Franchisesystem international ausweiten	329
Komplexen Sachverhalten und Frustration gegenübertreten	329
Entscheiden, wann man international expandiert	337
Den richtigen Partner finden	340
In einen ausländischen Markt vordringen	342
Den Handel abschließen	343
Ausländische Franchisenehmer auf den US-amerikanischen Markt bringen	345

Teil VI
Zweimal Zehn zum Erfolg — 349

Kapitel 18
Zehn Schlüssel zu erfolgreichem Franchising — 351

Vergewissern Sie sich, dass Sie genug Geld haben	351
Befolgen Sie das System	352
Denken Sie an Ihre Lieben	352
Seien Sie ein enthusiastischer Unternehmer	353
Werben Sie talentierte Leute an, und behandeln Sie diese mit Respekt	353
Schulen Sie Ihre Angestellten	355
Leisten Sie guten Kundendienst	356
Nehmen Sie Anteil am Gemeindeleben	356
Bleiben Sie mit Ihrem Franchisegeber und den anderen Franchisenehmern in Kontakt	357
Achten Sie auf die Einzelheiten	357

Kapitel 19
Zehn Fragen, die Sie sich vor dem Kauf eines Franchiseunternehmens stellen sollten   *359*

Kennen Sie den Franchisegeber?	359
Kann Ihr Hobby zum Unternehmen werden?	360
Persönliche Bestandsaufnahme: Sind Sie bereit, es alleine zu versuchen?	360
Können Sie sich ein Franchiseunternehmen leisten?	361
Unterstützen Ihre Lieben Sie?	362
Verstehen Sie die Vertragsbedingungen?	362
Sind die anderen Franchisenehmer froh über ihre Investition?	363
Ist der Franchisegeber bekannt für Streitigkeiten?	363
Können Sie mit diesem Franchiseunternehmen Geld verdienen?	364
Verdient der Franchisegeber Geld, und woher kommt das Geld?	365
Versteht der Franchisegeber etwas von Franchising?	366

Anhang A
Die Franchiseentscheidung treffen   *369*

Abschnitt I: Der Franchisegeber	369
Abschnitt II: Kosten für ein Franchiseunternehmen	372
Abschnitt III: Dienstleistungen des Franchisegebers	373

Anhang B
Allgemeine Franchisebegriffe   *381*

Anhang C
Adressen von Franchiseverbänden   *385*

Stichwortverzeichnis   *389*

Einführung

Es gibt eine ganze Reihe möglicher Gründe für die Lektüre dieses Buches:

- ✔ Sie arbeiten für jemand anderen und träumen davon, selbst ins Geschäft zu kommen, Ihr eigener Chef zu sein und Ihr Schicksal selbst in die Hand zu nehmen.
- ✔ Sie nähern sich Ihrer Pensionierung; 30 Jahre sind vergangen, seit Sie Ihren ersten Chef hatten oder Sie gesundgeschrumpft oder ausgelagert worden sind.
- ✔ Sie schauen über den Zaun und sehen, dass das Gras auf der anderen Seite viel grüner ist – das Gras, das bei denjenigen wächst, die ihre eigenen Geschäfte gegründet haben.
- ✔ Sie stehen an der Spitze einer anspruchsvollen Investorengruppe und möchten die Erträge Ihrer Anleger aus den »Ziegel-und-Mörtel-Gelegenheiten« verbessern, die zu Ihrem Portfolio gehören.
- ✔ Sie haben ein großartiges Produkt oder eine herausragende Dienstleistung und jeder – angefangen mit Ihrer Mutter und Ihrer Großtante Elfriede über Ihren Onkel Heini – denkt, dass jetzt ein perfekter Zeitpunkt für Sie gekommen wäre, um Ihre Flügel auszubreiten und ein neues, nationales Franchiseprogramm zu starten.
- ✔ Sie sind bereits Franchisenehmer, vielleicht mit Erfahrungen aus verschiedenen Ländern, und Sie wollen einige der Voraussetzungen herausfordern, unter denen Sie gearbeitet haben. Vielleicht wollen Sie einen Blick auf neue oder frische Techniken werfen und sich angesichts der besten Praktiken des Franchising profilieren. Vielleicht haben Sie Schwierigkeiten mit Ihren Franchisenehmern, und Sie möchten verstehen, was sie denken, damit Sie Ihre Beziehungen und die Leistung Ihres Unternehmens verbessern können. Diese Information ist vielleicht alles, was Sie brauchen, um mit Ihrem Unternehmen die nächste Sprosse zu erklimmen – welche Sprosse dies auch sein mag.

Was auch immer Ihre Motivation zur Lektüre dieses Buches sein mag, wir hoffen, dass *Franchising für Dummies* Ihren Erwartungen entspricht.

Franchising für Dummies ist gleichermaßen für Neulinge und Experten geeignet. Zukünftige Franchisenehmer können herausfinden, wonach sie bei einem großen Franchisegeber suchen müssen. Wer bereits Franchisenehmer ist, könnte einen Blick darauf werfen, was große Franchisegeber ihren Franchisenehmern bieten. Geschäftsinhaber können herausfinden, wie festzustellen ist, ob Franchising die richtige Wachstumsstrategie für ihr Unternehmen ist, und erfahrene Franchisegeber können neue Tricks zur Verbesserung ihrer Franchisesysteme kennen lernen.

Über dieses Buch

Ihre Autoren hatten das Glück, in der Franchising-Branche gearbeitet zu haben. Dave hat als einer der ersten Franchisenehmer von Kentucky Fried Chicken angefangen. Später gründete er Wendy's und machte daraus einen der Giganten in der Franchising-Branche und wurde zum Marktführer im Betrieb von Fast-Food-Restaurants. Michael war Franchisenehmer und auch Franchisegeber, bevor er Berater wurde. Er gründete eine der führenden Management-Beraterfirmen, die sich auf Franchising spezialisiert haben und führt diese auch heute noch. Wir haben *Franchising für Dummies* geschrieben, weil wir gern einen Teil des Nutzens, den wir Franchising verdanken, an Franchising zurückgeben wollten.

Viele Menschen glauben etwas von Franchising zu verstehen, weil sie fast täglich in Franchiseunternehmen einkaufen. Doch im Laufe der Jahre haben sich Mythen über Franchising entwickelt, über die Erfolgschancen und die Leichtigkeit des Einstiegs und darüber, wie Franchisesysteme geführt werden und wachsen sollten.

Als wir begannen, *Franchising für Dummies* zu schreiben, war es unser Ziel, zukünftigen Franchisenehmern die Entscheidung zu erleichtern, ob sie Franchisenehmer werden sollen. Wir wollten nützliche Informationen und Ratschläge in einer nicht bedrohlich anmutenden, vielleicht sogar unterhaltsamen und leicht nutzbaren Form bieten. Während des Schreibens weiteten wir unsere Ziele aus und beschlossen, auch Informationen zu geben, um Unternehmern bei der Überlegung zu helfen, ob Franchising eine gute Wachstumsstrategie für ihr Unternehmen ist, und – sollte dies der Fall sein – wie sie ihre neuen Franchisesysteme entwerfen, entwickeln und führen können. Zudem haben wir das Buch auch für erfahrene Franchisegeber gemacht, um ihnen bei der Verbesserung ihrer aktuellen Geschäftsabläufe zu helfen.

Zur Verwendung dieses Buches

- ✔ Wenn Sie sich über einen bestimmten Bereich des Franchising informieren wollen, beispielsweise wie Sie Informationen zu einem bestimmten Franchisegeber erhalten können oder wie Sie Personal anwerben, einstellen und entlassen, können Sie sich die entsprechenden Kapitel direkt durchlesen und die gewünschte Information schnell erhalten.

- ✔ Wenn Sie einen Crashkurs in Franchising brauchen, lesen Sie das Buch von vorne bis hinten durch. Franchising ist nicht so einfach, wie es zunächst erscheint. Die Lektüre des ganzen Buches wird Ihnen einen guten Ausgangspunkt für Ihr Verständnis geben, und wir hoffen, Sie damit in die Lage zu versetzen, die – für Sie – richtigen Entscheidungen zu treffen.

- ✔ Wenn Sie bereits Erfahrungen mit Franchising haben, bedeutet dieses Buch möglicherweise ein Hinterfragen Ihrer Vorstellungen, macht Sie ärgerlich, bietet Ihnen einige neue Einblicke oder ermöglicht Ihnen ruhig zu schlafen, weil es jemanden gibt, der mit dem übereinstimmt, was Sie tun.

Franchising für Dummies ist wie eine Straßenkarte. Wir haben versucht, Ihnen auf einfache, verständliche und – wie wir hoffen – unterhaltsame Weise Wegweiser, Optionen und unsere Meinung zur Verfügung zu stellen. Wir hoffen, dass *Franchising für Dummies* für Sie ein Sprungbrett beim Treffen Ihrer Entscheidungen sein wird.

Die Perspektive

Vieles in *Franchising für Dummies* ist aus der Perspektive von Franchising, wie es in den Vereinigten Staaten praktiziert wird, geschrieben. Franchising hatte seinen Ursprung in China, war im Mittelalter eine Methode zur Regierungskontrolle und kann sich sogar mit der Entdeckung der Neuen Welt brüsten, aber das moderne Geschäftsformat Franchising ist vor allem ein US-amerikanisches Produkt. Obwohl es sich seit den ersten Versuchen in England und den Vereinigten Staaten weiterentwickelt hat – und durch die Fortschritte von Franchisegebern und Franchisenehmern anderer Nationen florierte – hängt der Großteil der Erfahrungen weiterhin mit Erfolg und Fehlschlägen von Franchising in den Vereinigten Staaten zusammen.

Ob Sie in den Vereinigten Staaten beheimatet sind oder irgendwo sonst in der Welt, wo Franchising sich etabliert hat, wir glauben, dass die Grundzüge dessen, was Franchising zu einem solchen Erfolg verholfen hat, universell sind.

Zum Aufbau des Buches

Franchising für Dummies ist in sechs Teile unterteilt, von denen jeder einen großen Bereich des Franchising abdeckt. Die Kapitel in jedem Teil behandeln spezifische Informationen im Detail. Sie können jedes Kapitel einzeln lesen, was hilfreich ist, wenn Sie noch andere Dinge zu tun haben. In jedem Kapitel geben wir Verweise auf andere Bereiche des Buches, die auf einige der hier enthaltenen Informationen detaillierter eingehen.

Sie können sich auch zurücklehnen und das Buch von vorne bis hinten durchlesen. Wir hoffen, dass Sie dies tun, denn es ist dafür gedacht, Ihnen Information in einer logischen Abfolge zu vermitteln. Hier eine Zusammenfassung dessen, was Sie in jedem Teil finden können.

Teil I: Die bloßen Fakten: Grundzüge des Franchising

Teil I gibt Ihnen einen Überblick über Franchising und einen Einblick in das Verhältnis von Franchisegeber und Franchisenehmer. Er beschreibt die im Rahmen von Franchising bestehenden Möglichkeiten und kann Ihnen eine Entscheidungshilfe hinsichtlich Ihrer Eignung zum Franchisenehmer sein. Er gibt Ihnen auch Informationsquellen zu Franchisemöglichkeiten und eine Vorgehensweise, wie Sie Ihre Franchiseentscheidung treffen können. Es ist auch wichtig, die finanziellen Mittel zu beschaffen, um Franchisenehmer werden zu können. Deswegen helfen wir Ihnen dabei festzustellen, ob Sie es sich leisten können zu investieren und wo Sie sich Geld beschaffen können. Für zukünftige Franchisenehmer ist dieses Kapitel wichtig, weil es ihnen dabei hilft zu entscheiden, ob sie Franchisenehmer werden wollen und wie sie entscheiden, welche Art von Franchise richtig für Sie sein könnte.

Teil II: Die Neugründung: Wie Sie Ihr Franchiseunternehmen etablieren

Bevor Sie den Vertrag unterschreiben, müssen Sie genau verstehen, was Sie unterschreiben! Teil II behandelt den Aspekt, wie Franchiseverträge zu bewerten sind, worüber Sie mit einem Franchisegeber verhandeln können und wie Sie Fachleute finden können, die Sie bei diesem Prozess unterstützen können. Außerdem helfen wir Ihnen dabei, die rechtlichen Schritte bei der Investition in ein Franchiseunternehmen zu durchlaufen, sodass Sie selbst dann wie ein Profi aussehen können, wenn Sie noch keiner sind.

Teil III: Eine gut geölte Maschine: Ihr Franchiseunternehmen betreiben

Jedes Franchisesystem hat eine eigene Ausprägung. Damit meinen wir, dass die Systeme ihren Franchisenehmern verschiedenartige Dienstleistungen bieten und sie in unterschiedlichem Maße und auf unterschiedliche Weise unterstützen. Selbst die Art, in der Sie, der Franchisegeber und die anderen Franchisenehmer zusammenarbeiten, wird sich voneinander unterscheiden. Teil III begleitet Sie durch die wichtigsten Elemente der Franchisebeziehung und die Arten von Unterstützung, die Sie wahrscheinlich finden werden. Dazu gehören Schulungen und andere Unterstützungsleistungen; Hilfe beim Finden und Entwickeln Ihres Standorts, wie und wo Sie Ihr Inventar und Material finden; Vermarktung an Ihre Kunden; Verkaufsförderung an Ihrem Standort und Einstellen, Kündigen und Ausbilden Ihres Personals. Teil III ermöglicht Ihnen auch einen kurzen Einblick in die Interaktionsmöglichkeiten mit Ihrem Franchisegeber und den Franchisenehmerkollegen. Mit diesem Teil beginnen Sie zu verstehen, wo die Unterschiede zwischen einem großen Franchisegeber und denjenigen, die noch nicht ihre Blütezeit erreicht haben, liegen.

Teil IV: Die Zeiten ändern sich: Entscheiden, was als Nächstes zu tun ist

Teil IV spricht vom Lebenszyklus. Die ersten drei Teile des Buches geben Ihnen Informationen darüber, wie Sie das richtige Franchiseunternehmen auswählen. Jetzt ist es Zeit, über Ihre Wachstumschancen zu sprechen: Investition in zusätzliche Möglichkeiten innerhalb desselben Franchisesystems und sogar Investition in Möglichkeiten, die andere Franchisegeber bieten. Viele Franchisenehmer finden, dass der Besitz eines Franchiseunternehmens einfach nicht ausreicht. Teil IV erklärt die Möglichkeiten und einige der Nachteile beim Besitz von mehreren Einheiten. Teil IV spricht zudem eine der Realitäten des Geschäfts an: Zu gegebener Zeit wird die Beziehung enden. Wir diskutieren, wie Sie sich auf dieses Ende vorbereiten können und was zu tun ist, wenn es kommt.

Teil V: Aber ich möchte doch gerne ein Franchisegeber sein!

Haben Sie sich schon einmal gefragt, wo große Franchisegeber herkommen? Sie entstehen aus Gesellschaften, die beschlossen haben, durch den Verkauf von Franchiseunternehmen zu expandieren. Teil V untersucht, was dazu gehört, um Franchisegeber zu werden; ob Ihr Unternehmen sich eignet; wie man ein Franchisesystem aufbaut; wie Gebühren festzusetzen sind und, dies ist fast am wichtigsten, was man *nicht* tun sollte. Dieser Teil untersucht ebenfalls, wie Franchisegeber expandieren, sowohl im Inland als auch international; was notwendig ist, um ein wachsendes Franchisesystem zu unterstützen und einige der Fehler, die Sie vermeiden können.

Teil VI: Zweimal Zehn zum Erfolg

In einigen kurzen Kapiteln geben wir Ihnen einen Einblick in Daves Erfahrungen mit Franchising, in das, was wir als die zehn wichtigsten Schlüssel zum Erfolg im Franchising ansehen, und zehn Fragen, die man sich stellen sollte, bevor man eine Franchiselizenz kauft.

In diesem Buch verwendete Symbole

Um Ihnen bei der Lektüre von *Franchising für Dummies* zu helfen, haben wir nützliche Symbole eingefügt, die Sie auf wichtige Themen hinweisen.

Diese Themen, wenn sie auch nicht unerlässlich für Ihr grundsätzliches Verständnis der Thematik sind, können Ihnen doch helfen, ein fortgeschrittener Schüler zu werden. Nachdem Sie sich mit den Grundlagen vertraut gemacht haben, ist es sinnvoll, sich kurz mit der technischen Seite zu befassen, um zum Fortgeschrittenen zu werden.

Die Tipp-Symbole zeigen wichtige Informationen über das gerade behandelte Thema an.

Dieses Symbol ist eine freundliche Erinnerung an Informationen, die an anderer Stelle im Buch behandelt werden, oder an Fakten, die Sie sich unserer Ansicht nach einprägen sollten.

Dieses Symbol weist Sie auf weit verbreitete Fehler hin, die Menschen in Franchising begehen, und zeigt Gefahren auf, die Sie vermeiden sollten.

Wenn Sie diese Abschnitte überspringen, lassen Sie sich eine der Möglichkeiten entgehen, vom Meister zu lernen. Diese Information gibt Ihnen einen Einblick in das, was Dave zu einem der führenden Franchisegeber in der Welt gemacht hat, und warum Wendy's als das Franchisesystem angesehen wird, dem man nacheifern sollte.

Die Informationen hinter diesem Symbol betonen Themen, die Michael besonders nahe sind und am Herzen liegen.

Wie es weitergeht

Sie haben eine Reise angetreten. Keiner von uns kann Sie persönlich begleiten, während Sie diese Reise machen, aber wir versuchen, Ihre vertrauten Führer durch dieses Buch zu sein.

Um diese Reise zu unternehmen, müssen Sie dieses Buch lesen. Wenn Sie neu im Franchising sind, fangen Sie mit dem Anfang an und lesen Sie das ganze Buch bis zum Ende. Markieren Sie die Abschnitte, die Ihrer Ansicht nach für Sie die wichtigsten sind oder die Sie nicht ganz verstanden haben. Dann gehen Sie noch einmal zurück und lesen diese erneut: Mit einem größeren Wissen über Franchising, werden sie Ihnen vielleicht verständlicher. Wenn Sie Erfahrungen in Franchising haben, überfliegen Sie das Buch, und konzentrieren Sie sich auf die Themen, die Sie am meisten interessieren oder zu denen Sie zusätzliche Anleitung benötigen. Auf jeden Fall enthält *Franchising für Dummies* reichhaltige Informationen und praktische Hinweise. Blättern Sie einfach die Seite um und fangen Sie an.

Teil I

Die bloßen Fakten: Grundzüge des Franchising

»Ach, Herr Schulz. Man sieht gleich, dass Sie genau die Art von Mensch sind, die wir als zukünftigen Franchisenehmer einer McFee-Detektivagentur suchen.«

In diesem Teil...

Sind Sie bereit, Franchisenehmer zu werden? Bevor Sie diese Entscheidung treffen, müssen Sie wissen, worum es sich bei Franchising überhaupt handelt. In diesem Teil geben wir Ihnen einen Überblick über Franchising und die verschiedenen Möglichkeiten, die es gibt. Wir erklären auch, wie Sie entscheiden, welches Franchise für Sie in Frage kommt und wie Sie sich Geld beschaffen können.

Bevor Sie in irgendein Franchise investieren, wird von Ihnen verlangt, einen Franchisevertrag zu unterzeichnen. In diesem Teil diskutieren wir auch die Offenlegungsunterlagen, die Sie vom Franchisegeber erhalten werden, geben Ihnen Anleitung zu dem, was dieses Dokument beinhaltet und erklären Ihnen, wie ein Franchisevertrag zu bewerten ist. Wir geben Ihnen auch einige Tipps für die Verhandlung mit Ihrem Franchisegeber.

Verstehen, wie Franchising funktioniert

In diesem Kapitel

▶ Was ein Franchiseunternehmen ist

▶ Was die Aufgaben von Franchisegeber und Franchisenehmer sind

▶ Was ein Franchising-Möchtegern ist und wie Sie ihm aus dem Weg gehen können

▶ Ob der Franchisevertrag eine Garantie für Eigentum und Rentabilität ist

---

Die lange Geschichte des Franchising reicht zurück bis ins alte China, aber damit wollen wir Sie nicht langweilen (wenngleich es tatsächlich ziemlich interessant ist). Stattdessen wollen wir uns sofort ins Geschehen begeben, damit Sie im Gespräch über Franchising mit den Besten mitreden können.

Was ist ein Franchiseunternehmen?

Franchising ist ein System, mit dem die Expansion eines Unternehmens und der Vertrieb von Waren und Dienstleistungen erreicht werden kann, und eine Gelegenheit, ein Geschäft unter einem anerkannten Markennamen zu betreiben. So werden beispielsweise bei Wendy's keine Franchiselizenzen für Hamburger vergeben und Midas vergibt keine Lizenzen für Stoßstangen; sie wandeln Geschäftssysteme in Franchiseunternehmen um, die Hamburger und Stoßstangen kontinuierlich an Kunden ausliefern – angefangen mit den Produkten über Dienstleistungen und Kundenerfahrungen.

Um Franchising handelt es sich dann, wenn ein Geschäft (der *Franchisegeber*) Lizenzen für seinen Warennamen (die *Marke*, wie Wendy's oder Midas) und für seine Geschäftsmethoden (sein *System*, Geschäfte zu tätigen) an eine Person oder eine Gruppe (den *Franchisenehmer*) vergibt, die sich bereit erklärt, entsprechend den Bedingungen eines Vertrags (dem *Franchisevertrag*) zu operieren. Der Franchisegeber bietet dem Franchisenehmer Unterstützung und – in einigen Fällen – übt er ein gewisses Maß an Kontrolle über die Art, in der der Franchisenehmer unter dem Markennamen operiert, aus.

Im Gegenzug zahlt der Franchisenehmer dem Franchisegeber üblicherweise eine Anfangsgebühr (*Franchisegebühr* genannt) und eine fortlaufende Gebühr (als *Lizenzgebühr* bekannt) für die Verwendung des Markennamens und der Geschäftsmethoden.

International ist Franchising einer der Hauptexportartikel der Vereinigten Staaten geworden. In aufstrebenden Volkswirtschaften wirkt Franchising als stabilisierende Kraft, schafft Arbeitsplätze, befriedigt die Kundennachfrage und gibt der Entwicklung von Ressourcen Vorschub, so beispielsweise der Landwirtschaft, dem produzierenden Gewerbe und dem Bildungssektor. Viel wichtiger ist, dass Franchising Möglichkeiten bietet, ein Unternehmen zu besitzen und persönlichen Wohlstand zu schaffen – beides Teil der Grundlage für das Wachstum von Demokratien.

Konsumenten in aller Welt schätzen die Einheitlichkeit, die durch den Einkauf in einem Franchiseunternehmen geboten wird. Von der Sauberkeit der Zimmer in einem Hilton-Hotel über die einstündige Filmentwicklung, die Moto Photo bietet, wissen Menschen, was sie erwarten können, wenn sie unter dem Markennamen eines Franchisegebers einkaufen. Die Zahl der Branchen, die Waren und Dienstleistungen durch Franchising an den Kunden bringen, wächst und wird nur begrenzt durch den Einfallsreichtum der Geschäftsleute, die erst allmählich begreifen, wie groß das Potenzial dieser uralten Vertriebsmethode ist.

Über Jahre hat die International Franchising Association (IFA) Statistiken über das Wachstum und den Erfolg von Franchising erstellt. Es hat sich jedoch herausgestellt, dass viele der Untersuchungen, auf denen die Statistiken basieren – diejenigen eingeschlossen, in denen behauptet wird, dass Franchisenehmer eine Erfolgsquote von 95 Prozent haben, während neu gegründete Unternehmen ohne Franchisebindung eine Misserfolgsquote von 85 Prozent in den ersten fünf Jahren nach der Gründung haben –, nicht genau oder zumindest irreführend sind. Die IFA veröffentlicht solche Statistiken nicht mehr.

Wo liegt also die Wahrheit? Insgesamt lag bei drei von der IFA durchgeführten Untersuchungen in den Jahren 1993 bis 1996 die durchschnittliche Umschlaghäufigkeit (der Besitzerwechsel [Transfer] oder Schließung) bei

✔ zwischen 8 Prozent und 11 Prozent inklusive Übertragungen auf neue Geschäftsinhaber

✔ zwischen 4 Prozent und 6 Prozent ohne Übertragungen auf neue Geschäftsinhaber

In neueren Studien, die die Umschlaghäufigkeit in den Jahren von 1995 bis 1996 untersuchten, waren die Ergebnisse eine durchschnittliche Umschlaghäufigkeit von

✔ 10,8 Prozent bei Übertragungen auf neue Eigentümer

✔ 6,3 Prozent ohne Übertragungen auf neue Eigentümer

Die Studien zeigen auch, dass die Umschlaghäufigkeit innerhalb der Branchen deutlich variiert, mit einer Minimalquote von 6 Prozent und einer Höchstquote von 14 Prozent. Franchisegeber, die ein Jahr oder weniger im Geschäft sind, haben die höchste Umschlaghäufigkeit.

Vertriebsmethode oder Branche?

Wir verwenden den Begriff Branche, wenn wir über Franchising sprechen. Puristen werden uns vielleicht darauf hinweisen wollen, dass Franchising tatsächlich eine Vertriebsmethode ist, die in einer Vielzahl von Branchen angewendet wird. Sie haben recht. Doch Franchising kontinuierlich als eine Vertriebsmethode zu beschreiben ist schwerfällig, und somit bitten wir um Verzeihung für dieses kleine literarische Zugeständnis.

1 ➤ Verstehen, wie Franchising funktioniert

Doch selbst eine einfache Untersuchung zur Umschlaghäufigkeit kann nur bemessen, welche Standorte überlebt haben. Durch sie kann nicht bemessen werden, inwieweit Franchisenehmer mit ihrer Entscheidung, Franchisenehmer zu werden, zufrieden waren oder ob sie genügend Geld verdient haben.

In den Monaten September und Oktober 1997 hat die Gallup Organization eine Marktforschungsstudie für die Ausbildungsstiftung der IFA durchgeführt, in der die Verhaltensweisen von Franchisebesitzern und ihre Meinungen zu ihren Franchiseerfahrungen untersucht wurden. Gallup hat 1.001 Franchisebesitzer aus dem gesamten kontinentalen Raum der Vereinigten Staaten interviewt, von denen 78% nur einen Standort besaßen. (Nach Gallup beträgt bei einem 95%-igen Anteil an Zuversicht die maximale zu erwartende Fehlerquote am Beispiel von 1.001 Befragten +/- 3,1%). Die zentralen Ergebnisse der Studie ergaben Folgendes:

- ✔ Mehr als neun von zehn Franchisebesitzern sagten, dass sie ihr Franchiseunternehmen als recht oder sehr erfolgreich betrachteten.
- ✔ Die Erwartungen von neun von zehn Befragten wurden übertroffen (18%), die der meisten wurden erreicht (48%) oder einigermaßen erreicht (24%).

Die guten Ergebnisse sind jedoch nicht ohne harte Arbeit zustande gekommen. Fast sechs von zehn sagten, sie hätten als Besitzer von Franchisebetrieben mehr Stunden als in anderen Unternehmen, die sie besessen hätten, oder an früheren Arbeitsplätzen, gearbeitet.

Der Verdienst schien ebenfalls eine Auswirkung auf ihre Zufriedenheit zu haben. Im Durchschnitt berichteten die Befragten, dass ihr jährliches Bruttoeinkommen (der Betrag des Geldes, der nach Begleichung der Auslagen, jedoch vor Steuerabzug gezahlt wird) als Franchisebesitzer bei DM 200.000 lag.

Die aufschlussreichste Information aus der Studie ist, dass zwei von drei Befragten das Gefühl hatten, sie wären nicht erfolgreich gewesen, wenn sie versucht hätten, dasselbe Unternehmen eigenständig zu eröffnen. Fast zwei Drittel sagten, dass sie noch einmal dasselbe Franchiseunternehmen kaufen oder in dieses investieren würden, wenn sie die Gelegenheit dazu hätten.

Wenngleich von der Industrie in Auftrag gegebene Studien und Statistiken halbwegs hilfreich sind, ist die einzige wirklich nützliche Statistik bei der Untersuchung von Franchisemöglichkeiten, wie gut die Franchisenehmer in diesem System zurechtkommen. Es ist so ähnlich wie die Beobachtung der Börse. Interessiert es Sie wirklich, wie gut der Markt sich entwickelt hat, wenn Ihre Aktien sechs Punkte verloren haben?

Zwei Franchisetypen

Es gibt zwei Typen von Franchising: *Produktions-* und *Vertriebsfranchising* sowie *Dienstleistungsfranchising*.

Da die meisten Franchisenehmer ein Dienstleistungsfranchise kaufen, ist dies der Typ von Franchiseunternehmen, auf den wir in unserem Buch den Hauptaugenmerk richten – Sie sollten auch über den anderen Typ Bescheid wissen.

Produktions- und Vertriebsfranchising

Vertriebsfirmen von Coca-Cola, Goodyear-Reifen, der Ford Motor Company und John Deere sind allesamt Produktions- und Vertriebsfranchiseunternehmen. In einem Produktions- und Vertriebsfranchiseunternehmen verkauft der Franchisenehmer typischerweise Produkte, die von seinem Franchisegeber hergestellt werden. Die Branchen, in denen man Produktions- und Vertriebsfranchise findet, sind Erfrischungsgetränke, die Automobil- und LKW-Industrie, Wohnmobile, Autozubehörteile und Kraftstoffe. Die Produkte, die von einem Produktions- und Vertriebsfranchisenehmer vertrieben werden, erfordern meist eine gewisse Vorbereitung durch den Franchisenehmer, bevor sie verkauft werden – wie bei Coca-Cola – oder einige zusätzliche Dienstleistungen, nachdem sie verkauft wurden, wie dies bei einem Ford-Händler der Fall ist. Doch der Hauptunterschied beim Produkt- und Vertriebsfranchising besteht darin, dass der Franchisegeber sein Warenzeichen und Logo in Lizenz an seine Franchisenehmer vergibt, diesen aber kein komplettes System zum Geschäftsbetrieb zur Verfügung stellt. Die Überlassung eines Geschäftssystems ist das Kennzeichen eines Dienstleistungsfranchise. Wenngleich Produktions- und Vertriebsfranchises den größten Anteil an Gesamteinzelhandelsumsätzen stellen, sind die meisten heute erhältlichen Franchiseunternehmen Dienstleistungsfranchises.

Produktions- und Vertriebsfranchises haben viel Ähnlichkeit mit dem, was man *Lieferanten-Händler-Beziehungen* nennt – und dies sind sie auch. Der Unterschied liegt im Umfang der Beziehung. Bei einem Produktions- und Vertriebsfranchise muss der Franchisenehmer ausschließlich oder nahezu ausschließlich mit den Produkten des Franchisegebers handeln, im Gegensatz zu einem Lieferanten-Händler, der verschiedene Produkte handeln darf – sogar solche von Wettbewerbern. In dem Maße wie die Zahl der Automobilhändler zunimmt, die verschiedene Marken vertreiben, beginnt diese Unterscheidung etwas vage zu werden. Der Franchisenehmer in einem Produktions- und Vertriebsfranchise ist jedoch eng mit dem Warennamen der Gesellschaft assoziiert und erhält mehr Dienstleistungen von seinem Franchisegeber als ein Händler dies von seinem Lieferanten bekäme. Lieferanten-Händler-Beziehungen sind oft in Geschäftsmöglichkeiten Beziehungen zu finden (dies wird im weiteren Verlauf dieses Kapitels noch besprochen).

Dienstleistungs-Franchiseunternehmen

Wendy's, Maaco, Uniglobe und GNC sind allesamt Dienstleistungs-Franchiseunternehmen. Sogar DuPont hat ein Dienstleistungs-Franchiseunternehmen: Seine Franchisenehmer verkaufen und pflegen Teppiche und Bodenbeläge für den Geschäftsbereich.

Beim zuvor besprochenen Produktions- und Vertriebsfranchising ist das vom Franchisegeber hergestellte Produkt der wichtigste Bestandteil. Der Franchisenehmer eines Dienstleistungs-Franchiseunternehmens erhält auch Warennamen und Logos des Mutterunternehmens, aber – was noch wichtiger ist –, er erhält darüber hinaus das komplette System zur Auslieferung des Produkts oder der Dienstleistung und zum Führen seines Geschäfts. Es ist genau dieses System, das Einheitlichkeit erzeugt – und Einheitlichkeit ist die Grundlage für den Erfolg eines Franchisenehmers. Die Geschäftsstruktur bietet einen detaillierten Plan, der die gesamte Vorgehensweise

Was im Ablaufhandbuch stehen muss!

1 ➤ Verstehen, wie Franchising funktioniert

von Grund auf erklärt. Ein Franchisenehmer wird darin geschult, den Bau des Gebäudes zu leiten, die richtige Ausstattung zu bestellen und sogar, wie er die Schilder aufzuhängen hat.

Die vertraulichen Betriebs- und Ablaufhandbücher (der Wie funktioniert's?- Führer eines jeden großen Franchisegebers) geben Informationen zur Vermarktung und Werbung, zum Öffnen der Eingangstür, dazu, wie man Personal rekrutiert, einstellt, schult und kleidet, und auch, wie man Kunden begrüßt. Um Qualität zu gewährleisten, stellt der Franchisegeber in den Handbüchern Informationen dazu zur Verfügung, wie und wo man Inventar bestellt, wie Produkte vorzubereiten sind und wie man diese dem Kunden präsentiert. Der Franchisegeber gibt sogar Informationen darüber, wie man den Müll hinausbringt, die Lichter ausschaltet und für die Nacht schließt. Dies alles ist ein System. Und in einem guten System bereitet der Franchisegeber den Franchisenehmer zunächst vor und unterstützt ihn anschließend.

Franchisesysteme schreiben kein identisches Maß von Kontrolle und Einheitlichkeit vor, doch die meisten Systeme setzen Standards, die einen Minimalstandard für die Geschäftätigkeit sicherstellen. Das bedeutet, dass egal, ob im Besitz eines Franchisegebers oder eines Franchisenehmers befindlich, der Standort, wo auch immer er sich in der Welt befindet, gleich aussieht und sich gleich anfühlt und dass in Restaurants das Essen gleich schmeckt. Mit anderen Worten, abgesehen von einigen kleinen Variationen sollten Sie an allen Standorten dieselben Erfahrungen machen. Jedes gut geführte Franchiseunternehmen bemüht sich darum, ein hohes Maß an Stetigkeit zu erreichen.

Konversionsfranchising

Wenngleich dies nicht wirklich ein dritter Typ von Franchising ist, stellt *Konversionsfranchising* eine Abwandlung der Standard-Franchisebeziehungen dar. Beim Konversionsfranchising übernimmt ein unabhängiger Betreiber aus demselben Geschäftsbereich, in dem der Franchisegeber sich bewegt, dessen Dienstleistungen oder Warenzeichen und sein System. In vielen Fällen zögert der neue Franchisenehmer, der wahrscheinlich ein erfahrener Geschäftsmann ist, alle Veränderungen oder Umwandlungen vorzunehmen, die sein Unternehmen identisch zu allen anderen Standorten des Systems machen würden, und der Franchisegeber kann möglicherweise diese umfänglichen Veränderungen nicht verlangen. Dennoch übernimmt der Franchisenehmer die Dienstleistungen des Systems oder dessen Warenzeichen, das Marketingkonzept, Einkaufsbeziehungen, Schulung und die Dienstleistungsstandards für kritische Kunden. Beispiele von Branchen, die Konversionsfranchising in großem Umfang angewendet haben, sind Immobilienmakler, Blumenhändler und das Handwerk (Innenausstattung, Installateure, Elektriker und so weiter).

Aufgaben und Ziele von Franchisegebern und Franchisenehmern

Ein guter Franchisegeber bietet seinen neuen Franchisenehmern das System und die Schulung, die von diesen benötigt werden, um ihr Geschäft zu betreiben, ohne alles für sich selbst herausfinden zu müssen. Der Franchisegeber hat die meisten, wenn auch nicht alle, Fehler schon gemacht. Franchisenehmer profitieren von der Erfahrung des Franchisegebers, und können so eine Abkürzung nehmen durch die Minenfelder, die Unternehmensneugründer üblicherweise überwinden müssen. Der Franchisenehmer erwirbt das Recht, den Warennamen, die Erfahrungen und Methoden des Franchisegebers zu nutzen sowie von diesem Unterstützung in der Anfangsphase und im laufenden Betrieb zu erhalten.

Geschäftsgründungen schlagen üblicherweise nicht deshalb fehl, weil die Produkte oder Dienstleistungen von schlechter Qualität sind. Einige der besten Hamburger der Welt werden in kleinen, unabhängigen Coffeeshops und Restaurants hergestellt. Geschäftsgründungen schlagen normalerweise deshalb fehl, weil die Besitzer nicht richtig vorbereitet oder stille Teilhaber sind. Sie machen Fehler, von denen sie sich nicht wieder erholen. Große Franchisegeber haben dieselben Fehler auch schon gemacht – und sie haben überlebt. Ihr Überleben ist die Grundlage für die Straßenkarte, die sie zur Verfügung stellen, und dieses Karte ist Teil dessen, was die Franchisenehmer bezahlen, wenn sie eine Franchiselizenz erwerben.

Sie müssen jedoch daran denken, dass ein Franchisegeber diese ganze Unterstützung nicht deshalb bietet, weil er so ein gutes Herz hat. Der Franchisegeber möchte das ganze System wachsen sehen, möchte, dass dieses floriert und Gewinn abwirft. Somit ist es das Ziel jedes großen Franchisegebers, ein großartiges System zur Verfügung zu stellen. Wenn er dies tut, macht der Franchisenehmer Geld, bleibt im Geschäft, expandiert und zahlt Gebühren. Und der Warenname des Franchisegebers wächst, weil mehr Menschen in Vertriebspunkten mit seinem Zeichen einkaufen und mehr Menschen Franchisenehmer werden möchten.

Was ist ein Franchisegeber?

Ein *Franchisegeber* ist der Inhaber eines Franchiseunternehmens – der Gesamtheit, die dem Franchisenehmer das Recht gibt, unter ihrem Waren- und Dienstleistungszeichen zu operieren. Franchisegeber gibt es in allen Größen und mit ganz unterschiedlicher Erfahrung:

- ✔ Oft sind die Besitzer eine große Aktiengesellschaft oder private Gesellschaften, in denen die Firmengründer (so wie Dave Thomas) noch am Steuer stehen.
- ✔ Manchmal sind die Franchisegeber ehemalige Franchisenehmer, die die Gesellschaften von den Gründern gekauft haben (wie Tom McDonnell es 1996 mit der Autovermietungsgesellschaft U-Save Auto Rental getan hat).

- ✔ Manchmal sind die Franchisegeber enorme Konglomerate (so wie Tricon, das Nebenprodukt von Pepsi, die Pizza Hut, Taco Bell und KFC besitzt).
- ✔ Manche Franchisegeber sind internationale Gesellschaften (wie Uniglobe Travel).

Franchisegeber können Unternehmen sein, die von Einzelpersonen mit viel Erfahrung gegründet wurden oder die von Einzelpersonen mit wenig oder gar keiner Erfahrung gegründet wurden, die eine Vereinbarung mit dem ersten Franchisenehmer der Gesellschaft abgeschlossen haben.

Franchisesysteme bauen auf der Beziehung, die der Franchisegeber zum Franchisenehmer herstellt, auf. Es ist wichtig zu verstehen, dass ebenso wie kein Franchisesystem dem anderen gleicht, auch die Beziehung zwischen Franchisegeber und Franchisenehmer in jedem System unterschiedlich ist. Und diese Beziehung kann sich in dem Maße wie die Geschäftsbedingungen sich ändern, ebenfalls verändern. Nachfolgend einige der Bezeichnungen, die Franchisenehmer verwenden, um ihre Beziehung zu ihrem Franchisegeber zu beschreiben.

Partner

In einem gewissen Sinne, wenngleich dies nicht der rechtlichen Definition entspricht, sind Franchisegeber und Franchisenehmer Partner. Schließlich befinden sie sich gemeinsam in einer geschäftlichen Vereinbarung. Jeder Partner hat eine Aufgabe und jeder Partner ist von der Leistung des anderen abhängig. Aber sind sie gleichberechtigte Partner? Nein.

Gary Charlwood, Vorsitzender und Hauptverantwortlicher von Uniglobe Travel, findet die beste Formulierung für das Arrangement. Er betrachtet seine Franchisenehmer als Partner, sagt aber, dass »es in einer Partnerschaft immer einen Seniorpartner gibt. In unserem Fall ist dies der Franchisegeber.«

Beide Partner haben ihre Aufgaben innerhalb der Beziehung. Der Erfolg der Beziehung basiert auf ihrer Unabhängigkeit voneinander. Nur einer kann jedoch die systemumspannenden Entscheidungen treffen, und das ist der Seniorpartner – der Franchisegeber. Als Teil dieser Partnerschaft stellt der Franchisegeber das System zur Verfügung und der Franchisenehmer stellt das Kapital und die Arbeitskraft zur Verfügung. In großen Systemen diskutieren die Partner individuelle Punkte sowohl eins zu eins als auch gemeinsam; dies geschieht über Franchisenehmerbeiräte.

 Lesen Sie nicht zuviel in die Verwendung des Wortes Partner durch den Franchisegeber hinein. Das soll nicht heißen, dass Sie keine gute Arbeitsbeziehung mit Ihrem Franchisegeber haben können. Es bedeutet nur, dass ein Franchisegeber die Verantwortung hat, seine – nicht unbedingte Ihre – Interessen bestmöglich im Auge zu behalten.

Eltern

Ganz wie Eltern es tun, stellt der Franchisegeber in einem frühen Stadium die notwendige Anleitung für ein gesundes Wachsen zur Verfügung. Franchisegeber bieten Franchisenehmern ein Sicherheitsnetz in Form von Schulung und Hege und Pflege während der Anfangstage des

Franchisenehmers im System. Wie Eltern stellen sie einen Unterstützungsmechanismus zur Verfügung, an den Franchisenehmer sich hilfesuchend wenden können, wenn sie nicht zurechtkommen. Franchisegeber halten eine ganze Reihe von Stützrädern in Form von Schulungen bereit, um neue Franchisenehmer in der Balance zu halten, bis diese gelernt haben, ohne Stützräder zu fahren. Und wie echte Eltern sind sie eine ständige Quelle für Ratschläge, Ideen und Weisheiten, während die Franchisenehmer erwachsen werden.

Doch Franchisegeber sind keine Eltern und Franchisenehmer sind keine Kinder. Kinder können sich ihre Eltern nicht aussuchen; Franchisenehmer *können* sich ihren Franchisegeber auswählen. Und sofern Eltern von heute sich nicht grundlegend gegenüber früher gewandelt haben, lassen sie ihre Kinder bei ihrer Geburt keinen umfangreichen Vertrag unterzeichnen, in dem die Verpflichtungen jeder Partei der anderen gegenüber aufgeführt sind. Franchising ist eine Geschäftsbeziehung.

Diktator

Fordern Sie einige Franchisenehmer auf, ihren Franchisegeber zu beschreiben, und diese werden möglicherweise solche Ausdrücke wie *Diktator* oder *Tyrann* verwenden. Warum? Dafür kann es viele Gründe geben.

Einige Franchisenehmer finden die Franchisebeziehung zu einschränkend. Sie können sich selbst als Unternehmer sehen – als jemanden, der ein Geschäft gründet und alle Entscheidungen dazu, wie der Betrieb des Unternehmens laufen sollte, eigenständig trifft. Denn, besitzen sie schließlich nicht ihr eigenes Unternehmen? Unternehmer haben viel mehr Flexibilität als Franchisenehmer. In einer Franchisesituation besitzt der Franchisegeber das Konzept und den Namen; der Franchisegeber bestimmt wie das Unternehmen des Franchisenehmers mit den Verbrauchern Geschäfte abwickelt. Denn für wahre Unternehmer erscheinen die Einschränkungen eines Franchiseunternehmens überwältigend – wie eine Diktatur. Wenn Sie sich also selbst als Unternehmer empfinden, gründen Sie Ihr eigenes Unternehmen. Sie wären wahrscheinlich als Franchisenehmer nicht glücklich.

Jede Portion Biggie-Pommes muss gleich sein. Jedes Hotelzimmer in Marriott Courtyards muss über eine Kaffeekanne, eine Couch und Telefone, die man mit einem Modem verbinden kann, verfügen. Das ist Einheitlichkeit. Um diese Einheitlichkeit zu gewährleisten, muss ein Franchisegeber die Entscheidungen zum Betrieb des Unternehmens global treffen. Franchisenehmer mögen denken, dass sie die beste Idee geboren haben, und oft ist dies auch so, doch es liegt beim Franchisegeber, diese großartigen Ideen zu prüfen und systemweite Entscheidungen zu treffen. Manchmal lautet die Antwort nein. Doch wenn der einzige Grund, aus dem Franchisegeber Nein sagen, darin besteht, dass nicht sie selbst diese Idee hatten, sind sie nicht nur Diktatoren, sondern schlechte Geschäftsleute. Wenn Franchisegeber den Franchisenehmer jede Idee ausprobieren lassen, sind sie jedenfalls keine guten Eltern; gute Eltern beschützen ihre Kinder davor, unnötige Fehler zu machen.

In den meisten Fällen sind Franchisegeber jedoch nicht diktatorisch, wenn sie Nein sagen, und sind sie auch keine schlechten Eltern. Im Normalfall sehen Sie das große Ganze und handeln als Seniorpartner.

Es wird zunehmend modern für Franchisegeber und Franchisenehmer, einen Teil der Entscheidungen gemeinsam zu treffen – jedoch in begrenztem Maße. Rupert Barkoff, Partner, Kilpatrick Stockton, LLP, Atlanta Georgia, sagt: »Holiday Inn beispielsweise ist vertraglich dazu verpflichtet, bestimmte vorgesehene Veränderungen seines Systems der Organisation seiner Franchisenehmer vorzulegen, bevor diese umgesetzt werden, und die Franchisenehmer von Sylvan Learning Center haben ein Vetorecht bei Marketingprogrammen.«

Bei den meisten großen Franchisesystemen, die als »Partnerschaft« arbeiten, gibt es einen Franchisenehmerbeirat (Franchisee Advisory Council – FAC), der den Franchisegeber bei der Entwicklung und Verbesserung des Systems unterstützt. Oft besteht eine der Aufgaben des Franchisenehmerbeirats FAC darin, Ideen für neue Produkte und Dienstleistungen zu überprüfen, egal ob die Ideen von Franchisegebern oder einem Franchisenehmer stammen. Franchisenehmerbeiräte arbeiten auch mit Franchisegebern zusammen, um die Werbung des Systems und gemeinsame Einkaufsvereinbarungen zu überprüfen, und machen andere Veränderungen, um das System zum Vorteil beider Partner zu verbessern. Wenn Sie einen Franchisegeber suchen, halten Sie Ausschau nach Systemen, die in aktiver und beteiligender Beziehung zu ihrem Franchisenehmerbeirat stehen.

Vorsicht beim Franchise-Möchtegern

Was ist ein Franchise-Möchtegern? Dies ist eine Geschäftsidee, die entweder sehr viel Ähnlichkeit mit einem Dienstleistungsfranchise oder einem Produktions-/Vertriebsfranchise hat. Diese Maskerade wird bei vielen Franchise- und Geschäftsgelegenheiten-Messen vorgeführt. Die am weitesten verbreiteten Arten sind Service Merchandiser, Lieferanten-Händler-Vertriebsbeziehungen und Automatenaufsteller.

Wenngleich jedes Franchiseunternehmen eine Lizenz darstellt, ist nicht jede Lizenz ein Franchiseunternehmen. Der Unterschied besteht in der Definition, die die Federal Trade Commission (US-amerikanische Handelskommission) aufgestellt hat. Diese Definition fordert das Vorhandensein der nachfolgend genannten Elemente, bevor eine Konzession als Franchiseunternehmen klassifiziert wird:

✔ Der Franchisenehmer muss Produkte oder Dienstleistungen vertreiben, die mit den Warenzeichen oder Dienstleistungszeichen des Franchisegebers identifiziert oder assoziiert werden.

✔ Vom Franchisenehmer wird erwartet, dass er den Qualitätsstandards des Franchisegebers entspricht, wenn er die Warenzeichen verwendet. Der Franchisegeber übt eine deutliche Kontrolle über das Unternehmen aus oder unterstützt den Franchisenehmer wesentlich.

✔ Der Franchisenehmer zahlt US $ 500,00 oder mehr an den Franchisegeber.

Geschäftsgründungsmöglichkeiten haben verschiedene Vorteile gegenüber Franchising, von denen der größte darin besteht, dass Geschäftsgründungsmöglichkeiten viel mehr Unabhängigkeit und Flexibilität ermöglichen. Geschäftsgründungsmöglichkeiten kosten normalerweise beim Start weniger als Franchiseunternehmen und Sie müssen dafür keine laufenden Lizenzgebühren zahlen.

Der größte Nachteil einer Geschäftsgründungsmöglichkeit ist, dass man selten irgendeine nennenswerte Hilfe beim Aufbau des Unternehmens, bei Schulung oder der Vermarktung erhält, und man hat auch nicht viel fortlaufende Unterstützung zu erwarten.

Franchisegeber sagen gern, dass man in einem Franchise *für* sich selbst im Geschäft ist, aber nicht *auf* sich selbst gestellt ist. In einer Geschäftsgründungsmöglichkeit, sind Sie nicht nur *für* sich selbst im Geschäft, sondern Sie sind gewöhnlich im Geschäft auch *auf* sich selbst gestellt. Für die meisten Menschen auf der Suche nach der Unterstützung, die zu einem Franchisesystem gehört, ist unser Rat, sich von Geschäftsgründungsmöglichkeiten fernzuhalten und ein wirkliches Franchiseunternehmen zu erwerben.

Der Franchisevertrag

Sie müssen die nachfolgende Unterscheidung verstehen: Wenn Sie ein Franchise erwerben, *gehört* Ihnen das Geschäft nicht. Sie besitzen *die Rechte, Geschäfte zu machen unter Verwendung des Warenzeichens, des Markennamens, des Produkts oder der Dienstleistung sowie der Betriebsmethoden des Franchisegebers*. Was Sie typischerweise besitzen, sind die Sachanlagegüter, das Grundstück und die Gebäude sowie Ausstattung, aber nicht die Marke oder das System. In vielen Systemen hat der Franchisegeber möglicherweise sogar das Recht, in Ihrem Besitz befindliche Sachanlagegüter zu kaufen, wenn die Beziehung endet. Klingt das nicht nach einem guten Deal? Jetzt das, was Sie *tatsächlich* bekommen, wenn Sie sich einem guten Franchisesystem anschließen:

- Eine erprobte und erfolgreiche Geschäftsmethode
- Einen landesweit bekannten Markennamen
- Ein komplettes Schulungsprogramm mit fortschrittlichem Schulungsmaterial und Aktualisierungen
- Forschung und Entwicklung bei neuen Produkten und Dienstleistungen
- Professionell entworfene lokale, regionale und landesweite Werbung und Vermarktungsprogramme
- Die Chance, mehr als ein Franchiseunternehmen zu besitzen
- Eine Abkürzung für die weitverbreiteten Fehler von Unternehmensneugründungen

1 ➤ Verstehen, wie Franchising funktioniert

- ✔ Ihre Franchisenehmerkollegen als Netzwerk gleichrangiger Berater
- ✔ Gründliche und fortlaufende Unterstützung vor Ort und durch die Systemzentrale
- ✔ In vielen Fällen einen geschützten Markt oder ein geschütztes Gebiet

Franchisegeber geben ihren Franchisenehmern oft ein Gebiet um ihren Standort herum, in dem kein anderer systemeigener oder im Besitz eines Franchisenehmers stehender Standort Geschäfte betreiben darf. Dies bezeichnet man als geschützten Markt oder geschütztes Gebiet. Geschützte Gebiete kann man definieren:

- ✔ Als einen Radius oder ein Gebiet im Umkreis des Standorts des Franchisenehmers
- ✔ Als eine Anzahl von Haushalten oder Geschäften in einem Gebiet
- ✔ Als eine Anzahl von Menschen, die in diesem Gebiet leben
- ✔ Durch Postleitzahlen
- ✔ Durch Grenzen unter Verwendung von Autobahnen und Straßen
- ✔ Durch jede Methode, die das Gebiet definiert, in dem kein anderer Standort derselben Marke eröffnet werden darf

Wenn das Gebiet zu groß ist, wird der gesamte Markt nicht genug Standorte haben, um einen Wiedererkennungswert der Marke zu erreichen. Wenn es zu klein ist, sind andere Standorte zu nah, sodass es möglicherweise nicht genug Kunden gibt, um das Geschäft zu tragen. Das Ziel in einem guten Franchisesystem muss es sein, die richtige Anzahl von Einheiten an den richtigen Standorten zu etablieren, um sicherzustellen, dass Verbraucher die Marke häufig sehen. Wir nennen das *Marken-Durchdringung*. Wenn es nah beieinander zu viele Einheiten gibt und diese Nähe die Verkäufe der Einheiten negativ beeinflusst, nennen wir dies *Beeinträchtigung*.

Sind Franchise-Unternehmen immer rentabel?

Wenn Sie ein Franchise kaufen, werden Sie reich – oder erreichen zumindest finanzielle Sicherheit. Richtig? Wir hassen es, Ihre Hoffnungen platzen zu lassen, aber hierbei handelt es sich um einen Mythos. Nicht alle Franchiseunternehmen sind erfolgreich. Nicht alle werfen Profit ab, und viele scheitern. Doch auf Basis der jüngsten Branchenstudien, einschließlich der Untersuchung, die von der Gallup Organization for the IFA's Education Foundation durchgeführt wurde, sind die meisten Franchisenehmer zufrieden mit ihrer Entscheidung. Es ist logisch anzunehmen, dass die meisten Profit abwerfen – es sei denn, Sie können sich einen Geschäftsmann vorstellen, der zufrieden ist, wenn er Geld verliert.

Einen Franchisebetrieb zu besitzen – ebenso wie der Besitz eines kleinen Geschäfts – ist harte Arbeit. Obwohl Sie erprobte Systeme und Schulungen erhalten, wenn Sie sich mit einem soliden Franchisegeber zusammentun, kann Ihnen keiner den Erfolg garantieren. Oft sind Sie die Variable in dieser Gleichung. Geschäftseigentum ist keine passive Investition. Es erfordert lange Arbeitszeiten und Hingabe. Sogar beim besten Franchisesystem und dem populärsten Markennamen ist oft der Franchisenehmer die ausschlaggebende Zutat, um das Geschäft zum Erfolg zu führen.

Wenn Sie falsche Entscheidungen treffen und ein Franchiseunternehmen kaufen, das Sie schließlich hassen werden, sind die Chancen groß, dass Sie sogar trotz harter Arbeit nicht erfolgreich sein werden – oder nicht sehr glücklich.

Haben wir Sie entmutigt? Ihnen Angst gemacht? Machen Sie sich keine Gedanken. Franchising, wenn man es richtig und mit offenen Augen angeht, kann eine profitable und sehr erfreuliche Weise sein, Ihre Zukunft zu verbringen.

Denken Sie daran, was einen Hamburger großartig macht, sind weder Größe noch Geruch – es ist der Geschmack. Dasselbe gilt für großartige Franchiseunternehmen. Die Broschüre ist möglicherweise klasse und die Verkaufspersonen überzeugen, aber Sie kaufen nicht das Brutzeln – Sie investieren in das Steak.

Die Untersuchung von Franchisegelegenheiten: Bei Franchising geht es um mehr als nur um Restaurants

In diesem Kapitel

- Die verschiedenen Arten von Franchising verstehen
- Die Bedeutung von Marken erkennen
- Franchiseverträge untersuchen
- Horizonte im Bereich Franchising erweitern: Vielfältigkeit

Die Anzahl der zur Verfügung stehenden Franchisemöglichkeiten wächst laufend und ist nur begrenzt durch die Vorstellungskraft und die Fähigkeiten des Franchisegebers, der sie schafft. Mehr als 80 Branchen verwenden Franchising, um ihre Produkte und Dienstleistungen – und ihre Marken – zu vermarkten. Wenn Sie mit den Erkundungen beginnen, ist es Ihre Aufgabe, ein großes Netz in den Pool der Franchisemöglichkeiten zu werfen und zu schauen, was Sie interessiert. Wenngleich der Betrieb eines Restaurants eine der beliebtesten Arten von Franchising ist, so ist es nicht die einzige – oder notwendigerweise die beste – Art für jeden. (Es dürfte Ihnen allerdings schwer fallen, Dave davon zu überzeugen!)

Die verschiedenen Möglichkeiten

Wenn Sie mit Ihren Erkundungen über Franchising beginnen, werden Sie sofort sehen, wie groß die Bandbreite der Möglichkeiten ist: E-Commerce-Gesellschaften, Gesellschaften, die im Bereich Gesundheitsindustrie tätig sind, Hotels, Autowaschanlagen, Friseursalons, Reisebüros, Ein-Stunden-Foto-Entwicklung, Rasenpflege, Rohrreinigungsfirmen, Waschsalons und Reinigungen. Es gibt sogar auf die Umwelt ausgerichtete »Reinigungen«, in die man investieren kann, die nicht mit dem in Reinigungen üblicherweise verwendeten Waschmittel arbeiten, sondern mit CO_2. Einige dieser Konzepte, wie diejenigen im Bereich E-Commerce, gab es vor fünf Jahren noch nicht. Restaurants stellen nur etwa ein Drittel der verfügbaren Möglichkeiten dar.

Was beliebt ist

Auch wenn viele Menschen sich zunächst Restaurants und im Zusammenhang mit Ernährung stehende Franchiseunternehmen ansehen (wahrscheinlich wegen der großen Anzahl an Möglichkeiten in diesen Segmenten), lohnt es sich, einen Blick auf Möglichkeiten außerhalb des Restaurantbereichs zu werfen. Seien Sie nicht allzu überrascht davon, dass viele von ihnen in finanzieller Hinsicht besser laufen als einige der besser bekannten Restaurant-Konzepte.

Ron Harrison, der ehemalige Vorsitzende des Internationalen Franchise Verbands führt aus, dass »bei nahezu der Hälfte aller Franchisegesellschaften die Höhe der Anfangsinvestitionen unter DM 200.000 liegt.« Franchising bietet also Möglichkeiten, die Ihren Bedürfnissen entsprechen, egal wie klein Ihr Portemonnaie auch sein mag.

Als persönliche Investitionsstrategie sollten Sie vielleicht mehrere Standorte (wir werden weiter hinten in diesem Kapitel erklären wie) mit einem weniger teuren Franchiseunternehmen in Erwägung ziehen, anstatt nur einen Standort eines Konzepts zu besitzen, der höhere Investitionen erfordert. Einige Investoren stellen fest, dass sie ihre Erfolgschancen durch die Streuung ihres Risikos bei mehr als einem Standort erhöhen.

In einer Sonderausgabe, die bei der jährlichen Zusammenkunft der International Franchise Association im Februar 2000 in San Diego veröffentlicht wurde, berichtete *USA Today*, dass die zehn beliebtesten Franchisemöglichkeiten in den folgenden Branchen zu finden sind:

- ✔ Fast Food
- ✔ Einzelhandel
- ✔ Dienstleistung
- ✔ Automobilbranche
- ✔ Restaurants
- ✔ Unterhaltung
- ✔ Bau- und Konstruktionsindustrie
- ✔ Einzelhandel – Lebensmittel
- ✔ Geschäftsdienstleistungen
- ✔ Unterbringung

Tatsächlich ist die Liste der Branchen, in denen Franchising erfolgreich eingeführt wurde, viel länger, deshalb sollten Sie Ihre Suche nicht auf diejenigen aus der *US Today*-Liste beschränken.

Wenn Sie einfach ein Franchiseunternehmen in einer der beliebteren Branchen haben möchten, ziehen Sie ein neueres oder kleineres Franchisesystem in Erwägung, bei dem Sie vielleicht mehr Flexibilität als bei großen, etablierten Systemen erleben werden. Sie finden es möglicherweise auch vorteilhaft, den nicht ganz so ausgetretenen Pfad zu nehmen und die Möglichkeiten, die sich in weniger beliebten Branchen bieten, genau zu untersuchen. Behalten Sie dabei jedoch im Hinterkopf, dass die kleineren Systeme, die zwar möglicherweise flexibler in ihrer Zusammenarbeit mit Ihnen sind, vielleicht nicht alle Vorteile und Dienstleistungen der größeren und besser eingeführten Franchisegeber bieten.

Informationen über Deutscher Franchiseverband

2 ➤ Die Untersuchung von Franchisegelegenheiten

Franchisebranchen

Wenn Sie anfangen, sich mit Quellenmaterialien zu beschäftigen (vgl. Kapitel 4 zu einer Diskussion darüber, wo man sich nach Listen mit zur Verfügung stehenden Franchiseunternehmen umsehen kann), werden Sie feststellen, dass dort die Franchisegelegenheiten nach den verschiedenen Branchen aufgeführt werden. Sie können beispielsweise eine Liste von Franchisebranchen auf der Webseite der International Franchise Association unter www.franchise.org abrufen. In Deutschland sollten Sie sich an den Deutschen Franchise-Verband e.V. mit der Webseite www.dfv-franchise.de, Tel. 089/5307140 oder an den Deutschen Franchisenehmer-Verband e.V., www.dfnv.de, Tel. 0228/250300 oder 02381/9559522 wenden.

Gibt es einen Standard für die Brancheneinteilung, wie sie in verschiedenen Verzeichnissen verwendet werden? Die Verzeichnisse verwenden keine allgemein gültige Einteilung. Sie mögen denken, dass die Gesellschaften in einer Kategorie ähnlich sind, doch das ist nicht immer so. Nehmen Sie »Nahrungsmittel – Pizza« als Beispiel.

Einige der Pizza-Franchisegeber stellen ein System zur Verfügung, bei dem die Pizza dem Kunden ins Haus geliefert wird; andere nicht. Einige bieten ausschließlich die Möglichkeit zum Verzehr in ihrem Restaurant. Einige tun beides. Einige tun keins von beidem – Sie können Ihr Gericht nur abholen. Alle sind sie Pizza-Franchiseunternehmen und tauchen vielleicht in manchen Verzeichnissen unter derselben Kategorie auf. Doch die Leistungsmerkmale von »Lieferung« oder »Nicht-Lieferung« machen sie zu deutlich unterschiedlichen Typen von Franchisemöglichkeiten. Die notwendigen Investitionen sind sehr unterschiedlich, die Art und Anzahl der benötigten Angestellten variiert, die Typen von Immobilien variieren und die Menge an Geld, die man verdienen kann, variiert sicherlich auch. Auch wenn Franchisemöglichkeiten in derselben Kategorie aufgelistet sein können, handelt es sich doch um verschiedene Möglichkeiten.

Nehmen wir einmal »Friseure & Friseurbedarf«. Einige Franchiseunternehmen sind darauf ausgelegt, dass dort ausschließlich Männern die Haare geschnitten werden. In anderen sind Frauen die Zielgruppe. Einige bieten Dauerwellen und Färben an; andere tun dies nicht. Maniküren hier, dort vielleicht nicht. Einige Franchiseunternehmen spezialisieren sich auf Haarschnitte für Kinder. Andere, zum Beispiel Sport Clips, ein Friseurfranchise mit Sitz in Georgetown, Texas, hat als Grundkonzept das Thema Sport und hat an jedem Haarschneideplatz Fernsehbildschirme, auf denen Programme mit Sportereignissen gezeigt werden. Ihre Standorte sind so ausgestattet wie Umkleidekabinen; große Fernsehbildschirme bieten den Kunden während ihrer Wartezeit Unterhaltung. Wo andere Friseure Shampoo und Weichspülung verkaufen, verkauft Sport Clips auch Baseballkappen, Mülleimer mit Logos und andere Waren, die in Zusammenhang mit Sport stehen. Alle Friseursalons haben etwas mit Haar zu tun, doch die Möglichkeiten können sich von einem Unternehmen zum nächsten radikal unterscheiden.

Eins der wunderbaren Dinge beim Franchising ist die Vielfalt an Möglichkeiten.

Was ist überhaupt so toll an Marken?

Die eigene Marke ist der wertvollste Besitz eines Franchisesystems. Verbraucher entscheiden, ob sie an einem bestimmten Standort etwas kaufen oder nicht danach, was sie kennen oder glauben zu kennen: nach der Marke. Auch, wenn sie kein Verhältnis zu dem örtlichen Franchisenehmer haben, werden sie wahrscheinlich keinen Gedanken darauf verschwenden, wer das Geschäft besitzt. In ihren Köpfen kaufen sie bei einer Filiale einer Kette in.

Im Kopf des Verbrauchers ist die Marke mit dem Ruf einer Gesellschaft gleichzusetzen – es ist die Erfahrung, die sie erwarten. Franchisegeber verwenden viel Zeit, Energie und Geld für die Markenentwicklung, damit Verbraucher wissen, was sie erwarten können, bevor sie auch nur die Tür erreicht haben. Eine gute Marke vermittelt dem Verbraucher eine Botschaft. Wenn Sie eine Anzeige für Hamburger von Wendy's sehen, assoziieren Sie diese sofort mit Ihrer Erfahrung bei der Bestellung und dem Verzehr von Wendy's Hamburgern. Sie denken vielleicht an einen »Cheddar Lovers Bacon Cheeseburger« oder an eine gebackene Kartoffel oder an die Frische des Produkts. Vielleicht denken Sie, dass die Schlange sich etwas schneller bewegt, dass der Service besser oder die Bedienung freundlicher ist. Sie erinnern sich vielleicht daran, Dave im letzten Werbespot gesehen zu haben, oder denken an Clara Peller und ihre Helfer Mildred Lane und Elizabeth Shaw in den »Where's the Beef?«-Werbespots zurück. (»Where's the Beef?« erreichte das höchste Maß an Verbraucherbewusstsein in der Geschichte der Werbeindustrie. Bei den Clio Awards von 1984 stahl es die Show, indem es drei der höchsten Ehrungen der Branche gewann und zum beliebtesten Werbespot in Amerika für das Jahr 1984 gewählt wurde). Die Erfahrung eines Besuchs bei Wendy's, unterstützt durch die Botschaft in der Werbung vermittelt der Öffentlichkeit genau das, was Wendy's ist. Sie können sich die Erfahrung vorstellen und sie beinahe schmecken.

Dasselbe kann man über andere Gesellschaften sagen, beispielsweise über Midas. Wenn Sie eine Reklame für den Bremsenservice sehen, den Midas anbietet, können Sie fast fühlen, wie Ihr Auto sicher vor der Ampel anhält. Das ist die Macht der Marke.

Das Markenbewusstsein ist ein Teil dessen, was ein Franchisenehmer sich erhofft, wenn er ein Franchiseunternehmen erwirbt. Eine gute Marke ist in den Köpfen der Verbraucher sofort bekannt. Mit einer weit verbreiteten Marke müssen Sie das Markenbewusstsein in Ihrem Markt nicht erst aufbauen. Der Franchisegeber und die anderen Franchisenehmer haben das bereits für Sie getan. Dies ist einer der Hauptvorteile, wenn man in ein größeres und gut eingeführtes Franchisesystem investiert. Kleinere Systeme mit begrenztem Markenbewusstsein können das nicht leisten, es sei denn, Sie helfen ihnen zu wachsen.

Laufende Werbe- und Marketingprogramme helfen dabei, die Marke stark zu machen und wachsen zu lassen. Und wenn das Franchisesystem erfolgreich darin ist, seinen Markennamen beim Verbraucher positiv zu verankern, bedeutet dieser Erfolg möglicherweise gesteigerte Umsätze für Sie.

 Marken kommen nicht voll ausgereift auf die Welt. Fast jeder Franchisegeber, der anfängt, beginnt mit der lokalen Markenerkennung (die sich vielleicht nur auf die Nachbarschaft beschränkt) und muss diese Marke wachsen lassen, damit sie einen regionalen oder nationalen Status erreicht.

Ein Unternehmen kann die besten Reinigungen der ganzen Stadt bieten, ein System für Ein-Stunden-Service haben, von seinen Kunden geliebt werden und dennoch nur vor Ort bekannt sein. Für Franchisegeber mit begrenztem Markenbewusstsein, die erst anfangen, ist dies ein wichtiges Thema. Franchisenehmer in Märkten, in denen die Marke des Franchisegebers kaum oder kein Verbraucherbewusstsein besitzt, verwenden Werbe- und Verkaufsmaterialien, die vom Franchisegeber zur Verfügung gestellt werden, um das Markenbewusstsein in ihrem Markt aufzubauen. Diese Franchisenehmer, die erst ein Markenbewusstsein aufbauen, müssen mehr Geld für Werbung und Verkaufsförderung ausgeben und bedürfen vielleicht einer anderen Botschaft als Franchisenehmer, die sich in einen Markt begeben, in dem die Marke des Franchisegebers gut bekannt ist.

Welche Arten von Franchiseverträgen gibt es?

Weil es so viele Franchisingmöglichkeiten gibt, ist Franchising der ideale Weg für Einzelpersonen, Investorengruppen und Unternehmenseinheiten, Besitzer von Unternehmen zu werden. Die Anzahl von Franchisegebern, die Vielzahl der im Franchising vertretenen Branchen, und die Bandbreite der verfügbaren Investitionen schaffen Möglichkeiten für den kleinsten Familienbetrieb mit einem einzigen Standort bis hin zu großen, mehrere Millionen Dollar schweren Investorengruppen, die ihrem Portfolio eine Franchiseinvestition hinzufügen möchte.

Ein *Franchisenehmer* ist die Person oder Einheit, der das Recht gewährt wird, das Geschäft zu betreiben. Das Franchiseunternehmen ist das Unternehmen, für das der Franchisenehmer das Recht zum Betrieb erhält.

Einzel- oder Direktfranchisevertrag

Ein Einzel- oder Direktfranchisevertrag ist genau das, wonach es sich anhört. Ein Franchisenehmer erwirbt die Rechte an einem Franchisesystem, um ein Franchiseunternehmen zu betreiben. Dies ist die einfachste Form von Franchisebeziehungen.

Die meisten Franchisesysteme sind über die Jahre gewachsen – Franchiseunternehmen für Franchiseunternehmen. Es ist eine klassische und immer noch die weitverbreitetste Art von Beziehung im Franchising. Für viele Menschen, die sich nach einer Möglichkeit umsehen, ihren Traum von Unabhängigkeit durch Unternehmenseigentum zu verwirklichen, wurde Franchising ihr Transportmittel.

Doch Einzel- oder Direktfranchiseverträge sind nicht die einzige Möglichkeit, und wir möchten, dass Sie auch etwas über die anderen Möglichkeiten erfahren.

Franchiseunternehmen mit mehreren Standorten

Viele Franchisenehmer besitzen mehrere Standorte. Franchiseunternehmen mit mehreren Einheiten gibt es in vielen Ausführungen.

Betreiber von mehreren Einheiten

Immer öfter erwerben die Betreiber von klassischen Einzeleinheiten, deren Geschäft blüht, andere Franchisebetriebe von demselben Franchisegeber. Sie kennen ihren Franchisegeber, haben eine Beziehung zu diesem Franchisesystem aufgebaut und können einschätzen, welchen Verdienst ihnen die Investition in weitere Einheiten bringt. Da sie bereits wissen, wie das Geschäft zu betreiben ist, ist möglicherweise die Einführungsschulung, die sie bei der Eröffnung ihres ersten Standortes gemacht haben, nicht mehr notwendig und einige der wichtigsten Angestellten, die sie an ihrem ersten Standort haben, sind vielleicht perfekt geeignet, um die Geschäftsführung in ihrem zweiten oder dritten Standort zu übernehmen. Dies ist eine großartige Wachstumsmöglichkeit, denn das Wissen um das Geschäft und das Franchisesystem machen das Risiko für sie niedriger als es zum Zeitpunkt der ersten Franchiseentscheidung war.

Mit Ausnahme der zusätzlichen Last (oder vielleicht *Freude*), zusätzliche Standorte zu betreiben, bleibt die Franchisebeziehung zwischen Franchisegeber und Franchisenehmer im Wesentlichen unverändert. Der Franchisenehmer hat einfach mehrere Einzelfranchise-Verträge. Wenn es einen deutlichen Unterschied gibt, so liegt dieser in der Hebelwirkung, die der Besitz von mehreren Einheiten vielleicht bringt. Mit mehreren Standorten und mehr Investitionen ist ein Franchisenehmer mit mehreren Einheiten auf dem Radarfeld seines Franchisegebers eher sichtbar als dies vielleicht der Betreiber eines Einzelstandortes ist.

Franchisegeber überarbeiten regelmäßig ihre Franchiseverträge. Der Franchisegeber verändert vielleicht einige der Gebühren, fordert zusätzliche Ausstattung oder Investitionen in Technologie, verändert einige der Verpflichtungen zwischen den Parteien oder nimmt andere Veränderungen vor. Franchisenehmer, die im Laufe der Zeit viele Einzelfranchisestandorte erwerben, werden aller Wahrscheinlichkeit nach Unterschiede zwischen dem ursprünglichen Vertrag mit dem Franchisegeber für den ersten Standort und dem neuen Franchisevertrag für spätere Standorte feststellen. Zusätzlich beinhalten viele Franchiseverträge eine Klausel zur *übergreifenden Vertragsverletzung*. Diese Vorkehrung erlaubt es dem Franchisegeber, den Bruch eines der Verträge als einen Bruch aller Verträge zu betrachten. Wie bei allen Franchiseverträgen sollten Sie einen auf Franchising spezialisierten Rechtsanwalt die Dokumente überprüfen lassen (Dies wird in Kapitel 6 besprochen).

Gebietsentwicklung

Ein *Gebietsentwicklungsvertrag* ist eine Beziehung, die einem Franchisenehmer das Recht garantiert, mehr als einen Standort zu eröffnen. Er unterscheidet sich von einer Beziehung mit vielen Einzelstandorten vor allem dadurch, dass der Franchisenehmer sich bereit erklärt, eine bestimmte Anzahl von Standorten in einem genau festgelegten Zeitraum und in einem bestimmten Gebiet zu eröffnen.

Sie wollen beispielsweise zehn Friseursalons in Ihrer Stadt eröffnen. Sie können an einen Franchisegeber herantreten und jeweils ein Franchiseunternehmen kaufen, wie wir dies zuvor erklärt haben, doch dann besteht das Risiko, dass Sie den Markt mit anderen Franchisenehmern des

Systems teilen müssen oder dass der Franchisegeber alle verfügbaren Franchiseunternehmen für Ihren Markt verkauft hat, bevor Sie so weit sind, diese erwerben zu können.

Stattdessen schließen Sie einen Gebietsentwicklungsvertrag ab. Das bedeutet, dass Sie sich verpflichten, zehn Standorte innerhalb eines festgelegten Zeitraums zu eröffnen und diese zu betreiben – sagen wir, innerhalb von fünf Jahren – und der Franchisegeber garantiert Ihnen die exklusiven Rechte für die Entwicklung von Standorten in Ihrem Gebiet.

 Stellen Sie sicher, dass Ihr Entwicklungsvertrag Ihnen Marktexklusivität zusichert. In einigen Franchisesystemen enthält der Franchisevertrag dies vielleicht nicht.

Im Normalfall zahlen Sie dem Franchisegeber eine Gebühr für die Entwicklungsrechte und unterschreiben einen Vertrag zur Gebietsentwicklung, der Sie dazu verpflichtet, die zehn Standorte im Laufe von fünf Jahren zu eröffnen. Die Eröffnungstermine werden ebenfalls genau ausgewiesen, so dass Sie vielleicht einen Standort am 01. Januar, den nächsten am 01. Juli und so weiter eröffnet haben müssen.

Bei der Gebühr, die Sie für die Entwicklungsrechte bezahlen müssen, gibt es keinen allgemein gültigen Betrag; er variiert von Unternehmen zu Unternehmen. Sie werden üblicherweise jedes Mal einen Franchisevertrag für einen Einzelstandort unterzeichnen, wenn Sie einen Standort benennen. Was Sie bezahlen und wie der Franchisegeber die Gebühr anwendet, wird variieren und hängt von dem jeweiligen Vertrag ab:

✔ Sie müssen möglicherweise die volle Systemeintrittsgebühr für den neuen Standort bezahlen.

✔ Die ursprüngliche Franchisegebühr für den neuen Standort kann im Vergleich zur Standardgebühr des Franchisegebers eine reduzierte sein.

✔ Ein Teil der Gebühr, die Sie für die Entwicklungsrechte bezahlt haben, kann auf die Systemeintrittsgebühr angerechnet werden, die Sie für jeden neuen Standort schulden.

✔ Jedes Franchisesystem ist unterschiedlich. Bei jedem Vertrag, den Sie unterschreiben, müssen Sie die Vereinbarungen mit Ihrem Rechtsanwalt durchsprechen (vgl. Kapitel 6 hinsichtlich Informationen über die Auswahl des richtigen Beraters).

 Warum gibt es zwei Vereinbarungen – einen Gebietsentwicklungsvertrag und einen Franchisevertrag? Einfach gesagt, gibt Ihnen der Gebietsentwicklungsvertrag die Berechtigung, Verträge für die Einzelstandorte abzuschließen, und verpflichtet den Franchisegeber dazu, Ihnen die Vervollständigung Ihres Entwicklungsplans zu genehmigen. Der Franchisevertrag zum Standort gibt Ihnen das Recht, jeden einzelnen Standort als Franchiseunternehmen des Systems zu betreiben. Diese Verträge dienen zwei Zielen.

Behalten Sie jedoch im Sinn, dass, sofern Sie den Entwicklungsplan nicht einhalten, der Franchisegeber üblicherweise das Recht hat, den Entwicklungsvertrag zu kündigen und die Gebühr für die Gebietsentwicklung einzubehalten. Stellen Sie also sicher, dass der von Ihnen ausgewählte Markt die Anzahl von Standorten, zu deren Eröffnung Sie sich verpflichtet haben, auch tatsächlich tragen kann, und dass Sie die notwendigen finanziellen Mittel haben, um den Vertrag auch dann zu erfüllen, wenn der erste Laden mit einem weniger erfolgreichen Start als geplant ins Rennen geht.

Masterfranchises

Eine *Masterfranchisebeziehung* hat Ähnlichkeiten mit einem Gebietsentwicklungsvertrag, allerdings mit einer bedeutenden Variante.

Der Masterfranchisenehmer hat neben dem Recht und der Verpflichtung, eine Anzahl von Standorten in einem definierten Gebiet zu eröffnen und zu betreiben, auch noch das Recht und manchmal die Verpflichtung, Franchiseunternehmen anderen Menschen, die gerne Franchisenehmer des Systems werden möchten, anzubieten und zu verkaufen. Sie werden eine Art von Franchisegeber für diejenigen Menschen, die Franchiseunternehmen über Ihr Masterfranchise erwerben wollen.

Wir verwenden dasselbe Beispiel, das wir zuvor im Abschnitt »Gebietsentwicklung« verwendet haben, mit einer entscheidenden Veränderung: Sie wollen nicht alle Friseursalons besitzen und betreiben.

Als Masterfranchisenehmer, müssen Sie wahrscheinlich mindestens ein oder zwei der Standorte selbst besitzen und betreiben. Nachdem sie eröffnet wurden, können Sie sodann die Rechte für die Eröffnung zusätzlicher Standorte an andere Franchisenehmer – diese werden oft »Sub-Franchisenehmer« genannt – verkaufen, die Friseursalons in Ihrem Markt eröffnen und betreiben möchten.

Wenn Sie den Vertrag für das Haupt-Franchiseunternehmen unterschreiben, bezahlen Sie eine Gebühr – die *Masterfranchisegebühr*. Wenn Sie Franchiseunternehmen an Ihre Sub-Franchisenehmer verkaufen, bezahlen diese eine Franchisegebühr, die Sie im Regelfall mit Ihrem Franchisegeber teilen. Sie bezahlen üblicherweise auch eine Lizenzgebühr, die Sie ebenfalls mit dem Franchisegeber teilen. Die Höhe des Anteils, den Sie mit dem Franchisegeber teilen, ist sehr unterschiedlich und hängt vom System und der Art der von Ihnen eingegangenen Masterfranchisebeziehung ab.

- ✔ Der Sub-Franchisenehmer kann einen Franchisevertrag direkt mit dem Franchisegeber oder mit Ihnen als Masterfranchisenehmer abschließen.

- ✔ Der Franchisegeber ist möglicherweise berechtigt, neuen Sub-Franchisenehmern zuzustimmen, oder aber dieses Recht liegt bei Ihnen.

- ✔ Sub-Franchisenehmer erhalten Schulungen und fortlaufende Unterstützung vom Franchisegeber, vom Masterfranchisenehmer oder von beiden.

- ✔ Der Sub-Franchisenehmer zahlt unter Umständen Gebühren direkt an Sie, an den Franchisegeber oder an beide.

Jede Masterfranchisebeziehung variiert verglichen mit anderen, und auch hier sollten Sie sich der Hilfe eines qualifizierten Franchiserechtsanwalts versichern.

Unter allen Arten von Franchisebeziehungen ist die Masterfranchise- oder Subfranchisebeziehung die komplexeste für alle Parteien: den Franchisegeber, den Masterfranchisenehmer und den Sub-Franchisenehmer.

2 ➤ Die Untersuchung von Franchisegelegenheiten

Masterfranchising ist in den Vereinigten Staaten heute weniger populär als es noch vor einigen Jahren war. Dennoch ist es immer noch die vorherrschende Methode, die von US-amerikanischen Franchisegebern beim Vordringen in andere Länder verwendet wird. International verlagert sich für Franchisegeber mit Sitz in den Vereinigten Staaten der Trend jedoch hin zu Gebietsentwicklungsbeziehungen.

In Kapitel 1 stellen wir Ihnen eine Form von Franchisebeziehung mit der Bezeichnung *Konversionsfranchiseunternehmen* vor. Dies ist eine Variante der typischen Franchisebeziehung, in der ein unabhängiger Unternehmer, der in derselben Branche wie der Franchisegeber tätig ist, seinen Betrieb in einen Teil des Franchisesystems umwandelt.

Andere Varianten des »Standard«-Franchiseunternehmens fallen in die breite Kategorie, auf die im Allgemeinen als *nicht-traditionelle Standorte* Bezug genommen wird.

Nicht-traditionelle Standorte

Zu nicht-traditionellen Standorten gehören Flughäfen, Bahnhöfe, Krankenhäuser, Universitätsgelände, Sportstadien, Markthallen, Tankstellen, fahrbare Kioske in Parks – Sie können sich sicher etwas darunter vorstellen. Im Bereich Franchising wird hier oft *von Standorten mit Massenansammlungen* gesprochen.

Die Stärke solcher Standorte mit Massenansammlungen liegt darin, dass der Betrieb von Kunden profitiert, die von anderen Dinge als den von Ihnen angebotenen Produkten angezogen werden. Dies können Fußballspiele im Stadion oder die Studenten zwischen Vorlesungen sein.

Wenn Sie in einen Supermarkt gehen, während Sie gerade tanken, besuchen Sie ebenfalls einen unkonventionellen Standort. Tankstellen, die beispielsweise von Texaco, Shell und ExxonMobil betrieben werden, teilen sich oft ihren Geschäftsraum mit Schnellrestaurants. Bei einigen findet man sogar eine kleine Zweigstelle eines Dienstleistungsfranchise wie Mail Boxes Etc. Heute können Sie Mail Boxes Etc. sogar in Flughäfen und Hotels finden.

Der Zustrom von Kunden, die zum Tanken kommen, verhilft den Franchiseunternehmen zu höheren Umsätzen mit ihren Produkten und Dienstleistungen und gleichzeitig bringt der durch die Franchiseunternehmen entstehende Kundenzustrom erhöhte Benzinverkäufe.

Betreiber einzelner oder mehrerer Standorte können ebenfalls von unkonventionellen Standorten aus operieren. Die Franchisenehmer können entweder der Händler sein, der die Tankstelle betreibt, oder eine andere Person oder Einheit, die einfach Raum vom Händler mietet. Manchmal ist der Betreiber sogar der Franchisegeber selbst.

Dual Branding

Eine andere Art nicht traditioneller Beziehungen wird *Dual Branding* oder auch *Co-Branding* genannt. Diese Art von Betrieben gibt es überall. Dual Branding bedeutet, dass ein oder mehrere Franchiseunternehmen mit verschiedenen Konzepten Läden direkt nebeneinander oder innerhalb desselben Objekts eröffnen und Kunden so eine Einkaufsgelegenheit an einem Ort bieten.

Tricon, Besitzer von KFC, Pizza Hut und Taco Bell platziert oft zwei oder drei seiner Marken in einem Standort. Wendy's tut dies auch, indem Standorte mit der Schwestermarke Tim Hortons, der kanadischen Kette für Kaffee und frische Backwaren, geteilt werden.

 In den Vereinigten Staaten und Kanada teilen sich fast 150 Wendy's und Tim Hortons Standorte in Form von Co-Branding. Franchisenehmer können etwa 25 Prozent ihrer Entwicklungskosten sparen, wenn diese zwei Konzepte an einem gemeinsamen Standort betrieben werden.

Ein Standort den sich zwei Marken teilen, nutzt Arbeitskraft und Immobilien effektiver, weil so der *Tagesanteil* des Standorts vergrößert wird. In der Restaurantbranche werden Frühstück, Mittag- und Abendessen Tagesanteile genannt. So herrscht beispielsweise in Donut-Ketten üblicherweise zur Frühstückszeit der stärkste Betrieb, und es ist dort über die Mittagszeit und abends eher ruhig. Andere Konzepte haben zur Frühstückszeit wenig Betrieb, aber dort ist es besonders während der Mittag- und Abendessenszeiten sehr belebt. Durch Dual Branding in einem Standort hofft der Betreiber, dass Kundenströme zum Standort geleitet werden, die durch das andere Produktangebot angezogen werden, und dass so der Standort umfassender genutzt wird.

Massenansammlungen und Dual Branding sind der neueste und am schnellsten wachsende Trend im Bereich Franchising.

Retrofranchising

Die Zunahme von Retrofranchising und Refranchising dauert an. (*Retrofranchising* bezieht sich auf Standorte, die im Systembesitz waren und vielleicht noch nie als Franchiseunternehmen vergeben wurden; *Refranchising* bezieht sich auf Standorte, die einmal als Franchiseunternehmen vergeben waren, aber dann vom Franchisegeber erworben und betrieben wurden).

Franchisegeber können aus vielen Gründen am Verkauf solcher Standorte interessiert sein:

✔ Unter Umständen entspricht der Betrieb systemeigener Standorte nicht mehr dem strategischen Plan des Unternehmens.

✔ Das Unternehmen ist vielleicht weiterhin am Betrieb systemeigener Standorte interessiert, möchte aber die Anzahl der Märkte, in denen es direkt operiert, konsolidieren. Hierzu wird Kapital aus dem Verkauf systemeigener Standorte in einigen Märkten für die Entwicklung neuer Standorte in anderen Märkten verwendet. Im Wesentlichen handelt es sich um ein Anpassen des »Inventars« an Geschäften, sodass dies besser zur Strategie des Unternehmens passt.

✔ Um das Wachstum von Franchising in einem Markt zu stärken, bietet das Unternehmen Franchisenehmern vielleicht den Verkauf systemeigener Standorte an, um diese zur Entwicklung zusätzlicher Standorte auf dem Markt anzuregen.

✔ Das Unternehmen hat womöglich finanzielle Schwierigkeiten und benötigt das Kapital aus den Verkäufen.

✔ In einigen Situationen sind Franchisenehmer bessere Betreiber von Standorten als Franchisegeber. Dies hängt vielleicht mit der Entfernung der Systemzentrale zu den lokalen Standorten, den Fähigkeiten des Managements und anderem Personal zusammen oder hat andere Gründe. In solchen Situationen verkaufen Franchisegeber Standorte unter Umständen nur deshalb, weil sie glauben, dass die Standorte unter der Kontrolle eines Franchisenehmers besser als unter der des Personals des Franchisegebers arbeiten. Sie sollten sich nach Retrofranchising- und Refranchisinggelegenheiten umschauen.

Es gibt viele Vorteile beim Kauf eines bestehenden Standorts:

✔ Die Zeit, um das Geschäft wirklich ans Laufen zu bringen, wird kürzer sein, denn Sie müssen keinen Standort finden oder sich durch den Bau und die Ausstattung des Geschäfts hindurcharbeiten.

✔ Die Finanzierung kann einfacher sein, weil das Geschäft bereits läuft.

✔ Der Franchisegeber ist vielleicht bereit, bei der Finanzierung des Standorts zu helfen und auch einen guten Handel hinsichtlich des Preises vorzuschlagen. Franchisegeber sind schließlich »motivierte Verkäufer«.

✔ Sie kaufen ein Geschäft, das gegenwärtig läuft, eine Kundschaft und einen etablierten Cashflow hat.

✔ Sie kennen die Leistung des Geschäfts und können Ihre Investitions- und Betriebsentscheidungen auf Grundlage von Fakten anstatt Prognosen treffen.

✔ Der Standort verfügt vielleicht über eine geschulte Belegschaft und Geschäftsführungsmannschaft.

 Refranchising kann mit Provisionsschneiderei verwechselt werden. Man spricht von Provisionsschneiderei, wenn ein Franchisegeber einen Standort von einem Franchisenehmer zurücknimmt, ihn wieder verkauft, ihn wieder zurücknimmt, wieder verkauft und immer so weiter. Dieses Szenario gibt es häufig dann, wenn der ursprüngliche Franchisenehmer einen Standort nicht ans Laufen bringt, der Standort sich wirtschaftlich nicht trägt oder der Standort nicht den Unternehmensstandards entsprechend betrieben und somit geschlossen wird. Wenn ein freier Unternehmer Besitzer des Standorts war, würde dieser wahrscheinlich geschlossen werden. Einige Franchisegeber nehmen jedoch den schlecht laufenden Standort zurück und verkaufen dieses Geschäft an einen anderen Franchisenehmer mit der Zielsetzung, in ihren Franchiseunterlagen keine Niederlage eingestehen zu müssen oder um zusätzliches Einkommen zu erlangen oder ihre Investition wettzumachen.

Diese »Gelegenheiten« müssen besonders vorsichtig untersucht werden. Denken Sie nicht, Sie seien cleverer oder ein besserer Betreiber als der letzte Inhaber. Ein Unternehmen, dass einen hohen Anteil an Provisionsschneiderei aufweist, bietet vielleicht wenig Erfolgsaussichten und klingt daher nicht nach einer guten Franchiseinvestition – selbst für Franchisenehmer, die nicht diese Recycling-Standorte kaufen. Fragen Sie immer, wie viele Betreiber es in dem Betrieb schon gab, bevor Sie den Vertrag unterschreiben. Glücklicherweise gibt es nicht viele Franchisegeber, die mit ihren Standorten Provisionsschneiderei betreiben, doch Sie müssen immerhin mit dieser Möglichkeit rechnen.

Vielfalt im Bereich Franchising

Wenn Sie auch keine spezielle Art von Franchisevertrag für Angehörige von Minderheiten oder Frauen, die gerne in ein Franchiseunternehmen investieren möchten, finden werden, so haben doch einige Franchisesysteme Gelegenheiten entwickelt, die die Vielfalt des Besitzes ihrer Franchisenehmer und des Managements erhöht.

In den meisten Franchisesystemen sind Frauen und Angehörige von Minderheiten unterrepräsentiert. Eine der Ausnahmen ist Jani-King, ein Franchisegeber mit Sitz in Dallas, in dem 80 Prozent der Franchisenehmer zu Minderheiten gehören. Viele Minderheiten angehörenden Franchisenehmer wurden in der Vergangenheit von Franchising ausgeschlossen, neben anderen Gründen vor allem aufgrund mangelnden Immobilieneigentums, das von den meisten neuen Franchisenehmern zur Finanzierung ihres ersten Franchisekaufs verwendet wird. Frauen, die traditionell in der gesamten Erwerbsbevölkerung ebenfalls unterrepräsentiert sind, wurden nicht als primäre Zielgruppe von Franchisegebern angesehen. Doch die sich rapide ausdehnende Mittelschicht und die Zunahme von Hispano-Amerikanern, Asiaten, anderen Immigranten und Frauen, die sowohl Teil der Erwerbsbevölkerung werden in Managementpositionen vordringen, haben das wirtschaftliche Klima und den Pool potenzieller Franchisenehmer verändert.

Franchisegeber sind zudem der Ansicht, dass aufgrund der soliden wirtschaftlichen Lage der vergangenen Jahre Menschen, die potenzielle Kandidaten für den Besitz von Franchiseunternehmen hätten sein können, den Verbleib in Anstellungsverhältnissen vorziehen. Die Zunahme im Pool von Franchisenehmern aus Minderheiten erfolgt zu einer Zeit, in der viele Franchisegeber aktiv neue Kandidaten für den Besitz von Franchiseunternehmen suchen.

Franchisegeber erkennen die soziale Implikation der Unterrepräsentanz als historischer Tatsache. Sie erkennen darüber hinaus, dass eine Verbesserung der Vielfalt wichtig für ihre Marke und ihre Basis ist. Und dank lokaler, staatlicher und bundesstaatlicher Programme mit dem Ziel des Ausgleichs für Investitionen durch Angehörige von Minderheiten ebenso wie Darlehensgebern, deren Zielgruppe Franchisesysteme sind, nimmt die Vielfalt von Franchisebesitzern rapide zu.

Franchisegeber sprechen nicht von einem »willkürlichen Ausschluss« oder von einer gezielten Ausrichtung von Minderheiten angehörenden Franchisenehmern auf spezielle Märkte. Dennoch wird vielen Minderheiten angehörenden Franchisenehmern die Eröffnung von Standorten in schlecht versorgten Innenstadtlagen und städtischen Gebieten zugewiesen (den *entstehenden Märkten*), in denen Franchisemarken unterrepräsentiert sind. Andere investieren zunehmend in Gelegenheiten in solchen Märkten, die für Franchising eher üblich sind (in den Stadtrandgebieten).

Einige Franchisegeber bieten Minderheiten angehörenden Franchisenehmern spezielle Arrangements an, um Wachstum in den *entstehenden Märkten* zu fördern. Neben einer Reduzierung einiger ihrer Gebühren, passen manche Franchisegeber ihre Anforderungen an Eigenkapital und Liquidität für neue Franchisenehmer an. Andere stellen zusätzliche Unterstützungsleistungen bereit und entwickeln speziell zugeschnittene Marketingprogramme für den Einzelhandel in diesen Gebieten.

2 ➤ Die Untersuchung von Franchisegelegenheiten

Warum sind diese *aufstrebenden Märkte* für Franchisegeber so attraktiv?

- ✔ **Gelegenheit:** Viele Franchisegeber haben Innenstadtlagen und städtische Standorte – die *aufstrebenden Märkte* – aus dem einfachen Grund gemieden, weil Gelegenheiten in ihren eher traditionellen Märkten einfacher verfügbar waren und die Gelegenheiten in den *aufstrebenden Märkten* nicht so stark zu sein schienen. Da heute viele der traditionellen Märkte voll entwickelt sind, schauen sich diese Franchisegeber nach neuen Möglichkeiten um. Die entstehenden Märkte bieten ihnen eine bestehende Kundenbasis, die ihre Marke kennt und bereit und gewillt ist zu kaufen.

- ✔ **Strategischer Standort:** Viele dieser Standorte sind strategisch günstig in der Nähe von Innenstadt- und etablierten Märkten gelegen. Dies macht sie zu perfekten Standorten für die Einführung von Unternehmen, die Kunden in diesen Gebieten bedienen können, weil der Standort des Franchisenehmers für den Kunden weniger wichtig ist als bei anderen Unternehmensformen. Dies schließt Franchisegeber in Branchen wie Druckereien, Hausmeisterdienste, Personalvermittlungen, Wartungs- und Reparaturdienste und weitere Branchen ein, die nicht auf die Nachfrage eines lokalen Markts angewiesen sind.

- ✔ **Verfügbarkeit von Immobilien:** Oft gibt es in diesen Märkten große Immobilienobjekte, die Franchisenehmer anmieten und mit niedrigeren Kosten als in Vorortlagen entwickeln können.

- ✔ **Arbeitskraft:** Aufgrund einer überdurchschnittlich hohen Arbeitslosenquote in diesen Gebieten steht Arbeitskraft in großer Menge und oft günstiger als in solchen Gebieten, in denen ein besseres Angebot an Arbeitsplätzen besteht, zur Verfügung. Auch wird ein großer Anteil dieses Arbeitskräftepotenzials durch Schulungsprogramme von der Regierung und nicht profit-orientierten Organisationen, in den Fertigkeiten geschult, die in Kleinunternehmen benötigt werden.

- ✔ **Regierungsprogramme:** Regierungsprogramme, zu denen Steuernachlässe, steuerfreie Schuldverschreibungen, Abschreibungsvorteile und weitere Unterstützungsmaßnahmen gehören, machen das Operieren in diesen Märkten wirtschaftlich vorteilhaft.

- ✔ **Lokale Nachfrage:** Wenngleich die *Pro-Kopf-Ausgaben* (die Menge an Geld, die jede Person ausgibt) oft niedriger sind, weisen diese Märkte oft eine hohe Bevölkerungsdichte auf – viele Menschen in einem kleinen Gebiet. Außerdem übersteigen die Ausgaben für manche Produkte und Dienstleistungen in einigen entstehenden Märkten tatsächlich die Pro-Kopf-Ausgaben in Vorortlagen. Deshalb übersteigt die kombinierte Nachfrage nach Gütern und Dienstleistungen in diesen Märkten oft diejenige in Vorortmärkten.

- ✔ **Mangel an Händlern:** Wenngleich die Nachfrage nach Produkten und Dienstleistungen hoch ist, gibt es oft nur wenige Lieferanten von Qualitätsprodukten. Der Mangel an Qualitätseinzelhandel, Dienstleistungen und Restaurants zwingt Anwohner in manchen Vierteln dazu, große Entfernungen zurückzulegen, um zu bekommen, was sie brauchen. Geschäfte vor Ort mit ortsansässigen Besitzern haben die Möglichkeit, diese Kunden zu ihren zu machen.

 Mit Ausnahme des Schnellrestaurant-Segments (Fast Food), ist Franchising in den entstehenden Märkten der Vereinigten Staaten unterrepräsentiert. In einer von MSA (Michaels Beratungsfirma) durchgeführten Studie, wurde die Gelegenheiten für Franchising in den entstehenden Märkten anhand der Verbraucherabwanderung in

verschiedenen Märkten von New York gemessen. Damit wird der Betrag beschrieben, der von Verbrauchern außerhalb des Marktes, in dem sie leben, ausgegeben wird.

Die Studie hat ergeben, dass für bestimmte Restaurant-, Einzelhandels- und Dienstleistungsfranchisegeber die Möglichkeiten in entstehenden Märkten potenziell größer sind als in den eher traditionellen Vorortmärkten.

Es ist jedoch wichtig zu erkennen, dass nicht jeder Franchisegeber in den entstehenden Märkten gleich gute Ergebnisse erzielt – ebenso wenig wie jeder Franchisegeber in den Vorortmärkten gute Ergebnisse erzielt. Ethnischer Hintergrund, Verbrauchervorlieben, wirtschaftliche Gegebenheiten, Qualitätskonkurrenten vor Ort, die Qualität von Franchisenehmern und ihren Betrieben und die Unterstützung durch die Gemeinde sind neben anderen Faktoren ein Teil der Erfolgsgleichung.

Zusätzlich zu Schnellrestaurants wie Wendy's, AFC (Church's and Popeye's), Blimpie und Tricon (KFC, Taco Bell und Pizza Hut), die in den entstehenden Märkten bereits gut vertreten sind, richten sich viele andere Franchisegeber wie beispielsweise Athletes Foot, Ben & Jerry's, IHOP, 800 Flowers, Triple Check Income Tax Service, Mail Boxes Etc., Marriott und Sterling Optical auf diese Gelegenheiten und eine vielfältigere Franchisenehmerrepräsentation aus.

Sterling Optical, ein Optikerfranchiseunternehmen mit Sitz in New York, hat vor kurzem seinen ersten Standort in Harlem eröffnet. In Zusammenarbeit mit der Local Initiative Support Corporation, Bankers Trust Co., einer lokalen Gemeindeentwicklungsgesellschaft (Abyssinian Development Corporation), einer lokalen Investmentgruppe, ortsansässigen Unternehmern und anderen Geschäftsleuten der Gemeinde wurde Sterling's erstes Franchiseunternehmen in Innenstadtlage eröffnet. Der Sterling-Standort passte in idealer Weise zu den sehr modeorientierten Verbrauchern Harlems, wo die Verfügbarkeit von Waren in hohen und mittleren Preislagen das Unternehmen zum Erfolg führte. Nach Jerry Darnell, dem stellvertretenden Vorsitzenden von Sterling, der gleichzeitig Beauftragter für das Diversifizierungsprogramm von Sterling war, »war der Standort sofort ein Erfolg. Wir haben uns zur Eröffnung von Standorten in Innenstadtlagen von New York wie auch in anderen Städten verpflichtet. Wenn wir dabei etwas gelernt haben, so ist es, dass unsere Produkte und unser System auf diesem Markt funktionieren und die Gelegenheit für uns und unsere Franchisenehmer herausragend gut ist.«

Um die Vielfalt im Bereich Franchising zu erhöhen, hat die International Franchise Association ein »Franchise Trade Delegation Program« (Programm zum Delegieren von Franchisehandel), ins Leben gerufen, um potenziellen Minderheiten angehörende Franchisenehmer in US-amerikanischen Städten im Bereich Franchising und in den Möglichkeiten des Franchisebesitzes zu schulen. Dieses Programm bringt lokale Franchisekandidaten mit nationalen und lokalen Ressourcen zusammen, um eine Beteiligung von Minderheiten an der Franchiseindustrie durch Bildungs- und Wirtschaftspartnerschaften zu fördern. Debbie Smith, Vizepräsidentin der IFA für Öffentlichkeitsarbeit und entstehende Märkte, steht an der Spitze dieses Programms.

Franchising, die heute vorherrschende Form von Kleinunternehmensbesitz, ist weltweit gewachsen, weil seine Flexibilität es potenziellen Franchisenehmern ermöglicht, die Art des Unternehmens, die Art der Beziehung und die Höhe der Investition selbst auszuwählen.

Ein Franchisenehmer ist eine Kreuzung zwischen einem Eigentümer und einem Angestellten.

Hand aufs Herz: Sind Sie der Typ für einen Franchisenehmer?

3

In diesem Kapitel

▶ Woher Sie wissen, ob es die richtige Entscheidung ist, ein Franchiseunternehmen zu kaufen

▶ Welche Vor- und Nachteile die Investition in ein Franchise hat

▶ Was der Unterschied zwischen Franchisenehmer und Unternehmer ist

---

Dieses Kapitel handelt von der Selbsteinschätzung. Wir wollen Sie nicht anlügen. Wirklich ehrlich mit sich selber zu sein ist schwierig, vor allem wenn man damit beschäftigt ist, ein eigenes Unternehmen zu starten. Doch das Ergebnis der Selbsteinschätzung ist gerade dann wichtig, wenn der Franchiseverkäufer der Meinung ist, dass Sie genau die richtige Person für diese Gelegenheit sind. (Zur Erklärung: Franchiseverkäufer möchten ein Franchiseunternehmen verkaufen, und sie erhalten meist eine Provision für den Verkauf.)

Sie sollten diesen Teil des Vorgangs also ernst nehmen. Die Entscheidung, Franchisenehmer zu werden, hat nicht nur mit Zahlen zu tun. Dieser Teil der Entscheidung hat mit Ihnen zu tun: mit Ihrem Lebensstil, Ihrer Familie, Ihren Vorlieben und Abneigungen, Arbeitsrhythmen, Werten, Ethik und auch mit Ihren Träumen. Vergessen Sie nicht, dass dies die Realität ist. Ein Franchiseunternehmen macht aus Ihnen keinen neuen Menschen und ist auch kein Selbsthilfe-Spielchen. Sie müssen definieren, wo Sie stehen. Ihre Zukunft hängt von Ihrer Ehrlichkeit ab.

Ein Franchisebetreiber ist eine Kreuzung zwischen einem Eigentümer und einem Angestellten. Einerseits investieren Sie in die Rechte, das Geschäftssystem zu benutzen, und in die nötige Ausstattung, um das Unternehmen zu gründen und zu leiten. Andererseits sind Sie zwar für den täglichen Betrieb verantwortlich, aber arbeiten nach einem System, das Ihnen vom Franchisegeber vorgegeben und zu einem großen Teil auch von diesem kontrolliert wird.

Mit diesem Kapitel wollen wir Ihnen dabei helfen, herauszufinden wer Sie sind, und ob Sie in ein Franchiseunternehmen investieren sollten. Die meisten Menschen, die ein Franchiseunternehmen kaufen wollen, reagieren sehr emotional bei der Wahl des geeigneten Franchiseunternehmens. Vielleicht sind Sie in der Lage, frei von Emotionen Investitionsentscheidungen zu treffen, die nur auf Fakten beruhen. Herzlichen Glückwunsch, wenn das so ist. Aber anhand unserer Erfahrung können wir sagen, dass Gefühle bei der Entscheidung für ein Franchiseunternehmen eine große Rolle spielen, und das ist nicht immer günstig.

Möglicherweise haben Sie das Gefühl, der Kauf eines Franchiseunternehmens sei nicht gerade die Antwort auf Ihren Traum von wirtschaftlicher Unabhängigkeit. Andererseits könnten Sie der Meinung sein, dass ein Franchiseunternehmen der Schritt zur wirtschaftlichen Sicherheit sei. Sie müssen sich Zeit nehmen, um das herauszufinden.

Die Vor- und Nachteile des Franchiseeigentums

Viele Jahre lang verbreiteten Franchisegeber, Fachliteratur und Franchisevereinigungen die Meinung, dass Franchising optimal zur Unternehmenserweiterung und eine sichere Investition für Franchisenehmer sei. So, wie ein durchdachtes Franchisekonzept eine außergewöhnlich gute Methode zur Unternehmensvergrößerung sein kann, sind schlechte Konzepte oder schlecht geführte Unternehmen es nicht. Dies gilt nicht nur für Franchiseunternehmen, sondern das ist eine unternehmerische Wahrheit.

Bevor Sie darüber nachdenken, ob Sie sich als Franchisenehmer eignen oder nicht, sollten Sie die Vor- und Nachteile des Franchisebesitzes verstehen.

Die Vorteile eines Franchisenehmers

Ihr Erfolg kann nur so groß sein, wie das Franchiseunternehmen, für das Sie sich entscheiden. Ausgereifte und gut geführte Franchisesysteme zeichnen sich gewöhnlich durch nachfolgende Eigenschaften aus.

Allgemeine Wettbewerbsvorteile

Die Öffentlichkeit hat sich an ein bestimmtes Qualitätsniveau und die Einheitlichkeit eines Warenzeichens gewöhnt (siehe auch Kapitel 2). Mit Warenzeichen meinen wir Unternehmen mit gleichem Namen und gleicher Einrichtung, das von der Öffentlichkeit als Kette erkannt wird. Ob das Produkt eines Unternehmens erstklassig oder mittelmäßig ist, ob seine Standorte Erfolg haben, das Geheimnis für seinen Erfolg liegt wohl in der Einheitlichkeit.

 Das Geheimnis eines guten Unternehmers ist, sich nicht nur auf eine Meinung zu verlassen: Nur weil Sie der Ansicht sind, dass ein Produkt oder eine Dienstleistung herausragend oder mittelmäßig ist, bedeutet das nicht, dass der Rest der Welt dieselbe Meinung vertritt.

Egal wo sie sich befinden, Konsumenten glauben zu wissen, welche Qualität sie erwarten können, wenn sie in einem Markenunternehmen einkaufen. Auf diese Weise erhält ein neuer Franchisenehmer oft einen Kundenstamm. Ein Warenzeichen macht es Ihnen leichter, mit den gut eingeführten, unabhängigen Betreibern und auch mit anderen Franchiseunternehmen und Ketten zu konkurrieren. Die Vorteile der Markenerkennung erstrecken sich auch auf volkswirtschaftliche Berechnungen. Die Kunden sehen ein System mit einem Standortnetz und vertrauen darauf, dass alle in Bezug auf Beständigkeit und Engagement auf dem gleichen Niveau betrieben werden. Ein solches System kann ihren Bedürfnissen gerecht werden, egal an welchem Standort sich das Franchiseunternehmen befindet.

Vorteile vor der Eröffnung

Zu den Kosten bei Übernahme eines Franchiseunternehmen gehört auch eine Franchisegebühr. Dies wird zwar oft als Nachteil aufgeführt, aber der Franchisenehmer profitiert unter anderem von Schulungen, Betriebsanleitungen, Werkzeugen der Standortwahl, Ladendesign, Baukonzepten und reduzierten Kosten für Ausstattungsmaterial. Zusätzlich haben Franchisenehmer den Franchisegeber als erfahrenen Partner, dem sie Fragen stellen können, und sie haben das Netz der anderen Franchisenehmer im System, die ebenfalls hilfreich sein können.

Laufende Vorteile

Als Ausgleich dafür, dass Franchisenehmer eine Lizenzgebühr entrichten und andere Zahlungen leisten, profitieren sie von Schulungsprogrammen sowie Büro- und Außendienstunterstützung. Aufgrund von Einkaufskooperativen innerhalb des Franchisesystems bezahlen Franchisenehmer oft weniger für Waren, als ihre unabhängigen Wettbewerber.

Franchisenehmer profitieren von der Kaufkraft, die der Zusammenschluss mit den anderen bringt. Sie ziehen Nutzen aus professionell erstelltem Werbematerial am Verkaufsort, Werbung, Neueröffnungsprogrammen und anderen Marketingmitteln, die sich unabhängige Anbieter niemals leisten können. Franchisesysteme können es sich aufgrund kontinuierlicher Forschung und Entwicklung und durch das Testmarketing neuer Produkte und Betriebssysteme ebenfalls leisten, zu modernisieren.

Die Kaufkraft eines Franchisenehmers steht in Zusammenhang mit der Kaufkraft aller Franchisenehmer des lokalen Marktes und innerhalb des restlichen Systems. Diese vereinte Kaufkraft ermöglicht es zum Beispiel im Bereich der Werbung, dass ein Franchiseunternehmen nicht nur den lokalen Markt und die eingeführten unabhängigen Anbieter dominiert, sondern auch effizient mit großen etablierten Ketten konkurriert.

Nachteile für Franchisenehmer

Nicht für jeden ist Franchising das Richtige, und es ist wichtig, dass Sie einige der Nachteile in der Franchisebeziehung begreifen:

- ✔ **Verlust der Unabhängigkeit:** Für einige Menschen ist der Verlust der Unabhängigkeit einer der wichtigsten Nachteile, wenn sie Franchisenehmer werden. Wenn Sie Ihre Entscheidungen am liebsten allein treffen, dann ist Franchising für Sie wahrscheinlich nicht das richtige. Franchisesysteme sind so strukturiert, dass der Franchisegeber die Richtlinien vorgibt. Der Franchisenehmer muss das Unternehmen in Übereinstimmung mit den Systemhandbüchern und Vorgaben des Franchisegebers führen.

- ✔ **Gesteigerte Abhängigkeit:** Der Verlust der Unabhängigkeit bei Franchising führt im Extremfall zu einem weiteren Nachteil, eine gesteigerte Abhängigkeit vom Franchisesystem. Franchising hat dann Erfolg, wenn das finanzielle und emotionale Risiko die Franchisenehmer motiviert. Wenn Sie sich aber, um Erfolg zu haben, voll und ganz auf das System verlassen, kann diese gesteigerte Abhängigkeit Probleme bereiten. Franchisenehmer müssen die Auflagen vom System mit der persönlichen Fähigkeit, ein eigenes Unternehmen zu führen, ausgleichen.

- ✔ **Andere Franchisenehmer:** Das Wichtigste für erfolgreiches Franchising ist, dass die Öffentlichkeit Qualität und Einheitlichkeit des gesamten Systems wahrnimmt. Wenn das Publikum an einem Standort hervorragenden Service erhält, so nimmt es an, dass das gesamte System hervorragenden Service leistet. Dies ist allerdings auch ein potenzieller Schwachpunkt beim Franchising. Franchisenehmer werden nicht nur nach ihren eigenen Leistungen beurteilt, sondern auch nach den Leistungen der anderen Franchisenehmer. Die schlechten Leistungen der anderen Franchisenehmer oder unternehmenseigener Standorte schaden den Geschäften eines Franchisenehmers, auch wenn sie sich nicht am gleichen Marktplatz befinden. Wenn ein Hotelzimmer an einem Standort dreckig war oder, schlimmer noch, die Presse berichtet, dass es in dem Hotel Nagetiere gibt, dann nimmt die Öffentlichkeit an, dass dies in allen Standorten so ist.

- ✔ **Einkommenserwartungen:** Gute Franchisegeber versuchen es zwar zu verhindern, aber dennoch haben manche Franchisenehmer unrealistische Erwartungen in Bezug auf ihr Einkommen. Wenn die Erwartungen unrealistisch sind, werden sie ihren Aufwand an Zeit, Geld und Anstrengung bedauern und das System negativ beeinflussen. Realistische Erwartungen sind für jede Investitionsentscheidung wesentlich.

- ✔ **Unflexibles Franchising:** Franchisesysteme sind durch Verträge zwischen Franchisegeber und Franchisenehmer aneinander gebunden. Diese Verträge enthalten oft Einschränkungen, die möglicherweise Auswirkungen auf die Fähigkeit des Franchisegebers, strategische Entscheidungen zu treffen, haben. Wenn beispielsweise ein Unternehmer, der kein Franchisegeber ist, einen Standort findet, der perfekt für ein neues Lokal ist, so kann er sich, abgesehen von den Beschränkungen durch das Aufbringen des Kapitals für den Bau des Geschäftes, frei dafür entscheiden. In einem Franchisesystem muss der Franchisegeber erst auf die rechtlichen Vereinbarungen zwischen ihm und den Franchisenehmern am Markt achten. Wenn der Franchisegeber den Franchisenehmern geschützte Territorien garantiert hat, und der neue Standort sich in einem dieser Territorien befindet, dann verliert der Franchisegeber diese Marktchance, und zwar oft an einen Mitbewerber, der frei von solchen Einschränkungen ist. Das Gleiche kann beim E-Commerce im Internet vorkommen, wenn der Franchisegeber dem Franchisenehmer diese Rechte vertraglich zugesichert hat.

Manchmal ist es ein zweischneidiges Schwert. Die Beschränkungen, die Franchising zum Erfolg verhelfen, können manchen Franchisenehmern auch nachteilig erscheinen. Es kann sich um Beschränkungen für die Produkte und Dienste handeln, die sie anbieten dürfen, die Begrenzung der Größe und der Exklusivität ihres Territoriums, die Möglichkeit der Vertragsbeendigung bei Systemverfehlung, die Kosten für die Übertragung oder die Verlängerung des Franchisevertrags sowie die Einschränkungen bei unabhängigem Marketing. Die darüber hinaus anfallenden Kosten für Lizenzgebühren, Werbung, zusätzliche Schulungen und andere Dienstleistungen reduzieren potenziell das Einkommen des Franchisenehmers.

3 ➤ Sind Sie der Typ für einen Franchisenehmer?

Worin unterscheiden sich Unternehmer und Franchisenehmer?

Wenn man ein Franchiseunternehmen besitzt, ist man sein eigener Chef, oder nicht? Vielleicht.

In vielen Presseberichten über Franchising werden die Begriffe *Unternehmer* und *Franchisenehmer* austauschbar benutzt, wer also im Franchise-Spiel neu ist, könnte sich von der Tatsache verwirren lassen, dass ein erfolgreicher Franchisenehmer nicht unbedingt das Gleiche ist, wie ein Unternehmer.

Auch in großen Franchisesystemen gibt es manche Franchisenehmer, die besser sind als andere. Offen gesagt, gibt es auch in großartigen Franchisesystemen klägliche Versager. Wie kann das aber sein, wo es beim Franchising darum geht, dass Franchisegeber großartige Systeme liefern, die einheitlich geführt werden können? Der Faktor Mensch ist dafür verantwortlich.

Franchisenehmer sind eben keine Roboter oder Computer, die mit einer Reihe von Befehlen gefüttert werden und diese in jeder Situation fehlerlos ausführen. Sie sind auch keine echten Unternehmer, die so flexibel sind, jede Entscheidung eigenständig zu treffen. Wenn ein unabhängiger Betriebsinhaber ein Unternehmer ist, dann ist ein Franchisenehmer ein »Unternehmer light«.

Echte Unternehmer sind ihre eigenen Chefs. Sie sind so frei, risikoreiche Entscheidungen hart am Geld zu treffen, die aber auch wirklich etwas einbringen. Echte Unternehmer sind wie Kapitäne auf ihrem eigenen Schiff, die manchmal die Einstellung haben »zur Hölle mit den Sandbänken, volle Kraft voraus«. Wenn Sie sich hier wiedererkennen, dann sollten Sie davon Abstand nehmen, Franchisenehmer zu werden.

Lou Rudnick, einer der Partner von Piper Marbury Rudnick & Wolfe in Chicago, Illinois, erklärt den Unterschied zwischen Unternehmern und Franchisenehmern so: »Obwohl ein häufig genannter Grund für den Erwerb eines Franchiseunternehmens der Wunsch ist, sein eigener Chef zu werden, steht das Gefühl unternehmerischer Freiheit eigentlich in gewissem Maß im Widerspruch zu dem Franchisebesitz. Ein Franchisenehmer muss begreifen, dass er oder sie die Verpflichtung hat, mit einem Teil seiner unternehmerischen Freiheit zurückzustecken und Anforderungen, Beschränkungen und Geschäftspolitik, wie sie der Franchisegeber vorgibt, zu übernehmen, um die Einheitlichkeit innerhalb des Franchisesystems zu erlangen und zu wahren«.

Anders ausgedrückt, wenn Sie Franchisenehmer werden, verzichten Sie auf einen Teil Ihrer Freiheit, Ihr eigenes Ding zu machen. Es ist wichtig, dass Sie eine klare Vorstellung von der Beziehung haben.

Beachten Sie diese potenziellen Vorteile und Nachteile eines Franchisevertrages, und wägen Sie ab:

- ✔ Die Franchisegeberstandards zu Produkten und Dienstleistungen mögen einschränkend erscheinen, aber sie dienen dazu, die Einheitlichkeit des Warenzeichens in der Öffentlichkeit zu sichern.
- ✔ Die Zuteilung eines begrenzten und geschützten Gebiets verkleinert zwar Ihren Markt, aber sie ermöglicht auch die Entwicklung anderer Franchise- und unternehmenseigener Standorte in der Gegend, die mit Ihnen zusammen in den Werbeetat investieren können und die so für eine bessere Markenerkennung Ihres Unternehmens sorgen.

✓ Zusätzliche Standorte in der Nähe Ihres Standorts können für Ihre Kunden wie Konkurrenz aussehen. Aber durch die Zusammenarbeit mit anderen Franchisenehmern können Sie sich effektiv gegen die Konkurrenz behaupten, da Sie die Kosten für Waren reduzieren, wenn Sie Einkaufskooperativen bilden und gemeinsam Personal anheuern. Das Markenbewusstsein wird gesteigert, wenn Kunden den Namen des Unternehmens häufiger zu sehen bekommen.

✓ Die Möglichkeit, dass der Vertrag gekündigt wird, wenn Sie die Vorgaben des Systems nicht erfüllen, mag ungerecht erscheinen, aber diese Regel gilt auch für andere Franchisenehmer, die vielleicht nicht so gute Arbeit leisten wie Sie. Da Franchisenehmer Teil eines Markensystems sind, könnten Kunden Sie mit solchen schlechten Franchisenehmern auf eine Stufe stellen. Das kann dramatische Auswirkungen auf Ihren Erfolg haben.

Wenn Sie die Zügel nicht aus der Hand geben können, müssen Sie Ihr Vorhaben, Franchisenehmer zu werden, noch einmal überdenken.

Franchisenehmer arbeiten nach dem vom Franchisegeber vorgegebenen System. Gute Franchisenehmer übernehmen das System nicht nur, sie verbessern es sogar: Sie bieten mehr als das Serviceminimum, stellen erstklassige Leute ein und schulen diese, schaffen eine Arbeitsatmosphäre, die die Erwartungen von Belegschaft, Kunden, Lieferanten und Franchisegeber noch übertrifft. Ein guter Franchisenehmer verbessert die Grundlagen, er wird zum «Unternehmer light».

Möchten und können Sie etwas dazulernen?

Das Erste, was Sie als Franchisenehmer herausfinden werden, ist, dass es noch eine Menge zu lernen gibt. Das Zweite, was Sie lernen werden, ist, dass Sie täglich Lehrer und Kontrollorgan sein müssen. Sie bringen Ihren Angestellten bei, wie sie das Unternehmen führen sollen, und es liegt auch in Ihrer Verantwortung, darauf zu achten, wie gut diese sich um Ihre Kunden kümmern.

Den meisten Franchisegebern ist es so wichtig, dass der Franchisenehmer das System verinnerlicht hat, dass Sie dem Franchisevertrag eine Vereinbarung hinzufügen, die Ihnen das Recht zur Vertragskündigung gibt, wenn der Franchisenehmer die Schulungen nicht besteht. Viele fordern, dass der Franchisenehmer solange an der Schulung teilnimmt, bis er oder sie die Materie gelernt hat. Die meisten Franchisegeber wollen, dass auch Führungspersonal an den Schulungen teilnimmt, damit sie deren Fähigkeiten zu lernen und nach dem System zu arbeiten einschätzen können.

Teilweise achten Franchisegeber darauf, inwiefern Sie in der Lage sind, Ihre vorgefertigte Meinung über Unternehmensführung abzulegen und sich darauf zu konzentrieren, wie von Ihnen erwartet wird, das Unternehmen zu führen. Das ist vor allem schwierig für Unternehmer, deren vorhandenes Unternehmen nach den Methoden des Franchisegebers umgewandelt wird.

Ihr Eifer beim Erlernen neuer Fähigkeiten ist ein wichtiger Bestandteil bei Ihrer Entwicklung zum Franchisenehmer.

Bevorzugen Sie es, Befehle zu erteilen oder zu empfangen?

Jeder hat eine eigene Vorstellungen davon, wie Befehle zu erteilen sind und wie man sie entgegennimmt. Wenn Ihnen bei dem Gedanken schaudert, dass Ihnen jemand sagt, wie Sie Ihren Laden einrichten sollen und wo die Werbetafeln platziert werden, oder Sie jeden Monat über Einnahmen und Ausgaben berichten müssen, sollten Sie auch daran denken, wie Sie sich fühlen werden, wenn Sie täglich einem bestimmten System folgen sollen. Und zwar jeden Tag, Jahr für Jahr.

Erfolgreiches Franchising basiert auf dem Prinzip, dass das Befolgen einer detaillierten Struktur Ihre beste Erfolgsgarantie ist. Ein Franchisenehmer kauft auch das System und das Wissen des Franchisegebers. Ihre Rolle ist, der vom Franchisegeber entwickelten Formel zu folgen und nach Möglichkeiten zu suchen, Ihre Leistung innerhalb des Systems zu verbessern. Das heißt, den Regeln folgen, im System arbeiten und Ihr Unternehmen nach dem vorher vereinbarten Plan zu führen. Sie sollten sich folgende Fragen stellen:

- ✔ **Können Sie sich an Regeln halten, auch wenn Sie glauben, Sie hätten eine bessere Idee?** Wenn nicht, dann ist vielleicht das unabhängige Unternehmerdasein eher für Sie geeignet.

- ✔ **Glauben Sie, dass Sie das System des Franchisegebers ändern können, wenn Sie an Bord sind?** Wenn ja, dann ist vielleicht das unabhängige Unternehmerdasein eher für Sie geeignet.

- ✔ **Glauben Sie, dass Ihr Marktplatz sich von allen anderen im System unterscheidet und dass der Franchisegeber das System ändert, nur um Ihren Bedürfnissen gerecht zu werden?** Das ist zwar möglich, aber wenn Sie sich darauf verlassen, ist vielleicht das unabhängige Unternehmerdasein eher für Sie geeignet.

- ✔ **Vertrauen Sie (mit ein wenig Skepsis) darauf, dass Ihr Franchisegeber auf das Wohl des gesamten Systems hinarbeitet, auch wenn seine oder ihre Entscheidungen vielleicht nicht Ihrer Auffassung entsprechen?** Wenn das so ist, könnte Franchising das Richtige für Sie sein.

- ✔ **Sind Sie bereit, finanzielle Informationen mitzuteilen und die geforderten monatlichen Berichte zu liefern? Sind Sie darauf eingestellt, Anstöße und Ratschläge bezüglich der Geschäftspraktiken von den Systemberatern des Franchisegebers anzunehmen?** Wenn das so ist, könnte Franchising das Richtige für Sie sein.

- ✔ **Haben Sie den Elan, einen Betrieb zu führen?** Wenn das so ist, könnte Franchising das Richtige für Sie sein.

Denken Sie daran, dass Sie kein Roboter sein werden, der nur das tut, was man ihm sagt. Es gibt gute Franchisenehmer und solche, die weniger kompetent sind. Jeder beginnt mit dem gleichen System. Die guten stecken auch ihre Fähigkeiten und ihre Persönlichkeit in das Geschäft. Sie bringen sich ein. Sie führen erfolgreich ihr Personal (das wichtigste Gut). Sie bereiten ihren Kunden eine bessere Atmosphäre (ihr wichtigstes Marketingwerkzeug). Sie lieben ihre Arbeit, und das merkt man.

Sind Sie bereit, sich von Unternehmensleistungen zu verabschieden?

Ach, diese zusätzlichen Leistungen: Rentenpläne, Aktienbeteiligung und Optionspläne, bezahlte Krankheitstage, bezahlte Ferientage, Spesenkonten, Firmenwagen, Zahn- und Krankenversicherung. Wenn Sie einer von den vielen Angestellten sind, die Ihre Stelle verloren haben, dann haben Sie bemerkt, dass alle diese Leistungen der Vergangenheit angehören, denn das Arbeitsverhältnis mit Ihrem Arbeitgeber ist beendet.

Vielleicht hat die Gesundschrumpfung Ihres früheren Arbeitgebers, die Fusionierung oder die Frühverrentung Ihnen Bargeld und mehr Zeit als Ihnen recht ist verschafft. Wenn das so ist, dann ist dieser Abschnitt für Sie.

Wer früher im mittleren Management beschäftigt war und jetzt Franchisenehmer werden möchte, hat gute Voraussetzungen. Eine solche Person besitzt ein weitgefächertes Verständnis für Geschäfte, sie kann in einem System arbeiten, sie kann die Belegschaft motivieren, für sie sind Überstunden kein Fremdwort, und sie hat heute genug Kapital, um in ein Franchiseunternehmen zu investieren.

Oft fehlt gerade den Mitarbeitern auf dieser Stufe nur eines, um zu Unternehmern zu werden: Sie würden wohl nie ein Geschäft neu gründen, ohne die unternehmerische Unterstützung und den finanziellen Hintergrund eines Unternehmens.

Vielleicht ist die größte Umstellung für Franchisenehmer, die Manager der mittleren Ebene waren, der Verlust vieler der Unterstützungsmechanismen, an die sie sich gewöhnt haben. Wahrscheinlich ist ihre Sekretärin nicht mitgekommen, als sie dem 22. Stock den Rücken kehrten. Auch die Kopierer, Faxgeräte, Ablagesysteme, Lohnbuchhaltung, Rechtsabteilung, Computer und der Reisedienst sind im Büro zurückgeblieben. Sie sind zwar kein Unternehmer, aber fühlen sich manchmal wie einer.

Der Erfolg wird nicht länger an der ungeteilten Aufmerksamkeit gemessen, die die Belegschaft oder die Vorgesetzten den schönen Präsentationen in PowerPoint widmen. Der Erfolg misst sich jeden Tag an der Leistung. In anderen Worten, um ein Unternehmen zu führen, benötigt man mehr Selbstvertrauen, als viele Manager der mittleren Ebene aufbringen.

Ein strukturiertes Franchisesystem ersetzt einiges von der Unterstützung, auf die sich Manager der mittleren Ebene für eine erfolgreiche Arbeit verlassen haben. Das System, die Marke und die Unterstützung durch den Franchisegeber, kombiniert mit den Talenten des ehemals im Unternehmen angestellten Mitarbeiters, verhelfen dem Übergang zum Geschäftsinhaber eines Franchiseunternehmens zum Erfolg.

Wie steht es mit Ihrer Gesundheit?

Die Anforderungen an einen Franchisenehmer erfordern häufig ein ungewöhnliches Durchhaltevermögen. Auch wenn Ihr Körper morgens nach zehn Minuten mehr Schlaf lechzt, müssen Sie aufstehen, den Laden aufmachen und Ihre Kunden bedienen. Sie müssen guter Gesundheit sein, um dieses Durchhaltevermögen zu haben.

Können Sie mit Stress leben? Vor allem in der Anfangszeit als Franchisenehmer, wenn Sie ihr Handwerk noch lernen, wird nicht immer alles so klappen, wie Sie es sich vorstellen. Sie werden als Geschäftsführer ständig mit Angelegenheiten und Terminen zu tun haben, die Ihnen Stress bereiten können. Wie werden Sie damit fertig?

Mögen Sie Menschen?

Mögen Sie die Menschen wirklich? Diese Frage hört sich vielleicht albern an. Wahrscheinlich denken Sie »Natürlich mag ich Menschen, wer tut das nicht?«. Denken Sie daran, dass wir über zwischenmenschliche Beziehungen reden, denn darum geht es beim Franchising: Beziehungen zwischen Menschen. Als Franchisenehmer müssen Sie eine Beziehung zum Franchisegeber, zu den Mitarbeitern, den Kunden und den Lieferanten unterhalten. Außerdem können Ihre Beziehungen zu Freunden und Familie die Leistung Ihres Franchiseunternehmens beeinflussen.

Sie müssen sich plötzlich um viele Beziehungen kümmern. Sie müssen in der Lage sein, zu kommunizieren und zuzuhören, weil jeder Franchisenehmer an jedem Geschäftstag mit einer Menge Leuten Kontakt hat. Die Grundlage dafür ist sehr einfach: Es muss Ihnen Spaß machen, jeden Tag mit Menschen umzugehen. Ein Franchiseunternehmen ist nichts für jemanden, der gerne allein arbeitet! Es ist für den täglichen Ablauf in Ihrem Betrieb wichtig, dass Sie in der Lage sind, positiv mit den anderen Franchisenehmern, Ihrem Franchisegeber, Ihren Mitarbeitern und Ihren Kunden umzugehen.

Wie viel wollen Sie investieren, wie viel Risiko können Sie sich leisten?

Wenn Sie gerade genug Geld besitzen, um in Ihr Franchiseunternehmen zu investieren und die nötige Ausstattung zu kaufen, so ist das nicht genug. Auch wenn Sie darauf eingestellt sind, entsprechend der Vorhersage des Franchisegebers zu investieren, müssen Sie darauf vorbereitet sein, mehr zu investieren, für den Fall, dass nicht alles so läuft, wie geplant.

Sie haben wahrscheinlich die Geschichten gehört, wie erfolgreiche Geschäftsleute ihre Unternehmen gründeten, indem sie ihre Kreditkarte bis zum Anschlag strapazierten. Sie sind Teil des Unternehmermythos. Leider ist meist das Gegenteil der Fall.

Es ist nicht klug, alles zu riskieren, denn alles könnte nicht genug sein. Prüfen Sie Ihre Finanzen, legen Sie fest, wie viel Sie zum Leben brauchen, wenn das Unternehmen Sie und Ihre Familie in der Anfangszeit nicht trägt, und legen Sie den Betrag zur Seite. Achten Sie darauf, dass Sie die wichtigsten Dinge, wie Lebensmittel, Miete und die Ausbildung der Kinder bezahlen können. Franchisenehmer mit den entsprechenden Ressourcen können den harten Zeiten trotzen und verfügen über Reserven, wenn sie diese benötigen.

Man braucht schon Disziplin, um zu wissen, wo die Grenzen sind. Es ist sehr wichtig, mit einem Steuerberater oder Wirtschaftsprüfer zusammenzuarbeiten, um zu bestimmen, wie viel Sie investieren können. Fragen Sie Ihre Freunde oder Nachbarn, ob sie einen guten Wirtschaftsprüfer kennen, der Ihnen zur Seite stehen würde. Sie können auch beim Verband der Wirtschaftsprüfer Empfehlungen einholen. (Siehe auch Kapitel 6, dort wird erörtert, wo Sie professionellen Rat finden.)

Was halten Ihre Familie und Ihre Freunde von Ihrem Plan, ein Franchiseunternehmen zu kaufen?

Der Kauf eines Franchiseunternehmens ist eine das Leben verändernde Entscheidung. Ein Unternehmen führen ist mehr als eine Vollzeitbeschäftigung. In der Anfangsphase kann das Franchiseunternehmen Ihr Leben bestimmen. Dazu müssen Sie Zeit, die Sie normalerweise mit Ihrer Familie und Ihren Freunden verbringen, in das Unternehmen stecken. Wenn Ihr Anhang dafür kein Verständnis hat, ist der Unternehmensbesitz vielleicht nicht Ihr Ding. Bleiben Sie angestellt. Wir wissen allerdings nicht, wie viele erfolgreiche Geschäftsführer in Festanstellung keine 70-Stunden-Woche haben. Sogar für diejenigen, die mit Stempeluhr arbeiten, können bei Überstunden und mit Nebentätigkeiten noch 70 Stunden die Norm sein. Dennoch sollten Sie, Ihre Familie und Ihre Freunde sich über die Ansprüche an Ihre Zeit im Klaren sein, bevor Sie sich einem Unternehmen verschreiben.

Entscheiden Sie sich für eine Branche, die Ihren persönlichen Bedürfnissen und Vorlieben entspricht. Wenn es Ihnen peinlich ist, eine Reinigung oder einen Gebäudereinigungsdienst zu besitzen, kaufen Sie sich nicht ein, auch wenn solche Unternehmen äußerst lukrativ sind. Wenn es nicht Ihrer Vorstellung entspricht, 12 Stunden täglich und sieben Tage die Woche zu arbeiten, achten Sie darauf, dass Ihre Franchisebranche bessere Arbeitszeiten zu bieten hat. Egal, ob Sie DM 50.000 oder DM 150.000 im Jahr benötigen, um Ihre Familie zu versorgen, achten Sie darauf, dass die anderen Franchisenehmer im System so viel Umsatz machen. Sollten Familienmitglieder bereits bei der Erwähnung des Wortes Franchising anfangen zu stöhnen, lassen Sie es sein. Finden Sie heraus, warum gestöhnt wird, und versichern Sie sich der Unterstützung durch Ihre Familie, bevor Sie weitermachen. Der Besitz eines Unternehmens ist eine Herausforderung, auch innerhalb eines gut entwickelten Franchisesystems.

Die Freude daran ist der wichtigste Faktor beim Kauf jedes Unternehmens, auch bei einem Franchise. Bei mehr als 80 verschiedenen Branchen und Tausenden von Franchisemöglichkeiten in Produktions- und Dienstleistungsbereichen wird es eines geben, das Ihren Bedürfnissen entspricht. Hören Sie auf Ihre innere Stimme, bevor Sie Ihre Wahl treffen.

 Beziehen Sie Ihre Familie in die Vor- und in die laufenden Überlegungen bezüglich Franchising ein. Holen Sie sich ihre Unterstützung für Ihre Entscheidung. Auf diese Weise ist sie an der Entscheidung beteiligt und kann Ihnen die nötige Hilfe geben.

Tatsache: Dave und Michael waren auch Franchisenehmer. Wir haben hart gearbeitet. Wir haben mehr Zeit in das Unternehmen und weniger in unsere Familien investiert, als uns lieb war. Keiner von uns beiden möchte etwas daran ändern. Die Investition war die Anstrengung wert. Aber das ist unsere Ansicht.

Sind Sie ein Franchisenehmer?

Wir werden Ihnen nicht dazu raten, Franchisenehmer zu werden. Das ist Ihre eigene Entscheidung. Aber wir werden Ihnen raten, sich selbst anzusehen, und die Fragen zu beantworten, die wir Ihnen in diesem Kapitel stellen, bevor Sie sich entscheiden. Dabei gibt es keine Wertigkeit, keines der Elemente ist wichtiger als das andere. Sie müssen auch nicht 100 Prozent erreichen, um der perfekte Franchisenehmer zu sein. Die Fragen sollen Sie bei Ihren Überlegungen unterstützen und Ihnen dabei helfen, für Sie und Ihre Familie die richtige Entscheidung zu treffen.

1. Können Sie die Spielregeln eines anderen befolgen, auch wenn Sie meinen, Sie wüssten es besser?
2. Sind Sie bereit, Training und Ratschläge wie Sie Ihr Unternehmen führen sollen, von den Systemberatern und der Geschäftsführung Ihres Franchisegebers anzunehmen?
3. Können Sie damit leben, wenn den Franchisegeber Ihre Ideen, wie man das System ändern könnte, nicht interessieren?
4. Vertrauen Sie (mit ehrlicher Skepsis) darauf, dass der Franchisegeber zum Wohle des gesamten Systems arbeitet, auch wenn Sie seine Entscheidungen nicht unbedingt unterstützen?
5. Sind Sie bereit, finanzielle Informationen mitzuteilen und die geforderten monatlichen Berichte zu erstellen?
6. Sind Sie bereit, in der Lage und scharf darauf, etwas Neues zu lernen? Können Sie alte Gewohnheiten und Grundsätze ablegen und sich nach einem Franchisesystem richten?
7. Haben Sie den Elan, ein guter Geschäftsführer zu sein?
8. Sind Sie bereit, so viele Stunden zu arbeiten wie nötig, damit Ihr Unternehmen erfolgreich ist?
9. Sind Sie bereit, auf die Leistungen Ihres Unternehmens zu verzichten, um in ein Franchiseunternehmen zu investieren und Ihr eigenes Unternehmen zu betreiben?
10. Haben Sie Selbstvertrauen? Können Sie ohne die Unterstützung durch ein Unternehmen arbeiten?
11. Sind Sie gesund? Sind Sie gesundheitlich den Anforderungen, ein eigenes Unternehmen zu führen, gewachsen?
12. Können Sie mit Stress umgehen? Sind Sie mental in der Lage, den Anforderungen bei Betrieb eines eigenen Unternehmens gerecht zu werden? Werden Sie mit Krisen und Termindruck fertig?

13. Mögen Sie Menschen? Können Sie zuhören? Sind Sie bei der Arbeit und im Umgang mit anderen geduldig?
14. Können Sie gut kommunizieren? Können Sie sowohl Ihr Personal führen und anleiten als auch an vorderster Front im Unternehmen stehen?
15. Können Sie zu den Menschen, die für Sie arbeiten, eine positive Beziehung aufbauen?
16. Können Sie den Anforderungen Ihrer Kunden gerecht werden?
17. Können Sie verkaufen: sich und auch Ihre Produkte und Dienstleistungen?
18. Sind Sie bereit, das Werbe- und Promotionsmaterial von Ihrem Franchisegeber einzusetzen, oder müssen Sie das kreative Genie sein?
19. Wie viel können Sie sich leisten zu investieren? Wie viel dürfen Sie verlieren? Wie groß sind Ihre Reserven?
20. Wie denken Familienangehörige und Freunde über Ihr Vorhaben Franchisenehmer zu werden? Werden sie Ihre Entscheidung unterstützen?

Dies sind die 20 Grundsatzfragen, die Sie sich stellen sollten. Es kommen noch andere hinzu von den Menschen, die Ihr Vertrauen besitzen, und nachts von der kleinen Stimme in Ihrem Inneren. Auch die Fragen dieser kleinen Stimmen haben ein Recht auf eine Antwort.

Die Entscheidung: Welches Unternehmen ist das richtige für Sie

In diesem Kapitel

▶ Entscheiden Sie sich, ob Sie ein Franchiseunternehmen kaufen oder Ihr eigenes unabhängiges Unternehmen gründen möchten

▶ Betrachten Sie die Dienstleistungen eines Franchisemaklers

▶ Suchen Sie nach guten Informationen über bestehende Franchiseunternehmen

▶ Wählen Sie die beste Franchisebranche für sich aus

▶ Überlegen Sie sich, ob Sie ein eingeführtes Franchiseunternehmen kaufen oder einen neuen Standort eröffnen wollen

---

In diesem Kapitel können Sie aufhören, nur gegen die Reifen zu treten, und sich hinter das ein oder andere Franchisesteuer klemmen. Aber freuen Sie sich nicht zu früh, Sie sind noch nicht so weit, dass Sie den Ausstellungsraum verlassen und davonbrausen können. Wir wollen Sie in diesem Kapitel an die Details heranführen, wie man zum Franchisenehmer wird.

Franchising ist, wenn es richtig betrieben wird, eine Beziehung, in der alle Parteien nur gewinnen können. Damit Franchising richtig funktioniert, müssen potenzielle Franchisenehmer Antworten auf Ihre Fragen erhalten, bevor Sie investieren.

Es gibt Franchisenehmer, die scheitern – aber viele von ihnen hätten das vermeiden können, wenn sie von Anfang an bei der Auswahl des Franchiseunternehmens sorgfältiger recherchiert hätten. Nehmen Sie sich Zeit. Sicher, Sie möchten Geld sparen, aber manchmal muss man auch Geld ausgeben, um sich zu vergewissern, dass man die richtige Entscheidung trifft. Denken Sie daran, dass die kleine Investition, um Fakten zu bekommen, Ihnen den Schmerz und die Ausgaben ersparen könnte, die aus einer falschen Entscheidung resultieren – und die eventuell auch dazu führt, dass man alles verliert.

Dieses Kapitel soll Ihnen dabei helfen, die Informationen zu sammeln, die Sie für die richtige Entscheidung benötigen.

Entscheiden Sie sich, ob Sie unabhängig oder Teil einer Mannschaft sein möchten

Sie haben die Wahl: Sie können ein unabhängiger Geschäftsbesitzer sein *oder* Sie investieren in ein Franchiseunternehmen. Für was Sie sich entscheiden, hängt von solchen Faktoren wie Persönlichkeit, Finanzen, Motivation, Erfahrung, Marktnische, Produkt- oder Dienstleistungslebenszeit, Geschäftssinn und Ihrer Ausdauer ab. Es gibt sie nicht, die einzig richtige Entscheidung.

Sehen wir uns mal Ihre Möglichkeiten an.

Ein eigenes Unternehmen gründen

Wenn Sie zu den unabhängigen Menschen zählen, die gerne jede Einzelheit eines Projekts im Griff haben, sollten Sie vielleicht darüber nachdenken, Ihr eigenes Unternehmen zu gründen, anstatt ein Franchiseunternehmen zu kaufen.

Denken Sie daran, dass die meisten Franchisenehmer genau wie Dave als unabhängige Kleinunternehmer angefangen haben, bevor sie ihre Konzepte in ein Franchiseunternehmen umgewandelt haben. Sie haben jede Mark und jeden freien Augenblick in ihr Unternehmen investiert, und zwar nicht nur ein paar Monate lang, sondern über mehrere Jahre. Ein hingebungsvoller, unabhängiger Kleinunternehmer gibt niemals auf, er ist willens, alles zu riskieren, damit sein Unternehmen zum Erfolg wird. Eine solche Herangehensweise bietet wenig Sicherheit, und der einzige, der dabei Fehler macht, sind Sie. Sie haben nur die Unterstützung, die Sie selbst organisieren.

Wenn Sie aber ein innovatives Produkt oder eine brandneue Dienstleistung anbieten wollen, die zurzeit nicht angeboten wird, oder wenn Sie einfach eine bessere als die bereits auf dem Markt vorhandene bieten können, dann sollten Sie sich vielleicht überlegen, sich auf eigene Beine zu stellen. Wirtschaftsvereinigungen, regionale Banken, Universitäten und Handelskammern bieten beispielsweise Seminare zur Unterstützung sowie Gruppenveranstaltungen an.

Insbesondere möchten wir an dieser Stelle auch auf das Franchise-Portal und Franchise-Net im Internet verweisen. Unter www.franchise-portal.de bzw. franchise-net.de finden Sie nicht nur viele Informationen und Angebote rund ums Franchising, sondern es wird auch ein Expertenforum mit verschiedenen Diskussionsgruppen angeboten, in dem Sie Fragen zu Ihren Vorhaben online stellen können.

In den Vereinigten Staaten sucht man am besten bei den Mitgliedern des Service Corps of Retired Executives (SCORE) nach Rat. SCORE ist ein Partner der U.S. Small Business Administration (SBA) und berät Kleinunternehmer kostenlos. Wie der Name sagt, sind die Mitglieder bei SCORE pensionierte Geschäftsführer, die Unternehmen in vielen Bereichen helfen können, unter anderem bei der Planung, Finanzierung und der Ausführung. Die Webseite von SCORE finden Sie unter www.score.org/.

Es gibt so einiges, was Sie beachten sollten, wenn Sie Ihr Unternehmenskonzept verfassen (siehe auch Kapitel 5). Anfangs sollten Sie vor allem Folgendes betrachten:

✔ Betreiben Sie Marktforschung. Finden Sie heraus, ob das Produkt, das Sie verkaufen möchten, gefragt ist. Institutionen wie SCORE gibt es in Deutschland nicht, aber die IHK oder der »Bundesverband mittelständischer Wirtschaft e. V.« mit Sitz in Bonn und Berlin ist auch eine gute Adresse. Mancher wirtschaftliche Zweig an Hochschulen oder Universitäten kann Ihnen ebenfalls zu geringen Kosten oder kostenlos bei der Forschung zur Seite stehen. Und vergessen Sie das Internet nicht. Hier holen sich die Profis fundierte Informationen über Dritte.

✔ Untersuchen Sie Ihre Preispolitik. Bleibt genug übrig, wenn die Kosten für Inventar, Miete, Löhne, Werbung und Versicherung abgezogen wurden?

✔ Haben Sie eine funktionierende und strategisch günstige Beziehung zu den regionalen Banken?

Vereinbaren Sie beim »Bundesverband mittelständischer Wirtschaft e. V.« mit Sitz in Bonn und Berlin einen Termin, um Ihre Ideen dort mit einem Berater zu besprechen.

Franchisenehmer werden

Wenn Sie Franchisenehmer bei einem etablierten Franchisegeber werden, vermeiden Sie das Rätselraten darüber, wie man ein Unternehmen führt, sowie die meisten der Fehler, die unabhängige Firmenneugründer machen. Das gehört zum Kauf eines Franchiseunternehmens von einem ausgereiften Franchisesystem dazu: ein bewährtes Betriebssystem, bei dem die Schwierigkeiten bereits für Sie aus dem Weg geräumt wurden.

Aber in welches Franchisesystem sollten Sie investieren? Fragen Sie nicht uns, wir stecken nicht in Ihrer Haut. Wir können Sie lediglich mit den entsprechenden Werkzeugen ausstatten, Ihnen Rat zur Vorgehensweise geben und Sie vor Sackgassen retten. Die einzig wichtige Aktivität bei der Entscheidungsfindung ist, dass Sie sich schlau machen, und das müssen Sie selber tun. Wir können Sie anleiten, Ihnen die Fragen nennen, die Sie stellen müssen und die Grundlagen vermitteln, die Sie benötigen. Aber am Ende müssen Sie sich die Zeit nehmen, Informationen einzuholen, diese auszuwerten, zu überdenken und eine wohl informierte Entscheidung zu treffen. Ohne die richtigen Informationen treffen Sie am Ende die kostspieligste Entscheidung Ihres Lebens.

Franchisemaklern aus dem Weg gehen

Franchisemakler sind Personen oder Unternehmen, die Ihnen ihre Hilfe dabei anbieten, das richtige Franchiseunternehmen für Sie zu finden. Manche Unternehmen dieser Branche bieten sogar psychologische Tests an, die Ihnen dabei helfen sollen, die richtige Entscheidung zu treffen. Die meisten berechnen dafür nichts. Normalerweise erhalten sie ihr Honorar von dem Franchisegeber, für den Sie sich entscheiden. Üblich ist ein Prozentsatz der ersten Franchisegebühr oder ein Prozentsatz von dem Betrag, den Sie an den Franchisegeber entrichten, nachdem Sie Franchisenehmer geworden sind (die laufende Lizenzgebühr).

Sicherlich gibt es gute und kompetente Makler, das Problem ist jedoch, dass die meisten nur die Franchisegeber von ihrer Kundenliste empfehlen. Überrascht Sie das? Bei diesem Arrangement gibt es keinen Mehrfachlistenservice, wie bei der Immobilienvermittlung. Aber genau wie Immobilienmakler arbeiten Franchisemakler (egal, wie freundlich, höflich und hilfsbereit sie scheinen, und egal, wie beeindruckend die Liste Ihrer Kunden ist) für den Franchisegeber, nicht für Sie. Kein Wunder eigentlich, dass das richtige Franchiseunternehmen für Sie, das auch zu Ihrem psychologischen Profil passt, zufälligerweise eines von der Kundenliste des Maklers ist.

Ganz gleich, wie ausgereift die Vorgehensweise scheint, mithilfe eines Maklers reduzieren Sie die Dauer Ihrer Suche, und unserer Ansicht nach erhalten Sie dafür – wenn überhaupt – nur wenig Gegenwert. Die Hilfe eines Maklers könnte auch den Druck auf Sie erhöhen, zu kaufen. Es ist ein bisschen so, wie den perfekten Partner über eine Heiratsvermittlung zu finden. Denken Sie daran, dass Sie eine Entscheidung treffen, die Ihr Leben verändern wird. Suchen Sie nicht nach Wegen, die das Verfahren abkürzen. Sie müssen die Beinarbeit selber machen. Wenn Sie der Meinung sind, dass Sie Hilfe von außen benötigen, sollten Sie einen professionellen Berater engagieren, zum Beispiel einen Wirtschaftsprüfer, einen Anwalt oder eine angesehene Franchiseberatung, die Ihnen bei dem Verfahren behilflich sind. (Wie Sie professionelle Beratung finden, steht in Kapitel 6.)

Wie Sie wertvolle Informationsquellen über verfügbare Franchiseunternehmen finden

Wenn Sie das richtige Franchiseunternehmen auswählen und kaufen möchten, brauchen Sie Zeit, Geld und jede Menge Informationen.

Unserer Erfahrung nach ist die beste Art und Weise, Informationen zu sammeln, folgende: Machen Sie eine Fragenliste, schreiben Sie die Antworten auf, und entwickeln Sie eine Methode, wie Sie im weiteren Verlauf Querverweise erstellen und Fakten überprüfen können. Stellen Sie detaillierte Nachfragen. Beispielsweise sagt der Franchisegeber, dass er eine dreiwöchige Schulung anbietet. Sie sagen, »Mensch, das ist aber viel«. Solange Sie allerdings nicht wissen, was auf dem Lehrplan steht und wer Sie unterrichtet, kann es genauso gut sein, dass Sie 21 Tage lang hinter der Theke im unternehmenseigenen Ladenlokal des Franchisegebers stehen. Oder vielleicht erzählt der Franchisegeber, dass Ihnen ein hochqualifizierter Systemberater zur Seite gestellt wird. Wenn Sie nicht nachgefragt haben, kann es sein, dass der hochqualifizierte Angestellte neu im Unternehmen ist, und Sie nur zweimal im Jahr besucht oder sogar nur anruft.

Schreiben Sie bei jedem Franchisesystem, das in Frage kommt, die Namen der Leute auf, mit denen Sie sprechen. Schreiben Sie die Informationen, die Sie erhalten, auf. So bekommen Sie nach und nach so viele Informationen, dass Sie ein relativ eindeutiges Bild von dem fraglichen Unternehmen haben. Anhang A enthält ein Arbeitsbuch, das Sie bei Ihrer Entscheidungsfindung benutzen können. Das Arbeitsbuch »Die Franchise-Entscheidung« ist ein einfaches Werkzeug, das Sie durch die grundlegenden Punkte führt, die Sie betrachten sollten, und es hilft Ihnen dabei, die Informationen zu verarbeiten. Wenn Sie je ein Haus gekauft haben, so werden Sie sich sicher daran erinnern, dass Sie nach dem dritten Haus, das Sie angesehen haben, nicht mehr wussten, welches Haus die große Küche hatte und welches das neue Dach brauchte. Mit der Auswahl eines Franchiseunternehmens ist es ähnlich. Das Arbeitsbuch soll Ihnen helfen, sich daran zu erinnern, welches Franchisesystem das mit dem guten Schulungsprogramm und Betriebssystem war und welches das mit dem 30 Seiten langen Systemhandbuch.

Gut, aber wo findet man nun alle diese Informationen? Glücklicherweise können Sie zwischen vielen verschieden Möglichkeiten zum Sammeln von Informationen wählen. Es gibt Informationen in Schriftform, Sie erhalten Informationen auf Messen, und neuerdings ist das Internet eine hervorragende Quelle. Vergessen Sie die Franchisenehmer der jeweiligen Systeme nicht. Sie wissen aus erster Hand, was in ihrem System funktioniert und was nicht. Jede Informationsquelle ist wichtig, um jedoch ein vollständiges Bild der einzelnen Franchiseunternehmen zu bekommen, schlagen wir vor, dass Sie jede Quelle nutzen, die sich Ihnen bietet.

Verzeichnisse

Es gibt mehrere Franchiseverzeichnisse, in denen fast alle Franchiseunternehmen aufgeführt werden, die zurzeit Franchisebetriebe anbieten. Am besten fangen Sie hier an, denn Sie erhalten Kerninformationen zu jedem aufgeführten Unternehmen.

Nur weil ein Franchisegeber in einem der Verzeichnisse aufgelistet ist, heißt das noch nicht, dass die Informationen vollständig oder genau sind. Viele der Verzeichnisse überprüfen die Angaben der Franchisegeber nicht noch einmal. Dies ist der Ausgangspunkt für Ihre Nachforschungen. Hier erhalten Sie sehr grundlegende Informationen, wie zum Beispiel wer heutzutage Franchiseunternehmen anbietet und welche Branche für Sie von Interesse sein könnte. Wir werden später in diesem Kapitel darauf eingehen, wie Sie die Informationen filtern, sodass Sie ein genaueres Bild bekommen, bevor Sie investieren.

✔ *Die Franchise-CD 2000:* Diese CD ist eine wahre Fundgrube! Dort finden Sie eine umfangreiche Datenbank mit über 4000 Geschäftsideen aus ganz Europa. Außerdem werden zahlreiche Franchisekonzepte detailliert vorgestellt. Die CD erscheint einmal im Jahr und kann zum Preis von DM 79,- zzgl. Versandkosten bei www.fanchise-portal.de bestellt werden.

✔ *Franchise-Chancen:* Dieses Verzeichnis wird alle 2 Jahre vom Verlag für die Deutsche Wirtschaft AG herausgegeben und stellt über 500 Franchisesysteme vor. Es ist über den Deutschen Franchise-Verband e.V. zu beziehen: www.dfv-franchise.de

✔ Im halbjährlich erscheinenden *Franchise Opportunities Guide*, den die International Franchise Association veröffentlicht, werden Mitglieder und Nichtmitglieder der Handelsvereinigung aufgeführt sowie Franchiseanwälte, Berater und andere Lieferanten. Es gibt aber auch beschreibende Abschnitte mit Franchisestatistiken, anderen Veröffentlichungen und Weiterbildungsunternehmen. Außerdem sind hilfreiche Artikel enthalten, die Profis der Branche verfasst haben. Die Kosten betragen ca. DM 30 zzgl. Versand- und Verwaltungskosten. Bestellen können Sie dieses Verzeichnis über die International Franchise Association auf der Webseite unter www.franchise.org. In Amerika ist diese Quelle sehr beliebt, da die Mitglieder der IFA zu den stärksten Franchisegebern der Branche zählen.

✔ Franchise Update Publications veröffentlicht verschiedene Franchiseführer, darunter *The Executives' Guide to Franchise Opportunities*, *Food Service Guide to Franchise Opportunities* und *The Guide to Multiple-Unit Franchise Opportunities*. Weiter wird dort das *Franchise Update Magazine* veröffentlicht, eine der führenden Veröffentlichungen für Handel und Management, die sich an die Fachleute der Branche richtet. Für Franchisegeber, Franchiseanwälte und Berater sind die Veröffentlichungen von Franchise Update ein Muss. Die Preise variieren,

- ✔ wenden Sie sich direkt an Franchise Update auf der Webseite unter www.Franchise-Update.com. Dort erhalten Sie Informationen zu Preisen und Bestellung.

- ✔ *Bond's Franchise Guide* erscheint bei Robert Bond, wird jährlich aktualisiert und bietet eine umfassende Liste, der Franchiseunternehmen, die in den Vereinigten Staaten und Kanada operieren. Es werden über 1.000 Franchisegeber mit Namen, Anschrift und Ansprechpartner aufgelistet.

- ✔ *The Franchise Handbook* ist ein vierteljährlich erscheinendes Handbuch mit Unternehmen, die derzeit Franchising betreiben; es enthält auch Informationen zu den Unternehmen, Artikel und Erfolgsgeschichten und anderes mehr. Es kostet ca. DM 46, Sie können es über die Webseite unter www.franchise1.com bestellen.

- ✔ Der *International Herald Tribune International Franchise Guide* wird von Source Book Publications herausgegeben und jährlich aktualisiert. Es ist ein Führer durch internationales Franchising. Hier werden Franchisegeber aufgeführt, die internationales Franchising anbieten. Er kostet ca. DM 70, und man kann ihn über die Webseite unter www.franchiseintl.com bestellen.

Veröffentlichungen für Verbraucher

Es gibt auch verschiedene Zeitschriften und Online-Magazine, die Rubriken zum Thema Franchising mit Artikeln oder Werbung veröffentlichen, und zwar:

- ✔ *Franchise.mag:* www.franchising-network.de
- ✔ *Franchise-net.de:* www.franchise-net.de
- ✔ *Franchise Guide to Switzerland:* guide@gtsverlag.ch
- ✔ *L'Officiel de la Franchise (auch engl.):* www.franchiseline.com
- ✔ *Der Chef:* www.chef-magazin.de
- ✔ *Aquisa:* www.aquisa.de/ac-werbe.html
- ✔ *Der Handel:* www.dfv.de
- ✔ *Pro Firma:* www.profirma.de
- ✔ *Entrepreneur International magazine*: www.entrepreneurmag.com
- ✔ *Franchise Times*: www.franchisetimes.com
- ✔ *Franchising World*: www.franchise.org
- ✔ *Franchise Update*: www.franchise-update.com

Messen und Ausstellungen, die für Franchisegeber interessant sind.

Messen und Ausstellungen

Auf Messen und Ausstellungen haben Sie die Möglichkeit, verschiedene Vertreter vieler Franchiseunternehmen gleichzeitig und persönlich zu treffen. Die International Franchise Association (IFA) ist Sponsor der International Franchise Expo (IFE).

Die IFE ist der größte Treffpunkt für Franchiseunternehmen, die weltweit auf der Suche nach neuen Franchisenehmern sind. Solche Zusammenkünfte sind auch ein guter Ort, um sich schlau zu machen, denn einige der Besten der Branche präsentieren sich mit ganztägigen Lehrveranstaltungen über Franchising. Informationen darüber, wann und wo die nächste Franchise Expo stattfindet, erhalten Sie telefonisch oder schriftlich von der IFA; dort gibt es einen Messeplan. Die IFA erreichen Sie unter 1350 New York Avenue, NW, Suite 900, Washington, DC, 20005-4709. Telefon 001-202-628-8000, Website www.franchise.org.

Ein guter Ausgangspunkt in den USA, der Leuten zu empfehlen ist, die sich das erste Mal mit Franchising beschäftigen, ist die U.S. Small Business Administration. Sie ist Sponsor für einige Seminare über Franchising in den regionalen Niederlassungen der Small Business Development Centers (SBDCs). Die meisten SBDCs befinden sich in einem College oder auf dem Campus von Universitäten, und die Seminare werden von Professoren gehalten, die sich mit der Gründung von kleinen und mittelständischen Unternehmen sehr gut auskennen. Man muss eine geringe Teilnahmegebühr entrichten. Fragen Sie bei Colleges in Ihrer Nähe nach, oder wenden Sie sich an das regionale Büro der SBA, dort erhalten Sie einen Kursplan. Außerhalb der USA wenden Sie sich am besten an die National Association (siehe auch Kapitel 17). Dort erhalten Sie Pläne mit dem lokalen Angebot von Kursen und Programmen.

Regionalmessen finden in den USA das ganze Jahr hindurch in verschiedenen Staaten statt. Manche dieser Ausstellungen kombinieren Franchising und Geschäftsgründungsideen. Der Franchisegeber bietet auf Messen gewöhnlich einen Einblick in das Unternehmen. Sie haben die Möglichkeit, den Vertretern des Unternehmens Fragen zu stellen, und wenn Sie möchten, können Sie auch ein paar Informationen über sich preisgeben, als Grundlage für weitere Gespräche.

In Deutschland gibt es ebenfalls zahlreiche Franchise- und Existenzgründermessen. Fast jedes Jahr kommt eine neue Messeidee hinzu, weshalb die Bedeutung der einzelnen Messe leider stark abnimmt. Traditionsreich und sinnvoll sind die folgenden:

1. Die jährlich stattfindende »Internationale Franchise-Messe« in Frankfurt/Main. Dies ist die bekannteste Veranstaltung, die in Zusammenarbeit mit dem Deutschen Franchise-Verband e.V. (DFV) durchgeführt wird. Messeveranstalter ist die Firma »Miller Freeman« Blenheim Heckmann GmbH in Düsseldorf (Tel. 0211-901 91-145).

2. Die jährlichen »Start-Messen«, die in verschiedenen Städten veranstaltet werden (z. B. Essen und Hamburg). Veranstalter ist hier die Firma IMP GmbH in Nürnberg (Tel. 0911-970058-0).

Messen sind eine gute Quelle für Broschüren über Franchisegelegenheiten. Die meisten Franchisegeber überreichen Ihnen ihre Broschüre und rufen Sie später an oder schreiben Ihnen. Manche Franchisegeber halten während der Messe sogar Seminare (manchmal heißen sie Entdeckungstage) über Ihr Franchiseunternehmen, und in den USA erhalten Sie eventuell sogar eine Kopie des Uniform Franchise Offering Circular (UFOC). Das UFOC ist das Offenlegungsdokument, das die Franchisegeber potenziellen Franchisenehmern mitgeben. Es enthält sehr viele Informationen über den Franchisegeber. Auf dieses Dokument, bzw. die vorvertraglichen Aufklärungspflichtungen der Franchisegeber in deutschsprachigen Ländern wird in Kapitel 6 noch näher eingegangen.

Seien Sie nicht überrascht, wenn Sie gebeten werden, eine Quittung für den Erhalt des UFOC zu unterschreiben. Franchisegeber versuchen nicht nur nachzuhalten, wem sie die Bücher gegeben haben, damit sie sie später wiederbekommen. Nach amerikanischem Recht müssen sie wissen, wann sie Ihnen ihr UFOC überlassen haben, damit sie nicht einen Franchisevertrag mit Ihnen abschließen, bevor die obligatorischen zehn Geschäftstage verstrichen sind. Denn das wäre ein Verstoß gegen die Franchisegesetze.

Franchisegeber mögen Messen, denn sie erhalten zum einen die Gelegenheit, mit Errungenschaft zu glänzen, und zum anderen können sie vor Ort bereits eine Art Vorqualifikationsrunde mit interessierten Parteien abhalten. Seien Sie also nicht überrascht, wenn man Ihnen genauso viele Fragen stellt wie Sie es tun. Gute Franchisegeber möchten so viel wie möglich so schnell wie möglich über Sie erfahren, damit niemand die Zeit des anderen stiehlt.

Zu guter Letzt sei noch gesagt: Kaufen Sie niemals auf einer Messe ein Franchiseunternehmen. Es gibt Regeln über das Angebot und den Verkauf von Franchiseunternehmen, und eine davon besagt, dass Sie Unterlagen über das Franchiseunternehmen erhalten (in den USA eine Kopie des UFOC) und dann Zeit haben, die Information auszuwerten (siehe auch Kapitel 6, dort werden die vorvertraglichen Aufklärungspflichten erläutert). Der Franchisegeber darf Ihnen rein rechtlich, auch wenn Sie es wollen, auf einer Messe kein Franchiseunternehmen verkaufen. Messen sind für Sie lediglich ein weiteres Werkzeug bei Ihrer Suche nach Informationen.

Das Internet

Das Internet entwickelt sich schnell zu einer Art Schaufenster für Franchiseunternehmen, und es kann nützlich beim Sammeln von grundlegenden Informationen sein. Viele Unternehmen haben Ihre eigene Website und geben in ihrer Werbung und in den Franchisebroschüren die Adresse der Website an. Oder, wenn Sie Mitglied der IFA sind, findet man sie auf der Website der IFA mit Links zu Ihren eigenen Webseiten. Viele Unternehmen findet man auch über verschiedene Suchmaschinen.

Die Informationskategorien auf den meisten Webseiten sind Unternehmensgeschichte, Pressemitteilungen, eine Analyse der Branche, Managementstruktur, Anzahl der Franchisestandorte, eine Erklärung des Konzepts und eine Angabe, wo Sie weitere Informationen erhalten.

Sie können über die Webseiten direkt mit der für den Verkauf von Franchiseunternehmen zuständigen Abteilung in Kontakt treten. Viele der Webseiten von Franchisegebern ermöglichen es Ihnen, online Ihre Bewerbung abzugeben, wodurch sie schneller an zusätzliche Informationen kommen, oder Sie haben die Möglichkeit, einen Termin zu vereinbaren, wann Sie den Franchisegeber in der Systemzentrale aufsuchen können.

Wird es den Test der Zeit überstehen?

Es gibt keine einzige Franchisebroschüre, Website oder Werbung, deren Botschaft lautet: »Wir sind Teil einer neuen Masche, die vielleicht in ein paar Monaten wieder verschwunden ist«. Jeder Franchisegeber, dem Sie begegnen, wird Ihnen erklären, dass ihre Gelegenheit auf einer soliden Marktnachfrage begründet ist, die noch weit in das Jahr 3000 reichen wird.

Sehen Sie sich die Branche genau an. Was haben Franchisegeber und Nicht-Franchisegeber vorzuweisen? Was sagt die einschlägige Presse über die Zukunft? Welchen Einfluss wird die Technologie auf die Nachfrage haben?

Erinnern Sie sich an die Zeit, als Autos noch alle 25.000 Kilometer eine Inspektion brauchten? Jetzt, wo viele Autos nur noch alle 150.000 Kilometer eine Inspektion benötigen, werden sich einige darauf spezialisierte Franchiseunternehmen an die guten alten Tage erinnern.

Schauen Sie sich einmal an, wie der E-Commerce im Internet die Kaufentscheidungen der Menschen verändert. Franchisegeber, die Ausbildungsprogramme für Kinder von einem festen Standort aus anboten, stehen nun der Konkurrenz gegenüber, die die gleichen oder ähnliche Dienste im Internet anbietet. Viele dieser Unternehmen passen sich an, indem sie zusätzlich Internet-Programme in ihr Angebot aufnehmen.

In Economics 101 ist die Rede davon, dass die Schwäche einer »Bananenrepublik« (hier ist ein Land, kein Unternehmen gemeint) darin liegt, dass sie nur ein Produkt anzubieten hat. Wenn sich der Geschmack der Verbraucher ändert oder neue Technologien das Produkt überflüssig oder unattraktiv machen, dann leidet die Wirtschaft. Sie hat nichts anderes zu verkaufen. Das Gleiche, nur noch schlimmer, passiert bei Einprodukt-Franchising. Sogar, wenn die Nachfrage nach dem Produkt eines Einprodukt-Franchiseunternehmen stark bleibt, so fügen oft andere Unternehmen das Produkt in ihr Angebot mit ein und nehmen so diesen Unternehmen ihre einzige Stärke: die Einzigartigkeit. Das passierte in den USA in den 80er und 90er Jahren im Bereich »Gefrorener Joghurt«: Eisdielen und Schnellrestaurants haben einfach Joghurt mit in ihr Angebot aufgenommen.

Sehen Sie sich die Unternehmen der Branche, die Sie untersuchen, an. Haben sie neue Produkte oder Dienstleistungen im Angebot, oder haben sie die Art und Weise geändert, in der die Produkte oder Dienstleistungen an den Kunden gebracht werden, um sicherzugehen, dass die Kunden weiter zu ihren Franchisenehmern kommen, oder ist das Design ihrer Standorte genauso alt und aus der Mode wie die Produkte und Dienstleistungen die sie verkaufen? Wie sahen in der Vergangenheit die Verkaufszahlen aus? Wie sehen sie heute aus? Wird Wachstum verzeichnet? Zieht das Unternehmen einen Nutzen aus den Möglichkeiten, die der E-Commerce dem System bietet?

Konzentriert sich das Unternehmen auf internationale Geschäfte oder auf die vorhandenen nationalen Franchisenehmer? Das Hoch der internationalen Expansion nimmt oft den kleineren, weniger weit entwickelten Franchisegebern Ressourcen, die sonst den nationalen Betreibern zur Verfügung standen. Das stellt zunehmend ein Problem dar.

Es wird bei einer guten Wirtschaftslage zunehmend schwieriger, Arbeitskräfte zu finden, die bereit sind, auf der unteren Ebene anzufangen. Es ist wichtig, über das nötige Personal zu verfügen.

Haben Sie in letzter Zeit auch die vielen Schilder »Aushilfe gesucht« bemerkt? Es ist noch nicht allzu lange her, da waren diese Stellen so schnell wieder besetzt, wie sie frei wurden. Im Moment nicht. Bei einer florierenden Wirtschaftslage haben alle Unternehmen Schwierigkeiten, ausreichend Personal zu finden. Wenn das Franchiseunternehmen viele Positionen der unteren Ebene zu besetzen hat, müssen Sie sich fragen, ob in Ihrem Marktplatz Arbeitskräfte zu einem Lohn zu haben sind, den Sie bezahlen können. Auch das beste Unternehmen mit der größten Nachfrage kann nicht betrieben werden, wenn keine Leute da sind, die die Kundschaft bedienen. Vergewissern Sie sich, ob Sie Arbeitskräfte finden würden, die für einen bezahlbaren Lohn für Sie arbeiten würden. In Kapitel 12 werden die Einstellung und andere Personalangelegenheiten näher erläutert.

Lieber ein eingeführtes Franchiseunternehmen kaufen oder lieber einen neuen Standort eröffnen?

Nehmen wir einmal an, Sie haben Ihre Auswahl auf eine bestimmte Branche begrenzt, und innerhalb dieser Branche haben Sie Ihre Auswahl weiter auf ein oder zwei Franchisemöglichkeiten begrenzt. Ein Franchiseunternehmen bietet nur nagelneue Standorte an. Das andere bietet neue Standorte, aber auch einige bereits eingeführte Standorte an. Was tun Sie – kaufen Sie neu oder gebraucht?

Der Kauf eines bestehenden Franchiseunternehmens

Franchiseunternehmen bieten oft bestehende unternehmenseigene Standorte zum Kauf an, oder Sie haben eine Liste von Franchisenehmern, die Ihr Franchiseunternehmen verkaufen würden.

Der Kauf eines bestehenden Geschäfts aus dem Unternehmen oder von einem Franchisenehmer bietet eventuell Vorteile gegenüber einem Neuanfang. Sie müssen nicht eine potenzielle Geschäftsgründung bewerten, sondern ein Unternehmen, das bereits besteht und läuft. Es hat nachvollziehbare Leistungen erbracht, hat einen Ruf in der Gegend und einen Kundenstamm. Sie können sich den Gewinn und den Cashflow ansehen und die Trends für das Ladenlokal auswerten. Der Standort ist voll entwickelt, und Sie müssen sich nicht damit belasten, nach einem Ladenlokal zu suchen, die Miete auszuhandeln, einen Bauunternehmer zu engagieren und den Standort aufzubauen und auszustatten. In Kapitel 8 wird die Gründung eines Standorts erörtert. Der Betrieb verfügt eventuell über eingearbeitete Arbeitskräfte, sodass Sie nicht den Stress haben, sofort neue Angestellte einzustellen und zu schulen, bevor Sie noch den ersten Kunden empfangen. Sie wären schneller im Geschäft, als bei der Neugründung eines Franchiseunternehmens.

Auch aus Sicht des Franchisegebers ist der Kauf eines bestehenden Standorts sinnvoll. Möglicherweise war es eine strategische Entscheidung, an diesem Standort kein unternehmenseigenes Geschäft zu betreiben, und nun wird Franchisenehmer gesucht, der kauft. Vielleicht gab es auch Probleme damit, gute Arbeitskräfte oder einen guten Geschäftsführer für das Geschäft zu finden, und man hofft nun, dass der Franchisenehmer mehr Erfolg hat. Was leider auch manchmal vorkommt: Das Ladenlokal wurde von einem Franchisenehmer zurückgekauft, der gescheitert ist, und man möchte jetzt schnell jemand neues einsetzen.

 Wir gehen in Kapitel 6 noch darauf ein, dass nicht jeder Franchisegeber potenziellen Franchisenehmern vor der Investition in ein Franchiseunternehmen finanzielle Informationen über den Standort gibt. Auch Franchisegeber, die das nicht tun, dürfen potenziellen Franchisenehmern Informationen über bestimmte unternehmenseigene Standorte geben, die sie verkaufen möchten. Wenn Sie sich für ein bestehendes Geschäft in Unternehmensbesitz interessieren, sollten Sie darauf achten, dass Sie die Finanzinformationen für diesen Standort erhalten.

Franchisegeber profitieren auch davon, dass Franchisenehmer Ihre Franchiseunternehmen an neue Franchisenehmer verkaufen. Zum einen ist unter Umständen ein Wechsel von einem unglücklichen Franchisenehmer zu einem neuen enthusiastischen günstig. Weiter ist es üblich, dass neue Franchisenehmer den aktuell gültigen Franchisevertrag erhalten. So können Franchisegeber die Bedingungen für diesen Standort eher ändern, als das mit dem alten Franchisenehmer möglich gewesen wäre, für den der alte Vertrag galt. Drittens wird auf diese Weise ein Verkaufspreis für einzelne Standorte festgelegt. Wenn Franchiseunternehmen zu einem hohen Preis verkauft werden, spricht sich das schnell herum, und der Franchisegeber ist eher in der Lage, neue Franchiseunternehmen zu verkaufen.

 Wir sind nicht darauf eingegangen, dass eine Transfergebühr zu Gunsten des Franchisegebers erhoben wird. Die meisten Franchisegeber berechnen eine Gebühr für die Übernahme eines bestehenden Standorts. Diese Gebühr entspricht normalerweise einem Prozentsatz der aktuellen Franchisegebühr oder ist ein festgelegter Betrag. Franchisegeber müssen nicht für die Kosten aufkommen, neue Franchisenehmer anzuwerben, oder ihnen dabei helfen, zum Unternehmen zu finden, sie übernehmen jedoch die Kosten dafür, den neuen Franchisenehmer einzuschätzen und mit Schulungen fit zu machen, sowie andere Kosten, die bei neuen Franchisenehmern anfallen. Bei der Übertragung eines bestehenden Franchiseunternehmens auf einen anderen Franchisenehmer entstehen auch Anwaltskosten. Sollte der Franchisegeber etwas an der Übernahmegebühr verdienen, so ist das in der Regel zu vernachlässigen.

Bevor Sie einen bestehenden Betrieb kaufen, sollten Sie ein paar Sachen herausfinden. Finden Sie heraus, warum der Besitzer verkaufen möchte. Ist der Markt versiegt? Ist der Standort nicht länger erstrebenswert? Wollte der Besitzer einfach nur etwas anderes machen? Setzt er sich zur Ruhe? Sehen Sie sich den Laden an, so als ob Sie dort anfangen wollten zu arbeiten.

Wenn der Standort aus irgendeinem Grund auf dem absteigenden Ast ist, dann sollten Sie als Käufer vorsichtig sein. Denken Sie nicht, dass Sie schlauer oder ein besserer Geschäftsführer sind als der Vorbesitzer.

 Gehen Sie nicht davon aus, dass Sie mit dem Kauf eines Franchiseunternehmens die volle Laufzeit erhalten, Verlängerungen inbegriffen. Manche Franchisegeber lassen die Übernahme eines Franchiseunternehmens nur im Rahmen der Restlaufzeit des Vertrags zu. Andere geben Ihnen die volle Laufzeit plus Verlängerungen. Achten Sie

darauf, dass Sie nicht nur das Unternehmen begreifen, das Sie kaufen möchten, sondern auch das Franchiseunternehmen.

Der Neuanfang

Die meisten Franchisenehmer beginnen das Franchising, indem Sie ein Franchiseunternehmen kaufen und einen neuen Standort eröffnen. Der Franchisegeber hilft Ihnen bei der Auswahl des Standorts, dem Ladenbau, den Schildern, der Innenausstattung, Neueröffnungsangeboten, den Schulungen, und er leistet in der Anfangsphase der Neugründung fortlaufende Unterstützung.

Auch wenn es so aussieht, als sei die Hilfe nah, sollten Sie sich über die Qualität dieser Hilfe vergewissern.

Fahren Sie hin, es lohnt sich

Haben Sie schon mal darüber nachgedacht, ein Haus zu kaufen, ohne es vorher gesehen zu haben? Wie wäre es mit einer Heirat, bei der man den künftigen Ehepartner nicht kennt? Als Ihr Kind auf die Universität kam, haben Sie da gehofft, dass es dort alles gibt, was die bunten Broschüren versprachen, oder sind Sie ins Auto gestiegen, in den Bus oder ins Flugzeug, um sich persönlich davon zu überzeugen?

Franchising ist da keine Ausnahme. Sie müssen die Systemzentrale des Franchisegebers sehen, die Belegschaft kennen lernen und einschätzen können, ob er in der Lage ist, die versprochenen Dienste zu erbringen.

Bevor Sie ein Franchisegeber in die Systemzentrale einlädt, wird er seine Erkundigungen über Sie eingezogen haben. Die meisten möchten von Ihnen, dass Sie eine vorläufige Bewerbung ausfüllen, die ihnen Informationen darüber gibt, wer Sie sind, was Sie für einen Hintergrund haben, welche Ausbildung Sie haben, wie Ihr beruflicher Werdegang war und wie es mit Ihren Finanzen aussieht. Manche Franchisegeber lassen Ihre Kreditwürdigkeit prüfen und wünschen ein polizeiliches Führungszeugnis. Gute Franchisegeber sind genauso wählerisch, mit wem Sie einen Franchisevertrag schließen, wie es potenzielle Franchisenehmer bei der Auswahl ihres Franchiseunternehmens sind.

Einige Franchisegeber laden Sie vielleicht ein, mit ihnen eine Besichtigung der Systemzentrale zu machen. Andere laden zu einer Gruppenveranstaltung ein, einem so genannten Entdeckungstag, und Sie haben die Gelegenheit, den Franchisegeber kennen zu lernen und eventuell auch andere potenzielle Franchisenehmer. Egal, wie sich das gestaltet, es ist die Gelegenheit, bei der Sie die Leute und das Unternehmen kennen lernen, die Ihr Supportteam sein werden. Halten Sie mit Ihren Fragen nicht hinterm Berg. Wie heißt es schon in der Grundschule: Dumme Fragen sind nur solche, die man nicht stellt.

 An einem Entdeckungstag nimmt Sie der Franchisegeber mit zu einer Besichtigung seiner Läden. Nehmen Sie sich ein bisschen mehr Zeit, damit Sie sich auch einige der Geschäfte ansehen können, die bei der Tour nicht dabei sind.

Helfen Sie sich mit den Fragen in Anhang A. Sie sind ein Anhaltspunkt bei der Einschätzung des Franchisegebers.

Wenn die Profis der Franchiseindustrie bei Ausbildungs- oder Handelstreffen zusammenkommen, wird meistens über Geschäfte geredet: Wer macht was und wann, was geht, was nicht. Fast immer, irgendwann zwischen dem ersten Bier und dem Ende des Abends, benutzt jemand den Ausdruck »den Spiegeltest bestehen«. Dieser Ausdruck bezieht sich auf Franchisegeber, die bei der Auswahl ihrer Franchisenehmer nur zwei Kriterien anlegen: Zum einen, der Scheck des Kaufinteressenten platzt nicht, und zweitens, der Interessent atmet noch und der Spiegel beschlägt. Es ist nicht gerade eine Auszeichnung ein Franchisegeber dieser Kategorie zu sein. (Es gibt Franchisegeber, die ihre Franchisenehmer nicht einmal gesehen haben, bevor diese zur Schulung kommen. Ihr einziges Interesse gilt dem Scheck. Wir wollen lieber nicht darüber nachdenken, wie hoch ihre Standards sind). Wenn ein Franchisegeber nicht darauf besteht, dass Sie mit ihm die Systemzentrale oder die regionalen Supportzentren besuchen, sollten Sie wachsam sein. Wenn er sich nicht dafür interessiert, was für ein Franchisenehmer Sie wohl werden, was glauben Sie, wie sorgfältig er bei der Auswahl der anderen Franchisenehmer im System war, die mit Ihnen ein Warenzeichen teilen? Der Ausflug zur Systemzentrale des Franchisegebers scheint aufwändig, vor allem, wenn Sie sich mehrere Franchisegeber ansehen, aber er ist wirklich wichtig.

Wenn Sie verheiratet sind oder das Franchiseunternehmen mit einem Partner führen wollen, bringen Sie ihn oder sie mit. Es ist wichtig, dass Ihre Familie und Ihre Partner den Franchisegeber kennen lernen. Es zeigt dem Franchisegeber auch, dass Sie den Besuch ernst nehmen.

Wieder zu Hause – die Suche nach Standorten

Dank Ihrer Nachforschungen und den Informationen, die Sie erhalten, wenn Sie den Franchisegeber besuchen, sollten Sie langsam eine Vorstellung davon bekommen, nach was für einem Standort Sie suchen. Wenn Sie einen Standort in Ihrer Heimatstadt errichten möchten, sollten Sie sich vergewissern, dass dort die entsprechenden Immobilien vorhanden sind.

Sie sollten ein wenig Marktforschung im Voraus betreiben. Die meisten Franchisegeber stehen Ihnen später mit einigermaßen ausgereiften Unterstützungsmechanismen zur Seite, aber Sie müssen auch ein paar Dinge im Voraus wissen, bevor Sie sich entscheiden, Franchisenehmer zu werden.

Verschaffen Sie sich eine Vorstellung von der Verkehrssituation rund um die Standorte, die Sie sich ausgeguckt haben. Rufen Sie beim Verkehrsamt der Stadt an, und fragen Sie nach den Straßenbauplänen oder anderen wichtigen Bebauungsplänen für das Gebiet, die eventuell das Kundenaufkommen beeinträchtigen. Fragen Sie bei anderen Händlern nach, die eine ähnliche Kundenstruktur haben wie Ihr potenzielles Franchiseunternehmen, und achten Sie darauf, ob an diesem Standort das richtige Verkehrsaufkommen besteht. Wenn Sie beispielsweise einen Friseursalon der gehobenen Klasse aufmachen möchten, sollten Sie schauen, ob es Geschäfte gibt, die eine ähnliche Klientel haben, wie zum Beispiel gute Boutiquen. Solche Nachforschungen können einiges über das künftige Potenzial des Standorts aussagen.

 Unterschreiben Sie nicht gleich einen Miet- oder Kaufvertrag für Ihren neuen Standort. Es ist sehr wahrscheinlich, dass der Franchisegeber den Standort absegnen will, bevor Sie einen Vertrag unterzeichnen.

Holen Sie sich die Fakten bei denen, die es wissen: den anderen Franchisenehmern im System

Sprechen Sie mit den anderen Franchisenehmern im System, und finden Sie genau heraus, wie viel Unterstützung diese von der Systemzentrale des Franchisegebers erhalten haben, als sie ihre Unternehmen eröffnet haben. Sie versuchen nur jede Überraschung im Voraus auszuschließen. Hat der Franchisegeber die versprochen Hilfe vor, während und nach der Eröffnung erbracht? Wie war die Grundlagenschulung? Angemessen, oder fanden die Franchisenehmer, sie hätten noch mehr Schulungen benötigt, bevor sie die Türen geöffnet haben? Wie war der Umsatz in den ersten sechs Monaten? Wie in den ersten 18 Monaten?

In den USA erhalten Sie das UFOC. Darin ist eine Liste von Franchisenehmern enthalten. Rufen Sie so viele von Ihnen an, wie Sie brauchen, bis Sie das Gefühl haben, dass alle Ihre Fragen beantwortet wurden. Rufen Sie auch einige der ehemaligen Franchisenehmer an, die in der Liste stehen. Denken Sie daran, dass sie vielleicht aus wenig positiven Gründen ausgeschieden sind, eventuell müssen Sie das zwischen den Zeilen lesen. Wenn sie jedoch alle die gleiche Geschichte erzählen, ist es die Investition Ihrer Zeit wert. Wenn Sie ein Franchiseunternehmen in einem Land erwerben, wo der Franchisegeber nicht dazu gezwungen ist, Ihnen eine Liste der Franchisenehmer im System zu überlassen, fragen Sie nach, ob Sie eine bekommen. Sie können auch mit einem im System aktiven Franchisenehmer sprechen; vielleicht hat er oder sie eine Liste, die Sie kopieren können.

 Die Franchisenehmer, die Sie anrufen, sind nicht dazu verpflichtet, mit Ihnen zu sprechen oder Ihnen Auskunft zu geben. Sogar diejenigen, die Ihnen Auskunft geben möchten, sind vielleicht zu beschäftigt mit ihrer Arbeit, als dass sie Zeit hätten, mit Ihnen zu plaudern. Fragen Sie, ob es gerade günstig ist. Wenn nicht, fragen Sie, wann eine bessere Zeit für einen Anruf oder einen Besuch ist. Wahrscheinlich bekommen sie viele Anrufe über das Franchiseunternehmen, sagen Sie also offen, warum Sie anrufen. Für viele ist es wahrscheinlich noch nicht lange her, dass sie selber solche Anrufe bei anderen Franchisenehmern gemacht haben.

Halten Sie mit Ihren Fragen nicht hinterm Berg. Mehr als Nein sagen können sie nicht. Fragen Sie nach dem benötigten Kapital, vor allem nach dem Betriebskapital. Der Franchisegeber sollte Ihnen in seinen Franchiseunterlagen eine Schätzung der gesamten Anfangsinvestition geben, fragen Sie ihn, wie nah das an der Realität ist. Hat es drei Monate, sechs Monate, zwei Jahre oder noch länger gedauert, bis sie Gewinn gemacht haben? Wann konnten sie sich ein Gehalt auszahlen?

Wir werden hier nicht alle Fragen aufzählen, die Sie stellen sollten, dies soll nur ein Anfang sein. In der Checkliste in Anhang A finden Sie mehr.

An die Arbeit

Es gibt einen einfachen aber effektiven Weg, um herauszufinden, ob ein Franchiseunternehmen das Richtige für Sie ist. Versuchen Sie die Erlaubnis zu erhalten, eine Weile dort zu arbeiten, damit Sie sehen können, ob Ihnen das Geschäft gefällt. Sie investieren lediglich Zeit, und was sind schon drei oder vier Wochen, wenn Sie herausfinden, ob Sie das Unternehmen mögen oder nicht?

Richtig altmodische Nachforschungen sind durch nichts zu ersetzen, wenn Sie sich ein bestimmtes Franchiseunternehmen ansehen. Nachforschungen bedeutet, über das Getöse um den Umsatz hinausgehen und an die Systeme herankommen, die Handbücher, die Schulungen, die Systemzentrale und die Systemberater, Werbung und Finanzen. Sie müssen auch mit anderen Franchisenehmern im System sprechen.

Die meisten Franchisegeber sind bereit, all diese Informationen zu teilen. Sie möchten, dass die Franchisenehmer ihre Hausaufgaben gemacht haben und gut informiert ihre Entscheidung treffen. Darum ist es eine gute Möglichkeit, drei oder vier Wochen in einem Franchiseunternehmen zu arbeiten, *bevor* man den Vertrag unterschreibt, um herauszufinden, ob Sie und das Franchiseunternehmen ein gutes Paar abgeben. Worte und Zahlen sind eine Sache, aber Sie müssen tatsächlich in das Unternehmen, um zu sehen, ob es zu Ihnen passt.

Ein paar Worte zum Schluss

Vor der Entscheidung, ein Franchiseunternehmen zu kaufen, stehen viele vorbereitende Schritte. Jeder Schritt ist wichtig, und jeder Schritt braucht seine Zeit, bis er abgeschlossen ist. Aber was dabei herauskommt ist es wert. Sie investieren in sich, in Ihre Zukunft und in das Maß der Zufriedenheit mit Ihrem Leben. Wenn Sie sich zu Beginn Zeit nehmen, erreichen Sie die bestmöglichen Ergebnisse, wenn der Moment zum Zugreifen kommt.

Sie haben viel Arbeit vor sich und viele Entscheidungen zu treffen, bevor Sie ein Franchiseunternehmen auswählen:

✔ Entscheiden Sie sich, ob Sie Franchisenehmer werden oder ein eigenes unabhängiges Unternehmen gründen wollen.

✔ Wenn Sie Franchisenehmer werden wollen, stellen Sie Ihre eigenen Nachforschungen an, wenden Sie sich nicht an einen Franchisemakler.

✔ Finden Sie so viel wie möglich über verfügbare Franchiseunternehmen heraus:

- Lesen Sie Verzeichnisse.
- Lesen Sie Artikel in der einschlägigen Presse, und achten Sie auf Anzeigen von Franchisegebern, die Franchiseunternehmen anbieten.

- Besuchen Sie Handelsmessen in ihrer näheren Umgebung. Vielleicht können Sie eine der großen Ausstellungen besuchen, die die International Franchise Association sponsert.
- Suchen Sie nach Franchisegelegenheiten im World Wide Web.

✔ Suchen Sie die Art von Franchiseunternehmen aus, die für Sie richtig ist.

✔ Vergewissern Sie sich, dass Sie noch über Reserven verfügen, nachdem Sie in ein Unternehmen investiert haben, um die Anfangszeit zu überstehen, bis das Unternehmen Gewinn abwirft.

✔ Überschätzen Sie Ihre Einkünfte nicht. Ein Franchiseunternehmen zu führen ist harte Arbeit, und es gibt keine Garantie, dass Sie dabei schnell reich werden. Normalerweise ist der Weg zum Wohlstand lang.

✔ Vergewissern Sie sich, dass das Unternehmen eine Wachstumsgeschichte hat und auch in Zukunft wachsen wird.

✔ Entscheiden Sie sich, ob Sie in ein neues Geschäft investieren wollen, oder ob ein bestehender Standort zum Verkauf steht.

✔ Entscheiden Sie sich nicht für einen Franchisegeber, bevor Sie nicht die Systemzentrale gesehen haben und das Supportteam kennen.

✔ Schauen Sie sich die Systemhandbücher an, und fragen Sie, ob Sie an einer Schulung teilnehmen dürfen.

✔ Lassen Sie sich bei der Entscheidung nicht von Gefühlen leiten. Stellen Sie Fragen, stellen Sie Nachforschungen an, und lassen Sie sich von Geschäftsleuten Ihres Vertrauens beraten.

✔ Prüfen Sie, ob an Ihrem Marktplatz der richtige Standort für das Franchiseunternehmen zu finden ist. Unterschreiben Sie jedoch keine Verträge, bevor der Franchisegeber den Standort akzeptiert hat.

✔ Vergewissern Sie sich, dass Sie in der Lage sein werden, an Ihrem Marktplatz die erforderlichen Arbeitskräfte zu einem bezahlbaren Lohn anzuwerben.

✔ Sprechen Sie mit so vielen Franchisenehmern wie möglich, um Informationen von denen zu bekommen, die zur Zeit im System tätig sind.

✔ Nehmen Sie Kontakt mit Franchisenehmern auf, die das Unternehmen verlassen haben, und finden Sie heraus, warum sie gegangen sind.

✔ Arbeiten Sie an einem Standort mit, vielleicht sogar an mehreren.

✔ Lassen Sie sich ein Exemplar des Offenlegungsdokuments und des Franchisevertrags geben. Lesen Sie diese, und vergewissern Sie sich, dass Sie verstehen, was Sie unterschreiben sollen.

✔ Versichern Sie sich der Hilfe von Profis, bevor Sie sich endgültig entscheiden. (An wen Sie sich wenden können, wird in Kapitel 6 erörtert). Achten Sie darauf, dass Ihre Ratgeber (Wirtschaftsprüfer, Rechtsanwälte) Erfahrungen mit Franchising haben.

Kapital aufbringen: Feilschen, Handeln und Gewinnen 5

In diesem Kapitel

▶ Die aktuelle Finanzlage prüfen
▶ Die Kosten für Franchising lokalisieren
▶ Das Kapital zum Kauf eines Franchiseunternehmens beschaffen

Dieses Kapitel soll Ihnen die finanzielle Realität beim Besitz eines Franchiseunternehmens vor Augen führen. Wenn Sie sich für den Kauf eines Franchiseunternehmens entscheiden, müssen Sie Geld auf den Tisch legen, oder der Handel kommt nicht zustande. Sie müssen herausfinden, ob Ihre Mittel für den Kauf eines Franchiseunternehmens ausreichen und ob Sie im ersten und vielleicht im zweiten Jahr nach der Eröffnung Ihre Familie versorgen können, sofern Sie eine haben.

Das Kapitel erklärt, wie man eine Finanzierung auf die Beine stellt. Es soll Ihnen ein realistisches Bild vermitteln, ob Sie es sich leisten können, Franchisenehmer zu werden. Also, spitzen Sie Ihren Bleistift, und nehmen Sie den Taschenrechner in die Hand, wir suchen die Mäuse.

Die aktuelle Finanzlage prüfen

Mit dem Stift zu Papier gebracht und dann knallhart die Finanzlage betrachten, das kann ernüchternd sein. Vielleicht erliegen Sie der Versuchung, hier und da ein wenig nachzuhelfen und die Realität Ihrer finanziellen Lage ein wenig zu schönen, aber es ist nicht nur wichtig, ausreichend Kapital für den Start zu haben, es ist sogar überlebenswichtig. Wenn Sie jetzt erst mal tief seufzen müssen, sollten Sie an die Wahrheit der Statistik denken: Die meisten Franchisenehmer scheitern, weil Sie nicht genug Geld für die Investition haben.

Das haben wir uns nicht ausgedacht. Diese Statistik kommt von der U.S. Small Business Administration sowie einigen Banken und Kreditinstituten, die Fehler von Franchisenehmern bei der Kreditaufnahme protokolliert haben. Ihre Erkenntnisse zeigen, dass der Grund für das Versagen von Franchisenehmern häufig darin zu suchen ist, dass sie in der kritischen Anfangsphase des Unternehmens nicht genug Mittel hatten.

Sie wissen nicht, ob Ihre Mittel ausreichen, bevor Sie nicht Ihre Finanzlage genau untersucht haben. Gehen Sie strukturiert an die Sache heran. Machen Sie sich eine Liste. Damit Sie die richtige Richtung einschlagen, sollten Sie die nachfolgenden Fragen beantworten. Es handelt sich dabei nicht um einen Test, und Ihre Antworten sind nicht richtig oder falsch. Wir wollen

Ihnen dabei helfen, herauszufinden, wie groß Ihre Rücklagen sind, wo Sie Hilfe brauchen und ob Sie tatsächlich in der Lage sind, in ein Franchiseunternehmen zu investieren.

✔ Wie viel Bargeld kann ich investieren?

✔ Was für Wertpapiere habe ich und wie viel sind sie wert?

✔ Wie hoch ist das Eigenkapital für mein Haus und wie viel bekomme ich für eine zweite Hypothek?

✔ Wie viel Verlust kann ich mir leisten?

✔ Wie viel bin ich bereit zu verlieren?

✔ Möchte ich das Franchiseunternehmen allein erwerben oder mit einem Partner?

✔ Wenn ich einen Partner hätte, würde das Unternehmen mehr als eine Familie tragen?

✔ Falls ich eine Finanzierungshilfe benötige, an wen wende ich mich?

✔ Kann ich Geld von Freunden und der Familie borgen?

✔ Habe ich eine gute Beziehung zu meiner Bank?

✔ Bin ich kreditwürdig?

✔ Kann ich vom Verdienst meines Lebenspartners leben, bis das Unternehmen etwas abwirft?

✔ Muss ich ein Grundstück erwerben und ein Gebäude errichten, oder kann ich etwas mieten?

✔ Bietet der Franchisegeber Finanzierungs- oder Leasingprogramme an? Wenn ja, wie wirkt sich das auf meine Investitionsentscheidung aus?

Persönliche Finanzfragen dieser Art müssen Sie sich vorab stellen.

Lassen Sie sich einen Beweis für Fachwissen geben

In den 60er Jahren war ich Franchisenehmer bei Kentucky Fried Chicken. Ich war auf der Suche nach einem Darlehen, um unser Restaurant umzubauen. Ich konnte nicht einen einzigen Finanzberater finden, der willens war, mit mir zu sprechen. Nachdem wir ein wenig Erfolg hatten, besonders nachdem ich Wendy's gegründet hatte, boten mir viele Finanzberater ihre Unterstützung an, damit ich noch mehr Geld verdienen würde.

Also habe ich eine Regel aufgestellt: Wenn ein Berater mit seinem Plan zu mir kam, habe ich ihn oder sie nach der Geschäftsbilanz gefragt. Wenn sie besser war als meine, habe ich auf den Rat gehört. Die meisten der Berater haben selber kein Geld, aber möchten mir erzählen, wie ich meins ausgeben soll.

Was ein Franchiseunternehmen wirklich kostet

Ein Unternehmen zu gründen kostet Geld, ganz gleich ob Sie es als unabhängiger Unternehmer oder im Rahmen eines Franchisesystems eröffnen. Es ist nicht nur wichtig, dass Sie genügend Geld haben, um das Geschäft zu eröffnen, ans Laufen und dahin zu bringen, dass es nicht mehr nur Geld verschlingt, sondern sich selbst trägt. Kapital bedeutet für einen kleinen Unternehmer, der gerade am Anfang steht, Überleben oder Eingehen.

Sogar, wenn der einzige Vorteil sich einem Franchisesystem anzuschließen darin bestünde, eine exakte Schätzung der Kosten für die Unternehmensentwicklung zu bekommen, Quellen für die Ausstattung und Lieferanten sowie das Wissen, wie viel Betriebskapital Sie brauchen, bis das Unternehmen sich selbst trägt, könnte die Investition in ein Franchiseunternehmen lohnenswert sein. In dieser Hinsicht ist ein erfahrenes und ausgereiftes Franchisesystem für einen neuen Franchisenehmer Gold wert.

Franchisegeber ersparen Ihnen Zeit und Kosten beim Lernprozess. Ohne Franchisegeber müssen Sie beispielsweise nach günstigen Ausstattern suchen, mit Einrichtern am Dekor arbeiten, herausfinden, welche Lieferanten Sie engagieren können, und so weiter. Franchising ist deshalb erfolgreich, weil vielen Einzelheiten, an die Sie noch nicht einmal gedacht haben, bereits Rechnung getragen wird. In den Franchiseunterlagen finden Sie eine Liste der Gründungsausgaben, aus denen sich Ihre Anfangsinvestition zusammensetzt. Egal, ob Sie ein Franchiseunternehmen oder ein unabhängiges Unternehmen gründen, die nachfolgende Liste gibt Ihnen einen Anhaltspunkt bezüglich der Kosten.

- ✔ **Den richtigen Standort finden:** Meist bezahlen Verkäufer oder Vermieter den Immobilienmakler, der Ihnen dabei hilft, den richtigen Standort zu finden. Zeit, Reisekosten und die Kosten dafür, dass Sie Marktinformationen einholen, wie Bevölkerungsstatistiken, Verkehrsstudien und eine lokale Wettbewerbsanalyse? Diese ganzen Kleinigkeiten können sich summieren, denn es ist eher unwahrscheinlich, dass die erste Besichtigung auch die einzige bleibt. Die meisten ausgereiften Franchisesysteme werden Ihnen in diesem Bereich behilflich sein können, denn sie verlassen sich oft auf Dienstleister von außen, die ihnen solche Informationen besorgen.

- ✔ **Kosten für Immobilien und Grundbesitz:** Wenn Sie Räumlichkeiten anmieten, seien Sie darauf gefasst, dass der Vermieter bei Unterzeichnung des Vertrags eine Kaution fordert. Sollten Sie kaufen, müssen Sie die Kosten für das Grundstück dazurechnen. Denken Sie auch an die Rückstellungen für die Betriebskosten und die Geschäftslizenz.

- ✔ **Ausschreibungskosten und Honorare für Architekten oder Bauunternehmer:** Wenn Sie etwas eigenes aufbauen, müssen Sie Ihre Räumlichkeiten planen. Auch als Franchisenehmer müssen Sie einen Architekten oder Bauingenieur anheuern, der die Standardpläne so ändert, dass sie für Ihren Standort zutreffen. Der Franchisegeber wird normalerweise verschiedene Standardpläne mitliefern. Die Kosten für solche Umbauten variieren übrigens von Standort zu Standort, je nachdem, was für Änderungen Sie durchführen müssen und welche von der Gemeinde gefordert werden.

- **Baurechtliche Aufwendungen:** Wenn Ihr Traumstandort nicht für Ihre Art von Unternehmung ausgelegt ist, müssen Sie sich darauf einrichten, dafür zu bezahlen, dass der Bebauungsplan verändert wird. Sie müssen dann normalerweise eine Gebühr an die entsprechende Behörde entrichten, die Ihre Anfrage bearbeitet, sowie an den Fachmann, der Sie vertritt. Eine Bebauungsanfrage dauert ihre Zeit und das verursacht zusätzliche Kosten.

  Es kommt so einiges zusammen, und das Fundament steht immer noch nicht!

- **Bauunternehmen suchen:** Sicher, das Bauunternehmen arbeitet für Sie und macht Ihnen ein Angebot, was könnten Ihnen dabei für Kosten entstehen? Wie sieht es aus mit der Angebotseinholung, den ersten Plänen, Ausstattungslisten, Profis, die Ihnen bei der Zusammenstellung behilflich sind. Vergessen Sie nicht Ihre Zeit, da kommt einiges zusammen.

- **Ausbesserungen und Bau:** Jetzt geht es richtig zur Sache. Sie müssen das Gebäude bauen und Verbesserungen am Grundstück vornehmen, oder, falls Sie etwas mieten, den gemieteten Standort verändern oder ausbessern.

- **Landschaftsgärtner:** Irgendjemand muss Blumen und Bäume pflanzen. Sprinkler müssen installiert werden, die den Garten wässern.

- **Ausstattung und Anlagen:** Tische, Stühle, Büroausstattung, Küchenausstattung, Laster, Spielgeräte (sehr beliebt in manchen Schnellrestaurants), Telefonanlage, Theken, Computer, Hard- und Software, Kassen und System zur Lagerhaltung. Entweder mieten oder kaufen Sie alles was Sie brauchen, um das Unternehmen Ihrer Wahl zu führen.

- **Dekoration und Schilder:** Denken Sie auch an die Beleuchtung, die Schilder, die Bilder und all die anderen Dinge, die Sie brauchen, um Ihren Standort zu dekorieren.

- **Anfangsbestand:** Der Anfangsbestand, das sind nicht nur die Waren, die Sie verkaufen werden. Sie müssen Zutaten und Rohmaterialien kaufen, die Sie zur Herstellung Ihrer Produkte benötigen. Sie müssen auch Papier kaufen, Büromaterial, Reinigungsmittel und so weiter.

- **Frachtkosten und Umsatzsteuer:** Viele der Dinge, die an Ihren Standort geliefert werden, kommen mit einem normalen Transportdienst. Na, und? Frachtkosten werden meist extra berechnet und auf fast alles, was Sie benötigen, kommt die Umsatzsteuer.

- **Versicherungen:** Sie brauchen eine Unfall-, Haftpflicht-, Hausrat- und Vermögensschadenhaftpflicht, Autoversicherung und so weiter. Je nach Versicherung müssen Sie eventuell die erste Prämie im Voraus bezahlen, wenn Sie Glück haben, müssen Sie lediglich eine Anzahlung machen.

- **Arbeit vor der Eröffnung:** Bevor Sie die Türen auch nur öffnen, müssen Sie Manager und Belegschaft bezahlen. Ihre Angestellten helfen Ihnen beim Aufbau und lernen, wie sie das Unternehmen zu führen haben, bevor der erste Kunde seinen Fuß hereingesetzt hat. Wenn Sie Franchisenehmer sind, müssen sie und Sie selber an Schulungen teilnehmen, das wird in Kapitel 12 noch erläutert.

- **Honorare:** Außer dem Architekten und den Fachleuten, die Sie anstellen, Ihnen im Verlauf der Baugeschichte zu helfen, brauchen Sie noch einen Anwalt, der Ihnen bei der Verhandlung über die Miete hilft und alle rechtlichen Angelegenheiten regelt, die bei einer Geschäftseröffnung anfallen. Sie brauchen auch einen Buchhalter, der Ihnen bei der Buchhaltung und der Berichterstattung hilft.

✔ **Betriebskapital:** Das Betriebskapital ist der Betrag, mit dem Sie Ihre laufenden Ausgaben decken, sofern diese nicht von Ihren *Einnahmen* (dem Geld, dass das Unternehmen einbringt) bestritten werden. Je nach Unternehmen, benötigt man so wenig wie für zwei oder drei Monate oder so viel wie für zwei oder drei Jahre.

Wenn Sie ein unabhängiger Unternehmer sind, müssen Sie zusammen mit Ihrem Buchhalter sicherstellen, dass die Schätzung des benötigten Betriebskapitals ausreicht, um die Anfangszeit zu überstehen. Wenn Sie Franchisenehmer sind, erhalten Sie von Ihrem Franchisegeber eine auf Erfahrungen basierende Schätzung.

Sie müssen daran denken, wenn Sie die Anfangsinvestition kalkulieren, dass Vorhersagen, vor allem wenn es um das Betriebskapital geht, keine Garantie dafür sind, was Sie wirklich benötigen werden. Es sind gut gemeinte Schätzungen, die auf den zur Zeit vorhandenen Fakten basieren.

Ich gebe meinen Klienten folgenden Rat zum Thema Vorhersagen: Vorhersagen basieren auf Annahmen, die noch nicht eingetreten sind. Auch wenn alle Ihre Annahmen wahr werden, was nicht der Fall sein wird, wird es Abweichungen zwischen den vorhergesagten und den tatsächlichen Ergebnissen geben und diese Abweichungen sind fast immer erheblich. Erwarten Sie das Schlimmste, es ist besser, wenn man darauf vorbereitet ist.

In meiner Anfangszeit habe ich mir immer das Schlimmste, was passieren kann, vorgestellt. Wenn ich dann damit leben konnte und kein Problem mit dem Risiko hatte, wusste ich auch, dass ich mit dem Gegenteil klar käme, wenn ich Geld verdiente.

Franchisegebühren

Franchisegebühren sind eine Art Preis für das Mitspielen, aber Dabeisein und Weiterspielen kostet extra. Die Systemeintrittsgebühr ist der Betrag, den Sie dem Franchisegeber zahlen, um seine Kosten zu begleichen, die entstanden sind, weil er Sie suchen und unter die Lupe nehmen musste, mit Ihnen verhandelt und Sie geschult hat. Vielleicht deckt er damit auch die Kosten für die Auswahl und den Aufbau des Standorts, Werbung, Eröffnungsangebote sowie die laufende Unterstützung in Ihren ersten Monaten.

Franchisegebühren variieren je nach Franchisegeber. Sie reichen von DM 0 (eher unüblich) bis zu DM 200.000. Bei den meisten Franchisegebern liegen sie zwischen DM 40.000 und DM 50.000. Rupert Barkoff, Teilhaber bei Kilpatrick Stockton in Atlanta, Georgia, rät: »Achten Sie beim Vergleich besonders darauf, was für Dienstleistungen Sie für die Franchisegebühr erhalten und welche ebenfalls notwendigen Dienste extra berechnet werden. Die niedrigste Franchisegebühr ist nicht unbedingt die mit dem besten Gegenwert«.

Schulungskosten

Auch wenn das Schulgeld für die Einführungsschulung normalerweise in der Franchisegebühr enthalten ist, müssen Sie für die Anreise und die Unterkunft, Transport, Essen, Gehalt für sich und die Mitarbeiter, die an der Schulung teilnehmen, aufkommen. Dazu kommen noch etwaige Verluste, weil Sie aufgrund der Schulung nicht Ihrer aktuellen Beschäftigung nachgehen können.

Gründungskosten

In Abhängigkeit von dem Franchiseunternehmen, für das Sie sich entscheiden, variieren auch die Kosten für dessen Gründung. Sie können DM 40.000 und weniger betragen aber auch DM 2 Millionen. Eine übliche Investition liegt so um DM 200.000 bis DM 600.000, einschließlich der Franchisegebühren und aller Neugründungskosten. Die durchschnittliche Höhe der Investition wird in der Dokumentation des Franchisegebers ausführlich dargelegt. Weitere Informationen dazu finden Sie in Kapitel 6.

Die meisten Franchisegeber möchten etwa 35 bis 50 Prozent der Franchisekosten flüssig (also Cash) sehen (das beinhaltet die Franchisegebühr und die Gründungskosten). Sie möchten sichergehen, dass Sie über ausreichend Kapital verfügen und nicht nur eröffnen, sondern auch Ihre Rechnungen sowie Zinsabträge für die Kredite zahlen können.

Die Kosten für eine Neugründung sind so unterschiedlich, weil es manchmal nötig ist, Immobilien zu mieten oder zu kaufen, um ein Unternehmen zu führen. Franchiseunternehmen mit einem festen Standort, aus Backsteinen und Mörtel, kosten eigentlich immer mehr als ein Franchiseunternehmen, das von einem Laster aus oder im Internet betrieben wird.

Die Kapitalbeschaffung: Was ist dazu notwendig

Im Normalfall bringen Sie die für eine Geschäftsgründung notwendigen Ressourcen auf, indem Sie Ihre Ersparnisse, Sicherheiten, Bankfinanzierung, Darlehen von Familie und Freunden und möglicherweise Geld von außenstehenden Darlehensgebern miteinander kombinieren. Sie können Ihren Anfangsbedarf an Barvermögen reduzieren, indem Sie die Gebäude und die Ausstattungsgegenstände mieten, statt diese zu kaufen.

Manche Franchisegeber bieten verschiedene Finanzierungsstrategien an, um die finanzielle Belastung zu reduzieren. Wenngleich nicht jeder Franchisegeber diese Leistungen anbietet, so kann es nicht schaden, sich einmal danach zu erkundigen. Hier einige Beispiele alternativer Finanzierungsstrategien:

- ✔ **Zahlungsaufschub für die insgesamt fälligen Franchisegebühren bis nach der Geschäftseröffnung.** Je nach den Konditionen für den Zahlungsaufschub können dies einige Monate oder manchmal auch mehrere Jahre sein.

- ✔ **Ihre Barauslagen für Schulung (mit Ausnahme von Gehältern und Sozialleistungen) sind in Ihrer Systemeintrittsgebühr inbegriffen.**

✔ **Grundstück und/oder Gebäude vom Franchisegeber pachten.**

✔ **Jointventures zwischen Ihnen und dem Franchisegeber.** Hierbei teilen Sie und der Franchisegeber sich Investitionen und Ertrag – wie in einer Teilhaberschaft.

✔ **Lieferantenfinanzierung.** Einige Hersteller von Ausrüstung bieten neuen Unternehmen – vor allem Franchiseunternehmen – Finanzierungshilfen für die Ausstattung, die man bei ihnen erwirbt.

✔ **Kreditsysteme.** Angestellte der Gesellschaft, die gerne Franchisenehmer werden möchten, können mit Gewinnbeteiligungskrediten die Franchisegebühren abbezahlen.

✔ **Reduzierte Franchisegebühren für Firmenangestellte, die zum Franchisenehmer werden wollen.** Dies ist ein großer Vorteil für Angestellte. Er ermöglicht es Angestellten, zu geringeren Kosten in einen Franchisebetrieb zu investieren, und bedeutet für den Franchisegeber einen neuen Franchisenehmer, der sich wahrscheinlich mit dem System auskennt und zu dem der Franchisegeber bereits eine Beziehung hat.

Franchisegeber stellen oft Verbindungen zu einer Gruppe anerkannter Darlehensgeber her, die mit der Firma vertraut sind und qualifizierten Franchisenehmern Darlehen gewähren. In gewissen Fällen kann der Franchisegeber für die Darlehen des Franchisenehmers bürgen. Manchmal vergibt der Franchisegeber selbst Darlehen.

In den Vereinigten Staaten hat vor kurzem die Small Business Administration (SBA) ein Programm namens Franchise Registry ins Leben gerufen. Hier werden Franchiseunternehmen aufgelistet, für deren Franchisenehmer die Bonitätsprüfung gestrafft wurde. In Deutschland gibt es eine solche öffentliche Liste nicht, Sie können sich aber direkt an die Deutsche Ausgleichsbank wenden, um zu erfahren, ob das von Ihnen ausgewählte Franchiseunternehmen in diese Kategorie gehört.

Verschuldung vermeiden

Jeder ist bemüht, eine Verschuldung zu vermeiden, trotzdem haben viele Menschen Schulden. Man sollte die Aufnahme von Krediten für den Erwerb einer Franchiselizenz nicht auf die leichte Schulter nehmen. Bevor Sie Ihre Rentenversicherung ins Spiel bringen oder eine Refinanzierung Ihres Eigenheims in Erwägung ziehen, werfen Sie doch zunächst lieber einen Blick auf einige Möglichkeiten der Kapitalbeschaffung, um Ihre Verschuldung zu minimieren:

✔ Setzen Sie Kapital ein, das Sie für ein zukünftiges Projekt oder weiteres Wohneigentum zur Seite gelegt haben

✔ Fragen Sie Familienangehörige und Freunde; diese kennen Sie und vertrauen Ihnen bereits. Möglicherweise sind sie an einer Beteiligung im Unternehmen interessiert.

Bedenken Sie, dass Familie und Freunde oft »aufdringlicher« als professionelle Darlehensgeber sind; zudem ist es durchaus möglich, dass es zu Verstimmungen kommt, wenn die Investition nicht den erwünschten Ertrag bringt.

✔ Denken Sie darüber nach, einen Partner in das Geschäft einzubeziehen, der zu Beginn oder kontinuierlich Geld einbringen kann.

✔ Verkaufen Sie Ihr Boot, das Ferienhaus, Ihre Zweitwohnung, die Taucherausrüstung, Schmuck oder anderes Spielzeug oder Sammelgegenstände, die Sie nicht benutzen.

Ziehen Sie die nachfolgenden Quellen nicht in Erwägung, es sei denn, Sie lieben es, gefährlich zu leben, und mögen zusätzliche Risiken:

✔ Benutzen Sie nicht Ihre Kreditkarten, um Bargeld zu bekommen. Die Zinsen sind zu hoch, und Sie laufen Gefahr, Ihr Kreditlimit zu erhöhen, bzw. geraten zu leicht in finanzielle Schwierigkeiten.

✔ Setzen Sie nicht Ihre Rentenversicherung, Gesundheitsvorsorge, Lebensversicherungsverträge oder Ausbildungsversicherungen ein, um ein Franchiseunternehmen zu starten. Diese Rücklagen sind dazu gedacht, Ihre Zukunft und die Ausbildung Ihrer Kinder abzusichern.

Ein Unternehmenskonzept erstellen

Unabhängig davon, wo Sie sich um Kapital bemühen (sei es bei Ihrer Bank vor Ort oder bei Tante Edith und Onkel Fred), wird jeder, der Ihnen Mittel zur Verfügung stellt, etwas über Ihr Unternehmen und darüber, wie Sie es betreiben werden, wissen wollen. Mit anderen Worten, man will ein Unternehmenskonzept sehen. Ihnen sollte ein Unternehmenskonzept ebenfalls wichtig sein.

Betrachten Sie ein Unternehmenskonzept wie eine Straßenkarte. Es zeigt Ihnen und Ihren Geldgebern die Beschaffenheit der Landschaft, gibt einige Anweisungen und eine Vorstellung davon, wo Sie mit Ihrem Unternehmen hin möchten. Sie erstellen diese Karte und sind zugleich der Reiseführer. Sie sind verantwortlich dafür, Ihrem Geldgeber das Ziel und auch den Weg dorthin aufzuzeigen. Fälschen Sie keine Informationen – insbesondere nicht die Zahlen. Geldgeber und Investoren hassen Überraschungen.

Bedenken Sie, dass es möglicherweise lästig ist, ein Unternehmenskonzept zu erstellen, doch es zwingt Sie dazu, sich Ziele zu setzen und sich zu überlegen, wie Sie diese erreichen können. Nehmen Sie sich Zeit, und fürchten Sie sich nicht davor, alles noch einmal umzuschreiben. Sie dürfen optimistisch sein, allerdings nur, wenn Ihr Optimismus einen realistischen Hintergrund hat.

Das beste Konzept ist ein lebendiges Dokument – dies bedeutet, dass Sie es kontinuierlich auf den aktuellen Stand bringen. Er ist auch ein kreatives Schriftstück, es spiegelt Ihre Begeisterung wider und beinhaltet solide Information.

Neben anderen Einzelheiten beschreibt ein Unternehmenskonzept die Gründe, die eine Finanzierung notwendig machen, wofür Sie das Geld ausgeben werden und wie Sie die Rückzahlung geplant haben. Es sollte zum Beispiel dem Leser den Standort Ihres Geschäfts und wie Sie dieses betreiben möchten umfassend erklären. Wenn Sie glauben, dass Ihr Standort besser ist als gewöhnliche Standorte, teilen Sie dem Leser mit, warum dies Ihrer Meinung nach so ist. Bieten Sie Fakten, mit denen Sie Ihre Annahmen untermauern können.

5 ➤ Kapital aufbringen: Feilschen, Handeln und Gewinnen

Ihr Franchisegeber sollte in der Lage sein, Ihnen Informationen zur Verfügung zu stellen, die für das Unternehmen spezifisch sind. Wenn Sie einen Anwalt und/oder einen Buchhalter einschalten, fragen Sie ihn oder sie auch nach dem Input. Viele von ihnen – wenn auch nicht alle – sind daran gewöhnt, Geschäftspläne vorzubereiten und können wertvolle Ratschläge geben.

Nachdem Sie einen Plan haben, folgen Sie diesem – legen Sie ihn nicht in die Ablage. Aktualisieren Sie ihn, wenn Sie hinzugelernt haben.

Ein Unternehmenskonzept sollte die folgenden Elemente beinhalten:

- ✔ **Betrieblicher Überblick:** Hierbei handelt es sich um eine Beschreibung des Franchiseunternehmens, der Produkte und Dienstleistungen, der Möglichkeiten, der Risiken, der Strategien, des Zielmarktes, des Wettbewerbs, des Wettbewerbsvorteils, der anfallenden Investition sowie um einen finanziellen Überblick und die prognostizierte Rentabilität.

- ✔ **Aufgabenbeschreibung:** Eine Aufgabenbeschreibung definiert Ihren Geschäftsgedanken. Hier sollten die Gründe für die Existenz der Unternehmen und die Bandbreite der geplanten Aktivitäten beschrieben werden. Sie spiegelt Ihre Philosophie wider und bezieht sich auf solche Dinge wie den Franchisegeber und das Franchisesystem, die Profitlage, Professionalität, Kunden, Angestellte, Verkäufer und Ihr Umfeld.

- ✔ **Überblick über die Struktur des Unternehmens:** Dieser Abschnitt informiert den Leser über das Geschäft sowie über den Zeitpunkt, zu dem die Geschäftstätigkeit aufgenommen wurde, wer die Firmengründer waren und ob sie gegenwärtig noch im Geschäft aktiv tätig sind. Er gibt auch an, ob und, wenn ja, wann das Unternehmen von den Firmengründern gekauft wurde und informiert über die Finanzierung beziehungsweise die Besitzverhältnisse, Darlehen, Hypotheken, Kontoüberziehungen, (ungesicherte) Schuldverschreibungen und so weiter. Stellen Sie Ihre möglicherweise vorhandenen, herausragenden Leistungen aber auch etwaige Rückschläge, die Sie erlebt und überwunden haben, dar.

- ✔ **Branchenanalyse und Hintergrund:** Neben dem betrieblichen Überblick wird der Abschnitt der Industrieanalyse und des Hintergrunds am genauesten gelesen. Wenn Sie Ihrer Gesellschaft eine klare Richtung geben wollen, müssen Sie die Gepflogenheiten der Branche, in der Sie sich bewegen, verstehen, ebenso Ihre Wettbewerber und Ihre Position auf dem Markt. Verwenden Sie an geeigneten Stellen Tabellen, um Ihre Gesellschaft und die Produkte und Dienstleistungen mit denjenigen der Wettbewerber zu vergleichen. Dies schafft Klarheit und eröffnet Vergleichsmöglichkeiten. Beschreiben Sie die Branche, in der Sie tätig sind:

  - Welche Größenordnung hat die Branche? Der Leser wird einschätzen wollen, wie groß die Branche ist und ob es Wachstum gibt.

  - Wer sind die Hauptakteure in dieser Branche – in anderen Worten, wer sind Ihre Wettbewerber, die Marktführer, Franchisegeber und Lieferanten?

  - Dominieren einige wenige Gesellschaften das Marktsegment oder ist der Markt unter einer Menge kleinerer Familienunternehmen aufgeteilt?

  - Gibt es eine große Anzahl potenzieller Kunden oder sind eine Handvoll Kunden für einen großen Anteil des Umsatzes zuständig?

- Welche Faktoren sind wichtig, um in Ihrem Industriezweig erfolgreich zu sein?
- Was für ein Wachstum wird prognostiziert, und wie sieht das Profil dieser Branche aus?
- Gibt es Entwicklungen in der Gesetzgebung beziehungsweise im Umweltschutz oder bestimmte Wirtschaftstrends, die Ihre Branche beeinflussen könnten?

✔ **Marktanalyse und Strategie:** In diesem Abschnitt sprechen Sie über Ihre potenziellen Kunden, die Größe des Marktes, die Trends in dieser Industrie, die bereits vorhandene und eventuell entstehende Konkurrenz, die Art des benötigten Standorts und wie der Standort nach der Vorstellung des Franchisegebers aussehen sollte. Damit geben Sie dem Leser zu verstehen, dass Ihnen die Branche, in der Sie tätig sein werden, vertraut ist.

✔ **Beschreibung des alltägliche Betriebs:** Wie in jedem Unternehmen sind Ihre Mitarbeiter Ihr wichtigstes Kapital. In diesem Abschnitt beschreiben Sie Ihre Personalplanung bezüglich der Einstellung und Bezahlung des Personals sowie Schulungsmaßnahmen, die Sie oder der Franchisegeber anbieten wollen. In diesem Abschnitt geht es auch darum, dass Sie über die richtigen Produkte und die entsprechende Ausstattung verfügen, um sie der Öffentlichkeit anzubieten und Ihr Unternehmen zu führen. Sie sollten zudem etwas zu Ihren Lieferanten sagen und darüber, wie diese Ihr Unternehmen beliefern werden, beziehungsweise wie Sie die Produkte und Dienste, die Sie Ihren Kunden anbieten wollen, vertreiben werden.

✔ **Marketingplan:** Jeder Investor, Kreditgeber oder Angehöriger der Geschäftsführung ist daran interessiert zu erfahren, wie Sie Kunden für Ihr Franchiseunternehmen gewinnen werden. In diesem Abschnitt beschreiben Sie die Marketingstrategie des gesamten Franchisesystems, einschließlich der Marketingstrategien für diese Gegend und diese Region. Die meisten Franchisegeber helfen Ihnen bei der Planung Ihres Marketingprogramms für die Eröffnung. Geben Sie dem Leser zu verstehen, wie Sie die Geschäfte ankurbeln wollen. Schließlich legen Sie noch Ihre Preispolitik dar. Wollen Sie die ganze Zeit über mit niedrigen Preisen werben, oder soll das Preisniveau grundsätzlich hoch sein, und Sie locken dann mit Angeboten?

✔ **Struktur der Geschäftsführung und der Organisation:** Beschreiben Sie die alltäglichen Anforderungen, die beim Betrieb des Unternehmens an die Geschäftsführung gestellt werden. Wenn Sie schon wissen, um wen es sich handeln wird, können Sie Einzelheiten aus dem Lebenslauf der Manager beifügen. Beschreiben Sie die Anzahl und die Profile der Mitarbeiter, die Sie benötigen, die Löhne, die Sozialleistungen für die Angestellten sowie die Pläne, wie Sie Personal finden und halten wollen. Wenn Sie vorhaben, im Unternehmen zu arbeiten, machen Sie auch Angaben über sich und die Höhe des Gehalts, das Sie entnehmen wollen.

✔ **Finanzierung:** Wie viel Kapital benötigen Sie schätzungsweise für die Gründung? Wird das Unternehmen später eine weitere Finanzierung benötigen? Geben Sie dem Leser Informationen über den voraussichtlichen Gewinn und Verlust und eine Cashflow-Analyse für fünf Jahre. Geben Sie eine exakte Darstellung über die Höhe des Umsatzes, den Sie benötigen, um den Deckungspunkt zu erreichen und Gewinn aus dem Unternehmen zu ziehen.

✔ **Einführungs- und Zeitplan:** Im Unternehmenskonzept soll nicht nur das »Was« des Geschäftsalltags abgehandelt werden, sondern es muss auch eine detaillierte Beschreibung des »Wie« enthalten. Wenn es sich um ein bestehendes Unternehmen handelt, mit welchen Änderungen wollen Sie der Planung gerecht werden? Wie hoch sind die Kosten für die Einführung von Änderungen, und wann, glauben Sie, werden sich die Kosten kompensieren? Wenn es sich um eine Neugründung handelt, beschreiben Sie die Investition, den zeitlichen Rahmen bis zur Eröffnung und wie lange es dauert, bis Sie Break-even erreichen und Gewinn aus Ihrer Investition ziehen werden.

✔ **Anhang:** Im Anhang können Sie für den Leser Kopien Ihres Steuerbescheids, Artikel über das Unternehmen oder über die Branche, Informationen zum Ort, an dem Sie arbeiten werden, sowie andere Informationen, die dem Leser das Unternehmen näher erläutern, hinzufügen.

Weitere Informationen über die Aufstellung eines Unternehmenskonzepts finden Sie in *Businessplans für Dummies*, von Paul Tiffany, Ph.D., und Steven D. Peterson, Ph.D. (erschienen bei MITP). Außerdem sollten Sie sich bei Ihrer Bank oder beim Deutschen Franchise-Nehmer Verband e.V. erkundigen, welche Möglichkeiten es gibt, um Unternehmensberater zurate zu ziehen, die durch öffentliche Förderprogramme von Bund und Ländern finanziert werden.

Das hört sich alles ziemlich Respekt einflössend an, aber wenn Sie wirklich ins Geschäft einsteigen wollen, gehört ein Unternehmenskonzept einfach dazu. Sie werden sogar bemerken, dass das Aufstellen eines Unternehmenskonzepts eine willkommene Herausforderung darstellt. Wenn das nicht so ist, dann haben Sie vielleicht gar nicht die nötige Disziplin, um Ihr eigenes Unternehmen zu gründen. Oft wird der Franchisegeber auch dabei helfen, das Unternehmenskonzept vorzubereiten oder es zu überprüfen, obwohl er dabei aufpassen muss, dass er nicht gegen Gesetze verstößt.

Die Entwicklung einer erfolgreichen Strategie

Als ich Wendy's 1989 gründete, hatte ich eigentlich kein Unternehmenskonzept. Ich hatte eine Idee und viel Erfahrung in Unternehmensführung. Aber ich hatte keinen Fünf-Jahres-Plan zur Eröffnung der Restaurants oder einen Finanzierungsplan. (Die Arbeit mit den Banken wäre vielleicht um einiges leichter gewesen, hätten wir einen Plan gehabt!)

Aber heute haben wir eine Strategie! Die Franchisenehmer von Wendy's folgen der Strategie, die wir über die Jahre durch Ausprobieren entwickelt haben. Wir möchten, dass unsere Franchisenehmer erfolgreich sind, und daher ist es wirklich wichtig, dass sie die Spielregeln befolgen. Und es ist auch nicht so schwierig. Die Franchisenehmer müssen bei der Sache sein und die grundlegenden Arbeiten tagtäglich erledigen, damit die Kunden, die Angestellten, die Lieferanten und auch die Nachbarn in der Gegend zufrieden sind.

Einkommen und Cashflow schätzen

Die meisten Franchisenehmer möchten lieber ihr Unternehmen führen, anstatt ihre Zeit darauf zu verwenden, mit Zahlen zu jonglieren. Viele Franchisegeber haben dafür Verständnis und liefern anwenderfreundliche Buchhaltungsprogramme für den Kundenbereich (Außenumsatz) und den internen Bereich (Buchhaltung, Löhne, Einnahmenverwaltung und Finanzberichte) mit.

Leider wollen Banken und Investoren eine Schätzung der Einnahmen und der Cashflow-Rechnung sehen, bevor sie in Ihr Unternehmen investieren. Diese Berechnungen zeigen ihnen, ob Sie realistische Überlegungen zum Wachstum Ihres Franchiseunternehmens angestellt haben. Die Zahlen müssen nicht auf den Pfennig genau sein, aber Sie werden den Banken und Investoren zeigen, dass Sie sich so verhalten, als ob Sie lange im Geschäft bleiben wollen.

Womit fangen Sie an?

Ein guter Ausgangspunkt ist die Addition der Kosten für die ersten 60 Monate einer Geschäftstätigkeit. Sie sollten die monatliche Cashflow-Rechnung für das erste und zweite Jahr und eine vierteljährliche für das dritte bis fünfte Jahr schätzen.

Andere Franchisenehmer innerhalb des Systems können Ihnen eventuell exakte Informationen über die anfallenden Kosten geben.

Sie sollten vorsichtig sein, wenn Sie die Informationen prüfen, die Ihnen andere Franchisenehmer überlassen. Manche könnten zögern, ihr Wissen mit Ihnen zu teilen, denn Sie könnten Franchisenehmer der Konkurrenz werden und dann mit diesen in Wettbewerb treten. Oder der Franchisenehmer ist ein Strohmann, den der Franchisegeber Ihnen genannt hat und der Ihnen gefälschte Informationen über das Franchiseunternehmen gibt, weil er an einem baldigen Verkauf interessiert ist.

Das Wichtigste ist jedoch, inwieweit die Ihnen zur Verfügung gestellten Informationen für die Ananlyse Ihres geplanten Unternehmens relevant sind. Denken Sie daran, dass es wirtschaftlich gesehen ein großer Unterschied ist, ob Sie Ihr Eis in Alaska verkaufen oder in Manhattan, Florida oder London. Informationen über Unternehmen, die der Demographie, der Größe und dem Standort Ihres Unternehmens ähneln, sind eventuell interessant, können aber auch irreführend sein, wenn Sie sich bei der Schätzung der künftigen Ergebnisse Ihres Unternehmens darauf verlassen.

Ein Wirtschaftsprüfer kann Informationen über Einnahmen und Ausgaben liefern, sofern er oder sie Erfahrungen in Ihrer Branche hat.

Fragen Sie ortsansässige Franchisenehmer, mit welchem Wirtschaftsprüfer sie zusammenarbeiten. Hilfreich ist jemand, der mit der Branche Erfahrung hat und in seiner Laufbahn nachweislich erfolgreich gearbeitet hat.

Wenn Sie sowohl über die jährlich entstehenden Kosten als auch die geplante Anfangsinvestition im Bilde sind, können Sie den benötigten Cashflow vorhersagen. Der Wirtschaftsprüfer kann Ihnen Formulare geben, auf denen Sie die Informationen zusammenstellen.

5 ➤ Kapital aufbringen: Feilschen, Handeln und Gewinnen

Der Selbstauskunft des Franchisegebers können Sie die voraussichtliche Höhe der Anfangsinvestitionen entnehmen. Enthält diese Auskunft auch eine Gewinn und Verlustrechnung, sagt dies etwas darüber aus, wie gut seine Unternehmen gehen. Wenn Ihr Franchisegeber darin Angaben zur Verdiensterwartung macht, so sollte auch etwas über die zugrunde liegenden Annahmen ausgesagt werden. Das ist wichtig, denn Sie müssen Ihre Finanzplanung an dem Markt orientieren, in dem Ihr Unternehmen betrieben werden soll.

Wenn der Franchisegeber keine Informationen über die Erlöse hinzufügt, sollten Sie vielleicht einen Blick auf die Konkurrenz werfen. Robert Bond liefert in seinem Buch *How Much can I Make? Actual Sales and Profit Potentials for Your Small Business* die Einkommenserwartungen für über 150 Franchisenehmer. Dies dürfte auch für deutsche Leser recht interessant sein.

Der Ansprechpartner bei der Bank

Als ich 1962 die KFC-Restaurants in Columbus, Ohio, übernahm, war ich noch nicht bereit, mich mit den Banken auseinander zu setzen. Eine meiner ersten Aktionen in den vier Restaurants sollte die Installation von Klimaanlagen sein, denn ich war mir bewusst, dass dies den Umsatz ankurbeln würde. Aber anstatt mich in der Innenstadt an die kommerzielle Kreditabteilung zu wenden und mit jemandem zu sprechen, der etwas vom Geschäft versteht, ging ich in die nächste Niederlassung, die mit unseren Bankangelegenheiten betraut war. Der Kreditsachverständige dort wusste alles über Kredite für Autos und Kühlschränke, aber er konnte eine Klimaanlage nicht als Notwendigkeit für ein Restaurant erachten. Anstelle eines Darlehens bekam ich einen Vortrag zu hören, was für ein Risiko ich für die Bank sei.

Ein Kleinunternehmer braucht einen guten Ansprechpartner in der Bank, um zu überleben und um zu expandieren. Lassen Sie sich bei der Auswahl nicht von dem tollsten Computersystem oder der schickesten Broschüre verleiten. Wählen Sie eine Bank aus, die Erfahrung mit Kleinunternehmen und einen guten Geschäftssinn hat.

Der Besuch bei der Bank

Vorbereitung ist alles. Weder Shaquille O'Neal noch Rebecca Lobo würden spielen, ohne zuvor trainiert zu haben und Abläufe einzustudieren, damit sie einen Korb machen. Der Ansatz beim Besuch eines Darlehensgebers ist der gleiche, nur dass der Ball in ihrem Feld liegt und Ihr Ziel es ist, ihn davon zu überzeugen, dass er an Sie abgibt.

Die Banken am Ort sind genauso im Geschäft, wie Sie es sind, und sie möchten Ihnen bei Ihrem Erfolg behilflich sein. Dazu brauchen sie aber Informationen über Sie, Ihre Zukunftspläne, über Ihr Unternehmen und Franchising im Allgemeinen. In Ihrem Geschäftplan sind einige der Informationen enthalten, aber am Anfang geht eigentlich nichts über einen persönlichen Besuch.

Genau wie Franchising beruht auch das Bankwesen auf persönlichen Beziehungen. Es ist wichtig, dass Sie eine Beziehung zu Ihrer Bank aufbauen und pflegen. Das bedeutet, regelmäßig zu einem Besuch vorbeischauen und mitteilen, wie Sie vorankommen und der Unterzeichnung des Vertrags näherkommen. Anders ausgedrückt, Ihre Bank möchte informiert sein. Keine Bank liebt Überraschungen. Je mehr Sie von sich und Ihren Geschäftsideen, Hoffnungen, Träumen und Zielen preisgeben, desto besser kann Ihr Ansprechpartner Ihre Bitte um einen Kredit bewerten, wenn Sie auf seinem Schreibtisch liegt.

Wenn Sie mit dem Kreditinstitut um die Ecke nicht zurechtkommen, sehen Sie sich um. Besuchen Sie ein paar der Banken in der Gegend und überlegen Sie sich, welche zu Ihnen passt. Vergewissern Sie sich, dass die Bank Ihrer Wahl sich mit Kleinunternehmern auskennt.

Die Unterstützung einer Bank zu bekommen hört sich nicht so schwierig an, oder? Aber nur wenige Franchisenehmer nehmen sich die Zeit, eine Beziehung zu Ihren Banken aufzubauen. Sie kommen vorbei, wenn Sie Geld brauchen. Manchmal bekommen sie es und manchmal nicht. Da Sie in der Zukunft mit Sicherheit einmal Kapital aufnehmen müssen, um zu expandieren, ist es durchaus sinnvoll schon jetzt Kontakt zur Bank aufzunehmen. Sehen Sie Ihren Ansprechpartner als Teil Ihres Teams, und seien Sie offen für Gespräche.

Fragen Sie bei den anderen Franchisenehmern nach, wo ihre Unternehmen finanziert wurden. Eine Bank, die bereits erfolgreich andere Franchisenehmer finanziert hat, wird Ihre Bewerbung besser aufnehmen und braucht weniger Erklärungen.

Die Suche nach dem Engel

Wenn Sie alle verfügbaren Quellen konventioneller Unterstützung wie Freunde, Familie, persönliche Ersparnisse, Franchisegeberunterstützung und Kleinunternehmerdarlehen angezapft haben, sollten Sie sehen, dass Sie einen engelsgleichen Darlehensgeber finden. Flügel hat er allerdings keine.

Geldgeber sind normalerweise Einzelpersonen oder Gruppen, die Gründungsdarlehen als Austausch für eine direkte Rolle in einem neuen Unternehmen gewähren. Es sind Leute, mit viel Geld, die in Unternehmen investieren möchten, die sie kennen. Auch wenn der Geldgeber meist eine Einzelperson ist, so bilden sie doch häufig Gruppen, die auf Empfehlung eines Mitglieds dann größere Summen aufbringen können.

Ein Geldgeber erwartet eine direkte Rolle als Berater in dem neuen Unternehmen. Dieser Rat kann sich für den neuen Franchisenehmer vorteilhaft auswirken, weil ein Geldgeber oft Fachwissen in ein neues Unternehmen einbringt, das anders nicht zu bekommen ist.

 Doch Vorsicht: Diese Investoren werden Ihre Partner, und es kann passieren, dass Sie sie um Erlaubnis bitten müssen, wenn Sie bestimmte Entscheidungen treffen möchten. Sie werden ein bisschen von Ihrer Macht abgeben müssen und vor allem auch einen Teil des Gewinns, wenn der Geldgeber am Gewinn beteiligt wird.

5 ➤ Kapital aufbringen: Feilschen, Handeln und Gewinnen

In Deutschland sollten Sie sich an die Initiative für innovative und technologieorientierte Gründer (www.business-angel.venture.de) oder das Bundesministerium für Wirtschaft und Technologie (www.bmwi.de) wenden, um Informationen über spezielle Förderprogramme zu erhalten. Außerdem finden Sie auch bei der Deutschen Ausgleichsbank Unterstützung für Ihren Schritt in die Selbstständigkeit: www.dta.de/financeline/gruend_index.html.

In den Vereinigten Staaten gibt es Verzeichnisse, in denen Geldgeber aufgelistet werden. Eine neue Initiative des SBA's Office of Advocacy ist ACE-Net: das Angel Capital Electronic Network. ACE-Net ist eine Art Liste im Internet, die Geldgebern Informationen darüber liefert, welche Unternehmen zwischen US $ 250.000 und US $ 3 Millionen Kapitalfinanzierung suchen. Die ACE-Net Webseite finden Sie unter ace-net.sr.unh.edu/pub.

Genügend Geld ist vorhanden, seien Sie also nicht verzweifelt. Seien Sie nur vorsichtig in Ihrem Enthusiasmus und setzen Sie nicht alles, was Sie besitzen, ein. Verteilen Sie das Risiko, kombinieren Sie Ihre Geldquellen, verkaufen Sie was Sie nicht benutzen, und bauen Sie gute Beziehungen auf.

Die Unterschrift unter den Vertrag: Rechtliche Aspekte

In diesem Kapitel

▶ Vorvertragliche Aufklärungspflichten des Franchisegebers
▶ Den Franchisevertrag richtig beurteilen
▶ Die richtigen Spezialisten hinzuziehen
▶ Verhandlungen mit dem Franchisegeber

---

*I*n diesem Kapitel geht es um die vorvertraglichen Aufklärungspflichten des Franchisegebers und was Sie als angehender Franchisenehmer beachten müssen, um Ihre Rechte zu wahren. Die Frage der vorvertraglichen Aufklärungspflichten des Franchisegebers ist für einen Existenzgründer, der sich einem Franchisesystem anschließen will, von herausragender Bedeutung. Bevor Sie Ihre Unterschrift unter einen Franchisevertrag setzen, sollten Sie die besonderen wirtschaftlichen und rechtlichen Risiken, die mit der Unterzeichnung eines Franchisevertrages verbunden sind, verstanden haben.

Vorvertragliche Aufklärungspflichten: der Hintergrund

Nach Schätzungen des Deutschen Franchise-Nehmer Verbandes e. V. (DFNV) werden in Deutschland jedes Jahr rund hundert Existenzgründer dadurch geschädigt, dass sie im Vertrauen auf die falschen Angaben eines unseriösen Franchisegebers einen Vertrag unterzeichnen und sich dadurch einer Geschäftsidee ausliefern, mit der kein Gewinn erzielt werden kann. Selbst bei Franchisegebern, die eigentlich dabei keine böse Absicht verfolgt haben, hat es solche Fälle gegeben. Denn manche Franchisegeber haben Schwierigkeiten, genügend Existenzgründer für ihre Idee zu begeistern und ihr System dadurch auszuweiten. Diese Franchisegeber haben sich möglicherweise verkalkuliert; sie haben mit einem schnelleren Wachstum des Franchisesystems und mit mehr Einnahmen durch Beiträge ihrer Franchisenehmer gerechnet. Jetzt reicht ihr Kapital nicht mehr aus. In dieser Situation werden solche Franchisegeber möglicherweise zu reinen Verkäufern ihres eigenen Franchisesystems. Sie suchen nicht mehr geeignete Vertriebspartner für einen gemeinsamen Erfolg. Diese guten Vorsätze haben sie vergessen. Diese Franchisegeber suchen nur noch händeringend irgendeinen Existenzgründer, der bereit ist, den Vertrag zu unterschreiben. In einer solchen Situation lassen sich Franchisegeber manchmal dazu hinreißen, ihre Franchisesysteme reklamehaft anzupreisen. Dabei schießen sie über das Ziel hinaus: sie machen Versprechungen, die nicht stimmen. Sie behaupten zum Beispiel, dass die Zahlen ihres mit Abstand erfolgreichsten Betriebes in Wirklichkeit Durchschnittswerte sind, die jeder leicht erreichen kann. Möglicherweise hoffen sie, dass schon alles gutgehen wird und dass ihnen eines Tages der Erfolg recht geben wird.

Sie verdrängen dabei zum Beispiel, dass alle ihre aktiven Franchisenehmer in ganz erheblichen wirtschaftlichen Schwierigkeiten sind. Sie verschweigen die Zahl der ehemaligen Franchisenehmer, die bereits gescheitert sind und sich dabei finanziell ruiniert haben. Um ein reines Gewissen zu haben, berufen sich diese Franchisegeber gerne darauf, dass Franchising schließlich keine Erfolgsgarantie ist. Sie reden sich selbst ein, dass die ehemaligen Franchisenehmer allein deshalb mit der Geschäftsidee gescheitert sind, weil sie sich nicht an die Vorgaben des Handbuchs gehalten haben. Oder weil sie schlicht als Unternehmer nicht geeignet gewesen sind. Vielleicht stimmt dies sogar in manchen Fällen. Das Scheitern eines Unternehmens hat häufig viele Ursachen: der falsche Standort, das falsche Personal, der falsche Betriebsleiter, die schlechte konjunkturelle Lage, das falsche Konzept. Wer kann schon genau sagen, welcher dieser Faktoren die Hauptursache war? Sie persönlich jedenfalls sollten ausschließen, dass Sie mit Ihrem eigenen Unternehmen nur deshalb scheitern, weil sie sich an einen Franchisegeber gebunden haben, dessen Geschäftsidee nicht richtig funktioniert.

Die Wendy-Story

Im November 1969 begann Wendy's mit der Eröffnung des ersten Wendy's Old Fashioned Hamburgers Restaurant in Columbus, Ohio. Ein Jahr später, eröffneten wir das zweite Restaurant und fügten einige Neuerungen hinzu, zu denen ein separater Grill am Autoschalter gehörte, um die Bedienung zu beschleunigen. Zwei Jahre später, im August 1972, wurde der erste Franchisevertrag für Indianapolis, Indiana unterzeichnet und im selben Jahr wurde das Wendy's Management Institut eingerichtet, um die Managementfähigkeiten unserer Geschäftsführer und Franchisenehmer zu schulen.

In einem Zeitraum von fünf Jahren vom Beginn, überstiegen die Verkaufszahlen des Systems 25 Millionen Dollar und im folgenden Jahr wandelten wir Wendy's in eine Aktiengesellschaft um. Im Dezember 1976 hatte die Gesellschaft 500 Standorte und drei Jahre später, 1979, eröffnete Restaurant Nr. 1.500 in San Juan, Puerto Rico. Bereits 1979, gerade zehn Jahre, nachdem alles anfing, hatte Wendy's sich in den Vereinigten Staaten, Puerto Rico und Kanada etabliert. Das Wachstum in diesen ersten zehn Jahren ließ das erste Jahrzehnt der McDonald's Kette klein erscheinen und wir erreichten dieses Wachstum in einem Zeitraum, in dem viele dachten, dass es keinen Platz für eine weitere Hamburgerkette in der Branche gäbe.

Heute gibt es mehr als 5.000 Wendy's und 1.800 Tim Hortons (Wendy's und Tim Hortons fusionierten 1995), und die systemweiten Verkaufszahlen übersteigen 7 Milliarden US $. Wir erreichten dies durch eine Leidenschaft für Qualität, indem wir ein offenes Ohr für Kunden und unsere Franchisenehmer hatten, innovativ waren, das beste Team von leitenden Angestellten im Bereich Restaurant und Franchise und – das wichtigste – weil wir das Glück hatten, die großartigste Gruppe von Franchisenehmern der Branche zu haben.

So einfach war unsere Erfolgsformel.

6 ➤ Die Unterschrift unter den Vertrag: Rechtliche Aspekte

Dies ist die Stelle, an der man immer betonen sollte, dass weitaus weniger Existenzgründer scheitern, die ihr Unternehmen in einem Franchisesystem errichten, als solche Existenzgründer, die es mit einer eigenen Geschäftsidee versuchen. Die statistischen Zahlen sind ziemlich eindeutig. Allerdings muss man auch sagen, dass die Risiken eines Scheiterns in einem Franchisesystem immer noch hoch genug sind. Wenn Sie den falschen Franchisegeber ausgewählt haben, ist die Wahrscheinlichkeit, dass Sie sich und Ihre Familie ruinieren, möglicherweise annäherungsweise 100 %. Also sollten Sie die richtigen Vorsichtsmaßnahmen treffen. Dazu gehören Grundkenntnisse der rechtlichen Gegebenheiten und er daraus resultierenden Handlungsweisen.

Die vorstehend beschriebenen Probleme und Gefahren sind der Hintergrund der so genannten vorvertraglichen Aufklärungspflichten des Franchisegebers. Eine gesetzliche Regelung gibt es hierzu in Deutschland nicht. Überhaupt ist Franchising in Deutschland (und in den meisten anderen europäischen Ländern) nicht gesetzlich geregelt. Stattdessen muss man sich einer Hilfskonstruktion bedienen: Der Franchisegeber haftet dem gescheiterten Franchisenehmer unter bestimmten Voraussetzungen für dessen Verluste.

Vorvertragliche Pflichten gibt es nicht nur im Franchising. Es ist ein Grundsatz unserer Rechtsordnung, dass Personen, die einen Vertragsschluss anbahnen, in gewissem Umfang für das Wohl ihres zukünftigen Vertragspartners Sorge tragen müssen. Wenn Sie in ein Kaufhaus gehen, muss der Betreiber darauf achten, dass er Sie nicht dem Risiko aussetzt, auszurutschen oder von einem umfallenden Regal verletzt zu werden. Je größer die Bedeutung des Vertragsschlusses für einen oder beide Vertragspartner ist, um so größer sind auch die Verpflichtungen, den anderen vor Schaden zu bewahren. Sie können sich vielleicht vorstellen, wie weit diese Verpflichtungen reichen, wenn ein Industriekomplex im Wert von mehreren hundert Millionen Dollar verkauft wird. Besonders hoch sind vorvertragliche Pflichten auch dann, wenn einer der Vertragspartner ein überlegenes Wissen hat. Dann ist er nämlich in besonderem Maße zur Aufklärung des anderen verpflichtet. Man nennt dies vorvertragliche Aufklärungspflichten. Franchising ist hierfür das Paradebeispiel. Hier steht im Regelfall ein geschäftlich versierter Franchisegeber einem unerfahrenen Existenzgründer gegenüber, der vielleicht bis vor wenigen Wochen noch irgendwo angestellt war. Der bedeutsamste Vertrag, den dieser Existenzgründer bis zu diesem Zeitpunkt in seinem Leben abgeschlossen hat, war vielleicht sein Arbeitsvertrag oder der Mietvertrag für seine Wohnung. Außerdem ist es natürlich so, dass ausschließlich der Franchisegeber die Geschäftsidee und das Franchisesystem kennt. Er hat in jeder Hinsicht ein überlegenes Wissen. Deshalb haben die vorvertraglichen Aufklärungspflichten im Franchising eine ganz besondere Bedeutung.

In einigen Staaten sind die vorvertraglichen Aufklärungspflichten des Franchisegebers gesetzlich geregelt. Solche Regelungen gibt es zum Beispiel in den USA (UFOC, siehe Kasten), in Frankreich und Spanien. Leider werden wir in Deutschland, Österreich und der Schweiz noch lange auf eine entsprechende Regelung warten müssen. Um so wichtiger ist es, die Rechtslage zu kennen und seine Handlungsweise vor Vertragsschluss daran auszurichten.

Einige Grundkenntnisse des Franchiserechts

Franchising ist in Deutschland nicht gesetzlich geregelt. Auf einen Franchisevertrag finden beispielsweise folgende gesetzliche Bestimmungen eine direkte oder entsprechende Anwendung:

- ✔ Europäisches Kartellrecht (EG-Vertrag, Gruppenfreistellungsverordnung für vertikale Vereinbarungen)
- ✔ Deutsches Kartellrecht (Gesetz gegen Wettbewerbsbeschränkungen, GWB).
- ✔ Bürgerliches Gesetzbuch (BGB).
- ✔ Handelsgesetzbuch (HGB), vor allem das Recht des Handelsvertreters.
- ✔ Verbraucherkreditgesetz (VerbrKrG).
- ✔ Gesetz zur Regelung des Rechts der Allgemeinen Geschäftsbedingungen (AGBG).
- ✔ Marken-, Urheber- und Lizenzrecht (z. B. Urhebergesetz, Markengesetz).
- ✔ Formelles Arbeits- und materiellen Sozialversicherungsrecht (ArbGG, SGB).

Der Franchisevertrag ein sogenannter "Mischvertrag" aus verschiedenen anderen Vertragstypen des BGB: Dienstvertrag, Geschäftsbesorgungsvertrag, Miet- und Pachtvertrag mit Elementen des Lizenzvertrages. Franchiserecht ist äußerst kompliziertes Rechtsgebiet, auf das in Deutschland nur sehr wenige Rechtsanwälte spezialisiert sind. Aus dem gleichen Grund sind Franchiseverträge für Laien schwer verständlich und haben meistens einen Umfang von 20 bis 30 Seiten.

Und das bedeutet auch, dass Rechtsunsicherheit besteht. Selbst Franchisenehmer, die mehrere Jahre erfolgreich tätig waren, kennen ihre Rechte nicht. Zum Problem wird diese Unkenntnis in dem Moment, in welchem erste Schwierigkeiten auftreten. Der Deutsche Franchise-Nehmer Verband e. V. (DFNV) bietet über seine Akademie regelmäßig Schulungen zum Thema »Franchising und Recht« für Franchisenehmer an.

Franchise-Regelungen in Amerika: UFOC (Uniform Franchise Offering Circular)

Was erscheint im UFOC? Ganz kurz gesagt, enthält es Informationen über den Franchisegeber, die Hauptangestellten der Gesellschaft, die Geschäftsführungserfahrungen im Franchisemanagement, die Konkurs- und Rechtsstreitgeschichte des Franchisegebers und die Anfangs- und laufenden Gebühren, die bei der Eröffnung und dem Betrieb eines Franchise anfallen.

Informationen zu den erforderlichen Investitionen sowie Anschaffungen, die Sie beim Franchisegeber oder bei autorisierten Händlern machen müssen und Gebietsrechte, die Ihnen gewährt werden, sind ebenfalls Inhalt des Dokuments. Desgleichen finden Sie Informationen über rechtliche Verantwortungen als Franchisenehmer und über die Verantwortung, die Ihr Franchisegeber Ihnen gegenüber übernimmt.

Zusätzlich präsentiert das UFOC Informationen über die im Besitz des Unternehmens befindlichen Standorte und zu den Franchisenehmern im System, wozu die Anzahl der eröffneten Franchisebetriebe sowie die Anzahl der geschlossenen und übertragenen Franchiseunternehmen gehört, und – dies ist am wichtigsten – eine Liste aktueller und früherer Franchisenehmer mit Kontaktadressen.

Es ist wichtig, dass Sie den Franchisevertrag und alle anderen Verträge, die Sie möglicherweise unterzeichnen müssen, wirklich verstehen. Wenn Sie nicht verstehen, was Sie unterzeichnen, finden Sie sich möglicherweise eingebunden in eine Geschäftsbeziehung wieder, die für Sie nicht vorteilhaft ist.

In den Bestimmungen, die den Verkauf von Franchiseunternehmen regulieren, gibt es einen Überlegungszeitraum, der als *Zehn-Tages-Regel* bezeichnet wird. Franchisegeber müssen ein Minimum von zehn Geschäftstagen warten, nachdem sie einem möglichen Franchisenehmer das UFOC überreicht haben, bevor sie dem Franchisenehmer erlauben dürfen, den Franchisevertrag zu unterzeichnen. Zweck dieser Bestimmung ist es, Ihnen Zeit zu geben, Ihre Entscheidung zu überdenken.

Sie sind auch gesetzlich berechtigt, den endgültigen Franchisevertrag – mit allen auszufüllenden Lücken – mindestens fünf Geschäftstage zur Ansicht zu erhalten, bevor Sie diesen unterzeichnen. Dies gibt Ihnen Zeit zum Nachdenken und zur Prüfung der Vertragsbedingungen.

Der Franchisevertrag, der von der UFOC zur Verfügung gestellt wird, enthält möglicherweise einige Lücken, die auszufüllen sind und zu denen gehört, wer der Franchisenehmer ist, wo Ihr Franchise sich befinden wird, die Größe Ihres geschützten Gebiets (wenn es ein solches gibt) und andere spezifische Dinge, die sich genau auf den Franchisenehmer beziehen. Gelegentlich muss der Franchisevertrag als Ergebnis von Veränderungen, die sich im Laufe der Verhandlungen ergeben haben, geändert werden. Sie müssen ein Exemplar des endgültigen Vertrags – inklusive Änderungen – mindestens fünf Geschäftstage vor Unterzeichnung des Vertrags erhalten.

Dies ist eine großartige Bestimmung. Wenn Sie anfangs die Entscheidung treffen, ein Franchise zu kaufen, ist Ihre Begeisterung für diesen Deal extrem groß. Der Aufschub gibt Ihnen Zeit zum Nachdenken. Die fünftägige Wartezeit kann im Übrigen innerhalb der Zehn-Tages-Frist liegen. Wenn Sie es also mit der Unterzeichnung Ihres Franchisevertrags eilig haben, stellen Sie sicher, dass Sie schnellstmöglich alle Lücken ausfüllen.

Vorvertragliche Aufklärungspflichten: der Umfang

Im Jahre 1993 hatte sich das Oberlandesgericht München mit einem Fall zu beschäftigen, in dem ein Franchisenehmer vor Vertragsschluss getäuscht worden war. Ihm war von seinem Franchisegeber ein »hoher, sicherer Verdienst mit wenig finanziellem Aufwand« zugesagt worden und ein »marktgerechtes und zukunftsweisendes System«. Nachdem der Franchisenehmer in seinen Franchisebetrieb rund DM 214.000,- investiert hatte, stellte sich heraus, dass sich mit der Geschäftsidee praktisch kein Umsatz erzielen ließ. Das Landgericht München I und das Oberlandesgericht München haben dem Franchisenehmer einen großen Teil seines Schadens zugesprochen. Der Franchisenehmer erhielt aber nicht den Verdienstausfall ersetzt, der ihm entstanden war, weil er in dieser Zeit nicht anderweitig arbeiten konnte.

Weil es an einer gesetzlichen Regelung fehlt, ist der Umfang der Aufklärungspflichten nirgendwo verbindlich geregelt. Rechtsprechung und juristische Fachliteratur nehmen an, dass der Franchisegeber den Franchisenehmer über alle Umstände richtig und vollständig informieren muss, die für dessen Investitionsentscheidung maßgeblich sind. Dazu gehören die folgenden Bereiche:

- ✔ Der Gegenstand des Franchisesystems.
- ✔ Die Leistungen des Franchisegebers und die Vorteile des Franchisesystems.
- ✔ Die Entwicklung und Verbreitung des Franchisesystems einschließlich der Zahl der bestehenden Franchisebetriebe.
- ✔ Die Anforderungen an den Franchisenehmer.
- ✔ Die Gebühren des Franchisegebers.
- ✔ Die Anforderungen und Voraussetzungen für die Eröffnung eines Franchisebetriebes.
- ✔ Die Konkurrenz- und Marktsituation.
- ✔ Das voraussichtlich oder durchschnittlich notwendige Mindest- oder Startkapital.
- ✔ Die voraussichtliche oder durchschnittliche Umsatz- und Gewinnerwartung eines Franchisenehmers innerhalb bestimmter Zeiträume.
- ✔ Die durchschnittliche Zahl von Aufträgen oder Kunden in bestimmten Zeiträumen.
- ✔ Angaben zu den durchschnittlichen Kosten eines Franchisebetriebes.

Diese Liste ist nicht abschließend. Je nach der Eigenart des Franchisesystems können weitere Bereiche hinzukommen, in denen eine Aufklärungspflicht besteht.

Darüber hinaus sollte der Franchisegeber Ihnen Gelegenheit geben, den Franchisevertrag und das Franchisehandbuch zu lesen und zu prüfen. Der Franchisegeber muss Ihnen das Handbuch allerdings nicht vor Unterzeichnung des Franchisevertrages aushändigen. Denn in diesem Handbuch ist das besondere Know-how verkörpert, welches Sie erst als Franchisenehmer erhalten sollen. Der Franchisegeber muss dieses Know-how, auch im Interesse seiner aktiven Franchisenehmer, vor Einblicken der Konkurrenz schützen. Bevor Sie nicht den Franchisevertrag unterschrieben haben, weiß niemand, ob Sie nicht demnächst als Konkurrent auf dem Markt auftreten.

Wenn der Franchisegeber seiner Verpflichtung zur vorvertraglichen Aufklärung nachkommt, muss er dies richtig und vollständig tun. Dies gilt sowohl für solche Fragen, in denen eine Aufklärungspflicht besteht als auch für solche Bereiche, in denen er freiwillige Angaben gemacht hat. Das bedeutet, dass sich jeder Franchisegeber der Gefahr einer Haftung für das Scheitern seiner Franchisenehmer aussetzt, wenn er in diesem Bereich einen Fehler macht. Er haftet allerdings auch, wenn er seine Interessenten überhaupt nicht aufklärt.

Leider muss man auch sagen, dass viele Einzelfragen zur Haftung des Franchisegebers immer noch ungeklärt sind. Bislang gibt es auch noch kein Urteil des Bundesgerichtshofes zu dieser Frage, so dass niemand dafür Gewähr leisten kann, dass ein Franchisenehmer wirklich zu seinem Recht kommt, wenn der Franchisegeber seine Aufklärungspflichten verletzt. Die Juristen sind sich beispielsweise nicht einig darüber, wer in einem Prozess die Beweislast dafür trägt, dass die Aufklärung mangelhaft war. Das Oberlandesgericht München war der Meinung, dass der Franchisegeber beweisen muss, dass er richtig aufgeklärt hat, wenn der Franchisenehmer in dem Prozess detailliert dargelegt hat, welche Informationen falsch waren. Andere Gerichte sehen dies ganz anders.

Vorvertragliche Aufklärungspflichten: die Rechtsfolgen

Wenn ein Franchisegeber seine Pflicht zur vorvertraglichen Aufklärung verletzt (zum Beispiel indem er falsche Angaben über den durchschnittlichen Umsatz eines Franchisebetriebes in seinem System gemacht hat) haftet er für die Verluste der Existenzgründer. Dies betrifft allerdings nur die Kosten des Franchisenehmers, für welche der Franchisegeber ursächlich geworden ist. In einem anderen Fall, der ebenfalls dem Oberlandesgericht München zur Entscheidung vorlag, hatte der Franchisenehmer entgegen den Empfehlungen des Franchisegebers ein zweites Ladengeschäft eröffnet. Für die dadurch entstehenden zusätzlichen Verluste musste der Franchisegeber nicht einstehen.

Bei der Feststellung der Verluste sind von den Kosten des Betriebes (beispielsweise Miete der Geschäftsräume, Leasing der Maschinen, Gehälter der Angestellten, Zahlungen an den Franchisegeber, die Anschaffungskosten für das Betriebsvermögen) alle Einnahmen des Franchisenehmers mit dem Franchisebetrieb abzuziehen. Abzuziehen sind natürlich auch die Restwerte oder der Verwertungserlös aus dem Betriebsvermögen. Hat der Franchisenehmer also keinen Verlust gemacht, hat die Verletzung der vorvertraglichen Aufklärungspflichten keine negative Folge für den Franchisegeber. Es geht hier um Schadenersatz, nicht um Strafe. Wenn kein Schaden entstanden ist, gibt es nichts zu ersetzen. Das bedeutet aber auch, dass der Existenzgründer in den meisten Fällen nicht das Geld ersetzt bekommt, das er anderweitig hätte verdienen können (Verdienstausfall).

Einige Fachleute meinen, dass auf die Aufklärungssituation von Franchisenehmer und Franchisegeber die Grundsätze der »Prospekthaftung« Anwendung finden. Dies würde den Schutz der Existenzgründer wesentlich verbessern. Bislang ist allerdings noch keine Gerichtsentscheidung zu dieser Frage ergangen.

Schadenersatzprozesse wegen der Verletzung vorvertraglicher Aufklärungspflichten sind sehr teuer, aufwendig und riskant. Wenn eine Existenzgründung scheitert und zuvor über mehrere Jahre Verluste geschrieben worden sind, ist der Schaden selten unter DM 200.000. Entsprechend hoch sind die Kosten für Rechtsanwalt und Gericht. Der Franchisenehmer wird im Rahmen der Schadenberechnung jede einzelne Schadenposition darlegen und beweisen müssen. Nach mehreren Jahren des erfolglosen Versuchs, einen Franchisebetrieb in die Gewinnzone zu bringen, sind dies oft Tausende

von Einzelpositionen. Es reicht leider nicht aus, dem Gericht eine Bilanz vorzulegen, aus der sich der Verlust ablesen lässt. Riskant sind solche Prozesse auch, weil viele Gerichte in Deutschland selten mit Franchising konfrontiert werden und daher oft sehr fragwürdige Entscheidungen ergehen. Einen Prozess zu führen, bedeutet immer ein Wagnis. Wenn es soweit kommt, haben Sie vorher bereits etwas falsch gemacht.

Vorvertragliche Aufklärungspflichten: die richtige Verhaltensweise

Es kommt also darauf an, dass Sie solche Probleme von vornherein vermeiden. Das ist leichter gesagt, als getan. Denn die vielen hundert Existenzgründer, die in den vergangenen 10 Jahren durch unseriöse Franchisegeber geschädigt worden sind, waren keine dummen Menschen. Manche von ihnen waren sogar erfahrene Kaufleute oder ehemalige Manager, die es gelernt hatten, Verhandlungspartner richtig einzuschätzen.

Ein Beispiel: Ein Existenzgründer hatte über 15 Jahre als leitender Angestellter in einem großen Unternehmen gearbeitet. Dort war er für die Einstellung von Führungskräften zuständig. Es war sein Beruf, Vertragsgespräche zu führen. Als er sich entschloss, eine eigene Firma aufzubauen, wollte er es mit dem Geschäftszweig »Private Personalvermittlung« versuchen. Franchising erschien ihm dafür der richtige Weg. Seine Gespräche mit einem Franchisegeber verliefen sehr positiv. Der Eindruck, den er gewann, überzeugte ihn. Die Geschäftsführer des Franchisegebers machten ein freundschaftlichen Ausdruck und das Wort »Partnerschaft« wurde in jedem zweiten Satz erwähnt. Unser Existenzgründer ließ sich ausführlich über das Franchisesystem informieren und erhielt schriftliche Angaben über das Startkapital und die durchschnittlichen Ergebnisse eines Franchisebetriebes. Besonders interessant schien ihm, dass der Franchisegeber betonte, in dem Einzugsbereich seines zukünftigen Franchisebetriebes seien bereits Kunden vorhanden, die nach Unterzeichnung des Franchisevertrages sofort von ihm übernommen werden könnten. Der Franchisegeber machte einen tadellosen Eindruck. Er begleitete unseren Existenzgründer zu Bankgesprächen und erwähnte dort, das System sei »von der Deutschen Ausgleichsbank geprüft«. Der Franchisevertrag, den unser Existenzgründer nach einigen Monaten unterzeichnete, mache einen normalen Eindruck. Der frisch gebackene Franchisenehmer setzte nun alles in die Eröffnung seines Betriebes und freute sich auf seine Selbständigkeit. Einige Monaten nach dem Start war aber bereits festzustellen, dass die meisten Versprechungen des Franchisegebers nicht gestimmt hatten. Andere Franchisenehmer des Systems, die er jetzt kennen lernte, steckten in erheblichen finanziellen Schwierigkeiten. Bislang schrieb erst einer von ihnen überhaupt eine »schwarze Null«. Die Anfangsverluste waren auch bei unserem Existenzgründer beträchtlich und die erwarteten Kunden blieben aus. Nach 12 Monaten Verlusten war der Kreditrahmen ausgeschöpft. Die Nachfinanzierung erwies sich als schwierig, aber nach einem zähen Ringen war die Hausbank bereit, den Kontokorrentkredit noch-

6 ➤ Die Unterschrift unter den Vertrag: Rechtliche Aspekte

mals für einige Monate um DM 200.000 zu erhöhen. Als auch dieses Geld aufgebraucht war, blieb dem Existenzgründer und seiner Familie nur der Weg in die Insolvenz. Nun bestand die Bank auf ihren Rechten. Die Ehefrau hatte gebürgt und musste die eidesstattliche Offenbarungsversicherung abgeben. Die Familie verlor ihr Haus. Der Franchisegeber lehnte jede Verantwortung ab und behauptete, eine Erfolgsgarantie könne es auch im Franchising nicht geben. Es sei eben nicht jeder zum Unternehmer geboren. Er war nicht einmal bereit, den Franchisevertrag vorzeitig aufzuheben. Gegen die Schadenersatzklage des Existenzgründers wehrte sich der Franchisegeber erbittert und als er nach 4 Jahren Prozess in erster Instanz verloren hatte, meldete seine Aktiengesellschaft Konkurs an. Der Existenzgründer ging im Ergebnis leer aus.

Diese Geschichte ist sehr typisch für das Problem und Sie sollten alles daran setzen, dass Sie nicht in die gleiche Lage kommen. Daher sollten Sie unbedingt die nachfolgenden Hinweise beachten:

✔ Fragen Sie sich: Passe ich zu dem Franchisesystem und passt das Franchisesystem zu mir?

✔ Bedenken Sie, dass von der Unterzeichnung des Franchisevertrages in den nächsten Jahren Ihre Existenz und möglicherweise Ihre Zukunft abhängt. Wissen Sie noch, wie lange Sie überlegt haben, ob Sie ein Haus finanzieren können oder ob Sie eine Beschäftigung in einer anderen Stadt annehmen? Diese Entscheidungen waren nichts im Vergleich zu dem Entschluss, der Ihnen jetzt bevorsteht.

✔ Führen Sie mehrere persönliche Gespräche mit dem Franchisegeber. Ziehen Sie auch Ihren Lebenspartner als Zeugen hinzu. Verlassen Sie sich jedoch nicht allein auf einen positiven persönlichen Eindruck. Sie wissen schon, es ist wie überall im Leben: Die wichtigste Eigenschaft eines erfolgreichen Betrügers ist, dass er völlig harmlos wirkt (andernfalls wäre er nicht so erfolgreich).

✔ Lassen Sie sich nicht zum Vertragsschluss drängen. Wenn man Sie zur Eile antreibt oder die typischen Verkaufsargumente verwendet (»Es gibt noch einen anderen Interessenten. Ich würde ja Sie vorziehen, aber warten Sie nicht mehr zu lange!«), sollten Sie Abstand nehmen.

✔ Schließen Sie sich ausschließlich solchen Franchisegebern an, die ihre Franchisenehmer sorgfältig auswählen. Dadurch vermeiden Sie, an einen »Systemverkäufer« zu geraten, der von Ihnen nur die Eintrittsgebühr kassieren will. Selbst wenn Sie noch Glück haben und keinen Schaden erleiden, scheitern solche Systeme häufig nach einiger Zeit, weil die anderen Franchisenehmer falsch ausgesucht worden sind.

✔ Lassen Sie sich alle Informationen schriftlich geben. Bewahren Sie diese schriftlichen Informationen in den nächsten Jahren sorgfältig auf.

✔ Falls Sie bestimmte Informationen in einem 4-Augen-Gespräch nur mündlich erhalten, bitten Sie um schriftliche Bestätigung. Bestehen Sie darauf. Ein seriöser Franchisegeber wird ein solches Anliegen verstehen. Wenn Sie Ihr Lebenspartner begleitet, sollte er/sie sich Notizen machen und diese Aufzeichnungen sorgfältig aufbewahren.

✔ Lassen Sie sich nicht durch die Mitgliedschaft des Franchisegebers in dem nationalen Franchiseverband beeindrucken. Die Aufnahmekriterien sind keineswegs so schwierig zu erfüllen, wie häufig behauptet wird. Vergessen Sie nicht: Vereine und Verbände wollen möglichst viele Mitglieder haben.

✔ Lassen Sie sich nicht dadurch täuschen, dass ein Franchisesystem oder Franchisekonzept »bankgeprüft« oder »von der Deutschen Ausgleichsbank geprüft« ist. Das heißt gar nichts. Banken prüfen Franchisesysteme unter Gesichtspunkten, die für Sie als Existenzgründer ohne Bedeutung sind.

✔ Stellen Sie fest, ob der Franchisegeber das Prüfsiegel *Geprüftes System* des Deutschen Franchise-Nehmer Verbandes e. V. (DFNV) führt. Darauf wird er in seinen schriftlichen Unterlagen hinweisen. Achten Sie darauf, ob das Prüfsiegel noch gültig ist (es muss in regelmäßigen Abständen neu verliehen werden). Aber auch dieses Prüfsiegel ist für Sie keine Erfolgsgarantie und entbindet Sie nicht von einer eigenen sorgfältigen Prüfung. Es ist nur ein positives Indiz.

✔ Wenn das Prüfsiegel verliehen wurde, erhalten Sie in einer der Regionalgeschäftsstellen des DFNV weitergehende Informationen. Nutzen Sie diese Möglichkeit.

✔ Achten Sie insbesondere bei neuen Franchisesystemen darauf, dass der Franchisegeber einen oder mehrere Muster- oder Pilotbetriebe hat, in denen die Geschäftsidee mehrere Jahre erfolgreich erprobt wurde. Falls das Franchisesystem bereits verbreitet ist, steht allerdings der Erfolg der aktiven Franchisenehmer im Vordergrund; auf die Muster- oder Pilotbetriebe kommt es dann vielleicht weniger an.

✔ Bitten Sie den Franchisegeber um eine Liste mit Adressen und Telefonnummern der aktiven Franchisenehmer. Wenn Sie diese Liste nicht erhalten oder den Eindruck bekommen, dass der Franchisegeber die Franchisenehmer voneinander getrennt halten will, sollten Sie sofort Abstand nehmen.

✔ Wenn Sie die Liste erhalten haben, kontrollieren Sie die Vollständigkeit. Das ist relativ einfach: In der Regel sind die Franchisenehmer in den »Gelben Seiten« oder anderen Branchenverzeichnissen unter der Marke bzw. Geschäftsbezeichnung des Franchisegebers eingetragen. Falls nur einzelne Betriebe auf der Liste gefehlt haben, muss dies noch nichts Negatives heißen. Fehlen viele, sollten Sie Abstand nehmen.

✔ Sprechen Sie mit mehr als einem aktiven Franchisenehmer des Systems. Treffen Sie mehrere aktive Franchisenehmer, möglichst auch solche, die nicht auf der Liste standen. Besichtigen Sie mindestens einen Betrieb. Fragen Sie gezielt danach, ob die Ihnen von dem Franchisegeber genannten Umsätze innerhalb angemessener Zeit erreicht wurden. Fragen Sie danach, ob das Startkapital gereicht hat. Versuchen Sie ein Bild davon zu gewinnen, ob sich der Franchisegeber vertragskonform und fair verhält und ob seine sonstigen Versprechungen zutreffen. Falls Sie einem unzufriedenen Franchisenehmer begegnen, muss dies noch nichts heißen. Aber dies sollte für Sie Anlass genug sein, weiter nachzubohren und mit anderen aktiven Franchisenehmern des Systems zu sprechen.

✔ Stellen Sie bei diesen Gesprächen auch fest, ob die von dem Franchisegeber genannten Franchisegebühren in der Praxis tatsächlich stimmen oder ob es weitere (geheime) Vergütungen gibt. Besonders beim Vertrieb von Waren kommt es immer wieder vor, dass Franchisegeber verdeckte Preisaufschläge erheben, ohne dass dies vereinbart worden ist. Gegen Preis-

6 ➤ Die Unterschrift unter den Vertrag: Rechtliche Aspekte

aufschläge ist nichts einzuwenden. Man sollte nur davon wissen, bevor man einen Franchisevertrag unterschreibt.

✔ Stellen Sie die vertraglichen Pflichten des Franchisegebers fest (diese ergeben sich z.B. aus dem Mustervertrag) und prüfen Sie bei den Gesprächen mit den aktiven Franchisenehmern, ob diese Pflichten tatsächlich erfüllt werden: Erfolgt eine Unterstützung? Sind die Schulungen sinnvoll? Wird das Franchisesystem weiter entwickelt? Werden tatsächlich überregionale Werbemaßnahmen durchgeführt? Wenn die Franchisenehmer monatliche Werbebeiträge an den Franchisegeber zahlen: Verwaltet und verwendet der Franchisegeber diese Finanzmittel ordnungsgemäß? Oder verwendet er diese Mittel nur, um neue Franchisenehmer zu gewinnen?

✔ Prüfen Sie, ob das Know-how und das Warensortiment des Franchisegebers eine ausreichende Unterscheidungskraft besitzt. Bei manchen Franchisesystemen ist dies recht einfach zu ermitteln: Wenn Sie feststellen, dass jeder Konkurrent die gleichen Produkte und Dienstleistungen ebenso anbieten kann, sollten Sie Abstand nehmen. Das gilt erst recht, wenn die Konkurrenten die gleichen Produkte viel preiswerter anbieten können, weil sie sich die Franchisegebühren oder Preisaufschläge sparen.

✔ Wenn in dem Franchisesystem das Know-how eher leicht zu kopieren ist (wie man ein Sonnenstudio betreibt, weiß im Grunde jeder), kann die Marke im Vordergrund stehen. Einige Franchisesysteme leben vor allem davon, dass die Marke eine »Sogwirkung« auf die Kunden ausübt, weil sie sich durchgesetzt hat und die Kunden damit ein positives Erlebnis und hohe Qualität verknüpfen. Versuchen Sie festzustellen, ob die Marke bei den potentiellen Kunden überhaupt bekannt ist. Fragen Sie Ihre Freunde und Bekannten, ob sie von dem System gehört haben oder schon einmal Kunde waren. Es ist erstaunlich: Viele geschädigte Franchisenehmer stellen erst nach Jahren bestürzt fest, dass sie das Recht an einer völlig unbekannten Marke erhalten haben und dafür jeden Monat viel Geld bezahlen müssen.

✔ Prüfen Sie ob die Marke überhaupt eingetragen ist. Auskunft gibt das Deutsche Patentamt oder das Europäische Patentamt.

✔ Lassen Sie sich bei Ihrer Existenzgründung durch Experten beraten. Lassen Sie auch den Franchisevertrag prüfen. Eine Liste von Rechtsanwälten, die auf Franchising spezialisiert sind, erhalten Sie unter der Adresse www.franchiserecht.de oder über den Deutschen Franchise-Nehmer Verband e. V. (DFNV) unter www.dfnv.de. Auch ein Franchisevertrag kann Indizien dafür enthalten, dass es sich bei dem Franchisegeber um ein »schwarzes Schaf« handelt. Diese Prüfung reicht andererseits allein nicht aus. Auch »schwarze Schafe« haben mitunter geschickte Berater und verwenden möglicherweise besonders fair erscheinende Musterverträge.

Bedenken Sie auch, dass jedes Franchisesystem anders ist. Daher kann die vorstehende Liste nicht abschließend sein.

Und noch etwas: Lassen Sie sich von diesen Hinweisen nicht abschrecken. Wenn Sie Ihren Franchisegeber sorgfältig auswählen werden Sie es mit Ihrer Existenzgründung vermutlich viel leichter haben, als wenn Sie sich auf Ihre eigene Geschäftsidee verlassen. Jedenfalls ist die statistische Wahrscheinlichkeit, dass Sie scheitern, beim Franchising um ein Mehrfaches geringer.

Den Franchisevertrag richtig beurteilen

Bis hierhin haben wir von den vorvertraglichen Aufklärungspflichten gesprochen. Es ist jedoch wichtig, zu erkennen, dass dies nicht alles ist, was Sie als angehender Franchisenehmer beachten müssen. Das eigentliche Franchiseverhältnis ist in dem Franchisevertrag geregelt. Die dortigen Regelungen werden nach Unterzeichnung des Vertrages Ihr Leben als Unternehmer maßgeblich beeinflussen.

In einer Hinsicht ist es mit dem Franchisevertrag wie mit allen schriftlichen Vereinbarungen: Nach der Unterzeichnung werden Sie den Vertrag sorgfältig in einen Ordner heften. Wenn Sie erfolgreich sind, wird es auf den Inhalt des Vertrages nie wieder ankommen. Möglicherweise schauen Sie mehrere Jahre nicht mehr hinein. Seine Bedeutung hat ein Franchisevertrag erst, wenn es Probleme gibt. Entweder weil Sie den Eindruck haben, dass sich Ihr Franchisegeber anders verhalten sollte. Beispielsweise weil Sie meinen, dass er keine Leistungen erbringt, die Ihr Geld wert sind. Oder weil Ihr Franchisegeber mit Ihnen nicht zufrieden ist und sich plötzlich darauf beruft, dass Sie Ihre Verpflichtungen nicht erfüllen. In einem solchen Moment bekommt der Franchisevertrag eine entscheidende Bedeutung.

Franchiseverträge sind meist lang und für einen Laien kaum verständlich. Schlimmstenfalls bildet man sich bei einer Lektüre ein, zu verstehen, warum eine bestimmte Klausel darin enthalten ist. Dies ist ein Irrtum. Es ist natürlich wichtig, dass Sie den Franchisevertrag mehrfach aufmerksam lesen. Dies reicht jedoch nicht aus. Nicht einmal Ihr Hausanwalt, der vielleicht Ihren Verkehrsunfall im vergangenen Herbst so gut geregelt hat und bei der Scheidung Ihrer Schwester hilfreich war, dürfte in der Lage sein, einen Franchisevertrag wirklich zu durchschauen.

Franchiseverträge sind komplizierte Gebilde, denn sie sollen eine Reihe von Zielen erfüllen, die sich teilweise widersprechen:

✔ Franchiseverträge sollen nach dem Willen ihrer Schöpfer dem Franchisegeber bestimmte Rechte und Vorteile gegenüber den Franchisenehmern verschaffen.

✔ Franchiseverträge müssen den Vorgaben des Europäischen und Deutschen Kartellrechts genügen.

✔ Franchiseverträge müssen sonstige gesetzliche Vorgaben erfüllen, vor allem die maßgeblichen Bestimmungen aus dem *Verbraucherkreditgesetz*, aus dem *Gesetz zur Regelung des Rechts der Allgemeinen Geschäftsbedingungen* und aus dem *Handelsgesetzbuch*.

✔ Franchiseverträge sollen vermeiden helfen, dass die Franchisenehmer von der Sozialverwaltung als *Scheinselbständige* angesehen werden.

✔ Franchiseverträge sollen die Vorgaben des Europäischen Ehrenkodex für Franchising erfüllen. Diese Vorgaben sind zwar nicht zwingend, aber für den Franchisegeber eine Voraussetzung dafür, dass er Mitglied in dem nationalen Franchiseverband werden kann.

Dabei dürfen Sie nie vergessen, dass es in Deutschland, Österreich und der Schweiz keine speziellen gesetzlichen Bestimmungen zum Franchising gibt.

Brauche ich einen Rechtsanwalt, Steuer- oder Unternehmensberater?

Wenn Sie der Idee näher treten, Ihre Selbständigkeit als Franchisenehmer zu organisieren, ist es notwendig, sich die richtige professionelle Hilfe zu holen. Dies ist nicht so schwierig, wie man annehmen könnte.

Rechtsanwalt

Ein auf Franchising spezialisierter Rechtsanwalt kann Ihnen helfen, den Franchisevertrag zu verstehen und Sie vor einer falschen Entscheidung bewahren. Wenn Sie Franchisenehmer geworden sind, kann er Sie später auch einmal in einem Konflikt mit dem Franchisegeber beraten oder vertreten.

Franchiserecht ist ein seltenes Spezialgebiet. Ein Rechtsanwalt, der erfolgreich Unternehmen in Franchisesystemen beraten will, braucht besondere Fachkenntnisse und Erfahrung. Mit Franchising nicht vertraute Rechtsanwälte könnten sich beispielsweise einbilden, dass bestimmte Änderungen an den Vertragsklauseln in Ihrem Sinne sind, ohne zu wissen, dass dadurch andere, schwerwiegende Nachteile entstehen. Das gilt auch bei der Beratung im Konflikt mit dem Franchisegeber. Beispielsweise gehört die Frage, ob ein Franchisenehmer die Gebühren mindern kann, wenn der Franchisegeber seine Leistungen nicht oder nur mangelhaft erbringt, nicht zur üblichen Juristenausbildung. Diese Frage wird nicht einmal in den einschlägigen juristischen Fachbüchern behandelt.

Es gibt in Deutschland vermutlich nicht einmal 50 Rechtsanwälte, die wirklich auf Franchising spezialisiert sind. Eine Liste erhalten Sie von dem Deutschen Franchise-Nehmer Verband e. V. (DFNV), von dem jeweiligen nationalen Verband der Franchisegeber (in der Bundesrepublik Deutschland: Deutscher Franchiseverband e. V., DFV) oder im Internet unter www.franchise-recht.de. Ihre Auswahl sollten Sie sorgfältig treffen. Es kann sogar sinnvoll sein, einen Spezialisten zu beauftragen, der weiter entfernt ansässig ist, statt sich an die »zweite Wahl« zu wenden, nur weil dieser seine Kanzlei in der gleichen Stadt hat. Vergessen Sie nicht, dass wir im Zeitalter der Telekommunikation leben.

Mit Hilfe Ihres Rechtsanwaltes können Sie versuchen, über einzelne Klauseln des Franchisevertrages zu verhandeln. In einem ersten Schritt setzt dies natürlich voraus, dass Sie die von dem Franchisegeber vorgeschlagenen Klauseln genau durchschaut haben.

Steuerberater

Als angehender Unternehmer benötigen Sie einen Steuerberater. Viele Existenzgründer scheitern nur, weil sie in der Anfangsphase die Buchhaltung vernachlässigen. Die erste Folge ist, dass die monatlichen Umsatzsteuervoranmeldungen nicht ordnungsgemäß abgegeben werden können. Die zweite Folge ist, dass Ihnen eine Sonderbetriebsprüfung ins Haus steht. Die dritte Folge ist, dass Sie sich in Auseinandersetzungen mit dem Finanzamt verstricken, statt für Ihre Kunden da zu sein. Die vierte Folge ist, dass die Jahresabschlüsse nicht rechtzeitig fertiggestellt werden und das Finanzamt Ihre Gewinne schätzt. Meist ist dies der Anfang vom Ende. Einmal in die Schräglage geraten, lässt sich ein Unternehmen nur mit einem unverhältnismäßig großen Aufwand wieder auf den richtigen Kurs bringen. Unterschätzen Sie dies nicht. Dies hat jedoch alles nichts mit Franchising zu tun.

Bei der Aushandlung des Franchisevertrages wird Ihnen der Steuerberater nicht behilflich sein können, selbst wenn er dies vielleicht gerne behauptet. Zum einen darf ein Steuerberater keine Rechtsberatung durchführen. Zum anderen ist ein Steuerberater dazu auf dem Spezialgebiet des Franchising auch nicht befähigt.

Manche Franchisegeber versuchen, ihren Franchisenehmern vorzuschreiben, welchen Steuerberater sie beauftragen sollen. Lassen Sie sich nicht darauf ein und verlangen Sie vor Unterzeichnung des Franchisevertrages eine Änderung der entsprechenden Bestimmung. Keine Bedenken bestehen jedoch, dass den Franchisenehmern für ihre Buchhaltung ein bestimmter Kontenrahmen oder bestimmte Formen der Umsatzmeldung vorgeschrieben werden. Es ist sogar sinnvoll, wenn solche Dinge in einem Franchisesystem vereinheitlicht werden.

Unternehmensberater

Da die Bezeichnung »Unternehmensberater« rechtlich nicht geschützt ist und sich im Grunde jeder so nennen darf, der die entsprechende Gewerbeerlaubnis erhalten hat, ist bei der Auswahl eines Unternehmensberaters besondere Vorsicht angebracht. Es gibt auf Franchising spezialisierte Unternehmensberater, die Ihnen der Deutsche Franchise-Nehmer Verband e. V. (DFNV) empfehlen wird. Der DFNV verfügt außerdem in seinen Geschäftsstellen selbst über ausgebildete Betriebswirte, die auf die Beratung von Franchisenehmern spezialisiert sind (allerdings stehen die Dienste der Geschäftsstellen nur den Mitgliedern des DFNV zur Verfügung). Auch der Deutsche Franchiseverband e. V. (DFV) verfügt über eine Liste von spezialisierten Unternehmensberatern, auf die Sie zurückgreifen können. Kostenlose Beratung erhalten Sie bei der für Sie zuständigen Industrie- und Handelskammer. Leider haben allerdings nur wenige Industrie- und Handelskammern solche Berater, die auf Franchising spezialisiert sind.

Unternehmensberater sind nützlich, wenn es beispielsweise darum geht, einen Businessplan aufzustellen, ein Bankgespräch vorzubereiten oder in einer Krise Ihres Unternehmens die rettenden Maßnahmen zum empfehlen. Bei einem Franchisebetrieb kann letzteres besonders schwierig sein, weil die Vorgaben des Franchisegebers nicht jede Maßnahme zulassen, die ein Unternehmen zu seiner Rettung ergreifen könnte. Hier ist eine Zusammenarbeit mit dem Franchisegeber von hohem Wert, der immerhin ein gewisses eigenes Interesse daran hat, dass Sie nicht scheitern. Ein Unternehmensberater ist allerdings nur bedingt in der Lage, Änderungen an dem Franchisevertrag auszuhandeln. Bei solchen Verhandlungen handelt es sich um Rechtsberatung, die ein Unternehmensberater nicht ausüben darf.

Franchiseberater

 Es gibt Unternehmen, die von Franchisegebern beauftragt sind, potentielle Franchisenehmer zu finden und zu rekrutieren. Wir sollten ehrlich sein: Solche Unternehmen sind als Berater für Franchisenehmer untauglich. Sie werden von den Franchisegebern dafür bezahlt, dass sie Ihnen zum Vertragsschluss raten.

Verhandlungen mit dem Franchisegeber

Wenn Sie sich im Grundsatz für ein bestimmtes Franchisesystem entschieden haben und den Franchisevertrag einer genauen Prüfung unterzogen haben, müssen Sie vielleicht einzelne Klauseln des Vertrages mit dem Franchisegeber verhandeln. Dies wird sich vermutlich als nicht so einfach erweisen. Die meisten Franchisegeber sind kaum bereit, die Regelungen in ihren Musterverträgen zur Disposition zu stellen.

Diese Haltung ist verständlich. Die Stärke des Franchising liegt in der Gleichartigkeit der Vertragsbeziehungen. Letztlich ist dies auch ein Umstand, auf den sich Ihre Kunden verlassen werden. Und schließlich: Können Sie sich vorstellen, dass Sie anderen Franchisenehmern des gleichen Systems begegnen, die ihre Verträge etwa zu gleichen Zeit unterschrieben haben, und dann merken, dass Ihre Kollegen wesentlich bessere Konditionen ausgehandelt haben? Versetzen Sie sich auch einmal in die Lage eines Franchisegebers, der ein System führen soll, in dem jeder Franchisenehmer andere Rechte und Pflichten hat. Ein solches Franchisesystem wäre zum Scheitern verurteilt. Das Deutsche Kartellrecht, namentlich das Gesetz gegen Wettbewerbsbeschränkungen (GWB) verlangt von den Franchisegebern übrigens, dass sie ihre Franchisenehmer möglichst gleich behandeln. Dies hat jedoch nicht zur Folge, dass es dem Franchisegeber untersagt wäre, individuelle Verhandlungen zu führen.

Manchmal sind Vertragsverhandlungen in gewissem Umfang möglich. Etablierte Systeme werden weniger flexibel sein als solche Franchisegeber, die händeringend nach den richtigen Franchisenehmern suchen. Vielleicht wird es Ihnen daher gelingen, in Einzelfragen bestimmte Änderungen durchzusetzen, sofern diese nicht die Eigenarten des Franchisesystems betreffen.

Hier sind einige Bereiche, in denen Franchisegeber möglicherweise zu Verhandlungen über den Franchisevertrag bereit sind:

- ✔ Die Größe Ihres Vertragsgebietes oder die Einführung eines Gebietsschutzes für Ihren Betrieb. Dabei sollten Sie beachten, dass (entgegen anders lautenden Gerüchten) das Europäische Kartellrecht einen Gebietsschutz nicht verbietet, bei dem sich lediglich der Franchisegeber verpflichtet, in einem bestimmten Bereich keine weitere Franchise zu vergeben.

- ✔ Zusätzliche Unterstützungsleistungen im Zusammenhang mit der Betriebseröffnung.

- ✔ Zusätzliche Schulungsmaßnahmen für Sie oder Ihre Belegschaft.

- ✔ Die Höhe der Franchisegebühren oder die Zahlungsmodalitäten, insbesondere in solchen Fällen, in denen Sie zu den ersten Franchisenehmern gehören.

✔ Das Datum und bestimmte Fristen für die Betriebseröffnung.

✔ Die Laufzeit des Franchisevertrages. Dabei sollten Sie beachten, dass lange Vertragslaufzeiten einerseits Ihre Investition vor einer Kündigung des Vertrages durch den Franchisegeber schützen, andererseits aber dazu führen, dass Sie sich ebenfalls binden und später nicht mehr zu einer lukrativeren Geschäftsidee wechseln können.

✔ Der Vertragspartner auf Seiten des Franchisenehmers, für den Fall, dass Sie eine GmbH gründen wollen, die den Vertrag erfüllen soll.

✔ Die Möglichkeit zu einer Nebentätigkeit, wenn die Geschäftsidee überhaupt eine solche Nebentätigkeit erlaubt. Beachten Sie dabei, dass viele Franchiseverträge Nebentätigkeiten pauschal verbieten und dass dies zur Folge haben kann, dass die Sozialversicherungsträger Sie als *scheinselbständig* ansehen.

Vertragsänderungen dieser Art haben keinen oder wenig Einfluss auf die Gleichartigkeit der Franchisebetriebe nach außen. Falls der Franchisegeber wider Erwarten bereit ist, sogar über Vertragsbedingungen zu verhandeln, die Einfluss auf das äußere Erscheinungsbild Ihres Franchisebetriebes oder auf die Zusammensetzung der Waren und Dienstleistungen haben, sollten Sie misstrauisch sein. Welche Vertragsbedingungen haben dann andere Franchisenehmer ausgehandelt? Ein solcher Franchisegeber ist offensichtlich in solchen Schwierigkeiten, dass er nur auf Ihre Eintrittsgebühr aus ist. Sie sollten dann eher von einem Vertragsschluss Abstand nehmen.

Teil II

Die Neugründung: Wie Sie Ihr Franchiseunternehmen etablieren

In diesem Teil...

Damit Sie als Franchisenehmer erfolgreich sind, muss Ihr Franchisegeber Ihnen mit Schulungen und anderer Art von Unterstützung zur Seite stehen, damit Sie Ihr Unternehmen eröffnen, führen und wachsen lassen können.

In diesem Teil sehen wir uns die Schulungen an, die Franchisegeber ihren Franchisenehmern und deren Belegschaft anbieten, sowie die Unterstützung, die sie geben, um sicherzustellen, dass der gewählte Standort richtig ist. Weiter betrachten wir die unterschiedlichen Bezugsmöglichkeiten für den Kauf von Waren und Vorräten an, die Sie benötigen, um Ihr Unternehmen zu führen. Wir werden auch andere Dienstleistungen besprechen, die viele Franchisesysteme ihren Franchisenehmern gewähren.

Schulungen und andere Dienstleistungen

In diesem Kapitel

▶ Die richtigen Fragen über die Schulungen stellen, und zwar bevor Sie den Franchisevertrag unterzeichnen

▶ Gute Schulungen vor und nach der Franchiseeröffnung

▶ Alles über die anderen Dienste, die der Franchiseverkäufer versprochen hat

---

Franchising ist vor allem dann erfolgreich, wenn jeder Standort die gleichen Produkte oder Dienstleistungen anbietet, wann immer ein Kunde das Geschäft betritt. Der Kundschaft diesen Grad an Verlässlichkeit zu bieten, gehört zum Tagesgeschäft beim Franchising.

Doch ein erfolgreiches Unternehmen zu führen erfordert mehr als diese Einheitlichkeit. Sie müssen lernen, wie Sie ein Unternehmen führen. Gute Franchisegeber stellen sicher, dass Franchisenehmer bei der Eröffnung des Franchiseunternehmens wissen, wie man Mitarbeiter einstellt, schult, motiviert und führt. Gute Franchisegeber bringen Franchisenehmern bei, wie sie mit Geld umgehen und wie sie ihr Unternehmen vermarkten. Kurz gesagt, ein guter Franchisegeber teilt sein Erfolgsrezept.

Dieses Kapitel soll Ihnen dabei helfen, herauszufinden, ob ein Schulungsprogramm gut ist. Schließlich haben Sie sich die beste Chance zum Erfolg verdient. Nachdem Sie so hart daran gearbeitet haben, das richtige Franchiseunternehmen zu finden, wollen Sie nun lang- und auch kurzfristig den besten Gegenwert für Ihr Geld bekommen.

In diesem Kapitel wird auch darauf eingegangen, welche anderen Dienste Franchisegeber, bevor Sie Ihr Unternehmen eröffnen, in der hektischen Zeit der Neueröffnung und auch langfristig gesehen, liefern können.

Finden Sie, bevor Sie den Franchisevertrag unterzeichnen, alles über die Schulungen heraus!

Die Schulung ist eines unserer Lieblingsthemen, denn es ist einer der wichtigsten Aspekte einer gesunden und Gewinn bringenden Franchisebeziehung. Der Schlüssel zu einem gut laufenden Franchiseunternehmen ist Ausbildung, Ausbildung und noch mehr Ausbildung.

Es ist wichtig herauszustellen, dass Schulung nicht gleich Schulung ist. Manche Franchisegeber legen Wert auf eine umfassende Ausbildung am Anfang, damit der Franchisenehmer in den Grundlagen des Unternehmens firm ist. Andere Franchisegeber glauben nicht daran, dass sie dem Franchisenehmer am Anfang unter die Arme greifen sollten, stehen ihm aber in den folgenden

Jahren zur Seite. Es ist klar, dass eine Verbindung mit einem Franchisegeber, der Sie langfristig unterstützt, die bessere Wahl ist.

Modernes Franchising ist ein komplexes Geschäft, und Franchisenehmer müssen laufend auf den neuesten Stand gebracht und geschult werden, damit sie in ihrem Markt an der Spitze dabei sind.

Nachfolgende Fragen sollten Sie dem Franchiseverkäufer über das Schulungsprogramm stellen, das der Franchisegeber anbietet:

- ✔ Wo findet die Einführungsschulung statt, wie lange dauert sie, und wie hoch sind die zusätzlichen Kosten? Sind die Fahrtkosten und Spesen in der Franchisegebühr enthalten oder trägt der Franchisenehmer diese Ausgaben?
- ✔ Wer muss an Ihrem ersten Schulungsprogramm teilnehmen?
- ✔ Können Sie die Belegschaft mit zur Ausbildung bringen? Wie viel berechnet der Franchisegeber für die Teilnahme pro Mitarbeiter? Wenn die Mitarbeiter des Franchisenehmers nicht geschult werden, wer schult sie dann?
- ✔ Wie umfangreich ist der Ausbildungsplan? Wie viel Zeit der Schulung wird im Klassenzimmer verbracht? Welche Themen werden behandelt? Wie viel der Schulung ist praktischer Natur? Welche praktischen Bereiche werden abgedeckt? Lernen Sie auch die Betriebs-, Finanz-, Werbe- und Personalaspekte des Unternehmens kennen, oder beschränkt sich die Ausbildung darauf, wie das Produkt vermarktet wird oder die Dienstleistung zu erbringen ist? Wie beschreibt der Franchisegeber die angebotene Managementschulung?
- ✔ Wer führt die Ausbildung durch? Welchen Hintergrund haben die Ausbilder? Waren sie je an einem Standort beschäftigt? Wann? Wie lange waren sie im Geschäft? Welche Positionen hatten sie inne? Wie lange machen sie die Schulungen schon? Sind sie dazu ausgebildet solche Schulungen durchzuführen? Wo liegt ihre Verantwortung im Unternehmen, wenn sie keine Schulungen machen?
- ✔ Wie werden die neue Belegschaft und die neuen Manager geschult, wenn ein Wechsel stattfindet?
- ✔ Liefert der Franchisegeber außer dem Systemhandbuch noch andere Schulungsmaterialien für die neue Belegschaft?
- ✔ Wie oft führt der Franchisegeber neue Produkte und Dienstleistungen ein? Wenn die neuen Produkte und Dienstleistungen eingeführt werden, wie schult der Franchisegeber den Franchisenehmer, die Manager und die Belegschaft?
- ✔ Werden regelmäßig und laufend Seminare angesetzt? Was für zusätzliche Schulungseinheiten sind geplant, wer darf daran teilnehmen, was kosten sie, und wo führt der Franchisegeber diese Schulungen durch?
- ✔ Stehen in der Zeit vor der Eröffnung, bei der Eröffnung und am Anfang, wenn der Franchisenehmer das Unternehmen zu führen beginnt, Mitarbeiter aus der Systemzentrale zur tatkräftigen Unterstützung zur Verfügung? Welche Art Hilfe bietet der Franchisegeber an, wer leistet Unterstützung, über welchen Zeitraum, und was kostet sie?

7 ➤ Schulungen und andere Dienstleistungen

Man kann es richtig und falsch machen

Die Ausbildung unserer Leute sehen wir als unsere wichtigste Aufgaben an. Und zu lernen gibt es immer etwas. Wir schulen sogar im Tische wischen. Glauben Sie mir, man kann das richtig und falsch machen. Ich weiß auch, dass die Kunst des Lernens und des Unterrichtens ewig währt, und wir investieren einiges an Geld und Zeit, um sicherzugehen, dass unsere Franchisenehmer die besten Informationen erhalten, damit sie erfolgreich sind.

- ✔ Welche Punkte werden im Systemhandbuch behandelt? Dürfen Sie es einsehen, bevor Sie den Franchisevertrag unterzeichnen? Wann wurde das Systemhandbuch zuletzt aktualisiert? Wie oft wird es auf den neuesten Stand gebracht?
- ✔ Dürfen Sie an einer Schulungsstunde teilnehmen, bevor Sie den Franchisevertrag unterzeichnen?
- ✔ Wie tritt der Franchisegeber mit den Franchisenehmern in Kontakt? Wie kommunizieren die Franchisenehmer mit der Systemzentrale?
- ✔ Was passiert, wenn Sie in einem Notfall ein Problem oder eine Frage haben, vielleicht außerhalb der Geschäftszeiten oder am Wochenende?

Gute Schulungen bevor und nachdem Sie Ihr Franchiseunternehmen eröffnet haben

Ein guter Franchisegeber besteht darauf, dass Sie das Geschäft erlernen, und dass Sie auch weiter lernen, wenn das System sich ändert und die Marktbedingungen sich weiterentwickeln. Die meisten Franchisegeber unterrichten in ihren Büros, bei eingeführten Unternehmen oder am Standort des Franchisenehmers. Der Systemberater für Ihr Gebiet kümmert sich meist um die weitere Unterstützung. Er ist ein Verbindungsglied zwischen Ihnen und der Systemzentrale.

Eine gute Einführungsschulung

Seien Sie darauf gefasst, dass die Einführungen eine Menge Themen behandeln. Die ersten Schulungen sollen Sie und Ihre Belegschaft darin ausbilden, wie die Produkte oder Dienstleistungen des Franchisegebers herzustellen oder zu liefern sind, damit sie immer gleich sind. Aber zu einer guten Schulung gehört mehr, als zu lernen, wie das Produkt gemacht wird.

Franchisenehmer sollten Folgendes lernen:

- ✔ Standards und betriebswirtschaftliche Abläufe

- ✔ Lebensmittelhygiene (wenn es sich bei dem Franchiseunternehmen um ein Restaurant oder Lebensmittelgeschäft handelt)
- ✔ Technische Handhabung der Produkte oder Dienstleistungen (kein Franchiseunternehmen der Lebensmittelbranche)
- ✔ Führungskonzepte und Geschäftsführung
- ✔ Problemlösung
- ✔ Tipps, wie das Kundenerleben nachempfunden werden kann
- ✔ Markenpositionierung (wie laut Franchisegeber die Öffentlichkeit denken und fühlen soll, wenn sie den Markennamen hört)
- ✔ Handels- und Preisstrategien
- ✔ Marketing und Werbung
- ✔ Personalmanagement, einschließlich der Anwerbung, Supervision und Motivation
- ✔ Techniken zur Ausbildung der Belegschaft
- ✔ Sauberkeit und Instandhaltung
- ✔ Sicherheit
- ✔ Lieferantenbeziehungen, Einkauf, Empfang, Lagerhaltung und Lagerverwaltung
- ✔ Finanzverwaltung und die Entwicklung eines Unternehmenskonzepts
- ✔ MIS/POS-Systeme. Management Informationssystem (MIS) heißt das Computersystem, mit dem man die Geschäftsangelegenheiten bearbeitet (Buchhaltung, Löhne usw.), das Point-of-Sale-System (POS) wird verwendet, um die Verkaufsaktivität zu verarbeiten (Kassen, Preise und Lagerbestand).
- ✔ Interne und externe Kommunikation
- ✔ Standortwahl, Bau, Landschaftsgestaltung und Ladendesign

Eine gute Ausbildung vermittelt dem Franchisenehmer die Markenphilosophie des Franchisegebers, unterrichtet Franchisenehmer in allem, was sie wissen müssen, vom Öffnen des Geschäfts am Morgen bis zum Schließen am Abend, und gibt ihnen Zugang zu zusätzlicher oder Notfall-Unterstützung.

Die meisten Franchisesysteme beginnen mit der Schulung, nachdem Sie den Franchisevertrag unterzeichnet haben und die Anfangsgebühr entrichtet wurde. Viele schulen beispielsweise in folgenden Abschnitten:

- ✔ Einführung als Hilfe bei der Auswahl und der Entwicklung des Standorts
- ✔ Schulung des Franchisenehmers und seines Geschäftsführungspersonals
- ✔ Schulung der Anfangsbelegschaft

✔ Fortlaufende Schulungen, bei denen Ihre Belegschaft mit neuen Produkten und Dienstleistungen bekannt gemacht wird
✔ Schulung der Ersatzmitarbeiter, falls Mitarbeiter kündigen und das Unternehmen verlassen.

Wie viele Schulungen Sie zu erwarten haben, hängt von der Branche, der Komplexität des Unternehmens und vor allem vom Franchisegeber ab.

Wenn es in der Branche üblich ist, dass die Mitarbeiter häufig wechseln, und der Franchisegeber will, dass Sie die Belegschaft zu seinen Schulungen schicken, und Ihnen diese Schulungen dann berechnet, so bedeutet das zusätzliche Kosten. Es ist aber auch ein Anreiz, gute Angestellte anzuwerben und zu halten.

In manchen Systemen kann man nur einige Tage Schulung erwarten und oft verbringt man die Zeit damit, in einem Standort mitzuarbeiten. In anderen verbringt man Monate mit den Schulungen, sowohl im Klassenzimmer als auch an Ausbildungsstandorten, und der Franchisegeber gewährt zusätzlich fortlaufende Schulungen für Innovationen, neue Produkte und bei Personalwechsel. Die Länge und der Umfang Ihrer Ausbildung wird wohl in den Franchiseunterlagen oder im Franchisevertrag festgehalten. Sie müssen darauf vertrauen, dass die Ausbildung umfassend genug ist, damit Sie das Unternehmen führen können.

Sicherstellen, dass Sie fortlaufend effektive Schulungen erhalten

Wenn Ihr Franchiseunternehmen einmal eröffnet ist, sollten Sie erwarten können, dass die Systemberater des Franchisegebers bei Ihnen reinschauen und jede Menge Betriebs-, Marketing- und Organisationsunterstützung mitbringen. Wendy's ist beispielsweise ein großes Franchiseunternehmen, die Systemberatung wird in den USA von einem der fünf Gebietsbüros geleistet. Kleinere Franchiseunternehmen haben dafür die Belegschaft der Systemzentrale, die Ihnen mit Schulungen und fortlaufender Unterstützung zur Seite steht.

Ein Franchiseunternehmen in der heutigen wirtschaftlichen Lage zu führen bedeutet, dass Sie sich ganz schön strecken müssen. Das können Sie nicht allein leisten. Als Franchisenehmer sollten Sie erwarten können, dass der Franchisegeber Ihnen mit mehr als nur einer ersten Schulung zur Seite steht. Sie sollten ebenfalls Hilfe des Unternehmens erwarten, wenn Innovationen ins Spiel kommen, wie die Vorbereitung neuer Produkte oder der Einsatz neuer Maschinen. Einen guten Franchisegeber erkennt man daran, dass er neue Produkte anbietet, aktuelle Forschung betreibt, die Entwicklung neuer Produkte implementiert, die neueste Technik installiert, besseren Kundendienst einführt und das Franchiseunternehmen im Markt neu positioniert. Diese Dienste halten ein Unternehmen mehr als einen Schritt vor der Konkurrenz, wie es bei Wendy's mit dem Service Excellence Program der Fall war (siehe Kasten »Innovationen verwalten«).

Innovationen verwalten

Die größte Herausforderung für einen Franchisegeber ist der Umgang mit Innovationen.

Der großartige Kundendienst bei Wendy's ist in der Branche führend. Die Geschwindigkeit, Effizienz und Genauigkeit unserer Unternehmen ist branchenweit Spitze. 1998 wurden unsere Autoschalter vom Schnellrestaurant-Magazin QSR als Nummer eins der Branche in Schnelligkeit, Genauigkeit, Speisekarte und Deutlichkeit der Lautsprecher bewertet. Aber wir waren der Ansicht, dass es noch besser ginge.

Wir haben ein Programm mit dem Namen Service Excellence eingeführt, um das Erleben unserer Kunden noch weiter zu verbessern. Service Excellence entstand in unseren westlichen Gebieten, und wir wollen es über das gesamte Unternehmen verbreiten.

Service Excellence verfolgt den Service, den unsere Kunden erhalten. Bei Kunden, die am Autoschalter bedient werden, nimmt das Programm die Zeit, wann Sie auf der Speisekarte bestellen, am Fenster, wo sie bezahlen, und dann am Fenster, wo sie das Essen erhalten. Die Stoppuhren geben Aufschluss über die Leistung und das Timing in den einzelnen Kundenbereichen. Diese Studie liefert die Daten, die es unseren Managern ermöglichen, den Kundendienst und die Geschwindigkeit noch zu verbessern. Seit im Westen das Programm Service Excellence eingeführt wurde, haben sich die Servicezeiten an den Autoschaltern in vielen Restaurants um über 100 Prozent verbessert.

Das Programm Service Excellence beinhaltet mehr als das Verteilen von Stoppuhren an die Filialen. Das Programm lebt von umfangreichen Betriebsgrundsätzen und fortlaufendem Training, damit die Geschäftsleiter die analytischen Werkzeuge erhalten, um Ergebnisse zu bewerten, sowie die Fähigkeit erlangen, die Restaurantangestellten zu schulen, gute Ergebnisse zu belohnen und die Moral zu stärken.

Wenn Franchisenehmer die Geschwindigkeit erhöhen, mit der die Gäste bedient werden, und gleichzeitig die Genauigkeit der Bestellungen und die Qualität der Produkte gewährt bleibt, sind sie in der Lage, Ihren Kunden mehr zu bieten. Bessere Bedienung ist ein Weg, Kunden zum Wiederkommen zu bewegen. Wenn die Effizienz der Arbeitskräfte gesteigert wird, verringern Sie die Anzahl der für die aktuellen und für wachsende Kundenzahlen benötigten Angestellten. Es ist keine Überraschung, dass viel Ärger mit Kunden einfach wegfällt, wenn das Personal effizient arbeitet. Gibt es keinen Ärger mit den Kunden, ist das Personal glücklich, und es gibt weniger Kündigungen.

Die Ausbildung Ihrer Angestellten

Mal ehrlich. Sie können der bestgeschulte Franchisenehmer im System sein, aber wenn Ihre Vollzeit- und Teilzeitkräfte nicht wissen, wie sie das Produkt anbieten, den Einkauf anrufen, das Geschäft sauber halten und ein positives Einkaufserlebnis vermitteln sollen, werden Sie nicht glücklich und haben nur wenig Kunden.

Eine Frage, die Sie sich also stellen sollten, lautet: Wer bildet die Angestellten aus? Sie werden hierauf sehr viele unterschiedliche Antworten erhalten. Manche Franchisegeber geben die Verantwortung an den Franchisenehmer weiter, andere übernehmen die erste Schulung und erwarten, dass der Franchisenehmer im Tagesgeschäft nachhakt.

Wie schulen Sie Ihre Angestellten am besten? Auf diese Frage gibt es nicht nur eine richtige Antwort. Manche Franchisesysteme funktionieren am besten, wenn die Franchisenehmer sich um die Ausbildung kümmern. Wenn Sie solch ein Franchiseunternehmen kaufen, sollten Sie sichergehen, dass der Franchisegeber Ihnen beibringt, wie man Angestellte schult. Dieser Rat hört sich vielleicht komisch an, aber Sie sollten darüber nachdenken. Wie können Sie Ihren Angestellten etwas beibringen, wenn Sie noch nie unterrichtet haben?

Jemandem etwas beizubringen ist schwierig und vielleicht sogar eine Kunst. Es reicht nicht, einfach zu sagen: »Hier, schau doch mal, wie ich es mache«. Daher ist es von Bedeutung, dass Franchisenehmer, von denen die Schulung ihrer Mitarbeiter erwartet wird, »Schulungsleiterschulung« erhalten. Mit einer solchen Ausbildung lernen sie, was notwendig ist. Gute Franchisegeber unterrichten Franchisenehmer auch darin, wie sie sich ihre Arbeit erleichtern können.

Manche Franchisegeber verwenden das Internet, um ihre Franchisenehmer via Fernunterricht auszubilden. Dank dieser Schulungstechnik können Franchisenehmer und ihre Belegschaft auf die Schulungsprogramme des Franchisegebers online zugreifen, wenn sie Zeit übrig haben. Der Franchisegeber hat damit die Möglichkeit, zu sehen, wer geschult wurde und wie gut Franchisenehmer und deren Mitarbeiter bei den eingebauten Tests abschneiden.

Franchisegeber wie Wendy's beliefern ihre Franchisenehmer mit Mengen an Schulungsmaterial, einschließlich Schulungsleiterausbildung, Videos, Arbeitsbüchern und Zertifizierungsprogrammen. Bevor ein Angestellter eine Aufgabe ausführt, wird die Person entsprechend der Standards des Franchisegebers geschult und zertifiziert.

Finden Sie heraus, ob es allein Ihre Verantwortung ist, wenn ein Angestellter eine zusätzliche Schulung benötigt. Ein gutes Systemberatungsteam kann bei erneuten Schulungen und Auffrischungskursen helfen, prüfen Sie diese Option.

Letztendlich ist es egal, wie viel Unterstützung Sie von der Systemzentrale des Franchisegebers oder dem Systemberatungsteam erhalten, im Alltag kümmern Sie sich voll und ganz um Ihre Belegschaft. Ihre Angestellten sind Ihr Aushängeschild, sie geben den Kunden den ersten Eindruck von Ihrem Unternehmen. Und erste Eindrücke sind bleibende Eindrücke. Ihre Angestellten benötigen also ständige Aufmerksamkeit von Ihnen, sie sind eine wichtige Zutat im Erfolgsrezept des Franchising.

Die Bewertung der anderen Dienste: Welche Art der Unterstützung bietet die Systemzentrale?

Jeder Franchisegeber ist anders, und die Dienste, die Franchisegeber ihren Franchisenehmern anbieten, variieren ebenfalls in hohem Ausmaß. Das hängt von der Unternehmensphilosophie, der Reife und den Lizenzgebühren ab.

Der Franchisevertrag definiert die vom Franchisegeber angebotenen Dienste. Sie lassen sich unterteilen in solche, die der Franchisegeber vor der Eröffnung anbietet, wie die Einführungsschulung, und solche, die sich über die Lebensdauer des Franchiseunternehmens erstrecken, wie die Unterstützung durch die Systemberater.

 Wenn der Franchiseverkäufer ein Versprechen gibt, auf das Sie sich verlassen, achten Sie darauf, dass es im Franchisevertrag enthalten ist. Einzelheiten zum Franchisevertrag finden Sie in Kapitel 6.

Die folgenden Abschnitte erwähnen einige der Dienste, die Sie zusätzlich zu den Schulungen erwarten können.

Dienstleistungen vor Eröffnung Ihres Franchiseunternehmens

Bevor Sie überhaupt die Türen Ihres Unternehmens öffnen, kann der Franchisegeber Ihnen helfen, indem er folgende Dienstleistungen und Informationen anbietet:

- ✔ Kriterien für die Auswahl des Standorts, Hilfe bei der Wahl, Modelle, Bauhilfen, Innen- und Außenausstattung und Entwürfe, Armaturen, Ausrüstung und Schilderspezifikationen
- ✔ Systemhandbuch
- ✔ Planungsdiagramme, die Ihnen Anweisungen dazu geben, wie und wo Sie die Waren ausstellen. Planungsdiagramme geben auch Informationen über Werbetafeln, saisonale Werbung und sogar über die Waren, die am Ende einer Reihe aufgebaut werden
- ✔ Information über eine große Neueröffnungskampagne und ein Werbeprogramm
- ✔ Hilfe bei der Koordination der Ladeneröffnungsaktivitäten

Dienstleistungen nach der Eröffnung des Unternehmens

Sie dürfen vom Franchisegeber erwarten, dass er manche Dienstleistungen fortlaufend anbietet, über die Lebensdauer Ihres Franchiseunternehmens hinweg. Hier ein paar Beispiele:

- ✔ Aktualisierung des Systemhandbuchs
- ✔ Nationale, regionale und lokale Werbeprogramme und -materialien

7 ➤ Schulungen und andere Dienstleistungen

✔ Forschung und Entwicklung neuer Produkte sowie Service- und Systemverbesserungen

✔ Ein Franchisenehmerbeirat und andere Kommunikationsmethoden

✔ Systemberatung

✔ Fortlaufende Aus- und Weiterbildung auch für Ersatzpersonal

✔ Einkaufsgruppen für Lagerbestand, Vorräte, Versicherungen, Ausstattung und so weiter

✔ Durchsetzung der Systemstandards und Warenzeichenschutz

Ihr Franchisegeber sollte Systeme bereithalten, um Daten über Lagerbestand, Personal und Finanzberichte sofort mitzuteilen, wie Point-of-Sale-Systeme (POS) und Management Informationssysteme (MIS). Schauen Sie nach einem monatlich erscheinenden Mitteilungsblatt und/oder einem Intranet (entspricht der Internet Newsgroup, gehört aber zum Franchisesystem) zur Mitteilung von Unternehmensnachrichten, Brancheninformationen sowie Daten des lokalen Marktes. Manche Franchisegeber telefonieren persönlich mit Ihnen.

Auch wenn der Franchisegeber Ihnen bestimmte Dienste für Ihr Unternehmen anbietet, sollten Sie daran denken, dass der Zweck solcher Unterstützung vor allem darin liegt, den Wert des Warenzeichens Ihres Franchisegebers und zugehöriger Markenzeichen zu schützen. Es ist also wichtig, dass Sie mit dem Franchisegeber und seinem Personal zusammenarbeiten, um in den Genuss der angebotenen Dienste zu gelangen. Von dieser Unterstützung profitieren beide Seiten.

Der Hilferuf

Angenommen, Sie erwerben ein tolles Franchiseunternehmen an einem guten Standort, und Ihre Kunden sind von Ihnen begeistert. Sie haben als neuer Franchisenehmer alle Schulungen mitgemacht, die der Franchisegeber angeboten hat, und haben mit Bravour bestanden. Sie haben ein gutes Team, dass Sie ausgebildet haben, und Ihr Monatsumsatz sieht gut aus. Die Zukunft scheint gesichert.

Dann taucht ein Problem auf, und Sie benötigen die Hilfe Ihres Franchisegebers.

An diesem Punkt finden Sie heraus, dass die versprochene Hilfe von der Systemzentrale in der Zukunft nur Teil des Verkaufsgespräches waren. Eventuell stehen Sie ganz allein in einer schwierigen Geschäftssituation da. Es ist zu spät, den Franchisevertrag zu erweitern, um den Franchisegeber zu einer Antwort zu zwingen. Nehmen wir beispielsweise an, dass ein wichtiges Mitglied aus Ihrer Führungsriege fristlos kündigt. Als Sie das Franchiseunternehmen kauften, hat man Ihnen von einem großartigen Programm berichtet, wodurch der Franchisegeber für zeitweiligen Ersatz sorgt, wenn dieser Fall eintritt. Wenn Sie nun dieses Programm brauchen, finden Sie heraus, dass es lediglich ein Testlauf war, und der Franchisegeber diesen Dienst nicht mehr anbietet. Wenn darüber nichts im Vertrag steht, ist der Franchisegeber nicht dazu verpflichtet, diesen Dienst zu erbringen. Sie müssen also vor Kauf des Franchiseunternehmens herausfinden, ob Sie sich in guten und in schlechten Zeiten auf den Franchisegeber verlassen können. Wenn in einem guten Franchisesystem das Unerwartete eintritt, ist der Franchisegeber zwar rechtlich nicht zur Hilfeleistung verpflichtet, aber er wird trotzdem einspringen. Wäre es für den Franchisenehmer aus unserem Beispiel nicht prima, wenn er herausfindet, dass zwar das Programm gestrichen wurde, aber der Franchisegeber ihm trotzdem hilft? Das ist einer der Gründe, warum wir Sie immer wieder daran erinnern, bei den anderen Franchisenehmern nachzufragen, bevor Sie ein Franchiseunternehmen kaufen. Vergewissern Sie sich, dass der Franchisegeber ans Telefon geht, wenn Sie Hilfe brauchen, und Ihnen hilft raue Zeiten zu überstehen.

Was ist der Unterschied zwischen einem Systemberater und einem General Manager?

Gibt es einen Unterschied zwischen einem Systemberater und einem General Manager? Und ob!

Der General Manager ist in den meisten Fällen ein Angestellter des Franchisenehmers, der mehrere Standorte betreibt. Manchmal ist es der Franchisenehmer selbst. Ein Systemberater ist ein Angestellter des Franchisegebers und ist in den meisten Systemen Ihre erste Anlaufstelle. Wenn Franchisenehmer ein Franchiseunternehmen kaufen, kaufen Sie das Recht, ein Unternehmen im System des Franchisegebers zu betreiben. Das System liefert Ihnen die Werkzeuge, um nach den Standards des Franchisegebers zu arbeiten, Schulungen, damit Sie wissen wie, sowie fortlaufende Unterstützung.

Systemberater, Außendienstmitarbeiter und Bereichsleiter (wie auch immer der Franchisegeber seine Systemberater nennt) stehen bei der laufenden Unterstützung des Franchisenehmers an erster Stelle. Sie besuchen Franchisenehmer und rufen diese an, um ihnen mit Rat zur Betriebsführung, zum Handel und zu Werbeaktionen zur Seite zu stehen. Sie bewerten auch, wie gut ein Franchisenehmer die Produkte und Dienstleistungen an den Kunden bringt. Damit wird sichergestellt, dass Franchisenehmer mit den Systemstandards im Einklang sind. In Betrieben, die mit Lebensmitteln zu tun haben, helfen die Systemberater dabei, die Lebensmittelhygiene zu beurteilen. Wenn sichergestellt wird, dass die Standards eingehalten werden, dient das jedem Unternehmen.

Solange jedoch ein Franchisenehmer die Systemstandards befolgt, sind der Franchisenehmer und der General Manager des Franchisenehmers für die Entscheidungen verantwortlich und nicht der Systemberater.

Der General Manager ist der Entscheider. Diese Person ist für den Einkauf, die Zufriedenheit der Kunden, Personalangelegenheiten, Management, Finanzen, Einhaltung der Gesetze, Sicherheit und so weiter zuständig.

Beachten Sie, dass der General Manager ein Angestellter des Franchisenehmers ist, aber die Systemberater dem Franchisegeber Bericht erstatten. Daher sollten Franchisenehmer nicht erwarten, dass Systemberater ihr Unternehmen managen. Das ist die Rolle des Franchisenehmers und seiner Manager. Systemberater sind dazu da, die Einheitlichkeit sicherzustellen und zu beraten, ähnlich wie ein Unternehmensberater oder ein Anwalt.

Die Wahl der besten Standorte

In diesem Kapitel

▶ Die Kriterien für einen guten Standort erkennen

▶ Den idealen Standort finden (mit Hilfe Ihres Franchisegebers)

▶ Den Mietvertrag verstehen

▶ Den Standort errichten: Ein Bauunternehmen beauftragen und den Bau überwachen

---

Es ist wichtig, einen guten Standort zu haben, doch einen guten oder sogar einen großartigen Standort zu haben, kann einen schlechten Betreiber nicht wettmachen. Vor die Wahl gestellt zwischen dem guten, altmodischen Singsang »Standort, Standort, Standort« und einem gleichermaßen eindimensionalen Singsang von »Betrieb, Betrieb, Betrieb«, geben wir keinem den Vorrang – sind jedoch letzterem eher zugeneigt.

Hochgradig sichtbare Standorte – immer die beste Wahl?

Für einige Geschäfte ist es nicht nur unwichtig, den besten Platz der Stadt zu haben – leicht sichtbar und mit einer unglaublich günstigen Erreichbarkeit für Kunden – und dies in einem starken, eingeführten Zentrum. Es kann auch den Weg ins schnelle Desaster bedeuten. Teppichreinigungen, Hausmeisterdienstleistungen, Gebäudereparatur, Dienstleistungen, Direktversandunternehmen, Rasenpflegeunternehmen, Schädlingsbekämpfungsfirmen, Umzugsfirmen, Werkzeugverleihunternehmen und Hausbesichtigungs-Dienstleistungsunternehmen wie andere Dienstleistungsunternehmen benötigen üblicherweise keine hochgradig sichtbaren Verkaufsräume und können sich diese auch nicht leisten. Ihre Bedürfnisse bestehen mehr in gut aussehenden Lieferwagen, Lieferantenzugängen, Zugang zu Versandeinrichtungen, Autobahnnähe, Lagerkapazitäten und einem guten Telefonservice, als in Geschäftslagen, wo Kunden einkaufen. Schließlich suchen die meisten dieser Dienstleister ihre Kunden auf, die Kunden kommen nicht zu ihnen.

Bei der Betrachtung dieser Kriterien für Geschäftsstandorte müssen Sie zunächst die Kriterien aufstellen, die für Ihre Art von Geschäft maßgeblich sind. Doch unabhängig davon, ob der Standort wichtig ist, die Betriebsführung ist eine notwendige Zutat für Erfolg.

Herausfinden, was einen guten Standort ausmacht

Einmal ganz im Ernst: Einen guten Standort für ein Geschäft oder ein Restaurant zu finden, ist heutzutage nicht immer leicht. Viele der besten Plätze sind bereits besetzt, und der Wettbewerb um die verfügbaren Immobilien ist rege. Vor dem Hintergrund sich schnell verändernder Kundenströme hat es große Bedeutung, dass Sie Ihr Geschäft am richtigen Standort eröffnen, denn wenn Ihre Geschäftsführung und Ihr Standort großartig sind, schlagen Sie zwei Fliegen mit einer Klappe.

Dieser Abschnitt kann Ihnen dabei behilflich sein, einen guten Standort zu erkennen.

Der Standort

Ich weiß nicht, ob es wirklich richtig schlechte Standorte gibt. Doch ich kann Ihnen sagen, dass es einige wirklich schlechte Betriebe gibt, die Sie in gute umwandeln können. Wenn Menschen in der Nähe Ihres Betriebs leben oder arbeiten oder daran vorbeifahren, sie Ihren Laden betreten und wieder verlassen können, können Sie ihn zu einem guten Betrieb entwickeln. Wenn Sie einen guten Betrieb haben und diesen in den Sand setzen, dann haben Sie letztendlich einen schlechten Betrieb. Sie können nicht wirklich den Standort in dem Maße für Ihre Probleme verantwortlich machen, wie dies für den Betrieb gilt. Mit anderen Worten: Sie können eine schlechte Betriebsführung verändern; es ist jedoch schwierig, einen schlechten Standort zu verändern.

Wie Sie sich allgemeine Informationen über die Standortwahl verschaffen können

Sie denken möglicherweise, dass die beste Lage, um ein Geschäft zu eröffnen, dort ist, wo sich im Augenblick die Massen aufhalten – beispielsweise in einem Einkaufszentrum oder neben einer viel befahrenen Straße. Vielleicht haben Sie Recht – noch. Doch Sie wissen vielleicht noch nichts von der Planung für ein weiteres Einkaufszentrum ein Stück weiter die Straße entlang oder für eine Umgehungsstraße, die Ihre Kunden eine andere Strecke fahren lässt und weg von Ihrem Franchiseunternehmen führt.

Es gibt keine allgemein gültige Definition für einen guten Standort, da verschiedene Geschäfte verschiedene Arten von Standorten benötigen. Einige Verallgemeinerungen lassen sich jedoch halten. Wenn Sie in ein Franchiseunternehmen im Einzelhandel investieren, konzentrieren Sie sich bei Ihrer Suche auf einen Standort, der die Aufmerksamkeit von Kunden auf sich zieht. Liegt er an einer von Pendlern bevorzugten Strecke, nahe einer Veranstaltungshalle oder in einem Bürokomplex, so können Kunden Ihr Geschäft sehen und kaufen eher Ihre Produkte und Dienstleistungen.

Einige der goldenen Möglichkeiten von heute ist das, was man als *die entstehenden Märkte* bezeichnen kann – die Innenstädte und Stadtzentren. Viele dieser städtischen Gebiete sind im Bereich von Markenartikeln und Dienstleistungen noch unterentwickelt. Der potenzielle Gewinn für Franchisenehmer, die die lokale Nachfrage befriedigen, ist enorm groß. Hinzu kommt, dass einige Franchiseunternehmen in Innenstadtlage möglicherweise die Berechtigung für Steuergutschriften auf Ausstattung und Angestelltengehälter haben.

Vielleicht haben Sie Glück und bekommen einen Standort, indem Sie einfach durch die Stadt fahren und Ausschau nach »Zu verkaufen« oder »Zu Vermieten«-Schildern halten. Oder Sie entschließen sich dazu, einen Immobilienmakler einzuschalten. Eine weitere Quelle sind die Ausstellungen, in denen die Entwickler von Geschäftszentren ihre Konstruktionspläne zeigen. Nehmen Sie in den Vereinigten Staaten Kontakt zum International Council of Shopping Centers über seine Webseite unter www.icsc.org auf. In Deutschland sollten Sie sich an die Industrie- und Handelskammer vor Ort und unter Umständen auch an die Stadtverwaltung wenden.

Die entstehenden Märkte

Die entstehenden Märkte der Vereinigten Staaten stellen nur eines der wirtschaftlichen Juwele für Geschäfte von heute dar, besonders für Franchisesysteme. Die Möglichkeiten, lokale Nachfrage zu befriedigen, sind umwerfend. Wenn ein Franchisegeber Standorte in einem entstehenden innerstädtischen Markt eröffnet, schaffen Franchisenehmer Arbeitsplätze, schulen junge Menschen für die Arbeit, schaffen Möglichkeiten zum beruflichen Fortkommen und – vielleicht das Beste von allem – schaffen Gelegenheiten für Wohlstand vor Ort.

Den Standort anhand bestimmter Daten bewerten

Einen Standort für Ihr Franchiseunternehmen zu untersuchen, hat viel von einer wissenschaftlichen Methode an sich. Einmal angenommen, Sie vermuten, dass ein bestimmter Standort ein guter sein könnte. Sie brauchen Fakten, um Ihre Annahme zu untermauern, bevor Sie Entscheidungen treffen können. Hier sind einige Faktoren, die Sie unter dem Mikroskop betrachten sollten.

Die meisten bevölkerungsstatistischen Studien präsentieren Informationen, die entweder auf Zensusergebnissen oder auf einem Radius, der in Meilen von einem Mittelpunkt aus gemessen wird, basieren. Für Franchisenehmer ist die Größe des gemessenen Betriebs wichtig. Es nutzt Ihnen nichts, fünf Kilometer nach außen zu messen, wenn Ihre Kunden sich hauptsächlich in Fußentfernung Ihres Standorts befinden. Der Franchisenehmer gibt Ihnen normalerweise Unterstützung bei der Bestimmung der Größe Ihres Absatzgebiets. Das *Absatzgebiet* eines Standorts ist der Bereich, aus dem es den Hauptteil seiner Kunden bezieht.

Ich habe immer versucht, die Suche nach Immobilien für Wendy's einfach zu gestalten – wir schauen, wo Menschen arbeiten, leben oder spielen.

Hier sind einige Faktoren, die Sie beachten sollten:

✔ **Bevölkerungsdichte:** Wie viele Menschen gibt es im Absatzgebiet des Standorts? Welches Alter haben sie, welches Einkommen, welchen ethnischen Hintergrund, wie groß sind die Familien und welchen Familienstand haben die Bewohner? Wie groß ist das vorhergesagte kurzfristige und langfristige Wachstum in diesem Gebiet? Leben die Menschen in Häusern, oder mieten Sie Wohnungen? Kaufen die Menschen in dieser Gegend genug von Ihrem speziellen Produkt oder der von Ihnen angebotenen Dienstleistung, um Ihr Unternehmen tragfähig zu machen? Werden neue Wohn- oder Geschäftsgebäude in der Nähe gebaut?

Bevölkerungsstatistische Berichte erhalten Sie bei entsprechenden Länder- oder Bundesämtern. Viele Franchisegeber sind Abonnenten bei demographischen Gesellschaften und können Ihnen entsprechende Berichte möglicherweise zur Verfügung stellen.

✔ **Publikumsmagnete:** Befindet sich der Standort in großer Nähe zu Aktivitätszentren wie beispielsweise Einkaufszentren, Bürokomplexen, Fabriken, Regierungsbehörden, Schulen, Krankenhäusern und Wohnungsbauprojekten, die Kunden anziehen? Befindet sich der Standort in der Nähe einer Touristenattraktion oder eines Veranstaltungsorts?

Wenn Sie zum Einzelhandel gehören, möchten Sie sich in einem Zentrum befinden, das Kunden zu Ihrem Standort bringt. Wenn Sie große Kundenströme suchen (wir nennen das Frequenz), sollten Sie sich in der Nähe des nächsten Supermarkt oder eines Möbelgeschäfts befinden? Menschen kaufen mehrmals pro Woche Lebensmittel ein; ihre Matratzen ersetzen sie einmal in zehn Jahren.

Wer befindet sich auf Ihrer linken, ihrer rechten Seite und wer hinter ihnen? Können Sie Ihr Konzept durch deren Geschäftstätigkeit nähren? Können Sie mit anderen Pächtern übergreifende Werbeaktivitäten starten? (*Cross-Promotion* ist eine Marketingstrategie, bei der zwei oder mehr Geschäfte mit ähnlicher Zielgruppe zusammen an einer Werbekampagne arbeiten. Lesen Sie Genaueres zu diesem Thema in Kapitel 11 nach).

Ist der Standort ein professionelles Bürogebäude in der Innenstadt, das es Ihnen ermöglicht, Menschen auf ihrem Weg zur und von der Arbeit anzuziehen? Wenn Ihr Konzept jedoch auf eine Abendkundschaft abzielt und die Innenstadt nachts tot ist, sind Bürogebäude möglicherweise nicht für Sie geeignet. Doch wenn die meisten Inhaber kleiner Geschäfte sind, und Sie sind ein Mail Boxes Etc., könnte dies ein perfekter Standort sein.

Wer sind in einem Einkaufszentrum oder einer Fußgängerzone die Absatzmagneten? Absatzmagneten sind solche Einzelhandelsgeschäfte und größeren Warenhäuser, die Menschen in die Zentren locken. Wenn es sich um ein neues Einkaufszentrum handelt und Sie vorhaben, von den Kunden der Absatzmagneten zu leben, wollen Sie Ihr Geschäft wohl nicht vor den Hauptmietern, die die Kundenströme erzeugen, eröffnen. Bei einem bestehenden Standort muss man fragen, ob die vorhandenen Pächter wirtschaftlich gut dastehen.

Die Bestimmung der wirtschaftlichen Gesundheit der anderen Mieter ist wichtig. Der einfachste Weg, etwas darüber herauszufinden, ist sie zu fragen. Sprechen Sie mit den bereits vorhandenen Geschäftsleuten und schauen Sie, wie das Geschäft läuft, wer ihre Kunden sind und wo die Leute einkaufen. Schauen Sie sich ihre Ladenlokale an – sowohl von innen als auch von außen.

Sehen die Einrichtungen gebraucht und alt aus? Sind sie renovierungs- und erneuerungsbedürftig? Wenn die Antwort Ja lautet, sind dies Anzeichen dafür, dass das Einkaufszentrum keinen guten wirtschaftlichen Stand hat. Sie können auch mit der Handelskammer und ortsansässigen Banken sprechen. Sie wissen gewöhnlich, was sich in ihrer Nachbarschaft so tut.

✔ **Verkehrszählung und Erreichbarkeit:** Wie viele Autos fahren an Ihrem Standort vorbei oder wie viele Menschen gehen zu Fuß daran vorbei? Beide Arten von Verkehr sind wünschenswert. Doch wenn die Autos mit Tempo 70 vorbeifahren und bei Ihrem Ladenlokal nicht anhalten können, ist die Verkehrszählung nicht wirklich wichtig. Ist der Verkehr zu Ihren Öffnungszeiten am stärksten oder geht er an den Wochenenden deutlich zurück, wenn bei Ihnen eigentlich am meisten los sein sollte?

Können Ihre Kunden sicher auf den Parkplatz Ihres Standorts und wieder hinuntergelangen? Ist er günstig zu Autobahnen und öffentlichen Verkehrsmitteln gelegen? Wird die Erreichbarkeit durch Einschränkungen wie »Linksabbiegeverbot« oder »Einbahnstraße« behindert? Wo ist die Ampel für den Zugang zu Ihrem Standort? Kann die Zielkundschaft Ihr Geschäft mit einem vertretbaren Zeitaufwand in Stoßzeiten und zu anderen Zeiten erreichen? Müssen Fußgänger eine Straße überqueren? Gibt es Straßenbauvorhaben? Gibt es irgendwelche Hindernisse, die Kunden an Ihnen vorbei fahren oder -gehen lassen? Ist der Standort auf der richtigen Straßenseite, um Ihr Geschäft zu unterstützen? Wenn Sie beispielsweise Donuts verkaufen, ist es für Sie erstrebenswert auf der Seite der Straße zu liegen, wo der Verkehr morgens am dichtesten ist. Wenn Ihre Kundschaft jedoch auf dem Rückweg von der Arbeit kommt, um vielleicht ihr Abendessen zu kaufen oder etwas von der Reinigung abzuholen, wäre vielleicht die Seite der Straße, auf der sie heimfahren besser.

✔ **Wettbewerb:** Wo befinden sich Ihre Wettbewerber? Gibt es Pläne für mehr Wettbewerber auf dem Reißbrett? Einige Vermieter versuchen die Anzahl direkter Wettbewerber im selben Einkaufszentrum zu beschränken. Andere kümmern sich nicht um die Zusammensetzung der Mieter in ihren Zentren, wollen aber jeden Franchisegeber, der in ihrem Zentrum ein Geschäft betreibt, daran hindern, fünf oder mehr Kilometer entfernt zu eröffnen. Viele Konzepte profitieren davon, Tür an Tür mit ähnlichen Unternehmen zu sein – ist Ihnen schon einmal aufgefallen, wie viele Schnellrestaurants sich auf einem Haufen befinden? Druckereien, die auf Laufkundschaft angewiesen sein können, sind dagegen gerne die einzigen in der Nachbarschaft.

✔ **Sättigung:** In Anbetracht des Wettbewerbs – sowohl von etablierten als auch geplanten Geschäften – braucht die Gegend noch Ihr Produkt oder Ihre Dienstleistung?

✔ **Sicherheit:** Ist der Standort sicher? Wer sorgt für die Sicherheit im Zentrum?

✔ **Potenzielle Angestellte:** Haben Sie einen Pool potenzieller Angestellter, um die Belegschaft Ihres Franchiseunternehmens zu sichern? Liegt das Franchise beispielsweise in der Nähe einer Schule, falls Sie Teilzeitangestellte brauchen? Wenn die einzigen Jobs, die Sie anbieten können, Anfangsstellungen sind und es keine Jugendlichen in der Nachbarschaft gibt, die nicht bereits einen Porsche fahren, sind Arbeitskräfte vielleicht knapp. Wenn jeder sich um eine begrenzte Anzahl von Angestellten bemüht, gehen die Gehälter enorm in die Höhe.

✔ **Größe:** Ist die Immobilie für Ihre Bedürfnisse geeignet? Ist sie richtig unterteilt? Können Sie die richtige Gebäudegröße bekommen? Hat die Immobilie genügend Parkplätze?

✔ **Erscheinungsbild und Mieterzusammensetzung:** Wenn es sich um einen bestehenden Standort handelt, in welchem Zustand befindet er sich? Ist der Parkplatz gepflastert und mit Markierungen versehen? Gibt es eine ansprechende Außenbepflanzung? (Achten Sie auf eventuell vorhandene große Bäume, die möglicherweise die Einsehbarkeit von der Straße beeinträchtigen). Ist er nachts gut ausgeleuchtet? Befindet er sich in einem sicheren Gebiet? Wer sind die anderen Mieter? Erhöhen Sie den Standard Ihres Geschäfts? Sind Ihre Firmenschilder ansprechend? Gibt es eine Menge leerstehender Ladenlokale – wie sieht es mit den Unternehmen im Zentrum aus, ist der Umsatz hoch?

Wenn das Zentrum einen Standort bietet, der Ihnen Anforderungen an den Standort genügt, ist es einfach, diesen den Franchisestandards entsprechend umzugestalten? Wenn dies möglich ist, so haben Sie vielleicht einen Vorteil, denn notwendige Dinge wie Sanitäreinrichtungen, Regenrinnen und elektrischer Strom sind dann bereits vorhanden.

Bei neuen Zentren gelten für Sie dieselben Bedenken. Welchen Ruf hat der Inhaber wenn es darum geht, das Zentrum attraktiv zu erhalten? Haben andere Objekte des Vermieters eher Mieter mit hochklassigen Markenartikeln oder geht es mit ihren Zentren rapide bergab, bis die einzigen noch vorhandenen Geschäfte die Altkleidersammlung der örtlichen Wohltätigkeitsorganisation und die Verkaufsniederlassung von Motorfahrzeugen sind?

✔ **Sichtbarkeit:** Wenn der Standort ein Einzelhandelsgeschäft ist, können potenzielle Kunden es deutlich von allen Hauptverkehrs- und Zufahrtsstraßen sehen? Wenn Autofahrer Ihren Standort erst sehen können, wenn Sie die Einfahrt zu Ihrem Zentrum passiert haben, wird es schwer sein, einen Kundenstamm aufzubauen. Sind die Außenbepflanzung und Bäume ansprechend, aber so groß, dass sie Ihre Leuchtreklame verdecken? Die meisten Vermieter sind nicht gut auf Mieter zu sprechen, die nachts Holzfäller spielen. Fahren Sie aus allen Richtungen einmal an dem Standort vorbei und zählen sie die Sekunden die er sichtbar ist. Je länger Sie die Geschäftsreklame sehen können, umso besser.

✔ **Beschilderung:** Kunden können leichter sehen, dass Sie in einem Einkaufszentrum vertreten sind, wenn Sie die Zeichen, Logos und Farben verwenden können, die man mit Ihrer Marke identifiziert. Es gibt jedoch Vermieter, die Werbeschilder möglichst ähnlich gestaltet haben möchten – dieselbe Größe, Farbe, Buchstaben. Es ist daher wichtig, dass Sie herausfinden, ob der Vermieter oder die Planungsstelle der Stadt irgendwelche Auflagen für Reklameschilder machen. Diese Frage ist deshalb wichtig, weil Sie von der Markenerkennung durch Kunden des Franchisegebers profitieren wollen. Franchisenehmer müssen herausfinden, ob ihre Firmenzeichen am Standort willkommen sind. Stellen Sie sicher, dass Ihnen gestattet wird, dass Sie die von Ihnen gewünschten beleuchteten Schilder oder Schilder an Masten vor Ihrem Standort auch verwenden dürfen.

✔ **Zoneneinteilung:** Ist der Standort in für Ihre Art von Geschäft angemessene Zonen eingeteilt? Brauchen Sie die Planungsbehörde der Stadt, um in Ihrem Fall eine Ausnahmegenehmigung (oder Änderung) zu erlangen? Sind Veränderungen in Planung, die Sie betreffen könnten oder den Charakter der Nachbarschaft verändern würden?

8 ➤ Die Wahl der besten Standorte

✔ **Andere Beschränkungen:** Beschränken Vorgaben, Auflagen oder Vorschriften für das Gebiet die Farbgebung von Gebäuden, Parkplätzen, Firmenschildern oder Bebauungshöhen? Ist der Verkauf oder Konsum von Alkohol limitiert? Reguliert die Gemeinde die Art von Ausstattung, die Sie verwenden, oder von Gütern, die Sie verkaufen können? So bedeutet es unweigerlich Schwierigkeiten für ein Restaurant, dessen Konzept auf die Zubereitung von Speisen am offenen Feuer angewiesen ist, wenn es in einer Gemeinde eröffnet, in der das Verbrennen von Holz reglementiert ist. Sprechen Sie mit dem Bauamt und mit Ihrem Immobilienmakler – Sie sollten in der Lage sein, Ihnen bei der Abklärung dieser Fakten zu helfen. Stellen Sie ebenfalls beim Vermieter sicher, dass Sie an diesem Standort tatsächlich machen *können*, was Sie *vorhaben* zu machen.

✔ **Umweltaspekte:** Ist der Boden sauber? Sind irgendwelche Schadstoffe in der bestehenden Struktur vorhanden? Wird der Untergrund den Bau auch tragen? Ist das Land für den Bau geeignet? Sind Ausschachtungen oder Tonnen – und wir meinen Tonnen – von Auffüllmaterial notwendig? Wenn Sie unterirdische Tanks installieren müssen, dürfen Sie dies auch tun? Was ist mit Öl und Abwasserleitungen? Sind diese in angemessener Weise vorhanden? Spezialisierte Ingenieur- und Bauunternehmen bieten diese Art von Dienstleistungen an. Ihr Architekt und Ihr Bauunternehmer können Ihnen mit Firmen vor Ort behilflich sein. Meistens kann Ihr Franchisegeber Ihnen auch Informationen zum Auffinden geeigneter Fachunternehmen geben.

✔ **Eigentumstitel:** Wer besitzt die Immobilie? Sind die finanziellen Verhältnisse des Vermieters solide oder befindet er sich in Konkurs? Ist das Eigentum an der Immobilie frei von Schulden und kann sich der Vermieter den Besitz der Immobilie weiterhin leisten? Entspricht die Immobilie den Grenzen, die in der rechtlichen Beschreibung festgelegt wurden? Überprüfen Sie dies mithilfe eines auf Eigentumsrecht spezialisierten Anwalts, der die notwendigen Nachforschungen für Sie anstellen kann. Ihr Rechtsanwalt, Bankier oder CPA können Ihnen dabei helfen, Rechtsfirmen zu finden, mit denen sie bereits zusammengearbeitet haben.

✔ **Erwerb von Land und Gebäuden und/oder Miete oder Leasinggebühren:** Liegen die Kosten für den Standort innerhalb Ihres Budgets? Sind die Kosten im Vergleich zum Wettbewerb angemessen, und entsprechen Sie dem, was Sie sich nach Ansicht Ihres Franchisegebers leisten können? Sind Erhöhungen der Zahlungen vorgesehen? Sind Sie zu irgendwelchen Renovierungsarbeiten verpflichtet? Sind die Mietbedingungen flexibel?

✔ **Versteckte Kosten:** Müssen Sie allgemeine Wartungs- und Versicherungskosten sowie Verbandsbeiträge oder verpflichtende Werbungsbeiträge tragen? Gibt es Beschränkungen der Geschäftszeiten? Sind diese für Sie von Bedeutung – in positiver oder negativer Hinsicht?

Nicht alle dieser zuvor genannten Faktoren werden auf Sie zutreffen, und es mag andere Kriterien geben, die wir nicht behandelt haben. Sie können einige der potenziellen Probleme durchgehen. Wenn Ihr Standort möglicherweise Bebauungspläne verletzt, steht die Planungsbehörde Ihren Vorhaben dennoch positiv gegenüber – vor allem, wenn Sie die Lebensqualität der Gemeinde verbessern. Franchisegeber können Ihnen dabei helfen festzulegen, welche Kriterien für Sie von Bedeutung sind. Sie haben vielleicht ein Handbuch zum Auswählen von Standorten, ein Schulungsprogramm oder Angestellte, die Ihnen behilflich sein können. Es ist also eine gute Idee, Ihren eigenen Grundstücksmakler anzuheuern, der Sie bei der Suche unterstützt.

Erfolgreiche Standorte aufbauen

Als ich die vier Niederlassungen von Kentucky Fried Chicken in Columbus, Ohio, übernahm, waren die Standorte nicht gerade großartig. Tatsächlich war die Betriebsführung schrecklich. Der Geschäftsführung fehlten die notwendigen Fähigkeiten, und sie erreichte keine Beständigkeit entsprechend dem System. Ich entließ die Geschäftsführung, und im Lauf der Zeit baute ich diese vier Geschäfte zu gut funktionierenden Betrieben aus. Sobald die Verkaufszahlen besser waren, sagte jeder: »Hey, woher haben Sie diese großartigen Standorte!«

Achten Sie auf untrügliche Kennzeichen. Ein Standort, der immer wieder den Besitzer wechselt oder der schon lange zum Verkauf angeboten wird, sollte bei Ihnen ein Stirnrunzeln hervorrufen. Wenn irgendetwas – und wir meinen damit irgendetwas – nicht astrein sein sollte, stellen Sie weitergehende Untersuchungen an, bevor Sie einen Leasingvertrag unterzeichnen. Lassen Sie sich von Ihrem Wunsch, einen Standort zu finden und Ihr Geschäft zu eröffnen, nicht in die Falle locken, den erstbesten Standort zu nehmen.

Die Wahl eines guten Standorts

Eins der besten Dinge am Besitz eines Franchiseunternehmen ist, dass Sie in den meisten guten Systemen alle Arten von Unterstützung durch Ihren Franchisegeber erhalten. Sie müssen dennoch die Informationen, die Sie vom Franchisegeber bekommen haben, mit den Ergebnissen Ihrer eigenen Nachforschungen vergleichen. Es ist eine Art Prüfung mit Gegengewicht. Sie überprüfen die Genauigkeit der Daten, und Ihre Information stellt ein Gegengewicht zu dem, was der Franchisegeber bietet, dar.

Hilfe vom Franchisegeber erhalten

Wenn Sie sich mit Standortfragen beschäftigen, können die meisten Franchisegeber einen großen Vorteil bieten: Erfahrung. Die Belegschaft eines erfahrenen Franchisegebers kann Ihnen bei der Identifizierung der Art von Standorten helfen, die üblicherweise funktionieren – und von solchen, bei denen dies nicht der Fall ist. Belegschaftsmitglieder wissen beispielsweise, ob ein Franchiseunternehmen anfangs oder sogar längerfristig wirksam von Zuhause aus betrieben werden kann, ob ein Büro in einem artmäßig, weißen zweistöckigen Gebäude oder mit einer Adresse in der Park Avenue mehr Geschäftstätigkeit fördert, oder ob ein Einzelhändler besser fährt, wenn er sich in einer Fußgängerzone oder in vorderster Front auf einer der Hauptgeschäftsstraßen ansiedelt. Also sollte Ihr erster Schritt bei der Auswahl eines Standorts sein, mögliche Optionen mit Ihrem Franchisegeber zu besprechen. Das Unternehmen gestattet vielleicht mehrere Arten von Standorten oder hält an einem Typ fest.

8 ➤ Die Wahl der besten Standorte

Die Untersuchung der Standortoptionen stellt einen großen Teil Ihrer Franchisenachforschungen dar. Gründungskosten für ein Büro zu Hause gegenüber einem unabhängigen Standort – und alles dazwischen – können um mehrere Hunderttausend Dollar auseinander liegen. Wie sehr trifft das Ihr Portemonnaie? Die Definition Ihres Standorts ist also ein wesentlicher Bestandteil Ihres Geschäftsplans. Jeder, der Ihr Vorhaben finanziert – der stinkreiche Onkel – wird wissen wollen, wohin das Geld fließt, wie der Standort aussehen wird, warum er Kunden anziehen wird, wie viel Kundenverkehr an ihm vorbeiführt und wer die Wettbewerber sind.

Gut, jetzt wissen Sie also, welche Art von Standort Sie brauchen. Was kommt als Nächstes? Ein guter Franchisegeber gibt Ihnen die richtige Richtung vor. Die Belegschaft des Franchisegebers kann Ihnen demographische Geheimnisse verraten, vor allem den *Zielmarkt* der Kette – das Profil Ihrer potenziellen Kunden. Wie viele Kunden brauchen Sie, sagen wir einmal, die ein bestimmtes Alter und Einkommen haben und innerhalb eines bestimmten Radius wohnen? Wie weit sind die Kunden bereit zu fahren, um Ihre Güter oder Dienstleistungen zu kaufen? Wie viel sind sie bereit für das zu bezahlen, was Sie verkaufen?

Viele Franchisegeber bombardieren neue Franchisenehmer mit ausführlichen *Standortkriterien* – einer Liste, die Spezifikationen für ein bestimmtes Franchiseunternehmen aufführt –, damit der Standort den Standards des Franchisesystems entspricht. Es wird möglicherweise von Ihnen verlangt, dass Sie eine Anzahl X an Parkplätzen, eine Anzahl X an Sitzplätzen und eine Anzahl X von Grills und so weiter haben.

Vor allem Einzelhandels- und Restaurantfranchisegeber erwarten von ihren Franchisenehmern, dass sie ihren Designstandards entsprechen – ohne Abwandlungen. Andererseits kümmert sich das auf einem Büro basierende Franchiseunternehmen vielleicht überhaupt nicht darum, ob Sie Holzböden anstelle von Teppichboden und Mahagonitische anstelle von Eiche haben. Ein beständiges Erscheinungsbild in jedem der Standorte hat für sie unter Umständen keine Bedeutung, solange Sie den allgemeinen Qualitätsstandards entsprechen.

Wird Ihr Franchisegeber Ihnen letztendlich dabei behilflich sein, das Kronjuwel in Sachen Standort zu finden? Franchisegeber informieren Sie üblicherweise über ihre Standortkriterien, stellen Ihnen Formulare mit Standortkriterien zur Verfügung und fordern Sie dazu auf, den Standort aufzufinden und die notwendigen Recherchen durchzuführen – bevor Sie ihm das Standortpaket zur Prüfung präsentieren. Sie werden Ihre Informationen dann auswerten und den Standort aufsuchen, bevor Sie Ihre Wahl billigen oder missbilligen.

Was das tatsächliche Finden eines Standort anbetrifft, bieten einige Franchisegeber beträchtliche Hilfe, andere geben nur Anleitung und wieder andere überlassen Sie sich selbst. Lesen Sie in Ihrem Franchisevertrag nach, was Ihr Franchisegeber für Sie tun wird. Fragen Sie andere Franchisenehmer des Systems, wie gut die Unterstützung des Franchisegebers bei der Suche eines Standorts tatsächlich war.

Typisch ist es, wenn der Franchisegeber einem allgemeinen Gebiet für Ihren Standort zustimmt und von Ihnen erwartet, dass Sie innerhalb dessen Grenzen nach einem Standort suchen, sofern der Franchisegeber nicht bereits einen bestimmten Standort im Sinn hat. Haben Sie einen solchen gefunden, ist es der Part des Franchisegebers, diesen speziellen von Ihnen ausgewählten Standort zu akzeptieren oder ihn zurückzuweisen.

Andere Franchisegeber – besonders in der Gründungsphase befindliche Franchisegeber – begleiten Sie vielleicht persönlich bei der Jagd auf einen Standort; die Angestellten springen unter Umständen in Ihr Auto, brüten über Bevölkerungsdaten und sprechen mit Vermietern.

Wieder andere Franchisegeber haben vielleicht den Standort bereits lokalisiert, das Gebäude errichtet, mit Ausstattung und Vorrichtungen versehen und halten es für Sie zum Kauf oder zum Leasen bereit.

Eine Sache ist fast ein Selbstläufer: Sobald Sie einen Standort ausgewählt haben, werden Sie aller Voraussicht nach die Einwilligung des Franchisegebers benötigen. Prüfen Sie dies anhand Ihres Franchisevertrags nach, um herauszufinden, ob und wie der Franchisegeber einem vom Franchisenehmer ausgewählten Standort genehmigen muss und in welchem Zeitraum der Franchisegeber seine Entscheidung bekannt geben muss. Standardverträge erlauben es einem Franchisegeber, Ihre Bitte, an einem bestimmten Standort zu eröffnen zu akzeptieren oder zurückzuweisen. Diese Entscheidung, wie alles andere im Bereich Franchising, spiegelt die Forderung nach Einheitlichkeit wider.

In fast jedem Franchisevertrag stimmt der Franchisegeber einem Standort entweder zu oder nicht, gibt jedoch keine Garantie für einen Standort. Das gilt selbst dann, wenn der Franchisegeber den Standort für Sie gefunden hat – Sie mussten ihm nicht zustimmen, stimmt's? Die Zustimmung des Franchisegebers bedeutet nichts weiter, als dass der Standort akzeptabel ist. Letztendlich ist die Auswahl des Standorts Ihre Verantwortung.

Der Grund, aus dem Franchisegeber sich selbst von der endgültigen Entscheidung distanzieren, liegt in ihrer potenziellen Haftung. Hätten sie den Standort ausgewählt – selbst wenn er scheitern sollte, weil der Franchisenehmer das Franchiseunternehmen nicht ordnungsgemäß betrieben hat – würde ein guter Rechtsanwalt auf Franchisenehmerseite versuchen zu behaupten, dass das Geschäft deshalb scheiterte, weil der Franchisegeber einen schlechten Standort ausgewählt hat.

Letztendlich ist es Ihre Verantwortung, den Standort auszuwählen und zu akzeptieren, nicht die des Franchisegebers. Lesen und verstehen Sie Ihren Franchisevertrag.

Beeinträchtigungen vermeiden

Eine Sache, die Menschen im Bereich Franchising in Aufregung versetzt, ist *Beeinträchtigung*. Sie werden den Begriff hören, und wir schlagen vor, dass Sie das Konzept verstehen, bevor und nicht nachdem Sie den Franchisevertrag unterschrieben haben.

Einmal angenommen, Ihr Franchisegeber hat Ihnen Gebietsschutz für zwei Kilometer rund um Ihren Standort garantiert. Das bedeutet, dass der Franchisegeber nicht berechtigt ist, einem anderen Franchisenehmer oder einem unternehmenseigenen Standort die Eröffnung in weniger als zwei Kilometern Abstand von Ihrem Geschäft zu gestatten. Doch es untersagt dem Franchisegeber nicht automatisch den Verkauf über das Internet. Dies hängt von der Formulierung des Franchisevertrags ab.

8 ➤ Die Wahl der besten Standorte

Sie haben beispielsweise ein Franchiseunternehmen an der Ecke 5th Avenue und Main eröffnet. Ein Jahr oder fünf Jahre danach eröffnet ein anderer Franchisenehmer desselben Systems ein Franchiseunternehmen an der Ecke 4th Avenue und Main. Das neue Franchiseunternehmen ist so nah, dass Sie sehen können, wie Ihre Kunden den neuen Standort betreten und wieder verlassen. Das ist, was wir mit Beeinträchtigung bezeichnen.

Wie in diesem Beispiel kann eine Beeinträchtigung durch einen anderen Franchisenehmer oder einen unternehmenseigenen Standort, die in Ihrem geschützten Gebiet eröffnen, erfolgen. Doch es kann auch dann passieren, wenn der Franchisegeber anfängt, Produkte an anderen Standorten zu verkaufen – wie beispielsweise in einem Supermarkt oder einem kleinen Geschäft, die sich in Ihrem geschützten Gebiet befinden. Beeinträchtigung kann auch dadurch entstehen, dass der Franchisegeber anderen erlaubt, dieselben Dienstleistungen wie Sie in Ihrer Nachbarschaft anzubieten. Sie kann durch Katalogverkäufe (durch Kataloge, die in Ihrem Markt verschickt werden) oder durch das Internet erfolgen, wenn Kunden durch E-Commerce dieselben Produkte beziehen können, die Sie an Ihrem Standort verkaufen. Es hängt davon ab, was im Franchisevertrag zu Ihrem geschützten Gebiet steht. Beeinträchtigung ist so, als wenn Ihnen jemand auf den Fuß tritt – nur, dass die Person, die dies tut, Ihr Franchisegeber ist, den Sie als Ihren »Partner« betrachtet haben. Au, das tut weh!

 Offensichtlich kann eine solche Beeinträchtigung ein großes Risiko für Ihr Geschäft bedeuten. Lesen Sie aufmerksam die entsprechenden Teile Ihres Franchisevertrags. Erhalten Sie Gebietsschutz oder haben Sie keine Gebietsrechte? Wenn Ihr Franchiseunternehmen Ihnen nur einen Standortfranchiseunternehmen garantiert (Ihr geschütztes Gebiet ist nicht größer als die vier Wände Ihres Ladenlokals), ist es durchaus denkbar, dass der Franchisegeber andere Standorte in unmittelbarer Nähe eröffnet, die dann in Wettbewerb zu Ihnen treten. Einige Verträge beinhalten ausdrücklich, dass der Franchisegeber berechtigt ist, andere Einheiten zu eröffnen und/ oder Produkte durch andere Vertriebskanäle in direktem Wettbewerb mit einem Franchisenehmer zu vertreiben. Da Internetverkäufe nicht die Eröffnung eines Standorts erfordern, ist E-Commerce rechtlich gesehen keine Beeinträchtigung, sofern dies nicht im Vertrag ausdrücklich niedergelegt ist. Nehmen Sie nicht an, dass Sie Rechte haben, wenn diese nicht im Vertrag enthalten sind!

Sie müssen wissen – bevor Sie den Vertrag unterschreiben –, ob der Franchisegeber berechtigt ist, andere Standorte in Ihrem Markt zu eröffnen. Joyce G. Mazero, der führende Franchiseanwalt von Jenkens & Gilchrist in Dallas, Texas, warnt: »Verträge geben Ihnen normalerweise an, welche Garantien der Franchisegeber gibt, wie beispielsweise das Recht, einen Standort zu betreiben, aber sie sagen Ihnen nicht immer genau, was nicht garantiert wird – wie das Fehlen von Rechten auf Exklusivität außerhalb des Standorts, kein Recht, Geschäfte über das Internet zu betreiben, und kein Recht, dem Franchisegeber oder anderen Franchisenehmern den Betrieb eines Standorts in räumlicher Nähe zu Ihrem Standort zu untersagen. Was Ihnen gewährt wird, ist ebenso wichtig wie das, was Ihnen nicht gewährt wird.«

Vertrauen Sie nicht auf die Äußerungen eines Franchiseverkäufers über das, was das System im Hinblick auf Standorte im Allgemeinen tut oder nicht tut. Selbst wenn die Feststellung des Verkäufers Sinn macht, dass der Franchisegeber nie einen Standort in so unmittelbarer Nähe zu Ihrem Standort eröffnen würde, dass hierdurch Ihre Geschäftstätigkeit ernsthaft beeinträchtigt würde, wenn es um Standorte und Gebietsschutz geht – wie bei allen anderen wirklich wichtigen Aspekten –, bestehen Sie auf einer schriftlichen Fixierung im Franchisevertrag.

Selbst wenn es laut Franchisevertrag dem Franchisegeber gestattet ist, neue Standorte in unmittelbarer Nähe zu einem bestehenden Franchiseunternehmen zu eröffnen, schaffen manche Franchisegeber Vorgehensweisen – die intern oder zusammen mit ihren Franchisenehmerbeiräten erstellt werden –, um die Auswirkungen von Beeinträchtigungen auf bestehende Standorte zu untersuchen. Wenn die Beeinträchtigung bedeutsam ist, entscheiden sie vielleicht, dass kein neuer Standort erstellt werden darf. Ist die Beeinträchtigung nur geringfügig, gestatten sie vielleicht die Entwicklung des neuen Standorts, bieten dem betroffenen Franchisenehmer aber unter Umständen eine Entschädigung für die entgangenen Verkäufe an. Eine mögliche Entschädigung, die der Franchisegeber bieten könnte, wird umgekehrte Lizenzgebühr genannt. Eine umgekehrte Lizenzgebühr ist eine direkte oder indirekte Zahlung des Franchisegebers an den betroffenen Franchisenehmer in Höhe eines Prozentsatzes der Umsätze des anderen Franchisenehmers.

Andere Franchisegeber zitieren schlicht die Bedingungen des Franchisevertrags des betroffenen Franchisenehmers und gestatten die Eröffnung des neuen Standorts – unabhängig vom Ausmaß der Konsequenzen.

Finden Sie heraus, wie die Umgehensweise des Franchisegebers hinsichtlich Gebietsschutz und Beeinträchtigung sind, bevor Sie den Franchisevertrag unterschreiben. Lesen Sie Ihren Franchisevertrag. Sprechen Sie mit anderen Franchisenehmern des Systems, und sprechen Sie mit Ihrem Rechtsanwalt.

Betreiben Sie Ihre eigene Marktforschung

Wenn Sie Ihren Franchisevertrag unterschreiben, wird Ihnen ein Gebiet zur Eröffnung Ihres Franchiseunternehmens garantiert. Dies kann in einem Postleitzahlengebiet oder in einem größeren Gebiet wie einer Stadt oder einem Landkreis sein. Die Entscheidung, wo Sie letztendlich Ihren Standort innerhalb dieses Gebiets eröffnen, hängt von Ihnen ab.

Ihr Franchisegeber sollte Ihnen Kriterien für die Auswahl Ihres Standorts geben können, und Sie sollten wissen, wie groß ihr geschütztes Gebiet ist, falls es geschützt ist. Besorgen Sie sich eine Liste von Standorten anderer Franchisenehmer aus Ihrem System, und bringen Sie beim Franchisegeber in Erfahrung, ob andere Franchiseunternehmen geplant sind. Wenn Sie diese Standorte auf einer Landkarte einzeichnen, können Sie mit der gezielten Suche beginnen.

Sie finden eine Menge Informationen zu den Gebieten, die Sie ausgewählt haben, in Ihrer örtlichen Bibliothek, im Rathaus, bei der Handelskammer und im Internet.

Wir schlagen vor, dass Sie zunächst das Thema der Bevölkerungszusammensetzung angehen. Örtliche Handelskammern haben üblicherweise aktualisierte Bevölkerungsdaten vom Zensusbüro

8 ➤ Die Wahl der besten Standorte

und verfolgen die Entwicklung örtlicher Geschäftsaktivitäten, Beschäftigungszahlen, Einzelhandelsunternehmen vor Ort sowie die langfristige Wirtschaftslage des Gebiets.

In den Vereinigten Staaten können Sie Bevölkerungsdaten direkt von der Webseite des US-Zensusbüros unter www.census.gov erhalten. Diese Webseite gibt Informationen über die Bevölkerung in Ihrem Zielgebiet, die Sie benutzen können, um festzulegen, ob das Gebiet eine Bevölkerung hat, die Ihr Geschäft tragen kann. Planer von Einkaufszentren und Fußgängerzonen haben diese Information möglicherweise auch, und Sie können diese im Allgemeinen kostenlos einsehen, wenn Sie ihre Zentren besichtigen.

 Viele der Bevölkerungsdaten basieren auf den Ergebnissen des Zensusbüros, die alle zehn Jahre erhoben werden. Wenn die Daten, die Sie verwenden, nicht wirklich neu sind oder nach Ablauf einiger Zeit angepasst worden sind, machen Sie Ihre Pläne möglicherweise auf Grundlage von neun oder zehn Jahre alten Zahlen. Stellen Sie sicher, dass die von Ihnen benutzten Informationen die neuesten erhältlichen Zahlen widerspiegeln.

Ihr Franchisegeber ist vielleicht Abonnent eines Dienstes für Bevölkerungsdaten oder kann Ihnen Namen von kommerziellen Diensten nennen, wie beispielsweise in den Vereinigten Staaten das National Decisions System und CACI/Information Decision Systems.

Besuchen Sie die örtliche Polizeidienststelle, um Informationen über Verkehr und Fußgängersicherheit in diesem Gebiet zu erhalten. Finden Sie bei den zuständigen Behörden und den Verkehrsabteilungen vor Ort und des Bundesstaats oder Landes heraus, ob es Verkehrszählungen für bestimmte Straßen gibt. Sie können Tausende von DM ausgeben, um Ihre eigene Studie in Auftrag zu geben, doch das ist vielleicht gar nicht nötig. Stattdessen sollten Sie die Sache selbst in Augenschein nehmen. Sie haben als Kind doch sicher auch einmal rote, blaue, weiße Autos und so weiter gezählt; tun Sie einfach so, als wäre Sie noch einmal ein Kind, aber dieses Mal ist es geschäftlich. Parken Sie vor Ihrem erstrebten Standort und zählen Sie die vorüberfahrenden Fahrzeuge. Stellen Sie sicher, dass sie an verschiedenen Tagen und zu verschiedenen Tageszeiten zählen, um ein repräsentatives Bild zu bekommen. Seien Sie aufmerksam. Wenn Sie nach Kindern suchen, achten Sie auf Kindersitze. Wenn junge Teenager Ihre Zielgruppe sind, halten Sie Ausschau nach Teenies auf Fahrrädern. Wenn Sie medizinische Artikel für Zuhause und Rollstühle verkaufen, achten Sie darauf, wie viele und wie oft Parkplätze für behinderte Autofahrer reserviert sind. Alles, was Ihnen Informationen zu potenziellen Kunden in diesem Gebiet geben kann, hilft Ihnen bei der Auswahl eines besseren Standorts. Wir sind sicher, dass Sie sehr neugierig hinsichtlich der Wettbewerber sind.

Staatliche Einzelhandelszusammenschlüsse sind eine wunderbare Adresse, um Statistiken zur Anzahl und Größe von Wettbewerbern im Einzelhandel zu erhalten. Schauen Sie in die Gelben Seiten vor Ort oder rufen Sie den örtlichen Einzelhandelsverband an. Bei Immobilienmaklern, örtlichen Banken und Gesellschaften zur Gemeindeentwicklung werden oft Listen von regionalen Einkaufszentren, Ladenzeilen und anderen Entwicklungen geführt.

Sprechen Sie mit Geschäftsgruppen, lokalen Händlern und Lieferanten vor Ort, um einen Eindruck davon zu bekommen, wie die Geschäfte in der Stadt laufen. Dann sollten Sie noch einmal Pflaster treten. Stoppen Sie bei Besitzern ähnlicher Geschäfte in den Gebieten, die Sie untersuchen, um Hintergrundinformationen zu Polizeischutz, Einbeziehung der örtlichen Baubehörde, jahreszeitlich bedingten Fluktuation, Aktivitäten von Händlern oder Geschäftsleuten zu erhalten. Gibt es genügend Geschäftsaufkommen, damit es für alle reicht? Haben Sie das Gefühl, dass man Sie willkommen heißen wird, oder denken Sie, dass man Sie eher aus der Stadt treiben möchte?

Um etwas über die zukünftige Entwicklung herauszufinden, sprechen Sie mit dem Rathaus, Immobilien- und Börsenmaklern und mit den Leuten der örtlichen Stadtplanung. Finden Sie heraus, welche Straßenbaupläne und zukünftigen Wohn- und Geschäftsprojekte es gibt. Stellen Sie fest, was für Bebauungspläne und bereits abgeschlossene Projekte es gibt. Sie möchten vielleicht sogar selbst bei einem Treffen der Planungsbehörde anwesend sein, um zu sehen, ob die Mitglieder der Behörde flexibel bei der Genehmigung von Varianten für Geschäftsaktivitäten sind.

Ein im Bereich Immobilien erfahrener Rechtsanwalt kann während dieses Prozesses Händchen halten – oder Sie können einiges davon selbst tun. Fangen Sie damit an, dass Sie ins Rathaus gehen und jemanden vom Bauamt treffen. Lassen Sie sich von den Beamten dort die Mitglieder der Baubehörde vorstellen und treffen Sie sich mit diesen – bekommen Sie ein Gefühl dafür, was ihnen wichtig ist und was nicht. Gehen Sie zu Zusammenkünften der Baubehörde und hören Sie zu, auf welche Art sie beschließen, von anderen beantragte Veränderungen zu genehmigen. Diese Untersuchung braucht Zeit, wenn Sie diese alleine vornehmen – deshalb kann ein Rechtsanwalt mit Erfahrung im Bereich Immobilien und Baurecht Gold wert sein.

Finden Sie außerdem heraus, ob Sie Vorteile daraus ziehen können, wenn Sie sich in einer wirtschaftlich schlecht dastehenden Gegend, in einem ländlichen oder städtischen Entwicklungsgebiet oder einer Unternehmensgemeinschaft ansiedeln. Möglicherweise sind Sie berechtigt, Steuervorteile beim Erwerb von Ausstattungsgegenständen und Lohnsteuervorteile für Angestellte in Anspruch zu nehmen.

 Einige Franchisesysteme haben spezielle Anreizprogramme, mit denen Sie Franchisenehmer dazu ermutigen wollen, neue Standorte in wirtschaftlich brach liegenden Gebieten zu eröffnen. Erkundigen Sie sich bei den Industrie- und Handelskammern vor Ort.

Dieser Vorgang hört sich sehr zeitaufwändig an, nicht wahr? Die Suche nach einem leer stehenden Gebäude kann leicht 90 Tage in Anspruch nehmen. Doch es zahlt sich aus, keine Abkürzung zu nehmen. Tatsächlich kann das Zusammenfügen eines umfassenden Bildes Ihres zukünftigen Markts richtig Spaß machen, wenn Sie erst einmal damit begonnen haben. Sie werden froh sein, diesen Prozess durchlaufen zu haben, denn es wird aller Wahrscheinlichkeit nach Ihre Chancen, einen wirklich großartigen Standort auszuwählen, erhöhen.

Spezifische Standortangebote untersuchen

Abhängig von der Art Ihres Franchiseunternehmens werden Sie mit einer Vielzahl verschiedener Standortvarianten konfrontiert werden, an denen Sie Ihr Geschäft aufbauen könnten. Gute Franchisegeber kontrollieren erfolgreiche Betriebsführung innerhalb ihres Systems sehr genau und stellen Franchisenehmern Profile zur Verfügung, denen zu entnehmen ist, was ihrer Ansicht

8 ➤ Die Wahl der besten Standorte

nach ein idealer Standort ist. Einige Franchisenehmer mieten Büroraum in hohen Bürogebäuden an; andere arbeiten von Zuhause aus. Doch die meisten wählen Standorte in Geschäftszentren, Einkaufsstraßen oder frei stehende Lokale. Hier sind einige der Standorttypen, die Sie sich typischerweise angucken werden:

✔ **Einkaufszentren:** Einkaufszentren sind große, geschlossene Einkaufsmöglichkeiten, in denen sich zwei oder mehr große Warenhäuser als Kundenmagnete befinden, und sie decken ein großes geographisches Gebiet ab. Ein Einkaufszentrum ist typischerweise leicht über große Verkehrsadern oder Autobahnen mit dem Auto zu erreichen.

Die Auswahl eines gut entwickelten Einkaufszentrums erfordert von einem Franchisenehmer eine Abwägung zwischen Vor- und Nachteilen. Der Hauptnachteil sind die Kosten, die nicht nur die Miete, sondern auch eine Menge anderer Ausgaben umfassen, wie beispielsweise die Pflege der gemeinsamen Außenanlagen – Ihr Anteil an der Pflege des öffentlichen Raums. Einkaufszentren stellen auch Gebühren für Händlerzusammenschlüsse in Rechnung, die für gemeinsame Werbung aller Mieter des Einkaufszentrums verwendet werden. Sie müssen zudem während der Öffnungszeiten des Einkaufszentrums Ihre Geschäfte betreiben. Von Vorteil ist der Umstand, dass Einkaufszentren von sich aus Anziehungskraft besitzen und große Mengen potenzieller Kunden anlocken.

✔ **Große Geschäftszentren:** Große Geschäftszentren ähneln Einkaufszentren, nur sind sie nicht abgeschlossen. In vielen Märkten gibt es einen Trend, einige der wenig profitablen Einkaufszentren in große Geschäftszentren umzuwandeln, da die Menschen die günstige Erreichbarkeit der regionalen Einkaufszentren mögen, jedoch vorziehen, vor dem Geschäft ihrer Wahl parken zu können.

✔ **Einkaufsmeilen:** Eine Ansammlung von Geschäften, die eine Gemeinde versorgen, wird als Einkaufsmeile bezeichnet. In der »Innenstadt« befindet sich eine Einkaufsmeile und profitiert vom Verkehr der Büroangestellten, von Innenstadtbesuchern und Menschen, die in der Innenstadt wohnen. Aufgrund des Verkehrs und den günstigen Lagen können diese Standorte in manchen Städten sehr teuer sein und leiden oft an einem Mangel an Parkplätzen für ihre Kunden. Da der Großteil des Verkehrs in den Innenstadtlagen durch Büroangestellte erzeugt wird, die vor der Arbeit, zur Mittagszeit und nach der Arbeit hereinkommen, herrscht an Wochentagen der meiste Betrieb. Dieses unbeständige Verkehrsmuster macht die Personalpolitik etwas schwierig. Mit Ausnahme von einigen großen Städten, die ihre Innenstädte als Unterhaltungsgebiete für Anwohner der Stadtrandgebiete ausgebaut haben – wie Baltimore dies getan hat – sind diese Gebiete abends, an Wochenende und in Ferienzeiten sehr ruhig.

✔ **Nachbarschaftszentren:** Ein Supermarkt oder ein Discountladen – oder beide – sind Kundenmagneten eines Nachbarschaftszentrums mit einer Vielzahl kleiner Einzelhandels- und Dienstleistungsgeschäfte. Diese Zentren bieten üblicherweise die günstigsten Mieten und ziehen Kunden aus einem Handelsgebiet von einer bis drei Kilometern im Umkreis an, abhängig von der jeweiligen Bevölkerungsdichte und -erreichbarkeit. Die meisten Nachbarschaftszentren haben Auflagen hinsichtlich der Reklameschilder – wenngleich die gehobenen Zentren fast ebenso hochpreisig sein können wie die regionalen Einkaufszentren – und sind die Art von

Standort, die die meisten Einzelhandels- und Dienstleistungsfranchisesysteme für ihre Franchisenehmer anstreben.

- ✔ **In-line-Zentren:** In-line-Zentren sind in jüngster Vergangenheit immer beliebter geworden. Wenn Sie jemals im Zentrum einer kleinen gehobenen Stadt in New England waren, haben Sie einen typischen In-line-Standort gesehen. Diese Standorte sind attraktiv für Händler, die auf Impulskäufe auf höherem Preisniveau angewiesen sind, die von einem hohen Fußgängerdurchfluss profitieren würden. Das Verkehrsaufkommen ist abhängig von dem Gebiet, in dem diese Zentren sich befinden. Solche Gebiete haben einen entscheidenden Nachteil – einen Mangel an Parkplätzen –, ein Problem, das in großen Städten durch den öffentlichen Nahverkehr aufgefangen wird.

- ✔ **Ladenzeilen:** Dies sind Nachbarschaftszentren mit drei oder mehr Geschäften, die üblicherweise einen kleinen Lebensmittel- oder Nachbarschaftsladen als Kundenmagnet haben.

- ✔ **Hausstandorte:** Wenngleich Hausstandorte nicht im üblichen Sinne Standorte sind, entscheiden sich mehr und mehr Franchisenehmer dafür, von ihrem Haus aus zu operieren. Wir besprechen Heimbüros im nächsten Abschnitt.

- ✔ **Nicht-traditionelle Standorte:** Flughäfen, Baseballstadien und gemeinsame Marken-Standorte sind allesamt nicht-traditionelle Standorte. Wir besprechen diese Art von Standort ausführlich im weiteren Verlauf dieses Kapitels, da sie heutzutage bedeutsame Möglichkeiten für viele Franchisenehmer darstellen und einen wachsenden Trend im Franchising bedeuten.

Von Zuhause arbeiten

Wenn ein Franchisenehmer zu Hause arbeitet, reduziert dies seine Geschäftskosten und ist praktisch. Für viele Franchisenehmer ist dies perfekt. Wenn sie möchten, können sie früh aufstehen, ihre Büroarbeit erledigen und ihren Tag planen – all dies, bevor sie geduscht und sich angezogen haben. Abends, nach dem Abendessen können sie in ihrem Büro entspannen, fernsehen und sich auf den nächsten Tag vorbereiten. Und weil sie kein anderes Büro haben, können sie die mit ihrem Heimbüro verbundenen Kosten bei der Steuer in Anrechnung bringen. (Sie sollten mit Ihrem Steuerberater klären, was abzugsfähige Posten sind).

Dieses Arrangement hat aber auch Nachteile. Am selben Ort arbeiten und leben bedeutet für viele Franchisenehmer, dass sie mehr und mehr arbeiten und immer weniger Zeit mit der Familie verbringen. Wenn das Büro sich im Familienbereich befindet, nehmen Sie vielleicht Ihrer Familie Platz weg, den diese zu anderen Zwecken genutzt hat – wie beispielsweise zum gemeinsamen Fernsehen. In einigen Kommunen gibt es Auflagen für das Betreiben von Geschäften von Ihrem Heim aus. Wenngleich die meisten Gemeinden Heimunternehmen ignorieren, für die keine Geschäftsschilder angebracht werden, legen andere die Vorschriften eng aus. Sie müssen auch sehr diszipliniert sein. Das Erledigen von Besorgungen für die Familie, Rasen mähen und die Kinder abholen kann mehr als nur Abwechslung sein; sie können Ihnen die Zeit rauben, die Sie für Ihr Geschäft benötigen.

Wenn Ihr Franchisegeber einen solchen Standort genehmigt und Sie die informelle Atmosphäre eines Büros zu Hause mögen, kann dies eine wunderbare Art, ein Unternehmen zu betreiben, sein.

Sich für einen nicht-traditionellen Standort entscheiden

Immer mehr Franchisegeber weiten ihr System aus, indem sie Franchisenehmern ermöglichen, Standorte an Plätzen zu eröffnen, wo man diese üblicherweise nicht erwartet. Diese Standorte werden *nicht-traditionelle Standorte* genannt und sie schießen aus dem Boden, wo immer sich Menschen versammeln – an Tankstellen, in Nachbarschaftszentren, Krankenhäusern, Flughäfen, Bahnhöfen und Busbahnhöfen, Colleges, in großen Kaufhäusern und in fahrbaren Kiosks in Sportstadien, Baseballstadien und Einkaufszentren. Diese Standorte werden von Vertretern der Industrie oft auch als *Massenansammlungsstandorte* bezeichnet, Standorte, die ein »unfreiwilliges Publikum« bieten.

Einer der größten Vorteile, wenn Sie Ihren Standort in einem Ort von Massenansammlungen eröffnen, ist ein garantierter Zustrom potenzieller Kunden, unabhängig von Werbemaßnahmen Ihrerseits. Der größte Nachteil besteht darin, dass Ihr Geschäftserfolg eng mit Ebbe oder Flut der Menschen in der Gastumgebung zusammenhängt. Anders formuliert, wenn die Spieler auf die Straße gehen oder die Saison vorbei ist, ist es für Sie vorbei – mit ihrem Glück. In Hochschulen wird das Leben vom akademischen Jahr bestimmt, also bereiten Sie sich aufs Däumchendrehen für die Zeit der Sommerferien vor, es sei denn, viele Studenten besuchen die Sommeruniversität.

Einige andere nicht-traditionelle Standorte werden Standorte mit zwei Marken genannt. Dieses Arrangement bedeutet, dass Ihr Franchiseunternehmen ein gemeinsames Gebiet mit einer anderen Marke teilt, beispielsweise in einer Lebensmittelmarkthalle oder einem Einkaufszentrum. Wenn Ihr Geschäft Kundenverkehr in den Morgenstunden bringt und nachmittags weniger Betrieb herrscht, ist es unter Umständen sinnvoll, sich mit einem anderen Markenhersteller zusammen zu tun, der ein reges Nachmittagsgeschäft und dafür laue Morgenstunden hat. Sie können bei den Kosten für die Immobilie und, vielleicht, auch an der Ausstattung sparen. Und Sie können Ihr Personal effektiver einsetzen. Prüfen Sie mit Ihrem Franchisegeber, ob es für Sie Geschäftsideen mit zwei Marken gibt.

 Auch wenn Sie einen nicht-traditionellen Standort wählen, so kaufen Sie dennoch ein Franchiseunternehmen, zahlen Lizenzgebühren und sind weiterhin denselben Standards verpflichtet. Stellen Sie sicher, dass Ihr Franchisegeber Ausstattung, Schilder und Designspezifikationen für diesen neuen Standort zur Verfügung stellt. Vergleichen Sie die Kosten – und das Verkaufs-/Gewinnpotenzial – mit dem traditioneller Standorte. Diese Standorte befinden sich meist innerhalb eines anderen Standorts und umfassen weniger Quadratmeter. Der kleinere Raum bedeutet meist weniger Angestellte und vielleicht einen niedrigeren Gesamtumsatz. Einige dieser Franchiseunternehmen operieren nur saisonal. Doch allein der Umstand, dass sie kleiner sind, bedeutet nicht unbedingt ein niedrigeres Preisniveau. Einige – wie beispielsweise Autobahnraststätten – sind Lokale in Toplage, und das Gebot ist vielleicht heftig.

Ist Ihnen ein nicht-traditioneller Standort ins Auge gefallen? Viele derselben Kriterien, die Sie für einen traditionellen Standort untersuchen müssen, gelten auch hier – und einige nicht. Ist er sehr frequentiert? Ist er sichtbar für Kunden? Gibt es Auflagen für die Schilder? Wenn ein Flughafenstandort eröffnet wird, gibt es viel mehr Mitinteressenten, je nachdem, ob er im Hauptterminal, in der Eingangshalle oder im Bereich Restaurants liegt, im Gegensatz zu einem Terminal für die kleineren, weniger frequentierten Fluggesellschaften in kleinen regionalen Flughäfen. Nicht alle Standorte mit regem Publikumsverkehr sind gleich – Sie müssen Ihre Hausaufgaben machen. Wo würden Sie lieber sein, in einem Sportstadion, in dem die Heimmannschaft bei jedem Spiel das Stadion füllt, oder in einem Sportstadion, in dem die Heimmannschaft ihre Zuschauer einladen kann, bei ihnen auf der Bank zu sitzen – und immer noch Platz hat? Sie haben verstanden.

Einen Mietvertrag verstehen

Wenn es Zeit ist, einen Mietvertrag zu unterschreiben, haben Sie sich bereits für einen Standort entschieden. In diesem Prozess sollten Sie den Immobilienmakler oder die Geschäftsführung des Einkaufszentrums, die das Eigentum verwaltet, dazu auffordern, verfügbaren Raum zu bestimmen, spezielle Belegungskosten und Leasingzeiträume zu benennen, und Ihr Untersuchungsmaterial zum Standort für Ihren Franchisegeber vervollständigen.

Verfügt das Zentrum über angemessenen Raum für Ihr Unternehmen? Wenn Sie sich nicht gerade in einen Raum quetschen möchten, der zu klein ist, so wollen Sie auch nicht für Raum bezahlen, den Sie nie brauchen werden. Quadratmeterkosten können entsprechend der Gesamtgröße variieren. Oft sind die Kosten pro Quadratmeter niedriger, je größer der angemietete Raum ist. Dennoch werden bei einem größeren Raum mit einer niedrigeren Quadratmetermiete die Wartungs- und Entwicklungskosten höher liegen. Beurteilen Sie Größe gemessen an Ihren Erfordernissen.

Die Betriebskosten bestehen üblicherweise aus Folgendem:

- ✔ **Die Grundmiete:** Dieser Betrag wird üblicherweise als Quadratmeterpreis angegeben. Bewerten Sie die Grundmiete im Vergleich zu der Miete, die andere Mieter zahlen, sowie im Vergleich zu Preisen für vergleichbarem Raum in der Gegend.

  Beispiel:

  Größe des Ladenlokals: 2.400 Quadratmeter

  Jahresbruttomiete: 48.000,00 Dollar

  Grundmiete: 20 Dollar pro Quadratmeter

- ✔ **Wartung der Gemeinschaftsflächen:** Diese Kosten können in vielfacher Weise angegeben werden, doch es handelt sich hierbei um den Anteil des Geschäfts an den Wartungskosten des Zentrums oder der Ladenpassage – zu diesen gehören Schnee räumen, Pflege der Parkplätze, Sicherheitsdienst, Betriebskosten der Gemeinschaftsflächen, Außenbeleuchtung, allgemeine Schilderanlagen und so weiter. Der Anteil basiert gewöhnlich auf der Quadratmeterfläche des Unternehmens als Prozentsatz der Gesamtfläche des Zentrums. Diese Kosten können von Zentrum zu Zentrum gewaltig differieren. Behalten Sie diese Kosten im Auge. Fragen Sie andere Mieter, ob die Gemeinflächen unterhalten werden.

- ✔ **Zu leasen verglichen mit geleast:** Gebühren für Einkaufszentren können im Gegensatz zu Mieten auf zwei verschiedene Arten berechnet werden:
- ✔ **Zu leasen:** Die Gesamtgrundlage ist Ihre Quadratmeterfläche geteilt durch die Gesamtquadratmeterfläche des Zentrums oder der Ladenpassage.

  Beispiel: 2.400/500.000 = 0,0048

- ✔ **Geleast:** Die Grundlage ist Ihre Quadratmeterfläche geteilt durch die Anzahl der tatsächlich geleasten Quadratmeter.

  Beispiel: 2.400/435.000 = 0.0055

  Verwendet man die geleaste Methode, so ist dies immer zum Vorteil des Vermieters. Diese Methode bedeutet, dass für den Fall, dass Ladenlokale geschlossen oder nicht geleast sind, ihr Anteil an den Gebühren auf die vorhandenen Mieter umgelegt wird. Versuchen Sie immer die zu leasende Methode zu erhalten.

- ✔ **Immobiliensteuern:** Es ist üblich, dass Sie entsprechend Ihrem Quadratmeteranteil einen Anteil an den Steuern des Zentrums zahlen.
- ✔ **Steigender Lebenshaltungskostenindex:** Einige Zentren versuchen die Miete entsprechend dem Lebenshaltungskostenindex oder aufgrund irgendeines anderen Maßstabs der Wirtschaftsentwicklung zu erhöhen. Da diese Indexwerte mitunter flüchtig und schlecht vorauszusagen sind, vor allem in Zeiten von Inflation, ist es besser, diese Art zusätzlicher Mietzahlungen zurückzuweisen.
- ✔ **Anteilige Miete:** Viele Ladenzeilen erwarten einen Prozentsatz der Verkäufe, die über einen festgelegten Betrag hinausgehen, der im Verhältnis zur Grundmiete steht. Der Anteil wird nach den Informationen ermittelt, die Sie der Geschäftsführung des Zentrums geben, und nach den Schätzungen des Geschäftspotenzials, die diese vornimmt. Offensichtlich ist es nur zu Ihrem Vorteil, keine solche Anteilsrente zahlen zu müssen, oder versuchen Sie, den Prozentsatz so niedrig wie möglich und den Verkaufspunkt so hoch wie möglich zu halten.
- ✔ **Händlerzusammenschlüsse:** Diese Zusammenschlüsse sind meist typisch für Einkaufszentren und werden als Beiträge zum Werbeetat der Zentren verwendet. Die Gebühr basiert üblicherweise auf dem Quadratmeteranteil, ist vierteljährlich fällig und wird auf Grundlage eines Wirtschaftsindex oder einer Formel angepasst.

Die Inbetriebnahmekosten setzen sich aus einer Reihe wirtschaftlicher Faktoren zusammen und müssen als Gesamtheit gesehen werden. Die endgültigen Kosten eines Standorts haben unter Umständen wenig mit der Grundmiete zu tun. Wenn Sie Standorte vergleichen und einen endgültigen Leasingvertrag verhandeln, vergleichen Sie die *Gesamtkosten* der Fläche.

Der Bau eines Standorts

Manchmal ist der einzige Standort, den Sie in einem Gebiet finden können und der perfekt für Ihr Franchiseunternehmen ist, ein leeres Grundstück. Was tun Sie dann? Bauen.

Wenn Sie sich zum Bau eines Standorts entscheiden, nehmen Sie wiederum Kontakt zu örtlichen Planungs- und Baubehörden auf, bevor Sie sich überhaupt für ein Grundstück entscheiden, und ganz bestimmt, bevor die erste Schaufel Erde bewegt wird. Sie müssen allen Bestimmungen entsprechen – bis hin zu den örtlichen Vorschriften, wann Sie nach Herzenslust hämmern und sägen dürfen. Sie müssen auch feststellen, ob Sie von der Stadt irgendwelche *Sondergenehmigungen* für das Grundstück erlangen müssen (die Ihnen das Recht geben, auf dem Grundstück etwas zu tun, was von den örtlichen Bauvorschriften abweicht) und ob der Standort Ihren Bedürfnissen hinsichtlich Einrichtungen und Parkplätzen entspricht.

Zwar sind Ihr Bauunternehmer und Architekt üblicherweise für die Lauferei zuständig, dennoch ist es Ihre Verantwortung und nicht die des Franchisegebers, dafür zu sorgen, dass alles erledigt wird.

Ihr Bauunternehmer muss folgende Papiere beibringen:

✔ Baugenehmigungen für das Gebäude, Einrichtungen, Schilderanlagen, *Absenkungen der Bürgersteigkante* (dies sind die Absenkungen, die das Befahren durch Autos erleichtern) und für Umweltaspekte.

✔ Sondergenehmigungen, wenn Sie die Genehmigung einer speziellen Abweichung von den städtischen Bauvorschriften für Ihren Standort benötigen

✔ Besitzernachweis, der es Ihnen erlaubt, den Standort in Besitz zu nehmen

Es gibt noch weitere. Sie müssen auch vorläufige Baupläne und Spezifikationen der Verbesserungen des Bauplatzes und des Gebäudes vorlegen und – welche Überraschung! – diese dem Franchisegeber zur Genehmigung vorlegen.

Den Grundriss verstehen

Jeder Einzelhandels- und Restaurantfranchisegeber hat einen Grundriss (Grundfläche) von unglaublicher Genauigkeit. Selbst wenn Ihrer Ansicht nach eine Theke links 20 cm länger sein sollte, müssen Sie den Plänen des Franchisegebers Folge leisten – oder bei diesem die Genehmigung für eine Veränderung beantragen. Selbst wenn Sie genau wissen, dass die Speisekartenübersichten besser lesbar sind, wenn sie 36 Zentimeter niedriger als die vorgeschriebenen 2,25 Meter angebracht werden, müssen Sie dennoch den Plänen folgen. Sie sollten sich um diese Spezifikationen und Standards bemühen, damit sie sie mit Ihrem Architekten und Bauunternehmer prüfen können.

Franchisegeber stellen im Allgemeinen für jeden Standort einen Prototyp eines Bauplans zur Verfügung. Ihr Architekt muss Pläne für den Bauplatz entwerfen, die sowohl örtlichen Vorschriften als auch den Standards des Franchisegebers entsprechen. Gehen Sie nicht davon aus, dass Sie Verbesserungen des Designs vornehmen dürfen, wie beispielsweise größere *Anbauten* (Küche und Lagerbereich). Klären Sie

dies zunächst mit Ihrem Franchisegeber ab, bevor Sie teure Veränderungen vornehmen, die Sie später vielleicht zurück führen müssen.

Diese ganzen Spezifikationen des Franchisegebers sind zur Sicherung der Einheitlichkeit gedacht. Das ist großartig, aber was ist, wenn Ihre spezielle Gemeinde Auflagen macht, die den Bauplänen des Franchisegebers zuwiderlaufen? Stellen Sie sicher, dass Sie Ihren Franchisegeber davon in Kenntnis setzen, damit Sie gemeinsam die notwendigen Änderungen besprechen können. Ist dies notwendig, so nimmt der Franchisegeber oft selbst Kontakt zum Bauunternehmer oder den Stadtplanern auf, um die Veränderungen zu besprechen.

Wendy's stellt einen Standardbauplan für freistehende Standorte zur Verfügung. Wendy's hat auch Pläne für die Umgestaltung bestehender Ladenlokale und für Restaurants in Ladenzeilen. Das Unternehmen bietet Designdienstleistungen – zu denen das Layout eines Bauplans gehört sowie vorläufige Pläne für die Ausstattung – für nichttraditionelle Standorte. Die Planungsabteilung der Gesellschaft entwickelt Spezifikationen und Standards für die Bauprodukte und die Ausstattung, die auf Erfahrungen basieren, die Wendy's mit Baudesign, Wartung und Qualitätssicherung gemacht hat.

Einen Bauunternehmer auswählen

Wenn Sie an dieser Stelle angelangt sind, stöhnen Sie wahrscheinlich, weil Sie sich an das letzte Mal erinnern, als Sie einen Bauunternehmer angestellt haben, um Ihr Familienhaus zu erneuern oder den Innenhof zu umbauen. Doch die Auswahl eines namhaften kommerziellen Bauunternehmers, der Erfahrungen in der Einhaltung von Terminen und von Baustandards eines Franchisegebers hat, ist nicht schwierig. Und es zu tun ist nur vernünftig.

Die nachfolgende Checkliste ist ein sinnvoller Leitfaden für die Auswahl eines Bauunternehmers.

✔ Besorgen Sie sich die Namen verschiedener Bauunternehmer von Ihrem Franchisegeber, Architekten oder anderen Franchisenehmern und anderen Händlern der Gemeinde.

✔ Prüfen Sie den Ruf, den der Bauunternehmer bei der örtlichen Bauaufsicht, der Verbraucherbehörde und Unternehmensberatungsstellen hat.

✔ Fragen Sie nach den Namen von mindestens zehn früheren Kunden und rufen Sie einige von diesen an. Stellen Sie die nachfolgend aufgeführten Fragen:

- Hat der Bauunternehmer zum zugesagten Termin begonnen?
- Gab es Pannen oder Überraschungen während der Bauzeit?
- Hat der Bauunternehmer seine Arbeit pünktlich und unter Einhaltung des geplanten Bauvolumens beendet?
- Hat sich der Bauunternehmer hinsichtlich Extras fair verhalten?
- Waren die Arbeiter zuverlässig?
- Kannte der Bauunternehmer sich mit dem örtlichen Bauvorschriften aus, und hatte er ein gutes Verhältnis zu der Bauaufsicht vor Ort?

- Hat der Bauunternehmer Gesetze und Sicherheitsvorkehrungen beachtet?
- Entsprachen die tatsächlich verwendeten Baumaterialien und Arbeitsqualität den Spezifikationen?
- Hat der Bauunternehmer irgendwelche Vereinfachungen vorgenommen?
- Wurde der Arbeitsplatz in Ordnung gehalten?
- Hatte der Bauunternehmer ein offenes Ohr für Ihre Belange?
- Sind seit der Fertigstellung irgendwelche Probleme mit der Bausubstanz (beispielsweise Lecks oder Risse) aufgetreten?
- Hat der Bauunternehmer sich um etwaig auftretende Probleme, die nach erfolgter Zahlung auftraten, gekümmert?
- Sind Sie zufrieden mit der Qualität?
- Würden Sie diesen Bauunternehmer nochmals beauftragen?

✔ Besuchen Sie einige der Standorte, die dieser Bauunternehmer erstellt hat.

✔ Überprüfen Sie, ob der Bauunternehmer eine Genehmigung hat, angemessen versichert ist und einem Verband angehört.

✔ Stellen Sie sicher, dass keine Gerichtsverfahren oder Klagen gegen den Bauunternehmer anhängig sind.

✔ Bereiten Sie mit Ihrem Architekten und der Konstruktionsabteilung Ihres Franchisegebers die Aufforderungen zur Angebotsabgabe vor. Stellen Sie sicher, dass die Aufforderung zur Angebotsabgabe detailliert ist und Marken, Modelle, Farben, Mengen, Größen usw. insgesamt der gewünschten Ausstattung enthält.

✔ Lassen Sie sich schriftliche Kostenvoranschläge von mindestens drei Bauunternehmern für dieselben Spezifikationen anfertigen.

✔ Prüfen Sie alle Kostenvoranschläge mit dem Bauunternehmer, um sicherzustellen, dass Sie den Kostenvoranschlag genau verstehen.

✔ Prüfen Sie die Kostenvoranschläge mit Ihrem Architekten und der Konstruktionsabteilung des Franchisegebers.

✔ Fällen Sie eine Entscheidung auf Grundlage der Qualität der Arbeit des Bauunternehmers, seiner Fähigkeit, Termine einzuhalten, und seinem Ruf, Probleme schnell zu beseitigen. Kosten sollten, wenngleich dies natürlich wichtig ist, nicht die Bedeutung von Kriterien überwiegen.

Das Erstellen eines eigenen Standorts kann mühsam und sehr fordernd sein. Doch wenn Sie einen Standort auf Grundlage der von Ihrem Franchisegeber erstellten Kriterien auswählen, das Bauvorhaben planen, Ihren Bauunternehmer sorgfältig auswählen und den Bau genau überwachen, erhalten Sie genau den von Ihnen benötigten Standort.

Einkaufsquellen: Handelswaren und Betriebsstoffe

In diesem Kapitel

- Bezug der Betriebsstoffe über den Franchisegeber oder von Lieferanten, die der Franchisegeber empfiehlt
- Kauf der Betriebsstoffe über eine Kooperative
- Auswahl Ihrer eigenen Lieferanten
- Abnahme Ihrer Waren
- Lagerbestandsverwaltung

*I*n diesem Kapitel beschäftigen wir uns damit, wie Franchisenehmer den Warenbestand und die Betriebsstoffe kaufen und verwalten. Ein Hauptvorteil eines guten Franchisesystems ist die Möglichkeit, Ihren Einkauf mit dem des Franchisegebers und dem anderer Franchisenehmer zu koordinieren. Bei dieser Art der Zusammenarbeit erhofft man sich, die besten Preise, die besten Produkte, die beste Ausstattung und den besten Kundendienst bei den Lieferanten zu erhalten. Ein guter Franchisegeber stellt ebenfalls sicher, dass die Lieferanten auch an dieser Geschäftsbeziehung teilhaben möchten, weil sie ganz einfach davon profitieren. Es gibt wohl keinen größeren Vorteil für den Franchisenehmer als das Potenzial des Systems, wenn es darum geht, Qualität, Standards, Verfügbarkeit und Exklusivität der Ausrüstung, der Betriebsstoffe, der Waren und der Rohmaterialien, die die Franchisenehmer verwenden, zu überwachen.

Alle Franchiseunternehmen benötigen eine bestimmte Sorte Handelswaren und Betriebsstoffe. Manche Franchises verlangen vom Franchisenehmer, bestimmte Güter direkt vom Franchisegeber zu beziehen. Manche Systeme legen fest, dass die Franchisenehmer bei bestimmten Lieferanten einkaufen müssen. Andere wiederum erlauben, dass die Franchisenehmer ihre eigenen Lieferanten aussuchen können. Die Methode oder eine Kombination der Methoden hängt ab von der Branche, den Produkten oder den Zutaten, die das Franchiseunternehmen benötigt, sowie von der Systemgröße, der Größe des Gebietes, in dem der Franchisegeber tätig ist, und den verfügbaren Liefermethoden.

Welche Methoden der Franchisegeber bevorzugt, hängt häufig von der Unternehmensphilosophie des Franchisegebers ab, inwieweit dem System gedient oder es kontrolliert werden soll. Es kann auch davon abhängen, ob der Franchisegeber an den Einkäufen seiner Franchisenehmer Geld verdient.

Wenn Sie verschiedene Franchisegelegenheiten betrachten, erhalten Sie bereits im Voraus Informationen über die Methode, die der Franchisegeber verwendet. Sie erfahren, mit welchen Methoden das Franchisesystem arbeitet und ob der Franchisegeber an den Einkäufen der Franchisenehmer verdient. Es ist wichtig, dass Sie das vorher herausfinden, denn manche Systeme fordern geringere Lizenzgebühren und kosten Sie unter Umständen mehr Geld als ein System mit einer höheren Lizenzgebühr, da der Unterschied durch die Einnahmen des Franchisegebers aus Ihren Einkäufen mehr als nur wieder wettgemacht wird.

Es spricht nichts gegen ein System, das an jedem Ihrer Einkäufe Geld verdient. Es hat den Franchisegeber schließlich auch Geld gekostet, diese Lieferantenbeziehung aufzubauen und zu halten. Ein finanzstarker Franchisegeber, der Ihnen Dienste bietet, die Sie brauchen und wünschen, ist für Sie als Franchisenehmer auch wichtig. Sie sollten also nach dem perfekten Franchisesystem suchen, bei dem der Kostenmix dafür, Franchisenehmer sein zu dürfen (die Lizenz und die anderen Kosten), am niedrigsten ist, während die Franchisegeberdienste die umfangreichsten sind.

Die Regeln befolgen: Wenn der Franchisegeber Ihre Einkäufe bestimmt

Angenommen, Sie haben einen Zimmermädchenservice als Franchiseunternehmen erworben. Sie haben erstklassige Angestellte, die in den Startlöchern stehen, zum Scheuern, Wischen, Fegen und Polieren. Aber Tatkraft allein reicht nicht, sie brauchen auch Reinigungsmittel. Möglicherweise ist Ihnen die Möglichkeit, in den nahe gelegenen Supermarkt zu gehen und einen Einkaufswagen zu beladen, verwehrt. Ihr Franchisegeber fordert, dass Sie die Produkte direkt beim Unternehmen kaufen. Oder der Franchisevertrag legt fest, dass Sie nur die vom Franchisegeber zugelassenen Lieferanten oder die von ihm autorisierten Produkte erwerben dürfen. Mit solchen Regeln wird gewährleistet, dass die Betriebsstoffe, die Sie verwenden, den Standards des Franchisegebers entsprechen. Ein Vorteil für Sie könnte sein, dass die Preise niedrig sind, weil ein Franchisesystem größere Mengen abnimmt.

Waren direkt vom Franchisegeber kaufen

Wenn Franchisegeber den Anspruch erheben, Exklusiv-Lieferanten für ihre Franchisenehmer zu sein, erstreckt sich diese Forderung normalerweise nur auf Artikel, die ihr Eigentum sind (wie Dokumente, geheime Rezepte) oder die bestimmte Hauptzutaten enthalten. Diese Produkte können dann direkt beim Unternehmen bestellt werden. In den meisten Fällen hat der Franchisegeber die Produkte an Vertriebssysteme weitergegeben, die das System bedienen.

Anders ist es mit Waren und Betriebsstoffen, die kein Eigentum darstellen. Sogar wenn der Franchisegeber diese vertreibt, ist er nicht der alleinige Anbieter, und Franchisenehmer haben die Option, ihre Einkäufe entweder bei zugelassenen Lieferanten oder Lieferanten ihrer eigenen Wahl zu tätigen. (Manchmal müssen die Einkäufe bestimmten Standards oder Vorschriften entsprechen, die der Franchisegeber aufgestellt hat.)

Bei Wendy's beispielsweise gibt es keine Produkte oder Dienstleistungen, die nur Wendy's oder zugehörige Unternehmen liefern. Bei Tim Hortons jedoch – einer Kette, die Kaffee und frische

Donuts anbietet und die Wendy's 1995 kaufte – sind die Franchisenehmer verpflichtet, bestimmte Produkte wie Kaffee, Zucker, Mehl und Backfett von einer der Tochterfirmen des Unternehmens zu beziehen. Tim Hortons liefert die Produkte (von sechs Lagerhäusern in Kanada aus) mit einer Flotte von Lastern und Anhängern aus eigenem Besitz an seine Standorte.

Es gab in den Vereinigten Staaten von Amerika in den letzten zwanzig Jahren einige rechtliche Auseinandersetzungen, weil Franchisenehmer der Meinung waren, sie würden gemolken – die Produkte, die sie vom Franchisegeber abnehmen mussten, waren sehr viel teurer. Dadurch waren sie nicht wettbewerbsfähig. Rupert Barkoff, einer der Partner von Kilpatrick, Stockton in Atlanta, Georgia, warnt: »Seien Sie vorsichtig bei Franchisegebern, die verlangen, dass bestimmte Produkte bei ihnen gekauft werden müssen. Für einen Franchisenehmer ist es einfacher, die Entscheidung des Franchisegebers zu verdauen, dass Produkte beim Franchisegeber gekauft werden müssen, wenn der Umsatz mit diesen Produkten kein Profit Center für den Franchisegeber ist.«

Auch wenn die Methoden des Franchisegebers bei der Lieferung von Produkten in den Franchiseunterlagen und im Vertrag festgelegt sind, erhält der Franchisenehmer normalerweise in den Schulungen noch mehr Informationen zu den Lieferantenbeziehungen.

Waren und Betriebsstoffe bei zugelassenen Lieferanten einkaufen

Statt alle Waren, die ein Franchisenehmernetz benötigt, auf Lager zu haben, geben manche Franchisegeber ihren Franchisenehmern eine Liste zugelassener Lieferanten, von denen diese die Artikel direkt erwerben können. Solange diese zugelassenen Lieferanten nur die Waren verkaufen, die der Franchisegeber genehmigt hat, und keinen unzulässigen Ersatz anbieten, kann der Franchisegeber die Qualität der Produkte, die unter seinem Warenzeichen verkauft werden, kontrollieren.

Ein guter Franchisegeber ist der Hüter des Warenzeichens. In dieser Rolle suchen, überprüfen und genehmigen die Vertreter des Franchisegebers Lieferanten für das System. Lieferanten gibt es wie Sand am Meer, und Ihr Franchisegeber hat hoffentlich die besten für Sie ausfindig gemacht. Bevor Sie darüber wütend sind, dass Sie ausschließlich Lieferanten der Wahl Ihres Franchisegebers beschäftigen dürfen, sollten Sie Ihren Unternehmergeist ein wenig besänftigen und weiterlesen.

Ein guter Franchisegeber möchte die Betriebskosten so niedrig wie möglich halten, um Ihnen dabei zu helfen, so viel Geld wie möglich zu verdienen. Wenn ein Franchisegeber sich die Mühe gemacht hat, für Sie gute Lieferanten zu finden, und dabei keine Kosten gescheut hat, sollten Sie Ihren Nutzen aus dieser Mühe ziehen! Fragen Sie aber auch Ihre Kollegen im System, die anderen Franchisenehmer, ob sie mit den Lieferanten zufrieden sind. (Achten Sie darauf, dass Sie diese Fragen stellen, bevor Sie ein Franchiseunternehmen kaufen. Sie wollen schließlich keine Überraschung erleben.) Wenn Sie zufrieden sind, seien Sie dankbar, dass Ihre Aufgabenliste nun einen Punkt weniger umfasst.

Warenlieferung à la Wendy's

Die Franchisenehmer bei Wendy's können von den Absprachen, die wir mit den Lieferanten treffen, profitieren. Programme, die von unserer Einkaufsabteilung eingerichtet wurden, können dabei helfen, dass die Produkte unseren Qualitätsansprüchen genügen und zur Verfügung stehen, wenn unsere Franchisenehmer sie benötigen. Gleichzeitig können unsere Franchisenehmer zu einem niedrigeren Preis kaufen, da wir Großeinkäufe tätigen. Wir berechnen den Franchisenehmern diesen Einkaufsservice nicht. Für uns ist das kein Profit Center. Es ist einfach eine Art und Weise, wie wir den Standards der Marke Wendy's gerecht werden. Ich bin der Meinung, ein guter Franchisegeber sollte seinen Franchisenehmern diese Dienstleistung anbieten, denn sie ist richtig gut.

Wir haben eine ganze Abteilung von Mitarbeitern, die die Unternehmen unserer Lieferanten besichtigen und ihren Betrieb prüfen. Unsere Mitarbeiter überprüfen die gesamte Produktion und vergewissern sich, dass das Unternehmen alles so macht, wie wir es wünschen. Wir machen sogar Kontrollen, bei denen wir die Produkte des Lieferanten und seiner Vertriebszentren zur Bewertung an ein unabhängiges Labor schicken. Wir möchten sichergehen, dass alle Maßnahmen zur einwandfreien Lebensmittelhygiene angewandt werden. Es gibt so viele Rückrufe in der Lebensmittelindustrie, dass man genau darüber informiert sein muss, was der Lieferant treibt, was in seinen Produktionsstätten passiert und in welcher Umgebung unsere Produkte hergestellt werden.

Franchisegeber, die ihr Geld wert sind, verhandeln mit Herstellern über die niedrigsten Nettopreise für Waren, über Werbeunterstützung und andere Vorteile. Fragen Sie Ihren Franchisegeber, wie innerhalb des Systems mit Rabatten verfahren wird. Das Verfahren ist weder bei Franchisegebern noch bei Lieferanten einheitlich. Und sollten Sie entdecken, dass ein Lieferant in Ihrer Nähe den Ansprüchen des Franchisegebers gerecht wird und günstiger ist, als die vom Franchisegeber zugelassenen Lieferanten, denken Sie daran, diese Information an die Systemzentrale des Franchisegebers weiterzuleiten.

Vom Franchisegeber zugelassene Produkte einkaufen

Alle Franchisegeber, egal, ob große, kleine oder mittlere, fordern die Einhaltung der Standards für die Produkte, die unter ihrem Warenzeichen verkauft werden. Produktstandards und -spezifikationen sind Hauptbestandteil für die Einheitlichkeit der Produkte.

Franchisegeber legen die Produktstandards und -spezifikationen fest. Damit machen sie ihren Franchisenehmern deutlich, was für Produkte sie in welcher Qualität einkaufen müssen. Solange Franchisenehmer diese Regeln befolgen, können sie ihre eigenen Lieferanten auswählen. Diese Praktik ist vor allem in kleinen Franchisesystemen gängig, aber auch große Franchisegeber erlauben es ihren Franchisenehmern oft, die Artikel vor Ort zu kaufen, wenn sie die Standards einhalten. Bei einer relativ neuen Studie über den Schnellrestaurantbereich von FranData (ein Marktforschungsunternehmen mit Sitz in Washington, D.C.), die sich auf zwölf Franchisegeber konzentriert, haben alle zwölf gefordert, dass die Franchisenehmer beim Einkauf bestimmte Standards und Spezifikationen einhalten müssen. Die meisten Franchisegeber forderten, dass ihre Franchisenehmer nur bei zugelassenen Lieferanten kaufen.

Wareneinkauf über Kooperativen

Verschiedene Franchisesysteme arbeiten als *Kooperativen* oder Einkaufsgruppen zusammen, um Produkte, Marketingkonzepte, Werbung, Versicherungen, Leasingverträge, Kredite und andere Waren oder Dienste einzukaufen.

Kooperativen sind keinesfalls einheitlich in ihrer Funktion oder darin, wen sie vertreten. Viele werden von den Franchisenehmern ins Leben gerufen, und der Franchisegeber gehört nicht zur Einkaufsgruppe. Andere Kooperativen wiederum schließen Standorte in Unternehmens- und in Franchisenehmerbesitz ein. Wieder andere vertreten Mitglieder aus verschiedenen Franchisesystemen.

Der Nutzen einer Kooperative liegt in niedrigen Preisen durch den Größenvorteil beim Einkauf. Dank dieser Methode haben Sie einen Wettbewerbsvorteil gegenüber denjenigen, die nicht so preiswert einkaufen können. Große Käufergruppen erhalten oft auch besseren Zugang zu neuen Produkten, werden bevorzugt, wenn das Produkt nur in geringen Mengen vorrätig ist, und erhalten einen besseren Service vom Lieferanten, wenn etwas schief geht.

Franchisenehmer und/oder Franchisegeber kaufen sich in die Kooperativen ein und sagen zu, dass sie einen bestimmten Prozentsatz ihres Bedarfs über die Kooperative beziehen. Kooperativen werden von ihren Mitgliedern kontrolliert, normalerweise mit einer Stimme pro Mitglied. Die Mitglieder bestimmen, wer leitender Angestellter oder Direktor wird und welche Strategie und Verfahren von der Kooperative übernommen werden.

Mitglieder einer Kooperative werden auch an einer Gewinnausschüttung beteiligt. Hierbei werden wie bei Aktiengewinnen die Einnahmen der Kooperative verteilt. Diese Gewinnausschüttungen weichen in einem Punkt allerdings erheblich von Aktiengewinnen ab: Aktiengewinne richten sich nach der Anzahl der Aktien, die man besitzt, Gewinnausschüttungen in Kooperativen basieren auf der Einkaufsmenge über die Kooperative. Je mehr Sie kaufen, desto mehr Gewinnausschüttung erhalten Sie.

Natürlich müssen Sie, auch wenn Sie über eine Kooperative einkaufen, die Produktstandards- und -spezifikationen, die Ihr Franchisegeber für Ihren Standort fordert, befolgen.

Den richtigen Lieferanten und die Waren finden

Einer der Hauptvorteile beim Kauf eines Franchiseunternehmen liegt darin, dass Sie Teil eines größeren Netzwerks sein können, zu dem der Franchisegeber, andere Franchisenehmer und die regionalen Systemberater gehören. Wenn Sie aber der erste Franchisenehmer in einem System sind, oder der Franchisegeber nicht so groß ist, dass er national oder regional über Lieferanten verfügt, müssen Sie einen Teil des Beziehungsaufbaus mit den Lieferanten selbständig angehen.

Wenn Sie von Ihrem Franchisegeber keine Liste der zugelassenen Lieferanten erhalten, müssen Sie die Geschäftsbeziehung zu den Lieferanten selber aufbauen.

Lieferanten auswählen

Arbeiten Sie mit dem Systemberater und der Einkaufsabteilung Ihres Franchisegebers zusammen, und finden Sie heraus, wie sie Ihnen dabei helfen können, die Lieferanten in Ihren Märkten zu finden. Suchen Sie andere Unternehmen ähnlicher Art auf, und fragen Sie nach, mit welchen Lieferanten diese zusammenarbeiten. Die Handelskammer am Ort kann Ihnen eventuell auch eine Liste passender Lieferanten geben.

Bevor Sie sich für einen Lieferanten entscheiden, müssen Sie etwas Vorarbeit leisten:

- ✔ Definieren Sie Ihre Bedürfnisse. Stellen Sie sicher, dass Sie eine Liste der autorisierten Produkte von Ihrem Franchisegeber erhalten (wenn Ihr Franchisegeber Standards und Spezifikationen vorgibt).

- ✔ Sie müssen wissen, was Sie wollen und wie dringend Sie es benötigen, bevor Sie bei einem Lieferanten anrufen. Im Gespräch mit den Lieferanten müssen Sie so genau sein, wie es nur geht. Entschlossenheit erhöht Ihre Glaubwürdigkeit und, was genauso wichtig ist, sie verringert die Chance, dass ein guter Verkäufer Ihnen ein Ersatzprodukt, zusätzliche Produkte oder eine größere Menge, als Sie in einem vernünftigen Zeitraum verbrauchen können, verkauft. Diese Informationen erhalten Sie beim Franchisegeber oder anderen Franchisenehmern.

- ✔ Besuchen und sprechen Sie mit mehr als einem Lieferanten, bevor Sie Ihre endgültige Entscheidung treffen. Jeder Lieferant hat seine Stärken und Schwächen:
  - Preise
  - Planung der Auslieferung
  - Notlieferungen
  - Liefermengen
  - Marktforschung
  - Absatzhilfen (Planungsdiagramme)
  - Rabattmanagement

- ✔ Erbitten Sie schriftliche Referenzen, Preisangaben und Angebote. Fragen Sie einige der anderen Kunden des Lieferanten nach Referenzen.

Lieferanten bewerten

Wenn Sie Preisangaben und Angebote erhalten, müssen Sie darauf achten, dass Sie begreifen, wie hoch die Gesamtkosten sind. Manche Lieferanten bieten ein Produkt zu einem niedrigen Preis an und machen den Verlust mit Bearbeitungs- oder Lieferkosten wieder wett. Achten Sie beim Preisvergleich auf diese versteckten Kosten.

Der Preis ist bei der Auswahl eines Lieferanten mit Sicherheit ein entscheidendes Kriterium. Es kann jedoch auch ein Fehler sein, ausschließlich auf den Preis zu achten. Ein guter Preis nutzt Ihnen beim Aufbau Ihres Unternehmens nichts, wenn der Artikel immer ausverkauft ist oder der Händler ständig versucht, Ihnen abgelaufene Waren zu verkaufen.

Wenn Ihr Franchisegeber einen Fragebogen zur Bewertung von Lieferanten bereitstellt, besorgen Sie sich diesen und benutzen Sie ihn. Wenn nicht, dann müssen Sie selber einen aufstellen. Sie sollten bei der Auswahl Ihrer Lieferanten außer auf wettbewerbsfähige Preise auch auf nachfolgende Punkte achten:

- ✔ Pünktliche Lieferung
- ✔ Hohe Qualität
- ✔ Gleichbleibend gute Produktqualität
- ✔ Schnelle Auftragsbearbeitung
- ✔ Professionelles Verkaufsteam
- ✔ Professionelle Beratung über die Preise am Ort, welche Produkte in sind und so weiter. Das ist vor allem hilfreich, wenn Sie ein Wirtschaftsgut wie Milch, Brot und Zigaretten verkaufen, denn dabei ist gut zu wissen, was andere für die gleiche Ware berechnen.
- ✔ Einen guten Kreditrahmen
- ✔ Außergewöhnlichen Kundendienst
- ✔ Aussagekräftige Berichte über Ihre Einkaufstrends (Saisonabhängigkeit und Zeiträume großer Nachfrage), Rückgaben (Artikel, die Sie meist in zu großen Mengen bestellen) und so weiter. Warum Rückgaben? Falls Ihr Manager zu viel Ware ordert, die sich nicht verkaufen lässt, ist es gut, darüber Bescheid zu wissen. Sie möchten schließlich nicht die Regale voller Waren haben, die sich nicht verkaufen und nur kostbaren Platz beanspruchen. Wenn Sie wissen, was zurückgegeben wird, können Sie Ware, die sich langsam verkauft, mit anderer ersetzen bzw. Ware, die sich nicht verkauft, durch Kassenschlager. Sie müssen sich jedoch mit Ihrem Franchisegeber besprechen, bevor Sie das Warenangebot ändern.
- ✔ Rechtzeitige und vollständige Information über neue Produkte
- ✔ Verkaufsförderung. Manche Lieferanten kommen in Ihren Standort und packen die Ware aus, die Sie Ihnen verkaufen. Manche füllen sogar die Regale anhand eines Planungsdiagramms (einer Art Layout, wie die Regale auszusehen haben). Es wird vom Franchisegeber mitgeliefert oder, wenn er es nicht mitliefert, entwickeln Sie selber eines.

- ✔ Effektive Werbeunterstützung und Teilnahme an Kampagnen
- ✔ Faire und ehrliche Finanzpraktiken (zum Bespiel Weitergabe des gesamten Betrags der Herstellerrabatte und -nachlässe)
- ✔ Dokumentierte Versicherungen und Finanzstabilität
- ✔ Ausreichend Mitarbeiter und Ressourcen, um mit Ihrem Unternehmen mitzuwachsen

Der Wareneingang

Wenn Sie ein Franchiseunternehmen besitzen, müssen Sie als Erstes klären, wie Sie den Wareneingang verwalten. Sie müssen alle Waren, die geliefert werden, sorgfältig überprüfen, registrieren und lagern. Sie können niedrige Preise für Ihre Waren aushandeln, aber wenn Sie inakzeptable Qualität oder nicht genug Waren geliefert bekommen und es nicht bemerken, haben Sie nichts gespart. Wenn Sie solche Verluste vermeiden möchten, müssen Sie oder der Lagerverwalter eine Wareneingangsroutine für das Lager entwickeln. So ein Standardablauf hilft dabei, Lieferanten zu überwachen, und reduziert das Risiko von Fehlmengen.

Der Franchisegeber sollte Ihnen eine Liste mit Empfehlungen und Abläufen zur Lagerverwaltung überreichen, befolgen Sie diese.

Wenn Sie so eine Liste nicht vom Franchisegeber erhalten, finden Sie in diesem Abschnitt einige nützliche Hinweise.

Lieferungen entgegennehmen

Angenommen, Sie haben gerade einen kleinen Supermarkt erworben. Der neue Standort ist gebaut, und Sie stehen im nagelneuen Gebäude. Das einzige Problem ist, dass die Regale noch leer sind. Bald werden Sie Lieferungen planen und erhalten, aber Sie haben keine Erfahrung damit. Folgen Sie diesen allgemeinen Ratschlägen zum Wareneingang, sie gelten für alle Arten von Franchiseunternehmen:

- ✔ Achten Sie darauf, dass die Anlieferung im Voraus geplant wurde. Nehmen Sie Lieferungen nur zu bestimmten Zeiten entgegen. Wenn der Standort geöffnet ist und Betrieb herrscht, möchten Sie nicht, dass die Waren in den Stoßzeiten angeliefert werden, damit Sie sich auf den Wareneingang konzentrieren können.
- ✔ Erlauben Sie den Lieferanten nicht, vor dem Geschäft zu parken. Fordern Sie von den Lieferanten, dass Sie an einem Platz parken, wo sie nicht im Weg sind, denn der Platz vor Ihrem Unternehmen ist für Ihre Kunden bestimmt.
- ✔ Lassen Sie den Lieferanten alle Produkte in das Gebäude bringen, bevor Sie beginnen, die Artikel zu prüfen. (Manche Systeme verlangen, dass die eigenen Angestellten die Waren in das Geschäft bringen.)
- ✔ Achten Sie darauf, dass die Waren, die Sie erhalten, auch für Ihr Unternehmen bestimmt sind.

✔ Überprüfen Sie die Lieferanten sehr genau. Achten Sie darauf, dass Sie tatsächlich jeden Artikel gesehen haben, verlassen Sie sich nicht auf das Wort des Fahrers. Prüfen Sie alle Kartons und Kisten, wenn der Lieferant wieder fährt, um sich zu vergewissern, dass sie leer sind und keine Waren aus dem Laden herausgetragen werden. Wenn es nicht zwingend nötig ist, sollte der Wareneingang nicht neben dem Händlerregal stattfinden und auch nicht neben den Waren, die Sie bereits im Laden haben. Erlauben Sie einem Händler nicht, gleichzeitig die Regale zu füllen und die Kartons zu entfernen, es sei denn, Sie können beides überprüfen, bevor der Händler wieder fährt.

✔ Achten Sie auf die Helfer. Manche Lieferanten haben Helfer, die Sie beim Abladen vor allem ablenken sollen.

✔ Verstauen Sie die verderblichen Waren sofort.

Waren nach der Lieferung im Geschäft überprüfen

Ein Laster fährt an der Hintertür Ihres Franchiseunternehmens vor, und plötzlich brummt es vor Aktivität. Ehe Sie sich versehen, sind Sie von Kisten umgeben. Der Fahrer macht die Papiere fertig, damit Sie diese unterschreiben können. Diese Situation braucht Sie nicht ängstigen, wenn Sie wissen, was zu tun ist. Prüfen Sie die Qualität und den Zustand der Waren, bevor Sie sie annehmen. Nachfolgend noch ein paar Hinweise:

✔ Untersuchen Sie jede Kiste auf offensichtliche Zeichen einer Beschädigung, wie zum Beispiel Risse, kaputte oder zerbeulte Kartons, Zeichen für eine Manipulation, Klirren, feuchte oder nasse Kartonage, eingebeulte Dosen, Ersatzwaren für Standardartikel und so weiter.

✔ Bevor Sie für die Kartons unterschreiben, sollten Sie bereits geöffnete und wieder versiegelte Kartons oder solche, die nach kaputtem Inhalt aussehen öffnen. Notieren Sie alle Schäden auf der Eingangsbestätigung.

✔ Prüfen Sie immer das Verfallsdatum auf den Produkten. Vergewissern Sie sich immer, dass das Produkt nicht das Verfallsdatum überschritten hat und der Zeitraum groß genug ist, damit Sie es auch vor dem Ablaufdatum verkaufen können.

Rechnung prüfen

Die Beschäftigung mit den Papieren ist vielleicht die unattraktivste Aufgabe beim Franchisebesitz, doch bei Wareneingangsbelegen lohnt es sich manchmal. Sie vermeiden finanzielle Verluste, wenn Sie überprüfen, ob Sie alles erhalten haben, wofür Sie auch gezahlt haben. Beachten Sie folgende Hinweise:

✔ Bevor Sie eine Lieferung annehmen, sollten Sie jeden Artikel auf dem Lieferschein mit dem gelieferten und mit dem bestellten Produkt abgleichen. Liefermenge und Bestellmenge müssen überprüft werden. Zählen Sie die gelieferte Anzahl von Kartons, und vergleichen Sie die Anzahl mit der Anzahl auf dem Lieferschein des Fahrers oder auf dem Frachtbrief. Unterschreiben Sie nie für mehr Kartons, als Sie erhalten haben. Jede Abweichung muss auf dem Frachtbrief oder dem Eingangsbeleg verzeichnet oder korrigiert werden, bevor der Lieferant das Geschäft verlässt.

- ✔ Geben Sie den Lieferschein niemals dem Lieferanten zurück. Sie erhalten den Lieferschein, wenn der Lieferant hereinkommt und geben ihm den Beleg unter keinen Umständen wieder zurück. Die Manipulation des Lieferscheins ist eine gängige Methoden, mit der einige Lieferanten Waren von Franchisestandorten stehlen.

- ✔ Wenn eine Ersatzlieferung geschickt wird, rufen Sie am besten den Systemberater des Franchisegebers an, um sicherzugehen, dass der Ersatz zulässig und akzeptabel ist. Informieren Sie den Fahrer, und notieren Sie auf der Rechnung, dass Ersatzlieferungen, die nicht von Ihrem Franchisegeber akzeptiert werden, zurückgegeben werden.

- ✔ Wenn ein Artikel, der auf dem Lieferschein erscheint, nicht eingegangen ist, lassen Sie sich vom Fahrer den Artikel in der nicht eingegangenen Menge als »fehlend« quittieren. Der Fahrer muss dann den Wareneingangsbeleg unterzeichnen, bevor Sie es tun.

Lagerverwaltung

Ihre Franchise-Schulungsunterlagen enthalten alles Wissenswerte über die Lagerverwaltung. Die Verfahren variieren stark, je nach der Art des Unternehmens, dass Sie besitzen. Eventuell müssen Sie für Ihr Franchiseunternehmen gar keine Lagerhaltung betreiben, dann überspringen Sie diesen Abschnitt. (Am Ende des Buches gibt es keinen Test, also erfährt es niemand.)

Die Rückseite des Gebäudes

Die Rückseite des Gebäudes nennt man auch Lager. Es befindet sich wortwörtlich hinter Ihrem Laden, und hier bewahren Sie alles auf, was Sie momentan nicht benötigen. Wenn Sie mehr Vitamine brauchen, gehen Sie in den hinteren Teil des Hauses oder in das Lager und holen welche. Hinten lagern Sie auch die verderblichen Waren oder Tiefkühlware, was bedeutet, hier kann auch der Kühlschrank oder die Tiefkühlung stehen. Man erwartet, dass Sie wissen, was sich hinten befindet, aber auch in diesem Bereich planen Franchisegeber wieder für Sie und liefern Ihnen einen Plan mit, genau wie sie es für den vorderen Teil des Geschäfts gemacht haben.

Der Franchisegeber sollte Ihnen Einzelheiten zum Lagervorgang im hinteren Teil des Unternehmens mitgegeben haben. Befolgen Sie diese.

Wenn Ihr Franchisegeber Sie nicht mit genaueren Informationen über die Vorgehensweise versorgt hat, finden Sie hier ein paar Verfahren beschrieben.

Trockenware lagern

Trockenware ist vor allem ein Begriff für Artikel, die nicht in die Kühlung müssen. Wenn Sie zum Beispiel Franchisenehmer im Reformhausbereich sind, sind Ihre Vitamine und auch die Sportgetränke Waren, die trocken zu lagern sind.

✔ Lagern Sie die Produkte mindestens 15 cm vom Boden entfernt, auf sauberen Oberflächen, damit der Boden darunter gesäubert werden kann, und Schutz vor Schmutz und Nagern gewährleistet ist.

✔ Lagern Sie die Waren nicht unter Abwasser- oder Wasserrohren oder in der Nähe von schwitzenden Wänden.

✔ Lagern Sie alle giftigen Materialien wie Pestizide, Seife und Reinigungsmittel an einem anderen Platz als die Lebensmittel in besonders gekennzeichneten Bereichen.

✔ Lagern Sie alle geöffneten Pakete in verschließbaren und beschrifteten Behältern.

✔ Halten Sie die Regale und den Fußboden immer trocken und sauber.

✔ Planen Sie die Reinigung des Lagerraums in geregelten Abständen.

✔ Datieren Sie die Waren beim Eingang, und rotieren Sie nach dem Prinzip »erster rein, erster raus« (Stellen Sie die Produkte, die bereits am Lager sind, vor die neu eingegangenen).

✔ Lagern Sie häufig benötigte Waren in geringer Höhe in der Nähe des Verkaufsraums.

✔ Lagern Sie schwere Pakete auf den unteren Regalbrettern.

✔ Lagern Sie nichts über Schulterhöhe.

Praktiken für kühl zu lagernde Waren

Achten Sie darauf, dass alle Waren, die in die Kühlung müssen, dort auch so schnell wie möglich ankommen.

✔ Lebensmittel oder andere Produkte, die aus dem Originalbehälter genommen wurden, sollten in einem sauberen, hygienisch einwandfreien, geschlossenen Behälter aufbewahrt und entsprechend gekennzeichnet werden.

✔ Lagern Sie Lebensmittel nicht so, dass Sie mit Wasser oder Eiskristallen in Berührung kommen.

✔ Überprüfen Sie die Thermometer im Kühlschrank und in der Tiefkühltruhe regelmäßig.

✔ Lagern Sie alle Lebensmittel so, dass kalte Luft frei über deren Oberfläche zirkulieren kann.

✔ Lagern Sie Lebensmittel nie direkt auf dem Boden.

✔ Wenn Sie ein Unternehmen haben, das Lebensmittel in der Kühlung benötigt, achten Sie darauf, dass die Temperatur für das Produkt richtig ist.

✔ Planen Sie die Reinigung der Ausstattung und des Kühlhauses in regelmäßigen Abständen.

✔ Datieren Sie die Waren beim Eingang, und rotieren Sie nach dem Prinzip »erster rein, erster raus« (Stellen Sie die Produkte, die bereits am Lager sind, vor die neu eingegangenen). Dies ist vor allem bei Produkten wichtig, die gekühlt gelagert werden müssen, da sie schneller verderben.

✔ Machen Sie einen Wartungsplan für die Geräte.

Der vordere Gebäudeteil

Der vordere Gebäudeteil umfasst alles, was nicht der hintere Teil ist. Es ist der Bereich, den der Kunde sieht, wenn er Ihr Geschäft betritt. Dieser Teil des Geschäfts ist also für Unternehmen mit Kundenverkehr wichtiger als für solche, die nie Kundenverkehr haben.

Wenn Sie ein Einzelhändler sind, gehen Sie mit Ihren Waren anders um, als wenn Sie ein Restaurant besitzen. Dennoch ist der vordere Teil des Gebäudes immer auch Ihr Schaufenster, es ist der Teil, den die Kunden sehen, wenn Sie Ihr Geschäft aufsuchen.

Einzelhändler müssen die Waren in Regale verteilen, damit sie für den Kunden attraktiv sind und ihn zum Kauf verleiten. Restaurants und andere Unternehmen, die ebenfalls Lebensmittel verkaufen, müssen ihre Ladenlokale ebenfalls attraktiv gestalten. Wenn Sie Kühlsysteme haben, die für den Kunden zugänglich sind, oder Artikel ausstellen, so ist es für Sie genauso wichtig wie für einen Einzelhändler, wie die Waren ausgestellt sind. Der Franchisegeber sollte Ihnen für diesen Zweck einen Plan zur Verfügung gestellt haben.

- ✔ Befolgen Sie den Plan Ihres Systems.
- ✔ Die Regale und Warenständer sollten gut gefüllt, sauber und staubfrei sein.
- ✔ Achten Sie auf die Produktrotation, platzieren Sie die ältesten Produkte vor den Neueingängen (First-In-First-Out).
- ✔ Gleiche Artikel sollten das gleiche kosten. Ein Vorteil moderner Technik im Verkaufsraum ist, dass Sie nicht jeden Artikel neu auszeichnen müssen, wenn sich die Preise ändern, Sie müssen nur noch den Preis im Computer und am Regal ändern.
- ✔ Achten Sie darauf, dass zwischen den Regalen und Ständern genug Platz ist, wie es gesetzlich vorgeschrieben ist.
- ✔ Arbeiten Sie nur mit Schildern, die Ihr System akzeptiert. Wenn der Franchisegeber von Ihnen fordert, professionell erstellte Schilder zu benutzen, arbeiten Sie nicht mit von Hand geschriebenen Schildern. Es ist auch wichtig, dass Sie die Weihnachtsdeko vor Ostern entfernen.
- ✔ Halten Sie den Boden frei von Kisten, außer das gehört zu Ihrem Ladenlayout.

Sie sollten auch darauf achten, dass Sie Ihren Laden in einer Weise ausstatten, dass er für Menschen mit Behinderungen zu benutzen ist. Als allgemeine Regel gilt: Sorgen Sie dafür, dass im ganzen Laden genug Platz für einen Rollstuhl ist, dass der Zugang zu den Kassen erreichbar ist, und stellen Sie Regale nicht so auf, dass es für Behinderte nicht mehr möglich ist, einzukaufen. Wenn Sie keinen Einfluss darauf haben, wie der Laden ausgestattet wird, achten Sie darauf, dass immer jemand von Ihren Mitarbeitern da ist, um Kunden behilflich zu sein, wenn sie Hilfe benötigen. Denken Sie daran, dass es in der Verantwortung des Franchisenehmers liegt, entsprechende Gesetze zu beachten.

Teil III

Eine gut geölte Maschine: Ihr Franchiseunternehmen betreiben

»Dieser neue Typ benimmt sich wieder einmal völlig verrückt. Ich werde ihn benebeln, und wenn er sich beruhigt hat, werfe ich ihn aus dem Fenster.«

In diesem Teil...

Bei Franchising geht es um Beziehungen und Ihre Fähigkeit, mit Menschen zusammenzuarbeiten.

In diesem Teil untersuchen wir vier Schlüsselbeziehungen: Ihre Beziehung zu Ihrem Franchisegeber, Ihren Franchisenehmer-Kollegen, Ihren Angestellten und Ihren Kunden. Wir schauen uns genau an, wie Franchisenehmer und Franchisegeber miteinander umgehen und kommunizieren – in guten und in schlechten Zeiten. Wir besprechen die Methoden, mit denen Sie Kunden anziehen und halten können, und, fast am wichtigsten, wir sprechen darüber, wie Sie Ihr Personal einstellen, das den wichtigsten Vermögenswert jedes Geschäfts darstellt.

Die Zusammenarbeit mit dem Franchisegeber und den anderen Franchisenehmern

In diesem Kapitel

▶ Die Franchiseregeln befolgen

▶ Eine Beziehung zu Ihrem Franchisegeber aufbauen

▶ Mit Veränderungen klarkommen

▶ Beziehungen zu anderen Franchisenehmern aufbauen

In diesem Kapitel ist vielleicht mehr als in anderen von Menschen die Rede. Menschen werden Ihnen viele Zielvorgaben für den Betrieb Ihres Franchiseunternehmens geben. Menschen werden Ihnen über die Schulter schauen, um Stetigkeit zu gewährleisten. Und Menschen – viele, viele Menschen – werden das Franchiseteam bilden. Sie müssen wissen, wie Sie sich diesen gegenüber zu verhalten und was Sie von diesen zu erwarten haben. Dieses Kapitel informiert Sie darüber.

Die Franchiseregeln befolgen

Franchisegeber und Franchisenehmer sprechen einander Vertrauen aus, wenn sie den Franchisevertrag unterschreiben und sich zur Zusammenarbeit bereit erklären. Doch andere sind auch Teil dieses Geschäfts – die anderen Franchisenehmer des Systems. Wie gut Sie Ihr Geschäft betreiben hat auch Auswirkungen auf diese. Wenn Sie sich nicht systemkonform verhalten, wird Ihr Betrieb voraussichtlich darunter leiden und Sie scheitern womöglich. Wenn Sie scheitern, verringert sich der Firmenwert, den die anderen mit Ihnen aufgebaut haben. Es ist eigentlich ganz einfach. Das gesamte Team zählt darauf, dass Sie die Regeln befolgen.

Den Standards des Franchisesystems entsprechen

Wenn Sie Franchisenehmer werden, hoffen gute Franchisegeber, dass Sie darauf stolz sind. Franchisegeber werden denselben Stolz zeigen, wenn sie Sie auf die Standards der Kette drillen – bei Schulungen, während Franchisezusammenkünften, im Systemhandbuch und in Franchise-Infoblättern. Sie werden jede Gelegenheit dazu ergreifen – dies alles in dem Bemühen, den Wert der Marke zu erhalten und den Stolz, den jeder für sie empfindet, zu unterstützen.

Ein System aufrechtzuerhalten, auf das man stolz sein kann, macht es erforderlich, dass jeder die Standards des Systems einhält – in jedem Franchisebetrieb und in jedem unternehmenseigenen Betrieb.

 Die Verletzung von Systemstandards bedeutet eine Gefährdung des Systems und Franchisegeber nehmen dies äußerst ernst. Gleiches gilt für die Franchisenehmer, die jeden Tag hart arbeiten, um die Qualität ihrer Standorte zu erhalten.

Verletzungen treten auf. Die meisten werden korrigiert, sobald der Franchisenehmer auf das Problem hingewiesen wird. Wenn Verletzungen jedoch weiterhin auftreten, so nimmt meistens der Systemberater Kontakt zum jeweiligen Franchisenehmer auf (sofern die Verletzung keine öffentliche Gefahr darstellt oder als extrem angesehen wird), und dieser wird nochmals aufgefordert, die nicht genehmigten Handlungen sofort zu unterlassen.

Für ausgereifte Systeme ist es typisch, dass Franchisenehmern auch Unterstützung dabei angeboten wird, die Betriebsstandards wieder zu erreichen. Franchisegeber erhöhen üblicherweise die Kontrolle des Standorts, um sicherzustellen, dass die Korrekturen vorgenommen wurden, und beobachten ihn weiterhin, um sicherzugehen, dass dies auch so bleibt. Dieser Prozess findet in jedem ausgereiften Franchisesystem statt. Wenn die Verletzungen jedoch anhalten, greifen die im Franchisevertrag vereinbarten Abhilfen, dies sind Handlungen, die die Beziehung endgültig beenden könnten. Davon profitiert niemand.

Das System unterstützen und beobachten

Beim Franchising gilt »Big brother/sister is watching« (der große Bruder/die große Schwester beobachtet dich). Diese Überwachung ist zu Ihrem Vorteil – und Ihrem Schutz – und kann Formen annehmen, zu denen die in den nachfolgenden Abschnitten beschriebenen gehören.

Systemberater

Die Außendienstmitarbeiter – manchmal auch Außendienstvertreter, Systemberater oder Regionalmanager genannt – sind die wirklichen Fehlersucher im Franchising. Sie sind Mitglieder der Belegschaft des Franchisegebers, die direkt mit den Franchisenehmern zusammenarbeiten. Systemberater und Franchisenehmer müssen eine Beziehung gegenseitigen Vertrauens und Respekts aufbauen, um eine positive Arbeitsbeziehung aufrechterhalten zu können.

Von den verschiedenen Bezeichnungen, die Franchisegeber verwenden, um ihre Außendienstmitarbeiter zu beschreiben, ist Systemberater die zutreffendste, da die Hauptaufgabe der Außendienstmitarbeiter darin bestehen sollte, als Berater des Franchisenehmers zu agieren. Ihr hauptsächliche Aufgabe sollte es sein, Franchisenehmern bei der Verbesserung ihres Betriebs zu helfen. Die Systemberater stehen in regelmäßigem Kontakt mit den Franchisenehmern per Telefon, E-Mail oder suchen diese auch persönlich auf, um Fragen zu beantworten und hoffentlich Lösungen und neue Ideen direkt zum Franchisenehmer zu bringen. In einigen Systemen sind die Systemberater auch in die Schulung vor Ort eingebunden.

Wenn ich Franchisenehmer wäre

Wenn ich Franchisenehmer wäre, würde ich von Systemberatern erwarten, dass sie mir helfen, mir nicht schaden. Ich würde mir von einem Systemberater wünschen, dass er zu mir kommt und mir sagt, was falsch ist an meinem Restaurant. Wenn ich ein Problem hätte, würde ich hoffen, dass ein Berater mir bei der Lösung hilft. Ich würde vom Berater Professionalität erwarten und, dass er meine Angestellten respektvoll behandelt.

Systemberater sind keine Diktatoren, und sie sind auch keine Berichterstatter. Sie kommen nicht und »schreiben auf«. Wenn ich beispielsweise ein Problem mit meiner Schulung hätte, würde ich von einem Berater erwarten, dass er mich aufsucht und mir sagt, was falsch läuft. Das ist Teil dessen, wofür ein Franchisenehmer zahlt. Unsere Franchisenehmer zahlen Wendy's 4% Lizenzgebühren (die laufende Gebühr, die an den Franchisegeber zu entrichten ist und sich üblicherweise als Prozentsatz des Bruttoumsatzes berechnet), damit sie darin unterstützt werden, erfolgreich zu sein.

Die Arbeit des Systemberaters ist es, den Standort des Franchisenehmers regelmäßig zu überprüfen, eventuell vorhandene Mängel mit diesem zu besprechen und Vorschläge für Verbesserungen zu machen. Vielleicht wird den Standards des Franchisegebers nicht entsprochen, trägt die Belegschaft keine Uniformen oder sind die Warenauslagen leer oder verschmutzt. Vielleicht sind die Verkaufszahlen des Franchisenehmers schlecht und die Löhne des Standorts stehen noch aus. Die Aufgabe des Systemberaters – in guten Systemen – besteht darin, den Franchisenehmern bei der Verbesserung ihrer Leistung zu helfen.

In einigen Systemen sind Außendienstbesuche selten und finden in großen Abständen statt. Die unregelmäßigen Besuche der Systemberater sind kein Ehrenzeichen für diese Systeme. In einigen Systemen wird jeder Franchisenehmer nach einem vorgegebenen Zeitplan besucht. Bei anderen ist dies unterschiedlich und abhängig von einer Vielzahl von Faktoren, zu denen möglicherweise die Analyse des Franchisegebers hinsichtlich der finanziellen und betrieblichen Indikatoren des Franchisenehmers gehört. In ausgereiften Systemen erhält der Franchisegeber diese Information aus Berichten und anderen Informationen, die der Franchisenehmer routinemäßig (meist auf elektronischem Weg) verschickt, und aus anderen Quellen. Abhängig von der Branche kann das Verhältnis der Systemberater zu den Franchisestandorten so klein wie 1 zu 8 oder so groß wie 1 zu 100 sein, doch der Durchschnitt liegt eher bei 1 zu 40.

Testkäufer

Testkäufer sind gewöhnlich Angestellte von Unternehmen, die sich darauf spezialisiert haben, in Standorten einer Kette einzukaufen und dem Unternehmen zu berichten, was die Kunden tatsächlich für Erfahrungen machen. Testkäufer sind nicht nur in Restaurants oder im Einzelhandel verbreitet; Franchisegeber verlassen sich auch auf die Hilfe von Testkäufern, um die Reinigung von Teppichen, die Qualität von Haarschnitten, Tankstellen und Autoreparaturen zu bewerten – fast jedes Segment in Franchising arbeitet mit Testkäufern.

Diese Frau im roten Kleid mag wie jede andere Frau in der Schlange aussehen, doch in Wirklichkeit arbeitet sie inkognito, um Ihre Belegschaft und Ihre Betriebsabläufe zu kontrollieren. Das Unternehmen der Testkäufer und der Franchisegeber arbeiten eine Checkliste für die Einkaufserfahrung aus – und diese Berichte werden dem Franchisegeber übersandt, der sie mit dem Franchisenehmer bespricht. Um für Spaß an der Sache zu sorgen, veranstalten manche Franchisegeber Wettbewerbe und setzen Preise für Mitarbeiter solcher Systemstandorte aus, darunter auch Reisen, in denen der Betrieb herausragend gut läuft. Die Hoffnung hierbei ist, dass alle Kunden so behandelt werden, als seien sie Testkäufer.

Franchisenehmerkollegen

Ihre Franchisenehmerkollegen können auch die Augen und Ohren des Systems sein. Seien Sie nicht überrascht, wenn diese mit ihrer Besorgnis hinsichtlich der Art, in der Sie Ihr Geschäft betreiben, an Sie herantreten. Der größte Feind eines Franchisenehmers ist ein schlecht arbeitender Franchisenehmer, dessen Ladenlokal ein Stück weiter die Straße entlang ist. Kunden wissen vielleicht nicht, dass jeder Standort einem individuellen Besitzer gehört, vielleicht interessiert es sie auch gar nicht. Sie werden einfach davon ausgehen, dass das Produkt oder die Dienstleistung überall schlecht sind.

Oft ist der beste Ratgeber eines Franchisenehmers ein Franchisenehmer mit mehr Erfahrung. Schließlich sitzen sie im selben Boot. Einige Franchiseunternehmen haben »Senior Franchisenehmer«, deren Aufgabe die Unterstützung von Franchisenehmern in bestimmten Umständen ist. Wo könnte man bessere Ratschläge erhalten als von einem Kollegen, der die Realitäten des Tagesgeschäfts und alle Tricks kennt?

Gelegentlich wird ein Franchisenehmer einen Bericht über einen anderen Franchisenehmer an den Franchisegeber senden, wenn ihm auffällt, dass ein Franchisekollege die Regeln und Standards des Systems nicht einhält. Franchisenehmer haben dabei nicht den Eindruck, dass sie sich in die Sphäre eines anderen einmischen. Jeder Standort ist ein Teil des Ganzen, sie schützen also nur ihre Interessen.

Franchisenehmer gehören zu einem Unterstützungsteam. Schauen Sie ihnen über die Schulter. Lesen Sie regelmäßig noch einmal in den Systemhandbüchern und in allen Schulungsmaterialien nach, um sicherzustellen, dass Ihr Geschäft mithalten kann. Bitten Sie um Hilfe, wenn Sie diese benötigen. Der Franchisegeber weiß womöglich nicht, dass Sie ein Problem haben, solange Sie ihm dies nicht mitteilen.

Behalten Sie jedoch eins im Hinterkopf: Nicht alles Wissen und alle Unterstützung kommen vom Franchisegeber allein. Der Franchisegeber vergibt die Lizenz für sein System an Sie – nicht das Rezept für Ihre Unternehmensführung.

Wenn Sie also Hilfe brauchen, können und sollten Sie sich professionelle Beratung von außen suchen: Buchprüfer vor Ort helfen Ihnen dabei, Ihre Buchführung zu verbessern, damit Sie eine bessere Handhabe für Ihr Geschäft haben. Marketingexperten helfen Ihnen dabei, geschäftsübergreifende Werbemöglichkeiten mit anderen Händlern Ihrer Branche zu entwickeln, oder sagen Ihnen, wie gut Sie bisher agieren – dies alles mit einer höheren Frequenz als dies durch den Franchisegeber erfolgt. Besuchen Sie Management-Vorlesungen an der Universität vor Ort. Sie können auch Ihren Geschäftsführer und seinen Stellvertreter zu diesen Vorlesungen schicken – schließlich sind diese für das Geschäft zuständig, wenn Sie nicht anwesend sind. Denken Sie daran, Ihr Erfolg liegt in Ihrer Verantwortung, nicht in der des Franchisegebers.

Das System verändern

Im Idealfall sollte jedes System Ideen von Franchisenehmern fördern. Schließlich sind die Franchisenehmer diejenigen, die in erster Reihe stehen und vielleicht Möglichkeiten sehen, das System zu verändern.

Neuere Ketten sind vielleicht offener und sagen unter Umständen sofort Ja oder übernehmen die weitere Feinabstimmung des Vorschlags, bevor sie ihn systemweit einführen. Ältere Systeme nehmen großartige Ideen auch auf, doch bei diesen ist eine vorsichtige Herangehensweise vor der Einführung typisch. Sie testen vielleicht Zielgruppen, um zu sehen, wie Kunden die Veränderung aufnehmen werden, und stellen Tests im Hinblick auf einfache Zubereitung, Kosten und andere Faktoren in ihren Testeinrichtungen an, bevor sie eine neue Idee auf den Markt bringen. Selbst dann bringen sie eine solche Änderung konservativ in einigen Testmärkten heraus, bevor sie sie in allen Standorten einführen.

Sie habe bedeutend bessere Chancen, dass Ihre Veränderungen akzeptiert werden, wenn die neue Idee das System verbessert, die Marke stärkt, die Zielsetzung von Einheitlichkeit des Systems nicht beeinträchtigt und die Rentabilität eines Franchisenehmers verbessert. Sie verbessern Ihre Chancen auf Erfolg, wenn Sie Ihren Vorschlag auf professionelle Art präsentieren und die Unterstützung anderer Franchisenehmer und Ihres Systemberaters erlangen, bevor Sie an den Franchisegeber herantreten. Einige Franchisegeber haben Ausschüsse für neue Produkte als Unterabteilung ihres Beirats für Franchisenehmer. In solchen Systemen sprechen Sie am besten mit Mitgliedern des Ausschusses, um herauszufinden, welche Kriterien diese für die empfehlende Zustimmung zu neuen Produkten und Dienstleistungen anlegen.

Wenn Sie Ihrer Ansicht nach großartige Idee haben, melden Sie sich. Doch seien Sie nicht beleidigt, wenn der Franchisegeber diese zurückweist. Ein Franchisegeber muss das gesamte System und wie es den Kunden bedient im Auge behalten. Ihre großartige Idee passt vielleicht nicht in das Gesamtschema. Die Aufgabe des Franchisegebers ist es, harte Entscheidungen zu treffen, und manchmal ist die Entscheidung ein Nein. Wird die Idee jedoch angenommen, betrachten die meisten Franchisegeber die Verbesserung als ihr Eigentum und behalten sich das Recht vor, sie für den Rest des Systems zu verwenden – ohne dem Franchisenehmer irgendeine Vergütung dafür zu zahlen.

Seien Sie vorsichtig bei Franchisegebern, die leichtfertig alle Vorschläge akzeptieren, vor allem diejenigen, die Produktpaletten und Qualitätsstandards betreffen. Dieser Mangel an Ermessen zeugt von einem schwachen System und kann das grundsätzliche Konzept zerstören, in das Sie sich eingekauft haben.

Die Quelle der Erneuerung

Viele von Wendy's besten Ideen kamen von unseren Franchisenehmern und unserem Franchise Advisory Council (FAC). Dieses Gremium trifft sich bei uns regelmäßig, um Themen zu besprechen, die die Gemeinde unserer Franchisenehmer betreffen. Die Mitglieder des Gremiums sind so etwas wie ein Resonanzboden für Veränderungen oder Verbesserungen, die wir für unsere Geschäfte planen. Für den Erfolg von Wendy's müssen alle zusammen auf ein gemeinsames Ziel hinarbeiten: Die besten Hamburger in der Branche zu servieren.

Franchisegeber sind an Kontinuität interessiert, aber sie sollten in bestimmten Bereichen flexibel sein. Franchisegeber sollten zu ihren Franchisenehmern eine Beziehung zwischen Partnern aufbauen. (Franchisegeber sind zwar im rechtlichen Sinn keine Partner, aber sie sollten die Ratschläge ihrer Franchisenehmer respektieren. Sie sind jedoch der Senior-»Partner«, und die endgültige Entscheidung liegt bei ihnen). Franchisegeber müssen daran denken, dass Franchisenehmer, um ihr Franchiseunternehmen zu kaufen, manchmal Hypotheken oder Darlehen aufgenommen, die Zukunft ihrer Kinder gefährdet haben und so weiter – deshalb müssen Franchisegeber anerkennen, dass Franchisenehmer ein wichtiger Partner im Unternehmen sind. Bei Wendy's haben wir zwar eine Basis-Speisekarte, doch wir bringen immer wieder Spezialitäten, viele davon auf die Empfehlung von Franchisenehmern hin.

Eine Beziehung zu Ihrem Franchisegeber aufbauen

Beim Franchising müssen Sie sich wie in jeder Beziehung auf Höhen und Tiefen gefasst machen. Das Geheimnis ist es, Teil eines Systems zu sein, in dem die Wippe nach oben ausschlägt.

Wir wollen uns nicht über Sie lustig machen: Die Hassliebe zwischen Franchisenehmer und Franchisegeber kann hässlich werden. Sie müssen sich über alle früheren oder anhängigen Rechtsstreitigkeiten, in die der Franchisegeber involviert ist, informieren; diese Dinge müssen in den Franchiseunterlagen offengelegt werden (siehe Kapitel 6). Wenn der Franchisegeber in eine Reihe von Rechtsstreiten involviert war, finden Sie etwas über die Art der Streitigkeiten heraus, bevor Sie sich in das Franchisesystem einkaufen.

Ein Mannschaftsspieler sein

Wenn Sie einen Franchisevertrag unterschreiben, verpflichten Sie sich zu einer langfristigen Beziehung. Sie versprechen, Ihren Teil der Abmachung einzuhalten (Lizenzgebühren zahlen, sich an das Systemhandbuch halten und so weiter) und der Franchisegeber verspricht ebenfalls, bestimmte Verpflichtungen einzuhalten (Dienste unterstützen, Markenidentität und so weiter). Das ist die Beziehung, die von Anwälten auf dem Papier entworfen wird.

Die wirkliche Beziehung beginnt vom ersten Augenblick an, in dem Sie den Franchisegeber treffen, und setzt sich über die Einführungsschulungen, die Neueröffnung, Besuche von Systemberatern, Telefonanrufe, E-Mail, Postwurfsendungen, fortlaufende Schulungen, Neuauflagen des Systemhandbuchs und Jahresversammlungen fort. Kommunikation ist ein wechselseitiger Vorgang. Die Kommunikation mit Ihrem Franchisegeber hält Sie auf dem Laufenden, erhält die Beziehung frisch und offen und hilft Ihnen dabei, sich entsprechend der Entwicklung des Systems weiterzuentwickeln.

Die Beziehung zu Ihrem Franchisegeber sollte auf gegenseitigem Vertrauen und Respekt basieren. Es schadet nicht, wenn sich daraus eine Freundschaft entwickelt – eine Franchisebeziehung ist lang andauernd und man kann besser mit Menschen zusammenarbeiten, die man mag.

Einige Ketten sind so überzeugt davon, dass Persönlichkeit zu einer erfolgreichen Beziehung beiträgt, dass sie Verhaltensprofile ihrer Franchisenehmer erstellen. Also seien Sie nicht überrascht, wenn Franchisegeber Sie auf die sprichwörtliche Couch setzen. Ihre Einschätzungen basieren üblicherweise auf den Profilen der leistungsstärksten Franchisenehmer. (Ja, einige Franchisegeber weisen Ihren Antrag auf ein Franchiseunternehmen möglicherweise deshalb zurück, weil Sie nicht ihrem bevorzugten Profil entsprechen). Franchisegeber sind keine Möchtegern-Therapeuten. Sie stellen sich einfach vor, dass sie sicherstellen können, dass Sie in die Unternehmenskultur passen, wenn Sie wissen, wie Sie drauf sind. Die Systemberater können Ihnen dann auch besser helfen.

Ein Mannschaftsspieler zu sein, ist für den Franchisegeber fast die wichtigste Eigenschaft, nach der er bei potenziellen Franchisenehmern sucht. Dies hängt damit zusammen, dass Sie gewillt sein müssen, sich an die Vorgaben der laufenden Franchisebeziehung zu halten: Der Franchisegeber ist der Trainer – der Gestalter des Spiels, die Person, die für das gesamte Team verantwortlich ist. Sie sind der Superstar – derjenige, der alle Spiele möglich macht, die Person, auf dessen gute Leistung sich das restliche Franchiseteam verlässt. Diese grundsätzliche Beziehung, in der jeder auf den anderen angewiesen ist, verändert sich auch dann nicht, wenn Sie ein erfahrener Franchisenehmer sind.

 Erwarten Sie nicht zu viel Unterstützung oder, dass der Franchisegeber Ihr Unternehmen aus der Ferne führt. Das Führen des Betriebs ist Ihre Verantwortung. Die Verantwortung für Erfolg oder Misserfolg liegt bei Ihnen, nicht beim Franchisegeber.

Aus der Beziehung mitnehmen, was man braucht

Als Verbraucher möchten Sie bekommen, wofür Sie bezahlt haben. Das wollen wir alle. Als Franchisenehmer, egal, ob Ihr Unternehmen langsam anläuft oder wie eine Rakete durchstartet (wir hoffen, letzteres ist bei Ihnen der Fall), Sie wollen jedes Mal das Gefühl haben, etwas für Ihr Geld erhalten zu haben, wenn Sie Ihren Scheck über die Lizenzgebühr abgeschickt haben.

Ich sage gern, dass es bei Wendy's kein »Ich« gibt

Bei Wendy's geht es mit »Wir« los und »Wir« können fast alles zusammen erreichen.

Wir haben Angestellte, die schon seit 25 Jahren bei uns sind, und sie betrachten uns immer noch als Team. Wir finden gemeinsam heraus, was am besten zusammen arbeitet. Niemand ist der Experte. Wir haben ein System, wir wissen, dass wir ein gutes Produkt haben, und – wenn der Franchisenehmer es richtig macht – wissen wir, dass das System funktioniert. Doch wir müssen immer wieder fragen: »Wie können wir besser werden; wie können wir das System verbessern?« Wendy's ist nicht einzigartig im Bereich Franchising – große Franchisegeber kennen keine »Ich's« – sie haben »Wir's«.

Was Sie tatsächlich für Ihre Lizenzgebühren erhalten, ist das Recht, den Markennamen des Franchisegebers zu verwenden, und die Mitgliedschaft in seinem System, Faktoren, die sich in Markendurchdringung und Einheitlichkeit umwandeln sollten. Wenn Sie glauben, dass der ultimative Erfolg des Franchisegebers an Ihren und den anderer Franchisenehmer gekoppelt sei, dann sind die Dienstleistungen, die Sie erhalten, ebenso sehr von Vorteil für den Franchisegeber wie für Sie.

Wenn Franchisenehmer zu erfahrenen Mitgliedern eines Franchisesystems werden, verändert sich ihr Bedarf an Unterstützung; sie brauchen im fünften Jahr sicherlich nicht mehr das Maß an Händchenhalten, wie sie es im ersten Jahr erhalten haben. Was sich nicht ändert, ist, dass sie jede Woche oder jeden Monat einen Scheck für ihren Franchisegeber ausstellen über ihre laufenden Lizenzgebührzahlungen. Und, wenn die Verkaufszahlen steigen, steigt der Betrag auf den Schecks im Allgemeinen auch. Dies könnte Grund für Unzufriedenheit auf Seiten des Franchisenehmers sein – sie benötigen weniger Unterstützung wenn sie zunehmend erfahrene Mitglieder des Systems sind, aber der Betrag der Schecks ist höher. Sie fragen sich vielleicht: »Was hat der Franchisegeber in letzter Zeit für mich getan?«

Erfahrene Franchisenehmer verstehen, dass ihr Erfolg im System teilweise auch dadurch bedingt ist, dass der Franchisegeber mit ihnen in einer Partnerschaft zusammenarbeitet. Sie möchten es vielleicht nicht gerne zugeben, doch sie wären vielleicht nicht in dieser erfolgreichen Position, gäbe es das System, die Marke und die Unterstützung, die sie dadurch erhalten haben, dass sie Mitglied des Franchiseunternehmens sind, nicht.

Sie sollten in Abständen immer wieder innehalten und sich die Beziehung zu Ihrem Franchisegeber ansehen. Stellen Sie sich beispielsweise die Frage: Sagt der Franchisegeber mir, was ich wissen muss? Hört der Franchisegeber mir zu? Bekomme ich das, was ich brauche? Halte ich die Vorgehensweisen ein und entspreche ich den Standards des Systems? Bin ich verfügbar, wenn der Systemberater sich mit mir treffen will, und habe ich eine gute Beziehung zu dem Berater und den Angestellten des Franchisegebers in der Hauptniederlassung aufgebaut? Die Franchisebeziehung sollte ein gegenseitiges Nehmen und Geben sein.

10 ➤ Die Zusammenarbeit Franchisegeber und Franchisenehmer

Wie können Sie herausfinden, ob Ihr Franchisegeber sich um Ihre zukünftigen Bedürfnisse kümmert? Stellen Sie sich selbst einige einfache Fragen über die Ziele des Franchisegebers:

- ✔ Forschen die Angestellten des Franchisegebers, und entwickeln sie neue Produkte und Dienstleistungen?
- ✔ Arbeitet der Franchisegeber an einer neuen Werbekampagne?
- ✔ Hat der Franchisegeber in Sachen technologische Entwicklung die Nase vorn, damit Sie wettbewerbsfähig bleiben?
- ✔ Prüft der Franchisegeber Möglichkeiten, die Geschäftätigkeit durch E-Commerce auszuweiten?
- ✔ Hat der Franchisegeber als Reaktion auf veränderte Kundenwünsche und Marktbedingungen Geld verdient?
- ✔ Gibt es bei diesem Franchisegeber einen aktiven Franchisenehmerbeirat, der befähigt ist, bei der Verbesserung von Geschäftätigkeiten zu helfen und neue Möglichkeiten zu finden?
- ✔ Sind Franchisenehmer in die strategische Planung des Franchisegebers eingebunden?

Ein Franchisegeber kann es sich nicht leisten, selbstzufrieden mit dem System und den Dienstleistungen, die von diesem für seine Franchisenehmer bereitgestellt werden, zu sein. In der heutigen, sehr vom Wettbewerb geprägten Umgebung müssen Franchisegeber die aktiven Hirten ihrer Marke sein – mit ihren Handlungen und Ressourcen der Verbesserung der Leistung des Franchisesystems im Wettbewerb verpflichtet.

In den nachfolgenden Abschnitten werden einige der Unterstützungsdienstleistungen besprochen, die der Franchisegeber gewöhnlich bereitstellt.

Forschung und Entwicklung

Gute Franchisegeber achten darauf, dass ihre Franchisenehmer der Konkurrenz immer einen Schritt voraus sind.

Aufgabe einer guten Forschungs- und Entwicklungsabteilung ist es, die Veränderungen des Marktes zu verstehen, Möglichkeiten für neue Produkte und Dienstleistungen zu sehen, die der Franchisenehmer an die Öffentlichkeit verkaufen kann, und diese neuen Produkte und Dienstleistungen am Markt einzuführen.

E-Commerce ist für viele Unternehmen der neue Horizont – zu ihnen gehören auch Franchisesysteme. Für einige Franchisegeber bedeutet dies, dass sie eine Webseite ausschließlich zum Zweck der Anwerbung neuer Franchisenehmer entwickeln müssen. Gute Franchisegeber, deren Produkte und Dienstleistungen ein Potenzial für den Vertrieb über das Internet haben, widmen dem Aufbau von E-Commerce-Kanälen immer mehr Ressourcen – von denen einige auch zum Vorteil der Gewinnerwartung der Franchisenehmer ebenso wie des Franchisegebers sind. E-Commerce Seiten ermöglichen es dem Franchisegeber, seine Marke bei den Verbrauchern präsent zu halten, wodurch das System insgesamt gestärkt wird.

Die meisten Franchisegeber verwenden ihre systemeigenen Geschäfte als Teststandorte, bevor sie neue Produkte oder Methoden an ihre Franchisenehmer verkaufen. Andere, die mit ihren Franchisenehmerbeiräten zusammenarbeiten, testen neue Produkte und Abläufe auch mit ihren leistungsstärksten Franchisenehmern.

Bei der Einführung neuer Produkte oder Dienstleistungen durchlaufen gute Franchisegeber typischerweise einen ausgefeilten Prozess, der die folgenden Schritte umfasst:

- ✔ Input von Franchisenehmern einfordern
- ✔ Verbraucherforschung sammeln
- ✔ Andere Branchen und Wettbewerber studieren, um Ideen für neue Produkte und Dienstleistungen oder andere Verwendungsmöglichkeiten bereits existierender Produkte und Dienstleistungen zu erkennen
- ✔ Lieferanten für das neue Produkt oder die neue Dienstleistung ausfindig machen
- ✔ Vorbereitungs- oder Montageaufwand bestimmen, Möglichkeit zum Erlangen von Stetigkeit, benötigte Zeit, um Produkt oder Dienstleistung auszuliefern und so weiter, durch den Test von Produkten oder Dienstleistungen in Testlabors
- ✔ Festlegen, welche vorhandene Ausstattung oder Technologie verwendet wird und welche neue Ausstattung angeschafft werden muss
- ✔ Schulungsmaterialen für die neuen Produkte entwickeln
- ✔ Notwendige Lageranforderungen feststellen
- ✔ Werbung und Werbekampagnen planen
- ✔ Wirtschaftliche Rentabilität überprüfen
- ✔ Tests in unternehmenseigenen oder von Franchisenehmern betriebenen Einrichtungen

Sogar große Franchisegeber verlieren Marktanteile, wenn die Öffentlichkeit sich an ihren Produkten, ihrem Erscheinungsbild oder ihren Dienstleistungen satt gesehen hat – oder einfach Lust auf etwas Neues hat. Sie verlieren ebenfalls Marktanteile, wenn Wettbewerber neue Produkte und Dienstleistungen einführen, die einfach besser sind, oder diese in einer von den Verbrauchern bevorzugten Form verkaufen – heutzutage umfasst dies eventuell auch E-Commerce. Wenngleich viele neue Produkte und Verbesserungen direkt von den Franchisenehmern kommen (schließlich stehen sie täglich in vorderster Front bei den Kunden), liegt die Verantwortung für frische Konzepte beim Franchisegeber.

Unterstützung bei der Büroarbeit

Bei einigen Ketten kaufen Sie mit der Zahlung Ihrer Lizenzgebühr alltägliche Unterstützung für die Büroarbeit. Beispielsweise gibt es bei einigen Ketten eine kostenfreie Hotline für Ihre Kunden oder Anrufe, die an Ihr Franchiseunternehmen vor Ort gehen, werden zu einer Hauptstelle umgeleitet. Auf diese Weise beantwortet ein Mensch – keine Maschine – das Telefon, wenn Sie nicht anwesend sind, was Sie viel größer erscheinen lässt als ein Ein-Mann-Betrieb. Andere Franchisegeber übernehmen auch die Rechnungslegung für Kunden und bearbeiten die Löhne der Angestellten. Solche Verwaltungsdienstleistungen sind meist in Reinigungsfirmen für Geschäfte oder Privathaushalte zu finden.

Das richtige Timing ist alles

Ich bin wirklich überzeugt von Forschung und Entwicklung. Ich glaube auch daran, dem Unternehmen Wendy's die Zeit dazu zu geben, Dinge ordentlich zu erledigen. Das Timing wäre für viele Produkte, die ich herausgebracht hätte, falsch gewesen.

Beispielsweise hätte ich unsere neuen Brötchen sechs Monate früher auf den Markt gebracht, doch das wäre wahrscheinlich nicht richtig gewesen, weil es nicht das beste Produkt gewesen wäre, das wir den Franchisenehmern hätten zur Verfügung stellen können, und vielleicht hätte es ihre Arbeitskosten in die Höhe getrieben. Also habe ich die Leute aus der Forschungs- und Entwicklungsabteilung darauf angesetzt, an der Verbesserung zu arbeiten. Sie müssen die Organisation arbeiten lassen.

Wir fühlen uns der Forschung und Entwicklung vollständig verpflichtet. Wir geben dafür unser Geld aus und haben dies schon viele Jahre getan. Wir wären dumm, wenn wir dies nicht täten. Ich glaube, dass Franchisegeber von heute, die Forschung und Entwicklung nicht als Hauptbestandteil der Zukunft des Franchising betrachten, nicht wirklich auf die Wettbewerbsfähigkeit ihrer Unternehmen abzielen. Wenn wir an neuen Produkten oder Produktverbesserungen arbeiten, werden alle anderen Abteilungen eingebunden, damit wir abschätzen können, wie dies unser gesamtes System betrifft. Wir binden die Menschen, die für Betriebsabläufe und Schulung zuständig sind, diejenigen, die für Akquisition und die Beschaffung neuer Ausstattung und Zutaten verantwortlich sind, diejenigen, die unsere Marketingstrategie planen, und die Buchhalter ein, die uns sagen können, welche finanziellen Auswirkungen dies auf das System haben wird. Wir binden auch den Franchisenehmerbeirat ein. Wir lassen diesen Prozess nicht isoliert laufen.

Andere Nebenleistungen

Die meisten modernen Franchisegeber haben sich von Unterstützungssystemen à la carte wegbewegt, in denen man fortlaufend für Dienstleistungen zahlt. Der Grund für diese Veränderung ist offensichtlich: Der Franchisenehmer, der die Dienstleistung am meisten benötigt, wie beispielsweise zusätzlichen Außendienst-Support, ist vielleicht nicht gewillt oder in der Lage, diesen zu bezahlen.

Gehen Sie nicht davon aus, dass alle Unterstützungsleistungen in Ihren Lizenzgebühren beinhaltet sind. In vielen Systemen sind zusätzliche Gebühren für eine Vielzahl von Dingen üblich, zu denen zusätzliche Schulungen von Managern und Angestellten, Reservierungssysteme (für Hotel oder Franchiseunternehmen zur Autovermietung), Softwarelizenzen, Marketing und besondere Außendienstunterstützung gehören.

Manchmal denken Sie vielleicht, dass der Franchisegeber Ihnen mehr Unterstützung bieten könnte. Sie erwarten vielleicht zusätzliche Dienstleistungen, weil der Verkäufer des Franchiseunternehmens Ihnen sagte, dass Sie damit rechnen könnten. Am sinnvollsten ist es, im Original Ihres Franchisevertrags nachzulesen (siehe Kapitel 6). Darin stehen schwarz auf weiß die Pflichten des Franchisegebers. Starke Franchisegeber tun jedoch oft mehr als ihre schriftlich niedergelegten Pflichten, tun also mehr, als sie müssen. In der Praxis ist dies sehr einfach: Aufgabe eines Franchisegebers ist es, den Franchisenehmern dabei zu helfen, Erfolg zu haben. Doch selbst mit der Hilfe eines Franchisegebers ist es Ihre Aufgabe, erfolgreich zu sein. Das ist die eine Sache, für die kein Franchisegeber die Garantie übernehmen kann.

Der Franchisevertrag ist der Schlüssel zum Verständnis der Pflichten von Franchisegeber und Franchisenehmer. Nur, weil eine Partei mehr Dienstleistungen wünscht oder sie etwas nicht tut, wozu sie sich verpflichtet hat, bedeutet dies nicht, dass daraus eine Verpflichtung für die andere Partei entsteht, diese zusätzlichen Dienstleistungen zu erbringen oder die Pflichten der anderen Partei zu ignorieren. Wenn Ihr Franchisegeber Sie mehr unterstützt, als dies im Franchisevertrag vereinbart ist, bedanken Sie sich. Diese Unterstützung zeigt, dass Ihr Franchisegeber sich um seine Partner kümmert.

Mit Veränderungen leben

Zeit aufzuwachen. Erscheint alles, was mit Ihrem Franchisegeber zu tun hat, in derselben Weise alt, uralt? Oder hat sich etwas verändert, während sie einmal kurz geniest haben? Ebenso wie Menschen von Kindheit über Jugend und Erwachsensein zum Alter übergehen, durchlaufen auch Franchiseunternehmen Phasen. Diese Phasen können die Beziehung zwischen Franchisenehmer und Franchisegeber gravierend beeinflussen – im Guten oder im Schlechten.

Veränderungen des Wachstums eines Unternehmens, der Finanzlage, bei den Systemberatern, und sogar die Konkurrenz können zu kaum spürbaren oder deutlichen Ausschlägen in der Systemberatung, Kommunikation, Betriebserfordernissen und anderen Aspekten Ihrer Beziehung beitragen.

Wenn sich Größe oder Zielsetzung des Systems ändern

Überlegen Sie sich im Hinblick auf die Größe oder die Zielsetzung eines Systems Folgendes: Wenn ein Franchisegeber mehr und mehr Standorte im Land und sogar im Ausland hinzunimmt oder mit E-Commerce anfängt – gleichzeitig aber die Belegschaft oder das Angebot nicht vergrößert, wird die Unterstützung, die Sie von Ihrem Franchisegeber erhalten, darunter leiden.

10 ▸ Die Zusammenarbeit Franchisegeber und Franchisenehmer

Nehmen wir einmal folgendes Beispiel: Sie sind einem Franchisesystem beigetreten, das ein von Ihrem Franchisegeber hergestelltes Produkt vertreibt. Seit Beginn Ihrer Beziehung hat Ihr Systemberater Ihr Einzelhandelsgeschäft jeden Monat besucht und vier bis sechs Stunden bei Ihnen verbracht, in denen Sie mit ihm Marketing, Betriebsabläufe, die Planung und andere wichtige Themen besprechen konnten. Dann beginnt das Unternehmen, international Franchiseunternehmen anzubieten und Ihr Systemberater bekommt die zusätzliche Verantwortung diese Entwicklung zu überwachen und Standorte in einem Land zu betreuen, dessen Namen Sie nicht einmal aussprechen können. Der Berater besucht Sie eher vierteljährlich als monatlich und verbringt nur noch 30 bis 40 Minuten bei ihnen, bevor er zu einem anderen Franchisenehmer eilt.

Hier ein weiteres Beispiel – derselbe Franchisenehmer, dasselbe System. Anstatt international tätig zu werden, fängt der Franchisegeber an, Franchising für ein anderes Produkt einzuführen oder richtet seine Aufmerksamkeit auf die Entwicklung von E-Commerce im weltweiten Internet. Der Franchisegeber verwendet Schulung, Betriebsformen und Systemberater aus Ihrem Franchisesystem, um die Entwicklung des neuen E-Commerce-Handels oder des neuen Franchisesystems zu unterstützen. Dasselbe Ergebnis: Die Unterstützung, auf die Sie vertraut haben, ist nicht länger vorhanden.

Lesen Sie Ihren Franchisevertrag. Ihnen wurden wahrscheinlich nie wöchentliche oder monatliche Besuche versprochen, die vier bis sechs Stunden dauern; Sie haben sich einfach nur daran gewöhnt. Dennoch ist eine Reduzierung von Häufigkeit und Länge der Treffen mit Ihrem Systemberater kein Grund zur Beschwerde. Sie wollen vielleicht Einkünfte aus E-Commerce-Aktivitäten, doch Sie haben unter Umständen kein Anrecht darauf. (Siehe nachfolgender Abschnitt, »Wenn Konflikte auftreten«).

Wenn Sie nach einem Franchisegeber suchen, lassen Sie sich nicht zu sehr beeindrucken von seinem Eintritt in ausländische Märkte oder von einem neuen Geschäft, dass gerade am anderen Ende des Landes eröffnet wurde. Wenngleich eine wachsende Kette zum Wert der Marke beiträgt, es trägt nicht notwendigerweise viel zu dem bei, woran Sie interessiert sind – Franchisegeberunterstützung für Ihren Standort.

Idealerweise wächst der Umfang der Beratungsorganisation im selben Maße wie die Franchisekette wächst. Wenn beispielsweise das optimale Verhältnis von Systemberatern 1 zu 30 für alle Franchisenehmer im System beträgt und der Franchisegeber nicht einige Systemberater einstellt, um neue Franchisenehmer zu unterstützen, steigt die Anzahl der Standorte, für die ein Systemberater verantwortlich ist und die Fähigkeit des Beraters, jeden Franchisenehmer zu versorgen, sinkt.

Die Technologie kann es jedoch einem Systemberater ermöglichen, zusätzliche Standorte effektiv zu handhaben. Viele erfahrene Franchisegeber verwenden heute Mobiltelefone, E-Mail, automatisierte Verkaufsberichte, Internettraining, Fernstudium und Schulungen auf CD-ROM-Basis, Videokonferenzen und so weiter, um die Arbeit ihrer Systemberater effizienter und effektiver zu machen. Eine höhere Dichte von Standorten kann auch die Fahrt von Standort zu Standort effektiver machen. Und Franchisenehmer mit mehreren Standorten benötigen oft weniger Händchenhalten.

Doch wenn, abgesehen von Veränderungen in der Technologie, vor dem Hintergrund zunehmender Standorte die Anzahl von Systemberatern erhöht wird, damit das Verhältnis grundsätzlich gleich bleibt, dann ist dies die beste Ausführung von Franchising.

Wenn Konflikte auftreten

Kluge Franchisegeber arbeiten jede Minute des Tages hart dran, lang andauernde Partnerschaften mit ihren Franchisenehmern zu schmieden. Franchisenehmer müssen Vertrauen in ihre Franchisegeber haben und umgekehrt. Das Rezept kann nicht gesünder werden als: Ehrlichkeit, Integrität und offene Kommunikation.

Kommunikation muss in beide Richtungen stattfinden, damit sie funktioniert. Sie haben vielleicht ein Problem und sind verärgert, dass der Franchisegeber Ihnen nicht hilft. Weiß der Franchisegeber überhaupt von Ihrem Problem? Wenn Sie etwas auf dem Herzen haben, rufen Sie Ihren Systemberater an. Wenn Sie mit diesem gesprochen haben und das Problem nicht beseitigt werden konnte, rufen Sie das Personal des Franchisegebers im Regionalbüro oder in der Systemzentrale an. Franchisegeber wissen unter Umständen nicht, dass etwas kaputt ist, wenn Sie es ihnen nicht mitteilen.

Trotz Ihrer Bemühungen sind die Verkaufszahlen in den vergangenen zwei Monaten gesunken, und Sie stehen in den kommenden Monaten möglicherweise vor einem Liquiditätsproblem. Sie sind aufgeregt und machen sich Sorgen, ob Sie Ihre finanziellen Verpflichtungen der Bank, Ihren Lieferanten und Ihrem Franchisegeber gegenüber einhalten können. Warten Sie nicht, bis Sie kein Geld mehr auf der Bank haben und um Hilfe bitten müssen. Rufen Sie Ihren Franchisegeber an, und fragen Sie um Rat. Doch Sie sollten nicht erwarten, dass Ihr Franchisegeber einfach auf die Lizenzgebühren verzichtet, weil Sie nicht genügend Geld haben. Der Franchisegeber verpflichtet sich nicht dazu, Ihr Bankier oder Bürge zu sein.

Was der Franchisegeber aber tun kann, ist, sich Ihre Betriebsabläufe anzusehen, zu schauen, ob er das Problem finden kann. Er kann versuchen, festzustellen, ob es schnelle Hilfe gibt, und Sie bei der Festlegung von Prioritäten hinsichtlich Ihres Bargeldflusses unterstützen oder Ihnen andere Unterstützung anbieten und vielleicht – aber nicht oft – mit Ihnen einen vorübergehenden Zahlungsaufschub für Ihre Lizenzgebühr vereinbaren.

Wenn Veränderungen auftreten, die für Sie negative Auswirkungen haben, sprechen Sie mit Ihrem Franchisegeber. Finden Sie heraus, ob die Veränderung dauerhaft oder nur vorübergehend ist. Schauen Sie, ob Sie einen Kompromiss erarbeiten können, der beiden Seiten gerecht wird. Sprechen Sie mit anderen Franchisenehmern, die betroffen sind. Sprechen Sie mit dem Vorstand des Franchisenehmerbeirats. Oft, wenn Franchisenehmer sich treffen, um mit einem Franchisegeber über ein aufgetretenes Problem zu sprechen, finden Franchisegeber und Franchisenehmer zusammen eine Lösung. Manchmal gelingt dies jedoch nicht, und das ist oft der Punkt, an dem die Beziehung zwischen den Parteien schwierig wird.

 Wenngleich es besser ist, sich durch eine Befehlskette hindurchzuarbeiten, zögern Sie nicht, Ihre Belange auf höherer Ebene anzusprechen, wenn Sie keine zufrieden stellende Antwort erhalten. Gute Franchisegeber müssen wissen, wenn ihre Systemberater und anderes Personal nicht reagieren oder nicht in Aktion treten. Ziehen Sie auch in Erwägung, Ihre ernsten Probleme schriftlich niederzulegen. Ihre schriftlichen Mitteilungen müssen nicht unhöflich oder drohend sein, doch ein Brief ist oft hilfreich, um Ihren Franchisegeber von den Unzulänglichkeiten seiner Mitarbeiter zu überzeugen, wenn dies tatsächlich der Fall ist.

Offene Kommunikation zwischen Ihnen und dem Franchisegeber kann vielleicht Reibungen abwenden oder beseitigen. Ihr Ziel sollte es sein, alle bestehenden Missstimmungen auf die kostengünstigste, schnellste und defensivste Art und Weise beizulegen, wenn Sie weiterhin Franchisenehmer bleiben möchten.

Es gibt Streitigkeiten zwischen Franchisegeber und Franchisenehmer, die nicht beigelegt werden können. Bevor Sie direkt abheben und vor Gericht ziehen, fordern viele Franchisegeber, dass (wie im Franchisevertrag vorgesehen) es zunächst eine Zusammenkunft des Franchisenehmers mit ihnen und einem unabhängigen Schlichter gibt. Anstatt Schlichter von außen einzuschalten, haben einige Franchisegeber interne Mediationsstellen eingeführt, zu denen andere Franchisenehmer gehören, und einige haben einen Schiedsmann (einen Angestellten des Franchisegebers, der dafür bezahlt wird, der Anwalt der Franchisenehmer zu sein), um Streitigkeiten zu untersuchen.

In den Vereinigten Staaten haben sich verschiedene Franchisegeber im National Franchise Mediation Program (einem Programm zur Mediation im Bereich Franchising) zusammengeschlossen, einem offiziellen Mediationsprogramm, das zur International Franchise Association gehört.

Wir haben bereits davon gesprochen, dass zum Franchising ein Team gehört: Der Franchisegeber, der Geschäftsführer, Sie und andere Franchisenehmer. Als Mitglied des Teams werden Sie sich oft an Ihre Franchisenehmer-Kollegen wenden, wenn Sie Hilfe brauchen.

Kontakt zu anderen Franchisenehmern aufnehmen

Ihre Franchisenehmer-Kollegen sind ein großer Bestandteil des Teams und als der neueste Mitspieler sollte es Sie interessieren, ihre Meinung zum Spiel, zum Trainer und den anderen Spielern zu hören. Betrachten Sie ältere Franchisenehmer als die »Live«-Version von Systemhandbüchern; sie leben und atmen jeden Tag im System, somit wissen Sie, wie es ist, nach den Spielregeln des Franchisesystems zu spielen.

Der Aufbau einer Beziehung zu anderen Franchisenehmer-Kollegen ist mehr als das bloße Anzapfen ihrer Kenntnisse. Sie sind auch eine inspirierende Quelle, weil sie im Allgemeinen dieselben Themen angehen mussten, denen Sie nun gegenüber stehen. Herausfinden, wie ein anderer erfolgreich mit einem Problem umgegangen ist, das Ihnen nachts den Schlaf geraubt hat, und zu lernen, was man tun oder nicht tun sollte, ist nicht nur hilfreich, sondern auch ein Impuls.

Franchisenehmer, die ein geographisches Gebiet teilen, treffen sich oft, um über gemeinsame Themen zu sprechen. Gute Franchisegeber fördern diese Art von Kommunikation. Wenn es schwierig ist, neue Angestellte zu finden, arbeiten sie oft zusammen, indem sie beispielsweise einen Stand auf einer Job-Messe vor Ort machen. Brauchen Sie eine Tasse Zucker – oder geht es um die Teppichreinigung?

Dafür hat man Nachbarn. Franchisenehmer schließen sich zusammen, um Werbemaßnahmen vor Ort zu planen, bilden Einkaufskooperativen oder halten sich gegenseitig einfach auf dem Laufenden, was in ihrem Betrieb funktioniert und was nicht. Kurz, andere Franchisenehmer stellen ein wertvolles Unterstützungsnetzwerk dar.

Selbst wenn Sie keine Anstrengungen unternehmen, um Kontakt zu Ihren Franchisenehmer-Kollegen aufzunehmen, dann werden Sie von diesen gefunden. Sie werden sich auf regionalen Zusammenkünften, Jahresversammlungen, im Beirat für Franchisenehmer oder vielleicht im Intranet begegnen, das der Franchisegeber für das System erstellt hat.

Wie gehen Sie vor, um andere Menschen kennen zu lernen, die ebenfalls Ihren Franchisenamen tragen?

Die meisten Franchisegeber geben Ihnen gerne eine Liste von Franchisenehmer-Kollegen. Fragen Sie danach.

Gehen Sie zu den Franchisenehmern

Wenn Sie zu mir kämen und etwas über Wendy's wissen wollten, würde ich Sie zu unseren Franchisenehmern schicken. Lassen Sie sich die Wendy's-Geschichte von ihnen erzählen. Lassen Sie sich von diesen sagen, ob wir unsere Aufgabe als Franchisegeber erfüllen.

In der Anfangszeit, als Wendy's noch aus einer Handvoll Restaurants bestand, habe ich zukünftige Franchisenehmer in einen Bus gesetzt und zu einem der bestehenden Franchiseunternehmen in der Stadt gefahren. Ich habe ihnen die Produktpalette, den Laden und das Mittagsgeschäft gezeigt, und ich habe mit ihnen geredet. Wenn der Mittagsansturm vorbei war, hat der Franchisenehmer seine Bücher geöffnet und der Gruppe gezeigt, wie viel Umsatz dieses spezielle Franchiseunternehmen machte. Das war ein wirkliches, tatsächlich arbeitendes Restaurant. Und der Besuch dieses im Betrieb befindlichen Standorts, dieses lebendigen Labors, war die schnellste und der Wahrheit nächste Art, ein Franchiseunternehmen an zukünftige Franchisenehmer zu verkaufen. Zukünftige Franchisenehmer sahen nicht nur den Erfolg, sondern auch, wie hart ein Franchisenehmer wirklich arbeiten muss.

In Kontakt bleiben

Wenn Sie diese Franchisenehmer getroffen haben, nehmen Sie nicht einfach das Wissen und laufen weg. Sie sind eine wertvolle Quelle für weitere Informationen, für Brainstorming und gegenseitige Unterstützung in der Nähe.

Sie haben ihre Telefonnummern. Also rufen Sie sie wieder an, wenn Sie eine Frage haben oder sich einen neuen Arbeitsschritt ausgedacht haben, erzählen Sie einfach etwas, oder teilen Sie gute oder schlechte Nachrichten mit jemandem, der dieselbe Uniform wie Sie trägt.

Einige Franchisegeber veröffentlichen in bestimmten Abständen Mitteilungsblätter des Unternehmens. Lesen Sie diese regelmäßig, um sich über die jüngsten Neuankömmlinge, bedeutsame Meilensteine im Geschäft eines Franchisenehmers oder Vorschläge von Franchisenehmern zu informieren. Sie können diese Informationen vielleicht beim Betrieb Ihres Franchiseunternehmens anwenden. Die meisten Franchisegeber freuen sich über Ihr Material für den Rundbrief. Vielleicht sehen Sie dann sogar Ihren eigenen Namen im Druck!

Regionale Versammlungen sowie Jahresversammlungen einer Kette bieten viele Möglichkeiten zur Vernetzung sowohl mit der Belegschaft Ihres Franchisegebers als auch mit Ihren Franchisenehmer-Kollegen. Sie müssen aus den

Meetings nicht ausschließlich Arbeit ohne Vergnügen machen. Oft sind auch Ehefrauen und Freunde willkommen; Schiffstouren, Spiele oder Unterhaltung sind oft Teil der Veranstaltung.

Ein neuerer Trend ist es, dass einige Franchisegeber den Kontakt von Franchisenehmern formalisieren, indem sie Mentorenprogramme einführen. Diese Programme sind leistungsstarke Werkzeuge für die Weitergabe von Wissen. MAACO Auto Painting and Bodyworks arbeitet mit solch einem Programm. Bei der Jahresversammlung weist MAACO jedem neuen Franchisenehmer einen erfahrenen Betreiber zu; die Beziehung reift meist anschließend durch Telefonanrufe und Kontakt per E-Mail.

Selbst wenn es kein solches offizielles Mentorenprogramm gibt, könnten Sie sich überlegen, ob Sie nicht an Ihren Franchisegeber herantreten, um eines aufzubauen, oder Sie suchen selbst nach einem Franchisenehmer mit großem Erfolg, der bereit ist, Sie als kleine Schwester oder als kleinen Bruder zu adoptieren.

Werden Sie Mitglied von Beratungsgremien und Zusammenschlüssen

Beratungsgremien für Franchisenehmer und Franchisenehmerorganisationen (schmollen Sie nicht, wir erklären den Unterschied noch) erteilen dem Universum der Franchisenehmer Befehle. Sie sind Vehikel der Kommunikation – unter Franchisenehmern und zwischen Franchisenehmern und Franchisegebern. Als Franchisenehmer, *wollen* Sie eine Vertretung. Und Sie *wollen* ein System, das Qualitätsinput begrüßt.

Franchisenehmerbeiräte

Ein Franchisenehmerbeirat ist ein Komitee, das vom Franchisegeber eingerichtet wird und sich aus Vertretern der Franchisenehmer zusammensetzt. Es können auch Vertreter aus unternehmenseigenen Franchiseunternehmen dazugehören.

Seine Aufgabe ist nur beratend. Hier einige der Arten, in denen ein Franchisegeber den Beirat einsetzen kann:

- Neue Ideen an Franchisenehmern testen lassen, bevor diese systemweit eingeführt werden
- Verbesserungsvorschläge für Produkte, Dienstleistungen und Systemunterstützung sammeln
- Marketing und Werbestrategien überdenken
- Den Franchisegeber bei der Untersuchung von Konflikten im System unterstützen

Franchisenehmer können den Beirat nutzen, um die Richtung des Unternehmens zu beeinflussen, sich mit Kollegen zu vernetzen und Beschwerden zu äußern. In einem Beirat werden Franchisenehmer lauter und deutlicher gehört, als dies bei Individuen geschieht. Selbst wenn Sie nicht Mitglied des Beirats sind, können Sie Ihre Punkte deutlich machen, indem Sie ein Mitglied des Beirats kontaktieren, das dann für Sie sprechen kann.

Wendy's hat seinen Beirat für Franchisenehmer eingeführt, weil Dave glaubte, dass jeder eine Rolle hat, die er spielen muss, und dass es die Rolle des Franchisenehmers ist, Wendy's zu leiten und Verbesserungsvorschläge zu machen.

Die Struktur der Franchisenehmerbeiräte variiert von einem System zum anderen:

- In einigen Systemen bilden Franchisenehmer und Franchisegeber gemeinsam einen Beirat und beschließen die Mitgliedschaft, Sitzungstermine, Abstimmungsrechte und so weiter. In anderen Systemen errichtet der Franchisegeber den Beirat und stellt auch die Satzung auf.
- Einige Franchisegeber übernehmen die Kosten für die Teilnahme des Franchisenehmers an Beiratssitzungen, während andere einen Teil der Kosten tragen und andere überhaupt keine Kosten übernehmen. Es gibt hier keine verbindlichen Regelungen.
- In einigen Beiräten sind auch unternehmenseigene Standorte vertreten, in anderen nicht.
- Einige Beiräte bestehen aus Franchisenehmern, die von ihren Kollegen gewählt wurden, in anderen wurden sie vom Franchisegeber ernannt, und in einigen gibt es eine Kombination aus beidem.

Oft stellt ein Franchisegeber Kriterien auf, wer Mitglied des Beirats werden kann. Wenn Franchisenehmer beispielsweise nicht die gewünschte Leistung erbringen, werden sie meist nicht an den großen Tisch gebeten.

Aus den Beiräten entstehen oft noch andere Komitees, wie beispielsweise das Werbekomitee, das Eingaben zu Werbeentscheidungen macht, und ein Einkaufskomitee, das Kooperativen untersucht oder andere gemeinsame Bemühungen unternimmt, um Produkte und Dienstleistungen für das System einzukaufen.

 Wenn Sie mit den Franchisenehmern des Systems sprechen, fragen Sie diese nach ihrer Meinung zum Beirat für Franchisenehmer. Was tut er in ihrem System? Erhalten sie Berichte über die Tätigkeit des Beirats? Lassen Sie sich von ihnen oder vom Franchisegeber den Namen des Beiratsvorsitzenden oder des örtlichen Vertreters geben, und rufen Sie diesen an. Sie sollten wissen, ob der Beirat gut organisiert ist und vom Franchisegeber wirklich ermächtigt ist, im System eine bedeutungsvolle Rolle zu spielen.

Franchisenehmer-Organisationen

Anders als Franchisenehmerbeiräte sind Franchisenehmer-Organisationen meist unabhängig. Sie setzen sich aus beitragszahlenden Franchisenehmern zusammen, die sich dann treffen, wenn es keinen Beirat für Franchisenehmer gibt oder der Beirat nicht in angemessener Weise ihre Interessen vertritt. Sie fungieren wie ein Beirat, doch Franchisenehmer-Organisationen geben sich selbst Bestimmungen, Mitgliedserfordernisse und Tagesordnungen. Sie werden üblicherweise durch Mitgliedsbeiträge finanziert, während der Franchisegeber bis auf wenige Fälle selbst die Rechnung für seinen Beirat übernimmt.

Historisch gesehen, wurden viele Franchisenehmer-Organisationen gebildet, weil es eine systemische Krise gab. Beispielsweise stand der Franchisegeber möglicherweise am Rande des Bankrotts oder führte ein radikal neues Produkt oder Dienstleistung ins System ein, ohne dass diese angemessen getestet worden wäre. Oder es gab Veränderungen in der Geschäftsführung, oder der Franchisegeber hatte vielleicht tiefgreifende Veränderungen an den neuen oder Verlängerungs-Franchiseverträgen vorgenommen. Franchisenehmer-Organisationen wurden oft auch an der Schwelle eines systemweiten Rechtsstreits gebildet.

Heute haben viele Franchisegeber erkannt, dass eine unabhängige Organisation keine schlechte Sache ist und einen positiven Beitrag zum System leisten kann, solange seine Führung verantwortungsvoll handelt und sich die berechtigten Probleme seine Mitglieder anhört. Wenngleich der Franchisegeber keine rechtliche Verpflichtung eingeht, eine Franchisenehmer-Organisation »anzuerkennen«, so wie ein Unternehmen eine Gewerkschaft anerkennen würde, haben viele Franchisegeber dennoch vorsichtigerweise Vorgehensweisen entwickelt, um diese als Teil des Prozesses zur Erhaltung und zum Wachstum ihrer Systeme zu integrieren. In einigen Systemen – beispielsweise Holiday Inn und Sylvan Learning Systems – werden den Franchisenehmer-Organisationen spezielle Rechte innerhalb der Franchiseverträge eingeräumt. So hat Holiday Inn zugestimmt, bestimmte vorgeschlagene Veränderungen nach seiner Franchisenehmer-Organisation durchzuführen; die Franchisenehmer-Organisation des Sylvan Learning Systems besitzt 50% einer Einheit, die den Marketing-Fonds des Systems überwacht.

Es hat schon Franchisesysteme gegeben, die sowohl einen Franchisenehmerbeirat als auch eine unabhängige Franchisenehmer-Organisation hatten.

Die Nummer eins sein

Das ganze Gerede um die Interaktion mit anderen Franchisenehmern ist schön und gut. Aber was, wenn Sie der einzige sind?

Wenn Sie der erste Franchisenehmer einer neuen Kette sind, haben Sie keine anderen Franchisenehmer, um bei diesen etwas über die Arbeitsweise des Franchisegebers herauszufinden – oder irgendetwas in dieser Hinsicht.

Einige Käufer finden es aufregend, die Nummer eins zu sein. Sie erwarten eine große Wertsteigerung ihres Franchiseunternehmens, wenn die Kette wächst.

Sie haben jedoch Grund, vorsichtig zu sein. Nur, weil ein Unternehmen Franchiseunterlagen hat, ist es – in einem geschäftlichen Sinn – noch nicht qualifiziert, Franchisegeber zu sein. (Kapitel 16 behandelt die Umwandlung zu Franchiseunternehmen).

Ohne den Input anderer Franchisenehmer müssen Sie das Unternehmen noch viel vorsichtiger überprüfen, denn das Netzwerk, dem Sie beitreten – für die absehbare Zukunft – besteht vielleicht nur aus Ihnen.

Wenn das Management oder das Franchisesystem, das Sie sich ansehen, auch ein anderes Franchisesystem betreibt, suchen Sie sich Franchisenehmer des anderen Systems, um zumindest einen Eindruck von der Betriebsführung des Unternehmens zu bekommen.

Sollten Sie in Erwägung ziehen, der erste Franchisenehmer zu sein, müssen sie die potenziellen Risiken gegen die potenziellen Vorteile abwägen. Unterstützungsdienstleistungen können noch fehlen, Systeme sind noch in der Entwicklung befindlich, und es gibt vielleicht noch keine Einkaufskooperativen, die Ihnen günstigere Preise ermöglichen. Tatsächlich wird fast alles, was der Franchisegeber über den Betrieb eines Franchisesystems und die Leistung von Franchisenehmern weiß, in der Zusammenarbeit mit Ihnen erfahren. Sie bezahlen sozusagen für das Privileg, das Versuchskaninchen zu sein.

Doch als der erste Franchisenehmer können Sie vielleicht Ihren Standort frei auswählen, einen besseren Franchisevertrag aushandeln und Konzessionen erhalten, die nachfolgende Franchisenehmer nicht erhalten werden.

Vielleicht sollten Sie eine Art Vorvertrag in Erwägung ziehen. Zu Ihren Erwartungen gehört, dass der Franchisegeber größer wird und Sie Teil eines Franchisesystems werden – mit allen Vorteilen. Was geschieht, wenn Sie in einem Jahr immer noch der einzige sind oder wenn es in fünf Jahren nur Sie und ein weiterer Franchisenehmer sind? Nicht alle neuen Franchisesysteme wachsen – tatsächlich gibt es nach unserer Erfahrung viele, die dies nicht tun. Handeln Sie eine Walk-away-Klausel aus, die Ihnen die Option gibt, das System zu verlassen, bevor Ihr Franchisevertrag abgelaufen ist, wenn der Franchisegeber das Franchisesystem nicht ans Wachsen bringt. Nennen Sie eine Zahl, zum Beispiel die, die der Verkäufer des Franchisegebers als Zeitraum, in dem das System im Laufe des nächsten oder der nächsten zwei Jahre wachsen wird, genannt hat. Lassen Sie Ihren Franchiseanwalt andere Optionen für Sie aushandeln.

Franchisenehmer eines neuen Systems zu sein hat etwas von einem Knobelspiel an sich. (Dave war ein früher Franchisenehmer von Kentucky Fried Chicken, und bei ihm hat es funktioniert).

Sie könnten am Anfang einer großartigen Geschäftsmöglichkeit stehen oder auf der Andrea Doria anheuern (jeder verwendet die Titanic als Metapher für Katastrophen; wir fanden jedoch, dass wir als Manager von Franchiseunternehmen innovativer sein sollten).

Kunden gewinnen und halten

In diesem Kapitel

▶ Erfolgreiche Marketingpläne erstellen
▶ Bundesweite und lokale Werbeideen untersuchen
▶ Die Kundschaft kennen und bedienen

Vielleicht kennen Sie den Film »Field of Dreams«. Er handelt von einem Mann aus dem mittleren Westen der USA, der mit funkelnden Augen ein Maisfeld in ein Baseballspielfeld verwandelt, damit Shoeless Joe Jackson zurückkommt und den Ball schlägt. Den Skeptikern zum Trotz glaubt der Farmer: »Wenn wir es bauen, werden sie kommen«.

Vielleicht haben Sie das gleiche Funkeln in den Augen. Und das ist großartig. Optimismus ist eine wichtige Eigenschaft, wenn Sie Erfolg haben möchten. Sie müssen jedoch die Grundlagen für Ihr Geschäft schaffen, damit Sie Erfolg haben können. Sie müssen das Stadion voll bekommen, egal ob es sich auf New Yorker Beton, auf landwirtschaftlich genutztem Land in Iowa oder am Westufer von Paris befindet.

In diesem Kapitel geht es vor allem darum, wie man Kunden gewinnt, sie gut bedient und so zu echten Anhängern macht.

Wie ein Leuchtfeuer in der Nacht: Verkaufsförderung, Marketing und Werbung

Beginnen wir zunächst mit ein paar Definitionen. Viele Leute benutzen die Begriffe *Marketing*, *Werbung* und *Verkaufsförderung*, als seien sie austauschbar, meinen aber verschiedene Sachen. Der gewiefte Unternehmer kennt den Unterschied:

✓ **Marketing:** Hierbei handelt es sich um den Verkauf der Produkte und Dienstleistungen im Großen und Ganzen. Marketing umfasst alle Aspekte, wie man ein Produkt an den Käufer bringt. Dabei geht es um folgende Punkte: das Produkt (man braucht das richtige Produkt in der richtigen Menge, um Kundenbedürfnisse zu befriedigen) der Preis (Rabatte, wettbewerbsfähige Preise oder Höchstpreise); die Verkaufsförderung (wie Sie den Kunden Ihr Angebot und Ihre Botschaft nahe bringen); der Standort (Vertrieb und Auslieferung an den Kunden).

✓ **Werbung:** Eine gekaufte, unpersönliche Mitteilung, die versucht, zu überzeugen, zu informieren oder ein Image zu fördern. Werbebotschaften werden den Kunden über verschiedene Medien überbracht (Fernsehen, Radio, Tageszeitung, Magazine, Postwurfsendungen, Internet und auf der Straße).

✔ **Verkaufsförderung:** Ein Angebot, das Kunden zum Handeln verführen soll. Derartige Werbekampagnen laufen meist über einen begrenzten Zeitraum. Bei den meisten geht es um den Preis: Mengenrabatte; beim Kauf von zwei nur eins bezahlen; beim Kauf von einem, eins umsonst und so weiter.

Wenn man gesunden Menschenverstand besitzt, ist schon klar, dass Kunden nicht einfach an Ihrer Tür klopfen, es sei denn, sie wissen, dass Sie da sind. Eine Marketingmethode kann einfach und kostenlos sein. Erzählen Sie zum Beispiel Ihren Freunden im Golfclub von Ihrem Franchiseunternehmen oder Ihren ehemaligen Kollegen oder Oma Frieda: Die erzählt es den Frauen beim Kartenspielen, die erzählen es ihrem Friseur, der erzählt es seinen Kunden und so weiter. Das andere Ende der Fahnestange in puncto Kosten und Extravaganz ist ein Umzug mit Elefanten, die mit Ihren Fahnen geschmückt durch die Stadt ziehen. Doch um erfolgreich zu sein, muss Marketing sich an das richtige Publikum wenden, so geplant sein, dass das Publikum es sieht, und Kosten verursachen, die Sie sich leisten können.

Einen effektiven Marketingplan aufstellen

Erfolgreiche Marketingkampagnen sind eine einzigartige Mischung aus Wissenschaft und Kunst. Sie präsentieren das richtige Produkt auf die richtige Weise zur rechten Zeit. Sie erfordern Marktforschung, Planung und Kreativität.

Hier ein paar Vorschläge für einen effektiven Marketingplan:

✔ Bereiten Sie sich vor. Lernen Sie so viel wie möglich über Ihr Produkt, Ihr Konzept, Ihre Kunden, Ihren Marktplatz und vor allem Ihre Konkurrenz.

✔ Erstellen Sie ein Angebot, das die Charakteristika des Produkts hervorhebt, das Ihre wichtigsten Kunden am liebsten mögen, und das ihnen einen Anreiz gibt, dem sie nicht widerstehen können.

✔ Kreieren Sie eine Werbe- und Kampagnenbotschaft, die Ihre Zielgruppe direkt anspricht und klar definiert, wer Sie sind und was Sie anbieten. Wenn Ihr Franchisegeber mit einer Werbeagentur zusammenarbeitet, müssen diejenigen, die für Ihr Unternehmen arbeiten, Ihr Konzept, Ihre Marktposition und Ihre Zielsetzung genau begreifen und in der Lage sein, eine effektive Botschaft zu schaffen und an Ihre Zielgruppe weiterzugeben.

✔ Wenn Sie eine gute wirkungsvolle Botschaft haben, stellen Sie sicher, dass sie Ihre Zielgruppe erreicht. Die Werbebotschaft kann auf traditionellem Wege überbracht werden, durch Fernsehen, Radio, Druckmedien, Straßenwerbung (Werbetafeln) und mit der Post, oder aber über Gemeinschaftsarbeit, Sponsoren und Public Relations. Für welche Methode Sie sich entscheiden hängt von Ihrem Konzept, Ihrem Angebot und Ihrer Werbebotschaft ab. Denken Sie daran, was bei einem Franchiseunternehmen funktioniert, ist vielleicht für das nächste nicht richtig.

✔ Konfrontieren Sie Ihre Kunden mit Ihrem Namen. Das Fernsehen ist nach wie vor das Medium mit dem größten Einfluss. Es kombiniert Sehen, Hören und Bewegung mit großem Unterhaltungswert. Studien belegen, dass Fernsehwerbung mindestens drei oder vier Mal gesehen werden muss, bevor der Konsument sich an die Werbebotschaft erinnert. (Da die Konsumenten die verschiedensten Programme sehen, muss Ihre Werbung viele, viele Male laufen, bis das Publikum sie dreimal gesehen hat.) Andere Medien erfordern eine noch höhere Frequenz.

- ✔ Sprechen Sie nicht mit Leuten, die Ihr Produkt nicht kaufen können. Wir möchten nicht brutal erscheinen, aber Rundfunk und Fernsehen erreichen große geographische Gebiete. Wenn Ihre Kunden aus einem Umkreis von 8 km kommen, dann ist es Verschwendung, dafür zu zahlen, dass Leute aus einem größeren Umkreis davon hören. Wenn Sie häufig zu den Leuten sprechen, die aus Ihrem Umkreis kommen, so ist dass sicherlich höflicher.

- ✔ Damit Sie Ihre Zielgruppe häufig mit Ihrem Namen konfrontieren können, sollten Sie Medien auswählen, die Sie sich in einer angemessenen Frequenz leisten können. Schauen Sie, was es kostet, einen Werbefilm zu produzieren, und wie viel Geld dann übrig bleibt, damit Sie Ihre Werbung auch tatsächlich oft genug zeigen können. Eine wöchentliche Werbekampagne in der lokalen Presse ist effektiver, als ein Werbefilm im Fernsehen, der nur ein paar Mal oder nur spät abends läuft, wenn Ihre Zielgruppe schläft.

- ✔ Werfen Sie Ihre Ressourcen für die Werbung mit den anderen Franchisenehmern zusammen. Gemeinsam können sie einen besseren Werbeplan verfolgen und bekommen mehr für ihr Geld.

- ✔ Hören Sie sich bei den lokalen Medien um. Als Werber am Ort bietet man Ihnen vielleicht Preise, die große, bundesweite Werbeagenturen nicht bieten können.

- ✔ Prüfen Sie die Ergebnisse. Erzielt eine Kampagne Ergebnisse, verstärken Sie diese, und ändern Sie, was nicht den gewünschten Erfolg zeigt.

- ✔ Ein Ansatz, der sich bezahlt machen kann, ist der Einsatz eines Sprechers zur Vermarktung eines Produkts oder einer Dienstleistung. Dave ist das lebende Beispiel dafür, wie Sie im Kasten »Wendy's Werbemethode« lesen können. Der Punkt ist, dass Fürsprecher ganz fest an das, was sie verkaufen glauben, um glaubhaft zu wirken. Okay, es ist klar, dass jemand wie Dave nicht leicht zu imitieren ist, aber Sie sind sicher ein guter Sprecher für Ihr eigenes Franchiseunternehmen. Eine persönliche Verbindung mit den Kunden aufzubauen stärkt das Geschäft. Je mehr Sie also in Ihrem Umfeld mit Ihrem Unternehmen identifiziert werden, desto besser für Sie. (Vielleicht bittet Sie sogar jemand um ein Autogramm!)

Die entscheidende Komponente hinter einem effektiven Marketingplan ist, was die Kunden nach Ansicht des Franchisegebers über die Marke denken sollen. Eine Methode, die Werbeagenturen benutzen, um das Bild der Kunden bei Erwähnung der Marke zu bestimmen, ist die »Markenpersönlichkeit«. Wenn Ihre Marke eine Person wäre, wie wäre sie? Glücklich, lustig, ernst, alt, jung, abenteuerlustig oder gelehrt? Diese Persönlichkeitsattribute werden in die Werbebotschaft übersetzt, die dann in der Vorstellung der Kunden ein Bild der Marke prägt. (Die anderen Bausteine sind die Kundenerwartung und die Preisstrategie.)

Taschentücher, Vaseline, Fotokopien. Wissen Sie, wie sehr diese Produkte mit einem bestimmten Markennamen verbunden sind, auch wenn andere Unternehmen sie herstellen. (Bestimmt sind auch Sie daran schuld!) Der Trend bestätigt unseren Glauben an die Macht der Marke im Zusammenhang mit langfristigem Erfolg. Die Identifikation mit der Marke macht es neuen Franchisenehmern leichter, mit gut eingeführten Ketten und unabhängigen Unternehmen in Konkurrenz zu treten. Die Marke ist mächtiger, als der einzelne Franchisenehmer, es ist also sinnvoll, sie hochzuhalten. Das ist auch der Grund, warum Franchisenehmer sich systemkonform verhalten müssen: Die Werbebotschaft muss Realität sein, wenn der Kunde durch die Tür tritt.

Wendy's Werbemethode

Der Name Wendy's ist in amerikanischen Haushalten ein Begriff, und zwar dank des bundesweiten Fernsehens. Oder vielleicht sollte man besser sagen dank der erfolgreichen Werbekampagnen im bundesweiten Fernsehen? Das Unternehmen hatte drei Treffer nacheinander. Das Ergebnis ist, dass sich mehr und mehr Kunden der Marke zuwenden, und die Franchisenehmer reiten auf der Werbewelle mit.

1977 kam Wendy's mit der Kampagne »Hot 'n Juicy« ins Fernsehen, die die Hot 'n Juicy-Hamburger vorstellte. Sie waren so dermaßen »Hot 'n Juicy«, dass der Sprecher in dieser Kampagne, Jonathan Winters, eine Serviette nach der nächsten verbrauchte.

Dann kam: »Where's the Beef?« Dank Clara Peller und ihren Kumpanen wurden diese Worte zu einem echt heißen Ausdruck. Die Werbefilme erhielten drei Auszeichnungen mit dem Clio für kreative Werbung.

1989 trat dann Dave in die amerikanischen Wohnzimmer. Er war in mindestens 700 Werbefilmen zu sehen, fuhr mit Heißluftballons, ritt auf Kamelen, spielte im Hockeyring, was immer Ihnen einfällt, er war bestimmt dabei. Alles zu Gunsten verschiedener Werbeaktionen. Wer hätte vom Menü für 99 Cent gehört, wenn Dave nicht gewesen wäre? Allein seine Werbeagentur kann sagen, wo er als Nächstes auftauchen wird.

Die landesweiten Auftritte zahlen sich aus. Der Umsatz im durchschnittlichen Wendy's Restaurant ist um 30 Prozent gestiegen, seit Dave auftritt und eigentlich nur sich selbst darstellt. Das Werbebewusstsein für Wendy's stieg um 200 Prozent. Stellen Sie sich mal vor: 92 Prozent der US-Amerikaner, die fernsehen, kennen Dave Thomas entweder mit Namen oder in Beziehung zu Wendy's.

Franchisenehmer nehmen Notiz davon. Sie zahlen in einen bundesweiten Werbeetat ein, der die Kreation und die Platzierung dieser Werbespots mit einschlagender Wirkung unterstützt. Ein bundesweiter Werbeausschuss, der aus auserwählten Franchisenehmern und Vertretern des Franchisegebers besteht, entscheidet, wie das Geld ausgegeben wird. Die Franchisenehmer müssen mindestens 4 Prozent der Bruttoeinnahmen für Werbung ausgeben. In der Vergangenheit waren sie mit 2 Prozent für die bundesweite Werbung dabei. 1999 haben sich die Franchisenehmer entschieden, noch einmal 0,5 Prozent für zwei Jahre dazu zu tun, damit werden 2,5 Prozent für die bundesweite Werbung und 1,5 für lokales und regionales Marketing ausgegeben. Die Bereitschaft, dieses Geld zu investieren, sagt eigentlich alles über den Erfolg der bundesweiten Kampagne von Wendy's.

Bei der Vermarktung des Warenzeichens kommt es auf Heller und Pfennig an. Franchisenehmer in größeren Ketten haben einen gewissen Vorsprung, denn ihre gemeinsamen Werbemittel können bundesweite Werbekampagnen unterstützen. Kleinere Ketten müssen härter arbeiten, denn ihnen fehlt der finanzielle Hintergrund. Auf jeden Fall müssen Sie als Franchisenehmer auch Ihren Teil beitragen.

Bundesweite und lokale Werbestrategien bewerten

Sorgen Sie sich nicht, wenn Sie nicht zu den kreativsten zählen. Hier kommt der Franchisegeber zur Hilfe, damit die Botschaft rüberkommt. Viele Ketten sind der Kopf der regionalen und bundesweiten Werbekampagnen, sie organisieren Werbekooperativen mit den Franchisenehmern in Ihrem Bereich und liefern einen wahren Reichtum an Marketingmaterial. Der Franchisegeber sollte mindestens Marketingrichtlinien und Vorschläge anbieten, wenn nicht gar das Material selbst, und Ihnen bei Ihren eigenen Werbebemühungen zur Seite stehen.

Wenn Sie die Werbung betrachten, sollten Sie die bundesweite und die lokale Ebene unterscheiden. Hier wird zuerst die bundesweite Werbung angesprochen.

Die bundesweite Werbekampagne des Franchisegebers: Ihre Lizenzgebühr bei der Arbeit

Es würde einiges vereinfachen, wenn wir Ihnen sagen könnten, es gibt nur eine Möglichkeit, wie der Beitrag zur Werbung im Franchising eingesetzt wird. Tut uns leid. Feststeht, dass Sie wahrscheinlich gezwungen sind, Geld zu investieren.

Viele Franchisegeber, besonders die größeren, verwalten einen bundesweiten Werbemitteletat. Es ist gängig, eine Gebühr für die bundesweite Werbung zu erheben, die auf einem Prozentsatz vom Umsatz oder den Einnahmen basiert. Sie liegt zwischen weniger als 1 und 10 Prozent. Manche Franchisegeber berechnen einen Fixbetrag oder eine Gebühr, die sich an jeder Transaktion orientiert. Andere wieder erheben überhaupt keine Werbegebühr oder Sie erheben lediglich eine Gebühr auf regionaler oder lokaler Ebene. Die Anforderungen und Empfehlungen hängen häufig von der Größe der Kette und der Branche ab. Denken Sie daran, den Franchisegeber über Ihre Verpflichtungen diesbezüglich zu befragen, und prüfen Sie diese auch im Franchisevertrag. Sprechen Sie mit den anderen Franchisenehmern über die Herangehensweise des Franchisegebers, die Effizienz der Werbekampagnen des Unternehmens und die individuellen Marketingstrategien der einzelnen Franchisenehmer.

 Der Franchisegeber berechnet normalerweise einen Beitrag zum Werbemitteletat, dessen Höhe auf dem Umsatz, den Einnahmen oder dem Gewinn basiert oder anhand anderer Kriterien festgelegt wird.

Laut einer Studie der International Franchise Association's Educational Foundation gilt Folgendes:

✔ 49 Prozent der Befragten forderten einen Beitrag zu einem bundesweiten Werbemitteletat.

✔ 27 Prozent der Befragten erhoben keine Gebühr.

✔ 27 Prozent der Befragten forderten einen Beitrag für regionale oder lokale Werbemittel.

✔ 7 Prozent gingen nach einer anderen Methode vor.

Von den 570 Franchisegebern, die eine bundesweite Werbemittelgebühr erhoben, die auf einem Prozentsatz von Umsatz oder Einnahmen basiert, berechneten 405 (oder 71 Prozent) eine Gebühr zwischen 0,01 und 2 Prozent. Nur zwei Systeme erhoben mehr als 10 Prozent, und nur 3 Prozent der Franchisegeber berechneten mehr als 5 Prozent.

Manche Franchisegeber nehmen das Minimum oder das Maximum des echten Betrags, zum Beispiel 2 Prozent vom Bruttoumsatz mit einem Minimum von DM 2.000 und einem Maximum von DM 2.500 im Monat.

Verschwenden Sie Ihren Werbeetat nicht, nur weil Sie ein paar Mark übrig haben. Werbung muss gesehen werden, damit sie Erfolg hat, und zwar häufig. Franchisenehmer in einem Marktsegment schauen oft, welchen Betrag sie für ihre Werbemittel zusammenbekommen haben, um ihn dann gemeinschaftlich für die Werbung auszugeben. Wenn die Dauer und die Frequenz, die sie mit diesem Betrag erhalten, nicht effektiv ist, sollten sie das Geld dann investieren? Wahrscheinlich nicht, aber die meisten tun es doch.

Eine effektivere Methode, um Geld für Werbung zu investieren, ist folgende: Zuerst stellen Sie fest, was eine Werbestaffel mit kleinstem Effekt kostet. Dann sehen Sie sich das vorhandene Budget an. Wenn die Franchisenehmer in diesem Bereich als Team zusammenarbeiten, entscheiden sie sich oft dafür, zusätzliches Geld aufzubringen, zum Beispiel auf der Basis Geschäft-für-Geschäft oder etwas Ähnliches. (Man nennt das *Ergänzungsabgabe*.) Mit dieser Ergänzungsabgabe von den Franchisenehmern, die zu dem Werbemitteletat hinzugerechnet wird, stellen Sie sicher, dass die Werbung, die läuft, oft und lange genug gesehen wird und entsprechend effektiv ist.

Nicht alle Werbemitteletats funktionieren gleich. Ihre Struktur und die Entscheidungsgewalt kann großen Einfluss auf das Endergebnis haben – und auf Ihren Gewinn. Idealerweise sollten Franchisenehmer ein Mitspracherecht haben. Manche Unternehmen richten bundesweite Werbeausschüsse oder Werberäte ein, meist sitzen darin Vertreter der Franchisenehmer und der Franchisegeber. In anderen Fällen treffen Franchisegeber alle Entscheidungen. Die Mittel können richtig in Fluss kommen, wenn die Lieferanten für das System auch noch einen Beitrag leisten. Finden Sie heraus, ob Ihr Franchisegeber so viel Macht besitzt.

Achten Sie auch auf Sicherheiten, die garantieren, dass Sie auch etwas für Ihr Geld bekommen. Der Franchisegeber darf den Werbemitteletat nur zu dem Zweck einsetzen, für den er gedacht ist. Wenn die Mittel also dazu gedacht sind, die Marke bekannt zu machen, sollten sie nicht eingesetzt werden, um Franchisenehmer anzuwerben. Da jedoch der Franchisegeber die Mittel verwaltet und sein Personal im Marketing beschäftigt ist, erlauben die meisten Franchiseverträge dem Franchisegeber, seine Verwaltungskosten dem Etat zu belasten. Sie sollten wissen, in welcher Höhe der Franchisegeber die Verwaltungskosten auf den Etat belastet und welcher Art die Kosten sind. Und, wenn der Franchisegeber unternehmenseigene Standorte betreibt, tragen diese auch wie alle anderen Franchisenehmer zu dem Werbemitteletat bei? Das hoffen Sie sicher, aber nicht alle tun das.

Die wenigsten Franchisegeber versorgen Ihre Franchisenehmer mit geprüften Finanzberichten über den Werbemitteletat. Die meisten geben nicht einmal den ungeprüften Bericht weiter, es sei denn, der Franchisenehmer fordert ihn ein. Diese Anforderung bedarf oft der Schriftform. Lesen Sie Ihren Franchisevertrag sorgfältig, damit Sie verstehen, wozu Ihr Franchisegeber verpflichtet ist. Sie, der Franchisenehmerbeirat oder Ihr Franchisenehmerverband (siehe auch Kapitel 10) sollten routinemäßig darum bitten, die Buchhaltungsunterlagen für den Werbemitteletat des Systems einsehen zu dürfen. Sie müssen erfahren, wofür das Geld ausgegeben wurde, und sicherstellen, dass jeder seinen Beitrag leistet und dass die Kosten des Franchisegebers, die aus dem Etat beglichen werden, angemessen sind. Achten Sie genau auf die Ausgaben für die hauseigene Werbeabteilung des Franchisegebers (dies sind vom Franchisegeber ins Leben gerufene Werbeagenturen). Achten Sie darauf, dass die internen Agenturen tatsächlich Dienstleistungen für den Etat erbringen, die konform mit dem Franchisevertrag sind.

Sie sollten sich bewusst sein, dass sich die Strategie eines Franchisegebers ändern kann. In den Franchiseunterlagen und den Franchiseverträgen legen manche Franchisegeber einen Beitrag zu den Werbemitteln fest, aber in der Praxis setzen sie den Einzug aus (meist ist der Grund, dass die Kette zu klein ist). Andere reservieren sich das Recht, irgendwann später eine Werbemittelgebühr zu erheben und einen Etat einzurichten. Der Vertrag sollte die genaue oder die maximal zu erhebende Gebühr nennen. Wenn die Zahlungsverpflichtung lediglich als angemessen bezeichnet oder – noch schlimmer – gar nicht genannt wurde, seien Sie wachsam: Sie könnten sich in einer bösen Falle befinden. Franchisegeber dürfen die Franchisenehmer auch von Zeit zu Zeit bitten, freiwillig ihren Beitrag zu erhöhen oder die Verteilung auf bundesweite und lokale Werbeetats zu verschieben. Zu Ihrem eigenen Schutz sollten Sie nach Gebührenobergrenzen und Mehrheitsbeschlüssen Ausschau halten, sollte der Franchisegeber Ihren Werbemittelbeitrag erhöhen wollen.

Sie brauchen die folgenden Informationen:

✔ Wie viel Geld müssen die Franchisenehmer für die lokale Werbung aufbringen und wie sieht die Verteilung auf bundesweite/regionale/lokale Werbung aus?

✔ Wird die Öffentlichkeitsarbeit des Franchisegebers aus dem Werbeetat bestritten? Konzentriert sich die Öffentlichkeitsarbeit darauf, neue Franchisenehmer oder neue Kunden zu werben?

✔ Tragen die Standorte der Franchisenehmer und die unternehmenseigenen Standorte in gleichen Teilen zum Werbemitteletat bei?

✔ Trägt der Franchisegeber zum Werbemitteletat bei, indem er vielleicht die Beiträge aufstockt oder einen festen Betrag beisteuert, damit der Stein ins Rollen kommt?

✔ Ist die Beteiligung des Franchisegebers freiwillig, und in welcher Höhe trägt er zum Etat bei?

- ✔ Was passiert, wenn am Ende des Jahres Gelder übrig sind?
- ✔ Kann der Franchisegeber die Beitragszahlungen ändern, und haben die Franchisenehmer ein Mitspracherecht bei dieser Entscheidung?
- ✔ Wer entscheidet über die Gestaltung und die Platzierung der Werbung?
- ✔ Verfügt der Franchisegeber über einen bundesweiten Marketing- oder Werbeausschuss, und wer sitzt darin?
- ✔ Hat der Werberat lediglich beratende Funktion oder darf er Entscheidungen treffen? Hat der Franchisegeber ein Vetorecht?
- ✔ Hat der Franchisegeber das Recht, die Besetzung des Rats zu ändern oder ihn aufzulösen?
- ✔ Erscheinen die Werbemittel als eigener Posten in der Buchhaltung?
- ✔ Werden die Mittel von dritter Seite überprüft?
- ✔ Wie viel der Mittel wird für Verwaltungskosten verwandt?
- ✔ Erhält der Franchisegeber Rabatte auf Werbeplatzierungen oder Rabatte auf Produkte, und sind die Franchisenehmer daran beteiligt? Werden sie dem Werbemitteletat des Systems insgesamt oder nur in Teilen gutgeschrieben?
- ✔ Wie häufig werden neue Werbekampagnen aufgelegt?
- ✔ Wie oft entwickelt der Franchisegeber neues kreatives Material?
- ✔ Wird die Effizienz der Kampagnen ausgewertet und werden die Ergebnisse den Franchisenehmern mitgeteilt?
- ✔ Liefert der Franchisegeber Materialien, um die lokalen Kampagnen in die bundesweiten einzubetten?
- ✔ Brauchen Sie eine Genehmigung des Franchisegebers, um Ihre eigene Werbekampagne zu fahren oder eigenes Material zu entwerfen?
- ✔ Gibt es Pläne für künftige Kampagnen?
- ✔ Besitzt der Franchisegeber eine hauseigene Werbeagentur, und liefert diese etwas für die Gebühr, die sie erhält?

Die Zeiten ändern sich und mit ihnen ändern sich die Franchisingsysteme. Sind die Systeme neu, legen die Franchisegeber oft einen Werbemitteletat fest, der sich als zu klein herausstellt. Dann müssen sie häufig zu ihren Franchisenehmern gehen und sie bitten, dass sie freiwillig ihren Beitrag zur Werbung erhöhen. Der Werbemitteletat besteht zum Wohle des Systems. Wenn der Franchisegeber fordert, dass Sie Ihren Beitrag erhöhen, und einen guten Grund für eine solche Bitte hat, arbeiten Sie mit den anderen Franchisenehmern zusammen, machen Sie mit. Vergewissern Sie sich jedoch, dass nicht nur Sie Ihren Beitrag erhöhen, sondern auch die unternehmenseigenen Standorte.

Unten anfangen

Manche Ketten besitzen keinen bundesweiten Werbemitteletat, denn sie haben nicht genug Einheiten, um eine bundesweite oder auch regionale Werbung effektiv zu machen. Denken Sie daran, die Kunst in der Werbung besteht darin, die richtige Botschaft an das richtige Publikum zu richten. Wenn Sie ein Publikum erreichen, dass außerhalb Ihres geographischen oder demographischen Profils liegt, so ist das Verschwendung. Die Leute nehmen nur eine bestimmte Anfahrt in Kauf, um Ihr Produkt zu kaufen, egal, wie gut Ihr Angebot auch sein mag. Und Menschen, die nicht zu Ihrer demographischen Zielgruppe gehören, werden ebenfalls kaum Ihre Produkte kaufen, nur wenige Teenager haben Bedarf an Windeln für Erwachsene.

Wenn Ihre Kette zu klein für einen Werbemitteletat ist, bleiben Sie dran, Sie können auch zur Hauptzeit im Lokalsender erscheinen. Und vielleicht richtet der Franchisegeber den Etat ein, wenn es notwendig wird. So war es bei der amerikanischen Firma Mail Boxes Etc. Sie war auf 2.500 Einheiten weltweit angewachsen, als sie den ersten bundesweiten Werbemitteletat gründete, um eine Markendurchdringungskampagne zu starten. Seither hat sie mehrmals bei dem Footballereignis schlechthin, dem Super Bowl, geworben.

Die lokalen Werbemöglichkeiten

Jetzt wenden wir uns der lokalen Ebene zu. Hier stehen Ihnen viele Möglichkeiten offen.

Ein Franchisegeber fordert oder empfiehlt meist einen Mindestbetrag an Ausgaben für die lokale Werbung. Auch hierbei ist es wieder ein Fixbetrag oder ein Prozentsatz vom Umsatz oder den Einnahmen. Vielleicht organisiert er auch regionale oder lokale Werbezusammenschlüsse solcher Standorte, die sich in Besitz der Franchisenehmer und des Unternehmens befinden, an denen Sie sich beteiligen müssen. Der Zusammenschluss der lokalen Ressourcen ermöglicht es Ihnen, mehr Geld für Werbung in Radio, Fernsehen, Straße, Presse, Post und so weiter aufzubringen.

Es hilft auch dabei, den Kunden gegenüber eine geschlossene Werbebotschaft zu überbringen. Stellen Sie sich vor, in Ihrer Stadt gibt es 15 Franchisenehmer, die alle ein anderes Angebot auf eine andere Weise machen, anstatt alle die gleiche Botschaft zu vermitteln. Welcher Ansatz wirbt besser für die Marke?

Fragen Sie wie bei den bundesweiten Werbeetats nach der Kooperationsstruktur – Mitgliedschaft, Verwaltung, finanzieller Überblick usw. Vielleicht lässt sich das Geld zwischen Ihrer eigenen und der kooperativen Werbung aufteilen.

Manche Ketten gestatten Ihren Franchisenehmern viel Flexibilität, bei der Gestaltung der lokalen Kampagnen. Sie glauben, dass diese die Gemeinde und ihre Kunden besser kennen.

 Bevor Sie etwas Eigenes aufziehen, sollten Sie versuchen, objektiv zu urteilen. Unterstützen Ihre Materialien die Marke? Verwirren Sie die Kunden, weil Ihre Botschaft von der bundesweiten Kampagne abweicht? Ist das Material geeignet, das Produkt oder die Dienstleistung zu verkaufen? Können Sie es sich leisten, neue Materialien zu

erstellen, anstatt die von Ihrem Franchisegeber zur Verfügung gestellten zu nutzen? Wenn Sie Geld für die Schaffung von Werbematerial ausgeben, bedeutet das, Sie haben weniger für die Werbezeit zur Verfügung. Achten Sie darauf, dass die lokale Werbung, die Sie machen möchten, die Kosten Ihrer Erstellung wert ist.

Kurz gesagt, die Obergrenze bei der Vermarktung Ihres Franchiseunternehmen in Ihrem Marktplatz ist der Himmel.

 Die meisten Franchisegeber fordern eine Genehmigung für von Franchisenehmern entworfene Werbung. Besprechen Sie mit Ihrem Franchisegeber die Systempolitik in diesem Kontext.

Hier sind ein paar Vorschläge, wie Sie für Ihr Franchiseunternehmen werben könnten:

- ✔ Fördern Sie eine Mannschaft der Jugendliga. Stellen Sie T-Shirts mit Ihrem Namen auf dem Rücken zur Verfügung. (Vielleicht finden Sie bei Muttern auf dem Dachboden ja auch Ihr altes Mannschaftshemd!)

- ✔ Verteilen Sie Rabattgutscheine, kostenlose Produkte, oder vergeben Sie Preise an Schüler, die gute Noten schreiben, oder belohnen Sie regelmäßiges Erscheinen in der Schule.

- ✔ Verteilen Sie Pressemitteilungen, die neue Produkte oder Dienstleistungen ankündigen oder in denen gute Leistungen Ihrer Angestellten in Ihrem Franchiseunternehmen gelobt werden.

- ✔ Telemarketing. Beim Telemarketing sollten Sie missverständliche Darstellungen vermeiden und die Geschäftszeiten beachten.

- ✔ Werben Sie mit anderen zusammen. Wenn Sie sich mit anderen Geschäftsleuten am Ort zusammentun, senken Sie Ihre Kosten und gewinnen an Glaubwürdigkeit, wenn Sie der Neue im Bund sind. Vor vielen Jahren hat sich sogar Dave, als er noch bei Kentucky Fried Chicken Franchisenehmer war, in der so genannten Cross-Promotion versucht. Einmal hatte er einen Vertrag mit einem Autohändler aus der Gegend, und sein Angebot war: »Machen Sie eine Testfahrt mit einem neuen Wagen, und Sie erhalten ein kostenloses Chicken-Dinner«. Diese Art der Werbung ist ein alter Hut, aber sie funktioniert auch heute noch hervorragend.

  Sie müssen sich vergewissern, dass Ihr Werbepartner einen guten Ruf hat und dass Ihre Marke von einer Assoziation mit dem Unternehmen und dem Produkt profitiert. Wenn Sie für Ihren Scherzartikelladen zusammen mit dem örtlichen Bestattungsunternehmen werben, so ist das keine gute Idee.

- ✔ Nehmen Sie an Wohltätigkeitsveranstaltungen teil. Sie werden merken, dass Ihre Teilnahme als Franchisenehmer an einem Ereignis in der Nachbarschaft oder bei einer Wohltätigkeitsveranstaltung Wunder wirkt, wenn Sie Ihr Franchiseunternehmen bekannt machen möchten. Sie schafft Wohlwollen und kann den Umsatz ankurbeln. Viele Franchisegeber ermutigen Ihre Franchisenehmer dazu, den guten Zweck für Ihre Gegend mit zu unterstützen. Der Hauptpunkt dabei ist, dass sie es lediglich vorschlagen, nicht vorschreiben. Schauen Sie nach, ob die Systemzentrale Ihnen Richtlinien dazu gibt. Die Sache erfordert auch Fingerspitzengefühl, sich beispielsweise aus kontroversen oder politischen Angelegenheiten herauszuhalten, die ein Segment Ihres Kundenstamms spalten könnten.

Manche Angelegenheiten haben die Herzen der Franchisegeber gewonnen. Als Franchisenehmer können Sie in einem Umfang tätig werden, den Sie selbst bestimmen. Wendy's beispielsweise unterstützt laufend die Stiftung Dave Thomas Foundation for Adoption (Dave ist ein Adoptivkind, und sein Honorar aus diesem Buch geht an die Stiftung weiter); immer mehr Franchisenehmer mischen sich auf lokaler Ebene ein.

Auch wenn Sie sich aus Herzensgüte an Wohltätigkeitsveranstaltungen beteiligen, Sie sollten überprüfen, ob die Kosten für Ihr Sponsoring einer guten Sache auf Ihre Ausgaben für die lokale Werbung angerechnet werden. Wahrscheinlich ist das so. Besprechen Sie die Einzelheiten mit der Marketingabteilung des Franchisegebers.

Bevor Sie irgendetwas in dieser Richtung unternehmen, sollten Sie sich vergewissern, dass die Aktionen mit der Politik Ihres Franchisegebers konform sind. Sämtliche Werbematerialien, die das Franchiseunternehmen betreffen und das Warenzeichen des Franchisegebers einschließen, müssen fast ohne Ausnahme dem Franchisegeber zur Genehmigung vorgelegt werden. Franchisegeber sind sehr wachsam, wenn es um den Schutz Ihrer Marke geht.

Franchisegeber nehmen lokale Werbung durchaus ernst. Es ist sehr wahrscheinlich, dass Sie die Werbeausgaben dokumentieren müssen. Das Systemhandbuch wird genau darlegen, was erlaubt ist und was nicht. Bei Wendy's beispielsweise sind erlaubt: Lokalradio, Fernsehen, Werbetafeln, Tageszeitungen und Magazine, Warengutscheine, Postsendungen, Ladenmaterial und Sponsoring von Ereignissen in der Gemeinde. Aber T-Shirts mit dem Firmenlogo? Keinesfalls. Die Einstellung Ihres Neffen als Marketingassistent? Auf keinen Fall.

Bei der Planung und Durchführung der lokalen Werbung, sollten Sie überlegen, wie Ihnen Ihr Franchisegeber helfen kann. Das Unternehmen sollte demographische Erhebungen über den typischen Kundenstamm besitzen, und Sie können diese mit den Ergebnissen Ihrer eigenen Marktforschung ergänzen. Vielleicht ist der Bevölkerungsdurchschnitt in Ihrem Bereich etwas älter, dann wären Sie gehalten, ein Produkt gegenüber einem anderen zu bevorzugen.

Bitten Sie Ihren Franchisegeber um Anleitung, welche Medien die richtigen sind (ob Sie beispielsweise lieber Sendezeit oder lieber Platz in der Zeitung kaufen sollten) und um eine Analyse der Kosten für Marketing in Ihrem Bereich. Wenn Sie in einer Talkshow werben, die einen berühmten aber nicht gerade defensiven Talkmaster hat, kann das teuer werden und Kunden abstoßen, während Geld, das Sie in ein Familienprogramm investieren, gut zu dem Bild von Gesundheit passt, das Sie transportieren möchten. Weiter sollte der Franchisegeber Ihnen bei der Einschätzung der Effektivität von Werbeaktionen oder Kampagnen behilflich sein. Sie möchten schließlich nicht bis zum Ende der Aktion abwarten und dann herausfinden, dass sie ein Flop war. Wenn das so ist, nehmen Sie sofort Verbesserungen vor. Eine kleine Veränderung an Ihrem Angebot oder an der Botschaft macht manchmal den Unterschied.

Die meisten Franchisegeber bereiten Werbematerialien zur Nutzung durch die die Franchisenehmer vor. Manchmal verlangen sie dafür einen zusätzlichen Betrag, manchmal nicht. Sie umfassen normalerweise Folgendes:

✔ Werbe-, Reklame- und Verkaufsförderungsmaterial für die Neueröffnung

✔ Postwurfsendungen

✔ Werbetafeln

✔ Point-of-Sale-Materialien, wie Fenster- und Ladenschilder

✔ Preisausschreiben

✔ Materialien für die Öffentlichkeitsarbeit

✔ Anzeigen für die Tageszeitung, die Gelben Seiten sowie Gutscheine in Bausteinform, die sich leicht an Ihren Marktplatz anpassen lassen

Vielleicht überlässt Ihnen Ihr Franchisegeber die Materialien, die Sie für Anzeigen in der Presse benötigen, oder liefert Ihnen die Bausteine auf CD-ROM oder über das Internet bzw. Intranet. Druckvorlagen bestehen oft aus einzelnen Komponenten. So können Sie Ihr Angebot maßschneidern, und das Erscheinungsbild der Marke bleibt erhalten. Normalerweise ist auch Platz für Ihren Namen, Adresse, Telefonnummer und Öffnungszeiten. Die Produktion kann Ihre Tageszeitung oder die Druckerei für die Postwurfsendungen übernehmen.

Bei Werbesendungen ist das Prinzip ähnlich. Der Franchisegeber wird Ihnen ein Band mit einem Radio- oder Fernsehwerbespot geben, bei dem Sie noch Ihre lokalen Daten einfügen können. Die Fernseh- oder Radiostation vor Ort übernimmt den Rest.

Wenn die Medienunternehmen am Ort die Anpassung Ihrer Werbung übernehmen, sollten Sie darauf achten, dass Sie bei Änderungen Korrektur lesen und doppelt prüfen, bevor die Werbung läuft. Die Medienunternehmen kennen sich mit Ihrem Unternehmen nicht so gut aus wie Sie.

Es entsteht ein großes zusätzliches Interesse, wenn Sie die lokale Werbung und Verkaufsförderung mit den bundesweiten Werbekampagnen des Franchisegebers verbinden. Ein Beispiel dafür, wie Franchisenehmer auf der Welle mitreiten können: Als Wendy's bei einem landesweiten Wettbewerb einen Doppelgänger für Dave suchte, machte ein Franchisenehmer in Memphis vor Freude Luftsprünge. Er bewegte den Gewinner, einen Sheriff aus einem Nachbarort, zu persönlichen Auftritten. Er hat das Publikum ganz schön verwirrt! Und andersherum hat Wendy's bei einer Cross-Promotion mit Coca-Cola im Bereich Motorsport seinen Franchisenehmern lebensgroße Ausschnitte des berühmten Rennfahrers Dale Jarrett geliefert, mit denen sie ihren Umsatz ankurbeln konnten.

Die Bedeutung der lokalen Werbung

Wendy's versucht, immer mit einer Stimme zu sprechen. Wenn wir landesweit eine Kampagne mit scharf gewürztem Huhn fahren, so ermutigen wir auch zu lokalen Kampagnen in dieser Richtung. Warum sollte man gleichzeitig für Grillhähnchen und für scharfgewürztes Hühnchen werben? Das würde die Kundschaft nur verwirren.

Es gibt Zeiten, in denen wir keine Werbung im bundesweiten Fernsehen haben. Sogar Wendy's ist trotz seiner Größe nicht 52 Wochen im Jahr im Fernsehen. Dann ist es besonders wichtig für die Franchisenehmer, vor Ort die Werbetrommel zu rühren. Wendy's wird von seinen größten Konkurrenten vier bis fünfmal übertroffen, also sagen wir zu unseren Franchisenehmern: Sind wir landesweit zu sehen, dann spart euer Geld, wenn wir nicht dran sind, investiert das Doppelte. Auf diese Weise bekommen sie mehr für ihr Geld.

Vielleicht können Sie auch Ihre lokalen Werbestrategien ein bisschen aufpeppen, anstatt oder zusätzlich zum Einsatz der Materialien und der Herangehensweise des Franchisegebers. Hier einige Szenarien, in denen Brainstorming sinnvoll sein kann:

- ✔ Die Materialien des Franchisegebers passen nicht so ganz genau zu Ihrem Geschäft.
- ✔ Das umworbene Produkt entspricht nicht direkt Ihrer Nachfrage.
- ✔ Sie sprudeln nur so vor Kreativität und könnten sich etwas denken, wovon Sie sich mehr versprechen.

Letzten Endes müssen Sie daran denken, wer Ihre Kunden sind, mit welchen Medien Sie diese erreichen und worauf sie reagieren werden. Ein großer Fehler ist es anzunehmen, dass Ihre Kunden so denken wie Sie, es sei denn, sie spiegeln Ihr Profil wider. Eine Kampagne, die die guten alten Zeiten wieder aufleben lässt, kann vielleicht bei Ihrer Kartenrunde schöne alte Erinnerungen wecken, aber sie bringt Ihnen nichts, wenn Ihre Kunden vor allem der Generation X angehören. Und wenn wir schon dabei sind, wenn Sie Ihren Radiospot beim Sender für klassische Musik laufen lassen, so hören Sie ihn, und freuen sich daran, aber sind Ihre Kunden Fans von Countrymusik, hören sie ihn nicht. Anders ausgedrückt, Sie sollten das Geld für die Werbung nicht mit Reden an sich selber verschwenden.

Sie können es gar nicht abwarten? Einen Moment noch. Dave besteht darauf, dass die Franchisenehmer eines beliebigen Systems zuerst ihren Betrieb und das Managementsystem beherrschen müssen, bevor sie mit dem Marketing beginnen. Wenn Sie Ihr Unternehmen nicht korrekt führen, haben Sie nichts davon, wenn Sie den Leuten erzählen, wer und wo Sie sind. Sie werden Ihre Kundschaft nur enttäuschen, und das bedeutet, dass Sie keine haben werden.

Werden Sie kein Franchisenehmer, der die Werbekampagne der Mutterfirma auslassen muss, weil sie großartig ist, und sein Unternehmen nicht. Vielleicht hört sich das seltsam an, wir wollen es

Ihnen erklären. Angenommen, eine Bäckereikette macht einen tollen Werbefilm. Darin sieht man blitzsaubere Öfen, Thekenpersonal in blütenweißen Kitteln und perfekt gebackene Brotreihen. Herr Schmidt sieht diese Werbung und eilt mit wässrigem Mund in das Unternehmen um die Ecke und findet dort lediglich fettige Ausstattungsgegenstände, zerknitterte Kittel und verbrannte Brötchen. Die Standards entsprechen nicht der Werbebotschaft, und der enttäuschte Kunde wendet sich von diesem Unternehmen und der Kette ab.

Wir wissen auch, dass dies ein extremes Beispiel ist, und ein guter Franchisenehmer würde nie zulassen, dass die Qualität so nachlässt. Aber wir wollten damit etwas klar stellen. Wenn dieser Franchisenehmer aus dem Beispiel die Regeln des Systems befolgt hätte, hätte auch sein Unternehmen an der Erfolg versprechenden Werbekampagne teilhaben können. Es ist wichtig, die Aufmerksamkeit der Kundschaft zu erregen, aber die Kundschaft zu halten hat oberste Priorität für Franchisenehmer.

Erstklassiger Kundendienst

Entschuldigen Sie, wenn wir dies so platt ausdrücken, aber: Wenn es um Kundendienst geht, ist das Letzte, was Sie gebrauchen können, ein *selbstsüchtiger* Franchisegeber. Wie steht es mit Ihrem?

Machen Sie diesen einfachen Test, um es herauszufinden. Wer steht an erster Stelle, die Kundschaft oder das Unternehmen? Geben Sie dem Franchisegeber eine 1, wenn es die Kundschaft ist, aber passen Sie auf, wenn das Unternehmen Nummer 1 ist.

Im heutigen Marktgeschehen muss der Franchisegeber seine Aufmerksamkeit zuerst auf seine Kunden richten und dann auf das Unternehmen, damit es den Erwartungen der Kunden entsprechen und diese noch übertreffen kann. Steht die Kundschaft an erster Stelle, bedeutet dies, dass Kunden bekommen, was sie möchten, und nicht, was Sie möchten.

Andersherum könnte daraus ein folgenschwerer Fehler werden.

Die Kundschaft kennen lernen

Das Kennenlernen der Kundschaft ist ein wichtiger Schritt beim Kundendienst. Wünsche, Bedürfnisse, Kaufgewohnheiten, Alter, Geschlecht, Lebensstil, Taschenbücher, Zeitpläne – sämtliche dieser Informationen geben Ihnen Hinweise darauf, wie Sie Kunden besser gerecht werden können.

Kein Zweifel, das hört sich nach einer echten Herausforderung an. Ist es aber nicht. Vergessen Sie nicht, dass Sie Teil einer Mannschaft sind. Ihr Franchisegeber wird Ihnen bei der Erhebung dieser Informationen helfen, Sie müssen also nicht an jede Tür in der Stadt klopfen. Sie können die demographischen Informationen mit einer enger gefassten Studie für Ihr Gebiet ergänzen (siehe auch Kapitel 8).

Wenn die Kunden Ihr Franchiseunternehmen stürmen (weil Sie nämlich so großartige Werbung gemacht haben), erhalten Sie noch weitere Einblicke. Franchisegeber auf dem neuesten Stand der Technik fordern Computerkassen, die Kundenprofile, Kaufgewohnheiten und andere Informationen speichern. Manche der großen Franchisegeber haben firmeneigene Kreditkarten und Karten für Vielkäufer, um die Kaufgewohnheiten verfolgen zu können. Mit gesundem Menschenverstand sollten Sie und Ihre Mitarbeiter beobachten. Bei aufmerksamer Beobachtung finden Sie heraus, wonach der Kunde verlangt, und Sie lernen, wechselnde Wünsche vorherzusehen.

Ein wichtiger Bestandteil des Kundendienstes ist es, dass die Kundschaft ein gutes und faires Produkt bzw. eine Dienstleistung erhält. Kunden wollen echte Werte, und zwar jedes Mal wenn sie bei Ihnen einkaufen. Daves berühmte Devise lautet: »Sie sollten die Hamburger immer so zubereiten, dass Sie diese voll Stolz Ihrem besten Freund servieren würden«. Das gilt für jedes Produkt und jede Dienstleistung. Wir sprechen von der totalen Qualität. Hier gibt es keine Umwege. Es ist ein absolutes Muss, jede Minute des Tages ein Auge auf den Betrieb zu werfen. Es ist eigentlich ganz simpel: Wenn Sie Ihren Kunden den besten Service zukommen lassen und das beste Produkt servieren, werden sie wiederkommen.

Bleiben Sie sich treu

Manchmal müssen Sie Ihrem Gefühl mehr vertrauen, als der Kundschaft.

Bei Wendy's gibt es ein Getränk: Frosty. Es ist dick. Man kann es nicht trinken, man muss es mit dem Löffel essen. Der Frosty wurde gemacht, weil ich gerne einen handgeschlagenen Milchshake einführen wollte, wie man ihn in den altmodischen Soda Shops und Drugstores bekam. Ich konnte mir nicht denken, dass Wendy's dieses Produkt ständig anbieten könnte, also haben wir den Frosty gemacht. Die Leute wollten Vanille. Sie wollten Schokolade. Wir konnten uns nicht für eine Sorte entscheiden, also haben wir die beiden gemischt. Der Frosty ist halb Vanille und halb Schokolade.

In den dreißig Jahren, die es uns gibt, gab es immer wieder Leute, die unbedingt Vanille wollten oder ausschließlich Schokolade. Aber wir haben das nicht angeboten.

Die Entscheidung war teilweise darin begründet, wie groß unserer Ansicht nach der Markt für dieses Produkt ist. Wir sind im Hamburger-Geschäft tätig, nicht in der Frosty-Branche, der Frosty ist ein Dessert. Drei, vier oder fünf verschiedene Frosty-Kreationen würden vom Kerngeschäft der Hamburger ablenken. Ich musste also meiner Überzeugung treu bleiben, die hieß: Ich biete drei verschiedene Sorten von Hamburgern an, denn das ist mein Geschäft. Ich kann mein Geschäft aber nicht dadurch komplizierter machen, dass ich drei verschiedene Sorten Frosty anbiete. Es gibt nicht genug Kunden hier, die jeden Tag ein Frosty kaufen werden, aber es gibt genug, die jeden Tag einen Hamburger essen. Wenn man die Aufmerksamkeit von den Hamburgern ablenkt, kann es sein, dass man den Schwerpunkt verliert. Man darf seinen Hauptverkaufsschlager jedoch nicht aus den Augen verlieren.

Warum es nicht nett ist, die Kundschaft zu täuschen

Ehrlichkeit und Integrität: Das sind die beiden Eigenschaften, die Franchisegeber besitzen sollten – Sie erinnern sich? Das gilt für beide Richtungen. Die Kundschaft sucht bei Ihnen ebenfalls nach diesen Eigenschaften. Wenn Sie sich nicht ehrlich und integer darstellen, wird jemand anders Ihre Kundschaft für sich begeistern. Sie haben bereits einen Vorsprung, wenn Ihre Marke dieses Bild schon vermittelt.

Kunden erwarten von einem Franchiseunternehmen Einheitlichkeit. Sie erwarten, dass sie die Produkte und die Dienstleistung erhalten, für die das Franchiseunternehmen bekannt ist. Und sie erwarten, dass sie so bedient werden, wie es der Öffentlichkeit in der Werbung oder auf andere Weise gezeigt wird. Ihre Aufgabe besteht darin, die Kunden so zu bedienen, dass der Ruf der Marke nicht beschädigt wird. Stellen Sie sich beispielsweise einmal vor, alle Franchisenehmer würden Ihre Franchiseunternehmen personalisieren: Dorothys Wendy's, Alyssas Wendy's, Charlies Wendy's. Die Öffentlichkeit wüsste nicht, ob das Produkt an jedem Standort gleich wäre oder ob Dorothy dem Chili etwas hinzugefügt hat, damit es Dorothys Chili wird. Stellen Sie sich einmal vor, Sie müssten für ein einheitliches Image werben, wenn schon der Name nicht einheitlich ist. Dave wollte Wendy's niemals personalisieren und in Daves Wendy's umwandeln, weil er damit die Marke schwächen würde.

Eine andere Methode, mit der man den Kunden verwirrt, sind so genannte »Expresseinheiten«, die nicht die gesamte Produktpalette im Angebot haben. Wenn Kunden daran gewöhnt sind, ein Produkt in einem Geschäft mit der vollen Palette zu kaufen und dann in eine »Expresseinheit« gehen, ohne den Unterschied zu bemerken, werden sie enttäuscht sein, dass sie nicht kaufen können, was sie wollten. Kluge Franchisegeber stellen sicher, dass die Kundschaft den Unterschied zwischen der gesamten Palette und den begrenzten Einheiten kennt. (»Express« bedeutet meist nicht einmal, dass der Kunde schneller wieder draußen ist, vielleicht erhält er nur ein Ersatzprodukt, wenn er überhaupt etwas kauft.)

Seien Sie mit der Einführung neuer Produkte vorsichtig. Wenn Sie den Betrieb und den Schwerpunkt häufig verändern, setzen Sie sich unnötig unter Stress und verwirren eventuell auch die Kundschaft. Die Kunden könnten vergessen, wofür Sie wirklich stehen.

Es ist wahrscheinlich, dass der Franchisegeber bereits ein bisschen Marktforschung betrieben hat, die Ihnen zeigt, wonach die Kundschaft verlangt. In einem Schnellrestaurant beispielsweise erwartet man preiswertes, angemessenes, sättigendes und zufrieden stellendes Essen sowie eine vertraute und gleichbleibende Atmosphäre. Wenn man diese Faktoren nicht ignoriert, befindet man sich genau in der Kundendienst-Schiene.

Kunden, die Autozubehör kaufen möchten (zum Beispiel Sonnendächer oder Autoradios) oder Reparaturdienste benötigen (Reifen, Bremsen und Glas), erwarten erfahrenes Verkaufspersonal und gut ausgebildete Techniker. Sie möchten, dass ihr Problem sofort und zum vereinbarten Preis behoben wird, und sie erwarten eine pünktliche Fertigstellung. Sie möchten nicht auf bestellte Teile warten müssen oder sich damit auseinander setzen, dass ein Teil nicht lieferbar ist. Ein Auto ist eine große Investition, und man möchte denen, die daran arbeiten, vertrauen können.

Wenn Sie Ihren Teppich reinigen lassen, erwarten Sie, dass der Angestellte den Unterschied zwischen einem Woll- und einem Nylonteppich kennt und Wein von normalem Schmutz unterscheiden kann. Und Sie erwarten, dass die Teppichreinigung jeden Teppich reinigen kann und alle Flecken beseitigt. Sie würden sich nicht besonders wohl fühlen, wenn Sie wüssten, dass der Neue auf Ihrem Wohnzimmerteppich angelernt wird.

Es gibt einen anderen Grund, warum es nichts bringt, Kunden zu täuschen: Sie haben ein gutes Gedächtnis. Sie erinnern sich daran, was die Werbung sagt und was das Unternehmen tatsächlich geliefert hat. Wenn es dabei zu Abweichungen kommt, dann ist es aus. Wenn Sie also etwas versprechen, halten Sie es.

Denken Sie auch daran, dass Kunden doppelt so vielen Menschen von einer schlechten Erfahrung berichten wie von einer guten. Wenn Sie also die Zufriedenheit Ihrer Kunden erhöhen, erzielen Sie einen positiven Dominoeffekt. Das ist die beste Werbung, die Sie machen können. Die Kundschaft kommt wieder vorbei und sie wird es anderen weitersagen.

Machen Sie das Beste aus Ihren Fehlern

Jeder macht Fehler. Der Schlüssel zum Erfolg ist, diese Fehler zu erkennen und etwas daran zu ändern. Der Kundschaft wird die Tatsache, dass ein Fehler gemacht wurde, nicht gefallen, aber Sie wird Verständnis zeigen, wenn Sie etwas dagegen unternehmen.

Wichtig ist, wie eine Beschwerde behandelt wird, egal, ob persönlich oder telefonisch. Ihr Franchiseunternehmen ist nur so perfekt, wie die Person, mit der der Kunde konfrontiert ist. Wenn Ihr Mitarbeiter keine gute Einstellung hat oder nicht in Laune ist, wird Ihre Kundschaft das merken. Wenn Sie eine gute Einstellung und gute Laune haben, erkennt Ihre Kundschaft das auch.

Heutzutage macht man sich nicht mehr viel aus Loyalität. Daher müssen Sie Kunden gegenüber sensibel sein und sie glücklich machen. Es gibt keine Garantie, dass sie täglich kommen, also sollten Sie sie behandeln, als ob Ihre Arbeit von Ihnen abhängt, denn das ist auch so.

Hat der Kunde immer Recht? Sie und ich wissen, dass das nicht so ist. Aber manchmal lautet die Frage nicht, wer hat Recht und wer hat Unrecht. Es geht um langfristige Kundenbindung. Diese Philosophie ist Teil von Wendy's Kultur.

Testen Sie sich

Sie werden in Ihrem Unternehmen allen Arten von Kunden gegenüberstehen. Manche werden sagen, das Glas sei halb voll, andere, es sei halb leer. Ihre Perspektive entscheidet über den Erfolg Ihres Unternehmens. Angenommen, Sie besitzen ein Computerschulungsfranchise. An einem Tag kommt ein Kunde herein und findet nur die neueste Ausstattung vor, alles läuft problemlos und die Schulungsleiter kennen sich wirklich gut aus. Als der Student das nächste Mal kommt, stürzt ein Computer nach dem anderen ab, und die Übungsleiter sind nervös. Wenn der Kunde das Glas als halb voll betrachtet, wird er die erste Erfahrung höher bewerten und es noch einmal mit Ihrem Unternehmen versuchen. Wenn er findet, das Glas sei halb leer, haben Sie noch einiges an Arbeit vor sich.

Was wir Ihnen damit sagen wollen, ist, dass Sie jederzeit hellwach sein müssen und versuchen sollten, die negative Erfahrung eines Kunden in eine positive umzuwandeln, indem Sie den Fehler beheben und versuchen, Konflikte zu lösen.

Jede Schwierigkeit ist auch eine Gelegenheit, in sich zu gehen. Nehmen Sie den Betrieb auseinander und schauen Sie genau, was verbessert werden muss. Lesen Sie im Systemhandbuch nach, dort wird sich bestimmt ein Abschnitt zu dieser Art von Problem finden. Suchen Sie bei den Mitarbeitern der regionalen oder unternehmenseigenen Hilfstruppe nach Unterstützung, wenn Sie diese brauchen. Vielleicht brauchen Ihre Angestellten auch eine Schulung im Kundendienst. (Kapitel 12 beschäftigt sich mit der Ausbildung der Angestellten.)

Wenn Sie in einer Kundenbeziehung etwas retten müssen, sind folgende Tipps zu beachten:

- ✔ Reagieren Sie schnell.
- ✔ Hören Sie zu, und unterbrechen Sie den Kunden nicht.
- ✔ Entschuldigen Sie sich einmal und auch noch ein zweites Mal für Ihren Fehler.
- ✔ Seien Sie höflich und halten Sie Augenkontakt.
- ✔ Versetzen Sie sich in Ihren Kunden hinein, denken Sie darüber nach, was für eine Problemlösung Sie an seiner Stelle bevorzugen würden.
- ✔ Versprechen Sie dem Kunden eine Verbesserung: Ein Produkt umsonst, eine kostenlose Dienstleistung, Rabatte für künftige Einkäufe, andere Angestellte, zusätzliche Aufmerksamkeit und so weiter.
- ✔ Beweisen Sie sich beim nächsten Mal.

Sie sollten wissen, dass nur wenige Kunden Ihre Beschwerden tatsächlich auch gegenüber den Angestellten oder der Geschäftsführung verbalisieren, vor allem nicht, wenn es nicht um Geld geht. Leider erkennt man unzureichenden Dienst am Kunden häufig erst, wenn es einen anspringt: Kunden kommen nicht wieder, der Umsatz sinkt.

Sparen Sie sich die Tränen, und machen Sie hin und wieder einen Test.

Es gibt zwei Möglichkeiten, die Zufriedenheit der Kunden zu überprüfen – einen teuren und einen weniger teuren. Der billigere und auch effektiver Weg ist, einfach Augen und Ohren zu benutzen und die Kundschaft und die Angestellten zu beobachten. Hier noch ein paar andere Möglichkeiten:

- ✔ Lesen Sie Ihre Post, die von den Fans und die von den Beschwerdeführern.
- ✔ Legen Sie Karten, auf denen Kunden Ihre Meinung sagen dürfen, gut sichtbar aus. Solche Karten zu nutzen ist nicht teuer und sehr einfach.

- ✔ Viele Franchisegeber sammeln die Meinung der Kunden auf der Webseite des Unternehmens und reichen diese Informationen dann weiter.

- ✔ Sprechen Sie von Zeit zu Zeit persönlich mit Ihren Kunden, um sicherzustellen, dass alles in Ordnung ist, oder um zu verhindern, dass aus einem kleinen Problem eine große Sache wird.

- ✔ Sie können auch ganz informell Gespräche unter vier Augen und telefonische Befragungen mit Ihren Kunden durchführen.

- ✔ Es gibt ganz ausgereifte Hilfsmittel, die Sie vielleicht auch in Ihrem Franchiseunternehmen schon benutzen, wie Kassen, die den Einkauf und Kundeninformationen speichern. Damit werden Kundenuntersuchungen durchgeführt, indem der Kundenname und sein Einkauf registriert werden.

- ✔ Oder Sie nehmen es auf sich, ein ortsansässiges Marktforschungsunternehmen zu engagieren, dass Ihnen eine quantifizierbare Untersuchung der Leistung Ihres Unternehmens liefert. Wenn Sie jemanden von außen engagieren möchten, sollten Sie mit den anderen Franchisenehmern sprechen, vielleicht tut man sich zusammen und teilt sich die Kosten.

Selbst Hand anlegen ist meist das Beste

Wir legen es den Franchisenehmern bei Wendy's ans Herz, regelmäßig in der ersten Reihe zu stehen und mit ihren Kunden zu sprechen. Es ist der beste Weg, wenn man sofortiges Feedback wünscht.

Verantwortlich für das Scheitern von Franchisenehmern ist oft, dass sie nicht genug Geld haben, aber auch, dass sie nicht genug Präsenz zeigen. Wenn Sie Franchisenehmer sind und nur selten vorbeischauen, sind Sie abwesend. Und wenn Sie abwesend sind, wissen Sie nicht, was Ihre Kunden denken und wie sie mit Ihren Mitarbeitern zurechtkommen.

Sie müssen selbst mit anfassen, um wirklich am Puls des Geschehens in Ihrem Unternehmen zu sitzen.

Über die Kasse hinausschauen

Jeder Teil Ihres Unternehmens hinterlässt bei Ihren Kunden einen Eindruck. Klar, die Kundschaft möchte den Löffel in ein Frosty stecken oder in einen nagelneuen Wagen steigen oder die perfekte Krankenbetreuung finden. Keine Frage, es ist das Endprodukt Ihres Franchiseunternehmens, das die Kundschaft überhaupt zur Tür kommen lässt.

Aber Kunden bemerken solche Dinge wie Tapeten, Auftreten der Angestellten, Freundlichkeit, Einrichtung und Toiletten, vor allem Toiletten. Ein großer Teil des Kundendienstes besteht darin, dass man auf die Details achtet. Das ist auch Teil des Dienstes am Angestellten, denn keiner möchte gerne in einer schmutzigen und ungepflegten Umgebung arbeiten. Es ist sowohl Ihre als auch Aufgabe des Franchisegebers, strenge Standards zu setzen, denn das tut Ihre Kundschaft auch.

Es ist klar, dass je nach Branche Franchisenehmer ihre Unternehmen auf eine andere Weise betrachten, um den jeweiligen Standards der Branche gerecht zu werden. Wir geben Ihnen hier einige allgemeine Richtlinien, um sicherzustellen, dass Ihr Unternehmen in Topform bleibt:

- ✔ Sind die Mitarbeiter freundlich, hilfsbereit und gut ausgebildet?
- ✔ Werden Probleme schnell beseitigt?
- ✔ Ist der Service prompt, zuverlässig und gleichbleibend gut?
- ✔ Befindet sich der Standort in einem guten Zustand, ist sauber und einladend?
- ✔ Können die Kunden die Qualität schon im Vorbeifahren erkennen? Was sagt das Äußere Ihres Ladens den Kunden?
- ✔ Sind Kunden oder Angestellte besorgt in Bezug auf die Sicherheit?
- ✔ Ist die Einrichtung auf dem neuesten Stand?
- ✔ Sind genug Produkte auf Lager?
- ✔ Haben Sie alle Produkte im Angebot, die die Kundschaft bei Ihrer Marke erwartet?
- ✔ Werden Sie auch körperlich eingeschränkten Kunden gerecht?

Man kann Perfektion erreichen. Man braucht lediglich ein bisschen Zeit und Teamarbeit. Einen Großteil dieser Teamarbeit muss Ihre Belegschaft leisten.

Einstellen, Entlassen, Schulungsmaßnahmen und andere Personalentscheidungen

In diesem Kapitel

▶ Arbeitsrechtliche Vorgaben beachten

▶ Die Bewerber prüfen

▶ Talente finden

▶ Ihr Team schulen

▶ Ihre Angestellten behalten

▶ Sicherheit am Arbeitsplatz gewährleisten

Sie sind dabei, das Rad Ihres Franchisebetriebs mit der letzten Speiche zu versehen: dem Personal. Jede von Ihnen getroffene Personalentscheidung hat weit reichende Folgen – auf die Marke Ihres Franchisegebers, Ihr Budget, Ihre Konkurrenz, Ihre individuelle Belastbarkeit und selbstverständlich auch auf die Zufriedenheit Ihrer Kunden. Leitende Angestellte in Personalvermittlungen und Geschäftsbesitzer stimmen überein: Wenn Sie sich auf die Kunden konzentrieren wollen, müssen Sie sich auch auf die Angestellten konzentrieren.

In diesem Kapitel geben wir Ihnen Tipps, wie Sie Angestellte einstellen, diese bis zur x-ten Stufe schulen und wie Sie diese mit Anreizen motivieren können.

Die besten Techniken für Bewerbungsgespräche und die Einstellung

So verzweifelt Sie auch Personal für Ihr Franchiseunternehmen suchen mögen, es hat keinen Sinn, einfach jeden einzustellen, der zur Tür hereinkommt. Sie dürfen nur die besten einstellen. Wenn Sie den Ruf erwerben, großartige Arbeitsplätze zu bieten, werden Sie Bewerber von hoher Qualität anlocken. Das Ergebnis sind ein besserer Kundendienst, weniger Fluktuation bei den Angestellten, geringere Kosten für die Suche neuer Angestellter, weniger Schulungskosten für neue Angestellte – kurz, mehr Profit.

Als Arbeitgeber sollte Ihnen eine Sache bewusst sein: die gesetzlichen Vorgaben. Sie haben ein Recht, wählerisch zu sein, doch Sie müssen auch fair sein.

Diskriminierung vermeiden

Auch wenn die gesetzlichen Vorgaben in Deutschland in dieser Hinsicht nicht so streng sind wie in den USA: Wenn es ein Wort gibt, das Sie nie hören sollten, solange Sie Ihren Franchisebetrieb führen, ist es Diskriminierung. Wir möchten Sie auffordern, sich intensiv mit dem Arbeitsrecht vertraut zu machen, das Vorgaben zur Verhinderung der Diskriminierung enthält. Zu dem Problemkreis »Diskriminierung« gehören Fehler bei Einstellung, Entlassung, Beförderung und Stellenbesetzung.

Folgende Vorgaben sind zu beachten:

- ✔ Ganz allgemein und grundsätzlich dürfen Sie Ihre Arbeitnehmer nicht ohne sachlichen Grund ungleich behandeln (»arbeitsrechtlicher Gleichbehandlungsgrundsatz«).

- ✔ Ein Arbeitgeber darf einen Arbeitnehmer insbesondere nicht bei Einstellung, Beförderung, Weisung oder Kündigung wegen seines Geschlechts benachteiligen. Dies ist im Bürgerlichen Gesetzbuch (BGB) geregelt. Falls Sie als Arbeitgeber hiergegen verstoßen, ist die von Ihnen angeordnete Maßnahme unwirksam. In einigen Fällen besteht außerdem die Gefahr, dass Sie sich damit schadenersatzpflichtig machen.

- ✔ Das BGB verlangt von dem Arbeitgeber zwingend eine geschlechtsneutrale Stellenausschreibung, es sei denn, dass ein bestimmtes Geschlecht unverzichtbare Voraussetzung für eine bestimmte Tätigkeit ist. Diese nachträglich eingeführte Vorschrift geht auf eine Richtlinie der Europäischen Union zurück. Im Fall von Zuwiderhandlungen droht dem Arbeitgeber Schadenersatz für einen abgelehnten Bewerber, wenn dieser aufgrund des »falschen« Geschlechts vermeintlich von vornherein keine Chance zur Anstellung hatte.

 Diskriminierung ist nicht nur ungesetzlich; es ist schlechte Geschäftspraxis.

Die richtigen Fragen stellen

Ein Bewerbungsgespräch ist eine hervorragende Gelegenheit, um das menschliche Wesen, dessen Name oben auf einem Lebenslauf oder auf einer Bewerbung steht, zu entdecken. Heute sind viele Bewerber für eine Stelle bereits sehr gut vorbereitet, vor allem die, die von Outplacement-Gesellschaften oder Ratgebern in Buchform geschult wurden. Ihre Aufgabe ist es, genau zu wissen, welche Position Sie besetzen möchten, faire Fragen zu stellen, die Gesprächsführung zu behalten und ein Gefühl von Selbstvertrauen zu vermitteln. Sie können das Personal Ihres Franchisegebers, das in dessen Systemzentrale oder in den regionalen Niederlassungen für Personalfragen zuständig ist, um Anleitung bitten.

Die meisten Franchisegeber haben heutzutage einen Abschnitt zum Thema Personalfragen in ihr Systemhandbuch und ihre Schulungen aufgenommen. Stellen Sie sicher, dass Sie die aktuelle Version haben. Das Systemhandbuch sollte Informationen zu den folgenden Punkten enthalten:

12 ➤ Einstellen, Entlassen und andere Personalentscheidungen

- ✔ Arbeitsplatzbeschreibungen und Verantwortungsbereiche der einzelnen Mitarbeiter
- ✔ Wie Sie Ihren Bedarf hinsichtlich Geschäftsführung und Mitarbeitern voraussehen können (der Bedarf variiert in Abhängigkeit von der Geschäftsgröße, der Art des Standorts und vom Alter des Unternehmens)
- ✔ Ein Profil der Bewerber, die Sie suchen
- ✔ Eigenschaften und Vorteile des Jobs, die Sie bei der Suche nach Bewerbern verwenden können
- ✔ Einstellungsunterlagen – Broschüren, Hochglanzwerbematerialien, Briefe, Schilder im Laden und so weiter.
- ✔ Rekrutierungsquellen
- ✔ Rekrutierungstechniken und -strategien
- ✔ Vorbereitung der Einstellungsgespräche
- ✔ Fragen und Techniken für Einstellungsgespräche
- ✔ Telefontechnik im Zusammenhang mit Einstellungen
- ✔ Einstellungseinschätzung
- ✔ Ausschreibungen und andere Einstellungswerkzeuge
- ✔ Checklisten für Referenzen
- ✔ Empfehlungen für Zahlungs- und Bonuspläne
- ✔ Papiere zu Personalfragen

Wenn Ihr Franchisegeber seinen Franchisenehmern diese Informationen nicht zur Verfügung stellt, fordern Sie die Entwicklung eines Leitfadens zu Personalfragen.

Wenn Sie Gespräche mit Angestellten führen, sollten Sie sich von Ihrer besten Seite zeigen und klar formulieren:

- ✔ Seien Sie immer professionell.
- ✔ Seien Sie natürlich, und fühlen Sie sich mit der Situation wohl. Der Bewerber spürt, wenn Sie nur so tun als ob.
- ✔ Seien Sie flexibel. Jeder Bewerber ist ein Individuum. Fühlen Sie sich nicht verpflichtet, das Skript Zeile für Zeile zu befolgen. Seien Sie spontan, wenn es erforderlich ist. Wenn Sie Nachfragen stellen, die sich möglicherweise nicht auf der Liste befinden, erhalten Sie nicht nur zusätzliche Informationen über die Bewerber, sondern zeigen diesem auch, dass Sie sich für sie/ihn interessieren.
- ✔ Versuchen Sie, sich zu vergegenwärtigen, dass Ihre Körpersprache Bände spricht.
- ✔ Begrüßen Sie die Bewerber. Ein fester Handschlag und ein Lächeln schaffen eine günstige Atmosphäre für ein Bewerbungsgespräch.

- ✔ Stellen Sie Augenkontakt her, und halten Sie diesen während des gesamten Einstellungsgesprächs – aber starren Sie nicht.
- ✔ Setzen Sie sich den Bewerbern gegenüber.
- ✔ Seien Sie respektvoll und interessiert zugleich.
- ✔ Entspannen Sie sich, aber achten Sie darauf, dass Ihre Haltung Ihr Interesse deutlich macht.
- ✔ Gestikulieren Sie nicht unangemessen mit den Händen (Sie wissen schon – es geht um die Gesten, von denen Ihre Mutter Ihnen schon im Alter von fünf Jahren gesagt hat, dass Sie diese unterlassen sollten).
- ✔ Erklären Sie die Zielsetzung des Bewerbungsgesprächs.
- ✔ Erklären Sie den Ablauf des Bewerbungsgesprächs.
- ✔ Schenken Sie den Bewerbern Ihre volle Aufmerksamkeit.
- ✔ Halten Sie das Zusammentreffen so privat wie möglich.
- ✔ Erledigen Sie keine anderen Dinge während des Bewerbungsgesprächs – Sie könnten wichtige Informationen verpassen und könnten bei Bewerbern den Eindruck erwecken, dass Sie nicht wirklich interessiert seien. Zudem ist es schlicht unhöflich, sich auf andere Dinge zu konzentrieren.
- ✔ Hören Sie sich zunächst an, was Bewerber zu sagen haben, bevor Sie die nächste Frage formulieren oder stellen. 75% Ihrer Tätigkeit während des Bewerbungsgesprächs sollte in Zuhören bestehen.
- ✔ Zeigen Sie Reaktionen auf das, was die Bewerber sagen – entweder durch Worte oder Gesten (selbst ein Mmh! ist besser als Schweigen).
- ✔ Wenn Sie sich Notizen machen, stellen Sie sicher, dass Ihr Kandidat aus Ihren Worten und Gesten schließen kann, dass Sie dennoch zuhören.
- ✔ Lassen Sie Ihre Vorlieben außen vor. Projizieren Sie nicht Ihre eigenen Werte und Vorurteile.
- ✔ Seien Sie professionell und respektvoll. Wenn eine Frage die Bewerber verunsichert, ändern Sie die Frage oder formulieren sie diese neu.
- ✔ Verhalten Sie sich selbstbewusst. Bewerber wollen sehen, dass Sie zuständig sind und was sie von Ihrem »Chef« zu erwarten haben, wenn sie eingestellt werden.
- ✔ Seien Sie fair. Hier geht es nicht um ein Machtspiel. Machen Sie sich nicht auf Kosten der Bewerber wichtig.
- ✔ Seien Sie sich darüber im Klaren, dass eine aus dem Bauch heraus gefällte Entscheidung möglicherweise die falsche ist. Versuchen Sie, weitere Informationen zu bekommen.
- ✔ Lassen Sie sich nicht von der Notwendigkeit, den Posten zu besetzen, dazu verführen, Ihr Bedürfnis, die richtige Person einzustellen, zu missachten.

12 ► Einstellen, Entlassen und andere Personalentscheidungen

 Sie müssen daran denken, dass Sie beim Führen eines Bewerbungsgesprächs nicht nur die Marke repräsentieren, sondern auch eine wichtige Investitionsentscheidung treffen. Wenn aus Bewerbern Angestellte werden, ist es wichtig, dass diese Ihre Leidenschaft für das Unternehmen verstehen und darüber hinaus wissen, was Sie von ihnen als Angestellten erwarten. Selbst wenn ein Bewerber nicht Teil Ihres Teams wird, werden sie vielleicht dennoch über Sie und Ihren Betrieb vom Standpunkt eines Insiders reden. Denken Sie daran, dass sie andere beeinflussen könnten – sowohl potenzielle Arbeitnehmer als auch potenzielle Kunden.

Einstellungen, Schulung und Motivation sowie das Halten der Angestellten kostet Zeit und Geld. Sie können es sich nicht leisten, mit einem von beiden verschwenderisch umzugehen.

Sie müssen eine Auswahl treffen – nicht einfach nur einstellen. Sie wollen den besten Bewerber für den Posten. Wenn Sie auch nur einen Posten mit einer Niete besetzen, kann das Ihre Investition gefährden. Jeder Angestellte hat eine Auswirkung darauf, wie Ihr Betrieb bei Kunden dasteht und trägt zu ihrer Entscheidung bei, ob sie wiederkommen oder Ihre Dienstleistung an andere Kunden weiterempfehlen werden. Investieren Sie die erforderliche Zeit und das nötige Geld, um ein Team von Angestellten zusammenzustellen, die Ihre Investition ernst nehmen.

Um die Aufgabe richtig zu erledigen, müssen Sie auch über die richtigen Werkzeuge verfügen. Wenn es in Ihrem Systemhandbuch eine Vorlage für einen Bewerberfragebogen gibt, machen Sie davon einen ganzen Stapel Kopien.

Prüfen Sie die Bewerbung, bevor Sie sich mit den Bewerbern treffen. Schauen Sie sich alle Antworten an – legen Sie dabei größten Wert auf Zeiten früherer Anstellungen, Gründe für die Beendigung, die Gehaltsentwicklung, frühere Positionen und Referenzen. Sie haben Zeit, diese Angaben zu überprüfen, bevor Sie den Posten anbieten. Während des ersten Bewerbungsgesprächs nehmen Sie die Antworten einfach als Fakten, zu denen Sie weitere Fragen stellen können.

Im Verlauf des Bewerbungsgesprächs müssen alle Ihre Fragen sich auf die Arbeit beziehen. Überlegen Sie sich die Bedeutung jeder Frage, und stellen Sie diese entsprechend. Fällen Sie Einstellungsentscheidungen strikt entsprechend den Erfordernissen des Arbeitsplatzes und des Verhaltens und der Persönlichkeit, die zum Ausfüllen dieser Tätigkeit erforderlich sind – natürlich entsprechend Ihrer Vorgaben.

 Sie sollten während eines Bewerbungsgesprächs keine Fragen stellen, die man von Gesetz wegen nicht stellen darf. Wenn Sie sich nicht sicher sind, ob Sie gegen Richtlinien verstoßen könnten, prüfen Sie dies noch einmal mit Ihren Anwälten. Ihr Franchisegeber hat wahrscheinlich auch eine Liste dessen, was erlaubt ist und was nicht, in sein Systemhandbuch aufgenommen.

Das wichtigste allgemeine Prinzip für das Führen eines Bewerbungsgesprächs ist, so oft wie möglich offene Fragen zu stellen. Offene Fragen sind solche, die nicht einfach mit Ja oder Nein beantwortet werden können. Sie ermutigen Bewerber dazu, sich zu äußern und schaffen eine Grundlage für das weitere Gespräch. Ein Bewerbungsgespräch, in dem vorwiegend offene Fragen gestellt werden, ist lebendiger als eines, in denen eine mit Ja oder Nein zu beantwortende Frage nach der anderen gestellt wird. Offene Fragen sind solche, die meist mit Fragewörtern wie warum, wer, wo, wie, in welcher Weise, beschreiben Sie, erzählen Sie mir von und so weiter beginnen.

Fragen, die mit einem einfachen Ja oder Nein beantwortet werden können, oder Statements zu Tatsachen sind sinnvoll, wenn man tatsächliche und objektive Informationen sammeln möchte. Diese Fragen geben spezifische Informationen zu Dingen wie Fertigkeiten und Erfahrung. Beispielsweise:

- ✔ Welche Position hatten Sie bei Ihrer letzten Stelle inne?
- ✔ Haben Sie einen Hochschulabschluss?
- ✔ Haben Sie einen Führerschein?

Offene Fragen sind weitreichender. Sie ermutigen Bewerber dazu, ihre Ideen, Ziele, Werte und Gefühle auszudrücken. Beispielsweise:

- ✔ Was möchten Sie mir von sich erzählen, Herr Müller?
- ✔ Was hat Ihnen bei Ihrem letzten Arbeitsplatz am besten gefallen?
- ✔ Was macht Ihrer Ansicht nach einen hervorragenden Kundendienst aus?

Oft erzählen Ihnen Bewerber von ihren Familien und ihren Hobbys. Diese Informationen geben Hinweise auf Dinge, die diese spannend finden und sie motivieren, und ob sie eher bei einer Tätigkeit am Schreibtisch oder bei Kundenbesuchen glücklich würden. Wenn Sie sich bemühen, zwischen den Zeilen zu lesen, können Sie einen Eindruck der zwischenmenschlichen Fähigkeiten, Stärken und Schwächen gewinnen und auch, inwieweit der Bewerber gewillt ist, Mitspieler eines Teams zu werden.

Hier sind weitere Beispiele für offene Fragen:

- ✔ Was mochten Sie an Ihrem letzten Arbeitsplatz am meisten?
- ✔ Erzählen Sie mir, welche Fertigkeiten Sie bei Ihrem letzten Job erworben haben.
- ✔ Wie würde Ihr letzter Vorgesetzter Sie beschreiben?
- ✔ Wie würden Ihre ehemaligen Kollegen Sie beschreiben?
- ✔ Beschreiben Sie die Arbeitsumgebung, in der Sie am produktivsten sind.
- ✔ Bitte geben Sie mir eine Beschreibung von sich selbst.
- ✔ Welche Art von Entlohnung erwarten Sie von einem Job?
- ✔ Was würden Sie in einem Jahr gerne beruflich tun?
- ✔ Welche Maßnahmen – wenn überhaupt – sollten Ihrer Ansicht nach ergriffen werden, wenn ein Angestellter der Belegschaft nicht pünktlich am Arbeitsplatz erscheint?
- ✔ Was würden Sie tun, wenn Sie sehen würden, wie einer Ihrer Kollegen Geld aus der Kasse nimmt oder Dinge aus dem Geschäft stiehlt?

Solche Fragen eröffnen die Möglichkeit zu einem Dialog im Vorstellungsgespräch.

Denken Sie daran, dass es Bereiche gibt, in die Sie mit Ihren Fragen nicht vordringen dürfen, weil Sie damit gegen Gesetze verstoßen würden. Stellen Sie sicher, dass Ihre offenen Fragen und der gesamte Dialog mit dem Bewerber nicht die Grenzen des Zulässigen überschreitet.

Wenn Bewerber Ihnen erzählen, das sie bei ihrem letzten Arbeitsplatz nichts gelernt haben und der Vorgesetzte ständig hinter ihnen her war, weil sie nicht pünktlich kamen, sollten Sie versuchen, näher herauszufinden, ob der Bewerber überhaupt weiß, was es heißt, als Mitglied eines Teams zu arbeiten.

Wenn der Bewerber der Ansicht ist, dass kleine Diebstähle in Ordnung sind – glauben Sie dann, dass Sie ihr/ihm trauen können?

Schauen Sie hinter die Oberfläche der Antworten, und spüren Sie weiter nach, bis Sie eine Vorstellung davon bekommen, was für ein Mensch der Bewerber ist, und wie sie oder er in Ihr Team hineinpassen würde.

Einige Unternehmer halten gerne ein zweites Bewerbungsgespräch. Je nach Arbeitsplatz und der Situation auf dem Arbeitsmarkt kann dies eine gute Technik sein. Bedenken Sie jedoch, dass die meisten Angestellten, die auf Stundenbasis bezahlt werden und Anfangsstellungen ausfüllen, vielleicht direkt die Arbeit aufnehmen möchten. Am nächsten Tag arbeiten sie möglicherweise schon bei der Konkurrenz.

Wenn Sie sich den Luxus eines zweiten Bewerbungsgesprächs leisten können, betrachten Sie das erste Gespräch als eine Vorauswahl. Das zweite Gespräch – das Einstellungsgespräch – kann eine genaue Beschreibung der Aufgaben, die der Posten erfordert, beinhalten und die Information bringen, ob der jeweilige Bewerber Ihre Anforderungen in Bereichen wie Bereitschaft zur Schichtarbeit und Voll- oder Teilzeitbeschäftigung erfüllt. Auf dem heutigen Arbeitsmarkt, bei dem Anfangsstellungen komprimiert werden, ist eher von stündlichen Einstellungsgesprächen in einer einzige Runde als Ihrer bevorzugten Methode auszugehen.

Wenn Sie einen qualifizierten Bewerber gefunden haben, ist es schlicht Ausdruck eines guten Geschäftssinns, die Referenzen – sowohl die persönlichen als auch die beruflichen – zu prüfen, bevor Sie dem Bewerber ein Angebot machen, das dieser nicht zurückweisen kann. Hintergrundprüfungen gehen über berufliche Fertigkeiten hinaus und sollten andere Qualitäten hervor bringen. Ist der Bewerber gewissenhaft? Ist er/sie integer? Ist er/sie arrogant? Ist er/sie ein/e Perfektionist/in?

Es ist klar, dass einige Bewerber ausgesondert werden. Sie können jedoch die Bewerbungen ein Jahr lang aufbewahren, falls in dieser Zeit ein Arbeitsplatz frei wird, der ihren Fähigkeiten entspricht.

 Sie vertreten die Marke in allem, was Sie tun. Nur, weil ein Bewerber aktuell nicht Ihren Anforderungen entspricht oder Sie seinen Vorstellungen nicht entsprechen, bedeutet dies nicht, dass Sie sich als Feinde trennen müssen. Bewerber haben vielleicht Freunde, die eine Stelle suchen und Ihren Anforderungen eher entsprechen. Sie kennen vielleicht Kollegen bei ihrer aktuellen Arbeitsstelle, die für die von Ihnen ausgeschriebene Stelle perfekt wären. Sie lieben womöglich Ihr Produkt oder Ihre Dienstleistung und sagen dies ihrer Familie und ihren Freunden weiter. Selbst bei einem Bewerbungsgespräch repräsentieren Sie Ihre Marke.

Ihre Bewerber aussieben

Ein Geschäft betreiben ist fast wie auf der Bühne stehen, und Sie sind der Regisseur. Sie bestimmen die Atmosphäre:

- ✔ Bestimmen Sie die Tonart des Vorstellungsgesprächs. Führen Sie das Gespräch an einem ruhigen Ort, an dem es wenig Störquellen gibt. Ihr Ziel ist es, eine Beziehung zum Bewerber aufzubauen, damit Sie Informationen über diesen erhalten können, die Ihnen beim Fällen der Entscheidung helfen können. Schenken Sie Bewerbern immer Ihre ungeteilte Aufmerksamkeit. Sie verdienen diesen Ausdruck von Höflichkeit.

- ✔ Stellen Sie sich selbst kurz vor, und erklären Sie, welche Position Sie im Unternehmen innehaben.

- ✔ Sprechen Sie immer eher von »Wir« als von »Ich«, um ein Gefühl von Zugehörigkeit zu erzeugen. Stellen Sie sicher, dass Bewerber sich in dieses »Wir« einbezogen fühlen, falls sie zu Ihrem Team stoßen, damit sie das Gefühl bekommen, einer Organisation beizutreten, die integrativ ist und sich um sie, um das Team und die Arbeitsumgebung kümmert.

- ✔ Prüfen Sie die Bewerbung und die Zeiten und Tage, an denen der Bewerber arbeiten kann. Stellen Sie fest, ob dies zu Ihren Bedürfnissen passt.

- ✔ Ermitteln Sie die Wunschliste des Bewerbers – hinsichtlich Position, gewünschter Schicht, Teilzeit- oder Vollzeitarbeit, Bezahlung und Aufstiegschancen. Passen die Vorstellungen des Bewerbers hinsichtlich Bezahlung und Arbeitszeiten zu Ihren Bedürfnissen? Wenn nicht, wird der Bewerber die Stelle wohl nicht antreten; wenn er dies dennoch tut, wird er damit nicht glücklich sein.

- ✔ Oft haben Schulstundenpläne, Zweittätigkeiten, Arbeitszeiten von Ehepartnern oder Lebenspartnern oder die Versorgung der Kinder Auswirkungen auf die Verfügbarkeit von Bewerbern. Fragen Sie nach der Verfügbarkeit, denn dadurch erfahren Sie vielleicht, ob ein Bewerber für geteilte Schichten oder für Teilzeittätigkeit geeignet ist – dies kann Ihre Personalkosten senken. (Vergewissern Sie sich jedoch, dass Ihre Fragen keine arbeitsrechtlichen Richtlinien verletzen).

- ✔ Bewerten Sie das äußere Erscheinungsbild, Haltung und Charakter sowie die Wunschvorstellungen hinsichtlich der Stelle.

- ✔ Finden Sie das Potenzial des Bewerbers heraus. Über was für eine Ausbildung verfügt der Bewerber? Hat er eine Karriere durchlaufen, in der sich ein zunehmendes Maß an Verantwortung zeigt? Flößen die Art des Bewerbers zu sprechen und seine Haltung Respekt ein? Die Antworten auf diese Fragen können Eigenschaften identifizieren, nach denen Sie vielleicht suchen.

- ✔ Entscheiden Sie sich, das Bewerbungsgespräch fortzuführen oder dieses zu beenden.

Das Bewerbungsgespräch fortführen

Denken Sie daran, dass Ihre Rolle beim Vorstellungsgespräch darin besteht, den besten Bewerber für Ihren Betrieb zu finden. Hier einige Tipps, die Ihnen beim Erreichen dieses Ziels helfen:

12 ➤ Einstellen, Entlassen und andere Personalentscheidungen

- ✔ Stellen Sie offene Fragen.
- ✔ Hören Sie mehr zu, sprechen Sie weniger.
- ✔ Halten Sie Blickkontakt.
- ✔ Vermeiden Sie es, persönliche Meinungen zu äußern.
- ✔ Finden Sie etwas über den Hintergrund, die Persönlichkeit und das Potenzial eines Bewerbers heraus.
  - Hat der Bewerber den ernsthaften Willen zu arbeiten?
  - Möchte der Bewerber mit Publikum zu tun haben?
  - Wird die Erfahrung des Bewerbers dem Franchiseunternehmen nutzen?
  - Wie wird der Bewerber das Franchiseunternehmen repräsentieren?
  - Hat der Bewerber Führungsqualitäten und das Potenzial, Mitglied Ihres Managementteams zu werden?
  - Würden Sie sich von diesem Bewerber gerne bedienen lassen, wenn Sie Kunde wären?
  - Zeigt die berufliche Entwicklung des Bewerbers Beständigkeit?
  - Da Sie ja in Schulungen investieren müssen – wird der Bewerber Ihrer Organisation langfristig Nutzen bringen?

Die Anforderungen des Arbeitsplatzes erklären

Arbeitsplatzsuchende sind bemüht zu gefallen und geben vielleicht Antworten, von denen sie denken, dass Sie sie gerne hören möchten. Sie können vermeiden, ihnen Antworten vorzugeben, wenn Sie zunächst Ihre Fragen stellen. Nachdem Sie die vorbereitenden Fragen gestellt haben, ist es Zeit, die notwendigen Informationen zum Arbeitsplatz zu geben, damit der Bewerber eine Entscheidung treffen kann.

- ✔ Geben Sie dem Bewerber eine umfassende Arbeitsplatzbeschreibung, zu der Pflichten, verfügbare Schichten, Stundenlöhne, Zusatzleistungen usw. gehören.
- ✔ Informieren Sie den Bewerber über Ihre Unternehmenspolitik und Ihre Erwartungen.
- ✔ Besprechen Sie die Kleidervorschriften und die Anforderungen an das äußere Erscheinungsbild.
- ✔ Informieren Sie den Bewerber über die Anforderungen Ihrer Schichtplanung. Was für eine Schicht wird er/sie arbeiten? Wann muss er/sie zur Arbeit erscheinen? Muss er/sie in Rufbereitschaft arbeiten? Gibt es bestimmte Zeiten im Jahr, in denen er/sie keinen Urlaub oder freie Tage nehmen kann, weil es die Hauptgeschäftszeit ist?
- ✔ Betonen Sie, dass die Arbeitsatmosphäre von Teamwork geprägt ist und warum dies wichtig ist.

Die Fragen der Bewerber beantworten

Der Bewerber wird ebenfalls Fragen haben. Beantworten Sie diese. Der Bewerber muss eine wichtige Entscheidung treffen und, ebenso wie Sie, sollte er/sie über die notwendigen Fakten verfügen. Wenn Sie es Bewerbern ermöglichen, Fragen zu stellen, kann dies zu neuen Gedankengängen führen, über die Sie zuvor nicht nachgedacht hatten. Indem Sie sicherstellen, dass Sie Bewerber umfassend informieren, senken Sie das Risiko einer hohen Personalfluktuation aufgrund von Missverständnissen und unrealistischen Erwartungen.

Effektive Geschäftsführung

In jedem Unternehmen ist die effektive Geschäftsführung ein kritischer Punkt. Beim Franchising gibt es noch eine weitere Ebene: Effektive Franchisegeber führen zu effektiven Franchisenehmern, die wiederum zu effektiven Angestellten führen.

Hier gibt es kein Weiterreichen der Verantwortung. Ein Franchisegeber sollte Sie intensiv schulen und Ihnen Richtlinien für den Betrieb geben, um Ihnen bei der Einstellung und der Schulung Ihrer Belegschaft zu helfen. Sie können in Kapitel 7 nachlesen, was Sie über Schulungsprogramme von Franchisegebern wissen müssen.

 Unabhängig davon, was ein Franchisegeber in seinen Handbüchern und Betriebsabläufen vorschlägt, Ihre Angestellten sind Ihre Angestellten. Sie haben Ihre eigenen Aktivitäten zu verantworten – und dies ist nicht die Verantwortung des Franchisegebers. Überprüfen Sie sorgfältig alle Abläufe und die Unternehmenspolitik im Zusammenhang mit der Einstellung von Personal mit Ihrem Rechtsanwalt oder mit anderen Beratern.

Zudem sollte ein Franchisegeber klar seine Unternehmenskultur kommunizieren, damit Sie diese weitergeben können. Die Betriebskultur muss der zentrale Punkt des Systems sein. Sie definiert Ihre Marke und ist in Ihren Werbebotschaften enthalten, in Ihrem Bild innerhalb von Kommunen und Gemeinden, in Ihrer Qualität und Beständigkeit und darin, wie Ihre Angestellten miteinander, mit Kunden, Verkäufern und jedem anderen umgehen, der mit Ihrem Betrieb in Kontakt kommt.

Vertrautheit mit der Unternehmenskultur kann der Belegschaft dabei helfen, Entscheidungen zu treffen. Nehmen wir beispielsweise einmal an, dass Sie einen Geschäftsführer haben, der noch nie den Franchisegeber getroffen hat und sich fragt, wie er eine bestimmte Situation zu handhaben hat. Der Geschäftsführer könnte die Frage beantworten, indem er fragt: »Was würde der Franchisegeber in dieser Situation machen?«. Ihre Leitung wird der Belegschaft vermitteln, was die Unternehmenskultur tatsächlich bedeutet. Sie muss das Sammelbecken sein, oder, noch besser, »die Materie des Systems«, die über Systemhandbücher, Formulare und schriftliche Vorgehensweisen hinausgeht. Sie erzeugt in jeder Belegschaft ein gewisses Miteigentum an der Marke und Loyalität zum System. Genau dort liegt die Macht der Kultur.

Letztlich sollte ein Franchisegeber mit gutem Beispiel vorangehen. Wenn ein Franchisegeber hohe Standards einhält, so setzt dies den Maßstab für die Franchisenehmer. Im nächsten Schritt sind Sie – Sie haben es sicher erraten – das Vorbild für Ihre Angestellten.

Noch eine Sache: Bis jetzt haben Sie sich viel auf Ihren Franchisegeber verlassen. Doch die Einstellung von Personal ist der Bereich, in dem Franchisegeber sich etwas zurückziehen müssen. Vom rechtlichen Standpunkt gesehen, ist es unklar, wie viel Franchisegeber ihren Franchisenehmern in Bezug auf Personalfragen sagen dürfen, um zu vermeiden, bestimmte Dinge zu einer Anforderung zu machen. Zu weit reichende Eingriffe in die unternehmerische Kernfreiheiten des Franchisenehmers können jedenfalls die Gefahr der Scheinselbständigkeit oder sittenwidriger Knebelung mit sich bringen. Es geht um *Ihre* Angestellten.

Es gibt jedoch einen Silberstreifen am Horizont. Franchisegeber können Vorschläge machen, und wenn sie unternehmenseigene Standorte betreiben, können sie tatsächliche Fälle aufzeigen – Rekrutierungsstrategien, Gehälter, Bonuszahlungen, Schulung, Beförderung, Arbeitspläne, Ausfüllen von Regierungsformularen und so weiter. Viele Systemhandbücher enthalten Richtlinien für das Führen von Vorstellungsgesprächen und stellen Einstellungsmaterialien zusammen. (In einigen ist dies nicht so, weil Franchisegeber sehr sensibel dafür sind, dass sie möglicherweise für Ihre Arbeitnehmer wie Mitarbeitgeber wirken könnten). Zusätzlich können Sie immer Ihre Franchisenehmerkollegen befragen, um zu erfahren, wie es bei diesen funktioniert. Das ist viel mehr Information, als Sie erhalten würden, wenn Sie ein unabhängiger Geschäftsbesitzer wären.

Ein guter Geschäftsführer

Ein guter Geschäftsführer ist flexibel genug, um überall im Restaurant auszuhelfen – Einspringen am Autoschalter, Abräumen der Tische oder Begrüßung der Kunden. Er oder sie muss schlicht aufmerksam beobachten, was vor sich geht – und den Laden am Laufen halten. Eigentlich macht es richtig Spaß. Wenn Sie ständig hinter dem Grill stehen, sind Sie kein guter Geschäftsführer.

Ein guter Geschäftsführer denkt mit. Es geht nicht so sehr darum, wie hart ein Geschäftsführer arbeitet; es geht vielmehr um seine oder ihre Fähigkeit, andere Leute zur Arbeit zu kriegen. Kann er gut motivieren? Kennt sie ihre Angestellten? Ich meine, Sie müssen die richtige Person an der Kasse sitzen haben. Sie müssen natürlich auch übergreifend schulen, aber Sie müssen dennoch Menschen haben, die bestimmte Aufgaben besser erledigen als andere, beispielsweise bessere Sandwiches machen. Man muss dabei schnell sein, und nicht alle sind gut darin. Der Geschäftsführer muss wirklich sagen: »In Ordnung, diese Person ist die beste und macht diese Arbeit gern«. Das ist ein Teil von Geschäftsführung. Sie müssen Ihre Angestellten kennen.

Ich persönlich arbeite gerne am Grill. Ich mag die Kasse überhaupt nicht. Wenn ich ins Restaurant gehen und eine Tätigkeit übernehmen müsste, würde ich gerne die Arbeit am Grill übernehmen.

Die richtigen Angestellten finden

Sind Sie einfallsreich? Gut, denn das müssen Sie für diese Aufgabe auch sein. Angestellte zu finden ist vor allem eine Frage von Zeit und Mühe, kreativem Denken und – üblicherweise – von Geld. Auf einem engen Arbeitsmarkt müssen Sie absolut alles versuchen und dann noch vier weitere Male versuchen, um zu sehen, was funktioniert.

Bevor Sie mit dem Einstellungsvorgang beginnen, müssen Sie eine Vorstellung davon haben, wie viele Angestellte Sie benötigen und wann Sie diese einstellen müssen. Handbücher für Betrieb und Schulung sollten Ihnen dabei helfen. Sie sind auch einen Schritt voraus, wenn Ihr eigener Unternehmensplan diese Richtlinien enthält. Halten Sie also klare Arbeitsplatzbeschreibungen bereit (hoffentlich konnte Ihr Franchisegeber Ihnen hierbei helfen). Üblicherweise stellen Franchisegeber Franchisenehmern Informationen zu Angestelltenprofilen zur Verfügung, nach denen man suchen oder die man meiden sollte. Wenngleich sie nicht in jeder Situation perfekt sind, so können diese Angestelltenprofile Ihnen dennoch ein gutes Werkzeug sein, wenn Sie lernen, den Betrieb zu führen.

Mundpropaganda ist eine großartige Sache, um mit Ihrer Suche zu beginnen. Sprechen Sie ebenso wie beim Marketing mit Ihren Freunden, Verwandten, Nachbarn und anderen Geschäftsleuten über Ihr Unternehmen. Es gibt oft Menschen, die neue Arbeitsplätze suchen oder jemanden kennen, der etwas sucht.

Sie wissen nie, wo Sie vielleicht potenzielle Arbeitnehmer finden, also suchen Sie überall. Maryann Spencer, Schulungsleiterin bei Express Personnel Services, einem Franchisegeber für Zeitarbeitskräfte aus Oklahoma, merkt auf, wenn sie beim Einkaufen einen Verkäufer bemerkt, der Kunden mit herausragenden Dienstleistungsfähigkeiten umwirbt. Sie zögert nicht, diesem ihre Visitenkarte zu überreichen. Ihre Meinung: »Man kann fast alle Fertigkeiten erlernen, aber Sie können nicht das Herz eines Dienstleisters anlernen«.

Wenn Sie Ihr Personal einstellen, haben Sie begonnen, ein Netzwerk von Empfehlungen aufzubauen. Glückliche Angestellte sind Ihre besten Marketingassistenten; sie bringen gerne andere – besonders, wenn es einen zusätzlichen Anreiz dafür gibt. Viele Franchisenehmer bieten Belohnungen, beispielsweise Bargeld, Konzertkarten oder andere Preise, für jede Empfehlung, die zu einer Einstellung führt. Machen Sie ein solches Programm auf schwarzen Brettern oder in Mitteilungsblättern sowie bei Personalzusammenkünften bekannt.

Sie können Ihren Standort auch dazu verwenden, Kunden ein aufmunterndes Zeichen zu geben. Sie sind das perfekte Publikum! Wendy's setzt Mitteilungsbretter an Außenflächen, Displays an der Theke, Buttons, die die Angestellten tragen, Aufkleber auf Tabletts, innerbetriebliche Stellenausschreibungen und Informationen zu Stellenangeboten auf Tragetaschen ein.

Wenden Sie sich auch an Ihre Kommune – Kirchen, Gemeindeorganisationen, Schulen und weiterführende Schulen. Die Einstellung von Langzeitarbeitslosen wird von der Arbeitsverwaltung subventioniert. Wenden Sie sich an das örtliche Arbeitsamt, um herauszufinden, welche Möglichkeiten hierfür bestehen. Die örtlichen Industrie- und Handelskammern und nicht gewerbliche Gruppen helfen Ihnen bei der Suche nach älteren Bürgern und Menschen mit Behinderungen (nach Daves Ansicht gehören diese zu den besten Restaurantangestellten). Einige von Wendy's

12 ➤ Einstellen, Entlassen und andere Personalentscheidungen

Restaurants in Innenstadtlagen großer Städte rekrutieren Schüler aus den Spanischklassen höherer Schulen. Wieso? Helfen Sie uns, Spanisch sprechende Arbeitnehmer zu schulen, und wir geben Ihnen eine lebensnahe Erfahrung mit der spanischen Sprache. Es ist ein Fall, in dem beide Seiten einen Vorteil haben.

Bis jetzt sind Sie wahrscheinlich noch preiswert davongekommen. Jetzt müssen Sie sich dafür wappnen, Ihr Portemonnaie zu öffnen. Kleinanzeigenwerbung ist das beliebteste Mittel zur Mitarbeiterwerbung. Informieren Sie sich, ob Ihr Franchisegeber Vorlagen für Stellenanzeigen liefert, die Sie verwenden können, und ob er Sie an die geeigneten Medien verweisen kann. Stellenanzeigen müssen wie jede andere Werbemaßnahme in Ihrem Geschäft professionell und auf Wirkung ausgerichtet sein. Viele Franchisegeber produzieren Werbematerial, das Sie für Ihren Standort anpassen können.

Einige dieser Werbungen können in der Rubrik »Mitarbeiter gesucht« ihrer lokalen Tageszeitung platziert werden. Andere können für Schulveröffentlichungen, Seniorenzentren, Handelszeitschriften, Krankenhäuser oder andere interne Angestellten-Informationsblätter und so weiter gedacht sein. Lassen Sie sich von Ihrem Franchisegeber helfen, damit Sie Ihren Etat für Angestelltenwerbung sinnvoll einsetzen.

Arbeitsvermittlungen und Personalbeschaffer für leitende Angestellte, die üblicherweise eine Grundgebühr oder einen Prozentsatz des Gehalts pro Vermittlung erheben, können für einige Posten sinnvoll sein, wie beispielsweise für die Geschäftsführung oder Positionen, die bestimmte Fertigkeiten oder Lizenzen erfordern.

Andere Optionen sind die Durchführung von Veranstaltungen wie »Tag der offenen Tür«, Kontaktaufnahme mit Ihrem örtlichen Arbeitsamt und die Teilnahme an Bewerbungsmessen.

Wenn Sie sich mit Ihrem Franchisesystem vernetzen, kann dies auch Erfolg bringen. Stellen Sie sich vor: Ein großartiger Angestellter in einem Franchisebetrieb in Florida zieht nach Tempe, Arizona, um – genau dorthin, wo Ihr Outlet sich befindet. Sie haben damit den Jackpot getroffen: Sie bekommen nicht nur jemanden mit großartigen Referenzen, sondern der sich zudem noch mit dem System auskennt.

 Bei der Suche nach Personal macht Ihre Botschaft vielleicht den großen Unterschied aus. Stellen Sie sicher, dass die von Ihnen in Ihren Einstellungsunterlagen verwendete Sprache den Anforderungen des Arbeitsrechts entspricht. Vermeiden Sie also Diskriminierungen des einen Geschlechts, indem Sie stets die männliche und die weibliche Berufsbezeichnung verwenden.

Die offene Stelle wirkt vielleicht attraktiver, wenn Sie ein persönliches Bild davon entwerfen. Welche Wahl würden Sie als Arbeitssuchender treffen: Einen riesigen Supermarkt, der ein blendend weißes Schild im Fenster hat, auf dem in schwarz »Mitarbeiter gesucht« steht, oder ein buntes Poster oder eine Werbetafel mit Bildern von glücklichen Arbeitnehmern, die Sie drängen »Werden Sie Mitglied in unserem Team – es ist nicht nur ein Job, es ist Ihre Zukunft«.

Betonen Sie zudem – machen Sie es nur, geben Sie ruhig ein wenig an! –, worin Sie sich von der Masse unterscheiden. Menschen arbeiten gerne in einem Team, das zu den Gewinnern gehört.

Anreize wie Bonuszahlungen, Erstattung von Kinderbetreuungskosten und Karriereförderung könnten Sie zum Wunscharbeitgeber machen.

Quellen zur Personalbeschaffung

Es ist Ihre Verantwortung, ständig die Augen für neue Angestellte offen zu halten. Die nachfolgend genannten Quellen können Ihnen bei der Personalbeschaffung behilflich sein:

✔ Das Arbeitsamt

✔ Vermittlung durch Angestellte

✔ Anzeigen in Tageszeitungen und im Internet

✔ »Mitarbeiter gesucht«-Schilder in Schaufenstern

✔ »Hausfrauen – Sparen Sie Bargeld für Ihre freie Zeit«-Reklameschilder oder Schilder im Schaufenster

✔ »Studenten – Spart Bargeld vor und nach Euren Stunden«-Reklameschilder oder Schilder im Schaufenster

✔ Mundpropaganda

✔ Weitere Geschäfte in der Nachbarschaft oder Einzelhändler

✔ Laufende Bewerbungen in den Akten

✔ Berufsbildende und Handelsschulen

✔ Private Arbeitsvermittlungen

✔ Tag der offenen Tür

Ihr Team schulen

Wenn Sie jetzt also Ihre Grünschnäbel haben, ist es höchste Zeit, diese zu Spielern eines Teams zu machen. Sie nur mit der richtigen Uniform auszustatten, reicht hierzu nicht aus. Schulung bringt hier die Treffer – und macht die entscheidenden Punkte.

Schulung von Angestellten ist zum Teil berufsbildend, zum Teil philosophisch. Sicher, Ihre Angestellten müssen ihre speziellen Aufgaben kennen, vielleicht auch für verschiedene Aufgaben übergreifend geschult werden. Doch sie müssen auch die Visionen und Kultur der Kette verstehen lernen, vor allem ihre Auffassungen vom Kundendienst – dem Rückgrat jeden Geschäfts.

Wendy's Franchisenehmer Tim Hogsett aus Albuquerque, Neumexiko, versteht, dass der gute Ruf der Marke, die Art, in der ein Arbeitgeber seine Angestellten behandelt, und die Aufstiegsmöglichkeiten bei der Einstellung neuer Angestellter wichtig sind. Er sagt, dass er Leute bei anderen

Organisationen abwerben konnte, »einfach, weil die Kultur bei seinem Wendy's-Restaurant besser als irgendwo anders ist«.

Bereiten Sie sich darauf vor, jeden zu schulen, der bei Ihnen unterschreibt. Selbst wenn jemand bereits Erfahrungen in diesem Geschäft hat, so ist das nicht ausreichend. Sie sind jetzt im Franchising. Jeder muss das System kennen lernen. Schulungen sollten einfach, witzig und stetig sein – und ständig aktualisiert werden.

Wer ist der Lehrer? Es hängt vom System ab und oft auch von der speziellen Arbeit. Schauen Sie in Ihre Franchiseunterlagen (siehe Kapitel 6), um herauszufinden, ob der Franchisegeber anfänglich oder auch fortlaufend Schulungen für Ihre Mitarbeiter anbietet. Gibt es eine Grenze dafür, wie viele – beispielsweise Manager – im Laufe der Zeit geschult werden können? Sind nur bestimmte Angestellte eingeschlossen? Entstehen zusätzliche Kosten für Schulungen? Gehen Sie auf alle Fälle davon aus, dass Sie Reise- und Unterbringungskosten tragen müssen. Und wenn Sie nicht darauf aus sind, möglichst viele Bonusmeilen als Vielflieger zu sammeln, finden Sie heraus, ob fortlaufende Schulungen nicht auch in einem näher gelegenen, lokalen Büro möglich sind, damit Sie nicht zur Systemzentrale reisen müssen.

Die meisten Franchisegeber stellen ein gewisses Maß an Schulungen an Ihrem Standort zur Verfügung, wenn Ihr Franchiseunternehmen eröffnet, damit Angestellte daran teilnehmen können. Später sind vielleicht fortlaufende Schulungen an Ihrem Standort möglich, wahrscheinlich gegen eine Gebühr. Es gibt einige Franchisegeber, die sogar Schulungseinheiten per Video oder über das Internet an einen Standort ausstrahlen. Wenn Sie Besitzer von mehreren Standorten sind, sind Sie vielleicht groß genug, um Ihre eigene Schulungsmannschaft einzustellen; um Beständigkeit zu gewährleisten, ist es wahrscheinlich, dass sie durch die Schulungsangestellten Ihres Franchisegebers abgesegnet werden müssen.

Gehen Sie davon aus, dass Sie einen Großteil der Schulungen selbst erledigen müssen. Wenn Sie frisch aus Ihren eigenen Schulungen als Franchisenehmer kommen, haben Sie eine Menge Wissen, das es wert ist, weitergegeben zu werden. Und Ihr Franchisegeber hat Ihnen hoffentlich beigebracht, wie Sie es weitergeben können. (Gleiches gilt für Ihren Manager, wenn Sie einen haben).

Wenn Ihr Franchisegeber Schulungen ernst nimmt (wie es jeder Franchisegeber tun sollte), werden Sie mit Schulungshandbüchern, Flugblättern, Checklisten und Hörkassetten versorgt, um Beständigkeit zu sichern. Hightech-Werkzeuge wie Videokassetten und CD-ROMs lockern das Schulungsprogramm mit allem Möglichen auf, angefangen bei Rapsongs bis hin zu interaktiven Spielen. Das Beste daran ist, dass diese immer wieder in den Videorecorder oder den Computer eingelegt werden können, um neue Angestellte zu schulen oder die Erinnerung aufzufrischen. Viele werden durch Druckmaterialien ergänzt und durch Online-Schulungen über das Internet – wir nennen dies *Fernstudium*.

Um es wirklich richtig zu machen, planen Sie eine Vielzahl von Rollenspielen für Ihre Schulungen. »Was tun Sie, wenn ...« – wozu auch Alptraumszenarien gehören – hilft Ihren Angestellten dabei, unangenehme Situation durchzustehen und voranzukommen, was hervorragende Kundendienstleistungen anbetrifft. Dann gehen Sie zum wirklichen Leben über. Reiten Sie mit Ihren Angestellten aus der Koppel heraus – begleiten Sie diese auf Verkaufsfahrten oder schulen Sie diese im Eintippen an der Kasse.

Schulung endet nie

Sie können von Ihren Angestellten nicht erwarten, dass diese Dinge tun, die sie nicht tun können. Dies ist einer der größten Fehler, die Chefs machen. Der Chef weiß, wie etwas zu tun ist. Der Chef hat dies vielleicht über einen größeren Zeitraum gelernt – unter Umständen nach vielen Jahren Erfahrung. Es kann Sie sechs Monate gekostet haben, eine neue Geschäftstätigkeit zu erlernen, dennoch möchten Sie dies Ihren Angestellten in sechs Tagen beibringen, weil Sie denken, dass Sie auf diese Art mehr Effizienz erreichen und Sie nicht die notwendige Zeit investieren möchten.

Schulung läuft nonstop, hört nie auf. Das muss so sein. Dies muss Priorität in Ihrem Unternehmen haben, denn zum einen machen Sie bereits Umsatz, doch zum anderen können Sie sich immer noch verbessern.

Wenn Sie und Ihre Angestellten die Haltung haben, dass Sie sich ständig verbessern können, haben Sie ein gutes Schulungsprogramm. Denn an dem Tag, an dem Sie denken, Sie hätten es jetzt verstanden und geschafft, wird Ihre Konkurrenz mit einer neuen Methode kommen.

Rechnen Sie damit, dass Ihr Franchisegeber bei der Jahresversammlung Ihrer Kette einige Schulungsthemen anspricht. Franchisegeber empfangen üblicherweise Manager und Angestellte zu kontinuierlichen Schulungsveranstaltungen, wobei einige landesweite und regionale Schulungsseminare inbegriffen sind.

Schulung ist ein Lied, das nie endet. Es spielt immer weiter, weil es immer wieder neue Angestellte gibt, neue Dinge gelernt werden müssen und Informationen erneuert und vertieft werden müssen.

Wenn Sie einen neuen Angestellten schulen, vermeiden Sie eine sterile, an Vorlesungen erinnernde Herangehensweise. Ermutigen Sie den Angestellten, Fragen zu stellen und sich einzubringen. Ein neuer Angestellter hat womöglich die richtige Haltung, aber ihm fehlen Erfahrung und Fertigkeiten, die zur effektiven Arbeit notwendig sind.

Manuelle Fertigkeiten kann man am besten mit einer aus vier Schritten bestehenden Methode vermitteln:

1. **Bereiten Sie den Angestellten vor**.

   Erklären Sie dem Angestellten die von ihm zu erledigende Aufgabe. Der Angestellte beobachtet einfach jemanden, der die Tätigkeit verrichtet und stellt Fragen.

2. **Stellen Sie dem Angestellten die Information vor**.

   Lassen Sie den Angestellten die Aufgabe verrichten. Führen Sie ihn langsam durch den Prozess, während Sie ihm jeden Schritt erklären.

3. **Lassen Sie den Angestellten üben.**

   Lassen Sie Ihren Angestellten die Aufgabe erledigen, doch lassen Sie ihn dieses Mal jeden Schritt erklären, während er die Aufgabe mit halber Geschwindigkeit erledigt. Geben Sie dem Angestellten so viel Anleitung und Rat, wie er benötigt.

4. **Fassen Sie nach, um zu sehen, was der Angestellte gelernt hat.**

   Lassen Sie den Angestellten die Aufgabe mit normaler Geschwindigkeit erledigen, ohne irgendeine Anleitung oder Hilfestellung. Dies zeigt Ihnen, ob der Angestellte so weit ist, dass er unabhängig und für Ihre Kunden in diesem Tempo diese spezielle Aufgabe erfüllen kann.

   Gratulieren Sie Ihrem Angestellten, wenn er die neue Aufgabe bewältigt hat. Wenn Sie dies tun, erfüllt ihn dies mit Stolz darüber, seine Arbeit gut zu machen. Gehen Sie wieder zurück und beobachten Sie Ihren Angestellten in Abständen, um sicherzustellen, dass er die Aufgabe immer noch korrekt erledigt und sich keine schlechten Angewohnheiten angeeignet hat.

   Denken Sie daran, die Fertigkeit in kleine, leicht verständliche Portionen zu unterteilen. Wenn es sich bei der zu erlernenden Fertigkeit um die Reinigung einer Toilette handelt, arbeiten Sie am Fegen und Wischen des Bodens getrennt von der Reinigung der Spiegel, der Waschbecken und anderer Vorrichtungen. Die Arbeit besteht vielleicht darin, Waschräume zu reinigen, doch die Aufgabe besteht aus einzelnen Bestandteilen der Arbeit.

Die Arbeit vielfältig und interessant halten

Besonders in unserem Geschäft sind die Aufgaben, die die Mitarbeiter zu erledigen haben, jeden Tag weitgehend dieselben, was es für das mentale Wohlbefinden der Angestellten wichtig macht, dass sie übergreifend geschult werden, damit sie Abwechslung bei ihrer Arbeit haben können; ist dies nicht der Fall, werden Angestellte sich langweilen und gehen. Die Tage der Fließband-Mentalität sind vorbei.

Zeiten mit geringem Arbeitsaufkommen machen es ebenfalls notwendig, dass Angestellte begreifen, wie sie an mehreren Stellen ihre Arbeit zu verrichten haben. Wenn Sie einen Mangel an Arbeitskräften in einem Bereich haben, können Sie leicht Angestellte von anderen Bereichen hinzuziehen.

Einige werden jetzt argumentieren, natürlich, aber der Angestellte wird nie gut in einer Aufgabe sein, wenn er ständig herumgereicht wird. Ich stimme mit dieser Ansicht nicht überein, denn es geht nicht um 100 verschiedene Tätigkeiten – Sie müssen sich vielleicht mit drei, vier oder fünf verschiedenen Tätigkeiten auseinander setzen.

Ihre Angestellten halten

Überlegen Sie einmal, wie viel Zeit Sie bereits in die Einstellung Ihrer Angestellten investiert haben! Jetzt müssen Sie die beste Methode herausfinden, um sicherzustellen, dass diese auch bei Ihnen bleiben. Heutzutage ist ein Gehaltsscheck nicht gut genug. Sie müssen motivieren und Anreize schaffen. Wir alle schätzen ein Schulterklopfen.

Die beste Herangehensweise ist es, Ihren Angestellten eine Priorität aufzuzeigen – im Laufe des Tages, nicht genau zum Ende des Tages. Sie müssen delegieren. Sie müssen Verantwortlichkeiten klären. Sie müssen Respekt vermitteln. Sie müssen gut verständlich sein. Drücken Sie Ihre Erwartungen Angestellten gegenüber aus und kommunizieren Sie mit diesen, unter Verwendung von anonymen Mitarbeiterüberwachungen und Informationen – nur positiven, bitteschön –, die auf Mitteilungsbrettern ausgehängt werden.

Dave hat eine Menge darüber gelernt, wie man Angestellten ein gutes Gefühl vermittelt, als er zu Beginn seiner beruflichen Laufbahn im Regas-Restaurant in Knoxville, Tennessee, gearbeitet hat. Als er Fehler machte, machten die Regas-Brüder ihn deshalb nie klein; sie erklärten ihm, was er falsch gemacht hatte und wie er es richtig machen könnte – und dadurch fühlte er sich dennoch gut. Daraus hat Dave die Regas-Regeln für Restaurants entwickelt (sie gelten eigentlich für jede Art von Betrieb):

- Stehen Sie Ihren Angestellten bei, wenn die Situation dies verlangt.
- Bauen Sie das Selbstbewusstsein Ihrer Leute auf. Sagen Sie ihnen, was sie richtig machen, und machen Sie es ihnen leicht, aus ihren Fehlern zu lernen.
- Belohnen Sie Motivation und Entschlossenheit.

Eine der besten Motivationen ist es, Angestellten das Gefühl zu vermitteln, dass Sie einen Beitrag zu Ihrem Franchiseunternehmen leisten. Wenn sie sich nicht respektiert fühlen, werden sie gehen, unabhängig davon, was sie ihnen zahlen. Erkennen Sie und belohnen Sie gute Leistungen? Wehren Sie Ideen von Angestellten ab? Lassen Sie diese neuere Angestellte anleiten? Ermutigen Sie sie dazu, Beschwerden auszusprechen?

Angestellte bekommen auch mehr Energie, wenn Sie Ihnen Abwechslung in ihren Verantwortungsbereichen anbieten. Das ist ein wichtiger Grund, um übergreifende Schulung in Ihr Schulungsprogramm aufzunehmen. Wenn Angestellte sich gut geschult fühlen und mit Selbstvertrauen an ihre Aufgaben herangehen, werden sie eher bleiben.

Denken Sie auch daran, dass Angestellte gerne bewertet werden – besonders in einer Art, die Auswirkungen auf ihren Lebensstil hat. Bei Wendy's erhalten Angestellte, die nach Ansicht eines Geschäftsführers herausragende Leistungen bringen, einige »Bonus-Scheine« Bargeld oder Papiergeld, das in Preise wie Pizza-Parties oder CDs umgetauscht werden kann. Überlegen Sie sich einige Anreize, die in Ihrem Markt funktionieren können.

Hier sind weitere Anreize, die Sie vielleicht in Erwägung ziehen könnten:

✔ Belohnen Sie einen Angestellten für Anwesenheit, Erscheinen oder insgesamt für seine Leistungen im Geschäft mit Bonuszahlungen, Konzertkarten und Ausflügen. Wenn Sie Gratifikationen, Sonder- oder Bonuszahlungen gewähren, sollten Sie dies stets unter dem ausdrücklichen und schriftlichen Vorbehalt tun, dass dadurch kein Anspruch für die Zukunft begründet wird. Schon durch die Wiederholung einer solchen Zahlung kann sonst nach dem Deutschen Arbeitsrecht eine so genannte »Betriebliche Übung« entstehen, wodurch Sie sich für die Zukunft verpflichten.

✔ Verbinden Sie Gehaltserhöhungen und Sonderurlaube mit Rentabilität.

✔ Erkennen Sie erbrachte Leistungen, Geburtstage und andere Meilensteine von Angestellten in Mitteilungsblättern des Unternehmens oder durch besondere Abendessen an.

✔ Setzen Sie für Studenten Zahlungen für höhere Abschlüsse aus, belohnen Sie Stipendien, oder bieten Sie Nachhilfe an.

✔ Überlegen Sie, sich an kleinen Wohltätigkeitsaktionen von Angestellten zu beteiligen.

✔ Beteiligen Sie sich an regionalen Rallyes, die Ihr Franchisegeber organisiert. Diese können Preise, Spiele und andere Belohnungen für Angestellte enthalten.

✔ Bieten Sie eine Teilhaberschaft an Ihrem Franchisebetrieb an. Es ist vielleicht hart, auf einen Teil des Profits zu verzichten, aber es gibt kein besseres Mittel der Motivation als einen Teil des Kuchens zu besitzen. Ist das nicht genau das, was Sie so hart arbeiten ließ? Wenn Sie dies in Erwägung ziehen, sollten Sie sich unbedingt von einem Rechtsanwalt beraten lassen, um sich für die richtige Rechtsform für diese Beteiligung zu entscheiden.

Selbst mit Ihren größten Bemühungen, Angestellte zu halten, wird es voraussichtlich eine gewisse Fluktuation geben; jemand zieht um oder wird Hausfrau und Mutter. Oder Fehlverhalten, Kundenbeschwerden oder schlechte Leistungen sind vielleicht so gravierend, dass ein Angestellter trotz erfolgter Abmahnungen gehen muss (wenn Sie einem Angestellten kündigen wollen, sollten Sie sich vorher unbedingt Rat von einem Rechtsanwalt einholen). Selbst wenn Sie eine großartige Belegschaft haben und Ihr Umsatz dennoch schlecht war, behalten Sie ein starkes Programm zur Rekrutierung von Mitarbeitern bei. Sie können nie wissen, wann sie es vielleicht brauchen werden.

Ein gutes Arbeitsumfeld

Franchisenehmer sprechen immer davon, ihre Kunden glücklich machen zu wollen. Das hat absolut höchste Priorität. Doch wenn Ihre Angestellten nicht glücklich sind, wie können die Kunden dann glücklich sein? Ein großer Schritt hin zu Angestelltenzufriedenheit entsteht durch Schaffung einer guten Arbeitsumgebung. Das bedeutet nicht, dass Sie Smiley-Klebebildchen auf jede Wand kleben sollten; es bedeutet, dass Sie sich auf diejenigen Bereiche Ihres Betriebs konzentrieren müssen, die Angestellten das Gefühl vermitteln, fair behandelt zu werden und sich sicher fühlen können.

 **»Hervorragende Dienstleistung«**

Wir haben bei Wendy's ein Programm, das sich »Hervorragende Dienstleistung« nennt. Es ist wirklich einfach. Es hat etwas mit übergreifender Schulung, Angestelltenmotivation zu tun und etwas damit, dass man Kunden den bestmöglichen Service und die besten Produkte bietet, damit diese wiederkommen. An unserem Autoschalter liegt unsere Zeit zwischen Bestellung und Lieferung bei 100 Sekunden und wir haben unseren Gesamtumsatz der Autoschalter bei allen Restaurants von 50 auf 65 Prozent des Betriebs insgesamt erhöht. Da genau liegt die Goldgrube.

Restaurants laufen so viel besser, wenn wir Anreize für unsere Belegschaft schaffen. Wir veranstalten Partys, bei uns gibt es Eintrittskarten für Fußballspiele und Konzerte. Wir machen das alles auf einer fortlaufenden Basis, damit alles läuft, gut läuft, wenn die Leute zur Arbeit kommen, damit wir Dinge erledigt bekommen, es geht hier um übergreifende Schulung und es macht Spaß.

Wir schaffen es, dass unsere Angestellten Spaß haben und sich um unsere Kunden kümmern. Und unsere Kunden kommen gerne in unsere Restaurants. Das heißt, wir halten uns an der richtigen Stelle ran.

Um dieses Gefühl unter Ihren Mitarbeiter schaffen zu können, müssen Sie drei Dinge tun. Zum einen müssen Sie Vorkehrungen schaffen, damit Sie sich an die Vorgaben des Arbeitsrechts halten. Zweitens müssen Sie die Sicherheitsvorkehrungs-Richtlinien des Franchisegebers befolgen. Und drittens sollten Sie Ihre Angestellten dazu ermutigen, über alle ihre Probleme zu diesen Themen zu sprechen.

Sich an die Vorgaben des Deutschen Arbeitsrechts halten

Als Arbeitgeber sollten Sie Ihre Rechte und Pflichten einigermaßen kennen und sich dementsprechend verhalten. Es ist keineswegs so, dass Sie als Arbeitgeber von unserer Rechtsordnung ausschließlich benachteiligt werden, auch wenn man diesen Eindruck vor dem Arbeitsgericht manchmal gewinnen könnte. Nur wer die gesetzlichen Vorgaben kennt, kann die Rechte und Vorteile nutzen, die sie ihm bietet.

Auch wenn die Gefahr der Diskriminierung von Angestellten in unserer Arbeitswelt keine so große Rolle spielt wie in den USA, und die Konsequenzen diskriminierender Verhaltensweisen der Angestellten untereinander hierzulande wenigstens keine Existenzbedrohung für den Arbeitgeber darstellen, sollten Sie dazu beitragen, solche Vorfälle zu vermeiden. Achten Sie vor allem beim Führen von Vorstellungsgesprächen darauf, dass nicht der Eindruck entsteht, dass Sie einen Bewerber wegen seines Geschlechts, seines Lebensalters, seiner Hautfarbe oder Religion benachteiligen. Dies gilt natürlich auch für den Umgang mit Behinderten.

12 ➤ Einstellen, Entlassen und andere Personalentscheidungen

Wenn Sie mit behinderten Menschen zu tun haben, fragen Sie möglicherweise Bewerber nach ihren Fähigkeiten, bestimmte Arbeiten auszuführen, doch Sie fragen sie vielleicht nicht über das Bestehen, die Art oder Schwere einer Behinderung. Sie müssen auch in einem angemessenen Ausmaß Einrichtungen schaffen, wenn es nicht eine unzumutbare Härte für Ihr Unternehmen bedeuten würde. Solche Einrichtungen umfassen veränderte Arbeitspläne, die Anpassung von Schulungsmaterialien und das Ermöglichen der einfachen Nutzung vorhandener sanitärer und allgemeiner Einrichtungen. Im Falle der Beendigung eines Arbeitsverhältnisses mit einem Behinderten ist zu beachten, dass vor Ausspruch der Kündigung eine Genehmigung der Hauptfürsorgestelle für Schwerbehinderte eingeholt werden muss. Lassen Sie sich also unbedingt zuvor durch einen Rechtsanwalt beraten. Andernfalls ist die Kündigung schlicht unwirksam.

Hier einige Hinweise zum Deutschen Arbeitsrecht und zu den daraus resultierenden Vorgaben und Pflichten, die Sie als Arbeitgeber betreffen:

- ✔ **Hinsichtlich sexueller Belästigung:** Anders als in den USA sind die Haftungsrisiken für den Arbeitgeber gering, wenn sich Fälle von sexueller Belästigung zwischen den Angestellten zutragen. Dennoch: Stellen Sie Ihren Angestellten gegenüber deutlich klar, dass sexuelle Belästigungen nicht toleriert werden. Das so genannte »Beschäftigtenschutzgesetz« verpflichtet Sie außerdem als Arbeitgeber, solchen Vorfällen nachzugehen. Welche Maßnahmen Sie ergreifen (Ermahnung, Abmahnung, Kündigung) hängt von den Umständen des Einzelfalls und von Ihrer Einschätzung ab.

- ✔ **Hinsichtlich Diskriminierung aufgrund von Rasse/Hautfarbe:** Betonen Sie, dass ethnische Beleidigungen, rassistische »Witze« und erniedrigende Kommentare, die auf Rasse oder Hautfarbe eines Angestellten abzielen, vollkommen inakzeptabel sind. Es versteht sich von selbst, dass Sie als Arbeitgeber »erst recht« keinen Angestellten diskriminieren sollten, obwohl das Deutsche Arbeitsrecht hierzu – anders als in den USA – keine zwingenden Vorgaben enthält.

- ✔ **Hinsichtlich der Glaubenszugehörigkeit, sofern das nicht eine unzumutbare Härte für Ihr Unternehmen darstellen würde:** Obwohl Sie als deutscher Arbeitgeber weitaus weniger Vorgaben zu beachten haben, kann die Befolgung der nachstehenden Hinweise einen sehr positiven Effekt auf die Motivation Ihrer Mitarbeiter haben:

  - Planen Sie Prüfungen oder andere Auswahltätigkeiten zu Zeiten, die nicht mit den religiösen Bedürfnissen Ihrer Angestellten kollidieren.

  - Erlauben Sie die Befolgung religiöser Feiertage.

  - Bieten Sie flexible Arbeitszeitpläne, neue Stellenbesetzungen und horizontale Veränderungen. Wenn Sie die Arbeitszeit flexibilisieren, sollten Sie sich von einem Rechtsanwalt beraten lassen. Das so genannte »Arbeitszeitgesetz« enthält zwingende Vorgaben.

  Führen Sie ein internes System ein, um mit Angestellten umzugehen, die sich über Diskriminierung beschweren oder solche beobachten, und entwickeln Sie angemessene disziplinarische Maßnahmen.

- ✔ **Hinsichtlich Schwangerschaft:** In Deutschland regelt das Mutterschutzgesetz die Beschäftigung und Freistellung von Schwangeren. Die Kündigung einer Schwangeren ist grundsätzlich ausgeschlossen. In dem so genannten »Bundeserziehungsgeldgesetz« ist der Erziehungsurlaub geregelt: Die Arbeitnehmer haben einen Anspruch auf unbezahlte Freistellung bis zur Vollendung des dritten Lebensjahres des Kindes. Eine Kündigung im Erziehungsurlaub ist ausgeschlossen.

✔ **Hinsichtlich Kündigungen:** Das Recht der Kündigung und des Kündigungsschutzes von Arbeitsverhältnissen ist in Deutschland so kompliziert, dass Sie sich unbedingt durch einen Rechtsanwalt beraten lassen sollten, wenn Sie einem Angestellten kündigen müssen. Kündigungsschutz ist an vielen Stellen in verschiedenen deutschen Gesetzen geregelt. In Betrieben, welche regelmäßig nicht mehr als fünf Arbeitnehmer beschäftigen, gilt das »Kündigungsschutzgesetz« nicht. Dies heißt jedoch nicht, dass Sie beliebig Kündigungen aussprechen können. Besonderer Kündigungsschutz, beispielsweise von Schwangeren, Behinderten oder Betriebsratsmitgliedern, kommt dennoch zur Anwendung. Sie sollten außerdem unbedingt wissen: Kündigungen und Aufhebungsverträge bedürfen seit dem 01.05.2000 der Schriftform. Eine mündliche Kündigung wäre ohne Weiteres unwirksam. Wenn in Ihrem Unternehmen ein Betriebsrat gebildet wurde, ist dieser vor Ausspruch einer Kündigung anzuhören.

✔ **Hinsichtlich Mitbestimmung:** Wenn in Ihrem Franchisebetrieb mindestens fünf Arbeitnehmer tätig sind, dürfen diese einen Betriebsrat wählen. Sie sind nicht verpflichtet, die Arbeitnehmer auf diese Möglichkeit aufmerksam zu machen. Wenn es jedoch zu Betriebsratswahlen kommt, dürfen Sie diese auf keinen Fall behindern (Sie machen sich unter Umständen sogar strafbar) und haben bestimmte Verpflichtungen zu erfüllen. Ist der Betriebsrat einmal gebildet, darf er in verschiedenen Angelegenheiten mitbestimmen. Einige Ihrer Entscheidungen dürfen Sie sogar nicht mehr ohne Zustimmung des Betriebsrats treffen. Beispielsweise ist die Kündigung eines Arbeitnehmers ohne Anhörung des Betriebsrats unwirksam. Auch bei Einstellungen oder anderen personellen Maßnahmen bestehen Mitbestimmungsrechte. Die weitesten Mitbestimmungsrechte hat der Betriebsrat in den so genannten »sozialen Angelegenheiten« (z.B. Ordnung im Betrieb, Arbeitszeiten, Überwachung von Arbeitnehmern). Sie sollten sich im Falle der Bildung eines Betriebsrates in Ihrem Unternehmen unbedingt über die gesetzlichen Vorgaben informieren und einen Rechtsanwalt konsultieren.

✔ **Hinsichtlich Lohn und Gehalt:** Beachten Sie, dass mit der Beschäftigung von Arbeitnehmern Pflichten gegenüber der Finanzverwaltung und den Sozialversicherungsträgern verbunden sind. Melden Sie die Arbeitnehmer ordnungsgemäß an und führen Sie monatlich korrekt die Lohnsteuer sowie die Sozialversicherungsbeiträge (Arbeitnehmer- und Arbeitgeberanteil) ab. Sie sollten einen Steuerberater damit beauftragen. Fehler in diesem Bereich sind teuer und haben mitunter sogar strafrechtliche Konsequenzen.

✔ **Hinsichtlich Entgeltfortzahlung und Urlaub:** Entgeltfortzahlung im Falle von Krankheit und Berufsunfähigkeit sowie Mindesturlaub (24 Werktage = 4 Wochen) und Urlaubsgeld (Fortzahlung des Gehaltes während des Urlaubs) sind ebenfalls gesetzlich geregelt. Sie sollten diese gesetzlichen Vorgaben kennen, sofern Sie nicht in Ihren Arbeitsverträgen davon abweichen. Bitte beachten Sie, dass Abweichungen zum Nachteil der Angestellten in vielen Bereichen nicht möglich sind.

Sicherheit am Arbeitsplatz gewährleisten

Clevere Franchisegeber versorgen Sie mit Massen von Papier mit Empfehlungen zur Sicherheit. Sie sollten nach dieser Art von Verpflichtung Ausschau halten. Sie müssen außerdem unbedingt die gesetzlichen Regelungen zur Sicherheit und Gesundheit am Arbeitsplatz kennen lernen: »Arbeitsschutzgesetz« und zahlreiche (branchenabhängige) Spezialgesetze, zum Beispiel eine Verordnung für Bildschirmarbeitsplätze, das »Bundesimmissionsschutzgesetz« oder die »Gefahrstoffverordnung«. In diesen Gesetzen und Verordnungen werden beispielsweise Sicherheits- und Gesundheitsbedingungen geregelt und von Arbeitgebern verlangt, bestimmte Praktiken zu unterlassen und Vorkehrungen zu treffen, um Arbeitnehmer zu schützen. Informationen erhalten Sie in der Regel bei den Gewerbeaufsichtsämtern. Zusätzliche Anforderungen und Informationen gibt es von der Berufsgenossenschaft, die für die gesetzliche Unfallversicherung in Ihrem Betrieb zuständig ist. Zu dieser Berufsgenossenschaft müssen Sie als Arbeitgeber Beiträge leisten, aus denen die Unfallversicherung finanziert wird, wenn einer ihrer Arbeitnehmer verunglückt. Dieses ganze Material ist vielleicht langweilig zu lesen, doch es ist Ihre Zeit wert. Es besteht ein direkter Zusammenhang zwischen dem Vermeiden von Arbeitsunfällen und der Beibehaltung von Angestellten und Kunden – und somit von Rentabilität.

Sicherheitsaspekte sind je nach Betrieb natürlich verschieden. Doch einige Sicherheitsthemen sind eher Standard, wie beispielsweise eine richtige Verwendung von Ausstattungsgegenständen, die korrekte Umgehensweise mit Material, zu wissen, wo Sie Feuerlöscher haben, und die Vermeidung von Bränden, Stürzen und anderen Unfällen. Niemand möchte erleben, wie ein Angestellter oder ein Kunde auf dem Bürgersteig ausrutscht, der eigentlich vom Schnee hätte geräumt werden müssen. Sie sollten bestimmte Abläufe zu einer exakten Wissenschaft machen – beispielsweise wie oft die Waschräume und Toiletten gereinigt und die Böden gewischt werden sollen und wie schwere Gegenstände anzuheben sind. Speziell im Restaurantbetrieb sind die Handhabung von Lebensmitteln, Lagerhaltungsvorgänge und Sauberkeit die Hauptprioritäten aus Gründen der Sicherheits- und Gesundheitsvorsorge. Denken Sie daran, dass sie glückliche Angestellte haben möchten. Nun, niemand wird gerne hart und lang an einem schmutzigen Arbeitsplatz arbeiten.

 Sicherheit ist Ihre Verantwortung, nicht die des Franchisegebers. Ob der Franchisegeber Ihnen nun Richtlinien zur Verfügung stellt oder nicht, ob Kommentare zur Sicherheit im Betrieb in ihren Außendienstberichten enthalten sind oder nicht, es ist Ihre Verantwortung, Ihr Geschäft sicher zu betreiben.

Sicherheitsaspekte sind wiederum eine ganz andere Geschichte. Als Arbeitgeber könnten Sie einer ganzen Bandbreite von Problemen begegnen, angefangen von Diebstählen durch Angestellte bis hin zu bewaffneten Überfällen. Finden Sie heraus, was Ihr Franchisegeber hinsichtlich Alarmanlagen, TV-Überwachungssystemen und Türkontrollen empfiehlt. Überprüfen Sie mit Experten vor Ort und mit der Polizei, was Sie tun können und sollten, um Ihren Standort wirkungsvoll zu schützen. Sicherheit ist Ihre Verantwortung den Kunden, Ihren Verkäufern und der gesamten Belegschaft gegenüber.

Prüfen Sie sorgfältig den Hintergrund der Angestellten – in dem Maße wie Ihnen das in rechtlicher Hinsicht möglich ist.

Bringen Sie zudem Ihren Angestellten bei, sehr wachsam zu sein. Instruieren Sie die Büro- oder Geschäftsmanager, sofort die Polizei zu rufen, wenn sie beispielsweise ein Verbrechen bemerken oder jemanden beobachten, der Kunden oder Angestellte stört. Weisen Sie Angestellte in einfache Sicherheitsvorkehrungen ein: Bringen Sie Ihnen beispielsweise bei, das Restaurant nach Einbruch der Dunkelheit nur in Begleitung eines anderen Angestellten zu verlassen.

Wir sind sicher, dass diese Ratschläge sich schlicht nach allgemeinem Menschenverstand anhören. Dennoch müssen Sie Sicherheitsvorkehrungen und Vorgehensweisen für die Meldung alle Verbrechen einführen. Sie sollten nie ohne diese anzutreffen sein.

Achten Sie auf Ihre Einrichtung

Wendy's hat Richtlinien zu allem, bis hin zum Auseinandernehmen der Frosty-Maschine. Wir sagen unseren Angestellten nicht nur, wann sie diese auseinander nehmen müssen, sondern auch, wie sie dies tun müssen, wie sie zu reinigen ist und wie sie sie wieder zusammenbauen sollen. Der Grund, warum wir jedes »t« mit einem Strich und jedes »i« mit einem I-Pünktchen versehen müssen, ist die Sicherheit der Ausstattung, aber auch die von Nahrungsmitteln. In Deutschland gibt es darüber hinaus gesetzliche Bestimmungen zum richtigen Umgang mit Nahrungsmitteln. Die Nichtbeachtung kann sogar strafrechtliche Konsequenzen mit sich bringen. Hinweise dazu werden Sie vermutlich auch in den Richtlinien Ihres Franchisegebers finden, wenn der Gegenstand der Geschäftsidee der Vertrieb von Lebensmitteln ist.

Nun ist es nicht so, dass alle Dienstleistungs- oder nicht mit Nahrungsmitteln handelnden Geschäfte sich Gedanken über Lebensmittelsicherheit machen müssten, aber sie müssen durchaus auf Sicherheit und Haltbarkeit ihrer Ausstattung achten. Vernünftige Wartung ist wichtig, um das Maximum aus ihrer Ausrüstung herauszuholen, und viele Menschen kümmern sich nicht ausreichend darum.

Vielleicht haben Sie einen Deckenventilator in Ihrem Haus. Laut Gebrauchsanweisung sollten Sie diesen vielleicht alle sechs Monate ölen. Niemand tut das, und dann ärgern Sie sich, wenn das Ding nach fünf oder sechs Jahren kaputtgeht. Nun, wenn Sie es nie geölt haben, was können Sie dann schon erwarten?

Derselbe Punkt kann im Hinblick auf die Wartung Ihrer Ausstattung gemacht werden. Sie müssen ein Wartungsprogramm befolgen; Sie investieren schließlich eine Menge Geld in Ihre Einrichtung.

Teil IV

Die Zeiten ändern sich: Entscheiden, was als Nächstes zu tun ist

»Wir hoffen, in den nächsten drei Monaten noch drei weitere Franchisefilialen zu eröffnen, aber ... wer weiß?«

In diesem Teil...

In diesem Teil sprechen wir über Ihre Wachstumsmöglichkeiten – das Kaufen zusätzlicher Standorte von Ihrem Franchisegeber oder die Investition in weitere Franchiseunternehmen anderer Franchisegeber. Wenn Sie als Franchisenehmer erfolgreich sind, reicht Ihnen der Besitz von nur einem Franchiseunternehmen vielleicht nicht.

Es ist wahrscheinlich, dass die Beziehung zu Ihrem Franchisegeber irgendwann endet. Dieser Teil bereitet Sie auch auf diese Situation vor.

Andere Franchiseunternehmen erwerben

In diesem Kapitel

▶ Dem Franchisevertrag entsprechen: Ist es Ihnen gestattet, mehr als ein Franchiseunternehmen zu erwerben?

▶ Kaufoptionen untersuchen

▶ Persönliche und finanzielle Ressourcen einschätzen

▶ Vor- und Nachteile für den Besitz mehrerer Franchiseunternehmen gegeneinander abwägen

---

Für einige Franchisenehmer ist es ganz in Ordnung, nur mit einem Schlüsselbund klingeln zu können. Für andere bedeutet ein Franchiseunternehmen nur den Anfang.

Einige Franchisenehmer eröffnen einen Standort, und es dauert Jahre, bevor sie an ihren Franchisegeber mit dem Ansinnen herantreten, ein zweites oder drittes Franchiseunternehmen zu kaufen. Andere beginnen Franchising mit dem erklärten Ziel, viele Franchiseunternehmen zu eröffnen. So wissen sie, wenn sie durch ihre Stadt fahren, bei jedem Standort, der den Markennamen ihres Franchisegebers trägt, dass dies ihr Standort sind. Wieder andere träumen davon *Masterfranchisenehmer* zu werden – dies bedeutet, dass man vom Franchisegeber das Recht erhält, selbst Sub-Franchisenehmer zu rekrutieren, die unter dem Markennamen des Franchisegebers operieren werden. Ihr Ziel ist es, gleichsam Mini-Franchisegeber zu werden. (Nähere Informationen zu Masterfranchising finden Sie in diesem Kapitel in dem Abschnitt mit dem Titel »Ein Gebiet erwerben«).

Dieses Kapitel zeigt, wie Sie ein weiteres Franchiseunternehmen erwerben können – oder sogar viele Franchiseunternehmen – und wie Sie sicherstellen können, dass Sie dabei die richtigen Entscheidungen treffen.

Ihren Franchisevertrag prüfen: Können Sie ein weiteres Franchiseunternehmen kaufen?

Bevor Sie sich auf den Kauf vieler Franchiseunternehmen versteifen, stellen Sie sicher, dass der Besitz vieler Standorte zu den Optionen des Systems Ihres Franchisegebers gehört. Die Unternehmen haben unterschiedliche Philosophien zum Thema Expansion.

Einige Franchisegeber sagen, dass ein Franchiseunternehmen das Limit ist – und damit basta!

Andere Unternehmen ermutigen Sie zu expandieren, zu expandieren und noch einmal zu E-X-P-A-N-D-I-E-R-E-N. Wieder andere konzentrieren sich auf die Entwicklung von Franchiseunternehmen mit vielen Standorten und wenden sich vollkommen von den kleinen Franchisenehmern ab. Einige Franchisegeber haben eine Wartezeit eingeführt, bevor Sie einen weiteren Standort oder ein weiteres Gebiet erhalten können. (Gebiete werden typischerweise durch Bevölkerung oder geographische Gebiete definiert). Diese Unternehmen möchten vielleicht sichergehen, dass die Franchisenehmer ihr erstes Geschäft in Übereinstimmung mit den Systemstandards betreiben können und dabei Gewinn machen, bevor sie in Betracht ziehen, den Erwerb von Nummer zwei zu gestatten. Vergewissern Sie sich, dass Sie sich der Beschränkungen und Anforderungen des Franchisegebers bewusst sind.

Ihre Kaufoptionen verstehen

Das Wichtigste zuerst: Sie müssen sich entscheiden, ob Sie expandieren wollen. Abhängig von den Regeln Ihrer Kette können Sie vielleicht nur jeweils einen neuen Standort eröffnen, oder Sie können mehrere Standorte anstreben, ein ganzes Gebiet erwerben oder einen bestehenden Betrieb umwandeln.

Dann müssen Sie sich mit der Frage beschäftigen, **wo** Sie Ihr nächstes Franchiseunternehmen einrichten sollen.

Gehen Sie wieder zurück ans Reißbrett, und führen Sie die Standortwahl mit derselben Sorgfalt durch, wie Sie es beim ersten Mal getan haben. Sie denken vielleicht, dass Sie den Markt jetzt bis ins kleinste Detail kennen, weil Sie bereits ein Franchiseunternehmen betrieben haben, aber Sie müssen andere Erwägungen anstellen. So hat beispielsweise ein Standort in einer anderen Gegend oder sogar in einer anderen Straße derselben Gegend eine vollkommen andere Dynamik als Ihr bisheriger Betrieb.

Verkehrsmuster sind anders, der Kundenstamm könnte sich ändern, und sogar die Straßenseite, für die Sie sich entscheiden, muss wohl überlegt werden. Ihr Franchisegeber sollte Ihnen mit Richtlinien für die Standortauswahl helfen. Prüfen Sie die demographischen Gegebenheiten, Verkehrsmuster, Bebauungspläne, Wettbewerb und so weiter (siehe Kapitel 8).

Ein Franchiseunternehmen von einem anderen Franchisenehmer des Systems kaufen

Manchmal können Sie das Gewünschte nicht bekommen – wie beispielsweise den Standort Ihres Nachbarn. Nun, vielleicht können Sie ihn doch haben.

Vielleicht hangelt er oder sie sich von Tag zu Tag, hat niemals über einen Verkauf nachgedacht, bevor Sie mit dieser Idee kamen. Oder vielleicht bietet dieser Franchisenehmer das Franchiseunternehmen zum Verkauf an, weil er oder sie plant, in Ruhestand zu gehen oder zu verkaufen, solange das Geschäft blüht. Womöglich läuft das Geschäft auch nicht, und Sie sind sicher, dass Sie dies ändern könnten.

13 ➤ Andere Franchiseunternehmen erwerben

 Überstürzen Sie nichts. Finden Sie heraus, was im Franchisevertrag steht. Üblicherweise stimmt der Franchisegeber einer Übertragung zu, doch das Unternehmen behält sich womöglich das Recht vor, der Übertragung auf einen vorhandenen Franchisenehmer aufgrund bestimmter Bedingungen zu widersprechen. Sie müssen das Kleingedruckte im Vertrag lesen und von Ihrem System aufgestellte Expansionskriterien diskutieren. Wenn Ihre bestehenden Standorte nicht den Systemstandards entsprechen oder wenn sie schlecht laufen, ist es wahrscheinlich, dass Ihr Franchisegeber eher zögerlich ist, wenn es um die Eröffnung eines weiteren Franchiseunternehmens durch Sie geht. Vielleicht sind Sie bereits unter Ihren bestehenden Verträgen zahlungsunfähig. Glauben Sie, dass der Franchisenehmer Sie gerne in weiteren Verträgen zahlungsunfähig sehen will?

Ein Franchisegeber hat unter Umständen auch ein Vorkaufsrecht beim Verkauf eines Franchiseunternehmens. Das bedeutet, dass er mit jedem Angebot mitziehen kann und das Objekt des Interesses vor dem Käufer erwerben kann (siehe Kapitel 15, wenn Sie mehr Informationen über den Verkauf suchen).

Wie finden Sie heraus, ob bestehende Franchiseunternehmen zum Verkauf stehen? Die erste Anlaufstelle sind die betreffenden Franchisenehmer. Sie sollten immer mit den anderen Franchisenehmern Ihres Systems in Verbindung stehen – besonders mit Franchisebesitzern in Ihrem Marktgebiet. Wenn Sie dies tun, werden Sie wahrscheinlich wissen, was andere Franchisenehmer planen und wer einen Standort hat, der vielleicht zum Verkauf angeboten wird.

Ihr Franchisegeber tritt vielleicht bezüglich des Erwerbs eines bestehenden Franchiseunternehmens an Sie heran, doch darauf müssen Sie nicht warten. Rufen Sie in der Systemzentrale des Franchisegebers an, oder sprechen Sie mit Ihrem Systemberater über mögliche Gelegenheiten, vielleicht wissen sie etwas. Viele Franchisegeber betreiben aktive Wiederverkaufs-Netzwerke, manchmal erheben sie hierfür eine Gebühr, aber meistens ist dieser Dienst kostenlos. Schließlich ist es im Interesse des Franchisegebers, jemandem zu helfen, der das System verlassen möchte. Vor allem dann, wenn einer der guten Geschäftsleute expandieren möchte.

Der Kauf eines zusätzlichen Franchiseunternehmens erfordert Analyse, vielleicht sogar mehr Analyse als beim absoluten Neubeginn. Bevor Sie sich zum Kauf entscheiden, untersuchen Sie die räumliche Nähe des anderen Franchiseunternehmens zu Ihrem Standort. Ist der Standort so nahe gelegen, dass Sie keinen wirklichen Vorteil erzielen werden, oder ist er zu weit entfernt, als dass Sie ihn ordnungsgemäß betreiben könnten? Vielleicht hat sich das Gebiet, in dem er sich befindet, seit der Eröffnung verändert und die Veränderung hat negative Auswirkungen auf den Betrieb.

Finden Sie heraus, ob das Geschäft des anderen Franchisenehmers den Standards Ihres Franchisegebers entspricht oder ob Sie umfangreiche Veränderungen vornehmen müssen, um es auf den Standard zu bringen. Die gute Neuigkeit ist, dass Sie das Unternehmen bereits kennen, wissen, wie ein Franchiseunternehmen arbeiten sollte, und in der Lage sein werden, sich einen bestehenden Standort anzusehen und seine potenziellen Vorteile und Fehler erkennen können.

Räumliche Nähe

Die erste Überlegung ist die Nähe des Franchiseunternehmens zu Ihrem bisherigen Standort. Sie wollen Ihr Geld nicht investieren um herauszufinden, dass sich Ihr Kundenstamm lediglich aufteilen wird, anstatt sich zu vergrößern.

Es erleichtert Ihr Leben, wenn Sie in räumlicher Nähe expandieren, denn dann können Sie immer noch ein Geschäftsführer sein, der die Zügel fest in der Hand hält.

Die Zeit, die Sie benötigen, um weite Strecken zu einem zweiten Standort zurückzulegen, ist Zeit, die Sie besser auf den Betrieb des Geschäfts verwenden sollten. Natürlich sollte der Standort auch nicht direkt nebenan sein. Welcher Abstand ist also ideal? Es gibt keine feststehenden Regelungen. Sie könnten einen Standort in zwei Kilometer Entfernung haben, der Ihr bereits bestehendes Geschäft schädigt. Ein anderer, der sich nur in einem halben Kilometer Entfernung befindet, hat vielleicht keine negative Auswirkung, wenn sich dazwischen ein Fluss befindet oder eine Hauptverkehrsstraße, die die Stadt oder das Handelsgebiet teilt. Unterm Strich heißt das also: Untersuchen Sie Ihr Handelsgebiet sorgfältig.

Denken Sie jedoch daran, dass Sie bereits ein Geschäft führen. Wenn es Ihren bereits bestehenden Betrieb jetzt schon beeinträchtigt, werden die Auswirkungen weiterhin spürbar sein, gleich ob es Ihnen oder jemand anderem gehört.

Nur, weil Sie einen Standort in einem Einkaufszentrum haben, bedeutet dies nicht, dass Sie nicht einen erfolgreichen Standort in der Nähe haben können – sogar direkt auf dem Parkplatz des Einkaufszentrums. Sie können dort vielleicht einen vollkommen anderen Kundenkreis erreichen.

Selbst beim Franchising – dem Star in Sachen Vervielfältigung – muss Ihr zweiter Standort kein Zwilling Ihres ersten Standorts sein. Wenn Sie jetzt einen freistehenden Standort haben, ist vielleicht die Wahl einer nahe gelegenen Einkaufszeile oder eines unkonventionellen Standorts (wie beispielsweise ein Kiosk, der dieselben Waren wie Sie verkauft, oder ein Lebensmittelmarkt) die bessere Wahl für Ihren nächsten Kauf. (Blättern Sie zu Kapitel 8, um mehr über nicht-traditionelle Standorte herauszufinden).

Weitere Fragen, die Sie zu einem laufenden Betrieb stellen sollten

Wenn Sie ein bestehendes Franchiseunternehmens erwerben, müssen Sie sich über einige Themen Klarheit verschaffen und diese gründlich prüfen, bevor Sie den Kauf tätigen. Stellen Sie sich die nachfolgenden Fragen, um mögliche kostenintensive und zeitaufwändige Probleme aufzudecken:

- ✔ **Entspricht der Standort den gegenwärtigen Standards Ihres Franchisegebers?** Sie sind nicht daran interessiert, mehr als geplant in das Geschäft zu investieren, beispielsweise umzubauen, eine neue Einrichtung zu erwerben, den Parkplatz zu erweitern oder einen Anbau zu errichten. Die Umbaukosten können erheblich steigen, wenn die Einrichtung nicht den Standards für behindertengerechte Arbeitsplätze entspricht.

Andererseits, wenn das Gebäude in gutem Zustand ist – und Ausstattung, sanitäre Einrichtungen und Regenrinnen bereits vorhanden sind – ist ein Umbau vielleicht weniger kostenaufwändig als die Errichtung eines vollkommen neuen Standorts. Stellen Sie sicher, dass Sie wissen, was Sie kaufen, und kalkulieren Sie es in Ihr Kaufangebot ein.

- ✔ **Ist das Geschäft rentabel?** Wenn nicht, können Sie die Probleme beseitigen? Haben Sie die Zeit und das Talent, um alles ans Laufen zu bringen?
- ✔ **Wenn Verbesserungen des Standorts erforderlich sind, wie schnell müssen diese abgeschlossen sein?** Bietet der Franchisegeber Finanzierungsprogramme, um Ihnen bei der Modernisierung zu helfen? Ist die Laufzeit des Franchisevertrags noch so lang, dass Sie in diesem Zeitraum Ihre zusätzlichen Kosten amortisieren können? Sprechen Sie mit Ihrem Franchisegeber.
- ✔ **Wie hat das Franchiseunternehmens in den regelmäßigen Überprüfungen Ihres Franchisegebers abgeschnitten?** Welche Probleme gibt es? Können Sie diese beseitigen?
- ✔ **Wie gut sind die Angestellten?** Ist das Managementteam gut geschult? Hat es Erfahrung? Haben Sie geschäftsführende Angestellte in Ihrem anderen Standort, die vielleicht zum neuen Franchiseunternehmen wechseln könnten?
- ✔ **Sind die Angestellten bereit zu bleiben?** Liegen die aktuellen Gehälter und Lohnnebenleistungen im Rahmen dessen, was Sie bereit sind zu bieten? Gibt es Personalthemen, die an Ihren anderen Standorten zu Problemen führen könnten?
- ✔ **Hat der Standort in der Öffentlichkeit einen guten Ruf?** Wenn nicht, können Sie tatsächlich erwarten, dass eine neue Geschäftsführung ausreicht, um einen loyalen Kundenkreis zu schaffen? Leben die Menschen, die zum angestrebten Kundenkreis gehören, überhaupt noch in der Gegend? Bei älteren Systemen ist dies oft ein Problem.
- ✔ **Führt der augenblickliche Besitzer eine Liste von allen Kunden?** Ist diese Liste auf dem aktuellen Stand? Wird Ihnen diese Liste bei der Geschäftsübergabe übergeben?
- ✔ **Wie lange laufen die Pacht- und die Leasingverträge für die Ausstattung noch?** Haben Sie eine Option auf Verlängerung? Welche Bedingungen haben die Leasingverträge?
- ✔ **Hat der Besitzer rechtliche Probleme, die Ihr Geschäft beeinträchtigen könnten?** Steht eine Zwangsvollstreckung an? Hat die Steuerbehörde Pfandrechte auf die Immobilie?
- ✔ **Passiert etwas in der Gegend – beispielsweise Straßenbauvorhaben oder ein neuer Wettbewerber – was die Geschäfte des Franchiseunternehmens beeinträchtigt könnte?** Bieten Sie mindestens ebenso viel Sorgfalt für die Untersuchung des Standorts auf, wie Sie dies bei einem neuen Standort tun würden – Titel, Untersuchung, Umweltaspekte und so weiter (siehe auch Kapitel 8).

Retrofranchising: einen systemeigenen Standort kaufen

Oft besitzen Franchisegeber Standorte, die sie selbst betreiben. Manchmal errichtet ein Franchisegeber Standorte, um diese an potenzielle Franchisenehmer verkaufen zu können, und manchmal kaufen oder nehmen sie auch welche von Franchisenehmern zurück, die das System verlassen haben.

Franchisegeber verkaufen bestehende Standorte aus vielerlei Gründen:

- ✔ Sie brauchen den Erlös aus dem Verkauf, um Schulden zu begleichen oder für andere Unternehmenszwecke.
- ✔ Sie möchten ein Marktsegment verlassen, damit sie an einem anderen Ort zusätzliche Standorte errichten können.
- ✔ Sie haben ihre Strategie verändert und möchten nirgendwo mehr systemeigene Standorte betreiben.
- ✔ Der Standort wurde mit dem Ziel errichtet, diesen an Franchisenehmer zu verkaufen.
- ✔ Der einzige Grund, aus dem sie einen Standort haben, ist, dass sie diesen von einem früheren Franchisenehmer gekauft haben, um ihn an einen neuen Franchisenehmer zu verkaufen.
- ✔ Der Standort macht Verluste, und sie möchten ihn aus ihren Büchern heraushaben.

Oft suchen Franchisegeber Franchisenehmer, die gewillt sind, den Standort zu kaufen und in zusätzliche Standorte desselben Markts zu investieren.

Nehmen wir einmal an, Ihr Franchisegeber entscheidet, dass fünf Standorte erforderlich sind, um den Markt erfolgreich zu bewirtschaften – wir nennen das *kritische Menge*. Die kritische Menge ist wichtig, denn es gibt der Marke eine stärkere Präsenz auf dem Markt und ermöglicht es, die Werbekosten auf mehr Standorte zu verteilen. Es kann dann mehr Werbeleistung gekauft werden. Kritische Menge ermöglicht es dem Franchisegeber, die Standorte leichter am Markt zu unterstützen, da mehr Franchisenehmer die Kosten für Marktbesuche der Systemberater tragen (wir nennen dies *Hebelwirkung auf die Kosten*).

Wenn der Verkauf von systemeigenen Standorten an die Verpflichtung gebunden ist, zusätzliche Standorte auszubauen und so die gewünschte kritische Menge zu schaffen, nutzt der Franchisegeber dem System.

Retrofranchising von Standorten ist oft sowohl für den Franchisegeber als auch für den Franchisenehmer vorteilhaft:

- ✔ Die Standorte laufen, und Sie können ihre Geschichte und ihr bisherige Leistung einsehen.
- ✔ Franchisegeber sind womöglich gewillt, diese Geschäfte mit einem Preisnachlass oder einer Finanzierung eines Teils der Anschaffungskosten zu verkaufen, wenn der Franchisenehmer bereit ist, in zusätzliche Standorte zu investieren.
- ✔ Der Franchisegeber erhält Geld, das er für andere Bedürfnisse des Unternehmens benötigt.

Retrofranchising ist etwas anderes als Provisionsschneiderei. *Provisionsschneiderei* findet statt, wenn ein Franchisegeber einen Standort von einem Franchisenehmer zurückkauft und diesen dann wiederholt weiterverkauft, obwohl er um die hohe Wahrscheinlichkeit weiß, dass der nächste Franchisenehmer an diesem Standort ebenfalls scheitern wird. Dieses Szenario tritt manchmal auf, wenn der ursprüngliche Franchisenehmer den Standort nicht ans Laufen bekommt oder nicht in der Lage ist, diesen in Übereinstimmung mit den Systemstandards zu betreiben, und entsprechend der Vertrag beendet wird.

Wenn sich der schlecht laufende Standort nicht im Besitz eines Franchisegebers befunden hätte, der ihn an einen neuen Betreiber weiterverkaufen konnte, wäre man wahrscheinlich gezwungen, den schlecht laufenden Standort zu schließen. In den Händen einiger Franchisegeber jedoch, können diese schlecht laufenden Standorte am Leben bleiben – während ständig neue Besitzer versuchen, sie zu betreiben und bei diesem Versuch aus dem Geschäft ausscheiden. Wenn Provisionsschneiderei auch keine weit verbreitete Praxis ist, so gibt es doch einige wenige Franchisegeber (glücklicherweise nur sehr wenige), die so etwas tun – Sie sollten also vorsichtig sein.

Stellen Sie sicher, dass Sie sich die finanzielle Seite und die Besitzer-Geschichte eines Standorts ansehen. Wenn es ein schlechter Standort in den Händen eines anderen Franchisenehmers war – und wenn Ihr Franchisegeber die Angewohnheit hat, schlechte Standorte von einem Franchisenehmer an den nächsten weiterzureichen – reicht allein der Umstand, dass Sie ein großartiger Unternehmer sind, nicht aus, um ein gescheitertes Geschäft in ein Erfolgsobjekt zu verwandeln.

Gelegenheiten beim Schopf packen

Wenn die finanzielle Seite günstig ist, entwickelt ein Franchisegeber manchmal einen Standort, der eine einzigartige Gelegenheit darstellt – unabhängig davon, ob der Franchisenehmer in der Warteschlange steht, um den Standort zu erwerben. Der Franchisegeber betreibt den Standort vielleicht als Systemfiliale bis ein neuer Franchisenehmer diesen kauft. Oder der Franchisegeber bietet den Standort möglicherweise einem anderen Franchisenehmer an. Den Standort zu bekommen hat höchste Priorität, und dann kann der Franchisegeber sich überlegen, wer diesen betreiben soll.

Diese Situation tritt häufig bei nicht-traditionellen Standorten auf, da diese Gelegenheiten selten und in großen zeitlichen Abständen auftreten. Es gibt vielleicht nur ein großes Krankenhaus in der Stadt. Wenn also ein Standort in diesem Krankenhaus erhältlich ist, sollten Sie sich diesen besser sichern, weil ein weiterer vielleicht in den nächsten 20 Jahren nicht mehr zu bekommen sein wird. Wenn Franchisegeber ihren Standort langfristig nicht selbst betreiben möchten, haben sie die Möglichkeit, ihn neuen oder bereits vorhandenen Franchisenehmern anzubieten.

Den Standort eines Wettbewerbers umwandeln

Wenn Sie Ihr Marktsegment im Hinblick auf Expansionsmöglichkeiten betrachten, aber keine Standorte, die Ihren Bedürfnissen entsprechen, verfügbar sind, untersuchen Sie die systemeigenen Standorte. Der Kauf eines bestehenden Standorts der Ihren Bedürfnissen entspricht, von einem Wettbewerber ist eine Möglichkeit, in einem Streich Standorte zu finden und den Wettbewerb auszuschalten.

Manchmal kommt so eine Gelegenheit ins Haus geflattert. Ein freier Unternehmer bittet Sie vielleicht darum, ihn freizukaufen. Eine Menge unabhängiger Unternehmer fühlt sich wie David im Kampf gegen Goliath, wenn Franchiseunternehmen die Stadt stürmen. Wenn Franchising richtig funktioniert, locken die Macht der Markenerkennung, die nationalen Werbekampagnen und die günstigeren Preise (dank der Kaufkraft aufgrund des Kaufvolumens einer Kette) die Kundschaft der Konkurrenz vor Ihre Tür. Folglich ist er vielleicht drauf und dran, sein Geschäft zu schließen.

Den Standort eines Wettbewerbers zu kaufen ist wieder so eine Sache, bei der Sie nicht bei Null anfangen möchten. Hoffentlich können Sie die Kunden des Wettbewerbers halten. Sie können einige Angestellte behalten, müssen diese jedoch neu schulen. Wer weiß – vielleicht möchte der vorherige Geschäftsbesitzer Ihr neuer Manager werden.

Es wird jedoch nicht einfach sein, den Übergang zu schaffen. Da der Standort des Wettbewerbers wahrscheinlich ein anderes Design als die Filialen in Ihrem Franchisesystem hat, müssen Sie den Standort umgestalten, damit dieser den Systemstandards entspricht. Sie müssen einen Architekten und einen Bauunternehmer mit den Umbauten beauftragen. Wenn der Standort von einem Unternehmen derselben Art benutzt wurde, wird es in baurechtlicher Hinsicht wohl keine Probleme geben. Zudem wären Ihre Kosten für den Ausbau des Standorts wohl geringer als die Errichtung eines neuen Standorts, weil das Gebäude bereits steht und Elektrizität, Wasser und Rohranschlüsse sicherlich vorhanden sind. Zur Umwandlung des Standorts auf die Marke Ihres Systems, müssen Sie die Gestaltung ändern, neue Schilder aufhängen, das Dekor verändern und vielleicht neue Ausstattungsgegenstände erwerben.

Bitten Sie die Immobilien- und Entwicklungsabteilung Ihres Franchisegebers darum, mit Ihnen zusammen an diesem Projekt zu arbeiten. Diese Profis können Ihnen dabei helfen zu entscheiden, ob Sie beim Kauf eines bestehenden Standorts tatsächlich so viel sparen können wie erhofft. Vielleicht hat der Standort ein Rohrnetz, aber nicht gerade an der richtigen Stelle, und Sie müssen es verändern. Natürlich gibt es Stromanschlüsse, aber sie sind vielleicht für Ihre Bedürfnisse nicht ausreichend. Unter Umständen ist das Gebäude in Ordnung, aber es hat womöglich nicht genügend Parkplätze. Sichern Sie sich diese Unterstützung, bevor Sie den Kauf tätigen.

Wenn Sie einen Standort kaufen, der unter den Marken verschiedener Franchisegeber betrieben wurde, konsultieren Sie Ihren Rechtsanwalt, um sicherzustellen, dass Sie den Standort kaufen können, ohne damit Rechte eines anderen Franchisegebers zu verletzen. Der Franchisevertrag des augenblicklichen Betreibers untersagt oder behindert den Verkauf unter Umständen. Bestätigen Sie also, dass Ihr eigener Franchisevertrag Ihnen eine Expansion erlaubt und dass der Standort des Wettbewerbers nicht in das

Gebiet eines anderen Franchisenehmers eindringt oder – nach Ansicht des Franchisegebers – die Verkaufszahlen Ihres bestehenden Standorts negativ beeinflusst.

Ganz von vorne anfangen

Sie haben immer die Option, denselben Prozess zu durchlaufen, wie bei der Eröffnung Ihres ersten Franchiseunternehmens: ein Franchiseunternehmen vom Franchisegeber kaufen, einen neuen Standort auffinden und diesen ganz von vorne aufzubauen. So werden die meisten Franchisenehmer von Betreibern einzelner Standorte zu Betreiben vieler Standorte: Sie bauen einen Standort nach dem anderen auf.

Viele Standorte kaufen

Heutzutage findet man immer mehr Franchisenehmer, die direkt zu Beginn ihrer Beziehung mit dem Franchisegeber entscheiden, dass der Besitz eines einzelnen Standorts nichts für sie ist. Diese Franchisenehmer planen gleich am Anfang den Erwerb vieler Standorte. Bei vielen dieser neuen Franchisenehmer handelt es sich um Investorengruppen und bei einigen sogar um Aktiengesellschaften, die größer als der Franchisegeber sind.

Zu dem Zeitpunkt, an dem der Franchisenehmer vier oder fünf Franchiseunternehmen kauft, wird er oder sie vielleicht eigene Betriebssysteme für Verwaltung und Büroarbeit schaffen. Franchisenehmer führen oft selbst Schulungsgeschäfte ein. Das Personal dafür wird wahrscheinlich vom Franchisegeber unterrichtet. Sie fügen Aufsicht führendes Personal hinzu: Manager auf Ladenlokalebene und Bereichs- oder Gesamtgeschäftsführer. Im Idealfall erhalten die Manager ähnliche Schulungen wie die Franchisenehmer erhalten, wenn sie anfangs Mitglieder des Franchisesystems werden (dieses Thema besprechen wir ausführlich in Kapitel 12).

Nach dem Erwerb mehrerer Franchiseunternehmen spüren Franchisenehmer oft das Bedürfnis, ihre Unterstützungskapazitäten für den Verwaltungsbereich zu vergrößern oder zu stärken. Sie haben im Normalfall eine Buchhaltungsabteilung, Mitarbeiter in der Personalabteilung, eine Schulungsabteilung und ein Team, das verantwortlich für die lokale Werbung ist. Auch wenn sie bereits so groß sind, brauchen Franchisenehmer immer noch den Franchisegeber. Abgesehen davon, dass sie die allmächtige Marke erhalten, können Franchisenehmer Vorteile aus der Erfahrung des Franchisegebers mit landesweiter Werbung, Forschung und Entwicklung und Außendienstunterstützung ziehen.

Ein Gebiet erwerben

Wenn es Ihr großer Traum ist, ein Franchise-Tycoon zu werden, sollten Sie Franchisegeber in Erwägung ziehen, die Komplettpakete anbieten: *Gebietsentwicklungsrechte*. Diese sind Rechte, die einem Franchisenehmer das exklusive Recht einräumen, in einem Gebiet zu expandieren, und zwar nach einem Plan eine bestimmte Anzahl Standorte innerhalb eines festgelegten Zeitraums zu eröffnen.

In Abwandlung dieser Methode verkaufen manche Ketten ein ganzes Gebiet an einen Franchisenehmer und erlauben dem Franchisenehmer, ebenfalls auf der Basis eines Plans, selbst Standorte zu eröffnen oder Franchiseunternehmen an andere Betreiber zu verkaufen, die *Sub-Franchisenehmer* genannt werden. Diese Methode wird *Masterfranchising* genannt.

Der Masterfranchisenehmer rekrutiert neue Franchisenehmer für das System und stellt ihnen oft ebenso viele Dienstleistungen zur Verfügung wie andere Franchisenehmer sie direkt vom Franchisegeber erhalten. Im Austausch für die Rekrutierung und Unterstützung der Sub-Franchisenehmer, erhält der Masterfranchisenehmer einen Teil der Anfangsgebühr, die von den Sub-Franchisenehmern gezahlt wird (Franchisegebühr) und erhält ebenfalls einen Teil der laufenden Lizenzgebühren (eine fortlaufende Gebühr, die von den Standort-Franchisenehmern an den Franchisegeber gezahlt wird, üblicherweise basierend auf einem Prozentsatz des Bruttoumsatzes). Diese Vereinbarung ist im internationalen Franchising sehr verbreitet, wird jedoch in den Vereinigten Staaten seltener (in Kapitel 17 untersuchen wir internationale Expansion).

 Einige Franchisesysteme expandieren nur über Gebietsentwicklung oder die Entwicklung von vielen Standorten. Theoretisch können sie ihre Systeme leichter führen, wenn sie mit weniger, aber größeren und hoffentlich erfahreneren Franchisenehmern zu tun haben, und können deshalb ihre Bemühungen auf die Unterstützung, neue Produkte, Dienstleistungen und Gebiete jenseits der Franchiseverkaufszahlen ausrichten.

Andere Ketten verwenden die Strategie vieler Standorte nur in ihren zentralen oder größeren Märkten und verkaufen einzelne Franchiseunternehmen nur in ihren kleineren Märkten. Die Methode hängt vom System und seiner jeweiligen Wachstumsstrategie ab.

Für Franchisenehmer ist ein Vorteil des Kaufs eines Gebiets darin zu sehen, dass Sie sich in einem Gebiet festsetzen, in dem Sie viele Standorte errichten können, ohne sich darüber Sorgen machen zu müssen, wie viele andere Franchisebetriebe erstellt werden und wie dicht diese Standorte sich an Ihren befinden. Im Gegenteil, wenn Sie ein Franchiseunternehmen nach dem anderen kaufen, gehen Sie das Risiko ein, aus bestimmten Teilen Ihres Gebiets ausgeschlossen zu werden, weil andere Franchiseunternehmen oder Systemfilialen erstellt wurden.

Bevor Sie jedoch ein Geschäft über Entwicklungsrechte abschließen, sollten Sie sich Folgendes genau überlegen:

✔ Die Anzahl der Geschäfte, die Sie letztendlich haben möchten

✔ Der Geldbetrag, den Sie investieren oder aufbringen können, um diese Geschäfte einzuführen

✔ Die Anzahl von Standorten, die der Markt tragen kann

✔ Die zusätzlichen Kosten und Ersparnisse, die Sie dadurch haben werden

Bereiten Sie sich darauf vor, dass Sie im Voraus eine große Geldsumme aufbringen müssen. Gebietsentwicklungsrechte erfordern üblicherweise eine Grundgebühr – dies könnten in den USA bis zu mehreren hundert oder tausend Dollar sein – oder eine Gebühr je Franchiseunternehmen, das Sie erstellen wollen. Liegt die Franchisegebühr beispielsweise bei DM 40.000 so könnten Sie für den ersten Standort den gesamten Betrag rüberwachsen lassen, und DM 15.000 für jedes weitere Franchiseunternehmen. Der Rest würde bei Eröffnung fällig werden.

13 ➤ Andere Franchiseunternehmen erwerben

 Wenn Sie beim Entwicklungsplan Fehler machen, verlieren Sie möglicherweise Ihre Kaution – und zusätzlich die Exklusivrechte auf das Gebiet. Überprüfen Sie, wie streng Ihr Franchisegeber in Bezug auf Fehlleistungen ist. Einige Franchisegeber ändern den Vertrag, um spätere Konstruktionspläne oder andere Probleme darin aufzunehmen. Franchisegeber verschieben vielleicht sogar den Eröffnungszeitpunkt nach hinten (manchmal stellen sie einem Franchisenehmer eine Verlängerungsgebühr in Rechnung). Der Entwicklungsplan enthält vielleicht so etwas wie Nachbesserungsfristen. Viele Franchisegeber haben hier keine festgelegte Politik. Wie sie reagieren, hängt oft davon ab, ob der Franchisenehmer versucht hat, die Standorte zu eröffnen, und ob, trotz seiner Bemühungen, unvorhersehbare Hindernisse aufgetreten sind. Die Flexibilität des Franchisegebers hängt vielleicht davon ab, ob der Franchisenehmer und der Franchisegeber eine gute oder schlechte Beziehung zueinander haben. Nehmen Sie Kontakt mit Inhabern von mehreren Standorten auf, um herauszufinden, wie sich ihr Franchisegeber bei Schwierigkeiten verhält.

Franchisegeber bieten einem Gebietsentwickler oft eine niedrigere Gebühr pro Standort an als sie dies bei Franchisenehmern tun, die sich nur zur Eröffnung eines Standorts verpflichten. Es gibt viele Gründe für diese Ungleichbehandlung, doch alle fußen auf zwei Grundvoraussetzungen:

✔ Franchisegeber verringern ihre Kosten, wenn eine Einzelperson oder eine Gesellschaft mehrere Standorte besitzt. Sie sparen, weil sie nicht zusätzliche Franchisenehmer für die Eröffnung weiterer Franchiseunternehmen rekrutieren müssen. Sie sparen Zeit, Kosten und Unterstützungsaufwand für individuelle Standorte. Bei Gebietsentwicklern arbeiten sie nur mit einem Franchisenehmer für alle Standorte zusammen.

✔ Der Franchisegeber erkennt an, dass der Gebietsentwickler eine Verpflichtung für das System übernimmt und ein nennenswertes finanzielles Risiko eingeht. Sie finden, dass diese Verpflichtung in irgendeiner Weise belohnt werden sollte – oft sind niedrigere Gebühren die Belohnung.

Die Höhe der reduzierten Gebühr hängt üblicherweise vom Franchisegeber, der Anzahl der Standorte, zu denen sich verpflichtet wird, und der Zeit, die es braucht, bis alle Standorte eröffnet und in Betrieb sind, ab. Franchisegeber limitieren üblicherweise Gebührensenkungen auf die ursprüngliche Franchisegebühr. Selten reduzieren sie die fortlaufenden Lizenzgebühren. Stellen Sie von Anfang an sicher, dass der Entwicklungsplan vernünftig ist. Ist er dies nicht, könnte es passieren, dass Sie bei späteren Verhandlungen mit dem Franchisegeber über eine Verlängerung der Frist feststellen, dass Sie bestimmte Konzessionen machen müssen wie beispielsweise eine Reduzierung des Gebiets.

 Sie denken wahrscheinlich, dass Gebietsentwicklung etwas für Glücksspieler ist. Auf eine Art ist das auch so. Diese Franchisenehmer setzen darauf, dass ihre Standorte – und die Franchisekette – sie reich machen werden. Das Spiel ist dasselbe, doch die Einsätze sind höher als bei einem einzigen Franchiseunternehmen. Statt sich an den Black-Jack-Tisch mit Höchsteinsätzen von DM 5,00 zu setzen, sitzen die Franchisenehmer, die Gebiete kaufen, am Tisch für Einsätze von DM 20,00. Wenn sie auf das falsche Pferd gesetzt haben, haben sie Pech; doch wenn sie richtig gewettet haben, sind sie glücklich, dass niemand sonst einen Fuß in ihr gesamtes Franchisegebiet hineinsetzen kann.

Persönliche und geschäftliche Ressourcen einschätzen

Einen Franchisestandort zu besitzen ist etwas ganz anderes als zwei oder zehn oder zwanzig zu besitzen. Ein weiteres Franchiseunternehmen zu kaufen ist wie ein weiteres Kind bekommen – die gesamte Dynamik Ihrer Familienstruktur ändert sich. Sie müssen Dinge in einer ganz anderen Größenordnung handhaben – hierzu gehören die Einstellung von Personal, Schulung, Produkteinkauf und Marketing. Möglicherweise kennen Sie den alten Spruch: kleine Kinder, kleine Sorgen, große Kinder, große Sorgen. Vergessen Sie dennoch nicht – Wachstum kann auch große Vorteile mit sich bringen.

Wir raten Ihnen ungern zu mehr Papierkram, doch wir schlagen vor, dass Sie einen taktischen Plan entwerfen, bevor Sie sich zum Besitz einer Vielzahl von Standorten entscheiden. Machen Sie sich keine Gedanken – Ihr Plan muss nicht ganz so grandios sein wie einer, den eine Fortune 500-Gesellschaft entwickeln würde.

Einen Blick in den Spiegel werfen: Sind Sie bereit für den Besitz mehrerer Standorte?

Wappnen Sie sich – es ist Zeit, einen Blick in den Spiegel zu werfen. Sie müssen eine gründliche Selbsteinschätzung vornehmen, um zu sehen, ob *Sie* wirklich bereit sind für den Besitz mehrerer Standorte.

Dies ist etwas ganz anderes als die Frage, ob *Ihr Unternehmen* bereit ist zu expandieren. Diese Thematik behandeln wir in dem Abschnitt mit dem Titel »Ihr Geschäft und Ihre finanzielle Situation genau unter die Lupe nehmen«.

Erfolgreich den Schritt vom Besitzer eines einzigen Standorts zum Betreiber vieler Standorte zu machen hängt weitgehend von Ihrer Persönlichkeit und von persönlichen Fragen ab:

- ✔ **Sind Sie ein Mannschaftsspieler?** Je mehr Standorte Sie besitzen, umso mehr Personal brauchen Sie, inklusive einiger Führungskräfte für das Management. Stellen Sie sicher, dass Sie die Schulung eines viel größeren Teams gewährleisten können. Vergewissern Sie sich, dass Sie einige Entscheidungsbefugnis an Angestellte delegieren können, die Sie eingestellt und geschult haben und denen Sie vertrauen.

- ✔ **Sind Sie ein Betreiber oder Manager?** Es ist leicht zu sagen, dass Sie 50 Filialen haben möchten; es ist etwas ganz anderes, zu verstehen, was dazu gehört, um so viele Standorte zu führen. Besitzer einzelner Standorte machen sich Gedanken über die Öffnung des Geschäfts in den Morgenstunden, über die Bewältigung der Ereignisse des Tages und die Schließung am Abend. Als Besitzer eines einzelnen Standorts sind Sie es vielleicht gewöhnt, Ihre Kunden selbst zu begrüßen, Ihre Angestellten zu schulen und sich um viele der anfallenden Aufgaben selbst zu kümmern. Wenn Sie zum Besitzer mehrerer Standorte werden, sind Sie gezwungen, noch mehr von einem Manager an sich zu haben. Sie müssen eine unterstützende Organisation aufbauen und dieser vertrauen.

- ✔ **Können Sie Verantwortung delegieren?** Keine Frage, es ist schwer, loszulassen; schließlich ist das Franchiseunternehmen Ihr Baby. Doch an zwei Stellen gleichzeitig zu sein (sofern Sie nicht ein Geheimnis kennen, das wir nicht kennen) ist unmöglich, deshalb müssen Sie Ihre Belegschaft schulen und Verantwortung delegieren – so, dass Sie sich damit wohlfühlen. Sie werden wahrscheinlich eine Menge Zeit damit verbringen, jeden neuen Standort aufzuziehen, und dann Ihre Aufmerksamkeit – mehr oder weniger – auf Ihre anderen Franchiseunternehmen richten, wenn andere Dinge anstehen.

- ✔ **Sind Sie gut organisiert?** Das müssen Sie sein. Sie müssen womöglich am Dienstagmorgen auf einer Baustelle sein und am Nachmittag bei einem Belegschaftstreffen in Ihrem bereits bestehenden Standort. Die Verantwortung für verschiedene Standorte zu übernehmen, mit verschiedenen Problemen und verschiedenen Verpflichtungen, wird dazu führen, dass Sie sich manchmal wie ein Jongleur fühlen werden. Abhängig von der Anzahl der Standorte, müssen Sie interne Unterstützungssysteme einführen, wie beispielsweise die Einstellung eines Gesamtgeschäftsführers, eines Buchhalters und Verwaltungspersonal, um sich die notwendige Zeit für den Betrieb von mehr als einem Standort zu verschaffen.

- ✔ **Ist die Zeit gekommen?** Betrachten Sie Ihr persönliches Leben und entscheiden Sie, ob Sie einem anderen Projekt Zeit widmen und dennoch Ihren gewünschten Lebensstil beibehalten können.

- ✔ **Wollen Familienmitglieder einsteigen?** Vielleicht möchte Ihr Partner mitmachen. Vielleicht wollen Ihre Kinder ihr eigenes Taschengeld verdienen, vielleicht mit einem Auge auf die mögliche Nachfolge. (In Kapitel 15 besprechen wir die Überlassung Ihres Franchiseunternehmens an Ihre Kinder).

- ✔ **Denken Sie großformatig?** Wenn Sie dies tun, werden Sie wahrscheinlich nicht lange mit einem einzelnen Standort zufrieden sein. Doch Sie müssen auch Ihre Grenzen kennen. Sie müssen *fähig* sein zu expandieren, nicht nur expandieren *wollen*.

Einen genauen Blick auf Ihr Geschäft und Ihre Finanzen werfen

Wenn Sie bereits ein Franchiseunternehmen besitzen, haben Sie wahrscheinlich einiges an Untersuchungen durchgeführt, bevor Sie dieses erworben haben. Bevor Sie den Sprung zum Besitz von mehreren Standorten machen, empfehlen wir Ihnen, Ihren bestehenden Standort und Ihre Finanzen zu untersuchen.

Die richtigen Fragen zu Ihrem eigenen Franchiseunternehmen stellen

Beantworten Sie diese Fragen, bevor Sie weitergehen und Besitzer von mehreren Standorten werden:

- ✔ **Sind Ihre Angestellten bereit?** Wir hoffen, Sie haben Ihre Angestellten für eine Beförderung herausgeputzt. Dies ist ein großartiges Motivationsmittel (siehe Kapitel 12). Doch gerade jetzt ist Ihr höchster Angestellter wahrscheinlich ein Büro- oder Ladenmanager. Jetzt, wo Sie aller

Voraussicht nach mehrere Manager benötigt werden – und vielleicht sogar einen Bereichs- oder Gesamtgeschäftsführer –, erhöht sich die Verantwortung um einiges. Haben Ihre augenblicklichen Manager das Zeug, um zum Gesamtgeschäftsführer aufzusteigen? Ist Ihre Mannschaft gut genug, um neue Aufgaben zu übernehmen? Wollen Sie Angestellte neu schulen oder andere einstellen? Können Sie wirklich etwas loslassen und Ihren Mitarbeitern Entscheidungen überlassen?

✔ **Laufen Ihre Unternehmungen punktgenau?** Führen Sie die Betriebsabläufe entsprechend den Regeln und Standards des Franchisegebers durch? Auch wenn Sie kein stiller Teilhaber sein werden (so etwas schlagen wir nie vor), können Sie unmöglich weiterhin einspringen, wenn Sie ein zusätzliches Geschäft kaufen.

✔ **Fühlen Sie Druck durch Wettbewerber?** Vielleicht hat eine konkurrierende Kette den Markt der Stadt erobert, hat schnell einen Standort errichtet und überall Baustellenschilder aufgestellt. Wenn Sie nicht aufholen, könnte sie allein aufgrund der bloßen Anzahl ihrer Standorte einen Marktanteil erobern.

✔ **Wird die Expansion Auswirkungen auf die Kundenzufriedenheit haben?** Einmal angenommen, Sie haben einen stetigen Kundenstrom geschaffen, doch Autobahnbauprojekte haben in jüngster Vergangenheit den Zugang Ihrer Kunden zu Ihrem Standort behindert. Gerüchten zufolge haben einige Kunden ein Geschäft näher an ihrem Heim gewählt. Wenn Sie einen zweiten Standort in einem anderen Teil der Stadt eröffnen, können Sie vielleicht diese Beziehungen retten. Umgekehrt, wenn Sie nicht mehr selbst an Ihrem augenblicklichen Standort sind, werden Kunden den persönlichen Kontakt vermissen?

✔ **Gibt es einen weiteren Standort Ihrer Kette, der zum Verkauf steht?** Dieser Gedanke ist nicht so weit hergeholt. Überlegen Sie sich einmal Folgendes: Der perfekte Standort in Ihrem Markt steht zum Verkauf und Ihr Franchisegeber möchte seinen Namen daran sehen. Ihr Franchisevertrag gibt Ihnen kein exklusives Gebietsrecht, was heißt, dass irgendjemand anderes – eine Systemfiliale oder ein Franchisestandort – hineinkommen können. Wenn Sie bei diesem Standort nicht zugreifen, wird dies jemand anders tun. Geht es hier um einen Spitzenstandort?

✔ **Legt Ihnen Ihr Franchisevertrag irgendwelche Beschränkungen auf?**

✔ **Haben Sie die notwendigen Finanzen?** Im Klartext, Ihr bestehender Standort sollte zuerst einmal rentabel sein. Viele Franchisenehmer schöpfen vom Kapitalfluss eines Franchiseunternehmens etwas ab, um ihr neues Geschäft teilweise oder ganz zu finanzieren, und nehmen für den Rest Darlehen auf. Egal, wie viele Standorte Sie haben, Sie können kein Geld machen, wenn der einzelne Standort mit Verlust arbeitet. Wie hoch sind die involvierten Kosten? Müssen Sie zusätzliche Franchisegebühren bezahlen?

Zahlen verarbeiten

Dieser Abschnitt bietet mehr Tipps für die Einschätzung Ihrer finanziellen Bereitschaft zur Expansion.

13 ➤ Andere Franchiseunternehmen erwerben

Wie viel Sie an den Franchisegeber für einen zweiten Standort zahlen müssen, variiert je nach Franchisevertrag. Einige Ketten erheben die übliche Franchisegebühr für einen weiteren Standort; manche reduzieren die Gebühr und senken sie noch weiter für folgende Standorte.

Das Letzte, was Sie möchten, ist Peter auszurauben, um Paul bezahlen zu können. Sie wollen nicht, dass Ihr zweiter – oder siebzehnter – Standort in unangemessener oder unerwarteter Weise diejenigen beeinträchtigt, die Sie vorher schon hatten. Also planen Sie das Wachstum, es ist wichtig, dass Sie das finanzielle Bild klar haben. (Gehen Sie sicher, dass Sie Kapitel 5 noch einmal lesen, um finanziellen Fallen ausweichen zu können).

Überprüfen Sie die finanzielle Gesamtsituation des Franchiseunternehmens:

- ✔ **Bilanz:** Dieses Dokument beinhaltet Ihre Betriebsvermögen (Bargeld, Anlagevermögen, Inventar, abgeschriebene Ausstattung und Außenstände) und Ihre Verbindlichkeiten (ausstehende Rechnungen, inklusive Steuerpflichten und Anleihen).

- ✔ **Kapitalrendite:** Übertreffen Sie andere Investitionsgelegenheiten? Es macht Sinn, auszurechnen ob die Rendite, die Sie aus Ihrer Investition in Ihre Franchiseunternehmen erhalten, besser ist, als die aus einer anderen Investition. Wenn beispielsweise das, was Sie aus Ihrer Investition in das Franchiseunternehmens verdienen, nur 3% sind und Ihre Bank Ihnen 6% zahlt, müssen Sie entscheiden, ob der Kauf von mehr Standorten eine weise Investition ist.

- ✔ **Haushaltsplan:** Diese Zahlen projizieren Einkünfte und Ausgaben für das kommende Jahr, die Sie dann mit ihren tatsächlichen Einkünften und Ausgaben vergleichen können.

- ✔ **Gewinn- und Verlustrechnung:** Dieses Papier führt Ihre Einkünfte und Ausgaben auf, Ihre Rentabilität oder Ihr Verlust.

- ✔ **Geldfluss:** Diese Zahl sagt Ihnen, wie viel Bargeld Sie aus bestehenden Betrieben erzielen.

Diese Werkzeuge helfen Ihnen dabei herauszufinden, ob Sie sich eine Expansion leisten können – indem Sie Ihren aktuellen Cashflow verwenden oder sich um eine Finanzierung kümmern. Finden Sie heraus, ob Ihr Franchisegeber Ihnen ein Expansionsdarlehen gewährt (Kapitel 5 leitet Sie durch die verschiedenen Möglichkeiten der Finanzierung).

Sie müssen auch andere finanzielle Fragen abwägen. Wird Ihre Bank Ihr Wachstum unterstützen? Wenn Sie eine Finanzierung benötigen, wie hoch sind die laufenden Zinssätze? Möglicherweise waren die Zinssätze niedrig, als Sie das letzte Mal ein Darlehen aufgenommen haben; höhere Zinsen können Ihre Investitionsstrategie vollkommen umwerfen. Ebenso können in die Höhe schießende Grundstücks- und Baukosten bedeuten, dass Sie noch mehr Geld aufnehmen müssen.

Betrachten Sie Ihre gesamten Anfangskosten – die Franchisegebühr und andere Startausgaben. Gehen Sie nicht davon aus, dass Sie genau den Betrag zahlen werden, den Sie beim letzten Kauf eines Franchiseunternehmens bezahlt haben. Einige Kosten sind vielleicht niedriger – wie beispielsweise eine reduzierte Franchisegebühr für weitere Standorte oder verminderte Werbekosten, weil Sie die Kosten für Werbemaßnahmen teilen können. Doch einige Ausgaben liegen womöglich höher. Es ist möglich, dass der Franchisegeber ein neues und teureres Design, Dekor und Ausstattungspaket entworfen hat oder dass der zukünftige Standort eine Änderung der Bebauungspläne erfordert – was wiederum Rechtsanwaltsgebühren und später vielleicht höhere Bebauungskosten mit sich bringen kann.

Beziehen Sie auch den folgenden Faktor in Ihre Haushaltsplanung ein: Wenn Sie mehrere Franchiseunternehmen erwerben, kaufen Sie vielleicht Inventar und andere Dienstleistungen zu besseren Bedingungen ein, weil Sie in großem Umfang einkaufen. Diese Ersparnisse sollten Ihnen helfen, sich in rentabler Weise zu vergrößern. Sie haben jedoch unter Umständen auch zusätzliche Kosten, weil sie vielleicht qualifizierteres Personal einstellen müssen.

Wenn Sie Gebietsentwicklungsrechte kaufen, denken Sie daran, dass Sie im Regelfall einen Teil der Franchisegebühr für noch nicht eröffnete Standorte im Voraus bezahlen müssen – lange bevor diese irgendeinen Profit abwerfen. Die Tatsache, dass diese Vorauszahlung Ihnen nicht sofort Geld bringt, könnte weitreichende Auswirkungen auf Ihren Gewinn haben.

Halten Sie sich nicht allein deshalb schon für ein Finanzgenie, weil Sie einen Standort erfolgreich betreiben. Prüfen Sie Ihre Finanzen mit den Angestellten des Franchisegebers im Bereich Entwicklung, mit Ihrem Geldgeber, Ihrem Rechtsanwalt und Ihrem Buchhalter, bevor Sie Entscheidungen treffen.

Die Vor- und Nachteile für den Besitz mehrerer Franchiseunternehmen gegeneinander abwägen

Einmal angenommen, Sie sind Franchisebesitzer, und von Ihrem Standpunkt aus sieht alles rosig aus. Ihr Franchiseunternehmen läuft hervorragend. Ihr Franchisegeber liebt Sie – Ihre Lizenzgebühren steigen und werden pünktlich bezahlt. Ihr Bankier liebt Sie – Sie zahlen Ihre Darlehen zurück und zahlen die Gehälter und auf Ihrer Türschwelle campen keine Eintreiber von Außenständen. Sie lieben sich selbst – Sie schreiben schwarze Zahlen, Schätzchen; Sie könnten eigentlich Ihre Schuhe ausziehen und die lang ersehnte Kreuzfahrt in der Karibik buchen.

Hören Sie einen kurzen Moment damit auf, sich selbst auf die Schulter zu klopfen (selbst wenn Sie es sich wirklich verdient haben), und stellen Sie sich die große Frage: Wird Expansion das alles verändern? Die Realität bedeutet, dass der Kauf von mehreren Standorten sowohl Vor- als auch Nachteile haben kann.

Vorteile

Sie müssen kein herausragender Wissenschaftler sein, um herauszufinden, dass je mehr Geschäfte Sie besitzen, Sie desto mehr Potenzial haben, um Geld zu verdienen oder Geld zu verlieren. Sie schaffen Eigenkapital in Ihrem Unternehmen – und vielleicht in Grundbesitz. Ebenso wie auf der Ebene des Franchisegebers sollte allein Ihre Größe Ihnen bessere Preise bei Gütern und Dienstleistungen bringen. Daraus könnten auch günstigere Finanzierungsbedingungen resultieren: Nach allgemeiner Erfahrung ist es so, dass Darlehensgeber eher an Betreibern mehrerer Standorte interessiert sind. Wenn Sie also den Ruf eines Betreibers vieler Standorte haben, können Sie davon ausgehen, dass die Immobilienbranche davon Kenntnis hat. Sie werden anfangen, Ihnen Standorte anzubieten – sogar noch bevor Sie danach gefragt haben.

Denken Sie daran, dass Sie mehr Risiken als ein kleiner Franchisenehmer haben, der womöglich ebenfalls Standorte in Ihrem Markt hat. Seine oder ihre Leistung wird einen Einfluss auf die Ihrige haben. Stellen Sie sicher, dass Sie besser als benachbarte Franchiseunternehmen dastehen.

Finden Sie heraus, ob Sie Arbeits- oder Produktkosten sparen können, indem Sie ein Lager (einen zentralen Standort, an dem Sie einige Produkte für alle Standorte vorbereiten können) einführen und die vorbereiteten oder teilweise vorbereiteten Produkte von dort an ihre anderen Standorte ausliefern können. Diese Herangehensweise ist in einigen Franchisesystemen akzeptabel und in anderen tabu. Prüfen Sie dies mit Ihrem Franchisegeber.

Expansion kann auch im Bereich Marketing hilfreich sein. Es ist schwierig zu begründen – und erst recht zu bezahlen –, dass Sie sich Radio und Fernsehspots leisten, wenn Sie nur ein paar Standorte haben. Wenn sich Ihre Franchiseunternehmen jedoch auf dem regionalen Markt drängen, bekommen die Kosten für Massenmedien eine realistische Größe, wenn sie je Einheit umgerechnet werden.

Der Kauf zusätzlicher Franchiseunternehmen hat ebenfalls Auswirkungen auf die Angestellten. Mit zunehmender Größe werden Sie voraussichtlich besser qualifizierte Angestellte anziehen. Diese erwarten bessere Karrieremöglichkeiten bei Ihnen. Sie können vielleicht auch niedrigere Raten für Versicherungspläne erreichen, die es Ihnen ermöglichen, bessere Vorteile anzubieten. Sie müssen vielleicht gute Bewerber nicht zurückweisen; Sie haben jetzt mehr Möglichkeiten, jemanden einzustellen. Ein Kandidat, der aus einer kleinen Stadt kommt, ist möglicherweise in Los Angeles nicht glücklich, könnte aber in einer der umliegenden Gemeinden, in denen Sie ein anderes Franchiseunternehmen haben, sehr glücklich sein.

Der Besitz von mehreren Standorten in großer räumlicher Nähe veranlasst Franchisenehmer häufig dazu, Mitarbeiter zwischen den Standorten auszutauschen, je nach Bedarf. Dasselbe gilt für die Geschäftsführung der Standorte. Manchmal kann ein guter Geschäftsführer drei oder vier Standorte führen, während die alltäglichen Verantwortungsbereiche von einem weniger teuren, aber dennoch begabten stellvertretenden Geschäftsführer wahrgenommen werden können.

Vielleicht besteht der größte Vorteil des Besitzes mehrerer Standorte im Teilen. Der Besitz mehrerer Standorte eignet sich dazu, Angestellte auszutauschen, wenn es irgendwo klemmt. Und stellen Sie sich einmal folgendes Szenario vor: Der Geschäftsführer Ihres Pizzafranchise macht einen Fehler bei der Käsebestellung und ihm geht der Käse genau an dem Tag aus, an dem alle Fußballmannschaften des Orts Pizza-Partys veranstalten, um das Ende einer schweren Saison zu feiern. Was tut er oder sie? Er eilt zu einem Ihrer anderen Standorte, um den Vorrat aufzufüllen – und stellt viele kleine Kunden zufrieden (wer wächst heutzutage schon noch mit Großkunden?). Sie können dieselbe Herangehensweise im Bereich Belegschaft nutzen. Wenn ein Franchiseunternehmen zu viel Personal hat und ein anderes unterbesetzt ist, können Sie Angestellte verschieben, um Ihren Bedarf zu decken.

Betrachten Sie auch den Bereich Preisbildung. Weil Franchisegeber Franchisenehmern nicht vorschreiben können, was sie für ihre Produkte und Dienstleistungen in Rechnung stellen dürfen, sind die Preise innerhalb einer Region mit vielen verschiedenen Eigentümern womöglich unterschiedlich. Wenn Sie alle Standorte besitzen – voilà – ist eine einheitliche Preisgebung möglich und entsteht weniger Verwirrung auf Kundenseite.

Denken Sie an die anderen Franchisenehmer auf dem Markt. Sprechen Sie mit diesen nicht über Preisstrategien. Das Festlegen von Preisen, sei es zwischen Franchisegeber und Franchisenehmer oder zwischen verschiedenen Franchisenehmern, verletzt möglicherweise Wettbewerbsrechte.

Allgemein gilt, je mehr Franchiseunternehmen Sie besitzen, umso stärker können Sie gegenüber dem Franchisegeber auftreten. Das schließt nicht unbedingt aus, dass es nicht durchaus auch kleine, erfolgreiche Franchisebesitzer gibt, die einflussreich sind. Doch es entspricht nur der menschlichen Natur, eher auf den zu hören, der am lautesten spricht – auf diejenigen mit der größten wirtschaftlichen Kraft also.

Nachteile

Wenn Sie auch hinsichtlich Ihrer weiteren Entwicklung enthusiastisch sein mögen, Sie sollten dennoch die Vorteile gegen die Nachteile abwägen.

Das größte Risiko bedeutet es, nicht die notwendigen betriebswirtschaftlichen und finanziellen Fähigkeiten zu haben, um erfolgreicher Eigentümer mehrerer Standorte zu sein. Vielleicht vergrößern Sie sich zu schnell. Ohne Führungsqualitäten, Geschäftsführungsfähigkeiten und finanzielles Kissen könnte Ihr neues Reich schnell untergehen – wie die Titanic. Deshalb möchten wir Sie nochmals dazu ermutigen, sich selbst und Ihr Unternehmen wirklich genau zu prüfen, bevor Sie losmarschieren.

Denken Sie darüber nach, sich mit einem Partner zusammenzutun oder ein funktionsfähiges Jointventure mit anderen Leuten oder Unternehmen aufzubauen – oder sogar mit dem Franchisegeber. Diese Herangehensweise macht Ihren finanziellen Anteil vielleicht kleiner, doch ein kleinerer Anteil am Erfolg ist mehr wert als 100 Prozent Anteil an einem Verlust.

Wenn Sie sich aufgrund der Größe Ihres Unternehmens nicht mehr bremsen können, ist dies ein weiterer möglicher Nachteil. Sie gehen das Risiko ein, zu glauben, dass Sie sich nicht mehr wirklich um Ihr Unternehmen kümmern müssen, weil Sie eine Organisation aufgebaut haben. Diese Annahme hat wenig mit der Wirklichkeit zu tun.

Wenn Sie weitere Franchiseunternehmen erwerben, entwickeln Sie vielleicht neue Arten der Vorgehensweise. Sie werden eher versucht sein, am System zu manipulieren – nur um angesichts der Tatsache frustriert zu sein, dass trotz einigen Raums für Veränderungen, Sie dennoch innerhalb des Systems des Franchisegebers arbeiten müssen.

Es ist möglich, diese negativen Aspekte in positive umzuwandeln. Gehen Sie einfach vorsichtig vor.

Andere Marken erwerben

In diesem Kapitel

- Expandieren, ja oder nein
- Wettbewerbsklauseln prüfen
- Die notwendige Sorgfalt walten lassen
- Weitere Konzepte vom selben Franchisegeber kaufen
- Ihr Portfolio weiter auffächern
- Viele Hüte tragen
- Einen One-Stop-Shop eröffnen (auch als *Co-Branding* bekannt)

Manche Menschen können einfach nicht genug kriegen, wenn sie erst einmal auf Franchising gekommen sind. Wenn Sie mehr als ein einzelnes Franchise desselben Konzepts besitzen wollen, schlagen Sie in Kapitel 13 nach. Dort wird der Erwerb von Franchiseunternehmen mit mehreren Standorten derselben Kette besprochen. Doch wenn Sie auf mehr als einen Standort und auf mehr als eine Marke aus sind, lesen Sie hier weiter. Dieses Kapitel befasst sich mit Expansion außerhalb Ihres gegenwärtigen Franchisekonzepts.

Fühlen Sie sich nicht schuldig, weil Sie etwas Abwechslung möchten. Dies ist die wahre Würze im Leben, erinnern Sie sich? Verschiedene Marken anzubieten erscheint vielleicht seltsam, doch wir haben die Franchisenehmer-Franchisegeber-Beziehung mit der einer Familie verglichen. Sagen wir einmal, dass es in der Welt des Franchising in manchen Momenten nicht so ist, als würden Sie Ihren Partner hintergehen, wenn Sie in ein anderes System einheiraten, ohne sich zunächst vom ersten scheiden zu lassen. In den meisten Fällen können Sie wiederholt vor den Altar treten. (Wir besprechen die Ausnahmen weiter hinten in diesem Kapitel). Angesichts tausend verschiedener Franchisekonzepte können Sie in Ihrer zukünftigen Beziehung bei Partnern derselben Branche oder solchen völlig anderer Branchen landen.

In den meisten Fällen erlauben Franchisegeber es Ihnen nicht, ein anderes Geschäft aus derselben Branche zu erwerben, Hamburger zu Hamburger, Freizeitschuhe zu Freizeitschuhen und so weiter. Einige begrenzen tatsächlich den Prozentsatz »konkurrierenden« Geschäfts, den Sie besitzen dürfen. Es ist wichtig, sich hier ganz frühzeitig rechtlichen Rat zu holen, wenn Sie beginnen, die Systeme anderer Franchisegeber zu prüfen. Sogar Besprechungen mit anderen Franchisegebern können manchmal zu Problemen führen, besonders, wenn es dabei in irgendeiner Weise um vertrauliche Informationen oder Betriebsgeheimnisse geht beziehungsweise solche gefährdet werden.

Einen Gang höher schalten

Wenn Sie gedacht haben, der Kauf Ihres ersten Franchisekonzepts sei ein großer Deal gewesen, so kommt jetzt ein neuer Höhepunkt: Der Kauf verschiedener Franchisekonzepte ist ein noch größerer Deal. Anders als in Runde eins haben Sie nun jedoch einen kleinen Vorsprung. Sie wissen, wie es ist, Franchisenehmer zu sein, und Sie kennen die Franchisenehmer-Franchisegeber-Beziehung als Insider.

Runde zwei ist anders. Sie beginnen noch einmal mit einem neuen Konzept und, höchstwahrscheinlich, mit einem anderen Franchisegeber. (Lesen Sie im nächsten Abschnitt etwas über Unternehmen, die verschiedene Konzepte als Franchiseunternehmen vertreiben). Dieses Mal kann Ihre Entscheidung einen Dominoeffekt auf Ihr ursprüngliches Geschäft haben. Einmal angenommen, Sie haben sich schwer abgerackert, und Ihr erstes Franchiseunternehmen läuft mittlerweile rund. Jetzt fügen Sie eine zweite Marke hinzu. Es ist nicht mehr als logisch, dass Ihr neues Franchiseunternehmen Zeit, Energie und Geld von Ihrem ersten Unternehmen abzieht. Jede Expansion kann Ihrem anderen oder Ihren anderen Franchiseunternehmen schaden – genauso gut kann sie Nutzen bringen.

Also machen Sie Ihre Hausaufgaben, bevor Sie diversifizieren. Prüfen Sie die Risiken und Vorteile, die das Angehen eines anderen Konzepts bedeutet, und ob es vertragliche Beschränkungen hinsichtlich der Expansion oder der Geschäftsbeziehungen zu anderen Franchisegebern gibt.

 Überprüfen Sie Ihren aktuellen Franchisevertrag. Manche verlangen von Ihnen, dass Sie Ihre Zeit zu 100 Prozent in dieses Unternehmen investieren. Andere begrenzen die Arten anderer Konzepte, die Sie betreiben oder in die Sie auch nur investieren dürfen. Bereiten Sie sich dann auf einen Balanceakt vor. Wenn Sie sich zuvor schon einmal am Jonglieren versucht haben, wissen Sie, dass es eine Menge Konzentration erfordert, Ihr Auge auf den Ball zu richten, wenn Sie mit mehr als einem jonglieren. Mischen Sie verschiedene Formen und Größen, und dann wird es ungeheuer schwer, alles in der Luft zu halten.

Expandieren

Bevor Sie mit dem Jonglieren beginnen, sollten Sie sicherstellen, dass Sie das neue Unternehmen emotional, betriebswirtschaftlich und finanziell handhaben können. Franchisenehmer, die innerhalb derselben Kette expandieren, durchlaufen grundsätzlich dieselbe Analysephase, also lesen Sie in Kapitel 13 nach, was Sie beachten sollten.

Für die zusätzliche Dimension der Diversifikation haben wir noch einige Bonusfragen ergänzt:

- ✔ Was ist die Philosophie Ihres jetzigen Franchisegebers zu Franchisenehmern mit verschiedenen Konzepten?
- ✔ Gibt es eine strategische Ähnlichkeit zwischen den Konzepten?
- ✔ Wird es Ihnen möglich sein, Ihre Aufmerksamkeit zwischen mehr als einem Konzept oder gar auf mehr als einen Standort aufzuteilen?

- ✔ Wer wird Ihr jetziges Geschäft betreiben, während Sie zur Schulung in Ihrem neuen Franchiseunternehmen unterwegs sind?
- ✔ Kann Ihr jetziges Geschäft während Ihrer Abwesenheit überleben?
- ✔ Können Sie Fertigkeiten, die Sie bei Ihrem ursprünglichen Franchiseunternehmen (Kundendienst, Management, Rekrutierung und Beziehungen zu Verkäufern) bei der nächsten Kette verwenden?

Wenn Sie von Marke A zu Marke B wechseln, können Sie sicherlich von einigen der Fertigkeiten profitieren, die Sie sich angeeignet haben, doch Vertraulichkeitserfordernisse können das Teilen von Schutzrechten unterbinden.

- ✔ Würde es Ihnen etwas ausmachen, mehr als einen Scheck pro Monat für Lizenzgebühren ausstellen zu müssen?
- ✔ Können Sie mit mehr als einem Franchisegeber und mehr als einem Regelwerk umgehen?
- ✔ Werden Sie einen Favoriten haben?
- ✔ Sind Sie bereit, diese ganze Energie der Gründungsphase noch einmal aufzubringen?
- ✔ Werden Sie aufnahmebereit für neue Ideen und Schulungen sein, da nicht alle Betriebsmethoden übertragbar sind?
- ✔ Ist ein Franchisegeber vielleicht erfahrener als der andere? Wird der neue Franchisegeber Ihren Vorstellungen bezüglich vom Franchisegeber zu erbringenden Dienstleistungen entsprechen?
- ✔ Haben Sie augenblicklich leitende Angestellte, die bestens für den neuen Betrieb geeignet wären? Wen müssen Sie ersetzen, wenn Sie diese zum neuen Konzept transferieren?
- ✔ Wäre es gewinnbringender, Ihre bestehende Marke zu verkaufen und sich mit Ihrer gesamten Zeit auf die neue Marke zu konzentrieren?
- ✔ Was passiert, wenn eines der Konzepte fehlschlägt – besonders, wenn diese denselben Standort teilen?
- ✔ Wie planen Sie die Struktur des Besitzes mehrerer Franchiserechte: Ein Unternehmen, Mutter/Tochterfirma, Holdinggesellschaft, Bruder/Schwesterfirma? Sprechen Sie mit Ihrem Rechtsanwalt und Ihrem Buchhalter, um herauszufinden, wie die Arbeit für Sie am besten zu strukturieren ist.
- ✔ Können Sie durch die Beziehung zu zwei oder mehr Marken Gemeinkosten oder andere Kosten einsparen?

Sie denken also, Sie seien ein Chamäleon, könnten von einem zum anderen Konzept hin- und herwechseln. Die eigentliche Frage ist: Warum sollten Sie dies tun?

Genau wie beim Kauf Ihres ersten Geschäfts sollten Sie allgemeine Markttrends und die Nachfrage für ein bestimmtes Produkt oder eine bestimmte Dienstleistung prüfen. Einige Faktoren können Sie dazu veranlassen, andere Marken zu erwerben:

✔ **Die Silberkugel für einen rückläufigen Markt:** Sie wollen Franchiseunternehmen hinzunehmen, doch Ihr Gebiet ist bereits mit Ihrem ersten Format gesättigt. Wenn Sie also alle Ihre Geschäfte in der Nähe Ihres Wohnsitzes haben möchten – der Verwaltungsaufwand ist so leichter zu bewältigen –, ist es vielleicht Ihre einzige Option, eine andere Marke zu entwickeln. Ein neueres Konzept kann unter Umständen mehr Raum bieten.

✔ **Kein Raum für Expansion:** Wenngleich der Markt vielleicht Raum für Wachstum lässt, können örtliche Bebauungsvorschriften, die es schwer machen, erschwingliche oder verfügbare Standorte zu finden, Ihr Wachstum hemmen oder verzögern.

✔ **Defensives Spiel:** Sie besitzen das einzige Brathähnchen-Restaurant in der Stadt. Die Kunden drängen zu Ihnen. Doch werden sie womöglich abtrünnig, wenn einer Ihrer Konkurrenten die Stadt stürmt? Sie beschließen, dass Sie nicht riskieren möchten, dass jemand in Ihre Marktnische einbricht, und Sie eröffnen selbst die andere Hähnchen-Marke. Wenngleich Sie so vielleicht Ihre Verkaufszahlen dramatisch kappen, ist es immer noch besser, den Umsatz zwischen Ihren eigenen Standorten aufzuteilen, als Marktanteile an einen Fremden zu verlieren. Bedenken Sie jedoch, dass Ihnen dies entsprechend Ihrem jetzigen Franchisevertrag vielleicht gestattet ist, vielleicht aber auch nicht. (Wir besprechen Wettbewerbsklauseln im Abschnitt mit dem Titel »Rechtliche Aspekte prüfen« weiter hinten in diesem Kapitel).

✔ **Risiken streuen:** Betrachten Sie sich selbst als glücklich, wenn Ihr Franchiseunternehmen immer gut läuft. Es ist eher wahrscheinlich, dass es mit Ihrem Geschäft von Zeit zu Zeit wie auf einer Schiffsschaukel zugeht. Es kann je nach Wettbewerb, den jeweiligen wirtschaftlichen Rahmenbedingungen, saisonal bedingt (Speiseeis und Skier), je nach herrschenden Trends oder dem Stand Ihres Franchisekonzepts Höhen und Tiefen geben. Wenn Sie mehr als eine Marke vertreiben, so kann Ihnen dies durch diese zyklischen Bewegungen hindurchhelfen. Vielleicht ist es Ihnen sogar möglich, einige Ihrer Angestellten übergreifend zu schulen, und dies erlaubt es Ihnen, Umsatzschwankungen im saisonalem Geschäft auszugleichen. Grundsätzlich gilt: Eine Diversifizierung streut Ihr Risiko und könnte Ihnen eine bessere Ausnutzung Ihrer Belegschaft ermöglichen. Natürlich kann das Ergebnis katastrophal sein, wenn die Geschäftszyklen zusammenfallen.

✔ **Größenvorteile (Economies of Scale):** Das Hinzunehmen von Standorten kann Größenvorteile bringen. Es hängt ganz offensichtlich eine Menge von der Synergie zwischen den Konzepten ab. Sie sind jetzt sozusagen ein Großkapitalist. Wenn Produktlinien zusammenpassen und Sie nicht von Seiten Ihres Franchisegebers Beschränkungen erfahren, können Sie bessere Verträge mit Ihren Lieferanten aushandeln. Dasselbe gilt für Werbung in Printmedien, Radio und Fernsehen. Vielleicht können Sie ein Büro, Computer und Telefonsysteme, Buchhaltungsabteilungen und Lagerraum durch Hebelwirkung günstig betreiben. Und falls Sie Ihre Franchiseunternehmen unter demselben Dach unterbringen, können Sie die Betriebskosten, Immobilien und andere fixe Kosten reduzieren. (Siehe Abschnitt mit dem Titel »Co-Branding«, um sich zum Betrieb verschiedener Marken in einem gemeinsamen Raum zu informieren).

✔ **Impulse durch Cross-Marketing:** Wenn die verschiedenen Marken sich ergänzen, können Sie Ihr Marketing auf denselben Kundenkreis ausrichten. Sie haben bereits eine Marktbasis mit einem Konzept. Ihre Kunden kennen Sie und vertrauen Ihnen. Es kann also sein, dass der Verkauf bei der nächsten Marke schneller in Gang kommt.

Nehmen wir einmal an, Ihr ursprüngliches Unternehmen ist ein Teppichreinigungs-Franchise wie Rainbow International (ein Franchise, das von der Dwyer Group angeboten wird). Nehmen wir weiter an, dass Sie sich für ein Installationsfranchise wie Mr. Rooter (ebenfalls ein Franchise, das von der Dwyer Group angeboten wird) als zweites Geschäft entscheiden. Hier könnte sich eine natürliche Gelegenheit für übergreifende Werbung ergeben. Ihre Kunden von Rainbow International kennen Sie bereits und vertrauen Ihrer Arbeit bei der Reinigung ihrer Teppiche. Wenn Sie nun Ihr Mr. Rooter-Franchiseunternehmen starten, können Sie diese Kunden über Ihr neues Unternehmen in Kenntnis setzen und so Ihrem Geschäft mit dem bestehenden Kundenstamm Starthilfe leisten. Noch besser, wenn Kunden eine Ihrer Geschäftsdienstleistungen in Anspruch nehmen, können Sie Ihnen einen Preisnachlass auf Ihre anderen Dienstleistungen anbieten. Auf diese Weise belohnen Sie kontinuierlich Ihre Kunden beider Marken.

✔ **Standorte in bester Lage:** Mit mehr Konzepten können Sie eher auf Gelegenheiten im Bereich Immobilien reagieren. Einmal angenommen, ein erstklassiges Ladenlokal eröffnet in einem Einkaufszentrum oder einer Einkaufsstraße. Unter Umständen ist es zu klein für Ihr Ursprungskonzept, doch perfekt für Marke B geeignet. Oder vielleicht hat das Zentrum bereits Geschäfte, die mit Marke A in Konkurrenz stehen; Sie können stattdessen Marke B dort etablieren.

✔ **Beibehalten von Angestellten:** Als Franchisenehmer mit einem Konzept sind Sie möglicherweise nicht in der Lage, dem Wunsch eines Angestellten nach mehr Arbeitsstunden, Diversifizierung oder Aufstiegsmöglichkeiten zu entsprechen. Wenn Sie Standorte hinzufügen, eröffnen sich viele Möglichkeiten. So ist vielleicht der stellvertretende Geschäftsführer in Ihrem Geschäft für Autozubehör sehr gut in seiner Arbeit, doch Ihr Geschäftsführer hat dort eine Stelle auf Lebenszeit. Eröffnen Sie ein Franchise für Bremsenreparaturen, und Ihr stellvertretender Geschäftsführer ist der perfekte Kandidat, um dieses zu führen. Es ist eine Situation, bei der alle Seiten gewinnen: Sie erhalten eine bekannt gute Ware und Ihr Angestellter erhält die Gelegenheit, eine Sprosse auf der Karriereleiter zu erklimmen.

✔ **Reine Spannung:** Sie fühlen sich wie ein Kind im Süßwarenladen. Ein Franchisegeber vermarktet ein heißes Konzept, und Sie wollen unbedingt ein Stück des Kuchens abbekommen. Sie suchen die Herausforderung. Oder Sie waren erfolgreich, Sie haben einiges verdient, und Sie fühlen sich gut vorbereitet, es noch einmal zu tun.

Jeder einzelne oder alle diese Gründe mögen Sie dazu verleiten, loszupreschen. Wir müssen jedoch die Warnleuchten blinken lassen. Überlegen Sie es sich zweimal, ob Sie andere Marken erwerben wollen. Wenn Sie dies tun könnte es

✔ Ihre Orientierung auf Ihr ursprüngliches Unternehmen reduzieren

✔ Ihre finanzielle Situation negativ beeinflussen

✔ Die Geschäftsführung und die bestehenden Systeme überfordern anstatt diese zu fördern

✔ Reibungen zwischen Ihnen und Ihrem jetzigen Franchisegeber verursachen

✔ Ihnen Zeit für sich und Ihre Familie nehmen, genau wie damals, als Sie Ihr erstes Franchise gestartet haben

Franchising ist ein unelastisches Geschäft. Damit meinen wir, dass in dem Fall, wo Franchisegeber einem Franchisenehmer territoriale Rechte garantieren, sie oft andere Franchisenehmer oder den Franchisegeber von der Einführung neuer Standorte am Markt ausschließen – sogar, wenn die Marktnachfrage besteht und der Wettbewerb dies erfordert. Dies wird als eine der größten Schwächen von Franchising im Vergleich zu traditionellen, unabhängigen Betrieben angesehen. Traditionelle Unternehmen können mit dem Markt umgehen; Franchisegeber müssen auch mit den Verträgen, die sie mit ihren Franchisenehmern abgeschlossen haben, umgehen – und diese Verträge können die Marktentwicklung hemmen.

Wenn Sie mit Ihrem augenblicklichen Betrieb zufrieden sind und sich nur deshalb außerhalb Ihres Systems umsehen, weil kein freies Gebiet zur Entwicklung bereitsteht, ziehen Sie in Erwägung, bestehende Betriebe anderer Franchisenehmer in Ihrem System oder Ihres Franchisegebers zu kaufen. Denken Sie darüber nach, Ihren Franchisegeber schon im Voraus zu kontaktieren und ihm Ihre Pläne mitzuteilen. Vielleicht gelingt es Ihnen, die Unterstützung Ihres Franchisegebers für eine Umwandlung Ihres Vertrags in eine Gebietsentwicklungsvereinbarung zu erhalten. Dies ermöglicht es Ihnen, andere Standorte zu erwerben, um neue Standorte in solchen Gebieten zu errichten, die zuvor aufgrund territorialer Anrechte anderer Franchisenehmer von der Entwicklung ausgenommen waren.

Rechtliche Aspekte prüfen

Bevor Sie eine Doppelschicht bei einer anderen Kette anfangen, befreien Sie Ihren Franchisevertrag von seiner Staubschicht und vergewissern Sie sich, ob ihnen dies rechtlich auch gestattet ist. Falls Sie es vergessen haben sollten, zu Franchising gehören auch Vereinbarungen, die Sie einschränken.

Das Wichtigste ist jedoch, die Wettbewerbsklauseln Ihres jetzigen und des neuen Franchisegebers zu prüfen. Typischerweise untersagen diese Klauseln es Ihnen, sich während der Laufzeit des Vertrags in einen im Wettbewerb stehenden Geschäftszweig oder in derselben Branche auszuweiten. Geographische Beschränkungen reichen von einem kompletten Wettbewerbsverbot bis hin zu einem Verbot für einen bestimmten Markt. Wettbewerbsklauseln sind solange durchsetzbar, wie sie vernünftig sind.

Sprechen Sie frühzeitig mit Ihrem Rechtsanwalt und hören Sie sich ihre oder seine Meinung an. Denken Sie daran, dass Sie zu dem Zeitpunkt, als Sie Ihr erstes Franchiseunternehmen gekauft haben, wahrscheinlich nicht darüber nachgedacht haben, in eine andere Gelegenheit von einem anderen Franchisegeber zu investieren.

Bedenken Sie, dass sich in einem typischen Franchisevertrag eine Wettbewerbsklausel, dieselbe Branche oder denselben Geschäftszweig betreffend, befindet. Einige Wettbewerbsklauseln gehen jedoch ins andere Extrem. Die liberalsten Hotel-Franchisegeber beschränken Franchisenehmer überhaupt nicht (dies hat sich einfach so entwickelt). Somit können sie konkurrierende Marken betreiben – sogar direkt nebenan. Das andere Extrem sind einige Ketten, die Franchisenehmern untersagen, sich während der Laufzeit des Franchisevertrags an irgendeiner Art von Geschäft zu beteiligen – egal, ob ein solches zur Konkurrenz gehört oder nicht.

Wenn Sie Ihren Franchisevertrag verlängern, lautet der neue Vertrag vielleicht anders. Falls die Wettbewerbsklausel sich verändert oder Produktpaletten unterschiedlich sind, haben Sie Anlass zur Sorge: Sie halten womöglich eine heiße Kartoffel in Händen – ein anderes Franchise, das nicht »wettbewerbsfähig« ist, selbst wenn es das zuvor war.

Falls Sie sich in einer solchen Situation befinden sollten, haben Sie drei Möglichkeiten:

✔ Verlängern Sie Ihren Franchisevertrag nicht.

✔ Trennen Sie sich von einer Ihrer Franchiseunternehmungen.

✔ Versuchen Sie, mit Ihrem Franchisegeber zu verhandeln.

Sie sollten auch mit Ihrem rechtlichen Berater sprechen, um festzustellen, ob Ihnen rechtliche Mittel zur Verfügung stehen, um Ihren Franchisegeber daran zu hindern, diese Art von Veränderungen am Vertrag vorzunehmen.

Andere vertragliche Klauseln können womöglich Ihre Akquisitionspläne betreffen. Franchisegeber können die Güter und Dienstleistungen, die Sie verkaufen, beschränken. Und, dies ist typisch, Sie können Ihre Franchise-Geschäftsräume ohne die Genehmigung des Franchisegebers nicht für irgendeinen anderen Zweck nutzen. Also klären Sie, noch bevor Sie alles das, was man auf ein Eis tun kann, aufstellen, ob Sie den Verkauf von Speiseeis zu Ihrem Hamburger-Franchiseunternehmen hinzunehmen dürfen.

Es ist erstrebenswert, für den Kunden vertraut und vorhersagbar zu sein. Wir erlauben es unseren Franchisenehmern nicht, sagen wir einmal ein Dairy Queen in einem Wendy's zu eröffnen, weil dies nicht unser Geschäft ist. Und es ist verwirrend für die Kunden, weil sie Dairy Queen bei uns sehen würden, und dann würden sie zu einem Wendy's Restaurant in fünf Kilometern Entfernung gehen und sich wundern, warum es dort kein Dairy Queen gibt. Der ganze Sinn und Zweck von Franchising ist es, für die Kunden vorhersagbar zu sein.

Selbst wenn es freie Fahrt für das Aufspringen auf eine andere Kette gibt, teilen viele Franchisenehmer ihrem augenblicklichen Franchisegeber ihre Expansionspläne mit. Es geht nicht darum, dass sie seinen Segen erhalten; sie spüren einfach, dass Offenheit eine Trübung des Wassers vermeidet. Es geht einfach darum, Teil eines Teams zu sein. Andere finden, dass es den Franchisegeber nichts angeht, solange sie den Franchisevertrag einhalten. Sie sollten wahrscheinlich auch dem neuen Franchisegeber von Ihrem bereits bestehenden Unternehmen erzählen (dies wird wahrscheinlich sowieso auf dem Antragsformular für ein Franchise erfragt).

Ihre ganze Sorgfalt walten lassen – wieder einmal

Jedes Mal, wenn Sie expandieren müssen Sie sich wieder der elementaren Grundsätze erinnern: das Franchisekonzept, den Franchisegeber und seinen Wettbewerb überprüfen. Franchiseunternehmen – sogar vom selben Franchisegeber oder innerhalb derselben Branche – können so verschieden wie Tag und Nacht sein. Also, selbst wenn einige der Gesichter dieselben sind, gelten immer noch dieselben Regeln: prüfen, prüfen, prüfen.

Da Sie ja bereits dabei sind, haben Sie einige Vorteile: Sie kennen die Vor- und Nachteile des Franchisenehmertums. Und Sie haben zuvor bereits ein Franchise gekauft, oder vielleicht mehr als eins. Deshalb wissen Sie, wonach Sie bei einer Kette suchen (siehe Kapitel 4 zu Informationen über die Wahl eines Franchisegebers).

Zusätzlich gilt, weil Sie bereits Franchisenehmer sind, dass Sie Ihre Formel ein wenig ändern können, indem Sie über einige Gebiete mehr herausfinden als andere, oder Fragen auf der Grundlage Ihrer Erfahrungen stellen. Wenn Ihr Franchisegeber beispielsweise großartige Preisnachlässe auf Produkte gewährt, finden Sie heraus, ob Sie diese königliche Behandlung noch einmal erfahren werden. Oder wenn die Franchisenehmer-Franchisegeber-Beziehungen in Ihrer jetzigen Kette eher schwierig sind, so wissen Sie, wie störend dies für den Betrieb eines Franchisenehmers sein kann. Dieses Mal sind Sie aufgrund Ihrer Erfahrung eher in der Lage, wirklich intensiv etwas über die Punkte herauszufinden, die für Sie von Bedeutung sind.

Seien Sie nicht selbstzufrieden, wenn Sie eine andere Marke von Ihrem augenblicklichen Franchisegeber kaufen, der zufällig auch andere Konzepte verkauft. Ganz offensichtlich kennen Sie den Franchisegeber. Doch dies kann eine gute Gelegenheit sein, um erneut einen genauen Blick auf diesen zu werfen. Und natürlich müssen Sie das individuelle Konzept prüfen. Betrachten Sie jede Marke als ein Unternehmen innerhalb des Unternehmens. Nehmen Sie Belegschaft und Unterstützung unter die Lupe. Ihr Kernfranchise mag zwar in seiner Branche zur Spitze gehören, doch ein anderes Konzept hinkt womöglich hinterher, wodurch sich eine ganze Reihe neuer Herausforderungen auftun. Für den Insider gilt: Kontaktieren Sie bestehende und frühere Franchisenehmer der Schwesterkonzepte, und sprechen Sie mit Angestellten der Systemzentrale, die in diesem Unternehmensbereich tätig sind.

Wenn Sie zwei verschiedene Konzepte vom selben Franchisegeber kaufen, achten Sie auf die so genannten *Cross-Default-Bestimmungen*. Wenn Sie beispielsweise mit Ihren Lizenzgebühren bei einem Franchisevertrag im Rückstand sind, kann dieses für Ihr anderes Franchiseunternehmen von Nachteil sein. Prüfen Sie Ihre Verträge sorgfältig. Dieses Dilemma vermeiden Sie am ehesten, wenn Sie nicht zwei Konzepte aus dem Angebot eines Franchisegebers kaufen, falls diese Cross-Default-Vorkehrungen Sie betreffen könnten.

Egal, ob Sie mit demselben Franchisegeber oder einem anderen zu tun haben, suchen Sie nach einigen Franchisenehmern mit mehreren Standorten innerhalb Ihrer gegenwärtigen Kette und in der neuen. Je mehr Ähnlichkeiten Ihre jeweilige Situation hat, umso besser. Dies erinnert vielleicht an den Versuch, eine Nadel im Heuhaufen zu finden, doch es geht darum, sich ein bestmögliches Bild davon zu verschaffen, wie es ist, mehrere Konzepte zu besitzen. Eine gute Quelle für diese Art von Information sind Mitglieder der Franchisenehmerbeiräte beider Systeme. Sie werden aller Wahrscheinlichkeit nach die Spieler kennen und wissen, was genau wer tut.

 Sie sind Franchisenehmer. Wir wissen, dass sie sehr beschäftigt sind. Nehmen Sie dennoch Ihre Nachforschungen sehr genau. Einmal erfolgreich zu sein ist keine Garantie für erneuten Erfolg.

Branchen mischen, Marken mischen

Wenn Sie über Expansion nachdenken, rasen Sie bitte nicht einfach los. Sie müssen eine bestimmte Richtung haben. Eine große Entscheidung, die Sie treffen müssen, ist, ob Sie möchten, dass Ihr zweites – oder ein nachfolgendes – Unternehmen in irgendeiner Verbindung zum bestehenden steht. Hier einige Möglichkeiten:

- ✔ Möchten Sie, dass Ihr Franchise zur selben Branche gehört? Viele Restaurant-Franchisenehmer fügen beispielsweise andere Nahrungskonzepte hinzu. Eine vor kurzem veröffentliche Studie von Restaurant Finance Monitor, Roseville, Minnesota, zeigt, dass 76 der 200 Tip-Restaurant-Franchisenehmer des Landes (am Einkommen gemessen) mehr als ein Restaurantkonzept besitzen und betreiben.

- ✔ Möchten Sie, dass die Marken sich ergänzen, damit Sie einige Ihrer Betriebsabläufe oder das Marketing übergreifend betreiben können? Andererseits, möchten Sie diese vielleicht getrennt betreiben? Stellen Sie sich eine Autoreparaturwerkstatt vor, in der Sie die Franchiserechte für einen schnellen Ölwechsel besitzen, für ein Auspuff- oder Bremsenfranchise und dazu vielleicht ein Karosseriekonzept. Ihre Kunden müssen Ihren Laden nie mehr verlassen – außer, um nach Hause zu fahren.

- ✔ Möchten Sie weiterhin beim selben Franchisegeber bleiben oder zu einer anderen Gesellschaft wechseln?

Ihre Vorgehensweise hängt womöglich von Ihrer Bereitschaft, sich selbst noch einmal in den Schützengraben zu begeben, ab: Eventuell müssen Sie sich neue Fertigkeiten, Betriebsmethoden und eine neue Branchen- und Markenterminologie aneignen, neue geschäftsführende Mitarbeiter neu schulen oder einstellen und mit einem neuen Franchisepartner arbeiten.

Beim selben Franchisegeber kaufen

Sie sind nicht der einzige, der von multiplen Konzepten spricht. Franchisegeber tun dies auch. Mehr Gesellschaften als jemals zuvor haben Franchiseunternehmen von mehr als einer Marke. Von 1.167 Franchisegebern im Jahre 1999, haben 33 zwei Konzepte, vier haben drei Konzepte, zwei haben vier Konzepte und sieben haben fünf oder mehr Konzepte, dies sind Ergebnisse von FranData Corp., einem Franchise-Informationsdienstleister aus Washington, D.C. Und einige Zusammenschlüsse haben verschiedene, in Form einer Aktiengesellschaft zusammengefügte Einheiten, die Franchiseunternehmen verkaufen – wie die Dwyer Group, die sieben auf Dienstleistung basierende Franchisegesellschaften umfasst.

Franchisegeber mit mehreren Konzepten beginnen mit zusätzlichen Marken ganz von vorn, kaufen Unternehmen oder tun beides. Vor dem Hintergrund der rasanten Entwicklung und der Mega-Fusionen ist es kein Wunder, dass dieser Trend auch vom Franchising Besitz ergreift. Also selbst wenn Ihr Franchisegeber zum jetzigen Zeitpunkt nur ein Konzept hat, wird er morgen vielleicht mehrere unter seinem Dach vereinen. Halten Sie Ihre Augen offen: Es ist üblich, dass Franchisegeber neue Konzepte zunächst ihren bestehenden Franchisenehmern vorstellen.

Meist sind die Marken eines Multi-Konzept-Franchisegebers aus derselben Branche oder aus Komplementärbranchen; dennoch gibt es auch solche, die in keinem Zusammenhang stehen. Hier ein kurzer Einblick in das, was es so gibt:

- **Wendy's** ist auch Franchisegeber von Tim Hortons, einer Kette für Kaffee und frisch gebackene Donuts, die von Oakville, Ontario, Kanada, aus operiert (Wendy's hat die Kette 1995 gekauft).

- **Grow Biz International aus Minneapolis** bietet eine Menge Konzepte, zu denen Gebrauchs- und Konsignationsware gehört wie beispielsweise Sportausrüstung (Play It Again Sports), Computer (Computer Renaissance) und Kinderbekleidung (Once Upon A Child).

- **Moran Industries**, Midlothian, Illinois, verkauft verschiedene Schaltungsreparaturmarken und andere Dienstleistungen im Zusammenhang mit Autos wie beispielsweise Alta Mere, Milex und Mr. Motor.

- **The Dwyer Group**, Waco, Texas, bietet mehrere Dienstleistungskonzepte: Rainbow International (Teppichreinigung), Mr. Rooter (Installationen), Air Serve (Heizung und Klimaanlagen), Mr. Electric (Elektroreparaturen), Mr. Appliance (Gerätereparaturen), Glass Doctor (Automobilverglasung) und Worldwide Refinishing System (Umgestaltung von Badezimmern und Küchen).

- **The Service Master Company**, Memphis, Tennesse, bietet sieben Franchise-Konzepte: AmeriSpec (Hausinspektionen), Furniture Medic (Reparaturen von Mobiliar in Wohnungen und Geschäftsräumen sowie Restaurierung), Merry Maids (Zimmermädchenservice für Zuhause), Rescue Rooter (Installation), ServiceMaster (Hausmeisterdienste, Teppichreinigung, Teppichverlegung in Privathäusern sowie Polsterungen), Terminix (Schädlingsbekämpfung) und TruGreen (Rasenpflege). Eine viel beschäftigte Gesellschaft. Sie haben auch eine Nicht-Franchise-Gesellschaft namens American Home Shield, die Hausgarantien erstellt.

- **The Franchise Company, Inc.,** Etobicoke, Ontario, Kanada, ist etwas anderes: Hier umfassen die Konzepte diverse Franchiseunternehmen, angefangen mit Stained Glass Overlay, Inc. (dekorative Glaserzeugnisse) über College Pro Painters Limited (studentische Anstreicher) bis hin zu Paul W. Davis Systems, Inc. (Restaurationsdienst).

Sie können bei der Internationalen Franchise Association auf ihrer Webseite www.franchise.org nach anderen Unternehmen suchen, die multiple Franchisemarken anbieten. Wenden Sie sich in Deutschland an den Deutschen Franchise-Nehmer Verband e.V., Tel. 0228/250300, um sich nach solchen Unternehmen zu erkundigen.

Was bedeutet das für Sie? Zum einen bedeutet es, dass Expansionsmöglichkeiten sich vielleicht direkt vor Ihrer Nase finden können. Wenn Sie mit Ihrem Franchisegeber glücklich sind, ist es nur natürlich, mehrere seiner Marken zu erwerben, anstatt dies bei einem Dritten zu tun – solange Ihnen die anderen Konzepte zusagen. Sie werden es dennoch mit einem Unternehmen zu tun haben. Sie kennen die Unternehmensphilosophie, den strategischen Plan, die Geschäftsführung, wie das System funktioniert und die Unterstützungsdienste. Dies bietet einen Bequemlichkeitsfaktor und Stabilität, und es könnte die Lernkurve unglaublich verkürzen. Und Sie erhöhen die Chancen auf einen umfassenderen Verhandlungsspielraum mit Ihrem Franchisegeber, wenn Sie mehr Standorte seiner Marke oder seiner Marken besitzen.

Ein anderer möglicher Vorteil sind Synergieeffekte hinsichtlich der Marken. Wenn die verschiedenen Konzepte eines Franchisegebers einander ergänzen, könnten Sie Rabatte aufgrund von Großeinkäufen erhalten, zentrale Kundendienstsysteme einführen und Gelegenheiten zu übergreifenden Verkäufen wahrnehmen.

Einige Franchisegeber arbeiten an diesen Syniergieeffekten. Sie vermarkten beispielsweise vielleicht übergreifende Konzepte, helfen Ihnen damit, den Umsatz unter den Marken in Bewegung zu halten. Andere jedoch schlagen aus diesen Synergien kein Kapital und verbieten sogar übergreifendes Merchandising. Wenn Sie ein Franchise von einer aufgefächerten Gesellschaft aufgrund deren Größe kaufen, vergewissern Sie sich, dass man sich dort nicht einfach zurücklehnt. Wenn dies nämlich der Fall sein sollte, liegt es bei Ihnen, Materialien für eine übergreifende Werbung zu erstellen oder sich selbständig mit Franchisenehmern der Schwesterketten zusammen zu tun; Sie können dann immer noch diese Synergien zu Ihrem Vorteil einsetzen – es ist aber mit mehr Mühe verbunden.

Beim Umgang mit Multikonzept-Unternehmen dürfen Sie nicht einfach unterstellen, dass das, was bereits einmal erfolgreich war, wieder erfolgreich sein wird. Nicht alle Konzepte – sogar vom selben Franchisegeber – sind Gewinner; Viele Multikonzept-Franchisegeber haben einige Marken, die nicht funktioniert haben, ausgemustert oder verkauft. Und Franchisegeber widmen nicht allen Konzepten dieselbe Aufmerksamkeit. Hüten Sie sich vor so genannten *Franchise Factories* – Unternehmen, die Konzepte einzig und allein mit der Zielsetzung ausspucken, Franchiseunternehmen zu verkaufen, anstatt Franchisenehmern und Kunden gute Dienstleistungen zu bieten.

Bei der Bewertung von Franchiseunternehmen zählt Robert L. Purvin jr., Vorsitzender der American Association of Franchisees and Dealers (AAFD), San Diego, Kalifornien, Multikonzept-Franchisegeber »als potenziellen Schlag gegen das Franchisesystem«. Wenngleich er Ausnahmen einräumt, warnt er dennoch: »Die Alarmleuchten sollten umso schneller angehen und umso deutlicher sein, wenn Sie es mit einem Multikonzept-Unternehmen zu tun haben. Unterstützungsleistungen fehlen womöglich ganz. Die Verpflichtung des Unternehmens einem Wachstum des Geschäfts gegenüber fehlt, wenn es seine Ressourcen auf andere Konzepte ausrichtet. Die Zielsetzung sollte es sein, in ein Franchisesystem zu investieren, in dem der Franchisenehmer das wichtigste Instrument ist, über das der Franchisegeber seine Endkunden erreicht – die Verbraucher.« Purvin's Besorgnis könnte jedoch auch hinsichtlich aller Systeme begründet sein, die von einem

Unternehmen betrieben werden, das andere Geschäftsinteressen verfolgt, egal, ob im Rahmen von Franchising oder nicht. Doch Bobs Warnung sollte man sich zu Herzen nehmen. Wenn der Franchisegeber seine Franchisenehmer nicht als »das wichtigste Instrument« betrachtet und seine Ressourcen nicht in die Unterstützung der Franchisenehmer investiert, dann werden womöglich die Erfolgschancen der Franchisenehmer gemindert.

Kay Marie Ainsley, die ehemalige Direktorin der internationalen Entwicklung von Domino's Pizza and Ziebart International und geschäftsführende Direktorin von Michael H. Seid & Associates, findet, dass »viele Franchisegeber, die sich zum Angebot multipler Konzepte entschließen, dies tun, weil sie das Wissen und die Ressourcen haben, die zur Unterstützung zusätzlicher Marken erforderlich sind.« Sie denkt auch, dass »viele der Franchisegeber mit mehreren Marken feststellen, dass es Synergieeffekte zwischen ihren bereits vorhandenen Marken und ihren neuen Konzepten gibt und dass dies Möglichkeiten für Effizienz bietet, die andernfalls nicht entstehen würden.«

Was Sie möchten ist ein Franchisegeber, der jedem seiner Konzepte Aufmerksamkeit widmet (oder, ganz selbstsüchtig, zumindest denjenigen, die Sie kaufen). In anderen Worten, Franchisegeber sollten keine Favoriten haben. Gibt es ein gutes Management? Gibt es für jede Marke engagierte Mitarbeiter? Sind die Unterstützungsdienstleistungen für beide ausgereift? Betreibt der Franchisegeber wirklich übergreifende Vermarktung? Ein Franchisegeber sollte sein Management und seine Ressourcen maximieren, sie nicht mehr beanspruchen, wenn er seiner Franchisefamilie neue Mitglieder hinzufügt. Dies ist nichts anderes, als wenn wir Ihnen sagen, dass Sie sich konzentrieren müssen, wenn Sie expandieren.

Halten Sie Ausschau nach günstigeren Preisen, wenn Sie mehr als eine Marke kaufen. Nicht alle Franchisegeber behandeln vorhandene Franchisenehmer bevorzugt, doch einige belohnen ihre eigenen Franchisenehmer. So gibt Blimpie International, Inc. Atlanta, Georgia, Franchisenehmern, die mehr als eines ihrer Konzepte kaufen, Rabatt, und die Dwyer Group bietet Franchisegebern, die bereits seit Jahren mit ihnen im Geschäft sind, für einen Zeitraum von fünf Jahren oder länger Preisnachlässe von bis zu 50 Prozent.

Noch etwas: Nur, weil Sie bereits Franchisenehmer sind, sind Sie nicht automatisch der todsichere Tipp für ein Schwesterkonzept. Franchisegeber werden Sie dennoch kurz überprüfen und einige legen sogar härtere Qualifikationsmaßstäbe für Expansion an. So hat beispielsweise die ServiceMaster Company Franchisenehmern in vielen Fällen keine zweite Marke angeboten, weil dies nicht »für sie von Vorteil« war, sagt Jim Wassell, stellvertretender Vorsitzender des Bereichs Marketing bei ServiceMaster Franchise Services. »Wir möchten sicherstellen, dass die Person mit der ursprünglichen Marke tatsächlich diese Marke aggressiv entwickelt und die Marke bestmöglich ausschöpft, bevor wir sie dazu ermutigen, einen Teil ihrer Aufmerksamkeit auf eine andere Marke zu richten,« sagt er. »Es ist sicherlich nicht für alle das Richtige.«

Mit einem neuen Unternehmen einen neuen Anfang machen

Ein wichtiger Grund dafür, sich mit einem anderen Franchisegeber zusammenzutun kann sein, dass dieser die Marke hat, hinter der Sie her sind. So einfach ist das. Es unterscheidet sich nicht davon, zu einer anderen Tierhandlung zu wechseln, weil diese gesündere Leckerchen für Taffy anbietet, oder zu einer neuen Modeboutique zu gehen, weil diese exklusiv die Mode des nächsten Calvin Klein verkauft.

Sie möchten also Ihre Flügel ausbreiten, um sich Vergünstigungen zu sichern, die Ihr Franchisegeber nicht bietet. Vielleicht handelt ein anderer Franchisegeber bessere Preisnachlässe aus, und Sie können dessen Rockschöße besser für Ihre beiden Unternehmen nutzen. Vielleicht bietet eine andere Kette bessere Schulungen, bietet Ihnen die Möglichkeit, einen Franchiseabschluss zu erwerben, den Sie in Ihren ganzen Unternehmen einsetzen können.

 Durch die Aufteilung Ihrer Lizenzgebühren können Sie vielleicht eine bessere Verhandlungsposition Ihren Franchisegebern gegenüber erlangen. Überlegen Sie sich einmal Folgendes: Sie haben begrenzte finanzielle Ressourcen, um mehr Franchiseunternehmen zu entwickeln und ein erstklassiger Standort bietet sich an. Sollten Sie dort Marke A oder B etablieren? Ein Franchisegeber, der weiß, dass Sie beide Konzepte in Erwägung ziehen, ist unter Umständen bereit, Ihre Gebühren zu senken oder andere Konzessionen zu machen, wenn Sie seiner Marke den Vorzug geben. Hey, das ist doch wirklich einen Versuch wert!

Letztlich – nennen Sie uns ruhig Unken – doch Sie sollten daran interessiert sein, ihr Risiko zu minimieren. Einmal angenommen, Sie haben zwei oder drei Marken vom selben Franchisegeber gekauft. Wenn dieses Unternehmen rechtliche oder finanzielle Schwierigkeiten bekommt, gehen womöglich alle Ihre Franchiseunternehmen in diesem Strudel unter. Bleiben Sie bei einem weiter gestreuten Unternehmenskonzept und, hoffentlich, bleiben einige Ihrer Einzelkonzepte intakt, während andere kaputt gehen.

Sich der Herausforderung stellen

Es gibt letztlich nur eine Möglichkeit, effektiv verschiedene Hüte zu tragen: eine Zielsetzung zu haben. Bereiten Sie sich darauf vor, ebenso hart wie beim ersten Mal zu arbeiten, und investieren Sie alle Ihnen zur Verfügung stehende Energie in die neue Unternehmung. Doch achten Sie gleichzeitig darauf, dass Sie Ihr Ursprungskonzept nicht aus den Augen verlieren – dasjenige nämlich, das Sie dahin gebracht hat, wo Sie heute stehen. Ein Start-Up-Unternehmen zu haben, das Ihre gesamte Energie erfordert, und mit einem bisher erfolgreichen Unternehmen umzugehen, das nun eine rückläufige Entwicklung zeigt, weil Sie nicht genügend präsent waren, um es zu führen, ist ein sicherer Weg zur Katastrophe.

Erfolgreiche Multikonzept-Franchisenehmer bauen starke Managementteams auf. Sie überwachen alle ihre Marken, und sie stellen an jedem Standort Geschäftsführer ein. Dies erfordert zwei Fertigkeiten: Sie müssen in der Lage sein, hin und her zu schalten, und Sie müssen sogar mehr als vorher delegieren können.

Treten Sie langsam, wenn es um die Vermarktung mehrerer Marken geht. Konzentrieren Sie sich darauf, die Markenidentität eines jeden Konzepts aufrechtzuerhalten. Bei übergreifender Werbung müssen Sie darauf achten, dass Sie Ihre Kunden nicht verwirren.

Allgemein gesprochen, werden Franchisegeber nicht allzu glücklich darüber sein, wenn Sie Marken verschiedener Mutterunternehmen vermarkten; einige Unternehmen möchten noch nicht einmal, dass sie ihre eigenen Marken miteinander verbinden. Franchisegeber kontrollieren ihre Warenzeichen, damit sie solche Kopplungen überwachen können. Lesen Sie in Kapitel 11 alles über die Dinge, die man in diesem Bereich tun oder lassen sollte.

Den Schwerpunkt verlagern

Muss ein Franchisenehmer von Wendy's unsere Erlaubnis einholen, um ein Franchise einer nicht mit uns in Konkurrenz stehenden Kette zu eröffnen? Nein. Würden wir gerne mit ihnen darüber sprechen? Ja.

Wendy's hat aus der Erfahrung viel über die Verlagerung des Schwerpunkts gelernt. Wenn Sie eine zweite Kette entwickeln möchten, wie gehen Sie an die Sache heran? Gedenken Sie, einige Ihrer besten Kräfte aus Wendy's herauszunehmen, und sie zum neuen Standort wechseln zu lassen? Werden Sie diesen selbst betreiben? Werden Sie 20 Prozent Ihres Arbeitstages dazu nutzen, in dieser anderen Kette zu arbeiten?

Als Sie bei Wendy's angefangen haben, haben Sie Ihre Zeit – morgens, mittags und nachts – dazu genutzt, dies zum Erfolg zu führen. Warum sollte dies anders sein, wenn Sie ein anderes Franchise kaufen? Sie werden immer noch morgens, mittags und abends darauf verwenden, daraus einen Erfolg zu machen. Wie wollen Sie beides tun?

Wir möchten, dass unsere Franchisenehmer sehenden Auges in diese Unternehmung hineingehen. Wir wollen nicht, dass sie Ihren Schwerpunkt verlagern und ihre Erfolgsrate bei Wendy's gefährden. Wir wollen auch sicherstellen, dass sie nicht vergessen haben, was es bedeutet, das erste Geschäft zu eröffnen, und in welchem Maße sie diesem ihre Zeit und Aufmerksamkeit widmen müssen.

Co-Branding

Wenn Sie im Franchiseverzeichnis blättern, werden Sie schnell sehen, dass Franchising die Antwort auf Verbrauchernachfrage ist. Suchen Sie sich ein Bedürfnis aus, und es gibt wahrscheinlich ein Franchiseunternehmen, mit dem es erfüllt werden kann. Also ist es nicht überraschend, dass zu einem Zeitpunkt, als bedrängte Verbraucher nach Komfort verlangten, et voilà, eine Strategie mit der Bezeichnung Co-Branding auf der Franchiseszene erschien.

Co-Branding bedeutet, dass mehr als eine Marke in einem einzigen Standort vertrieben wird. Es können zwei Marken sein (*Dual-Branding*), drei Marken (*Triple-Branding*) oder irgendein anderes Vielfaches (*Multi-Branding*). Der Einfachheit halber werden wir diese Taktik als Co-Branding bezeichnen.

Sie haben zweifellos diese Arten von Partnerschaft bereits gesehen. Wir wetten, Sie haben auch schon Ihr Geld dort gelassen. Die auffälligste Ausführung sind Raststätten entlang der amerikanischen Highways, in denen eine Kombination aus Fastfood-Franchisebetrieben, Tankstellen und Supermärkten zu finden ist. Mit einem Schlag können Sie Ihren Hunger stillen, Ihr Auto tanken und Ihre Vorratskammer füllen. Einkaufszentren, Flughäfen und Stadien beherbergen Verpflegungszentren in Form von Co-Branding – das ultimative Smörebröd unter den Franchisekonzepten. Und sehen Sie sich einmal auf der Hauptstraße Ihres eigenen Wohnorts um. Dort sind bestimmt Zwei-in-Eins-Franchiseunternehmen zu finden, vielleicht eine Kombination aus Nachtisch-/Nachbarschaftsladen oder Sandwich-Laden/Autowaschanlage. Wenn sich so etwas dort noch nicht findet, glauben Sie uns, es wird bald kommen.

Einen One-Stop-Laden eröffnen

Sie lesen dieses Kapitel, weil Sie andere Marken erwerben möchten, richtig?! Nun, Co-Branding bietet Ihnen sicherlich die Gelegenheit, dies auf verschiedene Arten zu erreichen:

- ✔ **Sie kaufen die Franchiserechte für jedes der Konzepte, die Sie unter einem Dach bündeln, entweder beim selben oder bei verschiedenen Franchisegebern.** Diese Herangehensweise gibt Ihnen die Kontrolle über den gesamten Betrieb. Gehen Sie davon aus, dass Sie getrennte Franchiseverträge unterschreiben und getrennte Franchisegebühren für jedes Konzept zahlen werden.

- ✔ **Bleiben Sie bei nur einem Konzept, doch ziehen Sie gleichzeitig Vorteile aus Co-Branding.** Dies klingt vielleicht widersprüchlich, aber lesen Sie erst einmal weiter. Sie können:

- ✔ **Bei einem Konzept bleiben und den Raum mit einem Franchisegeber, Franchisenehmer oder verschiedenen Franchisenehmern – sogar mit einer unabhängigen Geschäftsperson – teilen, die verschiedene Konzepte betreiben.** Sie könnten das Schnellrestaurant innerhalb eines Supermarkts sein, der von einer größeren Erdölgesellschaft betrieben wird. Vergewissern Sie sich jedoch auf alle Fälle, das bei dieser Art von Arrangement genug Rendite für alle möglich ist.

- ✔ **Raum leasen.** Sie kaufen die Franchiserechte für ein Konzept und leasen Raum, beispielsweise in einem Flughafen oder einem Hotel. Mail Boxes Etc. (MBE), San Diego, Kalifornien, hat ein Konzept mit der Bezeichnung MBE Express. Sie finden diese Standorte in Flughäfen wie Chicagos O'Hare oder in Hotels wie dem Marriott. Einige Standorte sind vollgestopft mit Franchisenehmern und stellen die ganze Palette der MBE Dienstleistungen wie Versand und Kopien zur Verfügung. Andere haben keine Mitarbeiter vor Ort, weil Card-Swap-Technologie Kunden in die Lage versetzt, selbst Kopien und Faxdokumente zu erstellen. MBE hat eine Möglichkeit gefunden, ihre Standorte näher an den Kunden heranzubringen.

 Finden Sie heraus, ob Ihr Franchisegeber andere Gebühren oder Anforderungen an Eigenkapital für Standorte mit Co-Branding erhebt als für traditionelle Standorte. Finden Sie ebenfalls heraus, ob Sie einen Vorteil dabei haben, wenn Sie mehr als ein Konzept beim selben Franchisegeber kaufen.

Hebelwirkung bei Standorten

Durch die Kombination von Wendy's und Tim Hortons in einem Gebäude sparen wir nahezu 25 Prozent an Entwicklungskosten. Das bedeutet, wir können teureres Land kaufen, weil es in der Bebauung billiger ist. Und das verschafft uns Gelegenheiten in teuren Innenstadtlagen und an wichtigen Knotenpunkten oder Autobahnausfahrten, an denen die Grundstückskosten möglicherweise für ein Wendy's oder ein Tim Hortons allein zu hoch lägen.

Wir teilen einen Speiseraum und es gibt eine gemeinsame Eingangstür. Wendy's befindet sich auf der linken und Tim Hortons auf der rechten Seite. Wir haben getrennte Theken, getrennte Kassen und getrennte Autoschalter, getrennte Küchen, getrennte Lieferanteneingänge und getrennte Belegschaften. Es sind zwei getrennte Unternehmen, und das werden wir auch so beibehalten.

Wo also sollten Sie Ihre multiplen Fahnen hissen? Co-Branding erscheint heutzutage überall. Sie werden die drei Marken von Tricon (Taco Bell, Pizza Hut und KFC) sehen, wie sie sich den Platz in Imbissständen (freistehende Standorte auf Parkplätzen) vor Einkaufszentren teilen, ebenso wie Sie andere Franchisegeber sehen werden, die Ihre Läden in Sportstadien und Flughäfen eröffnen.

Wofür auch immer Sie sich entscheiden, überprüfen Sie den Standort ebenso wie Sie dies für ein einzelnes Franchise tun würden, inklusive demographische Gegebenheiten, Verkehrsmuster, Wettbewerb und Erreichbarkeit. (In Kapitel 8 wird die Standortwahl besprochen). Fügen Sie sodann den Marken-Faktor hinzu. Bei multiplen Konzepten, können Sie sich vielleicht einen besseren Standort leisten. Ein Vermieter hat womöglich 2.000 Quadratmeter große Räumlichkeiten in großartiger Lage im Angebot, doch Sie können nur 1.200 Quadratmeter für Ihre Marke nutzen. Doch wenn Sie sich im Sinne von Co-Branding mit anderen Konzepten zusammentun, können Sie vielleicht die gesamten Räumlichkeiten gebrauchen. Vor dem Hintergrund, dass die Entwicklungskosten bei zwei Marken unter einem Dach erfahrungsgemäß niedriger sind als beim Bau zweier separater Standorte, sind Sie vielleicht in der Lage, teurere Grundstücke zu erwerben, weil Sie die Entwicklungskosten teilen können.

Bei der Auswahl eines Standorts für Einheiten mit Co-Branding sollten Sie Folgendes bedenken:

- ✔ Ist der Standort geeignet für den Betrieb von mehr als einer Marke?
- ✔ Wie viel werden Sie bei der Entwicklung eines Gebäudes anstelle von zweien einsparen? (Beziehen Sie die geteilten Grundstückskosten, Steuern und Wartungskosten mit ein).
- ✔ Wird Ihre Marke vorne und im Zentrum stehen?
- ✔ Wird es angemessenen Raum für Schilderanlagen geben, um die Markenidentität zu wahren?
- ✔ Haben die Kunden leichten Zugang zu, beispielsweise, dem Thekenbereich und den Kassen jeder Marke?

✔ Sind die gemeinsamen Flächen groß genug, um die Kunden multipler Konzepte aufzunehmen?

✔ Profitieren beide Konzepte vom Verkehrsmuster?

Vielleicht haben Sie nicht das Glück, für jedes Konzept in jedem Standort dieselbe Behandlung zu erfahren. (Gibt es schließlich nicht immer einen, der mit dem kurzen Stöckchen vorlieb nehmen muss?) Wenn Sie die stärkere Marke vertreten, versuchen Sie in Verhandlungen eine hervorgehobenere Stellung zu erreichen. Auf jeden Fall möchten Sie nicht im Schatten einer anderen Marke stehen oder gar hinter dieser versteckt oder womöglich gar für Ihre Zielgruppe nicht erreichbar sein.

Vom Co-Branding profitieren

Wir haben Franchisenehmer, die Wendy's und Tim Hortons als duale Marken betreiben. Bei den richtigen Leuten funktioniert es.

Co-Branding hilft beiden Unternehmen. Der Grund hierfür liegt darin, dass Wendy's in den meisten Fällen nicht zur Frühstückszeit öffnet. Und Tim hat den größten Anteil seines Geschäfts in den Zeiten von 6.00 Uhr morgens bis 10.00 Uhr morgens. Tim Hortons läuft erfahrungsgemäß um die Mittagszeit eher ruhiger, während bei Wendy's Hochbetrieb herrscht, und dann ist es dort wieder mäßig belebt, wenn wir zur Abendessenszeit wieder einen Ansturm haben. Also kommen Leute zum Lunch bei Wendy's und können ihren Nachtisch bei Tim Hortons zu sich nehmen, oder Leute, die am Nachmittag kommen, um bei Tim Hortons einen Eiskaffe zu trinken, holen sich vielleicht Pommes Frites und Hamburger bei Wendy's.

Tim Hortons lockt Kunden an, die nicht regelmäßig zu den Kunden von Wendy's gehören, und so statten sie uns einen zusätzlichen Besuch pro Woche oder einen zusätzlichen Besuch pro Monat ab. Und Tim Hortons profitiert von Wendy's Kunden, die nach ihrem Essen noch einen Nachtisch möchten. Es hilft wirklich beiden Seiten, denn jeder kann vom Kundenstamm des anderen etwas abschöpfen, ohne um denselben Kunden in Wettbewerb treten zu müssen.

Ihre Ressourcen kombinieren

Co-Branding ist so im Kommen, weil es einen Vorteil durch Größe gibt. Bei Vorhandensein mehrerer Wahlmöglichkeiten haben Kunden eher einen Grund, länger zu bleiben und bei jedem Besuch mehr zu kaufen. Wenn Co-Branding wirkungsvoll ist, ziehen Sie neue Kunden an, lassen das Markenbewusstsein deutlich ansteigen, erhöhen Ihren Marktanteil und reduzieren die Gründungs- und die laufenden Betriebskosten.

Nachfolgend geben wir eine Anleitung dazu, wie Sie auf diesen heißen Trend aufspringen können:

✔ **Suchen Sie sich einen Partner.** Dies ist nicht der Zeitpunkt, um etwas aus dem Hut zu zaubern. Die andere Marke sollte Ihre Marke ergänzen, nicht Ihre Verkaufszahlen drastisch senken. Sie sollte einen zusätzlichen Wert für den Kunden bringen. Kombinieren Sie ein Frühstückskonzept mit einem Mittagessen/Abendessenskonzept, und es gibt für jeden etwas und das den ganzen Tag über. (Im Branchenjargon wird dies *balancing the day parts* – die Tagesanteile ausgleichen – genannt).

Wenn Sie sich einen Partner suchen, können Sie sich bei den Marken desselben Franchisegebers oder denen anderer Franchisegeber umsehen. Einige Multikonzept-Franchisegeber wie zum Beispiels Tricon oder Wendy's integrieren ihre Konzepte in Co-Branding-Standorten. Andere schmieden Allianzen mit Co-Branding-Partnern; in anderen Worten, sie erledigen die Lauferei für Sie.

Seien Sie sich darüber im Klaren, dass nicht alle Franchiseunternehmen zusammengehören. Sich mit einer anderen Marke zusammentun, die gleichwertig oder stärker als Ihre Marke ist, setzt Zeichen in Richtung Verbraucher – und kann die Verkaufszahlen in Ihrem Sinne beeinflussen. Doch eine schwächere Marke oder ein Konzept, das nicht denselben Standard wie das Ihre hat, kann Ihr Unternehmen hinunterziehen. Sie wollen mehr Glaubwürdigkeit erreichen, nicht weniger. Sie wollen ebenfalls Ihre Kunden nicht dadurch verwirren, dass Sie zu viele Konzepte in einem einzigen Standort vereinen. Derselbe Ratschlag gilt übrigens auch für die Auswahl eines Standorts. Wenn Ihr Franchisegeber bestrebt ist, Ihren Kunden eine gesunde, saubere Umgebung zu bieten und bei dem Einkaufszentrum, für das Sie sich entschieden haben, Müll auf den Parkplätzen herumliegt und die gemeinsamen Wasch- und Toilettenräume schmutzig sind, was wohl? – dies hat Auswirkungen darauf, was Ihre Kunden für einen Eindruck von Ihrer Marke haben.

Schauen Sie genau hin, bevor Sie den Sprung wagen. Vergewissern Sie sich, dass Ihr Franchisegeber Ihnen ein spezifisches Konzept für Ihre Räumlichkeiten gestattet: Lesen Sie dazu den Abschnitt »Prüfung rechtlicher Aspekte« in diesem Kapitel. Denken Sie auch für die Zukunft mit: Wenn Sie eine Einheit mit einer Marke betreiben und Ihr Franchisegeber Co-Branding zu seiner neuen Strategie auserkoren hat, könnte es sein, dass Sie von Ihrem Franchisegeber in Zukunft zum Co-Branding gedrängt werden.

✔ **Ihre Immobilien neu ordnen.** Sie können entweder einen Co-Branding-Standort von Grund auf neu entwickeln oder einen bestehenden Standort neu ausbauen. Offensichtlich ist Größe hierbei wesentlich. Nach einigen Renovierungsmaßnahmen ist es Ihnen vielleicht möglich, ein weiteres Konzept in eine bestehende Einheit mit aufzunehmen. Blimpie International erlaubt es Franchisenehmern, seine Marken zu mischen und aufeinander abzustimmen: Blimpie Subs & Salads, Smoothie Island, Pasta Central and Maui Tacos. Ein Blimpie Franchisenehmer kann leicht Raum für ein Smoothie Island schaffen; dieses erfordert nur 40 Quadratmeter für Mixgeräte, Speiseeis und eine Gefriertheke. Im Gegensatz hierzu benötigt Pasta Central zehnmal soviel Quadratmeter, weshalb Franchisenehmer die Tendenz haben, direkt mit Co-Branding zu beginnen.

Beim Arrangement Ihres Co-Branding-Standorts sollten Sie zwei Ziele vor Augen haben: Einmal sollte jedes Konzept seine eigene Identität wahren und zweitens sollten sich dabei Größenvorteile für Sie ergeben. Bei einem Co-Branding-Lebensmittelfranchise werden Sie wahrscheinlich zwei getrennte Theken, Schilderanlagen und Kassen haben wollen, eventuell ist das auch eine Bedingung des Franchisegebers. Sie begrenzen die Gesamtkosten durch gemeinsame Parkplätze, Toiletten und Speiseräumlichkeiten. Vergewissern Sie sich, dass Sie die Konzepte so anordnen, dass diese die Aufmerksamkeit der Kunden erregen, schaffen Sie Anreize, Marke B zu kaufen, selbst wenn sie wegen Marke A gekommen sind. Dies sind die zusätzlichen Verkäufe, die der Ursprung von Co-Branding waren.

Einige Franchisegeber erlauben es ihnen vielleicht, Raum zu teilen, doch nicht die Ausstattung und Angestellten, also stellen Sie sicher, dass Sie dies mit einberechnen.

✔ **Die Einzelheiten ausarbeiten**. Wenn Sie sich mit einem anderen Franchisenehmer zusammentun (eher als die verschiedenen Marken alle selbst zu besitzen), bestimmen Sie, wie die Kosten für Einrichtungen, Versicherungen, anfallende Reparaturen, Landschaftsgestaltung oder Schneeräumen sowie die Reinigung der gemeinsamen Flächen aufgeteilt werden. Und falls der Franchisegeber oder die Betreiber verschiedene Standards in Sachen Reinlichkeit und Dienstleistung haben, müssen Sie diese Themen ebenfalls ansprechen.

Manchmal sehen Partnerschaften auf dem Papier besser aus als in Wirklichkeit. Wenn Sie Raum mit einem anderen teilen, gehen Sie sicher, ob Sie auch mit diesem Fremden – und seinen oder ihren Angewohnheiten – leben können.

✔ **Zusätzliches Personal einstellen**. Im Idealfall wollen Sie jedem Konzept getrennt Angestellte zuweisen, um die Markenidentität aufrechtzuerhalten. Um Geld zu sparen, können Sie vielleicht einen Geschäftsführer zur Überwachung aller Konzepte haben. Franchisegeber haben verschiedene Anforderungen für die Belegschaft in Co-Branding-Standorten. Einige verlangen vollkommen getrennte Belegschaften. Andere haben wenig Standards und erlauben es einem Angestellten vielleicht, eine Kopfbedeckung mit Markenzeichen und eine Schürze über seine Tankwartmontur zu werfen, um ein Schinken-Käse-Brötchen zu schmieren und dann zurückzurennen an die Benzinzapfsäule. Es ist wichtig zu wissen, dass die Standards der einzelnen Marke zusammenpassen.

Wenn Sie Angestellte zwischen verschiedenen Konzepten hin- und hertauschen, sind Sie vielleicht in der Lage, diesen mehr Arbeitsstunden anzubieten. Dies ist oft hilfreich bei der Einstellung und Beibehaltung besser qualifizierter Angestellter.

✔ **Entscheiden Sie sich für Ihre »Speisekarte«**. Abhängig vom Konzept haben Sie einiges an Freiraum, um Ihre Produktpalette anzupassen. Wendy's fordert von allen seinen Standorten – Co-Branding-Standorte inbegriffen – das Angebot der kompletten Speisekarte. Doch Hunderte von Tricon Zwei-in-Eins Einheiten bieten vielleicht die gesamte KFC-Speisekarte an und einen begrenzten Teil der Taco Bell-Produkte und einige bieten die komplette KFC-Speisekarte und einen Teil der Pizza Hut-Produkte.

✔ **Übergreifende Vermarktung.** Schilderanlagen helfen Ihnen dabei, verschiedene Marke übergreifend zu bewerben, also stellen Sie sicher, dass dies klar beim Kunden ankommt. Gibt es eine gleichberechtigte Abrechnung? Zusätzlich teilen sich viele Partner in Co-Branding die Kosten traditioneller Werbemaßnahmen und bieten Gutscheine an, mit denen angeboten wird, Kunden von einem Konzept zum anderen zu führen. Durch Co-Branding könnten Sie auch eine freie Mitfahrgelegenheit bei nationalen Werbekampagnen bekommen, wenn, sagen wir einmal, die Kette Ihres Partners nationale Werbung macht und die Ihre nicht. Sie könnten auch überlegen, Kassenpersonal oder andere Angestellte dafür zu schulen, zusätzliche Käufe der anderen Konzepte zu empfehlen.

Ein Imperium durch das Hinzufügen anderer Marken aufzubauen wird zunehmend populär. Märkte reifen und es werden kontinuierlich neue Konzepte entwickelt, die Ihnen vielleicht entsprechen könnten. Doch denken Sie daran, dass Sie Ihre Hausaufgaben machen müssen:

✔ Welche Auswirkung wird die neue Marke auf Ihre laufenden Unternehmungen haben?

✔ Welche finanziellen Auswirkungen wird die Expansion mit der neuen Marke für Sie haben? Gibt es andere Gelegenheiten, die darunter womöglich leiden?

✔ Sind die Synergien zwischen Ihrem bestehenden Franchise und Ihrem neuen Franchise real?

✔ Gibt es in einem der Franchiseverträge Beschränkungen, die Ihnen Probleme während oder nach der Laufzeit der Verträge bereiten könnten?

✔ Wie stark ist der neue Franchisegeber, bei dem Sie sich einkaufen werden? Bietet er die Unterstützungsprogramme, an die Sie sich bei Ihrer bestehenden Marke gewöhnt haben?

Wachstum ist das Ziel jeder Geschäftsfrau und jedes Geschäftsmannes. Doch hauen Sie sich bei dem Prozess der Untersuchung Ihrer Gelegenheiten nicht selbst übers Ohr. Nehmen Sie sich Zeit, machen Sie Ihre Hausaufgaben und gehen Sie sicher, dass Sie die richtige Wahl getroffen haben.

Die Zeit ist um

In diesem Kapitel

▶ Den Franchisevertrag verlängern

▶ Den Abschied und den Zeitpunkt beschließen

▶ Das Unternehmen zum Verkauf anbieten

▶ Weiter machen

Es mag Ihnen merkwürdig vorkommen, dass wir über das Ende einer Franchisebeziehung sprechen, wo Sie doch gerade am Anfang stehen. Aber wie heißt es so schön, alles Schöne hat auch ein Ende. Das Schlechte auch. In einer Franchisebeziehung sind Sie nicht bis zum bitteren Ende gefangen. Wenn Ihr Franchisevertrag ausläuft, wollen Sie ihn vielleicht verlängern, vielleicht aber auch nicht. Oder es kommt irgendwann ein Zeitpunkt, an dem Sie lieber verkaufen möchten. Das ist in Ordnung. Es ist zu hoffen, dass jemand, zum Beispiel Ihre Kinder, ein anderer Franchisenehmer, Ihr Franchisegeber oder jemand völlig Fremdes, dort weitermachen möchte, wo Sie aufgehört haben.

Wir möchten ganz offen mit Ihnen sein. Manchmal verlassen Franchisenehmer ein System, weil sie mit ihrem Unternehmen gescheitert sind, oder der Franchisegeber beendet den Vertrag, weil Sie zum Beispiel Lizenzgebühren nicht bezahlt oder den Vertrag auf andere Weise verletzt haben. Aber sehr viele verlassen die Reihen auch, weil sie es möchten, nicht weil sie müssen. Vielleicht hat Ihr Franchiseunternehmen eingeschlagen wie ein Bombe, und Sie möchten nur noch das Geld nehmen und abhauen. Vielleicht hat Ihre Verlobte oder Ihr Verlobter auch ein großartiges Jobangebot in einer anderen Stadt bekommen und Sie wollen mit dorthin gehen. Vielleicht hatten Sie auch eine neue Geschäftsidee (wollen vielleicht sogar selber Franchisegeber werden), oder Sie stehen ganz einfach kurz davor, sich zur Ruhe zu setzen. Oder vielleicht haben Sie auch einfach eine Pizza zu viel gebacken, zu viele Kundenbeschwerden gehört oder sich einmal zu oft mit Ihrem Franchisegeber gestritten.

Wie auch immer: DAS ENDE muss nicht so ominös sein, wie es sich anhört. Es könnte ein ganz neuer Anfang für Sie sein.

Den Franchisevertrag verlängern

Der Franchise-Trip lässt sich nicht mit einem unbefristeten Ticket machen. Sie mieten das Recht, die Marke des Franchisegebers und sein System für einen festgelegten Zeitraum zu nutzen. Je nach Franchisevertrag dauert das 5, 10, 15 vielleicht auch 20 Jahre. Die Uhr beginnt normalerweise am ersten Tag zu ticken. Irgendwann müssen Sie also – fröhlich oder traurig – die Beziehung beenden.

Bei Vertragsende haben Sie dann verschiedene Möglichkeiten.

Wenn Sie genug haben, dann bedanken Sie sich beim Franchisegeber für die Zeit und gehen Ihrer Wege. Sie verzichten auf den Markennamen, und der Franchisegeber kann die Rechte an diesem Gebiet einem neuen Franchisenehmer verkaufen. Sie werden wahrscheinlich auch das Gebäude, die Einrichtung und andere Gegenstände verkaufen oder dem Eigentümer zurückgeben.

Sie können vielleicht auch das Unternehmen an eine andere Person verkaufen, die dann einen neuen Franchisevertrag mit dem Franchisegeber unterzeichnet, sofern der Franchisegeber einen neuen Franchisevertrag unterzeichnen möchte.

Je nach Franchisevertrag entscheiden Sie sich vielleicht auch, weiter mitzuspielen, aber unabhängig zu sein. Sie könnten das Markenzeichen herunternehmen, dass Sie gemietet haben, Ihre eigene Marke entwickeln und weitermachen wie zuvor. In den meisten Fällen gibt es diese Option allerdings nicht.

Wenn Sie der Meinung sind, die Zeit war zu kurz, dann gibt es eine gute Neuigkeit: Es ist höchst wahrscheinlich, dass Sie Ihren Franchisevertrag verlängern und »noch eine Runde drehen« dürfen. Normalerweise müssen Sie Ihren Franchisegeber innerhalb eines festgelegten Zeitraums schriftlich von Ihrer Absicht zu verlängern in Kenntnis setzen. Sie müssen in Ihrem Franchisevertrag nachsehen, aber normalerweise ist es erforderlich, sechs Monate vor Ablauf des vorliegenden Vertrags Bescheid zu geben.

Die Entscheidung treffen Sie jedoch nicht ganz allein. Auch wenn Sie total scharf darauf sind, zu verlängern, kann Ihr Franchisegeber Nein sagen. Es gibt Franchiseverträge, die nur für einen Zeitraum gelten und keine Verlängerung zulassen. Diese Vereinbarung haben Sie zu Beginn mit dem Franchisegeber getroffen. Franchisegeber, die eigentlich eine Verlängerung möglich machen, dürfen diese auch verweigern. Es müssen jedoch entsprechende Umstände dafür vorliegen. Vielleicht heißt man Sie nicht wieder willkommen, weil Sie mit den Zahlungen im Rückstand sind, in der Laufzeit des Vertrages die Bestimmungen verletzt oder sich geweigert haben, Umbauten zu machen oder andere Bedingungen für eine Verlängerung zu erfüllen. Franchisegeber wünschen sich normalerweise, dass die guten Franchisenehmer verlängern, aber es gibt auch nichts daran auszusetzen, wenn Sie Franchisenehmern, die die anfangs vereinbarten Bedingungen nicht erfüllen, den Vertrag nicht verlängern.

Das Beste herausholen

Genau wie bei der ersten Runde, erhalten Sie bei einer Verlängerung das Recht, die Marke des Franchisegebers und sein Betriebssystem in einem festgelegten Gebiet über einen bestimmten Zeitraum zu nutzen. Jeder Franchisegeber verlängert die Verträge nach seinem eigenen Ermessen. Viele Verlängerungsverträge gelten genauso lange wie die vorherigen (z.B. 10-10), andere haben eine kürzere Laufzeit (z.B. 10-5-5). Manche Franchisegeber bieten unbegrenzte fortlaufende Verlängerungen (man nennt so etwas auch Evergreen-Verträge). Andere lassen nur eine Verlängerung zu. Glauben Sie nicht, dass Ihnen die Marke ein Leben lang gehört. Achten Sie auf die

Bedingungen, wenn Sie den Originalfranchisevertrag unterschreiben (siehe auch Kapitel 6): Es hilft Ihnen bei der Planung Ihres Unternehmens und Ihres Lebens, wenn Sie den Vertrag genau verstanden haben.

Die Gebühren für eine Verlängerung variieren ebenfalls beträchtlich. Manche Franchisegeber nehmen keine Gebühr für die Verlängerung (viele Fürsprecher der Franchisenehmer sind der Ansicht, das sollte auch so sein). Andere Franchisegeber fordern entweder einen festen Betrag, der sich zwischen ein paar hundert und ein paar tausend Mark bewegt, einen Prozentsatz der aktuellen Franchisegebühr beträgt oder dem Betrag entspricht, den neue Franchisenehmer auch bezahlen.

Es ist für Franchisegeber sinnvoll, ihre Franchisenehmer dazu zu ermutigen, ihre Verträge zu verlängern. Standorte schließen, neue Franchisenehmer finden und diese schulen belastet das System, es ist teuer und kann über einen längeren Zeitraum die Wettbewerbsfähigkeit der Marke im Markt schädigen. Außerdem kann es die Beziehung zu den anderen Franchisenehmern im System stark beanspruchen, wenn diese sehen, dass andere das System verlassen. Mit einer geringen Gebühr, die die Verwaltungskosten deckt oder gar ohne Gebühr, zeigt ein Franchisegeber seinen Franchisenehmern, dass sie wertvolle Mitglieder des Systems sind, und dass es wichtig ist, die Beziehung aufrechtzuerhalten.

Bei Wendy's ist die Verlängerungsquote extrem hoch. Unsere Franchisenehmer sind offensichtlich glücklich mit ihrer Investition. Es ist doch klar, dass man nicht verlängert, wenn man nicht genug verdient und die Investition nicht positiv sieht. Unsere Franchisenehmer wissen, wie hoch die Gebühr für eine Verlängerung ist, und wenn sie zu hoch wäre, würde niemand verlängern. Im Moment beträgt die Gebühr US $ 2.500,00 und das ist wirklich günstig. Sie ist so niedrig, weil wir von den Franchisenehmern bei der Vertragsverlängerung einiges an Modernisierung und Erneuerungen erwarten. Wir möchten, dass sie ihr Geld dort investieren. Die Lizenzgebühr beträgt momentan genauso viel, wie bei dem alten Vertrag, sodass der Franchisenehmer eigentlich keinen Grund hat, abzulehnen.

Egal wie hoch die Gebühr für eine Verlängerung auch sein mag, sie liegt auf jeden Fall unter der Einstiegsgebühr. Das hat damit zu tun, dass Sie diesmal nicht von vorne beginnen. Die Arbeit des Franchisegebers ist sehr viel leichter, denn Sie haben bereits gezeigt, dass Sie das Franchiseunternehmen betreiben können. Sie benötigen keine Einführung. Sie müssen keinen Standort suchen. Sie müssen nicht über das Inventar beraten werden. Sie haben schon alles hinter sich.

Seien Sie dennoch nicht überrascht, wenn man erwartet, dass Sie an Schulungen teilnehmen. Vielleicht erwartet der Franchisegeber, dass Sie ein neues Computersystem samt Software installieren, wenn Sie verlängern. Vielleicht müssen Sie in der Systemzentrale an einer Schulung teilnehmen. Vielleicht müssen Sie für die Schulung bezahlen, vielleicht auch nicht, aber mit Spesen können Sie auf jeden Fall rechnen.

Auch wenn Sie jetzt älter und weiser sind (vielleicht auch ein bisschen grauer), wenn Sie den Franchisevertrag verlängern, erwerben Sie auch die Berechtigung auf Unterstützung. Wird die Unterstützung die gleiche sein, wie beim alten Vertrag? Vielleicht nicht.

Einen neuen Vertrag aushandeln

Wird der neue Vertrag der gleiche sein wie der alte? Wohl kaum. Es sind fünf, zehn oder zwanzig Jahre vergangen, seit Sie den alten Vertrag unterschrieben haben. Das System und der Markt haben sich weiterentwickelt und verändert – entsprechend haben sich in den meisten Fällen auch die Vertragsbedingungen geändert. Sie können bei einer Verlängerung davon ausgehen, dass Sie einen neuen Franchisevertrag unterzeichnen werden. Üblicherweise handelt es sich um den dann gültigen Franchisevertrag für neue Franchisenehmer. Es ist doch logisch, dass Franchisegeber sich über die Jahre anpassen, das könnte Änderungen bei der Gebührenstruktur, das Betriebssystem, neue Produkte, die Einrichtung oder ein Änderung der Gebietsrechte betreffen.

Der neue Vertrag mag sich ganz wesentlich von dem in Ihrer Westentasche unterscheiden. Das kann sich zu Ihrem Vorteil oder Nachteil auswirken. Wahrscheinlich hört es sich ungerecht an, wenn der Vertrag Nachteile für Sie birgt, oder? Schließlich haben Sie jahrelang Ihren Beitrag geleistet. Aber wie Sie bereits wissen, der Franchisegeber wünscht Einheitlichkeit, und die Verlängerung bewirkt, dass alte Franchisenehmer sich ebenfalls nach den aktuellen Bedingungen richten.

Viele Franchisenehmer sind überrascht und manchmal auch sauer über die Unterschiede zwischen dem Verlängerungsvertrag und dem Originalvertrag. Die Lizenzgebühren und die Werbeabgabe haben sich vielleicht geändert, die Größe ihres Gebietes oder sogar der Gebietsschutz ebenfalls, und vielleicht sind die Kosten sehr hoch, um den Standort auf den »dann aktuellen Standard« (diese Bedingung ist oft in Verlängerungsverträgen enthalten) zu bringen. Sie müssen eine Entscheidung treffen, wenn die Zeit gekommen ist, und Sie sollten auf die Änderungen vorbereitet und nicht überrascht sein. Halten Sie sich während der Laufzeit Ihres Vertrages über Änderungen, die Ihr Franchisegeber an neuen Franchiseverträgen vornimmt, auf dem Laufenden. Besprechen Sie diese mit Ihrem Franchisegeber. Denken Sie jedoch auch daran, dass sich die Zeiten und auch die Anforderungen an das System ändern.

Rupert Barkoff, einer der Partner bei Kilpatrick Stockton, Atlanta, Georgia, bemerkt zum Thema Vertragsverlängerung: »Wenn Ihr Franchisegeber Sie darüber in Kenntnis setzt, dass Ihr Franchisevertrag nicht verlängert wird, sollten Sie sich sofort mit einem Anwalt über Ihre Rechte unterhalten. Eine Möglichkeit, um Überraschungen zu vermeiden, ist der Versuch, das Recht des Franchisegebers, die Absprachen bei einer Verlängerung zu ändern, einzugrenzen, bevor Sie den ersten Franchisevertrag unterzeichnen.«

Achten Sie vor allem auf Änderungen der folgenden Abmachungen:

✔ Lizenz- und Werbegebühren

✔ Gebietsrechte

✔ Umbauanforderungen

✔ Neue Einrichtung, neue Schilder

✔ Schulungsanforderungen

✔ Verlängerungsbedingungen

✔ Wesentliche Geschäftsbedingungen der Beziehung

Sie werden wahrscheinlich mit einem Anstieg der Lizenz- und Werbeabgaben konfrontiert werden, vor allem, wenn Sie als einer der ersten im Franchisesystem angefangen haben. Eventuell sind die Gebühren zusammen mit dem Wachstum des Systems gestiegen. Aber auch dafür gibt es keine Regel, denn manche Franchisegeber behalten die vorhandene Lizenzstruktur bei, wenn Sie Franchiseverträge verlängern.

Sie müssen sehr oft Umbauten in Kauf nehmen. Es ist üblich, dass Franchisegeber vom verlängernden Franchisenehmer fordern, all das nachzuholen, was die Mehrheit der anderen Franchisenehmer tun muss. Sie sollten jedoch die Ohren spitzen, wenn der Franchisegeber sehr umfangreiche Umbauten verlangt. In gewissem Rahmen sind Umbauten verständlich und vertretbar, weil der Franchisegeber Konsistenz wünscht. Über den »Rahmen« lässt sich streiten. Möchten Sie beispielsweise weitere zehn Jahre mit dem hellrosa Anstrich leben, wenn alle neuen Franchiseunternehmen lavendelfarbige Wände haben? Wahrscheinlich müssen Sie streichen, neuen Teppich legen, neue Schilder aufstellen, die Sitzbereiche verändern, neue Einrichtungsgegenstände einbauen oder einen Autoschalter einrichten. Vielleicht gibt der Franchisegeber einen Maximalbetrag für diese Umbaukosten an (und begrenzt so den vom Franchisenehmer aufzubringenden Geldbetrag), oder er setzt einen finanziellen Anreiz. Sie sollten herausfinden, was für Angebote es gibt.

 Wenn Sie Geschäftssinn besitzen und das neue Design der Standorte einen positiven Einfluss auf den Umsatz der neuen Standorte hat, überlegen Sie sich, ob Sie Ihren Laden umbauen, auch wenn der Franchisegeber das nicht von Ihnen fordert und Ihr Vertrag noch nicht abgelaufen ist.

Wie bereits angesprochen, sind manche Franchisegeber strenger in Bezug auf die Einheitlichkeit der Standorte als andere. Bei der Firma American Leak Detection in Palm Springs, Kalifornien, muss ein Franchisenehmer lediglich ein guter Teamspieler und gut im Geschäft sein, um eine Verlängerung zu erhalten. Nicht mehr und nicht weniger. Auch wenn das Unternehmen ständig die elektrische Ausrüstung auf den neuesten Stand bringt, um Wasser-, Luft- Gas- und Öllecks aufzuspüren, müssen die Franchisenehmer bei einer Verlängerung nicht mehr bezahlen. Die Einforderung von Änderungen, vor allem solcher, die Ihre Einnahmen betreffen, könnten Ihre Entscheidung bezüglich der Verlängerung beeinflussen. Angenommen, ein Franchisegeber fordert bei der Verlängerung einen umfangreichen Umbau und bietet Ihnen nur eine fünfjährige Laufzeit für die Verlängerung an. Ist eine so kurze Zeit solch große Umbauten und Investitionen wert? Um das zu beantworten, muss man ganz schön mit den Zahlen jonglieren. Sie sollten also Ihre Truppen zusammenrufen. Vergewissern Sie sich, dass Sie, Ihr Anwalt und Ihr Wirtschaftsprüfer alle Papiere durchgegangen sind, bevor Sie sich auf künftige Zugeständnisse einlassen.

Franchisegeber erwarten bei einer Verlängerung auch noch andere Dinge. Sie möchten einen Beweis dafür sehen, dass Sie den jetzigen Standort behalten können oder einen anderen gefunden haben, das heißt sie wollen einen Mietvertrag oder eine Übertragungsurkunde sehen. Sie möchten nämlich vermeiden, dass Sie die Hühnchen mitten auf der Strasse grillen. Weiter ist es üblich, dass Sie eine allgemeine Haftungsfreistellung gegenüber den Forderungen unter der vorhergehenden Franchisebeziehung unterzeichnen. Dahinter steckt der Gedanke: Wenn Forderungen gegen uns bestehen, dann erheben Sie Ihre Ansprüche jetzt.

 Ihr Anwalt muss das neue Dokument sehr sorgfältig auf Abweichungen vom ursprünglichen Vertrag hin lesen, beziehungsweise auf Punkte, in denen Ihrem Franchisegeber Entlastung erteilt wird, obwohl eventuell unter der alten Vereinbarung noch Forderungen offen sind. Bei einem Franchisevertrag kann, wie bei allen anderen Verträgen auch, ein einziges Wort einen großen Unterschied machen.

Achten Sie auf grundsätzliche Änderungen an den wesentlichen Geschäftsbedingungen der Beziehung. Ein wichtiger Punkt ist heutzutage die Beilegung von Streitigkeiten in einem Franchiseunternehmen. Vielleicht verlangt der Franchisegeber jetzt die Schlichtung durch eine neutrale Partei. Ein großer Gegensatz dazu, rechtliche Schritte dort einzuleiten, wo der Franchisegeber sitzt (siehe auch Kapitel 10). Anlass für Streitigkeiten sind auch Gebietsverletzungen oder wenn jemand Produkte oder Dienstleistungen in Ihrem Bereich verkauft (lesen Sie dazu auch Kapitel 8). Achten Sie darauf, dass sich die Richtlinien nicht geändert haben oder dass Sie damit leben können, wenn sie sich doch geändert haben sollten.

 Die Zeiten haben sich wirklich geändert. Zu der Zeit, als die meisten Franchiseverträge unterschrieben wurden, waren Alternativstandorte vielleicht nicht so beliebt und Internetmärkte wurden überhaupt noch nicht in Betracht gezogen. Da jedoch E-Commerce keine festen Standorte benötigt, werden solche Webseiten einfach erforderlich, um die Marke wettbewerbsfähig zu halten, und gehören nicht in das Gebiet des Franchisenehmers. Achten Sie darauf, dass Sie die vollen Auswirkungen, die solche Änderungen auf Ihre Geschäfte haben könnten, wirklich verstehen. Sie müssen aber auch begreifen, dass im Zeitalter des Internets Ihre Konkurrenz womöglich nicht mehr nur um die Ecke, sondern in einem anderen Land sitzt, so dass in einigen Geschäftszweigen die Idee des Gebietsschutzes genauso antiquiert ist, wie ein Marktschreier, der Ihnen die Neuigkeiten der letzten Woche mitteilt.

Änderungen aushandeln

Sie sind der Ansicht, dass Sie in all den Jahren sehr loyal waren. Sollte der Franchisegeber bei der Verlängerung nicht mal fünf gerade sein lassen? Sie werden es nicht erfahren, wenn Sie ihn nicht fragen.

Ein Bereich, der das Verhandeln wert ist, ist die Haftungsfreistellung. Der typische Vertrag sieht eine allgemeine Entlastung von allen Forderungen gegen den Franchisegeber vor. Viele Franchisenehmer erreichen durch Verhandeln eine gegenseitige Entlastung von den Forderungen gegenüber dem Franchisegeber und dem Franchisenehmer.

Sie können auch versuchen, Änderungen an den Gebietsrechten, den Schulungen, den Verlängerungsgebühren und den Umbauanforderungen auszuhandeln. Vielleicht erreichen Sie ein Abkommen, wonach die Kosten für die Renovierung nach oben begrenzt werden, wenn kein Maximalbetrag ausgemacht wurde. Oder vielleicht erreichen Sie ein Splitting der Lizenzerhöhung.

 Es ist nicht so unüblich, Änderungen an den Gebietsrechten, den Schulungen, den Verlängerungsgebühren und zusätzlichen Kapitalkosten auszuhandeln. Änderungen an der aktuellen Lizenzgebühr und den Werbeabgaben allerdings sind eher unwahrscheinlich. Wenn man darüber nachdenkt, hat das auch einen Sinn. Als Sie dem System beitraten, hatten die Kosten für den Betrieb des Systems und die Unterstützung der Franchisenehmer eine bestimmte Höhe; mit der Zeit hat sich hier etwas geändert. Beim Werbeetat belastet die bevorzugte Behandlung einer bestimmten Gruppe – zum Beispiel niedrigere Abgaben für Franchisenehmer, die ihren Vertrag verlängern möchten – den Werbeetat, der dem System zur Verfügung steht, was sich unter Umständen nachteilig auf die Beziehung des Franchisegebers zu seinen anderen Franchisenehmern auswirken könnte, die einen anderen und wahrscheinlich sogar höheren Beitrag leisten.

Stärke durch Masse kann helfen. Wenn Sie wirklich der Meinung sind, dass die Vertragsänderungen sich für Ihre Geschäfte nachteilig auswirken oder einfach nicht fair oder gerechtfertigt sind, sprechen Sie mit den anderen Franchisenehmern, und bitten Sie diese um ihre Meinung. Eine gute Adresse, mit der die Verhandlungen durchzuarbeiten sind, sind der Franchisenehmerbeirat oder ein Franchisenehmerverband. (Mehr darüber in Kapitel 10.)

Wenn Ihre Verhandlungen fehlgeschlagen sind, als Sie noch ein Grünschnabel unter den Franchisenehmern waren, schöpfen Sie Mut. Joyce G. Mazero, der führende Anwalt für Franchiserecht bei Jenkens & Gilchrist mit Sitz in Dallas, sagt, dass Franchisenehmer, die verlängern möchten, nur dann mehr Verhandlungskraft erhalten, »wenn die Franchisegeber an der Beziehung verdienen. Hebelwirkung ist der Schlüssel zum Erfog. Sie haben nicht so viel Hebelwirkung einzubringen«.

 Häufig machen Franchisenehmer den Fehler, einen Anwalt zu beauftragen, der die Schlacht mit dem Franchisegeber für sie ausfechten soll, anstatt sich mit dem Franchisegeber hinzusetzen, ihre Sorgen zu besprechen und eine Lösung auszuhandeln. Die einzigen, die von diesen unnötigen rechtlichen Auseinandersetzungen profitieren, sind Anwälte und Gruppen von Rechtsanwälten, die nur deshalb noch im Geschäft sind, weil sie Streitigkeiten zwischen Franchisegebern und Franchisenehmern fördern. Besprechen Sie sich zuerst mit Ihrem Franchisegeber. Recht und Gesetz können Sie immer noch einschalten, wenn Ihre Sorgen sich nicht zerstreuen lassen.

Ein würdevoller Abschied

Was Sie nicht tun sollten, wenn Sie Ihren Abschied nehmen wollen, ist einfach das Licht ausschalten, die Tür zusperren und verschwinden. Wenn Sie auf diese Weise gehen, haben Sie Schweiß und Mühe und auch Ihr Kapital vergeudet, das Sie über die Jahre in das Geschäft gepumpt haben. Auch wenn Sie verschwinden möchten, muss Ihr Unternehmen nicht verschwinden. Es hat einen Wert, und den sollten Sie sich sichern.

Wenn Sie weg möchten, können Sie Ihre Nutzungsrechte am Franchisevertrag »verkaufen« (oder »verteilen« oder »übertragen«, je nachdem wie es in Ihrem Vertrag formuliert wurde), und Sie können Ihre Anlagewerte veräußern (das Gebäude, die Einbauten und die Einrichtung, wenn Sie sie besitzen). Damit lassen sich ein paar Mark verdienen.

Das Timing ist entscheidend

Es hat schon seinen Grund, warum Sie Ihren Laden morgens pünktlich öffnen, mehr Angestellte einstellen, die in den Abendstunden bedienen, wenn die Kundschaft Vitamine einkauft oder sich nach der Arbeit ihre Haare schneiden lässt. Ebenso gibt es einen Grund dafür, dass Sie darauf bestehen, dass die Kunden 20 Sekunden nach Betreten des Ladens begrüßt werden: Er heißt Timing. Es hat seinen Sinn, das Franchiseunternehmen nach der Uhrzeit zu betreiben. Und das gilt auch für den Verkauf des Unternehmens.

Es gibt die richtige Zeit und die falsche Zeit, um das Unternehmen zu verlassen. Dafür sind äußere und auch innere Umstände verantwortlich.

»Innere Umstände« betreffen Sie. Es ist ganz wichtig, dass Sie sich unter die Lupe nehmen. Fragen Sie sich, warum Sie alles hinwerfen wollen und wann der richtige Zeitpunkt dazu wäre.

Wenn Sie sich ausgebrannt fühlen, was könnten Sie tun, um sich ein bisschen zu erholen? Vielleicht brauchen Sie einfach einmal lange Ferien, um die Batterie wieder aufzuladen. Oder sind Sie so am Ende, dass nur noch Aussteigen hilft? Wenn Sie wirklich so ausgebrannt sind, sollte Sie lieber früher als später aufhören, bevor Ihre Ausstrahlung dem Unternehmen Schaden zufügt. Denken Sie daran: Ein schlechter Ruf verbreitet sich schneller als ein guter.

Vielleicht sind Sie auch einfach deprimiert. Jeder kennt jemanden, der sich Tag für Tag zum gleichen Arbeitsplatz geschleppt hat. Nach 25 Jahren gab es eine goldene Uhr. Nach 25 weiteren Jahren gab es die Verabschiedung in Form eines Abendessens (mit ein bisschen Glück vielleicht Hummer und Champagner). Sie haben sich geschworen, nie so lange zu bleiben, wenn Sie nicht froh dabei sind.

Vielleicht hat Ihr Geschäft Sie überholt: Sie haben nicht die nötige Sachkenntnis und das entsprechende Geld, um es auf die nächste Stufe zu bringen. Vielleicht hätten Sie, bevor Sie ernsthaft krank wurden, auch nie daran gedacht, Ihr Franchiseunternehmen zu verkaufen. Es ist in beiden Fällen sinnvoll, jetzt zu gehen, bevor das Unternehmen, und entsprechend sein Preis, im Wert sinkt.

Angenommen, Sie möchten verkaufen, weil Sie etwas anderes vorhaben – ein neuer Job, Umzug oder Rente. In solchen Fällen spielen die Finanzen eine entscheidende Rolle. Müssen Sie einen bestimmten Preis erzielen, um das neue Unternehmen zu finanzieren oder eine sorgenfreie Rentenzeit zu sichern? Müssen Sie in einem bestimmten Zeitraum verkauft haben, um das neue Unternehmen loszutreten?

Natürlich kann auch bei der besten Planung etwas schief gehen. Vielleicht hatten Sie vor, in fünf Jahren in den Ruhestand zu treten, und plötzlich kommt ein ungewolltes aber unglaublich gutes Kaufangebot ins Haus geflattert. Das könnte genug Grund sein, den Hammer jetzt schon an die Wand zu hängen.

So, und nun etwas über die »äußeren Umstände«.

Konzentrieren Sie sich auf die Wirtschaft. Gute Zeiten sind für den Verkauf und Kauf eines Unternehmens förderlich. Wenn die Zinsen niedrig und die Finanzierung kein Problem darstellt, gibt es mehr Kaufinteressenten. Auch wenn Sie von Ihrem Unternehmen angetan sind: Können Sie es sich leisten Nein zu sagen, wenn das richtige Angebot auf dem Tisch liegt? Vielleicht können Sie mit dem Erlös aus dem Verkauf an einen Ort umziehen, wo Sie schon immer leben wollten, und dort in ein neues Franchiseunternehmen investieren – vielleicht sogar in eins vom gleichen Franchisegeber.

Schauen Sie sich auch in der Gegend um, in der Ihr Franchiseunternehmen sich befindet. Machen neue Geschäfte auf? Wird die Gegend wiederbelebt? Macht der Vermieter größere Anstrengungen als früher? Wenn die Antwort auf diese Fragen Ja ist, könnte das den Preis Ihres Unternehmens in die Höhe treiben. Wenn dagegen das Viertel runterkommt, haben Sie den Zug verpasst. Versuchen Sie weg zu sein, bevor der neue Mega-Buchladen neben Ihrem kleinen Buchladen eröffnet oder bevor ein geschäftsfeindliches Gesetz in Kraft tritt.

Achten Sie dann auch auf die Branche. Wenn Sie blüht, könnte das Ihr Fahrschein ins Glück sein. Sie sollten Ihr Unternehmen zu Geld machen, bevor der Markt gesättigt, der Trend alt ist oder bevor eine neue Technik Ihr Unternehmen überflüssig macht.

Und schließlich sollten Sie auch darauf achten, wie es Ihrem Franchisegeber geht. Wir wissen, dass Sie bereits gründliche Nachforschungen angestellt haben, bevor Sie das Franchiseunternehmen kauften, aber die Dinge ändern sich, zum Guten wie zum Schlechten. Wenn die Zahlen in vergleichbaren Branchen schlechter werden, weil eine innovative Konkurrenz in den Markt strömt, so könnte es an der Zeit sein, sich zu verdrücken, bevor es allgemein bekannt wird. Oder vielleicht finden Sie auch heraus, dass der Franchisegeber eine neue Produktpalette entworfen hat, die mächtig einschlagen wird. In diesem Fall ist es vielleicht an der Zeit, in weitere Standorte zu investieren. Marktführer haben einen höheren Wert. Systeme, die auf dem absteigenden Ast sind, einen geringeren.

Schauen Sie sich den Markt an, und entscheiden Sie:

- ✔ Nimmt die Konkurrenz neue Produkte in ihr Angebot auf, während bei Ihrem System keine Veränderungen zu erwarten sind?
- ✔ Wurde gerade der dritte Präsident in zwei Jahren eingestellt?
- ✔ Geht es dem Franchisegeber wie in Kapitel 11 beschrieben (ist er bankrott)?

Wenn Sie auf diese drei Fragen »Ja« antworten können, so steigert das den Verkaufspreis für Ihr Unternehmen nicht gerade.

Ein neuer Käufer kann Wachstum erwarten, wenn folgende Bedingungen erfüllt sind:

- ✔ Die Marke ist stark aufgrund der Einführung neuer Produkte und einer guten Marketingstrategie.
- ✔ Die Marke ist stark, weil das System wächst und sich darauf konzentriert, wesentliche wirtschaftliche Stärke zu erreichen.

✔ Die Marke ist stark, weil die Kundschaft gerne in jedes Geschäft der Kette kommt.

✔ Ein potenzieller Käufer wünscht sich einen Franchisegeber, der finanzstark, Franchisenehmer-freundlich und vorausschauend ist. Passt die Beschreibung auf Ihren?

Wenn sich Ärger zusammenbraut, oder wenn es Unbekannte im Zusammenhang mit dem Franchisegeber gibt, könnten Käufer abgeschreckt werden oder der Wert Ihres Unternehmens sinken. Achten Sie auf Entwicklungen wie Rechtsstreitigkeiten mit Franchisenehmern, unkontrolliertes Wachstum, schleppende Umsätze im gesamten System, nicht vorhersehbare Franchiseschließungen, inakzeptable Änderungen an den neuen Franchiseverträgen, Umstrukturierungen in der Geschäftsführung oder die Übernahme des Franchisegebers.

Genau wie potenzielle Hauskäufer möchten potenzielle Käufer eines Franchiseunternehmens wissen, warum Sie verkaufen wollen. Ihre Gründe könnten Auswirkungen auf den Preis haben. Wenn ein Käufer merkt, wie dringend es ist, wird er versuchen, den Preis zu drücken. Wenn ein Käufer begreift, dass Sie sich in einer aufstrebenden Branche befinden, wird er noch etwas drauflegen, um den Laden zu übernehmen.

Alles den Kindern hinterlassen – vielleicht

Der kleine Peter hat schon den Fußboden gefegt, da war der Besen noch größer als er. Die kleine Marie hat schon Werbebriefe in Umschläge gesteckt, da konnte sie noch keinen ganzen Satz schreiben. Kommt Ihnen das bekannt vor? Es ist nicht unüblich, dass ein Franchiseunternehmen zur zweiten Heimat der Kinder wird. Aber haben Sie auch schon einmal daran gedacht, dass sie nicht nur kleine Helfer sind, sondern auch potenzielle Nachfolger?

Die Zahl der Franchisenehmer, die so denken, wächst.

Ihre Kinder haben hart gearbeitet, mögen das Unternehmen und haben zur Wertschöpfung beigetragen. Wäre es nicht perfekt, ihnen das Unternehmen zu überlassen? Wie alle Eltern trauen auch Sie Ihren Kinder alles zu. Aber hier geht es nicht um ein unabhängiges Geschäft, sondern Sie müssen Ihren Franchisegeber von dem Können Ihrer Kinder überzeugen. Der Franchisegeber muss nicht unbedingt der Meinung sein, dass der Apfel nicht weit von Stamm fällt.

Franchisegeber behalten sich normalerweise das Recht vor, die Übertragung der Besitzrechte zu genehmigen, auch wenn es sich um Familienmitglieder handelt. Wenn der Besitzer stirbt, erlauben manche Franchisegeber die Übertragung des Franchiseunternehmens an den Partner oder die Erben ohne eine Genehmigung. Manche erteilen die Genehmigung innerhalb eines festgelegten Zeitraums, zum Beispiel 12 Monate. Wieder andere erteilen eine sofortige Genehmigung. Manche Franchisegeber erlassen dem Partner, den Eltern oder den Kindern die Übertragungsgebühr, andere nicht.

 Normalerweise werden im Vertrag keine Kriterien für die Genehmigung der Übertragung festgelegt, Sie müssen also dem Franchisegeber vorher auf den Zahn fühlen, was er wohl für Forderungen stellen wird. Es mag sicher auch nicht verkehrt sein, wenn Sie dem Franchisegeber Ihren Sohn oder Ihre Tochter schon einmal vorstellen.

Nehmen Sie Ihren Nachwuchs wenn er alt genug dafür ist, mit zu Franchiseversammlungen und Schulungen. Manche Franchisegeber akzeptieren Ihre Kinder oder Ihren Partner bereits vorab als künftige Franchisenehmer, wenn sie bereits jetzt das erforderliche Schulungsprogramm zur Zufriedenheit absolvieren.

Ein Grund, warum sich Menschen selbständig machen, ist, dass sie Werte für ihre Nachkommen schaffen möchten. Zu den besten Dingen, die Eltern ihren Kindern mit auf den Weg geben können, gehört ein prosperierendes Unternehmen. Wenn man der Betreiber eines Franchiseunternehmens ist, unterliegt man nicht den Gefahren von Geschäftsübernahmen und Gesundschrumpfungen. Die Kinder erben etwas von Wert. Wir unterstützen es in jedem Fall, wenn Eltern ihr Unternehmen auf ihre Kinder übertragen möchten. Familienmitglieder sind als Franchisenehmer akzeptabel, wenn Sie bereit sind zu tun, was erforderlich ist, damit das Unternehmen läuft. Wenn einer der Franchisenehmer bei Wendy's den Besitz gerne an ein Familienmitglied übertragen möchte (immer mehr Kinder gehören dazu!), dann müssen wir zustimmen. Wir legen bei einer Übertragung die gleichen Maßstäbe an, wie bei dem Verkauf an Dritte: Wer wird der Franchisenehmer? Wer führt das Unternehmen? Wurden Schulungen absolviert? Hat das Unternehmen genug finanziellen Rückhalt? Und in Anbetracht der Familienverhältnisse verzichten wir fast immer auf die US $ 5.000,00 Übertragungsgebühr (außer es handelt sich um eine sehr komplexe Situation).

Die Übertragung oder der Verkauf eines Franchiseunternehmens an Ihre Kinder ist nicht ganz vergleichbar mit dem glänzenden neuen Fahrrad zum 10. Geburtstag. Sie müssen die Übertragung eines Unternehmens planen. Es braucht seine Zeit. Unzureichende Planung kann darüber entscheiden, ob ein Familienunternehmen ohne Probleme auf die nächste Generation übergeht. Gehen Sie nicht davon aus, dass Ihr Franchiseunternehmen Ihr Eigentum ist. Sie verstehen die Rechte, die in Ihrem Franchisevertrag festgelegt wurden, wenn Sie folgende Fragen beantworten:

✔ Welche Vertragsdauer hat Ihr Franchiseunternehmen?

✔ Haben Sie das vertraglich festgelegte Recht, das Franchiseunternehmen zu übertragen? In den meisten Fällen gibt es keinen Unterschied zu dem Recht, das Franchiseunternehmen zu verkaufen. Besprechen Sie sich mit Ihrem Wirtschaftsprüfer, wie man das Franchiseunternehmen bewertet und was für steuerliche Folgen auftreten können.

✔ Welche Verlängerungsoptionen stehen zur Verfügung? Wer muss sie ausüben, um daraus den größten Nutzen zu ziehen?

✔ Fordert der Franchisegeber vom neuen Besitzer, dass er einen neuen Franchisevertrag unterzeichnet, der andere Bedingungen enthält als der zur Zeit gültige?

✔ Hat der Franchisegeber das Vorkaufsrecht, wenn Sie versuchen, Ihr Franchiseunternehmen auf Ihre Kinder zu übertragen?

✔ Sind Ihre Kinder in den Augen Ihres Franchisegebers akzeptable Franchisenehmer? Normalerweise hat er das Recht zu bestimmen, wer der neue Franchisenehmer wird.

Bevor Sie das Zepter aus der Hand geben, ist es wichtig, dass Sie Nachlasspläne aufstellen, die den zur Zeit gültigen Marktwert Ihres Unternehmens festhalten, Nachfolgerpläne erstellen, die die Personal-, Finanz- und Geschäftsziele enthalten, sowie Investitionspläne und schriftliche Strategiepläne.

Die Übertragung eines Familienunternehmens hat finanzielle, rechtliche und steuerliche Konsequenzen. Sie können das Geschäft weitervererben und einige oder alle Anteile verkaufen oder beide Optionen miteinander kombinieren. Lassen Sie sich von Wirtschaftsprüfern, Anwälten für Erbrecht, Anlageberatern, Versicherungsvertretern und Beratern für Familienunternehmen beraten. Vielleicht bietet Ihr Franchisegeber eine Beratung zur Nachfolgerplanung an. Wenn Sie sich über die Bedingungen informieren möchten, kontaktieren Sie den Deutschen Franchise-Nehmer Verband e.V. unter Tel. 0228/250300.

Die erfolgreiche Unternehmensübertragung hängt auch sehr von Ihrer Einstellung als Besitzer ab. Um sich mit der Hinterlassenschaft auseinander zu setzen, muss man sich mit seiner eigenen Sterblichkeit beschäftigen. Außerdem muss man loslassen können. Geben Sie Ihr Wissen weiter (auch wenn es wahrscheinlich ist, dass Ihre Kinder Schulungen als Franchisenehmer machen müssen), und akzeptieren Sie, dass sie manches anders machen werden, als Sie es getan haben. Lassen Sie sie aus Ihren Fehlern lernen. Und drücken Sie das Franchiseunternehmen Ihren Kindern nicht auf, sie müssen selbst entscheiden. Das Gefühl für das Unternehmen, das Sie vermitteln, sei es beim Abendessen oder wenn Sie hinter den Tresen stehen, beeinflusst sie von Anfang an. Wenn Sie klagen, werden sie es auch tun, und wenn Sie positiv denken, werden Sie sehen, wie sich ein gutes Gefühl ausbreitet.

Auch Ihre Kinder müssen Ihren Anteil leisten. Es mag zwar leicht erscheinen, einfach ins Familienunternehmen einzusteigen, Vorstellungsgespräche zu umgehen und keinen Anzug tragen zu müssen. Doch ein fehlender Arbeitshintergrund tut auch bei dem Antritt des Erbes nicht gut. Erfahrungen, die man von außen mitbringt, tragen zur Glaubwürdigkeit bei und sie verhindern, dass bei den Angestellten die Einstellung »Sohn vom Chef« aufkommt.

Welches Kind ist für den Job am besten geeignet? Sie können es vermeiden, in die Auseinandersetzung über die Nachfolge verwickelt zu werden, wenn Sie die Kinder unter sich entscheiden lassen. Viele Experten raten dazu, sich rauszuhalten, damit sie rausfinden, wer der kompetenste ist, vielleicht erhalten Sie auch Rückmeldung vom Vorstand, sofern es einen gibt. Schließlich müssen Ihre Kinder auch mit der Entscheidung leben.

Verkaufen

Der kluge Franchisenehmer dirigiert seinen Abtritt von der Ouvertüre bis zum großen Finale. Sie denken sich einen persönlichen Unternehmensplan aus, wie und wann Sie gehen. Auf diese Weise stehen Sie mit einem Fuß fest im Unternehmen, während der andere schon in der Tür steht.

Es ist sinnvoll, sich einige Jahre im Voraus vorzubereiten. Sie möchten vielleicht etwas dazu beitragen, um den Wert des Unternehmens zu steigern, das braucht seine Zeit. Sie müssen auch

Nachforschungen anstellen und ein angemessenes Verkaufswerkzeug wählen. Wenn Sie das Franchiseunternehmen einmal zum Verkauf angeboten haben, kann es gleich weg sein, oder es dauert Wochen und Monate oder sogar Jahre, bis der Verkauf besiegelt wird. Außerdem müssen Sie den Franchisegeber in Ihrer zeitlichen Planung berücksichtigen, denn er hat ein Mitspracherecht bei verschiedenen Angelegenheiten, bevor der Handel perfekt ist.

Man kann sagen, dass 20 Prozent der zum Verkauf angebotenen Unternehmen gleich weg sind. Die anderen 80 Prozent dagegen nicht, denn sie sind übertreuert oder der Besitzer hat sein Unternehmen nicht in Schuss. Bereiten Sie sich also vor – und dann viel Glück.

Wie Sie das meiste aus dem Unternehmen herausholen

Der Franchiseverkauf ähnelt dem Hausverkauf. Sie müssen zwar kein Feuer im Kamin anzünden oder den Duft von frischem Apfelkuchen verströmen lassen, aber Ihr Unternehmen sollte den Eindruck machen, dass es gut läuft, wenn potenzielle Käufer es betreten. Die Mühe, die Sie in den Verkauf investieren, beeinflusst, was Sie am Ende herausbekommen.

Beginnen Sie mit den Finanzen. Ohne Zweifel wird ein potenzieller Käufer sich vor allem dafür interessieren, was unter dem Strich für ihn übrig bleibt. Ist Ihr Unternehmen rentabel? Die einzige Methode, mit der man es beweisen kann, ist, wenn die Bücher tipptopp in Ordnung sind, sodass sie die strengste militärische Kontrolle durchlaufen könnten. Geben Sie sich mindestens drei Jahre Vorlauf, um wirklich akkurate Bücher vorweisen zu können. Mit akkurat ist gemeint, dass Sie den Cadillac, die Kunstobjekte und andere persönliche Vermögenswerte, mit denen Sie Ihre Steuerlast vermindern wollten, aus den Büchern nehmen. Die Bücher sollten wirklich nur die wahren Einnahmen und Ausgaben des Unternehmens wiedergeben. Erstellen Sie die Finanzberichte in Übereinstimmung mit den buchhalterischen Prinzipien, und überlegen Sie, ob Sie auch die Jahresbilanzen hinzufügen sollten. Versuchen Sie, sämtliche Zahlungsverpflichtungen, Pfandrechte und Forderungen von Lieferanten, Kunden oder anderen Parteien zu begleichen. Sprechen Sie zur Planung der Finanzen bereits im Voraus mit Ihrem Buchhalter oder Anwalt, um eventuell Fonds einzurichten, damit Sie nicht in Schwierigkeiten geraten, wenn noch Umsatzsteuer zu entrichten ist oder Ähnliches.

Auch den anderen Papierkram sollten Sie in Ordnung bringen. Potenzielle Käufer sehen Werte in solchen Dingen wie Unternehmensplanung, Personalunterlagen, Lieferantenverträgen, Betriebsdiagrammen und natürlich auch in den wohlstrukturierten Franchisehilfsmaterialien. Behalten Sie sämtliche Schulungs- und Systemhandbücher sowie die zusätzlichen Informationen, die eventuell gelegen kommen könnten, wie zum Beispiel Unterlagen von Seminaren oder Zusammenkünften, Übersichten, die Titel und Informationen zur Umwelt.

Dann ein paar kosmetische Veränderungen. Sie sollten bereits alles in Schuss haben, denn Sie müssen den Standards Ihrer Kunden gerecht werden. Dennoch, jedes Unternehmen kann hier und da noch ein bisschen Aufpolieren vertragen. Sie sollten Ihr strengster Kritiker sein, gehen Sie gegen die Punkte vor, die der Kunde und auch der Käufer, sehen würden. Hier zahlt sich eine routinemäßige Wartung bei geringen Kosten aus. Vielleicht kaufen Sie ein paar neue Jalousien, streichen die ein oder andere Wand und räumen die Speisekammer auf.

Größere Investitionen muss man besser planen. Sollten Sie beispielsweise Ihre Ausstattung erneuern oder umstrukturieren, damit Sie den aktuellen Standards gerecht wird, oder überlassen Sie es dem neuen Franchisenehmer, sich damit auseinander zu setzen und dafür zu zahlen? Welchen Einfluss hätte die Investition oder die Nichtinvestition auf den Verkaufspreis oder den gesamten Verkauf? Die Antwort hängt auch davon ab, wie früh Sie anfangen (werden Sie vor dem Verkauf noch von der Investition profitieren?), sowie vom Umfang der Anforderungen, die der Franchisegeber bei der Übertragung stellt.

Jetzt ist nicht der Moment, die Scheuklappen aufzusetzen. Egal, warum Sie aussteigen, reißen Sie sich zusammen, und betreiben Sie Ihr Unternehmen so, dass Sie seinen Wert steigern. Achten Sie darauf, dass Ihre Angestellten Leistung bringen, den Kundendienst im Auge behalten, das Lager gut gefüllt haben, und machen Sie weiterhin Marketing, damit neue Kunden kommen. Läuft das Geschäft wie gewohnt, desto besser sind Ihre Chancen auf eine Verkauf.

Man kann sagen, dass einige der Vorbereitungen zum Kauf eines Franchiseunternehmens sich auszahlen, wenn Sie es wieder verkaufen. Die Wahl des Standorts war doch eine richtige Herausforderung, oder nicht? Es zahlt sich aus: Viele Käufer betrachten den Standort als Hauptfaktor zur Wertbestimmung. Mietverträge, die noch ein paar Jahre laufen und Optionen auf eine Verlängerung bieten, sind Pluspunkte beim Verkauf. Leasingverträge für zum Beispiel überflüssige Einrichtungsgegenstände sind dagegen Minuspunkte. Erinnern Sie sich noch an die Zeit, die Sie in die Schulung Ihrer Mitarbeiter investiert haben? Vielleicht ist der potenzielle Käufer davon so beeindruckt, dass einige Ihrer Angestellte übernommen werden. Und wie sieht es mit dem Pflichteifer bei der Kundenloyalität aus? Wenn Sie dem neuen Besitzer eine strukturierte Datenbank mit Kundennamen übergeben können, hat er einen Vorsprung.

Sie können schließlich den Handel noch versüßen und das Unternehmen beim Wiederverkauf im Wert steigern. Eine legitime Sorge eines Käufers ist, ob Sie beabsichtigen, demnächst ein ähnliches Unternehmen in der Nähe zu eröffnen. Er macht sich Gedanken, schätzt, dass Sie wahrscheinlich ganz leicht Ihren Erfolg noch verdoppeln könnten und wohl ein Stück von seinem Kuchen abschneiden werden. Der Punkt erübrigt sich, wenn Sie vom Franchisegeber durch ein Wettbewerbsverbot gebunden sind. Sie könnten andernfalls die Sorge des Käufers zerstreuen, wenn Sie ein eigenes Abkommen zum Wettbewerbsverbot aufsetzen. Sie könnten auch eine Art Finanzierungsarrangement anbieten oder dem neuen Besitzer innerhalb eines festgelegten Zeitraums alles Wissenswerte beibringen. Solche Vereinbarungen binden Sie zwar etwas länger an das Unternehmen, aber wenn Sie dabei helfen, dass Sie das Gewünschte dafür bekommen, sollten Sie sie eingehen.

Die Bewertung des Unternehmens

Sie erwarten sicher, dass wir hier mit Ihnen Klartext über Geld reden. Wie viel können Sie für Ihr Unternehmen verlangen? Die Beantwortung dieser Frage ist nicht so einfach. Früher waren viele Unternehmensberater und Makler schnell dazu bereit, Formeln herunterzubeten, meist ein Mehrfaches des Cashflow. Aber man ist weiser geworden und hat realisiert, dass zu viele Faktoren in die

Bewertung eines Franchiseunternehmens eingehen, so dass es von Fall zu Fall verschieden ist. Jedes Unternehmen muss für sich genommen bewertet werden.

Und noch ein Grund, warum die Faustregeln nicht funktionieren. Angenommen, Sie legen der Bewertung lediglich den Bruttoumsatz zugrunde. Der Unterschied zwischen einem Franchiseunternehmen, bei dem der Umsatz von DM 1 Million auf DM 500.000 gesunken ist und einem Unternehmen, bei dem der Umsatz von DM 250.000 auf die gleichen DM 500.000 gestiegen ist, ist groß. Es gibt ebenfalls einen großen Unterschied zwischen einem Franchiseunternehmen, bei dem die Vertragsdauer noch drei Jahre beträgt, und einem, bei dem sie 23 Jahre beträgt.

Die Bewertungen basieren auf den finanziellen Fakten des Unternehmens, der allgemeinen Lage in der Branche, der Lage des Unternehmens in der Branche, dem Standort des Unternehmens und des Timings. Wichtig für die Bewertung ist, dass die Zahlen korrekt sind und der ultimative Wert auf dem Cashflow, den Anlagewerten und der Kapitalrendite, die der Käufer erwartet, beruht.

Sie können Ihr Unternehmen höher bewerten, wenn die Vertragsdauer noch nicht um ist, als wenn Sie am Ende der letzten Verlängerung stehen.

Bei einer Übertragung des Franchiseunternehmens fordern viele Franchisegeber vom Käufer, den dann geltenden Franchisevertrag zu unterzeichnen, gewähren aber gleichzeitig nicht die gesamte Laufzeit und die Möglichkeit zur Verlängerung, wie es bei neuen Franchisenehmern der Fall wäre. Der Vertrag wird dahingehend geändert, dass nur die verbleibende Laufzeit und die noch nicht in Anspruch genommene Verlängerung gewährt werden, wie sie im Originalvertrag vereinbart wurden. Der Unterschied zwischen 3 und 23 Jahren Laufzeit kann sich entscheidend auf den Verkaufspreis des Unternehmens auswirken. Finden Sie heraus, wie viel Zeit Ihr Franchisegeber dem neuen Franchisenehmer gewähren wird. Franchisegeber sind häufig für eine frühere Verlängerung, vor allem, wenn der Franchisevertrag nur noch eine kurze Dauer hat, oder sie gewähren dem neuen Franchisenehmer die volle Vertragsdauer.

Sie können sicherlich auch den Franchisegeber und andere Franchisenehmer befragen, für wie viel vergleichbare Unternehmen verkauft wurden, aber erwarten Sie nicht, dass der Franchisegeber Ihnen beim Festlegen des Preises hilft. Daraus könnte ein Interessenkonflikt entstehen, wenn der Franchisegeber ein Vorkaufsrecht auf Ihr Unternehmen besitzt. Der Franchisegeber könnte damit auch auf andere Weise haftbar werden, wenn er einen Verkaufspreis nennt, der um einiges unter dem liegt, was Sie erwarten können.

Lassen Sie das Unternehmen bewerten, das ist die Investition wert. Es ist das Beste, wenn man eine unabhängige dritte Partei findet, die die Bewertung vornimmt. Hierbei könnte es sich um einen Sachverständigen, Unternehmensmakler, Wirtschaftsprüfer, Anwalt oder Unternehmensberater handeln, solange die jeweilige Person nichts mit dem Verkauf zu tun hat. Glaubwürdigkeit ist ein wichtiges Kriterium. Wenn der Makler, der Ihr Unternehmen anbietet, auch die Bwertung des Unternehmens vorgenommen hat, so sieht das für den Käufer unter Umständen so aus, als hätte er die Zahlen geschönt. Finden Sie heraus, was Ihr Unternehmen wert ist und warum es so viel wert ist, und zwar bevor Sie sich bei einem Makler melden.

Die Kosten für eine Bewertung variieren. Das hängt ab vom Unternehmen, dem Zustand der Bücher und der Anzahl von Standorten. Sie müssen sich vergegenwärtigen, dass eine Bewertung ungefähr 30 Tage dauert – und diese Dauer auch in Ihrer Zeitplanung berücksichtigen.

Denken Sie hierbei wie auch beim Hausverkauf daran, dass der Preis, den Sie verlangen, nicht der Preis sein muss, für den Sie verkaufen. Bereiten Sie sich auf Verhandlungen vor, und seien Sie bereit zu Kompromissen. Versuchen Sie die Motivation des Käufers zu verstehen, versetzen Sie sich in seine Lage. Es ist klar, dass es schwer ist, sich von etwas zu trennen, das Sie Blut, Schweiß und Tränen gekostet hat, aber es zahlt sich aus, beim Verkauf ruhig, rational und freundlich zu bleiben.

Nach den Spielregeln des Franchisegebers spielen

Sie sind beim Verkauf eines Franchiseunternehmens nicht frei. Auch wenn Ihnen ein potenzieller Käufer ein Superangebot macht, können Sie nicht offiziell zugreifen, bevor Sie das ein oder andere Detail mit Ihrem Franchisegeber geklärt haben.

Erstens hat der Franchisegeber ein Vorkaufsrecht. Das bedeutet, dass bei einem angemessenem Angebot durch einen potenziellen Käufer, die Rechte des Franchisenehmers am Franchisevertrag oder den Anlagen zu kaufen, der Franchisegeber das Recht hat, innerhalb eines bestimmten Zeitraums das Unternehmen zu eben diesen Bedingungen zu kaufen. Sehen Sie sich den Franchisevertrag an: Welche Rechte hat sich der Franchisegeber vorbehalten, wie müssen Sie ihn von dem möglicherweise bevorstehenden Verkauf in Kenntnis setzen, in welcher Form und nach wie vielen Tagen muss er Ihnen antworten.

Anders ausgedrückt, es kann sein, dass Ihr Franchisegeber Ihr Franchiseunternehmen kauft. Viele Franchisenehmer finden diese Regelung problematisch. Und Sie haben Recht. So eine Regelung verletzt Ihre Verkaufsanstrengungen. Stellen Sie sich einmal einen potenziellen Käufer vor, der Monate lang Ihr Franchiseunternehmen überprüft hat und ein Angebot macht, nur um dann zur Seite geschoben zu werden, weil der Franchisegeber hereinspaziert, den gleichen Preis zahlt und es ihm vor der Nase wegkauft. Glauben Sie uns, diese Person wird darüber nicht gerade erfreut sein.

Mancher Käufer mit Erfahrung wird mit Ihnen gar nicht erst verhandeln oder sorgfältig Ihr Unternehmen überprüfen, wenn er damit rechnen muss, dass der Franchisegeber einfach mit seinem Angebot mitzieht. Besprechen Sie diesen Punkt mit Ihrem Franchisegeber, finden Sie heraus, welche Absichten er verfolgt, bevor Sie Ihr Unternehmen zum Verkauf anbieten. Wenn der Franchisegeber beschließt, dass er kein Interesse daran hat, von seinem Vorkaufsrecht Gebrauch zu machen, lassen Sie sich dies schriftlich geben. So ein Beweis könnte die Sorgen eines Käufers zerstreuen.

Dazu kommt noch die Sache mit der Genehmigung. Die meisten Verträge gewähren dem Franchisegeber das Recht, alle Besitzübertragungen zu genehmigen. Sie können sich das etwa so vorstellen, als ob der künftige Ehemann beim Brautvater um Erlaubnis bittet, bevor er um die Hand der Tochter anhält. Es gibt Regelungen, die vorsehen, dass der Franchisegeber seine Zustimmung nur mit gutem Grund zurückhalten darf. Dennoch kann gerade dieser »gute Grund« Anlass für Diskussionen sein.

 Lesen Sie Ihren Franchisevertrag, damit Sie sorgfältig planen können. Die allgemeine Regel für Übertragungen ist normalerweise folgende: Wenn Sie die Kontrolle über das Unternehmen an eine Einzelperson oder eine Gruppe übertragen, egal, ob Familie involviert ist oder nicht, behält der Franchisegeber sich das Recht vor, die neuen Besitzer zu akzeptieren oder abzulehnen. Wenn Sie weniger als eine kontrollierende Beteiligung übertragen, muss der Franchisegeber, egal, ob es sich um ein Familienmitglied handelt, seine Genehmigung nicht aussprechen. Manche Franchisegeber lassen die Übertragung völlig offen und haben das Recht, jede Art der Übertragung zu prüfen.

Normalerweise muss ein neuer Franchisenehmer den Ansprüchen des Franchisegebers entsprechen, Anforderungen an einen Besitzer erfüllen – wie Schulungsteilnahme und Willen zu Umstrukturierungen – und den aktuellen Franchisevertrag unterzeichnen.

Der Franchisegeber erhält auch eine Übertragungsgebühr (sie soll normalerweise Rechts- und Verwaltungskosten decken). Die Übertragungsgebühren sind nicht für alle Käufer gleich, Sie sollten also den genauen Betrag kennen, bevor Sie anfangen über den Preis zu verhandeln. Statt einen festen Betrag zu fordern, berechnen manche Franchisegeber einen Prozentsatz der gerade aktuellen Franchisegebühr oder sogar des Verkaufspreises. Andere senken die Gebühr, wenn der Käufer bereits Franchisenehmer oder ein Angestellter des Franchisegebers oder Franchisenehmers ist.

 Übertragungsgebühren, Schulungskosten und sogar die Kosten für erforderliche Umbauten können Verhandlungsinstrumente sein – aus Ihrer und aus Sicht des Käufers.

Sie dürfen auch damit rechnen, dass der Franchisegeber den Kaufvertrag zwischen Ihnen und dem Käufer sehen will, bevor jemand diesen unterzeichnet. Franchisegeber schauen vor allem auf folgende Punkte:

✔ Etwaige Abweichungen zwischen Kaufvertrag und Franchisevertrag

✔ Tilgung und Hebelwirkung

✔ Bestandsfestigkeit der Transaktion

✔ Struktur von Besitz und Betrieb

✔ Zustand des Betriebs

Bei der Erstellung des Kaufvertrags sollte ein Rechtsanwalt hinzugezogen werden.

Die Firma American Leak Detection kümmert sich beispielsweise um die Verantwortung von Käufer und Verkäufer. Es geht dabei um solche Angelegenheiten wie: Wer kümmert sich um den Schuldeneinzug, wer erledigt die Aufträge vor der Übergabe sowie um Entschädigungen für Versicherungskosten oder die laufende Werbung in den Gelben Seiten. Fragen zu solchen Punkten könnte man als aufdringlich empfinden, aber das Unternehmen fordert diese Informationen ein, um den Käufer zu schützen. »Wir möchten nicht, dass die Käufer blind in etwas hinein laufen,«

so Sheila Bangs, Direktor für Franchiseverkäufe. »Ist der Verkäufer einmal fort, ist der Käufer einer unser Franchisenehmer. Wir möchten, dass alles so läuft, als ob er direkt von uns gekauft hätte«.

Franchisegeber werden bei einer Übergabe auch immer noch ein Wort über die Verpflichtungen des Verkäufers loswerden. Es gibt drei übliche Bedingungen bei einer Übergabe: 1. Der Franchisenehmer muss alle gegenüber dem Franchisegeber und seinen Partnern offenen Rechnungen begleichen; 2. der Franchisenehmer muss dem Franchisegeber Entlastung erteilen; und 3. der Franchisenehmer muss ein Wettbewerbsverbot unterzeichnen. Das Wettbewerbsverbot ist manchmal bereits im Franchisevertrag enthalten.

Außerdem machen manche Unternehmen den Vorschlag, manche empfehlen es, andere fordern es, dass der alte Franchisenehmer noch für einige Zeit an Bord bleibt, um den Übergang zu erleichtern. Sie dürfen auch verlangen, dass der Franchisenehmer als Bürge für das Franchiseunternehmen dabei bleibt, falls das Unternehmen Vorbehalte gegenüber dem Käufer hat. Solche Regelungen haben Vor- und Nachteile. Die Notwendigkeit solcher Vorschriften und Ihr Nutzen kann von den Kenntnissen des neuen Käufers abhängen und auch von der Persönlichkeit des Verkäufers. Auch in einem Unternehmen kann es einem komisch dabei werden, wenn man gebeten wird, seinen Nachfolger einzuarbeiten. Es wird sogar noch komischer, wenn der Nachfolger beginnt, an Ihren ausgefeilten und erprobten Arbeitsmethoden herumzudoktern. Es besteht auch das Risiko der Trennungsangst, für Sie und Ihre Angestellten.

Zu den positiven Auswirkungen zählt, dass interne Betreuung, ein Beratungsvertrag oder die persönliche Vorstellung bei den Lieferanten und Kunden, den Verkaufspreis erhöhen könnten. Käufer könnten Ihre Bereitschaft zu bleiben so interpretieren, dass Sie nichts zu verbergen haben. Und wenn der neue Franchisenehmer ein Genie ist, wird es Ihnen Ruhe geben zu sehen, dass Ihr Unternehmen in guten Händen ist.

Viele Franchisegeber mischen sich nur zögernd in einen Verkauf ein – vor allem wenn sie darum gebeten werden, etwas zum Verkaufspreis zu sagen. Der Grund dafür ist, dass bei einem hohen Verkaufspreis der verkaufende Franchisenehmer den Franchisegeber verklagen kann, wenn dieser den Verkauf stoppt. Andererseits, wenn der Franchisegeber dem neuen Franchisenehmer nicht sagt, dass der Preis sehr hoch ist, und der neue Franchisenehmer die Schulden nicht begleichen kann, dann darf der neue Franchisenehmer den Franchisegeber später deshalb verklagen. Das ist ein Aspekt in der Beziehung, der für Ärger sorgen kann. Viele Franchisegeber haben Formeln ausgearbeitet, die sich mit dem Schuldendienst im Verhältnis zum Cashflow auseinander setzen und die sie den Franchisenehmern zur Verfügung stellen. Solche Formeln geben zwar keine Garantie, aber sie können spätere Schwierigkeiten vermeiden helfen. Es gibt jedoch Präzedenzfälle, in denen der Franchisegeber, wenn er in gutem Glauben handelt, seine Genehmigung zum Verkauf verweigern darf, wenn der Preis als zu hoch anzusehen ist. Manchmal steht es sogar ausdrücklich im Franchisevertrag, wenn ein zu hoher Preis ein annehmbarer Grund für den Franchisegeber ist, seine Zustimmung zum Verkauf zu verweigern.

Die Verkaufsmethode wählen

Okay, das war's. Sie sind bereit, Sie sind überzeugt, dass die Zeit gekommen ist, Sie wissen, was Ihr Unternehmen wert ist, und Sie sind sich Ihrer Verpflichtungen gegenüber dem Franchisegeber bewusst. Nun müssen Sie Ihr Unternehmen nur noch zum Verkauf anbieten.

Wir würden Ihnen davon abraten, es selbst anzubieten. Es ist anstrengend. Außerdem sind Sie Franchisenehmer und kein Makler oder Händler. Überlassen Sie den Verkauf einem Profi, und konzentrieren Sie sich auf Ihr Unternehmen, damit Sie auch etwas zu verkaufen haben.

Logisch ist die Kontaktaufnahme zu Ihrem Franchisegeber. Denn Franchisegeber haben üblicherweise ein Vorkaufsrecht, daher ist es sinnvoll anzufragen, ob sie Ihnen das Unternehmen abkaufen wollen. Der Verkauf an einen Franchisegeber ist normalerweise die schnellste Möglichkeit, aber nicht immer die, die den besten Preis bringt.

Achten Sie vom Kauf Ihres Franchiseunternehmens an darauf, ob es Zeichen dafür gibt, dass Ihr Franchisegeber ein Interesse an einem Kauf hat, wenn die Zeit dafür reif ist. Gibt es Anzeichen, dass der Franchisegeber mehr Einheiten zurückkauft? Positioniert er sich neu, mit mehr unternehmenseigenen Franchises? Verkauft er Teile des Unternehmens anstelle von Aktien an Angestellte? Versucht er, sich in Ihrem Marktsegment zu etablieren?

Der andere Grund für ein Gespräch mit dem Franchisegeber: Wenn der Franchisegeber nicht an dem Kauf interessiert ist, weiß er vielleicht jemand, der Interesse hat. Potenzielle Kandidaten stellen sich logischerweise im Büro des Unternehmens vor. Das sind entweder andere Franchisenehmer oder neue Kandidaten, die liebend gerne Ihr Gebiet oder auch nur irgendein Gebiet übernehmen würden. Der Franchisegeber betrachtet diese Kontakte als »qualifiziert«, wenn sie sich in seiner Datenbank befinden, was den gesamten Prozess beschleunigt.

Abgesehen von diesem Pool an qualifizierten Käufern, haben manche Franchisegeber Programme, die Angestellte dazu ausbilden, Franchisenehmer zu werden. Bei AlphaGraphics Inc., in Tucson, Arizona, können beispielsweise Angestellte in Franchiseeinheiten und im Unternehmenshauptsitz in einem Zeitraum von 3 Jahren einen Anspruch auf einen Kredit von bis zu US $ 40.000,00 erarbeiten, der beim Kauf eines bestehenden Franchiseunternehmens angerechnet wird. Das Nachfolgerprogramm des Unternehmens beinhaltet auch die Unternehmensbewertung durch einen externen Unternehmensberater (Kosten: US $ 5.000,00), Anleitung, wie man den Wert des Unternehmens steiger,t und Marketingservice.

Wir geben vielen unserer eigenen Leute, die bereits in unseren Geschäften tätig sind, die Gelegenheit zum Kauf eines Restaurants, bevor wir an jemand verkaufen, der von der Straße hereinkommt. Wir geben manchmal langjährigen Mitarbeitern eine Franchiselizenz. Wir haben zwar keine Garantie dafür, dass der Angestellte ein guter Franchisenehmer wird, aber wir hoffen darauf und helfen dabei.

Viele Franchisegeber verbreiten Nachrichten in offiziellen Wiederverkaufsnetzen auf inoffizielle Weise. Sie haben Verkäufer, die sich manchmal sogar ausschließlich mit dem Verkauf der vorhandenen Einheiten beschäftigen. Sie werden über Zeitungen oder das Internet vermarktet. Überprüfen Sie, ob der Franchisegeber für diese Dienste eine Provision verlangt.

Es ist manchmal einfacher für den Franchisegeber, ein bestehendes Franchiseunternehmen zu verkaufen als ein neues. Das liegt daran, dass ein bestehendes Franchiseunternehmen wie ein geöffnetes Buch ist. Wenn nach amerikanischem Recht ein Franchisegeber keine Einkommensansprüche (siehe Kapitel 6) geltend macht, kann es für den Käufer schwierig sein, Einkommen vorauszuplanen. Aber wenn ein Franchisegeber ein »lebendiges« Unternehmen verkauft, kann der potenzielle neue Besitzer vorher seine finanzielle Gesundheit prüfen. Das Ergebnis ist, dass jemand, der unbedingt »neu« wollte, vielleicht realisiert, dass »gebraucht« sich manchmal genauso auszahlt, vielleicht sogar besser.

Verlassen Sie sich nicht auf Ihren Franchisegeber, um Kontakt zu anderen Franchisenehmern aufzunehmen. Wenden Sie sich an den Franchisenehmerbeirat (siehe auch Kapitel 10). Machen Sie im Intranet des Unternehmens auf sich aufmerksam, und sprechen Sie auf Versammlungen oder bei anderen Treffen. Wenn Sie in Ihrem System aktiv sind, was Sie sowieso sein sollten, wissen Sie, welche Franchisenehmer auf der Suche nach Neuerwerbungen sind. Normalerweise sind andere Franchisenehmer kritischer mit Ihrem Unternehmen und Ihren Büchern, aber sie sind auch bereit, mehr zu zahlen, um eine weitere Einheit desselben Unternehmens zu erwerben.

Versuchen Sie über die Gemeinschaft Ihres Franchisesystems hinaus auch, Ihr Unternehmen im Internet in einer der Wiederverkaufslisten anzubieten. Seien Sie aber vorsichtig, denn so eine Verkaufstechnik macht die Informationen auch den Geschäftsführern und der Belegschaft zugänglich. Besitzer und Makler zahlen sich aus, um Franchiseunternehmen und andere Geschäftsgelegenheiten über einen bestimmten Zeitraum anzubieten. Der große Vorteil ist, dass diese Netze, dank Internet, die Wiederverkäufe in der ganzen Welt 24 Stunden täglich anbieten. Potenzielle Käufer können kostenlos suchen, nach Stadt, Staat, Listenpreis und Branche. Vielleicht wird der Kontakt zum Makler oder Besitzer hergestellt, oder der Listendienst gibt den Namen des potenziellen Käufers an den Verkäufer weiter. Schauen Sie sich einmal die Webseite franchise-net.de an.

Eine andere Möglichkeit: Sie wenden sich an einen Unternehmensmakler, eine Art Immobilienmakler für Unternehmen.

Wir haben in diesem Buch bereits mehrfach darauf hingewiesen, dass wir Ihnen nicht empfehlen sich beim Kauf oder Verkauf eines Franchiseunternehmens an einen Franchisemakler zu wenden. Ein Unternehmensmakler ist etwas anderes. Er kümmert sich vor allem um den Verkauf von Einzelunternehmen, egal, ob es sich um Franchiseunternehmen handelt oder nicht, wenn die Verkäufer an ihn herantreten. Ein Franchisemakler jedoch ist im Geschäft, weil er die Franchiseunternehmen für seine Kunden vermarktet, für die Franchisegeber.

Wenden Sie sich an einen Unternehmensmakler mit einem nationalen und internationalen Netzwerk, denn der Käufer lebt vielleicht nicht um die Ecke. Wenn der Unternehmensmakler Erfahrung mit Franchiseunternehmen hat, umso besser. Die Gebühren variieren je nach Standort und Verkaufspreis.

15 ➤ Die Zeit ist um

 Egal, für welche Verkaufsmethode Sie sich entscheiden, Geheimhaltung ist wichtig. Sie wollen schließlich die Katze nicht aus dem Sack lassen, bevor Sie wissen, dass der Käufer es ernst meint und die entsprechenden Qualifikationen vorweisen kann.

Wenn das Licht ausgeht

Sie haben gerade Ihr Leben als Franchisenehmer hinter sich gebracht. Hört sich benahe an wie ein Filmtitel? Nun ja, jeder gute Streifen hat eine Fortsetzung. Es ist jetzt an der Zeit, dass Sie sich um Ihre kümmern. Wird der zweite Teil angenehmer, abenteuerlicher, dramatischer oder unterhaltsamer werden? Es liegt in Ihrer Hand.

Natürlich können Sie auch das Geld einfach einstecken und mit den DM 500.000 oder wie viel Sie auch bekommen haben, nach Cancun fliegen – so lange Sie wollen. Aber wenn sie noch nicht im Rentenalter sind, werden die meisten Leute noch einmal unruhig und suchen nach einer aktiveren Rolle: Das Leben nach dem Leben als Franchisenehmer.

Aus den Erfahrungen lernen

Um nach vorne schauen zu können, muss man auch einmal in die Vergangenheit sehen. Wenn Sie noch einmal die Zeit als Franchisenehmer Revue passieren lassen, können Sie vielleicht sagen, ob Sie das noch einmal machen möchten oder lieber etwas Ähnliches oder besser etwas ganz anderes.

Also hopp, ab auf die Couch, und gehen Sie noch einmal in sich. Bevor Sie das Franchiseunternehmen gekauft haben, haben Sie sich eine Menge Fragen gestellt, um herauszufinden, ob Sie sich zum Franchisenehmer eignen. (Siehe Kapitel 3, wenn Sie Ihr Gedächtnis im Stich lässt.) Stellen Sie sich jetzt, mit Ihren Erfahrungen im Rücken, die gleichen Fragen noch einmal, und schauen Sie, ob Ihre damaligen Antworten zutreffen. Dabei können Sie feststellen, was Sie über sich gelernt haben.

Bevor Sie loslegten, mussten Sie sichergehen, dass Sie nicht zu unternehmerisch denken. Hat es Sie jemals gestört, immer Regeln und Standards befolgen zu müssen und für Einheitlichkeit zu sorgen? Mussten Sie sich häufig zurücknehmen, um es nicht auf Ihre eigenen Weise zu erledigen? Waren Sie jedes Mal am Boden zerstört, wenn der Franchisegeber einen Ihrer Vorschläge einfach zurückgewiesen hat? Oder waren Sie begeistert, dass Sie sich nach einem System richten konnten, dass es immer jemand gab, der Ihnen den Weg gewiesen hat?

Sie haben sich auch gefragt, ob Sie gut mit Menschen umgehen können. Hat es Ihnen Freude bereitet mit den Kunden umzugehen? Konnten Sie Ihre Mitarbeiter anlernen – sie motivieren, kritisieren, unterrichten und loben? Oder haben Sie sich unter dem Tisch verkrochen, wenn Sie mit jemandem konfrontiert waren?

Denken Sie noch einmal über die Verantwortung nach. Wir haben Sie am Anfang davor gewarnt, dass der Franchisegeber das Unternehmen nicht für Sie führt. Konnten Sie mithalten, die langen

Arbeitsstunden durchhalten? Hat es Sie genervt, wegen eines Notfalls wieder in den Laden gerufen zu werden, gerade als Sie sich niedergelassen hatten, um ein Fußballspiel anzuschauen? Sind Sie mit einem Lächeln auf den Lippen eingesprungen und haben den Boden gewischt, weil ein Mitarbeiter krank geworden ist?

Weiter haben wir viel Wert auf die Beziehung zwischen Franchisenehmer und Franchisegeber gelegt. Wie würden Sie Ihre bewerten? Sind Sie sich gegenseitig an den Kragen gegangen oder ist alles glatt gelaufen? Haben Sie das System gemolken – sich mit anderen Franchisenehmern zusammengeschlossen und die Ressourcen des Franchisegebers angezapft? Hat der Franchisegeber die Oberhand gehabt? Waren Sie ein guter Franchisenehmer?

Denken Sie auch über das Franchiseunternehmen nach. Hat es zu Ihren Interessen gepasst? Hatten Sie die richtigen Vorkenntnisse? Hat Ihnen die Arbeit Freude gemacht?

Die aussagekräftigste Frage ist die, die man den Franchisenehmern in der Überprüfungsphase stellt: Hatten Sie Spaß? Würden Sie das alles noch einmal machen? Und wie sieht es mit Ihnen aus?

Das Wettbewerbsverbot beachten

Wenn Sie etwas gelernt haben als Franchisenehmer, dann doch sicher, dass man immer die Vorschriften beachten muss. Das ändert sich nicht, wenn Sie sich der Rechte als Franchisenehmer entledigt haben. Bevor Sie die nächsten Schritte planen, sollten Sie noch einmal den Franchisevertrag lesen, ob dort bindende Einschränkungen vereinbart wurden.

Nahezu alle Franchiseverträge (die keine Hotel-Franchiseverträge sind) enthalten Wettbewerbsverbote, die sowohl während der Vertragsdauer als auch hinterher in Kraft sind. Nach der Laufzeit sieht der Vertrag normalerweise vor, dass Sie über einen bestimmten Zeitraum kein konkurrierendes Unternehmen innerhalb eines bestimmten Gebietes besitzen oder betreiben dürfen. Üblich sind zwei Jahre, der Zeitraum kann aber auch länger sein. Das Wettbewerbsverbot kann bestimmte Geschäfte, Branchen oder ganze Industriezweige betreffen. Es kann auch die Distanz zum Originalfranchise, anderen Franchisenehmern oder einem unternehmenseigenen Standort vorschreiben oder eine Pauschaleinschränkung beinhalten.

Bei Wendy's dürfen Franchisenehmer, deren Verträge beendet wurden oder abgelaufen sind, zwei Jahre lang nicht mehr an anderen Schnellrestaurants beteiligt sein, die Chicken Sandwiches, Hamburger oder andere Gerichte, die es bei Wendy's gibt, servieren und sich im Bereich des Restaurants befinden. Das heißt, man kann eine Pizzeria oder eine Autowerkstatt die Straße runter haben (denn Wendy's verkauft weder Pizza noch Stoßdämpfer). Aber wenn man sich auf Hamburger und Hühnchen spezialisiert, muss man die Stadt verlassen, um einen Laden zu eröffnen, oder zwei Jahre warten, bis man einen Laden im gleichen Markt eröffnen darf.

Die nächsten Schritte

Fußballer haben sich von ihren Trikots getrennt, Rechtsanwälte die Gesetzbücher rausgeworfen und Doktoren das Stethoskop weggelegt – nur um Franchisenehmer zu werden. Das ist kein Witz, es ist wirklich passiert. Das heißt, wenn Sie also als ehemaliger Franchisenehmer Fußballer oder Rechtsanwalt oder Doktor oder was auch immer werden möchten, tun Sie es. Es ist nichts dabei, etwas ganz anderes zu machen (sogar, wenn Sie nicht in der Midlife-Crisis stecken).

Aber da Sie nun Erfahrung mit Franchiseunternehmen haben, wollen Sie vielleicht auch dabeibleiben. Hier sind einige der Optionen, die Sie haben:

- ✔ **Sie können Franchisenehmer der gleichen Kette werden.** Vielleicht ziehen Sie in eine andere Gegend um (besseres Klima, hier komme ich), kaufen mehrere Einheiten oder werden diesmal Gebietsentwickler. Oder wie wäre es, das Konzept nach Paris zu exportieren, oui?

- ✔ **Sie wechseln in ein anderes Franchisesystem.** Sie könnten in der Branche bleiben oder sich eine andere suchen. Vielleicht waren Sie vorher im Einzelhandel und möchten es nun mit Dienstleistungen versuchen – mit weniger Gemeinkosten. Achten Sie auf das Wettbewerbsverbot, bevor Sie etwas unternehmen.

Ein Neuanfang könnte auch so aussehen:

- ✔ **Sie rüsten auf und werden Franchisegeber:** Einige Franchisenehmer haben genau das Unternehmen gekauft, dem Sie angehörten oder wurden Franchisegeber von anderen Systemen. Die Einsichten die sie aus der ersten Reihe mitbringen, sind von unschätzbarem Wert. Denken Sie daran, Dave war einer der ersten KFC-Franchisenehmer.

- ✔ **Für den Franchisegeber arbeiten:** Vielleicht möchten Sie beim gleichen Franchiseunternehmen bleiben, aber intern arbeiten, im Hauptsitz der Region oder des Unternehmens. Andersherum passiert es öfter – Angestellte des Unternehmens werden Franchisenehmer.

- ✔ **Werden Sie ein Berater:** Vielleicht treten Sie in Konkurrenz mit Michael und werden Franchiseberater. (Michael war Franchisenehmer und Franchisegeber, bevor er Berater wurde.) Je nachdem wie lange Sie in der Branche sind und was für Erfahrung Sie haben, haben Sie vielleicht viele Einblicke gewonnen, die Franchiseneulingen zugute kämen. Schließlich hat man so einiges hinter sich!

Egal, wie Ihre Pläne langfristig aussehen, ob Sie auf Kurs bleiben, das Unternehmen fortführen, in verschiedene Städte expandieren oder verkaufen und nach Tahiti gehen, Grundlage ist, dass Sie, wenn Sie Ihre Hausaufgaben gemacht haben und den Vertrag verstehen und für die Zukunft planen, sehr viel mehr Möglichkeiten und wahrscheinlich eine glücklichere Zukunft haben werden.

Teil V

Aber ich möchte doch gerne ein Franchisegeber sein!

In diesem Teil...

Es ist unerlässlich, genau zu verstehen, was dazu gehört, um Franchisegeber zu werden, und wie Franchisegeber arbeiten, damit ihr Unternehmen wächst, wenn Sie selbst Franchisegeber werden wollen. In diesem Teil betrachten wir die notwendigen Elemente, die ein Unternehmen braucht, um Franchisegeber zu werden, und wie das System großer Franchisegeber aufgebaut ist, um ihren Franchisenehmern die Unterstützung zu bieten, die sie ihnen versprochen haben. Wir besprechen ebenfalls, wie Franchisegeber ihre Systeme innerhalb des Landes und international ausbauen.

Vom kleinen Unternehmer zum Franchisegeber 16

In diesem Kapitel

▶ Herausfinden, ob Ihr Unternehmen als Franchisegeber geeignet ist

▶ Vermarktung Ihres Unternehmens an Franchisenehmer

▶ Leute finden, die Ihnen bei der Entwicklung Ihres Franchisesystems helfen

*B*evor es auch nur einen Franchisenehmer gibt, muss es zunächst einen Franchisegeber geben. In den nächsten zwei Kapiteln geben wir Ihnen einen ganz kleinen Einblick in das, was nötig ist, um den Übergang vom Betrieb Ihres eigenen Unternehmens dahin, selbst Franchisegeber zu sein, zu schaffen. Sie werden wahrscheinlich nicht überrascht sein, wenn Sie feststellen, dass Sie nicht nur die rechtlichen Verträge und Offenlegungsdokumente benötigen, um Franchisebetriebe anzubieten, sondern auch zunächst eine große Anzahl Geschäftsthemen einschätzen müssen, um auch nur in die Nähe dieses Punkts zu gelangen.

Machbarkeit

Es ist nicht wirklich wichtig, der einzige zu sein, der Ihr Produkt oder Ihre Dienstleistung anbietet. Der erste Franchisegeber zu sein, der ähnliche Produkte oder der Dienstleistungen anbietet, ist auch nicht so wichtig. Auch wenn die großen etablierten Franchisegeber darauf aufmerksam machen, ist es kein Hindernis neu im Geschäft zu sein – es kann sogar ein Vorteil sein. Wenn Sie noch Motivation brauchen, sehen Sie sich nur Dave Thomas und John Schnatter an.

Als Dave Wendy's begonnen hat, sagten viele Experten, dass der Markt für Hamburger-Ketten bereits gesättigt sei. Schließlich gab es im August 1972 bereits große, etablierte Hamburger-Ketten, als Wendy's sein erstes Franchiseunternehmen an L.S. Hartzog verkaufte. Dasselbe wurde über John Schnatters Chancen in der Pizzabranche gesagt, als er Papa Joe's Pizza im Jahr 1983 gründete. Pizza Hut hatte 1959 mit dem Verkauf von Franchiseunternehmen begonnen, Domino's 1967, Pizza Inn 1963 – und das waren nur einige der vielen etablierten Franchisegeber, gegen die John ankämpfen musste. Es scheint so, als hätten die Experten sich getäuscht.

 Als ich mit Wendy's begonnen habe, sagten mir eine Menge Leute, ich würde einen Fehler machen und dass die Fast Food-Branche gesättigt sei und Amerika nicht noch ein Hamburger-Restaurant brauche. Jeden Tag könne ich Artikel in irgendwelchen Geschäftsveröffentlichungen über neue Fast Food-Restaurants sehen. Doch ich wusste etwas, das sie nicht wussten. Ich habe die Speisekarte von Wendy's auf Grundlage meiner 20-jährigen Erfahrung in der Restaurantbranche aufgebaut, und ich wusste, was die Leute haben wollen.

Egal, was die Experten sagen, der Markt wird sich immer großartigen Produkten, Dienstleistungen und Konzepten öffnen, die den Verbrauchern das bieten, was diese möchten – auf die Art und Weise, in der sie es haben möchten.

Große, eingeführte Unternehmen leiden oft unter Incumbent Inertia (Unbeweglichkeit des Amtes). Dies ist eine Phrase, die wir verwenden, um Unternehmen zu beschreiben, die sich in ihrer Marktposition so sicher fühlen, dass sie ihre Produktpalette und Dienstleistungen sowie ihre Liefermethoden nicht erneuern, sich nicht von neuen, kleinen Wettbewerbern bedroht fühlen und letztendlich aufwachen, um festzustellen, dass sie nicht mehr der große Macker im Viertel sind. Dem Himmel sei Dank für Incumbent Inertia – es hat die Schaffung von Amazon.com, Starbucks, Kinko's, Home Depot, FedEX, CNN und tausend anderen Unternehmen ermöglicht.

In diesem Abschnitt betrachten wir die Machbarkeit hinsichtlich der Umwandlung Ihres kleinen Unternehmens in einen national bekannten Franchisegeber. Sie möchten vielleicht sogar mit Dave oder John konkurrieren? Unmöglich? Wer weiß?

Ist Ihr Unternehmen franchisegeeignet?

In den Vereinigten Staaten, ob Sie es nun glauben oder nicht, in ganz Amerika – mit Ausnahme einiger Staaten, in denen es Vorschriften für die Registrierung der Franchiseunterlagen von Franchisegebern vor dem ersten Verkauf gibt – muss keine Kontrollbehörde jemals Ihre Franchiseunterlagen sehen, bevor Sie diese nicht einem zukünftigen Kunden überreichen. Sogar Uncle Sam möchte keine Durchschrift davon sehen. Außerhalb der Vereinigten Staaten ist es vielleicht gar nicht erforderlich, Franchiseunterlagen zu haben.

Also – in welcher Branche Sie sich auch bewegen – eine Umwandlung zum Franchisesystem ist wahrscheinlich möglich. Das ist jedoch nicht wirklich die Frage, die gestellt werden muss. Die Frage, die Sie stellen sollten, lautet, *sollte* mein Unternehmen zum Franchiseunternehmen umgewandelt werden?

Nicht alles sollte zum Franchiseunternehmen umgewandelt werden. Sie müssen ein Konzept haben, das Sie vermitteln können und das einfach in der Anwendung ist. Franchising muss Ihnen und Ihren zukünftigen Franchisenehmern einen Vorteil bringen, und das Konzept sollte geeignet sein, Geld damit zu machen.

Den rechtlichen Vorgaben entsprechen

Wenn Sie Ihr Unternehmen in ein Franchiseunternehmen umwandeln, bieten Sie jemandem eine Lizenz, unter Ihrem Markennamen zu operieren. In 14 Staaten müssen Sie, noch bevor Sie damit beginnen, Franchisebetriebe zum Kauf anzubieten, Ihre rechtlichen Dokumente staatlichen Kontrollbehörden vorlegen, deren Zustimmung erforderlich ist, bevor Sie Franchisenehmer annehmen können. Es ist jedoch wichtig zu verstehen, dass diese Kontrollbehörden letztlich nichts anderes tun, als sicherzustellen, dass Ihre Franchiseunterlagen den minimalen rechtlichen Vor-

16 ➤ Vom kleinen Unternehmer zum Franchisegeber

gaben in ihren jeweiligen Staaten entsprechen. Es gibt kein regulatives Erfordernis, das besagt, dass Ihr Franchiseunternehmen auf einer guten Idee basieren muss. Es gibt noch nicht einmal eine Anforderung, wonach Ihr Konzept überhaupt eine funktionsfähige Idee sein muss, dass es geprüft wurde oder damit jemals auch nur ein Pfennig verdient worden ist (diese Themen können, wenn überhaupt, in Ihren Franchiseunterlagen, die wir in Kapitel 6 besprechen, als Risikofaktoren mitgeteilt werden). Die Fähigkeit Ihres Anwalts, Ihre Registrierung zu erreichen, bedeutet nicht, dass sich Ihr Unternehmens, als Franchisegeber eignet. Es bedeutet lediglich, dass Ihr Anwalt gute rechtliche Entwürfe fertigt.

Betrachten Sie Ihre Franchiseregistrierung als so etwas wie einen Abgastest für Automobile: Wenn Ihr Auto den Test besteht, bedeutet dies wahrscheinlich, dass Sie berechtigt sind, mit diesem Auto auf der Straße zu fahren. Es bedeutet nicht, dass Ihr Auto für große Autorennen geeignet wäre, oder auch nur, dass das Auto weiter als bis in den ersten Gang kommt. In Wahrheit bedeutet es noch nicht einmal, dass Sie ausreichend Benzin im Tank haben, um vom Gelände herunter und um die nächste Ecke fahren zu können.

Alles, was *Franchiseregistrierung* bedeutet, ist, dass Sie rechtlich Ihr Franchiseunternehmen vom Gelände fahren dürfen. Doch bevor Sie mit der Entwicklung Ihres Franchisesystems beginnen, bevor Sie in die Gestaltung von Broschüren investieren, bevor Sie in rechtliche Unterlagen investieren und Belegschaft für den Verkauf und die Unterstützung von Franchisebetrieben einstellen, sollten Sie besser erst herausfinden, ob das, was Sie haben, überhaupt franchisegeeignet ist.

 Wenn wir prüfen, ob ein Kunde franchisegeeignet ist, überprüfen wir ein breites Spektrum des Unternehmens dieses Kunden während einer diagnostischen Franchiseprüfung. Wir vergleichen die Ergebnisse des Kunden gegenüber unseren Franchise- und Nichtfranchise-Unternehmen (*Bezugsmarken*), führen Analysen durch und machen Tests – die alle dazu bestimmt sind, den Kunden bei der Entscheidung zu unterstützen, ob er Franchisegeber werden sollte.

Doch wir verfolgen eine bestimmten Reihe von Prinzipien – sogar bevor die diagnostische Prüfung beginnt. Wenn Ihr Unternehmen

✔ nur ein Konzept hat

✔ nur eine recht kurze Unternehmensgeschichte hat

✔ nicht rentabel ist

✔ gegenwärtig keine angemessene Rentabilität erwirtschaftet

dann ist es nicht für die Umwandlung in ein Franchiseunternehmen geeignet.

Grundsätzlich gilt: Eignung zur Umwandlung in ein Franchiseunternehmen bedeutet, dass der Franchisenehmer nicht das Versuchskaninchen in der Beziehung ist. Sie haben das Geschäft betrieben – rentabel und mehr als einmal.

Die Kriterien für ein gutes Franchisesystem prüfen

Was sehen Sie sich an, um zu bestimmen, ob Ihr Unternehmen erfolgreich in ein Franchiseunternehmen umgewandelt werden kann? Eine Größe passt nicht überall. Im Folgenden einige allgemeine Kriterien, die Sie prüfen müssen.

Haben Sie einen Standort-Prototyp?

Wenn Sie kein laufendes Geschäft haben, dann *Stopp!* Entwickeln Sie ein solches. Betreiben Sie Ihren Prototyp eine gewisse Zeit; vergewissern Sie sich, dass es funktioniert. Stellen Sie sicher, dass Sie die Hochphasen und Flauten kennen, die Saisonalität, die Kunden, die Lieferanten, den Wettbewerb, die Positionierung und die Markenpersönlichkeit. Verstehen Sie alles darüber. Nachdem Sie einen Standort aufgebaut haben, entwickeln Sie noch einen, vielleicht mehrere. Kommen Sie dann wieder.

Sie sollten Besitzer der Warenzeichen und Dienstleistungsmarken sein, und diese sollten landesweit registriert sein. Denken Sie daran, dass es beim Franchising vor allem um die Lizenzierung einer Marke geht. Wenn Sie Ihrem Franchisenehmer nicht eindeutig die Verwendung Ihres Namens erlauben können, was wollen Sie dann lizenzieren?

Ist eine Wiederholung machbar?

Okay, Sie haben also ein laufendes Geschäft; jetzt müssen Sie sich selbst einige schwere Fragen stellen:

- ✔ Können Sie Franchisenehmern »den Look« liefern: Design, Dekor, Schilder, Standortkriterien und Konstruktionspläne?

- ✔ Sind Sie in der Lage, Franchisenehmern zu sagen, wie hoch die Kosten für die Entwicklung von Standorten sind – nicht nur die fixen Kosten, sondern auch die Ausgaben von dem Tag an, an dem Sie sie treffen, bis zu dem Tag, an dem sie Arbeitsmaterial nicht mehr aus ihrer eigenen Tasche finanzieren müssen? Denken Sie daran, dass ein Franchisenehmer auf Ihre Kenntnisse vertraut – besonders, wenn es darum geht, das Geschäft aufzubauen und ans Laufen zu bringen.

- ✔ Haben Sie Systeme für das Betreiben Ihres Unternehmens? Denken Sie daran, dass es Ihr Interesse als Franchisegeber ist, dass Ihre Standorte beständig laufen, damit jeder Kunde jedes Mal dasselbe Produkt auf dieselbe Art erhält. Sind Sie in der Lage, diese Abläufe in Systemhandbüchern zu dokumentieren, und funktionieren diese Abläufe immer?

- ✔ Können Sie Ihr System zum Betrieb des Unternehmens an Franchisenehmer und ihre Angestellten vermitteln? Können Sie diese in einem angemessenen Zeitraum schulen – oder müssen diese die nächsten fünf Jahre im Klassenraum verbringen, bevor sie eröffnen können?

16 ➤ Vom kleinen Unternehmer zum Franchisegeber

 Ich wollte nicht Franchisegeber werden, weil ich die Probleme miterlebt hatte, die Colonel (Kentucky Fried Chicken) hatte. Er hatte weder Programm noch Schulung. Er hatte das Konzept, er hatte die Hähnchen und er hatte das Kochgeschirr. Nun, er hatte nicht wirklich die Kochtöpfe, denn sie flogen einem ständig um die Ohren. Seine Zielsetzung war es, die geheimen Gewürze zu verkaufen und US $ 1.000,00 monatlich zu verdienen. Es gab keine Speisekarten, es gab einfach gar nichts. Verträge wurden per Handschlag abgeschlossen oder auf eine Serviette geschrieben. Heute kommen Sie mit dem, was der Colonel seinen Franchisenehmern jahrelang gegeben hat, nicht davon. Sie müssen nicht nur Zubereitungsmethoden sowohl für die Auslieferung der Produkte als auch Dienstleistungen zur Verfügung stellen, sondern auch die Methoden zum Betrieb des Unternehmens.

Sind Ihre Produkte und Dienstleistungen wirklich gut?

Über großartige Produkte und Dienstleistung zu verfügen ist zwar noch keine Erfolgsgarantie, kann aber sicher nicht schaden. Sie müssen Antworten auf die nachfolgenden Fragen finden:

- ✔ Wie sehen Ihre Kunden Ihre Produkte und Dienstleistungen?
- ✔ Unterscheiden Sie sich von Ihren Wettbewerbern, oder, noch besser: Übertreffen Sie diese?
- ✔ Werden Ihre Produkte und Dienstleistungen auch die nächste Stadt erreichen, das nächste Bundesland oder das ganze Land erobern?

Wenn Sie jeden Tag neue Gesichter sehen können, aber wünschen, einige der alten würden zurückkommen, haben Sie vielleicht ein Problem. Irgendwann haben Sie keine neuen Kunden mehr. Ein Produkt zu haben, für das irgendjemand zurückkommt, um es, möglichst oft, zu kaufen, ist der Maßstab, dem Sie entsprechen müssen.

Als Franchisegeber müssen Ihre Produkte und Dienstleistungen auch den Entfernungstest bestehen. Selbst wenn Sie die besten Produkte und Dienstleistungen der ganzen Stadt haben, wissen Sie, ob jemand außerhalb Ihrer direkten Nachbarschaft diese haben will? Um entscheiden zu können, ob Ihr Konzept franchisegeeignet ist, ist es oft notwendig, Standorte außerhalb der Stadt zu eröffnen.

Werden Kunden Ihre Produkte und Dienstleistungen auch morgen noch wollen?

Heutzutage ändern Dinge sich schnell. Produkte und Dienstleistungen haben oft eine Halbwertzeit, die der einer Obstfliege im September entspricht. Was heute heiß und »wichtig« ist, könnte morgen nur noch eine blasse Erinnerung sein. Hier einige Dinge, die Sie in Erwägung ziehen sollten:

- ✔ Verändert sich das Einkaufsverhalten von Verbrauchern, und betrifft dies die Beliebtheit Ihrer Produkte und Dienstleistungen?
- ✔ Können andere Unternehmen Ihr Produkt oder Ihre Dienstleistungen vereinnahmen? Wenn ja, bedeutet dies für Sie einen Wettbewerbsnachteil?

✔ Werden Alternativen zu Ihren Produkten oder Dienstleistungen eingeführt, oder sind solche auch nur im Gespräch?

✔ Haben Sie eine Strategie für die Anpassung an veränderte Marktbedingungen?

Sie müssen darauf achten, dass Ihr Unternehmen nicht ein alter Hut wird. Franchisesysteme müssen Durchhaltevermögen haben und auf einer wachsenden und gesicherten Verbrauchernachfrage aufbauen.

 Es gibt keine Garantie dafür, dass ein »heißes« Produkt für immer heiß bleiben wird; der Friedhof ist voller ehemals heißer Produkte. Erinnern Sie sich noch an die ganzen Ketten, die sich auf gefrorenen Joghurt spezialisiert hatten? Den wenigen, die überlebt haben, ist dies nur durch *Konsolidierung* gelungen (Übernahme anderer Joghurt-Ketten oder indem sie durch andere Unternehmen aufgekauft wurden), indem sie ihre Produkte an andere Vertriebsfirmen verkauft haben, Co-Branding mit anderen Franchisegebern aufgebaut oder andere Produkte in ihr Programm aufgenommen haben. Heute denken viele, dass vielen der Ketten, die sich auf den Verkauf von Gesundheitsgetränken mit Vitamin- und Mineralienzusätzen spezialisiert haben, dasselbe Schicksal droht. Wie lange wird es dauern, bis andere diese Produkte in ihr Angebot aufnehmen? Vielleicht als Teil der Speisekarte, klar, doch als Franchiseunternehmen mit einem einzigen Produkt auf lange Sicht? Urteilen Sie selbst.

Werden Verbraucher Ihre Produkte und Dienstleistungen morgen noch brauchen?

Eine lange Liste von Produkten und Dienstleistungen ist verschwunden, weil Verbraucher diese nicht mehr oder seltener brauchten. Sie müssen Folgendes für sich herausfinden:

✔ Wie werden Verbesserungen der von Ihnen angebotenen Produkte die Häufigkeit, mit der Verbraucher diese verwenden, beeinflussen?

✔ Sind Sie in der Lage, Ihren Preis so zu gestalten, dass dadurch die geringere Verwendung ausgeglichen wird?

✔ Gibt es vorgeschlagene Regelungen unter Umweltaspekten, die Ihre Branche beeinflussen werden?

Wir müssen im Zeitalter der Automobile nicht zurück bis zum Einspänner gehen, um Beispiele zu finden. Wir müssen nur auf die spezialisierten Franchiseunternehmen für Autoreparaturwerkstätten im Computerzeitalter schauen.

Erinnern Sie sich noch an die Zeit, als Ihr Auto alle 20.000 Kilometer zur Inspektion musste? Das war die Zeit, als die einzige Möglichkeit zur Wartung von Autos Neuwagenhändler waren, die teuer waren und schlechten Service boten, oder die Werkstatt vor Ort, die teuer war und schlechten Service bot. In den USA haben Franchisegeber für Autowerkstätten Konjunktur, weil sie ein Marktbedürfnis bedienen: eine günstige Dienstleistung mit fairen Preisen, die die Kunden regelmäßig benötigen.

16 ➤ Vom kleinen Unternehmer zum Franchisegeber

Autos fahren heute leicht 150.000 Kilometer, bevor wieder eine Wartung fällig wird. Die Motoren sind so weit entwickelt, dass Sie bald keine Warnlämpchen mehr finden werden. Die Wartung eines Motors erfordert heute Computer und andere teure, hochtechnisierte Geräte. Händler von Neuwagen leisten gute Arbeit, um ihre Kunden durch die Qualität ihres Marketings mit faireren Preisen zu halten und verbinden dies mit Wartungsarbeiten in vorgegebenen Abständen, wie Ölwechsel und Reifenauswuchten. Spezialisierte Tuning-Gelegenheiten im nächsten Jahrtausend? Wahrscheinlich keine Ausnahmeerscheinung. Die technologischen Verbesserungen an den Autos haben das erledigt.

Kennen Sie Ihre Konkurrenz?

Wenn Sie Pizza verkaufen, besteht Ihre Konkurrenz allein aus Pizzarestaurants oder essen die Menschen dort auch etwas anderes? Wenn Sie Franchisegeber eines Pizzarestaurants werden, kommen Ihre einzigen Wettbewerber dann tatsächlich von den anderen Pizzarestaurant-Franchisebetrieben? Was glauben Sie? Menschen investieren in andere Arten von Geschäftsgelegenheiten.

Als Franchisegeber haben Sie zumindest zwei Ebenen des Wettbewerbs:

✔ Andere Unternehmen, die ähnliche Produkte und Dienstleistungen wie Sie anbieten. Das sind diejenigen, die Kopf-an-Kopf mit Ihren Franchisenehmern und systemeigenen Standorten konkurrieren.

✔ Andere Investitionsgelegenheiten und Franchisegelegenheiten, die sich um das Geld der von Ihnen avisierten Franchisenehmer bemühen.

Sie sollten verstehen und definieren, wo Ihre Stärken im Wettbewerb tatsächlich liegen. Sind dies Innovation, Qualität, Schnelligkeit bei Lieferungen und Kosten? Wird Ihr Franchisesystem Ausdauer, die Fähigkeit zur Verbesserung von Produkten und Dienstleistungen, innovative Computertechnologie, eine E-Commerce-Plattform oder herausragende Möglichkeiten zur Auswahl von Geschäftslagen haben? Als Franchisegeber müssen Sie sicher sein, dass Sie diese Stärken besitzen.

 Wer sind Ihre Wettbewerber? Versuchen Sie es mit dieser Definition: Wenn sie Ihre Kunden als Ziel haben – und ein Kauf bei diesen weniger Einkäufe bei Ihnen bedeutet – dann sind sie definitionsgemäß Ihre Wettbewerber.

Wenn Sie beim Vergleich mit der Konkurrenz nicht brutal ehrlich zu sich selbst sind, sollten Sie sich besser einen Weg überlegen wie Sie die Öffentlichkeit hypnotisieren– denn Sie haben vergessen ihnen die rosarote Brille zu schicken, die Sie selbst tragen.

Sind Ihre Wachstumspläne realistisch?

Wenn alles, was Sie wollen, eine Anzahl von Standorten ist, sind systemeigene Betriebe wahrscheinlich eine viel bessere Möglichkeit zu wachsen als Franchising. Doch wenn Ihr Plan darin besteht, 50 Franchisebetriebe innerhalb der nächsten zwölf Monate zu eröffnen, dann ist Franchising womöglich der richtige Weg für Sie.

Viele der Geschichten in den Popkulturmedien machen Sie glauben, dass Franchising eine Strategie für schnelles Wachstum sei. Das kann sein, doch für die meisten neuen Franchisegeber geht es nicht so schnell wie sie erwarten. Abhängig von der jeweiligen Branche und der Investitionsmarge eröffnet ein typischer Franchisegeber weniger als zehn Standorte im ersten Betriebsjahr; der Durchschnitt liegt wahrscheinlich näher an fünf. Fünf bis zehn Standorte in einem Jahr ist aber immer noch eine recht eindrucksvolle Wachstumsrate für ein neues Unternehmen.

Sie müssen Sich selbst folgende Fragen stellen:

- ✔ Sind meine Wachstumsziele realistisch? Kann ich diese Ziele finanziell unterstützen?
- ✔ Kann ich mein bestehendes Unternehmen betreiben, während ich ein neues Franchisesystem entwickle und betreibe? Was passiert, wenn ich mit der Eröffnung von mehr als einem Markt anfange?
- ✔ Gibt es genügend mögliche Franchisenehmer, um meine Ziele zu erreichen?
- ✔ Wird dies die Art von Franchisebetrieben sein, auf deren Besitz potenzielle Franchisenehmer stolz sein können?
- ✔ Werden potenzielle Franchisenehmer sich mein Franchiseunternehmen leisten können?

Wir sprechen nicht einfach davon, dass man sich Ihre Franchise- und Lizenzgebühren leisten kann, sondern von allem, inklusive Standortentwicklung, Innengestaltung, Ausstattung, Schulungskosten und Arbeitskapital – die gesamten Kosten für die Eröffnung eines Geschäfts. Wenn Ihre Zielgruppe sich die Geschäftseröffnung nicht leisten kann, müssen Sie entweder alles überdenken und anpassen, wer Ihre möglichen Franchisenehmer sein sollen, oder einen Weg finden, um die Anfangskosten zu senken.

Welche Fertigkeiten benötigen Ihre Franchisenehmer, um den Laden zu schmeißen?

Zum Wachstum Ihres Franchisesystems brauchen Sie Franchisenehmer, die den Job erledigen können. Hier einige Fragen, die Sie sich selbst stellen sollten:

- ✔ Sind die Fertigkeiten, die Ihre möglichen Franchisenehmer brauchen, so speziell, dass es schwierig sein wird, ausreichende Interessenten zu finden?
- ✔ Wird es Ihren Franchisenehmern möglich sein, ausreichend Hilfe mit den notwendigen Fertigkeiten einzustellen?
- ✔ Haben Sie die Fähigkeit, Franchisenehmer und ihre Belegschaft in Ihren Abläufen, Ihrer Unternehmenspolitik und den Systemen zu schulen?
- ✔ Kann die Schulung in einem angemessenen Zeitraum zufrieden stellend abgeschlossen werden? (Siehe Kapitel 7 zum Thema Schulung).

Damit Ihr Unternehmen sich zur Überführung in ein Franchiseunternehmen eignet, benötigen Sie einen Pool potenzieller Franchisenehmer, die nicht nur gewillt sind, Ihr Franchiseunternehmen zu kaufen, sondern zudem in der Lage sind, dieses Ihren Standards entsprechend zu betreiben. Das bedeutet auch, dass sie fähig sein müssen, genügend Angestellte mit der Qualifikation, die für die Arbeit nötig ist, zu finden. Gibt es einen Pool an qualifizierten Arbeitskräften, um Entwicklung und Wachstum Ihres Franchisesystems zu unterstützen?

Gibt es Interessenten an Ihrem Franchiseunternehmen?

Wir wissen, dass Ihre Mutter Ihnen schon immer gesagt hat, Sie sollten ein Franchiseunternehmen aufmachen. Jeder weiß, dass sie das gesagt hat. Doch hat Ihnen jemals ein *anderer* als Ihre Mutter das gesagt? Irgendwann müssen Menschen, die nicht zur Familie gehören, auftauchen. Wird das geschehen?

Bevor Sie Ihr Franchiseunternehmen entwickeln, sollten Sie etwas über Ihre potenziellen Franchisenehmer wissen.

- ✔ Wissen Sie, wie das Profil Ihres typischen Franchisenehmers aussieht?
- ✔ Wer wird sich von Ihren Gelegenheiten angezogen fühlen?

Sie können warten, bis Sie versuchen, Franchiseunternehmen zu verkaufen, um die Antwort auf die vorstehenden Fragen zu erhalten, denn Sie stellen womöglich fest, dass

- ✔ der Pool potenzieller Franchisenehmer dort draußen vielleicht nicht ausreichend groß ist, damit Sie Ihre Wachstumsziele verwirklichen können.
- ✔ der Pool der Franchisenehmer vielleicht ausreichend ist, doch wenig Interesse an dem hat, was Sie anbieten.
- ✔ die Kosten für den Erwerb eines Franchiseunternehmens vielleicht zu hoch sind oder es zu lange dauert.

Die Kosten und das Timing für die Anwerbung von Franchisenehmern werden Auswirkungen auf Ihre Zahlungsfähigkeit und damit auf die Franchiseeignung haben.

Haben Sie die Qualifikation zum Betrieb eines Franchisesystems?

Sie sind vielleicht der beste Mechaniker in der gesamten Automobilgeschichte oder der beste Hamburger-Koch, der je vor einem Grill gestanden hat. Sie betreiben vielleicht seit Jahren einen systemeigenen Betrieb, doch Sie sind nie Franchisegeber gewesen. Stellen Sie sich selbst die folgenden Fragen:

- ✔ Können Sie und Ihre augenblickliche Belegschaft das Geschäft betreiben und vergrößern?
- ✔ Können Sie es sich leisten, zusätzliche, vielleicht von Ihnen benötigte Talente einzustellen?

Es ist wichtig, die richtigen Leute vor Ort zu haben, um eine Franchisestrategie durchführen zu können. Wenn alles, was Sie sich leisten können, die Einstellung von sich selbst und Ihrem Partner ist und Sie bereits ihr bestehendes Unternehmen betreiben, stehen Ihnen interessante Zeiten bevor.

Der Doktor aus der Kiste

Wir machen ein neues Franchiseunternehmen mit dem Namen »Der Doktor aus der Kiste« auf.

Stellen Sie sich folgendes Szenario vor: In einer verwalteten Gesundheitsversorgung reduzieren Krankenhäuser ihre Ausgaben, indem sie alles Mögliche auslagern, sie reduzieren ihren Bedarf an Krankenschwestern und Medizintechnikern und freuen sich auf den Tag, an dem Sie eher wie Hightech-Hotels funktionieren werden. Ärzte und andere Dienstleister mieten Raum in Operationssälen und stellen alle anderen Dienstleistungen eines heutigen Krankenhauses zur Verfügung. Letztendlich wird das Krankenhaus zu einer Hülle, in dem Fachleute Dienstleistungen teilen und das Krankenhaus um Patienten wirbt. So etwas wie ein medizinisches Timesharing. Sieht die Gesundheitsversorgung der Zukunft so aus? Vielleicht.

Sie sind ein bekannter Chirurg für Arthroskopie. Ihre Vision der Zukunft sieht ebenfalls so aus, und Sie denken, Sie können aus dem Trend Kapital schlagen. Sie überlegen, eines der nachfolgenden Konzepte für Franchising zu nutzen:

- ✔ Arztpraxen für Arthroskopie unter einem Markenzeichen, in denen die Ärzte Franchiseunternehmen kaufen und ihre Dienstleistungen unter Ihrem Zeichen anbieten werden.

- ✔ Ein Unternehmen, das Operationskleidung, Operationsinstrumente und Ausstattung wartet und sterilisiert.

Welches der beiden Konzepte wäre für Franchising geeignet?

Teil eines Arztfranchiseunternehmens zu werden, würde Ärzte wahrscheinlich wenig ansprechen. Ärzte haben zu viele Jahre und Geld investiert, um Ärzte zu werden. Außerdem haben viele ihre Arztpraxen auf ihrem persönlichen Ruf aufgebaut, und es ist eher unwahrscheinlich, dass sie unter Ihrem Markenzeichen arbeiten wollen und gute Franchisenehmer wären. Welche zwingenden Marktkräfte würden eine Arztpraxis unter einem Markenzeichen mit dem Namen »Der Doktor aus der Kiste« unterstützen? Welche Vorteile würde dies dem Krankenhaus bringen? Würde dies die Leistung der Ärzte verbessern? Wahrscheinlich nicht.

Andererseits kann das Reinigungs- und Wartungsfranchise das perfekte Vehikel sein. Krankenschwestern und Techniker sind geschult und lizenziert und kennen die Anforderungen von Operationssälen. Wenn Krankenhäuser abbauen, gibt es weniger Arbeitsplätze, und diejenigen, die noch zu haben sind, werden vielleicht weniger gut bezahlt sein und Krankenschwestern und Technikern nicht zusagen. Es gibt also vielleicht einen Markt für ein solches Franchiseunternehmen. Krankenhäuser müssen den Ärzten geeignete Operationsmöglichkeiten bereitstellen und müssen die Werkzeuge und Ausstattung der Ärzte warten, doch sie müssen ihre Kosten in diesem Bereich senken.

Krankenhäuser sind womöglich zurückhaltend bei der Unterzeichnung von Verträgen mit unabhängigen Lieferanten vor Ort, doch Qualität und Kontinuität eines Markenzeichens, wie man es bei Franchiseunternehmen findet, bieten etwas, worauf sie sich verlassen können.

Da genau liegt der Unterschied: die Bedürfnisse des Markts. Das Reinigungs- und Wartungsfranchise ist vielleicht ein Unternehmen, das durch Warenzeichenpolitik Vorteile erlangt. Eine ausreichende Anzahl qualifizierter potenzieller Franchisenehmer sucht wahrscheinlich nach einem Geschäft wie Ihrem. Chirurgiefranchise? Nein. Ein Franchiseunternehmen für Chirurgenbekleidung? Vielleicht.

Welche Art von Unterstützung können Sie Ihren Franchisenehmern bieten?

Wirklich gute Franchisegeber versuchen, Franchisenehmern alle zum Erfolg notwendigen Elemente zu liefern, andere stellen nur sehr wenig zur Verfügung. Bei einigen spiegeln sich weniger Dienstleistungen in niedrigeren Gebühren wider, doch bei vielen ist die Beziehung zwischen Gebühren und Dienstleistungen nicht klar ersichtlich.

Sie müssen Ihrem System einen dauerhaften Wettbewerbsvorteil bieten. Das bedeutet, kontinuierlich Produkte, Dienstleistungen, Marketing usw. zur Verfügung zu stellen und so Ihr Franchisesystem in die Lage zu versetzen, langfristig an der Spitze der Meute zu operieren. Stellen Sie sich selbst folgende Fragen:

- ✔ Welche Unterstützungsprogramme müssen Sie einrichten, um Ihren Franchisenehmern zu helfen und das Franchisesystem zu betreiben und wachsen zu lassen? Können Sie diese Systeme einführen?

- ✔ Wie werden Sie kontinuierliche Schulungen, Unterstützung im Außendienst und in der Systemzentrale, Marketingunterstützung, Forschung und Entwicklung, Einführung neuer Produkte und aller anderen Dienstleistungen, die erforderlich sind, um aus Ihrem System ein wirklich großartiges Franchisesystem zu machen, bereitstellen?

- ✔ Wie sieht es mit Forschung und Entwicklung aus? Können Sie zusätzliche Produkte oder Verbesserungen dessen, was Sie gegenwärtig anbieten, entwickeln, um Ihr Franchiseunternehmen aktuell zu halten und Ihren Franchisenehmern Rentabilität zu ermöglichen? Bevor Sie dies bejahen, sollten Sie sich sicher sein, dass sie auch wissen, wie Sie dies bewerkstelligen können.

Wie viel sollten Sie für Ihr Franchiseunternehmen in Rechnung stellen? Ist das genug?

Um franchisegeeignet zu sein, müssen Sie ein Unternehmen und nicht nur ein Konzept haben, und das Unternehmen muss rentabel sein. Doch jetzt müssen Sie Ihr Unternehmen betrachten, wenn es in ein Franchiseunternehmen umgewandelt wird.

Sie erwarten von Ihren Franchisenehmern, dass sie eine Systemeintrittsgebühr bezahlen (Franchisegebühr), fortlaufende Gebühren (Lizenzgebühren) und vielleicht weitere Gebühren, wie beispielsweise für zusätzliche Schulungen, Marketing und Werbekampagnen.

Vielleicht verdienen Sie etwas durch den Verkauf der Produkte an Ihre Franchisenehmer oder erhalten ein Einkommen oder Rabatte von den Herstellern auf systemweite Einkäufe.

Einige Franchisegeber leasen Ausstattung oder Immobilien oder haben andere Einkommensquellen. Sind diese Gebühren einmal von der Basis abgezogen, müssen Sie die Antworten auf folgende Fragen kennen:

✔ Arbeitet der Franchisenehmer immer noch rentabel?

✔ Erwirtschaftet der Franchisenehmer einen angemessenen Gewinn?

Selbst wenn beide Fragen bejaht werden können, müssen Sie dennoch folgende Bereiche betrachten:

✔ Gibt es genügend potenzielle Franchisenehmer, die sich Ihr Franchiseunternehmen leisten können?

✔ Wie hoch werden die Investitionskosten für jeden Franchisenehmers sein?

✔ Welcher Teil der Anfangsinvestition muss durch Barvermögen aufgebracht werden?

✔ Kann ein Franchisenehmer einen beliebigen Teil der Anfangsinvestition fremdfinanzieren?

Wenn Ihr zukünftiger Franchisenehmer Inhaber eines einzelnen Standorts in Form eines Tante-Emma-Ladens ist, fragt er oder sie sich vielleicht selbst, ob das Franchiseunternehmen ihm/ihr ein besseres Einkommen bringen wird als die Arbeit, über deren Aufgabe er/sie nachdenkt. Wenn jedoch der Franchisenehmer ein erfahrener oder institutioneller Investor ist, und dies trifft auf viele Franchisenehmer zu, wird er/sie fragen, ob das Franchiseunternehmen kontinuierlich und vorhersehbar einen ausreichenden Gewinn auf seine/ihre Investition bringen wird. Er/sie wird wissen wollen, wie der Gewinn bei Ihrem Franchiseunternehmen im Vergleich zu eigenen Investitionsgelegenheiten abschneidet und wie lange es dauert, bis ein Break-even erreicht wird. Bei der Untersuchung der Gesamtinvestition, die von einem Franchisenehmer erbracht werden muss, müssen Sie auch einige andere Realitäten Ihres Unternehmens mit einbeziehen:

✔ Gibt es in Ihrer Art von Unternehmen ernsthafte kurzfristige oder saisonale Barmittel-Engpässe? Wenn ja, könnten diese Probleme die Gesamtinvestitionsmenge Ihrer Franchisenehmer beeinflussen, abhängig davon, wann sie Ihr Franchiseunternehmen kaufen.

✔ Müssen Franchisenehmer umfangreiche Lagerhaltung betreiben?

✔ Wie oft können Franchisenehmer ihren Bestand umschlagen?

✔ Wenn Nahrungsmittel involviert sind, wie hoch ist die Verderblichkeitsrate?

Sie müssen Ihre Annahmen und Fakten umfassend im Griff haben, um bestimmen zu können, welche Anfangsinvestitionen Ihre Franchisenehmer aufbringen müssen.

Und vergessen Sie nicht, dass nicht allein der Franchisenehmer an dieser Beziehung beteiligt ist. Um Ihren eigenen Bedürfnissen zu entsprechen, müssen Sie die Antworten auf die nachfolgenden Fragen kennen, insofern sie sich auf Ihr zukünftiges Franchiseunternehmen beziehen:

✔ Haben Sie eine Vorstellung davon, wie viel es kosten wird, ein Franchisesystem für Ihr Unternehmen zu entwickeln?

✔ Können Sie es sich leisten, ein Qualitätssystem zu entwickeln?

✔ Können Sie Fehlbeträge in Ihren Entwicklungskosten auffangen?

✔ Sind die Gebühren, die Sie berechnen werden, hoch genug, um Sie zu unterhalten?

✔ Können Sie einen angemessenen Gewinn aus Ihren Investitionen erwirtschaften?

Das Festlegen der Gebühren ist ein sehr komplexer Vorgang, der eine Abwägung der Bedürfnisse von Franchisenehmern mit denen des Franchisegebers verlangt.

Die Gebühren festlegen

Das Festlegen der Gebühren ist nicht einfach abzuhandeln, indem Sie eines der Franchisenachschlagewerke öffnen und nachsehen, was die Wettbewerber bei ihren Franchisesystemen in Rechnung stellen. Ihre Gebühren auf Grundlage dessen festzulegen, was der durchschnittliche Franchisegeber an Gebühren erhebt, ist eine noch unsinnigere Herangehensweise. Wenn Sie die Gebühren nicht auf Grundlage der wirtschaftlichen Realitäten Ihres Franchisesystems berechnen, steuern Sie womöglich auf eine Katastrophe zu. Die Vermarktungsfähigkeit muss als Faktor den Wettbewerbsbedürfnissen gegenübergestellt werden, doch die Suche nach Franchisenehmern für Ihr Franchisesystem auf Basis einer Gebührenstruktur, die zu niedrig ist, um Ihre Kosten zu decken und Ihnen einen angemessenen Gewinn zu ermöglichen, bedeutet nichts weiter, als dass Sie nur für einen sehr kurzen Zeitraum Franchisegeber sein werden.

Ihre Zielsetzung ist es nicht, Franchisebetriebe zu verkaufen. Ihr Ziel ist es, diese so zu verkaufen, dass Sie Ihren Verpflichtungen entsprechen, im Geschäft bleiben und einen Gewinn aus Ihren Investitionen erwirtschaften können. Darauf zählen Ihre Investoren und Ihre zukünftigen Franchisenehmer.

Bevor Sie jedoch Ihre Gebühren festsetzen können, müssen Sie die folgenden Fragen prüfen:

✔ Wie viel wird es kosten, die Dienstleistungen bereitzustellen, die Sie Ihren zukünftigen Franchisenehmern bieten möchten?

✔ Sind die Gebühren hoch genug, damit Sie diese Kosten bezahlen und dennoch den wirtschaftlichen Gewinn erreichen können, den Sie sich ausgerechnet haben?

✔ Wenn Sie Ihre Gebühren festlegen, müssen Sie dabei sehr vorsichtig sein. Wenn Sie Ihre Gebühren zu hoch ansetzen, ist Ihr Franchiseunternehmen im Vergleich zur Konkurrenz nicht zu vermarkten. Setzen Sie Ihre Gebühren zu niedrig an, kann dies Ihre Möglichkeiten beeinträchtigen, die Dienstleistungen bereitzustellen, die Sie Ihren Franchisenehmern versprochen haben.

Ein Trick, der von einigen *Franchise Packagers* (ein wenig schmeichelnder Begriff, mit dem Rechts- und Beratungsfirmen beschrieben werden, die neue Franchisesysteme entwickeln, als würde eine Größe für alle passen; im weiteren Verlauf dieses Kapitels kommt mehr zu Franchise Packagers) angewandt wird, besteht darin, Gebühren auf Grundlage der von direkten Wettbewerbern erhobenen Gebühren festzusetzen. Sie schlagen häufig einfach nur die Gebühren im Entrepreneur Magazine Annual 5000 oder einem anderen Franchisegeberverzeichnis nach. Sogar wenn Ihre Franchisenehmer identische Produkte oder Dienstleistungen wie die anderer Fran-

chisegeber anbieten, werden Sie dennoch Ihren Franchisenehmern nicht genau dieselben Unterstützungsleistungen anbieten können; Sie haben wahrscheinlich eine andere Kostenstruktur, Wachstumsstrategie oder eine Menge sonstiger Variablen.

Das Festsetzen Ihrer Gebühren einzig und allein darauf zu gründen, was der Wettbewerb berechnet, ist dumm. Wenn Sie das tun, ersparen Sie Ihrem Rechts- oder Beratungspackager die Zeit und das Geld, die vonnöten sind, um die harte Arbeit der Finanzplanerstellung zu leisten, doch es bringt Ihnen vielleicht Gebühren, die die Zahlungsfähigkeit Ihres Franchisesystems schädigen. Ihre Gebühren müssen auf der Realität Ihres Franchisebetriebs und Ihres Unternehmens begründet sein, nicht auf einer Abkürzung, um dem Packager eine Zeitersparnis zu ermöglichen. Franchisepackagers – sowohl im Bereich Rechtsberatung als auch Consulting –, die den strategischen Prozess abkürzen, sollte man aus dem Weg gehen. Viele Franchiseprofis in der Rechtsberatungs- und Consultingbranche, sicherlich der Hauptteil, arbeiten richtig.

 Bei der Entwicklung Ihrer Gebührenstruktur hängt ein Teil Ihrer Entscheidung davon ab, in welche Märkte Sie vordringen möchten und welche Zahl zu entwickelnder Standorte Sie von Ihrem Franchisenehmern verlangen. Auf einer Pro-Standort-Basis ist die Unterstützung eines Franchisenehmers, der zehn Standorte besitzt, günstiger als die Unterstützung von zehn Franchisenehmern, die je einen Standort besitzen. Ebenso ist es preisgünstiger, einen Markt zu bedienen, auf dem zehn Standorte in zwei Jahren entstehen, als einen Markt zu bedienen, auf dem in zehn Jahren zehn Standorte entstehen. Wie Sie die Unternehmen in ihrem Wachstum fördern und welche Märkte Sie bedienen müssen, hat Einfluss darauf, wie realistisch Ihre Gebühren und Einkommensvorhersagen sind.

Wenn Sie die Gebühren für Ihr Franchisesystem festsetzen, müssen Sie sicher sein, dass Sie die Antworten auf einige grundsätzliche Fragen kennen:

✔ Wie lange wird es dauern, bevor Sie das erste Geld verdienen?

✔ Wie hoch liegt Ihre Investitionshürde, und wird das System diesen Gewinn für Sie abwerfen?

✔ Haben Sie vor, eine Lizenzmethode wie beispielsweise Masterfranchising zu verwenden? (Lesen Sie in Kapitel 2 die Besprechung von Masterfranchising nach). Der Franchisegeber kann mit dem Masterfranchisenehmer einen Teil der Systemeintrittsgebühr und der laufenden Lizenzgebühren teilen. Wenn Sie einen Teil Ihres Einkommens teilen müssen, welche Auswirkungen wird dies auf Ihren Finanzstatus und die Fähigkeit Ihres Systems, die versprochenen Dienstleistungen zu erbringen, haben?

Gebühren auf einem angemessenen Niveau festzusetzen ist nicht leicht. Viele Franchisegeber haben lange Zeit Schwierigkeiten, weil sie ihre Gebühren nicht korrekt festgelegt haben.

Also, was denken Sie? Sind Sie bereit, Franchisegeber zu werden? Machbarkeit ist nur der erste Schritt. Sie müssen noch eine Menge mehr tun.

 Zukünftige Franchisegeber-Unternehmer haben oft Schwierigkeiten bei der objektiven Feststellung der Eignung ihrer Unternehmen zum Franchiseunternehmen. Aus diesem Grund finden Sie es vielleicht hilfreich, mit einem Profi zusammenzuarbeiten, der Ihnen durch diesen Erkenntnisprozess hindurchhelfen kann. Der Beirat der Franchiselieferanten der International Franchise Association ist eine gute Quelle für Franchiseberater, die Sie unterstützen können. Sie finden eine Liste entsprechender Gesellschaften auf der Webseite der IFA unter www.franchise.org. Wenden Sie sich in Deutschland an den Deutschen Franchise-Verband e.V. (DFV), Tel. 089/5307140 oder den Deutschen Franchise-Nehmer Verband e.V. (DFNV), Tel. 0228/250300, um entsprechende Informationen zu erhalten.

Welche Art von Unternehmen ist für Franchising geeignet?

Fast jedes Geschäft ist franchisegeeignet, doch historisch gesehen haben meist Unternehmen, die ihre Produkte oder Dienstleistungen im Einzelhandel verkaufen, die größte Anziehungskraft. Hier unser Rat für die Entscheidung, ob Ihr Unternehmen erfolgreich zum Franchiseunternehmen umgewandelt werden kann:

✔ Die meisten Restaurantkonzepte können zu Franchiseunternehmen gemacht werden, doch diejenigen, die eher einen Chef de Cuisine als Köche brauchen oder komplizierte Speisekarten und Rezepte haben, sind eher schwierig.

✔ Unternehmen, deren Produkte und Dienstleistungen eine breite Verbraucherakzeptanz besitzen, sind natürliche Kandidaten, solange die Markttrends langfristig Zahlungsfähigkeit und Wachstum unterstützen.

✔ Unternehmen, deren Betriebsspanne Raum zur Erhebung von Franchisegebühren lässt, bei denen immer noch ein angemessener Gewinn für Franchisenehmer als auch Franchisegeber bleibt, sind gewöhnlich franchisegeeignet.

✔ Unternehmen in so genannten *unterteilten Branchen* (dies ist eine Branche, in der die meisten Unternehmen unabhängige Unternehmer sind), die von einer Konsolidierung durch Markenartikel profitieren würden, sind Franchisekandidaten. Ein gutes Beispiel hierfür war die Frisörbranche vor 30 Jahren, die damals zumeist aus Frisörgeschäften und Stylisten bestand. Ein Sprung durch die Zeit und jetzt gibt es in den Vereinigten Staaten große Franchiseketten wie Supercuts und Great Clips, die den Markt dominieren. Es ist dennoch weiterhin ein aufgeteilter Markt, sogar 30 Jahre später, und deshalb sind die Wachstumschancen immer noch gut.

✔ Unternehmen in einer stabilen oder wachsenden Branche, die nicht durch umfangreiche Vorschriften behindert sind, können in Franchisebetriebe umgewandelt werden.

✔ Unternehmen, die leicht ausführbare Systeme haben und die aus einem großen Reservoir geeigneter Kandidaten schöpfen können oder die Franchisenehmer in angemessener Zeit in der Verwendung der Technologie schulen können, können als Franchiseunternehmen funktionieren.

Zielsetzungen hinsichtlich Marketing für Franchisenehmer und Systemunterstützungsprogramme

Einmal angenommen, Ihr Konzept ist franchisegeeignet. Herzlichen Glückwunsch! Beeilen Sie sich jetzt und beginnen mit dem Aufsetzen rechtlicher Schriftstücke und Vermarktungsbroschüren? Warten Sie noch einen Moment. Es gibt eine Menge, worauf Sie sich konzentrieren und wozu Sie Entscheidungen fällen müssen, bevor Sie die Rechtsfachleute und Marketingtruppen auf den Plan rufen können.

Die richtigen Märkte auswählen

Es ist nicht ausreichend zu sagen, dass Sie in den 100 größten Städten wachsen möchten; Sie müssen entscheiden, wo und wann und welche Märkte Ihre vorrangigen Ziele sind und welche zweitrangig sind.

Franchisegeber müssen eine Strategie zur Marktdurchdringung haben, um das Timing für den Eintritt in einen neuen Markt sowie die kritischen Mengenanforderungen in diesen Märkten bestimmen zu können. Die *kritische Menge* beschreibt die Anzahl von Standorten, die ein Franchisegeber optimalerweise auf einem Markt entwickeln sollte.

Eine nicht zielgerichtete Expansionsstrategie ist für den Franchisegeber eine potenzielle Gefahr, denn es kostet Geld, weit entfernt gelegene, isolierte Standorte zu bedienen, und das gesamte System leidet vielleicht unter dem Mangel an Aufmerksamkeit sowie anderen betrieblichen Aspekten. Wird keine rationale Expansionsstrategie erstellt und befolgt, so stellt dies auch eine Vergeudung von Marktkräften dar. »Shotgun«-Marketing kann ebenfalls nicht so effektiv sein wie eine zielgerichtete Entwicklung, denn es gibt Ihnen keine Orientierung für die Richtung, in die Ihr Wachstum gehen soll. Eine ungeplante Wachstumsstrategie kann für neue Franchisegeber sehr gefährlich sein.

Eine nicht zielgerichtete Marktentwicklungsstrategie (die, in der bestimmte Gebiete für die Entwicklung danach ausgewählt werden, wo die Anrufe interessierter Franchisenehmer herkommen), veranlasst das Unternehmen dazu, auf allen Ebenen eher reaktiv als proaktiv zu sein. So entgehen dem Unternehmen vielleicht Verkaufsmöglichkeiten, wenn kein Marktentwicklungsplan vorliegt, weil man es verpasst hat, sein Franchiseunternehmen in Schlüsselstaaten registrieren zu lassen, oder es hat unnötige Ausgaben, um sich in Staaten registrieren zu lassen, in denen eine Expansion noch nicht sinnvoll wäre.

Eine nicht zielgerichtete Vermarktungsstrategie erlaubt es Ihnen ebenfalls nicht, Geschäftsentscheidungen auf Grundlage messbarer Kriterien zu treffen. So müssen Franchisegeber beispielsweise die verschiedenen Expansionsmethoden, die ihnen für verschiedene Märkte zur Verfügung stehen, einschätzen (dazu gehören systemeigene, individuelle Strategien und solche für mehrere Standorte). Um vorsichtig zu sein, sollte ein Franchisegeber Überprüfungen der kritischen Menge bei der Auswahl von Standorten anstellen. Prüfungen der kritischen Menge helfen einem Franchisegeber, seinen Außendienst zu reduzieren und die Distributionskosten je Standort zu reduzieren, und sie sind der effektivste Weg für sie, die lokalen Vermarktungsmöglichkeiten zu bestimmen.

Das Ziel für Franchisegeber ist nicht einfach das Vordringen in neue Märkte, sondern erfolgreich in diese vorzudringen. Deshalb müssen Franchisegeber ihre Strategie für Kernmärkte von derjenigen für tertiäre Märkte unterscheiden (*Kernmärkte* sind die Hauptgebiete und sekundäre Gebiete sind Stadtgebiete, alles andere sind *tertiäre* Märkte).

Sie müssen sich bewusst machen, dass es teuer ist, einen Franchisenehmer durch Systemberater und Werbung zu unterstützen, wenn er der einzige Franchisenehmer in diesem Markt ist und die kritische Menge bedeuten würde, dass Sie mindestens 15 Standorte in diesem Markt hätten. Die Definition der Anforderungen Ihrer kritischen Menge ermöglicht es Ihnen, Ihr Wachstum zu planen.

Sofern Sie bereits einige systemeigene Standorte verteilt über viele verschiedene Märkte haben, bestimmen Sie, ob es angemessen wäre, diese Geschäfte zu Franchisebetrieben zu machen und den Erlös hieraus für die Erstellung systemeigener Standorte an anderer Stelle zu verwenden. Wenn Sie dies tun, ist dies Teil eines Prozesses, den wir als »Neupositionierung des Inventars von Standorten« bezeichnen.

Das Profil Ihrer Franchisenehmer festlegen

Nicht jede Person, die einen Franchisegeber anruft und sagt, sie wolle Franchisenehmer werden, ist dafür geeignet.

Franchisesysteme, die alle Kandidaten deshalb zulassen, weil sie das Geld haben möchten, wenden eine Auswahlstrategie für ihre Franchisenehmer an, die wir im Franchising »den Spiegeltest« nennen. Wenn der zukünftige Franchisenehmer lebt, wie dies sein Atem auf einem Spiegel zeigt, und genügend Geld in seinem Scheckbuch hat, heißt es: Willkommen an Bord. Tatsächlich gibt es Franchisegeber, die Makler mit der Auswahl ihrer Franchisenehmer beauftragen oder Franchisebetriebe via Post verkaufen und ihre Franchisenehmer zum ersten Mal sehen, wenn sie zu einer Schulung in ihr Haus kommen. Dies ist so ähnlich, als ob ein Kandidat in ein öffentliches Amt in der Stadt gewählt würde, der zwar eine Woche, bevor er gewählt wurde, gestorben ist, doch immer noch genügend Stimmen erhielt, um gewählt zu werden. (Übrigens, so etwas ist tatsächlich schon passiert).

Bei der Definition von Franchisenehmern müssen Sie bestimmte Eigenschaften von Franchisenehmern bestimmen, nämlich unter anderem:

✔ Wer hat die Fähigkeit, Ihre Standorte erfolgreich zu betreiben?

✔ Welche finanziellen Ressourcen muss ein Franchisenehmer haben?

✔ Welchen Hintergrund sollte ein Franchisenehmer haben?

✔ Gibt es potenzielle Franchisenehmer, die in den Marktgebieten leben, in denen Sie Franchisebetriebe entwickeln wollen?

✔ Können Sie feststellen, ob ein Franchisenehmer gut zu Ihrem Konzept, Ihrer Organisation und den anderen Franchisenehmern passt?

Das von Ihnen entwickelte Franchisenehmerprofil basiert auf Ihren Kriterien und dient als Bündel von Richtlinien, die Ihnen dabei helfen werden, geeignete Kandidaten für den Betrieb eines erfolgreichen Franchiseunternehmens auszuwählen. Bei der Entwicklung des Profils Ihrer Franchisenehmerkandidaten beginnen Sie zu verstehen, wer Ihre potenziellen Franchisenehmer sind und welche Quellen des Marketings für Sie bei der Suche nach diesen am produktivsten sind.

Marketing für Franchisenehmer

Wegelagerer-Werbung (Werbung, die sich an die gesamte Bevölkerung richtet, ohne Kriterien dafür, wer der Franchisenehmer ist oder in welchen Märkten Sie sich entwickeln möchten) schafft womöglich potenzielle Franchise-Hinweise, doch es bringt einem nicht unbedingt die Franchisenehmer, die man möchte und braucht. Dies ist eines der Probleme, die einige Franchisegeber mit den Hinweisen haben, die sie sich aus dem Internet holen. Es ist schon toll, Hinweise durch das Internet zu erhalten, doch wie unterscheiden Sie die echten Kandidaten von den 12-Jährigen mit einer Maus?

Bei der Erstellung Ihres Marketingplans, müssen Sie zumindest vier Fragen beantworten:

✔ Welche Quellen sind geeignet für die Rekrutierung solcher Franchisenehmer, die am besten dem von Ihnen entwickelten Franchisenehmerprofil entsprechen?

✔ Welche Methoden werden Sie anwenden, um potenzielle Franchisenehmer einzuschätzen (finanziell, persönlich und so weiter)?

✔ Welche Prozeduren sind für die Genehmigung von Franchisenehmern geeignet?

✔ Welche Verwaltungsabläufe und Verhandlungsstrategien müssen Sie bereithalten, um den Vertrag – auch in rechtlicher Hinsicht korrekt – abschließen zu können?

Um erfolgreich beim Abschluss von Franchiseverkäufen zu sein, müssen Sie diese grundsätzlichen Themen ansprechen, bevor Sie damit beginnen, Geld für Marketing auszugeben – nicht erst anschließend.

Beim Marketing für Franchisenehmer verwenden Franchisegeber eine große Bandbreite von Marketing- und Werbemitteln. Die von Ihnen ausgewählten basieren auf ihrer Entscheidung, welches Mittel ihre Zielgruppe erreichen wird, und dazu gehören vielleicht

✔ Franchise-Fachmessen

✔ Lokale und landesweit erscheinende Zeitungen

✔ Die elektronischen Medien – Fernsehen und Radio

✔ Franchiseverzeichnisse

✔ Allgemeine Geschäftspublikationen

- ✔ Franchise-spezifische Veröffentlichungen
- ✔ Webseiten von Franchisegebern
- ✔ Artikel in Veröffentlichungen, die durch Öffentlichkeitsabteilungen entwickelt wurden
- ✔ Franchiseliteratur, die in bestehenden Standorten ausgelegt wird
- ✔ Zielgerichtete Versandaktionen an potenzielle Franchisenehmer, die den Kriterien des Franchisegebers entsprechen
- ✔ Handelsmissionen

Ihre Franchisenehmer unterstützen

Bei der Unterstützung Ihres Franchisesystems müssen sie sich immer auf zwei grundsätzliche Gebiete konzentrieren:

- ✔ Wie sollen Ihre systemeigenen Standorte und diejenigen in Besitz von Franchisenehmern auf lokaler Ebene betrieben werden?
- ✔ Welche Arten von Unterstützungsprogrammen und Unternehmensorganisation müssen vorhanden sein, um dieser Anforderung zu entsprechen?

Die Schlüssel für die Erstellung einer erfolgreichen Unterstützungsstruktur sind:

- ✔ Bestimmen, was notwendigerweise erreicht werden muss.
- ✔ Die richtigen Leute für das Erreichen Ihrer Ziele auswählen.
- ✔ Ihrem Unterstützungsteam die notwendigen Informationen zur Verfügung stellen, damit es seine Arbeit leisten kann.
- ✔ Ihrem Unterstützungsteam klare Anweisungen geben.
- ✔ Es schulen und mit den Ressourcen versehen, damit es seine Arbeit gut erledigen kann.
- ✔ Seinem Urteil und seiner Fähigkeit, Entscheidungen zu treffen, vertrauen.

Sehr gute Franchisegeber bauen Ihr Unterstützungsteam so auf, dass die Mitarbeiter vorbereitet, aufgeschlossen und fähig zur Anleitung sind und den lokalen Betrieben des Systems Unterstützung bieten.

Systemberater sind nur ein Element der Unterstützung, die ein Franchisegeber seinen Franchisenehmern bietet. Doch Systemberater sind wahrscheinlich die kritischsten Elemente in der Unterstützung, die der Franchisegeber seinen Franchisenehmern zukommen lassen kann. Die meisten Franchisegeber stellen ihren Franchisenehmern und systemeigenen Standorten ein gewisses Maß an Außendienstberatung zur Verfügung. Einige Franchisegeber verwenden einen Stab von Systemberatern, die mit systemeigenen Standorten zusammenarbeiten, und einen anderen, der mit Betrieben, die sich im Besitz von Franchisenehmern befinden, arbeitet, während einige die Organisation der Außendienstberatung kombinieren.

Der Schlüssel hierzu ist, dass unabhängig davon, ob Franchisegeber mit einem Unterstützungsteam oder vielen Unterstützungsteams arbeiten, die Außendienstberatung in großen Franchisesystemen auf Grundlage der nachfolgenden Prinzipien organisiert ist:

- ✔ Außendienstbesuche haben mehr Bedeutung als die bloße Überwachung der Vertragserfüllung von Franchisenehmern.
- ✔ Außendienstbesuche basieren auf festgelegten Standards und einer dieser Standards besagt, dass Systemberater am messbaren Einfluss, den sie auf die Leistung der Standorte, für die sie verantwortlich sind, haben, beurteilt werden.
- ✔ Außendienstbesuche finden festgelegt in einer Mindestzahl von Besuchen je Franchisenehmer in einem bestimmten Zeitraum statt, doch die Gesamtzahl und Frequenz der Besuche hängt von den Bedürfnissen des einzelnen Standorts ab.
- ✔ Außendienstbesuche ermöglichen es dem Franchisegeber, die Ergebnisse eines Standorts einschätzen zu können und, was noch wichtiger ist, Systemberater haben die Fähigkeit, die Ergebnisse schnell in dem Unternehmen weiterzugeben, damit gegebenenfalls Unterstützungshandlungen für den Franchisenehmer veranlasst werden können.
- ✔ Außendienstbesuche haben die Verbesserung des Standorts und der Systemleistung zum Ziel.

Der erste Schritt großer Franchisegeber zum Erreichen dieser Ziele ist es, Standards für die Außendienstbesuche festzulegen. Die gesamte Organisation des Franchisegebers muss wissen, was genau die Außendienstorganisation zu leisten versucht, und die Systemberater müssen sodann geschult werden sowie mit den Werkzeugen und der Unterstützung ausgestattet werden, die sie für die Ausübung ihrer Stelle benötigen.

Um ihre Arbeit erfolgreich zu erledigen, müssen Systemberater

- ✔ Den Betrieb der Standorte verstehen, weil sie selbst Standorte betrieben haben.
- ✔ Geschult sein, damit sie verstehen, wie sie mit den Betreibern der Standorte umzugehen haben – sowohl mit systemeigenen als auch mit solchen der Franchisenehmer –, um ihre Betriebsabläufe verbessern zu können.
- ✔ Werkzeuge, wie beispielsweise Checklisten zur Vertragserfüllung und aktuelle Informationen zur Systemleistung haben, wozu Verkaufszahlen, Verkaufskosten und Arbeitskosten gehören, einfach alles, das Franchisenehmern dabei hilft, ihre Effizienz zu erhöhen und ihre Unternehmen zu vergrößern.

Die Frequenz der Besuche festzulegen ist bei der Bereitstellung von Unterstützung für Franchisenehmer wichtig. Viele Systeme besuchen jeden Franchisenehmer nach einem Standardzyklus: einmal pro Woche, zweimal im Monat, alle sechs Wochen ... Sie verstehen, was wir meinen. Doch nicht jeder Standort benötigt dasselbe Ausmaß an Unterstützung. Manche Standorte laufen einfach gut und sind führend in ihrer Leistung. Andere stehen womöglich kurz davor, ihre Türen für immer zu schließen.

 Nicht alle Außendienstbesuche müssen persönlich erledigt werden. So wichtig auch die Besuche durch das Personal sind, es können durchaus andere Methoden verwendet werden, um einen regelmäßigen Kontakt zu den Franchisenehmern und Managern zu halten, wozu Telefon, E-Mail, Briefe und anderes mehr gehören. Diese nicht-persönlichen Besuche ermöglichen es den Außendienstmitarbeitern, mit den Betrieben vor Ort und den jeweiligen Marktbedürfnissen in Kontakt zu bleiben.

Erfolgreiche Franchisegeber verschaffen sich Informationen über die Leistung Ihrer Franchisenehmer und entwickeln Methoden für eine Analyse kritischer Leistungsindikatoren, zu denen die nachfolgenden gehören:

✔ Verkäufe

✔ Verkaufskosten

✔ Arbeitskosten

✔ Schwund

✔ Anteil Neukunden

✔ Anteil wiederkehrender Kunden

✔ Kundenbeschwerden

✔ Andere Schlüsselgrößen

Auf Grundlage der gesammelten Informationen und kontinuierlicher Kommunikation zwischen Außendienstmitarbeitern, Systemzentrale und dem Betreiber vor Ort, definieren Systemberater die Bedürfnisse des Franchisestandorts, bestimmen, was sie während ihrer Besuche beim Franchisenehmer erreichen möchten, und bestimmen die Häufigkeit, mit der sie einen Standort besuchen.

Die Ziele der Außendienstbesuche sind für jeden Standort unterschiedlich, und diese Ziele verändern sich vielleicht jedes Mal, wenn der Systemberater einen Standort besucht. Letzten Monat war vielleicht Thema, wie man Mitarbeiter hält, und im nächsten Monaten ist das Problem vielleicht die mangelnde Resonanz auf das Marketing vor Ort. Oder das Thema ist unter Umständen ein kleiner Anstieg bei verderbenden Produkten oder Diebstahl (was wir *Schwund* nennen), was ein Anzeichen dafür sein kann, dass etwas mit der Standortüberwachung vor Ort nicht stimmt. Geschulte und intelligente Systemberater können die verfügbare Information sammeln, analysieren und ihre Besuche so abstimmen, dass diese wirklich Wirkung zeigen.

Die Aufgabe der Systemberater ist es, als Akteure des Franchisegebers ganz vorne zu agieren, nämlich an den Standorten des Systems. Es ist eine der am ehesten spürbaren Meßlatten für Unterstützung, die der Franchisegeber zur Verfügung stellt.

Ein effektiver Franchisegeber werden: taktische Ausführung

Als Rocky Balboa für seinen Kampf gegen Apollo Creed trainierte (Sie denken, Sie könnten nichts aus zweitklassigen Actionfilmen wie *Rocky* lernen, doch lernen kann man überall etwas), sagt ihm sein Trainer, Mickey, dass das einzige Mittel zum Erfolg Schnelligkeit sei – geölte Lichtgeschwindigkeit. Dasselbe gilt heutzutage im Geschäftsleben.

Um heutzutage effizient sein zu können, wenden sich Unternehmen von alten Techniken ab, die verlangten, dass sämtliche Strategien in der Unternehmenszentrale von strategischen Planungsteams entwickelt wurden. (*Strategische Planungsteams* sind gewöhnlich eine Gruppe von Leuten, deren Hauptaufgabe darin besteht, aus vier Bänden bestehende Türstopper zu schaffen, die dazu gedacht sind, den Leuten, die für die Ausführung der Strategie bezahlt werden, zu erklären was sie tun müssen.)

Heutzutage verwenden Unternehmen taktische Betriebsabläufe und werden insgesamt zu taktischen Gesellschaften. In einer taktischen Gesellschaft leisten heutzutage Mitglieder eines interdisziplinären Teams, bestehend aus den Menschen, die die Strategie auch ausführen, die Planungsarbeit. Zusätzlich zu Personal aus den Bereichen Betriebsabläufe, Außendienstunterstützung, Schulung, Marketing, Recht, Einkauf und anderem Unternehmenspersonal gehören zu diesen Teams Leute von außen, deren Aufgabe darin besteht, die Organisation aus ihren Bequemlichkeitszonen hinauszudrängen, und, was am wichtigsten ist, sie bestehen auch aus Franchisenehmern. Viele Unternehmen schließen auch junge Angestellte ein, die die geheiligten Kühe des Unternehmens herausfordern können, und ebenso alte Hasen kurz vor der Pensionierung, die in der Lage sind, die Aktivitäten des Unternehmens in der Vergangenheit ehrlich bewerten zu können.

Um effizient sein zu können, verlagert eine taktische Gesellschaft die Entscheidungsfindung aus der alleinigen Verantwortung des Personals der Systemzentrale hin zu einem Prozess, bei dem Entscheidungen schnell durch die gesamte Organisation hindurch getroffen werden. In solchen Organisationen geschieht Folgendes:

- ✔ Strategisches Denken findet auf allen Ebenen statt. Jedes Mitglied der Organisation denkt strategisch über Kundenbedürfnisse, Wettbewerber und Wettbewerbsvorteile nach.

- ✔ Jedes Mitglied erhält Informationen über das Unternehmen, umgehend – und die Information ist nicht begrenzt auf sein oder ihr Stück des Kuchens. Um effizient arbeiten zu können, müssen alle Mitglieder des Teams nicht nur über ihren eigenen Bereich Bescheid wissen, sondern auch über die Konkurrenz und die Umgebung, in der sie arbeiten.

- ✔ Mitglieder der Organisation verstehen und glauben an die Mission des Unternehmens sowie an seine Visionen.

- ✔ Strategien sind eher ein Handwerk als eine Berechnung.

- ✔ Planung ist ein Entwicklungsprozess, und Anfangsentscheidungen sowie Ereignisse von außen fließen zusammen.

- ✔ Veränderungen im Plan des Unternehmens werden nicht als Irrtümer bei der Prognose betrachtet. Veränderung wird gefeiert, wenn durch sie Wettbewerbsgelegenheiten ergriffen werden können und sie auf einer Organisation basiert, die das nötige Wissen hat, um schnell und intelligent zu reagieren.

- ✔ Lernen, Experimentieren und Anpassen sind kritische Elemente:

- Schnelle Reaktionen ersetzen Verzögerungen bei Entscheidungen der Zentrale.
- Die Ausführung basiert auf den Realitäten des Marktplatzes – gemessen in Echtzeit.

✔ Die Ausführung des Plans ist flexibel.

- Sie behandelt Marktzerrüttungen, die durch Technologie und andere Veränderungen hervorgerufen werden.
- Sie vertraut deutlich auf konzeptionelle Fähigkeiten.
- Sie überwacht fortlaufend die Markenpositionierung des Unternehmens.
- Sie verwendet Wissen in Echtzeit.
- Sie umfasst Spekulation – die Zukunft bewegt sich schnell.
- Sie misst Resultate, wenn sie sich einstellen.
- Sie leitet Informationen an die Entscheidungsträger weiter.
- Sie entwickelt, wer diese Entscheidungsträger sind.

Taktische Ausführung bedeutet nicht die Aufgabe oder den Ersatz von Planung. Es ist eine philosophische Verlagerung dessen, wie der Plan entwickelt, ausgeführt, bewertet und angepasst wird, damit man weiterhin der Konkurrenz einen Schritt voraus sein kann.

Taktisch operieren ist leicht, sobald man einmal die Grundlagen verstanden hat, doch Sie müssen die richtige Unternehmenskultur, die notwendigen Informationen und Vertrauen in Ihr Team haben.

Ihre Unternehmenskultur

Ihre Unternehmenskultur hilft Ihnen dabei, die Konsistenz und Qualität Ihrer Produkte und Dienstleistungen sicherzustellen. Diese Kultur bringt jedem innerhalb des Systems nahe, wie das Unternehmen auf allen Ebenen (Systemzentrale, Systemberater, Franchisebetriebe und systemeigene Standorte) betrieben werden sollte. Wenn jeder die Unternehmenskultur versteht, basiert die Unterstützung für das Franchisesystem eher auf den Bedürfnissen des Systems als auf von der Systemzentrale festgelegten Vorschriften.

Um Konsistenz und Qualität sicherzustellen, gilt für die Unternehmenskultur:

✔ Sie muss die zentrale Ausrichtung des Franchisesystems sein.

✔ Sie muss der Sammelplatz für Franchisenehmer, Standortpersonal, Formulare und schriftliche Vorgänge sein.

✔ Sie muss ein Gefühl von »Eigentümerschaft« an der Marke und, vor allem, Loyalität erzeugen.

Dies ermöglicht es dem Franchisesystem, unternehmerisch in seiner Fokussierung auf Systemunterstützung zu sein, ebenso wie proaktiv hinsichtlich Veränderungen, und erlaubt es dem System, Gelegenheiten zu nutzen, die sich auftun.

Informationsmanagement

Franchisegeber müssen bereit sein, systemweit Information zu sammeln und zu verbreiten, und diese Informationen sind nicht nur Zahlen, sondern tatsächliche Erfahrungen der Standortmanager des Systems, von Franchisenehmern, Systemberatern und so weiter. Der Schlüsselgedanke ist es, relevante Informationen zu teilen, damit Ideen und Lösungen entwickelt werden können.

Um effektiv zu sein, muss eine taktische Gesellschaft

- ✔ Die Aktivitäten des Wettbewerbs in Erfahrung bringen.
- ✔ Die Kundenbedürfnisse kennen lernen.
- ✔ Von seinen eigenen Standortmanagern lernen, sowohl von denen in Franchisenehmerbesitz als auch von denen systemeigener Standorte.
- ✔ Vom Außendienst-Beratungspersonal und dem Personal der Systemzentrale lernen.
- ✔ Von seinen Verkäufern lernen, denn diese können frühzeitig Indikatoren von Trends und Aktivitäten Ihrer Wettbewerber sein.

Franchisenehmer werden auf allen Ebenen der Informationssammlung und des Entscheidungsfindungsprozesses eingebunden. Die Information, die sie haben, stammt aus erster Hand, da sie direkt mit den Kunden des Systems arbeiten.

Franchisenehmerbeiräte

Ich war Teilhaber eines Franchisebetriebs von Kentucky Fried Chicken und weiß deshalb, wie die Dinge aus Sicht des Franchisenehmers aussehen. Franchisenehmer sind wertvoll, und es ist richtig, von Franchisenehmern zu erwarten, dass sie für ihr Geld hart arbeiten.

Bei Wendy's betrachten wir unsere Franchisenehmer als Kunden. Das klingt vielleicht nach einem seltsamen System, doch es ist wahr. Sie bezahlen die Lizenzgebühren für bestimmte Dienstleistungen, die wir bereitstellen und wir haben eine Verpflichtung, ihren Bedürfnissen nachzukommen.

Wir betrachten unsere Franchisenehmer auch als Partner, nicht im rechtlichen, sondern im betrieblichen Sinne. Wir haben einen Franchisenehmerbeirat, der regelmäßig zur Diskussion von Themen zusammenkommt, die unsere Franchisegemeinde betreffen. Mitglieder des Franchisenehmerbeirats sind der Resonanzboden für Veränderung oder Verbesserungen, die wir für unsere Geschäfte planen. Für den Erfolg von Wendy's müssen wir alle zusammen auf ein gemeinsames Ziel hinarbeiten: die leckersten Hamburger der Branche zu servieren und das bevorzugte Restaurant unsere Kunden zu sein.

Das Sammeln und Weitergeben von Informationen durch das gesamte System ist lebenswichtig in einer taktischen Gesellschaft. Information macht die Organisation mobil, fördert Innovationen, ermöglicht das Teilen neuer Ideen und feiert Veränderungen. Wenn dies geschieht, bleibt Ihr System wettbewerbsfähig und flexibel.

Das Führen eines Unternehmens ohne Echtzeit-Informationen ist heutzutage so, als würden Sie von Berufspiloten verlangen, dass Sie allein mithilfe eines Sextanten und geleitet von Mond und Sternen von Kalifornien nach New York fliegen. Würden Sie gerne in ein solches Flugzeug steigen?

Selbst in einem Unternehmen, das eine taktische Herangehensweise bei der Entscheidungsfindung verwendet, fällt der Franchisegeber Entscheidungen, die die Bereitstellung der Marke (inklusive Produkten, Dienstleistungen, Marketing und so weiter) für die Kunden betreffen. Taktisch zu sein erfordert das Fällen von mehr zeitsensiblen Entscheidungen außerhalb der Systemzentrale. Taktisch zu werden ist ein Management-, und Wettbewerbswerkzeug. Zuzulassen, dass Entscheidungen außerhalb der Systemzentrale getroffen werden, bedeutet keine Bedrohung für die Kontrolle des Franchisegebers im Hinblick auf den Betrieb seines Systems.

Lassen Sie es darauf ankommen, machen Sie ein paar Fehler und entwickeln Sie sich weiter

Halten Sie Ausschau nach Gelegenheiten, und passen Sie Ihre Taktik an, um sowohl kurz- als auch langfristig aus Gelegenheiten Kapital zu schlagen, wenn sich solche ergeben. Um dies zu können, muss

✔ Ihre Unternehmensstrategie klar und leicht verständlich sein für diejenigen, die bevollmächtigt sind, Veränderungen vorzunehmen.

✔ Eine schnelle und effektive Verbreitung taktischer Veränderungen systemweit stattfinden.

✔ Feedback eingeholt und schnell analysiert werden.

✔ Eine Bereitschaft bestehen, Ihre Taktik anzupassen, um den Bedürfnissen des Marktes zu entsprechen.

✔ Ein Franchisegeber seinem Team Vertrauen entgegen bringen.

Der letzte Punkt – Ihrem Team vertrauen – ist wahrscheinlich das wichtigste Element für ein Unternehmen, das wirklich taktisch in seiner Herangehensweise bei der Handhabung von Veränderungen ist. Das Geschäftsleben von heute fordert von Unternehmen Flexibilität, Innovationen und Marktorientierung. Die Ausführung Ihrer Strategie muss flexibel genug sein, um es dem System zu ermöglichen, Gelegenheiten, die sich im Wettbewerb bieten, zu ergreifen, ohne ständig die Zustimmung des oberen Managementteams für jede Veränderung der Taktik einholen zu müssen. Darauf zu warten, dass Mitglieder des oberen Managements jede Veränderung absegnen, kann einen Gelegenheiten kosten, die womöglich verschwinden, während Entscheidungen gefällt werden.

Dieser Ratschlag ist kein Aufruf zur Anarchie. Weit davon entfernt. Es ist ein Aufruf, Ihre Organisation zu ermächtigen, auf jeder Ebene das Richtige für Ihr Unternehmen zu tun, einfach, weil die Geschwindigkeit der Wettbewerbsveränderungen im neuen Jahrtausend Ihnen nicht den Luxus Zeit bietet.

Eine taktische Herangehensweise an Geschäftsaktivitäten verlangt von den Mitgliedern des oberen Managements, dass sie eine Organisation ins Leben rufen, die den Auftrag ohne sie ausführen kann. Es erfordert von ihnen, dass sie Folgendes sagen können:

- ✔ Wir vertrauen darauf, dass wir auf allen Ebenen des Unternehmens intelligente Mitarbeiter eingestellt haben.
- ✔ Wir vertrauen darauf, dass wir vor diesen nichts versteckt halten.
- ✔ Wir vertrauen darauf, dass wir Botschaft und Vision des Unternehmens klar definiert haben.
- ✔ Wir vertrauen darauf, dass wir ihnen die notwendige Information gegeben haben, damit sie ihre Arbeit in Echtzeit erledigen können.
- ✔ Wir vertrauen darauf, dass sie Gelegenheiten erkennen können.
- ✔ Wir vertrauen darauf, dass sie Veränderungen schnell in Taktik ummünzen können.
- ✔ Wir sind sicher, die notwendige Struktur installiert zu haben, durch die eine klare Kommunikation innerhalb des Unternehmens ermöglicht wird.
- ✔ Wir sind sicher, die Fähigkeit zu haben, Ergebnisse in Echtzeit einschätzen zu können, und haben das Vertrauen, dass wir kontinuierlich Veränderungen vornehmen können, wenn solche notwendig sind.

Wenn Sie ein neuer Franchisegeber sind, nutzen Sie das, was Sie bei der Machbarkeitsuntersuchung herausgefunden haben, als Ausgangspunkt für die Entwicklung eines taktischen Unternehmens. Sind Sie jedoch ein etablierter Franchisegeber, bauen Sie auf dem auf, was Sie wissen, aber verlieren Sie sich nicht in dem, was Sie meinen zu wissen. Weil die Umwandlung in eine taktische Gesellschaft einige Anfangsschwierigkeiten in einer bestehenden Organisation mit sich bringen kann, ist es meist eine gute Idee, sich aus dem Unternehmen herauszubewegen und Unterstützung von Beratern zu holen, die mit Ihnen an der Veränderung arbeiten können.

Wie Führung ein ganzes Franchisesystem verändern kann

Mail Boxes Etc. (MBE), ein Franchisesystem mit Firmensitz in San Diego, Kalifornien, hat seinen Betrieb 1980 aufgenommen. Zu dieser Zeit war es einer der am wenigsten technisierten Betriebe, die man sich vorstellen kann: Man vermietete Briefkästen an die Öffentlichkeit, verkaufte Briefmarken und verpackte und versandte Pakete. Das Unternehmen stellte auch Kopier- und Faxdienste zur Verfügung. Der größte Wettbewerber war der U.S. Postal Service. Selbst in einer wenig technisierten Welt, bedeutet der Umstand, als Hauptwettbewerber eines der historisch am schlechtesten betriebenen Unternehmen zu haben, nämlich das United States Post Office, dass sich einige interessante Vorteile eröffnen.

16 ➤ Vom kleinen Unternehmer zum Franchisegeber

Vor einigen Jahren hat MBE Jim Amos als Vorsitzenden und Hauptbetriebsleiter eingestellt und die Welt von MBE hat sich verändert. Als Jim zu MBE kam, hatte das System ganz offensichtliche Probleme. Es hatte eine hohe Fluktuation bei Franchisenehmern, stagnierende Verkaufszahlen in seinen Standorten, und es gab Rechtsstreite mit Franchisenehmern. Doch es hatte auch 3.000 strategisch verteilte Standorte in den gesamten Vereinigten Staaten und in 20 anderen Ländern weltweit.

Jim ist ein früherer Marineoffizier und man kann ihn durchaus als Antreiber beschreiben. Diejenigen, die mit ihm zusammengearbeitet haben (zu ihnen gehört auch Co-Autor Michael, der mit Jim im Aufsichtsrat der International Franchise Association gearbeitet hat), betrachten ihn als eine der cleversten und kreativsten Führungskräfte in der Franchisebranche von heute. Verbinden Sie diese Talente mit einer unübertroffenen Moral, und Sie haben das neue MBE.

Wenn E-Commerce heute eine Haupthürde hat, und es gibt mehrere, so ist dies die Frage, wie Verbraucher, die mit ihren Käufen unzufrieden sind, diese Ware an ein virtuelles Geschäft zurückgeben können. Mit einer Investition von 10 Millionen US-Dollar für Satellitenschüsseln und Kommunikationstechnologie, wurde MBE von einem kaum technisierten Franchisesystem in eine treibende Kraft mit einem hoch technisierten Betrieb umgewandelt. Ein Beispiel hierfür ist der vor kurzem abgeschlossene Vertrag mit eBay, einem der größten E-Commerce-Plätze im Internet von heute.

MBE bietet Verkäufern und Kunden von eBay jetzt die Ziegel-und-Mörtel-Infrastruktur, um ihre Verpackungs- und Versandprobleme zu lösen. MBE stellt einen Platz zur Verfügung, zu dem eBay-Kunden für die Lieferung, Prüfung und Rücksendung von Waren gehen können.

Mischen Sie einige der alten wenig technisierten Standorte mit neuer E-Commerce-Technologie, tun Sie noch etwas Vision und einen wirklich engagierten Chef hinzu, und Sie haben die neue MBE – einen hoch technisierten Betrieb.

Änderungen vornehmen, um die Vorteile von E-Commerce zu nutzen

Eins ist sicher: Das Geschäftsleben von heute verlangt von Unternehmen, dass sie sich schnell bewegen, wenn sie erfolgreich sein wollen. Sie müssen in der Lage sein, Ereignisse vorauszusehen, Vorteile aus Gelegenheiten zu ziehen, die sich auftun, und, was noch wichtiger ist, sie müssen neue Gelegenheiten schaffen.

Ein großartiges Beispiel hierfür ist die Auswirkung, die E-Commerce heutzutage auf Franchising hat. Einige Franchisegeber waren so konzentriert auf ihr traditionelles Unternehmen und den Glauben, dass ihr einziger Wettbewerb andere Franchisesysteme seien, dass sie ihre Aufmerksamkeit nicht auf das, was der Rest der Welt machte, richteten – nämlich die Schaffung eines E-Commerce-Geschäfts auf Grundlage des Internets. (Erinnern Sie sich an das, was wir zum Thema Unbeweglichkeit im Amt zu Beginn des Abschnitts »Machbarkeit« weiter vorne in diesem Kapitel geschrieben haben.)

Diese Franchisegeber haben heute ein Problem, um Unterstützung von ihren Franchisenehmern für die Veränderungen zu erhalten, die sie auf einer E-Commerce-Plattform vornehmen müssen. Bei vielen ist ihre Wettbewerbsposition aufgrund ihrer Unbeweglichkeit ernsthaft gefährdet.

Heutzutage können Franchisegeber einen echten Vorteil durch E-Commerce erlangen. Sie haben Standorte errichtet, mit dem, was wir »Ziegel und Mörtel« nennen. Wenn Sie erfolgreich eine Verbindung von E-Commerce mit Ihrem eingeführten herkömmlichen Vertriebssystem herstellen, voilà, erhalten Sie »Klicks und Mörtel«, die Hochzeit von alt und neu. Auch wenn Franchisegeber unter Umständen berechtigt sind, E-Commerce Marktplätze im Internet einzurichten, so ist es dennoch wichtig, sich die Beteiligung und Unterstützung der Franchisenehmer zu sichern.

Ihren Rechtsanwalt bei der Erstellung Ihrer Rechtsunterlagen unterstützen

Nachdem Sie Ihre gesamte taktische Planung erstellt haben, müssen Sie rechtliche Verträge entwickeln. Die Verträge geben die Information weiter, die für Sie und Ihren Franchisenehmer rechtlich verbindlich ist. In den Vereinigten Staaten und in einigen anderen Ländern müssen Sie auch ein Offenlegungsdokument vorbereiten (siehe Kapitel 6 zu einer Besprechung von Franchiseunterlagen).

Taktische Planungsdokumente sind lang und enthalten vielleicht Informationen, die Ihre Anwälte nicht wirklich benötigen. Außerdem sind sie üblicherweise so umfangreich, dass Ihr Anwalt sie wahrscheinlich sowieso nicht sehen möchte. Doch, um effektiv arbeiten zu können, braucht Ihr Anwalt Informationen.

Wir empfehlen Ihnen, dass Sie für Ihren Rechtsbeistand ein Dokument, das als Geschäftsübersicht (business overlay) bezeichnet wird, vorbereiten. Eine Geschäftsübersicht ist eine vereinfachte Version Ihres taktischen Vorhabens, in der Ihrem Anwalt die Schlüsselpunkte erklärt werden, damit er oder sie die Franchiseverträge, die Franchisedokumente und andere rechtliche Dokumente, die verlangt werden, vorbereiten kann.

Nachdem Sie Ihren taktischen Plan vollendet haben, treffen Sie sich mit Ihren Anwälten und stellen Sie diesen Ihre Unternehmensüberlappung vor. Fordern Sie von diesen Input und Rat, denn sie haben Erfahrung, die für Sie von Vorteil ist. Befolgen Sie auf alle Fälle ihren Rat wenn es um rechtliche Aspekte geht. Wenn Sie clever sind, haben Sie im Laufe des taktischen Planungsprozesses vielfach eingebunden. Viele haben Unternehmenserfahrung, die sich als äußerst hilfreich bei der Entwicklung Ihrer Strategie erweisen wird. Bedenken Sie jedoch, dass Franchising vor allem eine Geschäftsstrategie ist, nicht eine rechtliche Strategie. Ihre rechtlichen Verträge müssen die Entscheidungen, die Sie in Ihrem Plan getroffen haben, widerspiegeln. Wenn die Sprache Ihrer Verträge nicht die Denkweise der Geschäftsführung wiedergibt, sprechen Sie mit Ihren Anwälten, bevor diese ihre Arbeit beendet haben. Sie sind vielleicht in der Lage, Ihnen Alternativen anzubieten.

 Ich höre nicht immer auf meine Anwälte. Wenn Sie alles tun würden, was Sie nach Ansicht Ihres Anwaltes tun sollten, würden Sie überhaupt nichts tun.

Die meisten der im Bereich Franchising praktizierenden Rechtsanwälte haben Formulare und Checklisten, um ihren Kunden bei der Vorbereitung rechtlicher Dokumente zu helfen. Dies sind üblicherweise gut entworfene Formulare, die viele der Geschäftsthemen sowie andere Themen behandeln, die Sie vielleicht im Verlauf der Planung Ihrer Unternehmenstaktik angesprochen haben. Überprüfen Sie diese Formulare und Checklisten, und stellen Sie sicher, dass Sie alle Fragen Ihres Rechtsanwalts in Ihrer Geschäftsübersicht beantworten. Wenn Sie dies beherzigen, ermöglichen Sie, dass Ihre Anwälte die erforderlichen Dokumente für Ihr System in einer effizienten und angemessen bezahlbaren Form erstellen und dass ihre Endprodukte die Unternehmensrealität Ihres Systems wiederspiegeln. Diesen Prozess sollten Sie nicht nur dann durchlaufen, wenn Sie mit Ihrem Franchisesystem anfangen. Eine gründliche Prüfung Ihrer Franchiseverträge und die Vornahme von Veränderungen, sofern dies ihr taktischer Plan erfordert, sollte andauernd stattfinden.

Unterstützung für die Entwicklung Ihres Franchiseprogramms suchen

Die Entwicklung eines Franchiseprogramms ist ein komplizierter Vorgang. Zusätzlich zu den Unternehmensthemen, die Franchisegeber angehen müssen, ist es eine Realität, dass Franchising ein hochgradig geregeltes Geschäft ist. Für welche weitere Vorgehensweise bei der Entwicklung Ihres Franchiseprogramms Sie sich entscheiden, ist für Ihren Erfolg als Franchisegeber von großer Bedeutung. Heißt selber machen: Erfolg oder Selbstmord?

Manchmal versuchen zukünftige Franchisegeber, Geld für Gebühren an Profis einzusparen, indem sie selbst aktiv werden. Sie bestellen Handbücher mit vorgefertigten Formularen für Franchiseverträge und Franchiseunterlagen (siehe Kapitel 6). Oder sie besorgen sich eine Kopie des Franchisedokuments eines etablierten Franchisegebers und denken, weil es einmal funktioniert hat, würde es das noch einmal tun. Sie scannen das Dokument in ihren Computer ein und schneiden aus, bzw. fügen ein, damit die Informationen des etablierten Franchisegebers mit ihren eigenen zusammengefügt werden. Ist dies eine sinnvolle Option? Unserer Meinung nach nicht.

Die Gestaltung, Entwicklung und Anwendung eines Franchisesystems ist eine komplexe Angelegenheit. Wenn Sie nicht bereits zuvor in Ihrem Berufsleben als leitender Angestellter eines Franchisesystems gearbeitet und schon ein Franchisesystem aufgebaut haben, so ist dies heutzutage nicht das geeignete Spielfeld für Amateure.

Wenn Ihr Ziel darin besteht, Geld zu sparen, weil Sie wenig Kapital zum Begleichen der Gebühren von Fachleuten zur Verfügung haben, denken Sie daran, dass diese Gebühren der preiswerteste Teil der Entwicklungs- und Betriebskosten eines Franchisesystems sind. Wenn Sie wenig Kapital haben, sollten sie vielleicht warten, bis Sie das notwendige Geld haben, bevor Sie anfangen, oder vielleicht sollten Sie sich um andere Geldgeber bemühen.

Selbst Hand anzulegen ist vielleicht nicht direkt mit Selbstmord gleichzusetzen, doch es kann einen langsamen Tod für das, was einmal ein viel versprechendes System war, bedeuten. Dies gilt auch für die Franchisenehmer, die Ihnen vertraut haben.

Franchisepakete: Einheitsgröße für alle?

Die meisten Profis, die für die Franchiseindustrie arbeiten, Berater und Rechtsanwälte, sind bestens geschult und erfahren. Andere, bei denen dies nicht so ist, werden als »Franchise Packagers« bezeichnet (und dies ist keine schmeichelhafte Bezeichnung).

Franchise Packagers können sowohl Geschäftsberater als auch rechtliche Berater sein. Sie können ebenfalls Makler sein, die manchmal Ihr System schnell und kostengünstig zusammenstellen, damit sie Ihre Franchiseunternehmen für Sie verkaufen können.

Ein Franchise Packager verwendet oft Rechtsdokumente sowie Vermarktungsmaterialien, Handbücher und Schulungsprogramme, die er auf Lager hat, und passt ein Unternehmen in diese vorhandene Form ein. Bei diesem Vorgang wird sich kaum darum gekümmert, was die realen Gegebenheiten des Unternehmens sind, oder darum, ob das Unternehmen überhaupt in ein Franchiseunternehmen umgewandelt werden sollte. Machbarkeitsuntersuchungen, sofern sie überhaupt durchgeführt werden, sind kosmetischer Natur und oberflächlich und führen fast immer dazu, dass Ihr Konzept zu einer spannenden Franchisegelegenheit ausgerufen wird.

Rechtsanwälte erheben am lautesten ihre Stimme gegen Franchise Packager. Sie sind vermutlich deshalb am lautesten, weil Rechtsanwälte Franchisegeber als Mandanten meist zum ersten Mal zu Gesicht bekommen, wenn das Unternehmen Schwierigkeiten mit Kontrollbehörden oder mit ihren Franchisenehmern begegnet ist. In vielen Fällen resultieren diese Schwierigkeiten aus strukturellen oder Geschäftsführungsproblemen, die man zu Beginn des Erstellungsvorgangs des Franchiseprogramms hätte ansprechen sollen.

Jeder Franchisegeber ist anders, unterscheidet sich sogar von direkten Wettbewerbern. Der Vorgang, den Packagers meist anwenden, gibt Anlass zu Besorgnis. Als Ersatz für einen strategischen Prozess stellen Packagers ihren Kunden häufig einen langatmigen Fragebogen zur Verfügung, in dem solche Dinge wie Gebühren, Beziehungsthemen und Offenlegungsaspekte abgefragt werden. Strategische Planung, sofern eine solche überhaupt angegangen wird, dient nur als Motivationsübung, die ausschließlich dazu gedacht ist, die Entscheidung des Kunden zu zementieren, ein Franchisesystem aufzubauen. Kunden werden oft aufgefordert, Fragen zu beantworten, die langfristige Auswirkungen auf ihr Unternehmen haben werden, und sie haben unter Umständen kein angemessenes Verständnis der Dynamik eines Franchisevertriebs. Der Rat, sollten sie einen solchen überhaupt bekommen, wird oft nur nach einer oberflächlichen Prüfung des Unternehmens erteilt und ist oft nicht mehr als eine einfache Strategie, die von anderen Systemen übernommen wurde, die vergleichbar zu sein scheinen.

Verträge und andere Franchisedokumentationen lassen oft bedeutsame Themen vermissen, weil sie als Teil einer Plätzchenmaschine vorgestellt werden, und zwar in einer Einheitsgrößenverpackung. Es ist typisch, dass das Unternehmen den Standardfranchisevertrag des Packagers erhält und aufgefordert wird, einfach die Lücken auszufüllen. Bei der Entwicklung wird eigentlich ausschließlich Wert gelegt auf eine schnelle Abwicklung des Auftrags mit niedrigen Kosten und auf eine mögliche Maximierung des Gewinns für die Packaging-Firmen oder darauf, den Makler in die Lage zu versetzen, mit dem Verkauf von Franchisebetrieben zu beginnen.

Unglücklicherweise wird Franchise Packaging nicht ausschließlich durch Berater und Makler angeboten. Ebenso wie Rechtsanwälte zu Recht kritisch gegenüber Franchiseberatungspackagers und Maklern sind, sind Franchiseberater zu Recht kritisch, was diejenigen Rechtsanwälte anbetrifft, die eine ähnliche Art der Entwicklung von rechtlichen Dokumentationen für neue Franchisegeber haben. Einige Rechtsanwälte, die mit neu beginnenden Franchisegebern zusammenarbeiten, scheinen zu glauben, dass es ausreichend sei, das Franchisesystem zu definieren. Tatsächlich müssen bei der Entwicklung eines Franchisesystems viel eher geschäftliche Themen als rechtliche Aspekte angesprochen werden. Die Unternehmensbestimmungen müssen den Inhalt der rechtlichen Dokumente bestimmen, nicht umgekehrt.

Mit einem Franchise Packager zusammenzuarbeiten kann nicht viel besser sein, als alles selbst mit Hilfe eines Selbsthilfesets zu machen, das Sie am Ende mancher Zeitschriften finden. Der größte Unterschied besteht darin, dass Ihr Portemonnaie deutlich erleichtert wird, wenn Sie einen Packager beauftragen.

Professionelle Berater finden

Sofern Sie nicht franchiseerfahren sind, ist es wichtig, Fachleute zu finden, die Ihnen bei der Bestimmung der Machbarkeit Ihres Franchiseunternehmen helfen und Sie bei der Gestaltung und Entwicklung Ihres Franchisesystems unterstützen. Sie kennen vielleicht bereits einen Berater und einen Rechtsanwalt, die eine entsprechende Qualifikation haben, um Ihnen die benötigte Hilfe geben zu können. Ist dies nicht der Fall, hier einige Tipps für das Finden der richtigen Unterstützung:

- ✔ Vertrauen Sie nicht auf die Listen in den Gelben Seiten. Besorgen Sie sich Empfehlungen von Leuten, die Sie und die Art von Geschäft kennen, in dem Sie sich bewegen, und die gute Erfahrungen mit den Fachleuten, die sie weiterempfehlen, gemacht haben.

- ✔ Machen Sie Termine, um verschiedene Kandidaten zu treffen, bevor Sie sich für einen entscheiden. Falls ein Kandidat vage bleibt oder sich nur in Fachausdrücken ergeht, suchen Sie nach jemand anders, der Ihre Fragen klar beantworten kann.

- ✔ Der Kandidat sollte mit Unternehmen Ihrer Größenordnung vertraut sein; Vertrautheit mit Ihrer Branche ist noch besser. Der Umstand, dass ein Kandidat große Firmenkunden hat, nutzt Ihnen nichts, sofern Sie nicht auch ein großes Unternehmen haben.

- ✔ Stellen Sie sich darauf ein, über die Gebührenstruktur des Kandidaten offen zu reden, und finden Sie heraus, welche Dienste inbegriffen sind. Stellen Sie sicher, dass Sie genau wissen, was Sie bekommen werden.

- ✔ Sprechen Sie mit einigen Kunden des Kandidaten und finden Sie heraus, ob diese mit dem Umfang der erhaltenen Dienstleistungen zufrieden waren.

- ✔ Gehen Sie sicher, dass die von Ihnen ausgewählten Fachleute nicht nur qualifiziert sind, sondern mit Ihnen auch im Verlauf des Entwicklungsprozesses über die Zukunft Ihres Unternehmens mit Ihnen kommunizieren und Ihnen beim Erreichen Ihrer Ziele helfen können.

- ✔ Wenn Sie einen Rechtsanwalt auswählen, sollten Sie sich vielleicht an den Deutschen Franchise Verband e.V. oder den Deutschen Franchise-Nehmer Verband e.V. wenden.

Ihnen ist möglicherweise aufgefallen, dass wir nie die Notwendigkeit erwähnen, einen Berater zu suchen, der sich in Ihrer Nähe befindet. Die richtigen Fachleute sind vielleicht direkt in Ihrer Nähe zu finden, doch sie könnten auch in einer anderen Stadt, einem anderen Staat oder sogar in einem anderen Land zu finden sein. Fachleute sind daran gewöhnt, zu reisen, um mit ihren Kunden zusammenzuarbeiten, und im Zeitalter der elektronischen Kommunikationsmittel ist die Distanz zwischen Ihnen und Ihrem Berater von geringer, wenn überhaupt von Bedeutung.

Wie wir bereits vielfach in *Franchising für Dummies* gesagt haben, empfehlen wir es Ihnen, auf die Dienstleistungen eines Maklers zu verzichten. Dies ist umso wichtiger, wenn Sie Berater auswählen, die Sie bei der Bestimmung unterstützen sollen, ob Ihr Unternehmen in ein Franchiseunternehmen umgewandelt werden sollte und wie die Struktur des Franchisesystems aussehen sollte.

Es ist schwierig, Ihnen in einem Kapitel alles über Durchführbarkeit und die Entwicklung von Franchisesystemen zu erklären. Doch dies ist ein Anfang. Die meisten von uns, die im Bereich Franchising als Franchisegeber, Franchisenehmer und Lieferanten arbeiten, lernen täglich aufgrund ihrer Erfahrungen Neues und nutzen jede Gelegenheit, um Foren mit Profis zu besuchen, bei denen sie mit anderen Fachleuten Ideen austauschen können. Darum ist es so wichtig, sich qualifizierte Profis zu suchen.

Unser letzter Rat ist es, sich Zeit zu nehmen und sich nicht vom unternehmerischen Fieber ergreifen zu lassen: »Ich muss es jetzt tun.« Befolgen Sie den Ratschlag, den wir Ihnen geben, lesen Sie alle Kapitel dieses Buchs gründlich durch, und suchen Sie nach Profis, die Ihnen durch diesen Prozess hindurch Unterstützung geben können. Wenn Franchising gut gemacht wird, gibt es keine bessere Methode der Unternehmensexpansion.

Das Netzwerk aufbauen: Klug expandieren

In diesem Kapitel

▶ Allgemeingültige Expansionsregeln befolgen

▶ Mit Ihrem Franchiseunternehmen ins Ausland gehen

▶ Sich mit ausländischen Franchisegebern zusammenschließen

Sie können damit beginnen, Franchisebetriebe anzubieten – auf jeden Fall im Inland, sofern Sie eine solide Basis in Ihrem Heimatland aufgebaut haben, vielleicht bald auch international. Wenn Sie dieses Stadium erreicht haben, müssten Sie die nachfolgenden Dinge erledigt haben:

✔ Ihren Prototyp eines Standortes aufgebaut haben

✔ Diesen in mehr als einem Standort oder Markt getestet haben

✔ Eine Betriebsgeschichte haben, die fortlaufende Gewinne und Erfolg aufzeigt

✔ Eine anerkannte Franchiseberatungsfirma beauftragt haben, die mit Ihnen die Franchiseeignung Ihres Konzepts überprüft hat

✔ Ein Geschäftsführungs- und Unterstützungsteam für das Unternehmen eingestellt haben

✔ Einen taktisch, strategischen Plan für das System entwickelt haben

✔ Alle Ihre Systeme und Handbücher zusammengestellt haben

✔ Das System mit einer ausreichenden Finanzierung versehen haben

✔ Ihre Franchiseunterlagen und Verträge vorbereitet haben

Alles, was Sie jetzt noch brauchen, sind einige Kandidaten, die Ihre Franchisenehmer werden wollen, und eine Vorstellung davon, wohin Sie wollen und wie Sie dorthin kommen.

An diesem Punkt ist es nur natürlich, nervös zu sein. Bisher waren die einzigen, die Sie davon überzeugen mussten, dass Ihre Kreation erfolgreich sein würde, Sie selbst, Ihre Angestellten, vielleicht Ihr Bankier und Ihre Familie. Leute zu finden, die für eines Ihrer Franchiseunternehmen Schlange stehen, ist erst der richtige Test.

In diesem Kapitel sagen wir Ihnen, wann und wie Sie mit der Expansion anfangen sollen.

Allgemein gültige Expansionsregeln beachten

Wenn Sie sich in die Franchise-Arena begeben, müssen Sie bereit sein, wirklich bereit. Sie müssen sich dem Ziel, Franchisegeber zu werden, wirklich verpflichtet fühlen und das System zum Vorteil sowohl Ihrer Aktienbesitzer als auch Ihrer zukünftigen Franchisenehmer betreiben.

 Obwohl es von Ihnen verlangt wird, dass Sie Franchiseunterlagen haben, um Franchisegeber zu sein, reicht es nicht, über besagte Franchiseunterlagen zu verfügen. Sie müssen auch in der Lage sein, die in diesen Franchiseunterlagen gemachten Versprechen einzulösen – und noch einiges mehr. Franchisenehmer erwarten zwei grundsätzliche Dinge:

✔ Ein großartiges Konzept

✔ Unterstützungsdienstleistungen

Bevor Sie also damit beginnen, Franchisenehmer zu akquirieren, stellen Sie sicher, dass Sie alle Grundregeln vervollständigt haben – die Schlüsselkomponenten eines Betriebs. Verwenden Sie folgende Checkliste:

✔ **Systemhandbücher:** Sie kennen die wirkliche Bedeutung des Wortes *Papier* nicht, bevor Sie nicht diese Schätzchen ausgedruckt haben. Handbücher für den Betrieb eines Franchiseunternehmens sind die Hauptstütze Ihres Betriebs, und sie haben oft einen Umfang von über 1.000 Seiten. Zusätzlich zu diesen Systemhandbüchern für die Standorte, brauchen Sie Handbücher zur Standortentwicklung, zur Systemberatung, lokalem Marketing und Betrieben mit mehreren Standorten (wenn Sie Gebietsentwicklung oder Masterfranchise-Verträge als Expansionsmöglichkeit benutzen), und das ist nur der Anfang. Planen Sie Handbücher für Ihre Franchisenehmer, Mitarbeiter der Systemzentrale und einen Abschnitt der Standorthandbücher, der so geschrieben ist, dass das gesamte Standortpersonal ihn verstehen kann.

 Für das Handbuch muss kein einziger Baum gefällt werden. Wir leben im Zeitalter der elektronischen Information. Sie können das Handbuch online auf einer gesicherten Seite Ihrer Webseite hinterlegen, und Ihre Franchisenehmer können sich nicht nur das Handbuch, sondern auch die von Ihnen aktuell vorgenommenen Änderungen herunterladen. Sie können elektronisch nachhalten, welche Franchisenehmer das Update heruntergeladen haben und welche nicht.

✔ **Schulungsprogramme:** Stellen Sie sicher, dass Schulungen für Standortfranchisenehmer, Manager, Belegschaften, Systemberater und Angestellte der Systemzentrale im Paket enthalten sind. Diese Aufgabe beinhaltet die Formulierung eines Lehrplans, die Einstellung von Trainern (werden Sie dabei persönlich eine Rolle spielen?), die Einführung von Testverfahren, um nachvollziehen zu können, dass Sie die Information auch richtig vermittelt haben, und das Einsetzen eines Ausschlussverfahrens für Franchisenehmer, die nicht den Ansprüchen genügen. Hierzu gehört beispielsweise die Überlegung, ob Sie solchen Kandidaten ihre Franchisegebühren zurückerstatten.

Ein *Masterfranchisenehmer* ist eine Person oder Einheit, der Sie das Recht eingeräumt haben, Franchisebetriebe an Sub-Franchisenehmer anzubieten. Wenn Sie Masterfranchisebetriebe verkaufen, ist die Schulung für diese Personen umfangreicher als die für Standort-Franchisenehmer, denn diese werden wiederum Franchiseunternehmen an dritte Parteien verkaufen und wahrscheinlich ihrerseits Unterstützungsdienstleistungen bereitstellen; deshalb müssen sie wissen, wie sie Personal einstellen, schulen und Sub-Franchisenehmer unterstützen. Irgendjemand muss ihnen dies beibringen; das sollten schon besser Sie erledigen.

✔ **Akquisition von Ware:** Franchisenehmer erwarten von Ihnen Anleitung darin, wo sie ihre Ware, Vorräte, Ausstattung, Beschilderung, Versicherungen und Finanzierungen beziehen können, beständig und zu vernünftigen Preisen. Stellen Sie sicher, dass Sie Lieferanten empfehlen, Bezugsvereinbarungen festlegen oder Ihre eigenen Vertriebseinrichtungen einführen.

✔ **Verwaltungserfordernisse:** Es ist leicht zu wissen, was geschieht, wenn Sie ein oder zwei Standorte betreiben. Jetzt müssen Sie jedoch auf eine große Anzahl von Menschen achten: Ihr Team in der Systemzentrale, Ihre Systemberater, Franchisenehmer, deren Belegschaft, Lieferanten, Kunden und so weiter. Um dies zu leisten, brauchen Sie die folgenden Dinge:

- Formulare und Abläufe, um überwachen zu können, inwieweit Franchisenehmer den Franchisevertrag einhalten und um die finanzielle und betriebliche Leistung von Franchisenehmern nachzuhalten.

- Formulare für Franchisenehmer, um Ihnen Informationen über ihre Betriebsabläufe zu übermitteln und diesen Anweisungen zu geben, wie Sie die Lizenzgebühren und andere Zahlungen an Sie zu leisten haben.

- Klar definierte Aufgaben für Ihre Systemberater (die Leute auf Ihrer Gehaltsliste, die Ihre Franchisenehmer besuchen, um zu überprüfen, inwiefern diese sich systemkonform verhalten, und ihnen Unterstützung vor Ort zu geben) und die Formulare oder Methoden, die diese für die Kommunikation mit der Systemzentrale und den Franchisenehmern verwenden.

- Formulare und Abläufe für die Einschätzung Ihres Erfolgs beim Kunden.

- Abläufe, um Ihren Franchisenehmern dabei zu helfen, Ware von Verkäufern zu erhalten und um Händlerrabatte zu verwalten.

- Abläufe, die Ihnen beim Management des Systems helfen.

Franchisegeber von heute erhalten ihre Informationen, indem Sie Kommunikationssysteme nutzen, die ihnen Informationen von dem, was gerade passiert, zur Verfügung stellen; wir nennen dies *Echtzeit*. Informationen in Echtzeit zu erhalten, ermöglicht es ihnen, das Franchisesystem besser zu führen. Franchisegeber haben intelligente Registrierkassen eingeführt (Datenerfassungskassen-Systeme), die Information schnell an die Systemzentrale des Franchisegebers weiterleiten. Systemberater haben Zugang über E-Mail und können sich oft über Intranet-Verbindungen in Ihre Computer im Büro einloggen. Franchisenehmer können Chatrooms besuchen, um sich mit anderen Franchisenehmern austauschen zu können. Händler erhalten aktuelle Informationen, um sicherzustellen, dass Produkte versandt werden, wenn die Geschäfte diese brauchen. Zugang zu Information mit einer Geschwindigkeit zu haben, die es dem Franchisesystem ermöglicht, diese zu analysieren, zu verbreiten und in einer zeitnahen, effizienten Weise zu verwenden, unterscheidet die schlechten Umsatzträger von den Marktführern.

✔ **Hygiene:** Wenn Sie in der Lebensmittelbranche sind, stellen Sie sicher, dass Sie Abläufe für die hygienische Handhabung von Lebensmitteln etabliert haben. Schaffen Sie einen Weg, um Ihre Sicherheitsstandards durchzusetzen, und achten Sie darauf, dass Ihre Franchisenehmer und Ihr Personal diese verstehen und befolgen.

✔ **Sicherheit allgemein:** Schaffen Sie Abläufe, die Ihren Franchisenehmern Anleitung für den sicheren Betrieb ihres Unternehmens geben, damit diese Verletzungsrisiken von Belegschaft und Kunden eindämmen können. Dazu gehören Vorgaben zum Wischen von Böden, Anheben von Kisten, Lagern von Ware und so weiter, damit Ihre Franchisenehmer das notwendige Rüstzeug haben, um sicher zu arbeiten.

✔ **Personal:** Franchisenehmer werden nicht allzu begeistert sein, wenn sie die Systemzentrale anrufen und niemand geht dran. Sie werden auch nicht gerade glücklich sein, wenn zwar jemand antwortet, aber dann keine Antworten auf ihre Fragen *hat*. Wählen Sie Ihr Management und Unterstützungsteam sorgfältig entsprechend Ihrem taktischen Plan aus. (Wir besprechen taktische Planung in Kapitel 16). Sicherlich müssen Sie Ihre Belegschaft technisch in den Systemabläufen schulen, doch es ist ebenso wichtig, dass sie wissen, wie sie mit Franchisenehmern umgehen müssen, die schließlich die unmittelbaren Kunden des Systems sind.

Wenngleich Sie ein Franchiseentwicklungsteam brauchen, um Franchiseunternehmen anbieten zu können, so ist das noch nicht einmal der Anfang. Denken Sie daran, dass ein Franchisegeber ein Franchisesystem betreiben und vermarkten muss. Sie brauchen Personal für die Bereiche Betriebsabläufe, Schulung, Finanzen, Merchandising, Forschung und Entwicklung, Verwaltung und eine Vielzahl anderer Dinge. Das dazu notwendige Personal sollte bereits vorhanden sein oder jedenfalls die Einstellung und Schulung geplant sein, um rechtzeitig dem System zur Verfügung zu stehen.

Haben Sie Ihre Systemberater an Bord? Welche geographischen Gebiete können diese sinnvollerweise abdecken?

Wenn Ihre Systemberater sich in San Francisco befinden, denken Sie zweimal darüber nach, bevor Sie ein Franchiseunternehmen in, sagen wir einmal, Maine an der Ostküste verkaufen. Es ist unrealistisch, einen einzigen Standort in einem weit entfernten Markt regelmäßig aufzusuchen, und nicht kostengünstig. Zusätzlich zu den Kosten der verlorenen Zeit, könnten die Reisekosten sämtliche Lizenzgebühren und noch mehr aufbrauchen.

Viele Start-Up-Franchisegeber lassen Ihre Angestellten doppelte und dreifache Dienste versehen. Der Bereichsleiter führt vielleicht auch Schulungen durch und besucht den Standort des Franchisenehmers. Die zuständige Person im Bereich Immobilienunterstützung ist unter Umständen auch verantwortlich für Produktakquisition. Sie verstehen, worauf wir hinauswollen. Für neue Franchisegeber ist diese Herangehensweise recht üblich und kostengünstig. Doch ist die Belegschaft so knapp kalkuliert, dass das Franchisesystem nicht bedient wird, weil der Franchisegeber nicht ausreichend Kapital hat, um Mitarbeiter einzustellen, so ist dies unter Umständen ein Anzeichen dafür, dass der Franchisegeber noch nicht bereit zum Übergang auf ein Franchise war. Geeignete Mitarbeiter und ausreichend Geld zur Verfügung zu haben ist eine der Grundvoraussetzungen, um Franchisegeber zu sein.

✔ **Marketingmaterialien:** Sie sollten Broschüren, Hochglanzwerbebroschüren, Bewerberformulare und eine Webseite erstellt haben. Wenn Sie planen, eine Werbeagentur zu beauftragen (eine der besten Investitionen, die Sie zu einem frühen Zeitpunkt machen können), vergewissern Sie sich, dass diese Agentur sowohl etwas von Franchising als auch von Ihrem spezifischen Konzept versteht. Die PR-Agentur muss wissen, was genau Ihnen diesen besonderen Wettbewerbsvorteil verschafft, und bereit sein, Ihre Tugenden herauszustellen – wann immer diese herausgestellt werden sollten, von Kleinstadtzeitungen bis zur *FAZ*.

Öffentliche Werbeagenturen, die erfahren im Bereich Franchising sind, können sie finden, indem Sie sich die Mitgliederliste des IFA's Council of Franchise Suppliers (CFS) ansehen. Übrigens war Michael (der Co-Autor dieses Buchs) der letzte Vorsitzende des CFS. Wenden Sie sich in Deutschland an den Deutschen Franchise-Verband, um Informationen über Werbeagenturen zu erhalten.

✔ **Gebührenstruktur:** An diesem Punkt müssen Sie Ihre Gebühren festsetzen: Die Systemeintrittsgebühr, die Struktur der Lizenzgebühren (eine fortlaufende Gebühr, die zumeist auf einem Anteil an den Verkaufszahlen basiert), Ihre Mittel für die Beiträge zum Systemwerbeetat und so weiter. Nehmen Sie als Grundlage für diese Gebühren den Wert und die Vermarktungsfähigkeit des Franchiseunternehmens, die Kosten für die Bereitstellung von Unterstützungsdiensten für die Franchisenehmer und die Rentabilitätshürden, die Sie für Franchisegeber und Franchisenehmer aufgestellt haben.

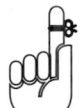
Wenn alles, was ein Franchisegeber einem Franchisenehmer zu bieten hat, bzw. der einzige Unterschied zwischen ihm und anderen darin besteht, dass er eine niedrigere Gebührenstruktur hat, hat er wenig anzubieten und nichts, um ihn von anderen zu unterscheiden.

✔ **Rechtsaspekte:** Um Franchisenehmer dazu zu bekommen, dass sie einen Vertrag unterschreiben, müssen Sie die Bedingungen festlegen, die im Franchisevertrag enthalten sind. In den Vereinigten Staaten müssen Sie einheitliche Franchiseunterlagen (siehe Kapitel 6) entwickeln und vielleicht sogar einige Offenlegungsdokumente international zur Verfügung stellen (dies wird später in diesem Kapitel in »Franchisegesetzgebungen weltweit« besprochen). Auf jeden Fall muss Ihr Franchisevertrag alle Bedingungen der Beziehung definieren; diese Bestimmungen sind Grundlage der rechtlichen Beziehung zwischen Franchisegeber und Franchisenehmer.

Eine landesweite Expansion während Ihrer Anfangsphase der Franchiseentwicklung ist möglicherweise gefährlich. Deshalb ist es vielleicht Verschwendung von Rechtsanwalts- und Registrierungsgebühren, den Registrierungsprozess in allen Staaten, die eine Registrierung verlangen, an Ihrem ersten Tag als Franchisegeber zu durchlaufen. Erstellen Sie Ihren Expansionsplan im Verlauf des strategischen Prozesses und

sofern landesweite Expansion nicht Ihre unmittelbare Zukunft ist, registrieren Sie Ihr Franchiseunternehmen nur in den Staaten, in denen Sie wirklich eine Expansion planen. Sparen Sie Ihr Geld für die Dinge, die Sie unmittelbar brauchen werden. Es ist so, als ob Sie ein Auto für Ihren Sohn kaufen würden, wenn er erst 14 Jahre alt ist: Es mag schön sein, den Wagen in der Garage bewundern zu können, aber er wird ihn noch eine ganze Weile nicht fahren.

Die Märkte verstehen

Stellen Sie sich vor, Sie würden Pfeile auf eine Landkarte werfen und damit Franchiseunternehmen lokalisieren, egal, wo sie auch landen. Einfach, ja. Klug, nein. Eine nicht zielgerichtete Expansionsstrategie ist in finanzieller Hinsicht gefährlich – für Sie und für Ihre Franchisenehmer. Dadurch werden Marktressourcen vergeudet, ist es schwierig Systemstandards aufrechtzuerhalten, wird es kostentechnisch unmöglich, das System zu unterstützen, sind Ihre Franchisenehmer oft in einer schlechten Wettbewerbsposition in ihren Märkten, und letztendlich kann dies zu Unruhe unter den Franchisenehmern führen – oder zu Schlimmerem.

Es gibt nur eine richtige Methode, um Ihr Konzept zum Franchiseunternehmen zu machen, und das ist durch geplantes und kontrolliertes Wachstum. Sie müssen von Anfang an Märkte auswählen, die in strategischer Hinsicht sinnvoll sind. Worüber wir hier sprechen, nennt sich *Marktplanung*: Bestimmen, welche Märkte Ihre primären Ziele sind, welche sekundäre und tertiäre Ziele und welche überhaupt kein Ziel für Sie sind.

Kriterien für die Auswahl von Märkten beinhalten typischerweise die Art von Produkten/Dienstleistungen, die Ihre Standorte verkaufen werden, demographische Merkmale des Marktes, Wettbewerb und den Standort Ihrer Systemzentrale und der Systemberater. Die Kriterien müssen auch die *kritische Menge* beinhalten (die Anzahl von Standorten, die Sie eingeführt und in Betrieb haben müssen, damit Ihre Franchisenehmer wettbewerbsfähig sein und Sie den Markt effektiv unterstützen können). Einen Standort in einem Markt zu haben, der nicht die Ressourcen für eine effiziente Vermarktung hat oder keinen Einkauf von Vorräten auf kosteneffiziente Art bietet, hat für den Franchisenehmer wenig Sinn. Ihre gesamten jährlichen Lizenzgebühren darauf zu verwenden, ein oder zwei Besuche in einem Markt zu machen, hat ebenfalls keinen Sinn. Ein zielgerichtetes Wachstum in Märkten, die Sie unterstützen können, ist der richtige Weg.

Sagen wir einmal, Ihr Franchisenehmer verkauft Zubehörteile für Swimmingpools. Wir brauchen Ihnen nicht zusagen, dass Sie mit einem solchen Franchising in Gebieten anfangen sollten, die geradezu von Schwimmbädern überflutet sind. Einem vereinfachenden Modell entsprechend, werden Sie aller Voraussicht nach großartige Märkte im Süden finden.

Doch was ist, wenn die Wahl des Standorts nicht so offensichtlich ist? Nehmen wir einmal an, dass Ihr Franchiseunternehmen praktizierte Geschäftsführungsdienste für Ärzte und Krankenhäuser zur Verfügung stellt. Doch damit Ihr Franchiseunternehmen erfolgreich sein kann, braucht es vielleicht eine Minimalanzahl von Ärzten und Krankenhäusern pro Kopf, vielleicht sogar einen bestimmten Anteil von Ärzten in Gemeinschaftspraxen. Dieses Erfordernis reduziert die Anzahl der Märkte beträchtlich – und erfordert einiges an Marktforschung, um eine Auswahl treffen zu können.

17 ➤ Das Netzwerk aufbauen: Klug expandieren

Im Verlauf des strategischen Planungsprozesses müssen Sie herausfinden, wer Ihre Kunden sind. Sie müssen einige Eckdaten kennen wie Alter, Herkunft, Einkommen, Haushaltsgrößen und Alter ihrer Kinder. Die Sammlung dieser Daten wird Profiling genannt. Ihre Kunden zu verstehen ermöglicht es Ihnen, nicht nur die Märkte auszuwählen, in denen Sie expandieren möchten, sondern sich einzuschießen auf spezielle Nachbarschaften und sogar Straßenecken in diesen Nachbarschaften, die die besten Chancen auf Erfolg bieten.

Demographische Daten sind so wichtig, dass einige Franchisegeber ihre Franchiseverkäufe auf spezifische Bevölkerungen eher als auf freien Raum abstellen. Computertots ist ein Unternehmen, das beispielsweise computergestützte Lernprogramme und Unterhaltung für Kinder von 3 bis 12 anbietet. Wenn sie einen Markt auswählen, sucht das Unternehmen nach Gebieten mit 40.000 bis 60.000 Kindern im Alter zwischen 3 und 12 Jahren. Man ist nicht im Geringsten daran interessiert, wie viele Erwachsene oder Teenies es dort gibt; diese Leute gehen in Golfklubs oder kaufen CDs, sind aber nicht die Bevölkerungsgruppe, die Schulungen nur für Kinder nutzen.

 Vertrauen Sie nicht auf Intuition oder allgemeine Regeln wenn Sie die Marktentscheidung treffen. Annahmen, die richtig zu sein scheinen, sind oft falsch. Es kann sinnvoll sein, dass kalte Witterung den Tod für den Verkauf gefrorener Desserts bedeutet. Doch hier die Überraschung: Boston ist einer der führenden Märkte für den Konsum von Speiseeis in den Vereinigten Staaten – sogar im eisigen Februar.

Untersuchen Sie auch den Wettbewerb. Wenn ein Markt bereits mit einem ähnlichen Produkt oder einer ähnlichen Dienstleistung gesättigt ist, können Sie wirklich eine revolutionäre Neuerung anbieten, oder ist Ihr Markenname so leicht wiederzuerkennen, dass Sie den anderen Spielern den Kampf ansagen? Umgekehrt, wird Ihr Franchiseunternehmen vor sich hindümpeln, weil die Kunden schon gut bedient werden?

Ein Netzwerk aufbauen

Wenn Sie jetzt Ihr Augenmerk auf bestimmte Märkte richten, ist es Zeit, Franchisenehmer zu finden, um die Standorte auszufüllen. Historisch und am weitesten verbreitet ist es, dass Franchisegeber Netzwerke aufbauen, indem sie einzelne Standorte nacheinander verkaufen. Einige jedoch verkaufen mehrere Standorte – zwei und zwei, zehn und zehn und so weiter. Andere Franchisegeber verkaufen Gebietsentwicklungsrechte oder Masterfranchiserechte. (Sie können mehr zu diesen Expansionsmethoden in Kapitel 2 nachlesen). Ihre Herangehensweise ist abhängig davon, wie schnell Sie expandieren möchten und wie viel Kontrolle Sie möchten.

Wie also können Sie Kandidaten in Ihr Team locken? Werbung heißt das Zauberwort. Der Trick besteht darin, Medien anzuzapfen, die Spuren in Ihre Zielmärkte und zu Franchisenehmern mit dem von Ihnen gewünschten Profil legen. Eine landesweite Unternehmenspublikation ist vielleicht nicht die beste Wahl, wenn Sie nach Bauer Schulze in einer ländlichen Gemeinde oder nach einem bestimmten Markt suchen, doch es ist vielleicht ein Volltreffer, wenn Sie nach kapitalkräftigen Investoren für die Entwicklung größerer Gebiete suchen.

 Landesweite Werbung kann Ihnen Hinweise auf Märkte geben, in die Sie nicht vordringen möchten, oder solche für Staaten, in denen Ihr Franchiseunternehmen nicht registriert ist. Ein Entsprechungsprogramm für Franchiseverkäufe, das von Ihrem Rechtsanwalt oder Berater erstellt wurde, kann Ihnen beibringen, wie Sie mit den gewonnen Aussichten korrekt umgehen.

Viele Franchisegeber nutzen erfolgreich das Internet, um Hinweise zu erhalten. PostNet – ein Hauptakteur im Franchising von postalischen und Geschäftsservicezentren – hat seine Kosten für die Rekrutierung von Franchisenehmern deutlich gesenkt und die Qualität und Anzahl von Hinweisen auf potenzielle Franchisenehmer über seine Webseite im Internet und Verkaufsabläufe erhöht.

Weil jedoch jeder 10-Jährige schon weiß, wie man das Internet nutzt, stellen viele Franchisegeber fest, dass trotz der eindrucksvollen Anzahl von Hinweisen, die aus dem Internet kommen, es ein großes Problem ist, die wirklich nützlichen Hinweise herauszusieben. Die Bearbeitung von Hinweisen kostet Geld – viel Geld. Die Themen auszuarbeiten, wie man effizient Internet-Hinweise bearbeitet, ist eine der größten Herausforderungen, mit denen Franchisegeber heutzutage konfrontiert sind. Planen Sie einen Internet-Auswertungsablauf, um diese Thematik zu bearbeiten.

Handelsmessen für Franchiseunternehmen und Geschäftsgelegenheiten gibt es massenhaft zur Rekrutierung von Franchisenehmern, doch viele Franchisegeber sind generell nicht mehr gut auf Franchiseveranstaltungen als Rekrutierungsinstrument zu sprechen. Die kleineren Veranstaltungen, vor allem solche, die Geschäftsgelegenheiten mit Franchiseunternehmen vermischen, sind nicht so effizient, wie sie es einmal waren. Dennoch ziehen einige der größeren Veranstaltungen immer noch beträchtliche Massen an, die am Kauf eines Franchiseunternehmens interessiert sind. Die International Franchise Association sponsert mehrere Handelsmessen für Franchisegeber in den USA und im Ausland. In Deutschland gibt es ebenfalls zahlreiche Franchise- und Existenzgründermessen. Zu diesen gehört die »Internationale Franchise-Messe« in Frankfurt, die in Zusammenarbeit mit dem Deutschen Franchise-Verband durchgeführt wird. Messeveranstalter ist die Firma Miller Freeman Blenheim Heckmann GmbH in Düsseldorf (Tel. 0211/901 91-145). Jährlich veranstaltet werden auch die »Start-Messen«, deren Veranstalter die Firma IMP GmbH in Nürnberg ist (Tel. 0911/9700 58-0).

Verschiedene Unternehmen veranstalten weltweit Handelsmessen für Franchiseunternehmen:

✔ MFV Exposition: www.franchiseexpo.com

✔ Die ASM Group: www.franchise.com

✔ E.J. Krause & Associates, Inc.: www.ejkrause.com

Die US-amerikanische Handelskammer veranstaltet ebenfalls regelmäßig weltweit Handelsmessen, auf denen Franchisegeber Franchisenehmer für ihre Franchisegelegenheiten im Ausland rekrutieren. Sie können USDOC unter 202-482-4756 erreichen.

Zusätzlich planen die meisten Franchiseverbände der Welt entweder regional oder in den jeweiligen Ländern stattfindende Handelsmessen.

Wir müssen uns darauf verlassen können, dass unsere Mitarbeiter die richtigen Franchisenehmer für Wendy's auswählen. Deshalb vergeben wir bei jährlich 7.000 bis 10.000 Anfragen für Wendy's-Franchisebetriebe nur 25 bis 40 Lizenzen. Wir müssen sicher sein, dass die Franchisenehmer sowohl das Geld als auch die Fähigkeit haben, unserer Art von Geschäftsführung zu entsprechen. Sie müssen engagiert sein. Wir wollen, dass sie Eigentümer-Betreiber sind. Wir wollen keine stillen Teilhaber. Diese Anforderung schließt Investoren aus – die Menschen, die ein Franchiseunternehmen haben, aber nicht selbst darin arbeiten möchten. Jetzt mehr als in der Vergangenheit müssen Franchisenehmer gewillt sein, mit einem Restaurant anzufangen, und die Auswahl der Standorte schließt viele von vornherein aus. Sie wollen vielleicht Manhattan, und wir haben bereits ausreichend Franchisenehmer dort. Die Finanzierung macht unglücklicherweise ebenfalls eine Menge potenzieller Franchisenehmer ungeeignet. Und wieder andere gehen, nachdem sie den Schulungsprozess durchlaufen haben, weil ihnen klar geworden ist, dass Franchising eine Menge Arbeit bedeutet, dass dieses Geschäft nicht nur eine Frage vom Eröffnen eines Restaurants ist, das anschließend von selbst läuft.

Wenn Sie als Franchisegeber erfolgreich sein wollen, verkaufen Sie nie einfach nur ein Franchiseunternehmen. Bieten Sie es den Kandidaten an, von denen Sie glauben, dass diese dort gute Arbeit leisten werden. Wählen Sie dann jemanden aus, und segnen Sie nur solche Kandidaten ab, die Ihren Standards entsprechen. Einen Verkauf abschließen kann jeder. Wirklich gute Franchisegeber kennen den Unterschied zwischen verkaufen und eine Auswahl treffen.

Ihr Franchisesystem international ausweiten

Okay, geben Sie es zu: Seit Sie in Ihrer Kindheit das Gedicht über Columbus, der 1492 über den blauen Ozean segelte, auswendig gelernt haben, träumen Sie davon, die ganze Welt zu bereisen wie Christopher Columbus, Amerigo Vespucci, Leif Erikkson und Marco Polo. Jetzt denken Sie, dass Franchising Ihnen einen Platz in der Geschichte sichern könnte – als Entdecker, der Produkte und Dienstleistungen in neue Welten bringt.

Es tut uns leid, dass wir Ihre Träume platzen lassen müssen, doch wenn das Ihre fixe Idee ist, segeln Sie noch nicht los. Internationales Franchising ist kein Kinderspiel. Keine Frage, internationale Expansion kann Ihrer Marke Prestige geben und Ihre einheimischen Franchisenehmer stolz machen. Doch um erfolgreich zu sein, müssen Sie es aus den richtigen Gründen tun, zum richtigen Zeitpunkt und mit den richtigen Partnern.

Komplexen Sachverhalten und Frustration gegenübertreten

Erfolg im eigenen Land bedeutet keine Garantie für Erfolg im Ausland. Unglücklicherweise gibt es Heldengeschichten von Franchisegebern, die an der internationalen Front verwundet wurden. Dutzende von Ketten haben sich vollkommen zurückgezogen oder letztendlich ihre Franchiserechte zweiten oder sogar dritten Partnern in bestimmten Märkten weiterverkauft. Sie haben sowohl Zeit als auch Geld verschwendet. Schlimmer, sie haben ihr Image ruiniert, was sie dazu zwingt, sich beim nächsten Mal noch viel mehr zu anzustrengen. Sie mussten ihre Wunden lecken, weil sie weder Ressourcen noch Personal eingesetzt, den Markt falsch eingeschätzt oder die falschen Partner ausgewählt haben. Machen wir Ihnen Angst? Gut. Sie müssen ins eiskalte Wasser getaucht werden.

Kay Ainsley, Vorsitzende des Vorstandsgremiums von Michael H. Seid & Associates und frühere Leiterin der Abteilung Internationale Entwicklung für Domino's Pizza and Ziebart, warnt: »Sich global auszuweiten dauert länger, kostet mehr und ist frustrierender, als Sie es sich vorstellen. Sie müssen stabile und rentable Betriebe im Inland haben und eine Organisation, die in der Lage ist, Ressourcen bereitzustellen, um eine internationale Präsenz zu unterstützen. Die Auswahl geeigneter Franchisenehmer braucht Zeit und diese zu unterstützen erfordert von Ihnen eine Internationalisierung Ihrer Produkte und Dienstleistungen, um den Anforderungen der neuen Märkte entsprechen zu können. Eine nicht ausreichende Vorbereitung für internationale Expansion ist dumm und unnötig.« Global zu werden, nur weil Sie einen Anruf von einem aufregenden und verlockenden Standort in Übersee erhalten haben, kann einen ernsten Fehler bedeuten – und zwar einen, der auch Ihre Betriebe im Inland schädigen könnte.

Hier kommt die größte Realitätsprüfung: Geld. Internationale Straßen sind nicht mit Gold gepflastert; es wird dauern, bevor Lizenzgebühren in Ihre Richtung fließen werden. Und Prognosen zu Einnahmen müssen nach verschiedenen Parametern bemessen werden – vielleicht höhere Löhne, Lohnnebenkosten für Angestellte oder Mietkosten. Nach Ainsley, »stellen Sie in manchen Märkten, Ihre Angestellten nicht einfach nur ein, Sie adoptieren sie fast.« Können Ihre Produkte oder Dienstleistungen höhere Preise erzielen, um den Unterschied in den Kosten auszugleichen?

Wenn einmal eben nach Venedig zu jetten auch glanzvoll klingen mag und eine romantische Gondelfahrt sehr attraktiv ist, bereiten Sie sich darauf vor, eine Menge Lire investieren zu müssen. Was sich oft nach einer enormen Anfangsgebühr anhört, irgendetwas zwischen DM 100.000 und einer Million, für das Recht, ein Gebiet im Ausland zu entwickeln, wird schnell für die Unterstützung von Standorten in Übersee aufgebraucht. Marcel R. Portmann, Vorsitzender des Bereichs Internationale Entwicklung und globale Vermarktung in der International Franchise Association äußert folgende Warnung: »Betrachten Sie die Gebühr nicht als Geld, das in Ihre Tasche fließt. Mindestens 80% des Masterfranchise oder der Entwicklungsgebühr gehen für andere Ausgaben drauf.«

Franchisegeber können davon ausgehen, dass sie ausländische Märkte viele Male besuchen müssen. Sie müssen demographische Untersuchungen durchführen, zu denen die Bevölkerungsgröße, Bildung, Pro-Kopf-Einkommen, Lebensstandard und religiöse und kulturelle Themen gehören, und sie müssen bestimmen, ob die Bevölkerung vor Ort ihr Produkt oder ihre Dienstleistungen ebenso kaufen wird, wie sie es bei Ihnen zu Hause tun. Sie müssen die lokalen und ausländischen Konkurrenten auf dem Markt unter die Lupe nehmen. Sie werden Ihren potenziellen Marktanteil, die Standortwahl, Marketing und Arbeitskräfteangebot und die Liefersituation beeinflussen.

Gehen Sie zudem davon aus, dass Sie potenziellen Kandidaten auf ihrem Terrain begegnen werden – und zwar häufig. Einen ausländischen Geschäftspartner einmal zum Essen auszuführen reicht wohl nicht; internationale Handelsabschlüsse kommen meist erst nach dem Aufbau einer Beziehung zustande. Bilden Sie sich selbst weiter, um sensibel für kulturelle Unterschiede zu sein. Handelsabschlüsse im Ausland erfordern oft jahrelange Vorbereitung.

Daves Punkte, die zu beachten sind, wenn man sich global ausweitet

Wenn Wendy's internationale Betriebe prüft, werden unter anderem die nachfolgenden Elemente von der Belegschaft überprüft:

- ✔ Lokale Wirtschaftsfaktoren
- ✔ Regierungsstabilität (Unruhen)
- ✔ Lieferantenaspekte
- ✔ Lokale Partner
- ✔ Kulturen
- ✔ Korruption
- ✔ Lokale Gesetzgebung

Besorgen Sie sich einen guten Rechtsanwalt

Die Gebühren für rechtliche Beratung addieren sich ebenfalls, für die Registrierung von Markenzeichen, die Vorbereitung von Franchiseverträgen, das Befolgen anderer Regierungsvorschriften. Entgegen der öffentlichen Meinung, sind die Vereinigten Staaten nicht das einzige Land, in dem es eine umfangreiche Franchisegesetzgebung gibt; andere Länder fordern auch Offenlegungsdokumente für mögliche Franchisenehmer. Selbst wenn solche Dokumente in dem Land, in dem Sie sich etablieren möchten, nicht obligatorisch sind, werden kluge Interessenten Sie darauf ansprechen, also seien Sie vorbereitet.

Der am leichtesten vermeidbare Fehler beim internationalen Franchising ist eine mangelnde Beachtung der im jeweiligen Land gültigen Rechtsprechung. Im internationalen Franchiserecht erfahrene Rechtsanwälte verstehen nicht nur die lokalen Erfordernisse, sondern kennen sich auch in den Nuancen der Anwendung von Gesetzen in der jeweiligen Jurisdiktion aus und kennen die Fallen, in die Sie unvorbereitet treten könnten – selbst wenn Sie glauben, Sie hätten die Gesetze des Landes verstanden. Wenn ein Geschäft fertig zum Abschluss ist, möchten Sie gerne schnell handeln können. Erfahrene Rechtsanwälte, die mit Unternehmensberatern zusammenarbeiten, die sich im internationalen Handel auskennen, können Ihnen Zeit und Geld bei der korrekten Abwicklung des Abschlusses ersparen.

»Gehen Sie nicht davon aus, dass jeder gute Rechtsanwalt internationale Transaktionen handhaben könne.«, warnt Philip F. Zeidman, Partner bei Piper Marbury Rudnick & Wolfe, Washington, D.C., und General Counsel, International Franchise Association. »Nehmen Sie dies noch nicht einmal von Ihrem einheimischen Franchiseanwalt an. Scheuen Sie nicht davor zurück, hartnäckige Fragen zu stellen, wenn Sie Ihren internationalen Berater auswählen: »Wie viele internationale Fälle haben Sie und Ihre Firma bis jetzt bearbeitet? In wie vielen Ländern? In dem Land, für das ich mich jetzt interessiere?«

»Ein Service, den ein erfahrener internationaler Franchiseberater einem international ausgerichteten Franchisegeber bieten können sollte, ist eine Checkliste der rechtlichen Schlüsselaspekte, mit denen er in einem anderen Land konfrontiert sein wird, wie beispielsweise anwendbare Mehrwertsteuern auf Lizenzgebühren; Möglichkeiten zum Erzwingen der Einhaltung von Wettbewerbsklauseln; Umtauschbeschränkungen; die Auswirkung jeglicher einzuholenden Regierungszustimmungen und die im Zusammenhang mit dem Abschluss eines solchen Geschäfts anfallenden Kosten wie beispielsweise Übersetzungshonorare und Protokollierungskosten,« sagt Joyce Mazero, Partner von Jenkins & Gilchrist, Dallas, Texas.

Der Deutsche Franchise-Nehmer Verband e.V. (`www.dfnv.de`) und das Franchise-Portal (`www.franchise-portal.de`) können Ihnen Informationen zu auf Franchisegesetzgebung spezialisierten Rechtsanwälte geben. Zusätzlich hat das International Bar Association Section on Business Law International Franchise Committee mehr als 600 Mitglieder aus 78 Ländern, die regelmäßig am Thema Internationales Franchising arbeiten. Mit Sitz in London, kann IBA über ihre Webseite unter `www.ibanet.org`. erreicht werden. Eine weitere Quelle für qualifizierte internationale Franchiseberatung ist das Law Business Research Ltd's International Who's Who of Franchise Lawyers. Dieses 1997 veröffentlichte Verzeichnis wird gegenwärtig überarbeitet. Law Business Research befindet sich ebenfalls in London und kann unter 0044 171 486 2611 kontaktiert werden.

Wenn Sie ein Franchisegeber aus den Vereinigten Staaten oder einem anderen Land sind, in dem Offenlegung vor Verkaufsabschluss gefordert wird, sind Sie wahrscheinlich daran gewöhnt, Interessenten eine Abschrift Ihrer Franchiseunterlagen zu geben. Fragen Sie Ihren Rechtsanwalt, ob dieser Schritt erforderlich ist, wenn Sie sich auf den internationalen Markt begeben. US-amerikanische Franchisegeber müssen oder möchten vielleicht ihr für den Heimatmarkt bestimmtes Offenlegungsdokument einem internationalen Interessenten vorlegen. Es gibt einen Fall, der sich kürzlich in den Vereinigten Staaten ereignet hat, Nieman gegen Dry Clean U.S.A. Inc., in dem beschlossen wurde, dass sich die FTC-Regel nicht auf internationale Transaktionen erstreckt, bei denen Franchisegeber Franchiseunternehmen außerhalb der Vereinigten Staaten verkaufen. Zusätzlich hat bei einem vor kurzem vorgeschlagenen Wechsel der Federal Trade Commission zur FTC-Franchiseregelung die Kommission ausdrücklich den Anspruch auf Rechtsprechung bei internationalen Transaktionen aufgegeben. Die jeweilige Landesgesetzgebung vor Ort kann unterschiedlich sein. Die meisten Profis im Bereich Franchising sind der Ansicht, dass es keinen Sinn hat, internationalen Franchiseinteressenten Informationen über einen Handelsabschluss zu geben, der nicht einmal dem ähnelt, was Sie ihnen auf ihrem Markt anbieten. Statt einem Interessenten Ihre Unterlagen für den einheimischen Markt zu geben, überlegen Sie sich, internationale Franchiseunterlagen zusammenzustellen, die auf die Rechtsprechung aller Länder abgestimmt sind. Ebenso wie bei den Unterlagen für den einheimischen Markt ist es hierbei wichtig, dass Ihre Interessenten in Übersee so viel wie möglich über Ihr Unternehmen, den Hintergrund Ihres Teams und darüber, worin der Handel besteht, erfahren, damit sie eine gut informierte Entscheidung treffen können. Den Verkauf abschließen ist relativ einfach – die langfristige Beziehung ist das, was harte Arbeit erfordert.

Wenn Sie einmal einen Handel abgeschlossen haben, heißt es nicht »nimm das Geld und lauf«. Sie müssen Dokumente, Marketingmaterial und Schilder übersetzen lassen; Partner schulen und mehrere Besuche vor Ort planen (vielleicht können Sie dann eine Gondelfahrt einplanen oder, sollten Sie in die Vereinigten Staaten vorstoßen, das Weinland im nördlichen Kalifornien ist im Frühjahr herrlich).

Beachten Sie die Auswirkungen von Sprache und Kultur

Viele US-amerikanische Franchisegeber machen automatisch englischsprachige Länder zu ihrem ersten Ziel. Schließlich sprechen sie englisch und deshalb sollte es doch ein Klacks sein, oder? Lassen Sie sich von diesem allgemeinen Irrglauben nicht täuschen. Selbst englischsprachige Länder haben andere Mentalität, andere Verbrauchergewohnheiten und Geschäftspraktiken, und bemitleiden Sie den spanischsprachigen Franchisegeber, der denkt, dass die Märkte in Madrid und Mexico City gleich seien, nur weil die Sprache ähnlich ist.

Verhandlungen über Leasingverträge können sich unterscheiden und Arbeitsgesetzgebungen zu Arbeitszeiten oder Betriebsstunden können enger beschränkt sein. So beispielsweise: Eine Kette, die in den Vereinigten Staaten Nahrungsmittel mit Autos ausliefert, könnte im Vereinigten Königreich Großbritannien nur per Moped liefern, wodurch neue Aspekte zur Sicherung und Handhabung heißer Nahrungsmittel eröffnet werden. Sprache, wenngleich Englisch, hat dennoch ihre Tücken. Für die Firma Decorating Den, ist das Wort »color« (Farbe) lebenswichtig in seinem Geschäft. Vor Jahren, als man nach Großbritannien ging, musste man die Schreibweise in der gesamten Unternehmensliteratur auf »colour« (übliche Schreibweise im britischen Englisch) umstellen.

Also, egal, welche Sprache gesprochen wird, gehen Sie davon aus, dass Sie Ihr System und höchstwahrscheinlich auch Ihre Produkte oder Dienstleistung anpassen müssen. Was auf den ersten Blick als kleinere Änderungen erscheint, kann größere Veränderungen für Systeme bedeuten, die von ihrer Beständigkeit leben. So bedeuten begrenzt zur Verfügung stehende Immobilien beispielsweise unter Umständen, dass Sie Standorte verkleinern müssen. Eine Beschränkung für Fleisch in anderen Ländern verändert vielleicht Ihre Speisekarte. Sind Ihre Marketingmaterialien für den einheimischen Markt geeignet? Nehmen Sie die Dinge nicht als garantiert hin. In Ihrem Land schicken Franchisenehmer womöglich ihre Verkaufsberichte und Lizenzgebühren automatisch. Im Ausland fordern manche Länder Rechnungen, bevor Franchisenehmer Auslandsüberweisungen vornehmen können. Und Sie müssen die Berichterstattungsanforderungen, die auf einer Montag-bis-Freitag-Woche basieren für solche Länder anpassen, deren Wochenende Donnerstag und Freitag ist.

Vergegenwärtigen Sie sich also, dass es nicht nur einen internationalen Markt gibt. Paris und Bonn sind ebenso unterschiedlich wie Cincinnati und Carmel, die wiederum so unterschiedlich sind wie Hongkong und Shanghai. Also müssen Sie trotz vorhandener Gewissenhaftigkeit und Unterstützung in einem Markt vielleicht im nächsten von Grund auf neu beginnen.

Und vergessen Sie nicht andere Rechtssysteme und Steuergesetzgebungen

Wir haben Sie noch nicht genügend aufgerüttelt. Abhängig vom jeweiligen Land, sind Sie konfrontiert mit Tarifen, Beschränkungen für den Geldwechsel, die Kapitalrückführung (Rückführung in Ihr Heimatland) von Gewinnen verhindern oder Lizenzgebühren beschränken, Steuern, Beschränkungen durch Arbeitsgesetzgebung und prohibitiven Importbeschränkungen. Wo wäre beispielsweise der Sinn der Einführung eines Franchise für gefrorenen Joghurt, wenn Sie nicht Ihre eigenen Produkte einführen dürfen und die Gewinne das Erstellen einer eigenen Molkerei nicht rechtfertigen?

Was Produktakquisition anbetrifft, so gibt es nicht in jedem Land die von Ihnen benötigten Produkte und nicht zu dem Zeitpunkt und dem Preis, zu dem sie diese benötigen. Wenn Sie lokal akquirieren, sparen Sie Importtarife und Transportkosten. Ein Wort zur Lebenserfahrung: Prüfen Sie gründlich, wie die Situation von Lieferanten vor Ort ist, um sicherzustellen, dass Ihre geheime Sauce ein Geheimnis bleibt. Ihre Botschaft vor Ort kann Ihnen Quellen für Rohmaterialien und Produkte nennen. Sie können auch die lokale Zweigstelle Ihrer Buchhaltungs- und Rechtsanwaltsfirma im jeweiligen Land kontaktieren, um von dort Unterstützung zu erhalten. Sobald Sie Lieferanten gefunden haben, prüfen Sie oft, das dort auch wirklich Ihre geheime Sauce produziert wird und nicht die lokale Variante.

Warenzeichen und Markennamen sind große Themen, die Sie berücksichtigen müssen. Seien Sie wachsam bei Ländern mit lockeren Schutzgesetzen für Markenzeichen. Prüfen Sie die Kosten und die notwendige Zeit für eine Registrierung. Markenpiraten haben möglicherweise Ihren Namen direkt unter Ihrer Nase registrieren lassen in der Hoffnung, dass Sie dies herausfinden und große Summen dafür zahlen, diesen zurückzuerhalten. Ansonsten ist es einfach ein Wartespielchen. Wieder einmal die Basis: Zeit und Geld. Kümmern Sie sich um die Problematik der Markenzeichen mindestens ein Jahr oder sogar noch mehr, bevor Sie damit beginnen, Franchisenehmer in einem internationalen Markt zu suchen.

Je nachdem, in welches Land Sie vordringen, müssen Sie sich unter Umständen mit anderen Gesetzen auseinander setzen. Bedenken Sie, dass jedes Land Gesetze hat, die vielleicht nicht speziell auf Franchising ausgerichtet sind, dennoch auch Auswirkungen auf Franchising haben (beispielsweise die lokale Entsprechung für unser eigenes Antitrustrecht. Wenn Sie in Europa arbeiten möchten, sind Sie zusätzlich mit den Gesetzen der Europäischen Union konfrontiert, die in jedem der Mitgliedsländer Anwendung finden. Philip Zeidman vom Washingtoner Büro von Piper Marbury Rudnick & Wolfe erklärt:»In den letzten zehn Jahren haben Franchisegeber die Vorteile einer »Ausnahme en bloc«, die sorgsam gezogen wurde, damit Franchisegeber, wenn die Anforderungen präzise befolgt werden, vermeiden können, was andernfalls einem Verbot traditionellen Franchisings im US-Stil durch die von der EU geschaffene Ant-Wettbewerbs-Gesetzgebung gleichkäme. Im Jahr 2000 tritt eine überarbeitete Fassung dieser Ausnahme in Kraft.« Mit dem Vorsprung durch Expertenberatung, sollten Franchisegeber in der Lage sein, Franchising auf diesem Markt weitestgehend so fortzuführen, wie sie es in ihrem Heimatland tun.

17 ➤ Das Netzwerk aufbauen: Klug expandieren

Franchisegesetze weltweit

In vielen Ländern gibt es Gesetze, die sich mit dem Anbieten von Franchiseunternehmen in diesen Ländern befassen. Es ist unerlässlich, dass Sie über die Anforderungen für das Anbieten von Franchiseunternehmen Bescheid wissen, bevor Sie Franchisenehmer akquirieren. Nachfolgend geben wir Ihnen einen Überblick über Franchisegesetze weltweit.

Australien: Australien hat am 01. Juli 1998 einen verpflichtenden Franchise Code of Conduct eingeführt. Er hat Gesetzeskraft unter dem australischen Trade Practices Act. Die Regierung oder private Parteien können diesen Code durchsetzen. Der Code verpflichtet zu einer Offenlegung vor einem Franchiseverkauf, vor Verlängerung oder Ausweitung. Franchisegeber aus Übersee müssen dem Code entsprechen, sofern es die Betreibung von nur einem Franchiseunternehmen oder Master-Franchiseunternehmen in Australien gewährt. (Der Australische Code wird augenblicklich überarbeitet).

Brasilien: Brasilien hat seine Vorschriften 1995 formalisiert, die von Franchisegebern verlangen, ein Offenlegungsdokument vor der Ausführung eines Franchisevertrags zur Verfügung zu stellen.

Kanada (Provinz Alberta): Die Provinz Alberta ist das einzige Gebiet in Kanada, in dem Franchisevorschriften erstellt und angewandt werden. Die neueste Überarbeitung des Gesetzes wurde 1995 eingeführt. Es schaffte die zuvor geforderten Registrierungsvorschriften ab, aber führte neue Vorschriften für Offenlegung vor Verkauf, zivile Rechtsbehelfe und eine Selbstverwaltung der Franchisegemeinde ein. (Ontario hat in seinem Provinzparlament eine Franchisegesetzgebung eingeführt – den *Franchise Disclosure Act* von 1999. Gegenwärtig verfügt Ontario nicht über eine Franchisegesetzgebung.)

China: China hat mit der Regulierung von Franchising am 14. November 1997 begonnen. Das chinesische Ministerium für Innenhandel hat Maßnahmen zur Durchführung von Verhandlungen (Trial Implementation Measures) für die Verwaltung von Franchiseoperationen erlassen. Die Vorschriften fordern allgemein ein schriftliches Offenlegungsdokument und allgemeine Gutgläubigkeitsvorkehrungen sowohl für Franchisegeber als auch für Franchisenehmer. Offenlegungsdokumente müssen bei der China Chain Enterprises Association hinterlegt werden.

Frankreich: Das französische Gesetz trat am 31. Dezember 1989 in Kraft. Es fordert die Offenlegung bestimmter Informationen im Vorfeld des Abschlusses von Franchiseverträgen. Die Nichtbereitstellung eines den Vorschriften entsprechenden Offenlegungsdokuments ist ein quasi-krimineller Verstoß, der mit Geldstrafen und/oder Haftstrafe geahndet wird und entweder von Regierungsseite oder durch private Veranlassung durchzusetzen ist.

Indonesien: Indonesien hat im Juni 1997 Vorschriften eingeführt, mit denen Offenlegung potenziellen Franchisenehmern gegenüber verbindlich wird. Es wird ebenfalls gefordert, dass Franchisegeber den Franchisevertrag und die Offenlegungsdokumente bei einer staatlichen Stelle registrieren lassen. Die Verträge müssen in indonesischer Sprache abgefasst sein und unterliegen indonesischer Rechtsprechung. Weiter wird gefordert, dass alle Masterfranchisenehmer eigene Standorte besitzen und betreiben müssen, der Verwendung lokaler Produkte oder Rohmaterialien

Priorität gegeben werden muss und Franchisegeber den neuen Franchisenehmern Anleitung und Schulung geben müssen. Die minimale Laufzeit eines Franchisevertrags beträgt fünf Jahre. Es gibt für Franchisegeber aus Übersee andere Vorschriften.

Italien: Wenngleich es keine offiziellen Vorschriften gibt, befolgt der italienische Franchiseverband einen strikten Selbstregulierungscode. Dieser verlangt von allen Mitgliedern, Offenlegung im Vorfeld von Verkäufen zur Verfügung zu stellen, dass Franchiseverträge beim Verband hinterlegt werden und bei der Beendigung eines Franchisevertrags korrekte Abläufe befolgt werden. Dieser Code wurde am 01. Januar 1995 eingeführt. Verträge müssen eine Mindestlaufzeit von drei Jahren haben, die vom Franchisegeber gebotene Unterstützung genau spezifizieren und die gewährte Gebietsexklusivität eines Franchise genau beschreiben. Darüber hinaus muss im Falle der Beendigung von Vertragsverhältnissen eine *Nachbesserung* (einen Zeitraum, in dem das Problem beigelegt werden kann) geben. Automatische Beendigung ist nicht gestattet, außer im Falle der Verletzung einer extrem wichtigen Bedingung.

Japan: Aufgrund des Fehlens einer franchise-spezifischen Gesetzgebung, kombinieren sich eine Vielzahl von Gesetzen zu einer Regulierung von Franchising. Anwendbar sind die allgemeinen Vertragsgesetze im Rahmen des Zivilgesetzes, die Anti-Monopol-Gesetze der Kommission für fairen Handel, die Richtlinien des japanischen Franchiseverbands und das Gesetz zur Förderung mittlerer und kleiner Unternehmen, das Offenlegung vorsieht, wenngleich Franchising nicht einmal speziell erwähnt wird.

Malaysia: Im Dezember 1998 hat Malaysia ein Gesetz zur Offenlegung, Registrierung und Regelung von Beziehungen verabschiedet. Dies erstreckt sich auf alle Franchiseunternehmen, die in Malaysia betrieben werden sollen, unabhängig davon, ob das Angebot für das Franchiseunternehmen in Malaysia gemacht und vom Franchisenehmer innerhalb oder außerhalb von Malaysia angenommen wird. Franchisegeber müssen – vor Abschluss eines Verkaufs – ein komplettes Offenlegungsdokument, einen Mustervertrag eines Franchisevertrags, das Systemhandbuch, das Schulungshandbuch und die letzten geprüften Jahresabschlüsse und weitere Dokumente, die vom Registerführer für Franchiseunternehmen verlangt werden, vorlegen. Jährliche Aktualisierungen der Hinterlegung sind obligatorisch. Laufzeiten müssen mindestens fünf Jahre betragen. Verstöße werden mit Strafen und anderen verwaltungstechnischen Maßnahmen geahndet. Ausländische Franchisegeber müssen ebenfalls eine Bewerbung beim Registerführer hinterlegen, um in Malaysia oder an einen malaiischen Bürger verkaufen zu dürfen.

Mexiko: In Mexiko gibt es eine Landesgesetzgebung, die Franchising reguliert, in der allgemein Offenlegung vor Verkaufsabschluss und die Hinterlegung von Informationen über den Franchisegeber verlangt wird. Die Vorschriften haben seit dem 28. Juni 1991 Gültigkeit.

Rumänien: In Rumänien gibt es eine Gesetzgebung, in der die Franchisebeziehung definiert wird, Offenlegungsdokumente vor Verkaufsabschluss gefordert werden und die Einbeziehung spezifischer Klauseln im Franchisevertrag vorgeschrieben wird.

Russland: Teil zwei des Zivilcodes der Russischen Föderation, verabschiedet 1996, enthält eine Registrierungsvorschrift, die Franchisegebern auferlegt, jeden unterschriebenen Franchisevertrag registrieren zu lassen. Er enthält ebenfalls andere wesentliche Bestimmungen.

Südafrika: In Ermangelung einer spezifischen Franchisegesetzgebung befolgen die Mitglieder des Franchiseverbands von Südafrika (FASA) einen stringenten »Ethik-Code«, der 1994 veröffentlicht wurde, der die Verpflichtung beinhaltet, potenziellen Franchisenehmern ein umfängliches Offenlegungsdokument zur Verfügung zu stellen, und eine siebentägige Wartezeit vorschreibt, bevor Verträge abgeschlossen werden dürfen. Es gibt keine Verpflichtung zur Offenlegung. Dennoch glauben einige Experten, dass infolge des Verbraucherschutzes und anderer Gesetze in Südafrika, die nicht erfolgende Bereitstellung ein privates Recht, rechtliche Hilfe in Anspruch zu nehmen, ermöglicht.

Südkorea: Südkorea hat Franchising durch Verwaltungsvorschriften geregelt, die am 07. April 1997 durch die »Kriterien für unfaire Handelsabschlüsse im Franchisegeschäft« von der Kommission für fairen Handel veröffentlicht wurden. Franchisegeber müssen die notwendigen Informationen in einem Offenlegungsdokument zur Verfügung stellen. Franchisegeber dürfen nicht wider die Vernunft von Franchisenehmern verlangen, dass Sie Ausstattung oder Wirtschaftsgüter, Dienstleistungen oder Geschäftsaktivitäten erwerben; einseitig Franchiseverträge ändern oder nach Vertragsabschluss Wettbewerbsverbotsklauseln ohne rechtliche Veranlassung auferlegen.

Spanien: Spanien fordert von Franchisegebern, die im Land verkaufen möchte, die Registrierung bei der Regierung und die Bereitstellung schriftlicher Offenlegungsdokumente über das Franchisesystem. Das Gesetz ist seit dem 15. Januar 1996 in Kraft.

Vereinigte Staaten: Die Federal Trade Commission (FTC) fordert seit 1979 potenziellen Franchisenehmern gegenüber die Offenlegung durch das Uniform Franchise Offering Circular (UFOC). Bestimmte Staaten fordern zusätzlich eine Registrierung bei staatlichen Stellen und haben Vorkehrungen zum Verbot bestimmter unfairer Franchisegeberpraktiken getroffen. Die FTC-Vorschrift ist auch gültig für das Gebiet von Puerto Rico und die US-amerikanischen Virgin Islands. Die FTC hat vor kurzem Veränderungen der Franchisevorschrift vorgeschlagen.

Es hat in jüngster Zeit Vorstöße zur Entwicklung von Vorschriften in verschiedenen anderen Ländern, inklusive Argentinien, Taiwan, Kanada (Ontario), Albanien, Belgien, Bermuda (Prohibited Restaurant Act), Kazakhstan, Kirgisien, Neuseeland und der Ukraine gegeben.

Quelle: Piper Marbury Rudnick & Wolfe, Washington, D.C., www.piperrudnick.com, Dezember 1999

Entscheiden, wann man international expandiert

Gehen oder nicht? Das ist die große Frage. Die Entscheidung, ob man international expandieren soll, ist letztendlich nur eine Frage von Timing.

Die meisten Franchisegeber begeben sich auf internationales Terrain, nachdem eine Initiativanfrage ihr Adrenalin in Wallung gebracht hat. Andere sind aus Gründen des Egos auf internationale Märkte aus. Sie stellen sich vor, dass Kopf eines internationalen Unternehmens zu sein mehr interessanten Gesprächsstoff für Cocktailparties liefert oder dass Globalisierung mehr Franchisenehmer im eigenen Land anziehen wird. Andere lassen sich von der Vorstellung verführen, dass eine internationale Ausweitung eine schnelle Heilung für inländische Finanzprobleme bringen kann. (Wie wir Ihnen im Verlauf dieses Buches immer wieder sagen, ist genau das Gegenteil der Fall). Wieder andere mögen einfach die Attraktivität internationaler Reisen: Hey, dies ist eine großartige Ausrede, um neues Gepäck kaufen zu können. Entschuldigung, aber dies sind alles die falschen Gründe.

Kluge Franchisegeber begeben sich nur auf internationales Terrain, nachdem sie ihre internationale Expansion gründlich geplant haben. Wenn Sie Grenzen überschreiten, weil das Timing stimmt, dann haben Sie Grund, sich selbst auf die Schulter zu klopfen. Das nennt man strategische Entwicklung.

Bevor sie internationale Vorschläge betreiben, sollten Franchisegeber eine starke und rentable Basis in ihrem Heimatland ihr eigen nennen. Wenn man es andersherum macht, ist das so, als würde man den Nachtisch ohne das Hauptgericht servieren. Wir können keine genaue Anzahl von Standorten beziffern, die Sie in Ihrem Heimatland benötigen, doch Ihre Betriebe im Heimatland sollten eine bedeutsame Anzahl von Franchisebetrieben in einer ganzen Reihe von Regionen sein und sich selbst durch die Lizenzgebühren tragen, bevor Sie international tätig werden. Ein gesättigter Markt im Heimatland zeigt ganz deutlich freie Fahrt an.

Andere Dinge sind ebenfalls wichtig. Intern muss die Geschäftsführungsmannschaft sich dem Spiel so verpflichtet fühlen, dass sie langfristig dabei bleibt. Zu viele internationale Programme werden dadurch ernsthaft geschädigt oder zerstört, dass Franchisegeber Ressourcen zurückziehen, weil die anfänglichen Ergebnisse nicht den Erwartungen entsprechen.

Sich langfristig internationalem Franchising verpflichtet zu fühlen, umfasst eine Umschichtung oder Aufstockung der Belegschaft, die allein auf fremden Boden gerichtet ist. Es ist nicht ungewöhnlich, Außendienstmitarbeiter, Marketingunterstützung, Produktakquise, Betriebe und Schulungsangestellte zu haben, die allesamt auf internationale Expansion ausgerichtet sind und vom Rest der Organisation unterstützt werden. In dem Maße wie Ihre internationalen Betriebe wachsen, müssen Sie vielleicht ganze Abteilungen einführen, die Ihre Organisation im Heimatland widerspiegeln. Franchisegeber müssen zusätzliche Kapitalressourcen haben, zur Bereitstellung von Unterstützungsleistungen, zur Veränderung von Betriebsabläufen sowie für Besuche in den Standorten.

Zusätzlich ist keine Schulung universell einsetzbar. Sie müssen Anpassungen für internationale Betriebe in Ihre Standardschulungen einarbeiten. Wenn Sie Masterfranchisenehmern Franchisebetriebe anbieten, die Franchisenehmer in ihren Märkten auswählen und Franchisenehmern ebenfalls Unterstützung zur Verfügung stellen, müssen Sie darauf vorbereitet sein, sie darin zu schulen »Franchisegeber« in ihrem Heimatland zu sein. Schließlich werden sie viele derselben Aufgaben wie Sie als Franchisegeber ausführen: Auswahl von Franchisenehmern, Schulung und Unterstützung. Sie müssen in den folgenden Gebieten geschult werden:

✔ Rekrutierung und Auswahl von Franchisenehmern

✔ Verwaltungsaufgaben

✔ Standortwahl

17 ➤ Das Netzwerk aufbauen: Klug expandieren

✔ Marketing und Werbung

✔ Schulung für Personal, das vor Ort geschult wird

✔ Durchsetzung von Standards und von Ablaufroutinen

✔ Alle anderen Dienstleistungen, die sie am Markt anbieten werden

Wenn Sie sie nicht schulen, wer soll es dann tun?

Behalten Sie immer ein Auge auf die internationalen Betriebe und das andere Auge auf diejenigen im Inland. Vergessen Sie bei aller Aufregung über die Zukunft nicht das Hier und Jetzt. Oftmals lassen Franchisegeber ihre Zielsetzung von ihrem Unternehmen im Heimatland weggleiten – die Sache, die sie überhaupt dorthin gebracht hat, wo sie jetzt sind – und verlieren sich in der Aufregung, manchmal ist es auch eine Fantasie, darüber global tätig zu werden. Vergewissern Sie sich, dass Sie die notwendige Organisation haben, um beide Gebiete angemessen zu betreiben – oder warten Sie, bis es soweit ist.

Nach außen müssen Sie ein Produkt oder eine Dienstleistung haben, das den Bedürfnissen der Verbraucher auf diesem Markt entspricht. Trotz einer zusammenschrumpfenden Welt braucht nicht jeder alles genau so, wie man es zu Hause hat. Stellen Sie sicher, dass Ihr Produkt oder Ihre Dienstleistung – und Ihr Betriebssystem – innerhalb des Rahmenwerks lokaler Gesetzgebung und kultureller Unterschiede läuft und dass Sie alle notwendigen Anpassungen ohne Verlust der Integrität Ihres Konzepts vornehmen können. Lebensmittelfranchisebetriebe müssen beispielsweise religiöse und ernährungsbedingte Aspekte in Erwägung ziehen. Wenngleich es nicht so einen großen Aufwand bedeutet, wenn ein Hausreinigungs-Franchisebetrieb seine Schrubberstiele umändern muss, um sie passend für kleinere Hände in manchen Märkten zu machen, verliert ein Supermarkt, der auf einem 24-Stunden-Service aufbaut, durch die Übersetzung, wenn die Gesetzgebung des Landes Geschäftsöffnungszeiten sehr beschränkt.

Wir haben eindeutig versucht, Wendy's anzupassen. Wir sind hingegangen und haben die Speisekarte verändert, um Landessitten zu entsprechen, aber wir hatten keinen großen Erfolg, wenn wir dies getan haben. Wir haben beispielsweise in einigen Ländern Bier oder Wein in unser Angebot aufgenommen. Dies bedeutete einen solchen Abschied von unserem Kerngeschäft, dass es nur lauwarme Ergebnisse brachte. Wir haben auch mit Variationen der Lebensmittel experimentiert und wir neigen heute dazu, bei unserer begrenzten Speisekarte zu bleiben, und konzentrieren uns auf die Produkte, für die wir international bekannt sind. Also sagen wir im Wesentlichen: »Wir sind eine Restaurantkette aus dem amerikanischen Westen und servieren Essen aus dem amerikanischen Westen.« Unserer Ansicht nach ist dies der beste Weg, um unserem Image treu zu bleiben. Ein Teil dieser Herangehensweise hat etwas mit internationalen Reisen zu tun. Die Gebiete, in die wir gehen, sind sehr touristische Gebiete mit viel Verkehr und vielen englischsprachigen Menschen. In einem Touristengebiet möchten die Verbraucher dasselbe Wendy's vorfinden, in dem sie in den Vereinigten Staaten gegessen haben. Wir werden teilweise tatsächlich international speziell herausgesucht, weil die Menschen den Geschmack von zu Hause haben wollen.

Zusätzlich ist eine möglichst frühzeitige Registrierung des Warenzeichens eines Franchisegebers eine unverzichtbare Zutat beim Überschreiten von Grenzen. Sobald Sie die Länder ausgewählt haben, in die Sie vordringen möchten, sollten Sie mit diesem Vorgang beginnen. Dies ist kein Spaß: Sie müssen mit Ihren lokalen und internationalen Rechtsanwälten zusammenarbeiten. Und Sie müssen sicherstellen, dass das politische und wirtschaftliche Klima reif für den Aufbau eines Unternehmens ist. Niemand möchte die Sicherheit von Angestellten riskieren oder die wirtschaftliche Leistungsfähigkeit eines Start-Ups, wenn die Luft schwer von der Gefahr möglicher Unruhen ist.

Schauen Sie einen Moment auf die B-Seite der Schallplatte. Verlassen Sie Ihre Heimat nicht, wenn

- ✔ Sie nach einer schnellen Lösung Ihrer Bargeldprobleme suchen.
- ✔ Die Geschäftsführungsmannschaft sich nicht einer langfristigen Entwicklung verpflichtet fühlt.
- ✔ Sie nicht dazu bereit sind, Zeit, Mühe und Ressourcen zu investieren.
- ✔ Ihr Produkt oder Ihre Dienstleistung nicht den lokalen Bedürfnissen entspricht.
- ✔ Sie nicht bereit oder in der Lage sind, Ihre Produkte oder Dienstleistungen an den Markt vor Ort anzupassen.
- ✔ Sie keinen Schutz Ihres Markenzeichens erlangen können.
- ✔ Ihre Betriebsabläufe so rigide sind, dass Sie diese den kulturellen oder rechtlichen Unterschieden beziehungsweise Anforderungen weder anpassen können noch wollen.
- ✔ Die politischen oder wirtschaftlichen Verhältnisse in dem jeweiligen Land instabil sind.

Den richtigen Partner finden

Sie haben also Ihren Pass schon in der Hand? Nicht so schnell. Ein großer Teil der internationalen Expansion hängt daran, sich mit einem geeigneten Partner zusammenzutun. Wenn Sie ein Franchisegeber mit Firmensitz in den USA sind, können die Ausnahmen Kanada und Mexiko sein; viele Franchisegeber verkaufen direkt an Franchisenehmer, weil die räumliche Entfernung sich nicht allzu sehr von, sagen wir einmal, der Entfernung einem Unternehmen an der Ostküste, das Franchisenehmer an der Westküste bedient, unterscheidet.

Sobald Sie jedoch Nordamerika verlassen, ist es eine andere Geschichte. Mit Ausnahme von Hotel- und einigen lockeren Restaurantkonzepten, ist das Aufbauen einer Partnerschaft die richtige Methode, um die Lernkurve aufgrund der Entfernung eines Franchisegebers und seiner mangelnden Vertrautheit mit den örtlichen Sitten und Gebräuchen zu beschleunigen. So sehr Sie auch denken, Sie kennen eine fremde Kultur, das tun Sie nicht wirklich. (Ihre Trekkingtour durch die Welt nach Abschluss der Schule ändert daran auch nichts.)

17 ➤ Das Netzwerk aufbauen: Klug expandieren

Franchisegeber expandieren meist in der nachfolgend geschilderten Weise:

✔ **Masterfranchising**: Ein Masterfranchisenehmer folgt einem Entwicklungsplan, der eine Anzahl X von zu eröffnenden Standorten in einem Zeitraum X verlangt. Der Masterfranchisenehmer eröffnet seine eigenen Verkaufsorte oder vergibt sie an Subfranchisenehmer oder tut beides. Als Spiegelbild des Franchisegebers stellt er Unterstützung auf lokaler Ebene im Austausch für einen Prozentsatz der Franchise- und Lizenzgebühren zur Verfügung.

✔ **Gebietsentwicklung**: Ein Franchisenehmer entwickelt ein Gebiet und verlässt sich mehr als beim Masterfranchising auf den Franchisegeber hinsichtlich Unterstützung.

✔ **Jointventures**: Der Franchisegeber und ein Partner vor Ort teilen Wissen und Finanzmittel. Diese Option gibt dem Franchisegeber mehr Kontrolle. Und eine Beteiligung am Vermögen des Franchisegebers kann einen Handelsabschluss glaubhafter erscheinen lassen.

Unser primäres Ziel bei Wendy's ist es, durch Franchising internationales Wachstum zu erreichen. Wir haben kein überwältigendes Interesse daran, eine Menge unternehmenseigener Restaurants in Übersee zu haben. Wir suchen nach leistungsstarken Unternehmen, die in der Lage sind, viele Standorte zu eröffnen. Sobald Sie sich in einem Gebiet etabliert haben, ist die Eröffnung weiterer Restaurants leichter. In ein brandneues Land zu gehen und dort ein Restaurant zu eröffnen, ist schwer.

Nicht einfach jeder dahergelaufene Typ, der Ihnen auf der Suche nach Franchisenehmern über den Weg läuft, ist geeignet. Der wichtigste Grund für das Fehlschlagen internationaler Franchiseversuche ist ungünstige Partnerauswahl – jemand, der über zu wenig Kapital verfügt, unaufmerksam ist, sich nicht an einen Entwicklungsplan hält oder alles nach seiner oder ihrer Vorstellung machen wollte. Entfernung macht dies noch schwerwiegender. Es ist schwieriger und kostenintensiver, ein Problem im Entstehen zu bemerken, wenn Sie Tausende von Meilen entfernt und in einem anderen Land sind. Wenn Sie es endlich herausgefunden haben, ist es womöglich bereits zu spät. Es könnte Sie Jahre kosten, den entstandenen Schaden wieder zu beheben – oder diesen einzuklagen.

Bei der Suche nach Franchisenehmern sollte Vertrauen an der Spitze der von Ihnen bei Kandidaten gesuchten Eigenschaften stehen. Sie bringen dieser Person das Vertrauen entgegen, ein Netzwerk aufzubauen, Ihren Markennamen zu vergrößern und zu schützen und Ihre Standards aufrechtzuerhalten. Sie sind daran interessiert, eine Rückversicherung dafür zu erhalten, dass diese Person Herz und Seele in das Unternehmen einbringt. Was Sie unter Umständen nicht möchten, ist eine große Gesellschaft, die in so viele Richtungen schwimmt, dass Ihr Franchiseunternehmen dabei droht, auf den Grund des Meeres zu sinken. Ihre Marke verdient es, dass Kapital und Angestellte zur Unterstützung des Entwicklungsplans vorhanden sind, und Ihre Marke verdient es, dass man sich auf sie konzentriert. Wenn ein ausländischer Franchisenehmer Zugang zu Immobilien und Lieferanten vor Ort hat, ist dies ein echtes Plus. Und sie sollten sich mit den vor Ort gültigen Gepflogenheiten, den Gesetzen und Geschäftsmethoden auskennen. Wenn Sie ebenfalls bereits Franchiseerfahrung haben, umso besser.

Auf internationaler Ebene unterscheidet sich Ihr Franchiseinteressent möglicherweise von Kandidaten, nach denen Sie üblicherweise in Ihrem Heimatland Ausschau halten. Der potenzielle Kandidat ist vielleicht größer und verfügt über eine bessere finanzielle Ausstattung, hat mehr Ressourcen und mehr Verhandlungsstärke. Dies hat ebenso negative wie positive Aspekte. Es kann auch bedeuten, dass Sie die Art von Franchisenehmer in Betracht ziehen (oder sogar anvisieren), vor der Sie in Ihrem Heimatland wahrscheinlich zurückschrecken würden: Unternehmen, die bereits andere Franchiseunternehmen besitzen.

In einen ausländischen Markt vordringen

Kommen wir zum Kern der Sache, und suchen wir einige internationale Partner. Genau wie im Inland möchte jeder die am besten geeigneten Franchisenehmer anziehen – wirkungsvoll und ohne eine Vielzahl von Problemen.

Der erste in der Schlange ist nicht immer die beste. Prüfen Sie alle potenziellen Franchisenehmer auf Herz und Nieren. Vertrauen Sie nationalen Franchiseverbänden, Franchiseanwälten vor Ort, dem örtlichen Büro Ihrer Buchprüfungsgesellschaft, erfahrenen Beratern, potenziellen Lieferanten, Angestellten ausländischer Botschaften Ihres Landes, Interpol und den internationalen Einrichtungen ähnlich der deutschen Schufa.

Beginnen Sie Ihre Suche bei:

- ✔ **Botschaften:** Diese Landesvertretungen in anderen Ländern können Ihnen beim Aufbau eines Netzwerks mit qualifizierten Kräften vor Ort helfen. Sie können auch versuchen, sich an Handelskammern und Unternehmerverbände zu wenden.

- ✔ **Handelsmessen:** Die jährlich stattfindende International Franchise Exposition wird in den Vereinigten Staaten veranstaltet und zieht üblicherweise Tausende ausländischer Besucher an, die auf der Suche nach Franchisegelegenheiten sind. Nehmen Sie zum Veranstalter der Ausstellung, zu MFV Expositions auf ihrer Webseite www.franchiseexpo.com Kontakt auf. In Deutschland findet jährlich eine Internationale Franchise-Messe in Frankfurt/Main statt, Veranstalter ist die Firma »Miller Freeman«. Informationen finden Sie unter www.franchise-messe.org.

    Sie sollten sich auch über andere Handelsmessen, die von vielen Nationalen Franchiseverbänden gesponsert und in der ganzen Welt veranstaltet werden, informieren. Sie finden eine Liste nationaler Franchiseverbände auf der Webseite der IFA unter www.franchise.org.

- ✔ **Empfehlungen:** Nehmen Sie Kontakt zu Franchiseberatern und Rechtsanwälten mit Zweigniederlassungen in anderen Ländern auf. Franchisegeber von Konzepten, die nicht mit Ihnen in Konkurrenz stehen, sind vielleicht auch bereit, Hinweise an Sie weiterzugeben. Rufen Sie diese einfach einmal an.

- ✔ **Nationale Franchiseverbände:** Als Zeugnis des zunehmenden Wachstums im Bereich Franchising verfügen viele Länder mittlerweile über nationale Franchiseverbände. Diese Organisationen können Ihnen dabei helfen, Franchisegegebenheiten in ihren Ländern zu verstehen, können Sie bei der Suche nach potenziellen Franchisenehmern und Lieferanten unterstützen und Ihnen Anleitung hinsichtlich vor Ort geltender Vorschriften bieten.

17 ➤ Das Netzwerk aufbauen: Klug expandieren

✔ **World Franchise Council:** Der World Franchise Council besteht aus annähernd 30 nationalen Franchiseverbänden. Sein Ziel ist es, eine internationale Verständigung und Kooperation zum Schutz und zur Förderung von Franchising weltweit zu fördern. Um Informationen zum Weltfranchiserat und seinen Mitgliedsverbänden zu erhalten, können Sie auf die Webseite des australischen Franchiserats unter www.fca.com.au gehen.

Sie werden keinen amerikanischen oder US-amerikanischen Franchiseverband finden, also können Sie aufhören, danach zu suchen. 1960 hat Bill Rosenberg, der Gründer von Dunkin' Donuts, zusammen mit verschiedenen der führenden Franchisegeber festgestellt, dass sie eine Organisation bräuchten, die »Die Stimme des Franchising« sein sollte, und sie gründeten die Internationale Franchise Association. Viele andere nationale Verbände denken unter Umständen, dass die IFA ihren Namen in Amerikanischer oder US-amerikanischer Franchiseverband ändern sollte, doch die IFA wird ihre Nomenklatur in der nahen Zukunft nicht ändern. Es geht nicht darum, dass die Mitglieder der IFA gerne ihr globales Ego zeigen möchten; es ist einfach der Name, für den die Gründungsväter sich entschieden haben, und er beschreibt angemessen die globale Reichweite, Zielsetzung und Funktion der IFA. Die IFA ist der führende Verband in der Welt, der Franchisegeber, Franchisenehmer und Lieferanten vertritt. Als Franchisegeber der Vereinigten Staaten weltweit expandierten, hat die IFA wegweisend mit Regierungen in der ganzen Welt und mit anderen nationalen Verbänden zusammengearbeitet, um Franchising international weiterzuentwickeln. Zu näheren Information über die IFA, besuchen Sie die Webseite unter www.franchise.org.

✔ **Werbung:** Sie können um ausländische Franchisenehmer werben in Publikationen, die Franchising, internationale Geschäfte oder Handelsbranchen in bestimmten Märkten abdecken. Bei der Auswahl einer Veröffentlichung sollten Sie allerdings die dazugehörige Leserschaft im Sinn haben.

Wenn Sie darüber nachdenken, einen Makler einzusetzen, um Ihre internationale Expansion zu handhaben, denken Sie darüber erneut nach. Wenn Sie einen Fehler bei der Auswahl Ihrer Franchisenehmer in Übersee machen, so hat dies wahrscheinlich viel katastrophalere Auswirkungen auf Ihre Expansionspläne als eine vergleichbare Fehlentscheidung in Ihrem Heimatland. Dave und ich warnen Sie in den Kapiteln 4 und 16 davor, Maklern in Ihrem Heimatland zu trauen. Derselbe Ratschlag gilt, wenn Sie im Ausland expandieren wollen. Verwenden Sie bei Ihrem internationalen Expansionsprogramm immer eigenes Personal. Wenn Sie einen Makler einsetzen, beschränken Sie dessen Aufgabenbereich auf die Vorstellung von Möglichkeiten.

Den Handel abschließen

Wenn Sie denken, Sie könnten hineingeschlendert kommen und einen Franchisevertrag abschließen, weil Sie das in Ihrem Heimatland so zu tun pflegen, vergessen Sie es ganz schnell. Wenn Ihre Devise zu Hause lautet: »Nehmen Sie es oder lassen Sie es.«, erwarten Sie nicht, dass Sie mit dieser Herangehensweise auf der internationalen Szene weit kommen werden. International sind

Verhandlungen definitiv das, worum es in diesem Spiel geht. Nur weil Sie üblicherweise mit größeren Gebieten handeln und mit größeren im Voraus zu zahlenden Summen, steht viel mehr auf dem Spiel – für Sie und für Ihren zukünftigen Franchisenehmer. Also bereiten Sie sich darauf vor zu verhandeln.

Der Schlüssel zur Verhandlung ist der Aufbau einer vertrauensvollen Beziehung. Stellen Sie sicher, dass ausländische potenzielle Franchisenehmer ihre Verpflichtungen verstehen – und dass Sie Ihre eigenen verstehen. Da es oft eine Sprachbarriere gibt, überprüfen Sie alles, und überprüfen Sie es ein zweites Mal, um Missverständnissen vorzubeugen.

Seien Sie sich kultureller Unterschiede bewusst, wenn Sie verhandeln. Es ist nicht ungewöhnlich, dass Menschen erst Freundschaften aufbauen wollen, bevor sie wirklich an die Besprechung von Geschäftlichem gehen.

Ihre Flexibilität sollte von Ihrem Bedürfnis nach dem Abschluss dieses Geschäfts und diesem speziellen Geschäftspartner abhängig sein. Wenn ein potenzieller Franchisenehmer nur über wenig Kapital verfügt und ihm Erfahrung fehlt, haben Sie kaum einen Grund, Kompromisse zu machen. Wenn Sie im Zweifel sind, gehen Sie. Wenn jedoch der potentielle Franchisenehmer über eine gute Kapitalausstattung verfügt, Quellen für Produkte hat, ein ethisch einwandfreier Geschäftsmann ist, und eine ganze Reihe von Standorten eröffnen möchte, ist dieser Kandidat sicher wert, dass man mit ihm verhandelt.

Halten Sie jedoch hierbei die Balance. Der Schlüssel liegt nicht darin, dass Sie Ihre Geschäfte verschenken; zu viel Flexibilität tut Ihrem System nicht gut.

Seien Sie nicht überrascht, wenn Gebühren zum Zankapfel werden. Der von Ihnen geforderte Preis sollte Ihre Größe und Ihr Markenzeichen widerspiegeln und ebenso Ihre Ausgaben. Doch für potenzielle Franchisenehmer hören sich internationale Preise oft danach an, als seien sie nur für die Reichen und Berühmten gedacht. Es ist vielleicht ein schlechter Anfang Ihrer zukünftigen Beziehung, die Gebühr zu senken. Clevere Franchisegeber neigen eher dazu, die nachfolgenden Punkte auf den Tisch zu bringen, um die im Voraus fällige Gebühr schmackhafter zu machen.

- ✔ Zusätzliche Schulungen
- ✔ Mehr Unterstützung am Standort
- ✔ Übersetzung von Materialien
- ✔ Zusätzliche Werbung
- ✔ Preisnachlässe auf das Anfangsinventar

Kay Marie Ainsley, geschäftsführende Direktorin bei Michel Seid & Associates warnt: »Seien Sie sich dessen bewusst, dass, sofern Sie Ressourcen mit Ihren Betrieben im Inland teilen, Sie langfristig nicht bei Peter Anleihen machen können, um Paul zu bezahlen, wenn dies zum Ergebnis hat, dass Peter Schwierigkeiten bekommt. Die Transaktion muss in wirtschaftlicher Hinsicht und für sich gesehen, Sinn machen, und Ihre zentralen Betriebe im Inland einem Risiko auszusetzen ist nie ein weiser Schachzug.«

Das Einplanen von Wachstumsanreizen funktioniert auch als Verhandlungspfand. Sie könnten Lizenzgebühren in Abhängigkeit von übertroffenen Verkaufszielen reduzieren oder Gebühren pro Standort verringern, wenn Entwicklungspläne übertroffen werden.

Wo wir gerade über das Thema Entwicklung sprechen, spezifizieren Sie eine bestimmte Anzahl von Standorten, die ein Masterfranchisenehmer selbst errichtet haben muss, bevor er mit Subfranchising beginnt, damit eventuell vorhandene Übersetzungsfehler vorher entdeckt werden. Andere Vertragsaspekte beinhalten Wettbewerbsklauseln, Beendigungsrechte und Verpflichtungen, Lieferantenbeschränkungen und lokale Versicherungsauflagen.

Die Beilegung von Streitigkeiten ist überall ein wichtiges Thema. Wenngleich viele derselben Methoden zur Lösung von Streitigkeiten wie in Ihrem Heimatland wahrscheinlich auch in ausländischen Märkten verfügbar sind (Schiedsmann und Mediation), lassen Sie sich von Ihrem Rechtsanwalt gemeinsam mit Ihren Anwälten im jeweiligen Land in dieser Hinsicht Anleitung geben.

 Einen Handel abzuschließen ist nur ein kleiner Schritt. Der Riesenschritt ist es, dafür zu sorgen, dass der Handel funktioniert.

Ausländische Franchisenehmer auf den US-amerikanischen Markt bringen

Wenngleich viele US-Amerikaner es nicht glauben wollen, die USA sind dennoch nicht allein die Erfinder des Franchising. Weltweit etablieren Unternehmen ihre eigenen Franchisekonzepte, und dies mit steigender Frequenz – und sie überschreiten Grenzen und bieten ihre Franchiseunternehmen in der ganzen Welt an.

Aufgrund seiner Größe ist der US-amerikanische Markt für viele ausländische Franchisegeber äußerst attraktiv. Die Amerikaner haben eine tief verwurzelte Vertrautheit mit Franchising, haben ein hohes verfügbares Einkommen und begegnen neuen Produkten mit viel Begeisterung. Wir sind auch vollendete Verbraucher – Sie brauchen sich nur unsere Kreditkartenverschuldung anzusehen.

Das größte Problem für ausländische Franchisegeber ist, dass in den Vereinigten Staaten mitzuspielen extrem kostspielig ist, und zwar aufgrund der regulativen Umgebung und der Größe und Vielfältigkeit des Marktes.

Im Ausland ansässige Franchisegeber orientieren sich am Muster von Ketten aus den Vereinigten Staaten, die sich in ihrem Land etablieren – sie verkaufen üblicherweise Masterfranchises oder bilden Jointventures. Klingt das in Ihrem Ohren verlockend?

Ebenso wie bei jedem US-amerikanischen Franchisegeber, müssen die Unternehmen, die in die Vereinigten Staaten vordringen, den Markt verstehen und einige Schlüsselfragen an sich selbst beantworten:

- ✔ Haben Sie in Ihrem Heimatland eine erfolgreiche Bilanz vorzuweisen, die die Ausweitung Ihres Systems in ein internationales System unterstützt, bis es rentabel arbeitet?
- ✔ Wo haben Sie sich außerdem noch niedergelassen?
- ✔ Haben Sie zuvor bereits einmal ein erfolgreiches Wachstum im Ausland erreicht?
- ✔ Wie gut kennen Sie den Markt? Es ist nicht ausreichend, wenn sie ihn einmal – oder auch viele Male – besucht haben.
- ✔ Verstehen Sie wirklich, dass die Vereinigten Staaten ein Gebilde aus vielen kleineren Märkten sind, dass New York City und Des Moines hinsichtlich ihrer Kostenstruktur und den Lebensweisen ihrer Verbraucher ebenso unterschiedlich sind wie Tag und Nacht? Wie planen Sie, damit umzugehen?
- ✔ Wo in den Vereinigten Staaten wollen Sie mit Ihrem Franchiseunternehmen starten und wie sieht Ihre Franchisestrategie aus? Wie viele Städte wollen Sie in wie vielen Jahren erobern?
- ✔ Verfügen Sie über die notwendigen finanziellen und menschlichen Ressourcen, um Franchising auf diesem Markt zu unterstützen?
- ✔ Werden Sie Außenstellen haben?
- ✔ Welche Unterstützung vor Ort werden Sie anbieten?
- ✔ Wie und wo werden Sie Ihre Franchisenehmer schulen?
- ✔ In welcher Sprache werden Sie Schulungen durchführen?
- ✔ Liegen Ihre Materialien auf Englisch vor? Wenn Sie Märkte anvisieren, in denen die vorherrschende Sprache Spanisch ist, sind Sie darauf vorbereitet?
- ✔ Besteht Nachfrage für Ihr Produkt oder Ihre Dienstleistung in allen Ihren Zielmärkten?

Selbst wenn Sie davon überzeugt sind, dass Ihr Konzept funktionieren wird, könnten Sie dennoch Ihre finanziellen Ressourcen abschöpfen, wenn Sie das Ziel nicht erreichen.

Weit entfernt von Ihrem Heimatland zu arbeiten stellt Sie vor Herausforderungen, für die Sie bereit sein müssen:

- ✔ Werden Sie das Konzept an den lokalen Markt anpassen? Wer wird die Anpassungen überwachen?
- ✔ Sind Inventar und Ausstattung vor Ort verfügbar? Wenn diese importiert werden müssen, welche Zollgebühren, Frachtkosten und zeitlichen Beschränkungen zieht dies mit sich?
- ✔ Werden Sie Inventar vor Ort lagern, um potenziell längere Frachtzeiten für die von Ihren Franchisenehmern benötigen Produkte und Dienstleistungen auszugleichen?

17 ➤ Das Netzwerk aufbauen: Klug expandieren

✔ Hat Ihre Marke genügend Markenerkennung, um einen höheren Preis rechtfertigen zu können – besonders im Vergleich zur Konkurrenz vor Ort – und so erhöhte Kosten decken zu können?

✔ Was passiert, wenn die Sache nicht klappt?

✔ Was sind Ihre Vorkehrungen für eine Beendigung und für Abläufe zur Beseitigung von Streitigkeiten?

✔ Wie sieht Ihre Unternehmenskultur aus? Gibt es offene Kommunikation? Wie werden Sie mit Franchisenehmern kommunizieren, die eine andere Sprache als der Rest des Systems sprechen?

Nur, weil ein Franchisegeber aus Übersee kommt, bedeutet dies nicht, dass er nicht denselben Anforderungen wie ein einheimischer Franchisegeber entsprechen muss. Wenn ein Franchisegeber in den Vereinigten Staaten Franchiseunternehmen anbietet, muss er ein UFOC zur Verfügung stellen (siehe Kapitel 6). Wenn ein Franchisegeber Franchiseunternehmen in anderen Ländern anbietet, muss er den Offenlegungsbestimmungen dieser Länder entsprechen. Ebenso wie ein US-amerikanischer Franchisegeber, der nach Übersee geht, müssen Franchisegeber, die in die Vereinigten Staaten vordringen, mit amerikanischen Beratern und Rechtsberatern zusammenarbeiten. Die Vereinigten Staaten sind ein harter und unnachgiebiger Markt. Historisch gesehen, haben nur wenige ausländische Franchisegeber, solche aus Kanada eingeschlossen, in den Vereinigten Staaten Erfolg gehabt. Größe, Kosten und Vielfalt der Märkte sowie die verschiedenartige Kultur des amerikanischen Franchisenehmers und Verbrauchers überwältigen sie oft.

Daves Tipp für die Auswahl von Franchisenehmern

Dave hat einige simple Tipps für die Auswahl von Franchisenehmern.

✔ Verfügen sie über ausreichendes Kapital? Wie viele ihrer Vermögenswerte können leicht in Barmittel umgewandelt werden? (Liquidität ist sehr wichtig).

✔ Wie sind ihre geschäftlichen Fertigkeiten? Personalführungsqualitäten? Schulungsfähigkeit?

✔ Achten sie auf Details? Wie sind ihre organisatorischen Fähigkeiten?

✔ Sind sie Teamspieler oder arbeiten sie besser allein? (Sie müssen sowohl Führungskraft für ihre Leute sein als auch Anhänger des Franchisesystems).

✔ Werden Sie sich langfristig verpflichtet fühlen? Wie ist ihr persönlicher Lebenslauf im Geschäftsleben? (Wenn sie ständig Stellen oder Berufskarrieren gewechselt haben, müssen sie ihre Fähigkeit, langfristige Franchisenehmer zu sein, hinterfragen).

Teil VI

Zweimal Zehn zum Erfolg

»Irgendwie hab' ich Probleme, meine Mitarbeiter zu halten.«

In diesem Teil...

In diesem Teil sollen Sie einen Einblick in die zehn Schlüssel zum Erfolg beim Franchising bekommen. Und weiter werden hier zehn Fragen genannt, die Sie sich stellen sollten, bevor Sie ein Franchiseunternehmen kaufen.

Zehn Schlüssel zu erfolgreichem Franchising

In diesem Kapitel

- Genug Geld, Disziplin und persönliche Unterstützung
- Angestellte anwerben, halten und ausbilden
- Den Kunden, der Gemeinschaft und dem Franchiseunternehmen zu Diensten sein

Damit ein Unternehmen sein volles Potenzial entwickelt, braucht man Talent. Es ist auch nicht so einfach sicherzustellen, dass die Kundschaft immer zufrieden ist. Wenn Sie sich Ihr Franchiseunternehmen gut ausgewählt haben, wird Ihr Franchisegeber in der Lage sein, Ihnen dabei zu helfen, viele der Fehler zu vermeiden, die bei unabhängigen Neugründungen gerne gemacht werden. Ihren Erfolg kann er nicht garantieren, der hängt von Ihnen ab.

In diesem Kapitel finden Sie eine Liste mit Überlegungen, die Ihre Franchiseerfahrung zu einem Erfolg werden lassen und Ihnen hoffentlich einen Vorsprung vor der Meute verschaffen.

Vergewissern Sie sich, dass Sie genug Geld haben

Erstellen Sie Ihren persönlichen Finanzplan, bevor Sie die Entscheidung treffen, in ein Franchiseunternehmen zu investieren.

Legen Sie zuerst einmal fest, wie viel Sie investieren müssen, wie viel Sie bereit sind zu riskieren und wie viel Sie benötigen, um mindestens zwölf Monate lang Ihren Lebensunterhalt bestreiten zu können. Vergessen Sie nicht, dass Ihre Familie und Sie auch von etwas leben müssen und dass das Budget auch Raum für ein bisschen Spaß am Leben geben sollte. Leider gibt es auch mal Notfälle. Gehen Sie Ihre persönlichen Finanzen sorgfältig mit Ihrem Steuerberater oder einem Anlageberater durch.

Als Nächstes müssen Sie anhand der Informationen, die Sie während der Untersuchung des Franchisesystems erhalten haben, – dazu gehören die Franchiseunterlagen, Besprechungen mit anderen Franchisenehmern und andere Forschungsergebnisse –, sicherstellen, dass Sie die Erstinvestition begriffen haben und auf jeden Fall die Reserven dazu rechnen. Besprechen Sie mit dem Franchisegeber, wie viel der Erstinvestition finanziert werden kann, aber vergessen Sie dabei nicht, dass Sie die Rückzahlungen an den Kreditgeber bei Ihren Cashflow-Reserven berücksichtigen müssen.

Treffen Sie dann eine vorsichtige und vernünftige Entscheidung. Lassen Sie sich von jemand beraten, den Sie kennen und dem Sie vertrauen: Ihr Steuerberater, Ihr Finanzberater oder Ihre Bank. Und lassen Sie sich auf keinen Fall vom Verkäufer des Franchiseunternehmens zu einem Handel überreden, wenn Sie sich nicht sicher sind, ob alles seine Richtigkeit hat.

Befolgen Sie das System

Der Rat, sich an das System zu halten, scheint überflüssig. Wer würde das nicht tun, nachdem es so viel Mühe und Kosten bereitet hat, sich dem Franchiseunternehmen anzuschließen? Man glaubt es kaum. Franchisenehmer haben bereits mehr als einmal das Unternehmen in Schwung gebracht, um dann zu experimentieren, Produkte hinzuzufügen und zu ändern, die Werbung zu manipulieren, die Dienstleistung anzupassen sowie Öffnungszeiten, Qualität und sogar die Einheitlichkeit der Produkte und Dienstleistungen zu modifizieren, für deren Auslieferung sie eine Lizenz erworben haben. Sie wären doch gerne Unternehmer.

Abgesehen davon, dass Sie den Vertrag verletzen und möglicherweise die gesamte Investition gefährden, wenn Sie dem Franchisegeber Grund geben, den Vertrag mit Ihnen zu beenden, gefährden Sie durch eine eigenmächtige Änderung des Systems die Einheitlichkeit. Einheitlichkeit aber ist genau das, was die Öffentlichkeit von einem Markenfranchiseunternehmen erwartet.

Wenn Sie das System befolgen, bewahren Sie die Marke und schützen so Ihre Investition sowie die Investition Ihrer Franchisenehmerkollegen, und zwar, weil die Kundschaft bekommt, was sie erwartet. Bleibt zu hoffen, dass sie zur Belohnung Ihr Geld in Ihrem Standort ausgeben. Wenn Sie jedoch eine Ihrer Ansicht nach gute Idee haben, müssen Sie damit nicht hinter dem Berg halten. Setzen Sie Ihren Franchisegeber davon in Kenntnis, damit er darüber nachdenken kann, sie vielleicht testet und vielleicht sogar genehmigt. Sie spielen eine Rolle bei der Weiterentwicklung Ihres Systems, und die meisten Franchisesysteme unterstützen Sie dabei.

Denken Sie an Ihre Lieben

Ein Unternehmen zu gründen bedeutet immer harte Arbeit. In der Kombination, ein Unternehmen zu gründen und nebenbei noch Schulungen des Franchisegebers zu besuchen und die vorgeschriebenen Abläufe zu befolgen, kann die Gründung eines Franchiseunternehmens sogar noch mehr Arbeit bedeuten. Einmal gibt es einen gewissen Druck, der teils von Ihnen ausgeht, teils vom Franchisegeber, für die termingerechte Eröffnung Ihres Unternehmens. Dann hat man Ängste, vor allem vor dem Scheitern. Harte Arbeit in der Kombination mit Stress kann Ihr Privatleben stark beeinflussen. Seien Sie darauf vorbereitet.

Vielleicht haben Sie sich darauf eingestellt, dass Sie Überstunden machen müssen, um das Geschäft ans Laufen zu bringen, aber stellen Sie sicher, dass Sie auch Zeit für Ihre Familie und Ihre Freunde einplanen. Arbeit ohne Spaß und Ausgleich führt zu ausgebrannten Franchisenehmern!

Sie benötigen in der Gründungsphase die Unterstützung und das Verständnis von Ihren Lieben – vor allem, wenn der Stress Sie in eine Laune versetzt, die sogar Ihre Mutter nicht mehr tolerieren würde. Vergessen Sie nicht die Opfer, die sie bringen, auch anzuerkennen. Nehmen Sie sich Zeit nur für sich und die Leute in Ihrem Leben, die Ihnen wichtig sind. Wenn die einzige Zeit, die Sie für Ihre Kinder haben, ein schnelles Abendessen ist, dann sollten Sie diese knappe Zeit auch ganz und gar ihnen widmen und nicht noch vom Unternehmen sprechen.

Ihre Freunde sind jetzt wichtige Verbündete. Sie sind manchmal weniger fordernd als Familienmitglieder und können ausgleichend wirken, wenn Sie Ihnen als Gesprächspartner zur Verfügung stehen, ihre Hilfe anbieten oder einfach nur mal reinschauen, um Hallo zu sagen. Gestatten Sie ihnen, an diesem neuen Abschnitt in Ihrem Leben teilzuhaben und ihre Mischung aus Verständnis, Unterstützung und Humor einzubringen.

Seien Sie ein enthusiastischer Unternehmer

Man kann darauf wetten, dass der Erfolg eines Unternehmens mit dem Ausmaß an Enthusiasmus verknüpft ist, den die Geschäftsführung einbringt. Beim Franchising ist der enthusiastischste Unternehmer meist der, der das meiste zu verlieren hat, wenn etwas schief geht: der Franchisenehmer.

Enthusiasmus ist ansteckend:

- ✔ Er bringt für jeden spürbare Spannung und Energie in den Betrieb, auch für Ihre Kundschaft.
- ✔ Er motiviert Ihre Belegschaft, weil der Standort zu einem der besseren Arbeitsplätze wird.

Ihre Laune überträgt sich unmittelbar auf den gesamten Betrieb. Egal, wie Sie sich fühlen, egal, was für Schwierigkeiten es gibt, egal, über wen Sie sich ärgern, seien Sie enthusiastisch und guter Dinge, wenn Sie zur Arbeit kommen. Vielleicht versuchen Sie nur, den Mitarbeitern und Ihren Kunden etwas vorzumachen. Aber wenn Sie es lange genug durchhalten, glauben Sie vielleicht auch selbst dran.

Lassen Sie Ihre Mitarbeiter am Spaß teilhaben. Wenn viele der Tätigkeiten Routine sind, kann es sein, dass die Mitarbeiter sich langweilen. Die Monotonie lässt sich durchbrechen, wenn Sie die Mitarbeiter in mehr als einer Tätigkeit schulen. Dann können die Aufgaben rotieren. Zudem sollten Sie loben, wenn jemand gute Arbeit leistet, und sich auch noch in anderer Form erkenntlich zeigen, dazu gehört auch die gelegentliche Lohnerhöhung, und bald werden Ihre Mitarbeiter ähnlich enthusiastisch wie Sie sein.

Werben Sie talentierte Leute an, und behandeln Sie diese mit Respekt

Es ist schwierig, gute Mitarbeiter zu finden, aber gute Mitarbeiter sind überaus wichtig. Auch wenn der Markt sehr eng ist, gibt es Möglichkeiten, die besten Leute für Ihr Unternehmen anzuwerben. Ihr Job ist es auch, sie zum Bleiben zu bewegen.

Wie findet man qualifizierte und zuverlässige Leute?

Hier einige Quellen:

- ✔ Hochschulen
- ✔ Über andere Angestellte

- Internet
- Zeitungsanzeigen
- Geistliche Berater
- Mundpropaganda
- Konkurrierende Unternehmen
- Arbeitsämter
- Aktuelle Bewerbungen
- Frühere Angestellte, die sich im Guten getrennt haben
- Zeitarbeitsfirmen
- Initiativbewerbungen

Vergessen Sie nicht eine wertvolle Ressource: Senioren. Viele Senioren würden gerne arbeiten und haben eine sehr gute Arbeitseinstellung, die sie zu einer hervorragenden Ergänzung Ihrer Mannschaft machen können.

Senioren sind meist außergewöhnliche Angestellte. Sie stellen das am schnellsten wachsende Segment der Bevölkerung dar. In den Vereinigten Staaten scheint die Menge potenzieller Mitarbeiter unter den Senioren noch zu wachsen, nachdem ein Gesetz geändert wurde, wonach die Obergrenze der Einnahmen für die Sozialversicherung angehoben wurde. Unter Umständen muss man für sie den Arbeitsplan ändern, denn sie können vielleicht nicht mehr so viel arbeiten oder haben noch andere Verpflichtungen, aber man muss bei jedem Angestellten Zugeständnisse machen. Doch Senioren können wirklich etwas zu Ihrem Unternehmen beitragen. Sie könnten ein Senioreneinstellungsprogramm einrichten, mit dem Sie sich an diese wachsende talentierte Gruppe heranwagen.

Arbeitskräfte finden sich auch in den Reihen der geistig oder körperlich Behinderten. Es geht dabei nicht darum, dass Sie ein Programm ins Leben rufen, damit Sie sich besser fühlen, weil jemand der ein »Handicap« hat, bei Ihnen arbeitet. Wir legen es Ihnen deshalb ans Herz, weil es zeigt, dass Sie ein kluger Unternehmer sind, der Probleme aus dem Weg räumt, wenn die Leistung seines Unternehmens verbessert werden soll.

Bevor Sie Mitarbeiter einstellen, sollten Sie sicherstellen, dass diese genau über ihre Arbeit sowie über die Bezahlung, die Arbeitszeiten, die Sozialleistungen, ihre freien Tage und ihren Urlaub Bescheid wissen. Wenn Sie die richtigen Leute gefunden haben, schulen Sie diese, bevor Sie sie ans Werk lassen. Es gibt für Angestellte nichts Unbefriedigenderes, als in einen Job geworfen zu werden, von dem sie nicht wissen, wie er funktioniert. Wenn Sie gute Arbeiter halten möchten, dann müssen Sie sie als Individuen anerkennen, merken, wo sie am glücklichsten sind, und sie dort einsetzen und so häufig wie möglich dort lassen (siehe auch Kapitel 12).

Hier noch ein paar Tipps wie man gute Mitarbeiter hält:

- Vergeben Sie langweilige Arbeiten und Routinesachen nach dem Rotationsprinzip. So bleibt die Belegschaft frisch.

- ✔ Seien Sie gerecht. Bevorzugen Sie niemanden. Es gibt nichts Schlimmeres für die Moral als einen ungerechten Chef.
- ✔ Arbeiten Sie bei der Erstellung des Arbeitsplans mit der Belegschaft zusammen.
- ✔ Wenn Mitarbeiter eine Schule besuchen, schauen Sie, ob sich eine geteilte Schicht besser für sie eignet. (Das heißt der Angestellte kommt für ein paar Stunden zur Arbeit, geht dann wieder und kommt später zurück, um die restlichen Stunden zu absolvieren.)
- ✔ Wenn Ihnen Mitarbeiter bei der Einstellung gesagt haben, dass sie zu bestimmten Uhrzeiten nicht kommen können, dann setzen Sie sie nach der Einstellung auch nicht deshalb unter Druck.
- ✔ Wenn Sie noch mehr Stunden vergeben könnten und Mitarbeiter mehr Stunden arbeiten möchten, dann lassen Sie sie.
- ✔ Stellen Sie den Plan mindestens zwei Wochen im Voraus auf. Die Angestellten müssen ihr Privatleben planen können.
- ✔ Behandeln Sie Ihre Angestellten mit Respekt. Lassen Sie es nicht zu, dass ein Angestellter einen anderen respektlos behandelt.
- ✔ Halten Sie die Mitarbeiter über Marketing- und Verkaufsförderungsaktionen auf dem Laufenden.
- ✔ Beseitigen Sie die Ärgernisse des Tages. Fragen Sie die Angestellten, welche Vorgehensweisen für sie in Ordnung sind und welche nicht. Wenn es sich machen lässt, sollten Sie ungünstige Bedingungen ändern.
- ✔ Achten Sie darauf, dass der Arbeitstag eine Herausforderung ist und gleichzeitig Spaß macht.
- ✔ Geben Sie rechtzeitig die Leistungsberichte und die Lohn- oder Gehaltserhöhungen weiter.

Schulen Sie Ihre Angestellten

Es hat gar keinen Sinn, die besten Mitarbeiter der Stadt einzustellen, wenn Sie ihnen nicht beibringen, wie sie ihre Arbeit machen sollen. Unserer Ansicht nach sind Angestellte, die gut geschult wurden, die zufriedensten Angestellten und wissen, wie sie gute Arbeit leisten können.

Beim Franchising sollte es laufend Schulungen geben (siehe auch Kapitel 12). Die Angestellten stehen für Sie an vorderster Stelle. Sie sind diejenigen, die Ihre Kunden treffen und sie begrüßen, und auf sie verlassen Sie sich, damit Ihr Unternehmen wächst. Schlecht ausgebildete Mitarbeiter bringen Ihnen nichts, denn sie sorgen für unzufriedene Kundschaft.

Mit Schulungen zeigen Sie, dass Ihnen etwas an Ihren Mitarbeitern und auch am Erfolg des Unternehmens liegt. Ein guter Unternehmer lobt seine Angestellten, nachdem er sichergestellt hat, dass Sie über die für ihre Arbeit erforderlichen Kenntnisse verfügen.

Achten Sie bei der Aufstellung Ihrer Schulungsprogramme auf folgende Punkte:

- ✔ Machen Sie alle Schulungen mit, die der Franchisegeber anbietet, einschließlich solcher, die Ihnen dabei helfen, ein besserer Lehrer zu werden.
- ✔ Schulen Sie Ihre Angestellten regelmäßig und immer aufs neue.
- ✔ Halten Sie regelmäßig Auffrischungs- und Fortgeschrittenenkurse.
- ✔ Informieren Sie Ihren Franchisegeber, wenn Sie zusätzliche Schulungen benötigen. Der Systemberater kann Ihnen dabei zur Seite stehen, aber nur, wenn Sie auch sagen, dass Sie Hilfe brauchen.
- ✔ Nutzen Sie jede Schulungsgelegenheit, egal, ob der Franchisegeber oder die Schule am Ort, die Handelskammer oder andere sie bieten.

Leisten Sie guten Kundendienst

Einer Ihrer Gründe für die Investition in ein Franchiseunternehmen war das System, das es ermöglicht, einheitliche Produkte und Dienstleistungen zu liefern. Die Befolgung der Prozesse Ihres Franchisegebers ist ein guter Anfang. Die Produkte und Dienste sollten von Franchisenehmer zu Franchisenehmer zu unternehmenseigenen Standorten immer gleich sein. Das erwartet die Kundschaft, und nur deshalb ist sie in Ihren Laden gekommen oder möchte sie Ihre Dienste in Anspruch nehmen. Einheitlichkeit ist jedoch nicht die Antwort auf die Frage, warum manche Franchisenehmer besser dastehen als andere.

Ob Sie es glauben oder nicht, das Wichtigste ist, dass Sie alle dazu bekommen, zu lächeln. Zeigen Sie Ihren Kunden, wie froh Sie darüber sind, dass sie sich für Ihr Unternehmen entschieden haben.

Nehmen Sie Anteil am Gemeindeleben

Als Unternehmer am Ort sollten Sie genauso viel Interesse an Ihrer Gemeinde haben, wie jeder Hände schüttelnde politische Kandidat. Man muss Sie als Teil der Gemeinde sehen. Die Kundschaft kauft gerne dort ein, wo sie sich unterstützt fühlt. Wir sprechen hier nicht über Werbung, sondern über echtes Marketing in Ihrer Gemeinde.

Folgende Aktivitäten helfen Ihnen dabei, Anerkennung in Ihrer Gemeinde zu erhalten und allen zu zeigen, dass Sie sich für sie interessieren und unterstützen möchten, was ihnen wichtig ist:

- ✔ Unterstützen Sie eine Jugendmannschaft.
- ✔ Beteiligen Sie sich an Bürgergruppen.
- ✔ Starten Sie ein Besuchsprogramm im Pflegeheim.
- ✔ Organisieren Sie für Schulen Besichtigungen Ihres Unternehmens.

- ✔ Errichten Sie bei Gemeindefesten eine Bude, sofern Ihr Franchisegeber einverstanden ist.
- ✔ Schließen Sie sich mit anderen Franchisenehmern am Ort zusammen und unterstützen Sie eine Veranstaltung.
- ✔ Legen Sie einen Tag fest, an dem ein Teil Ihrer Einnahmen einem guten Zweck zukommt.
- ✔ Geben Sie Schülern mit guten Noten Rabatt oder ein Produkt umsonst, wenn sie ihr Zeugnis mitbringen.
- ✔ Stellen Sie sich als guten Bürger dar, indem Sie eine Jugendgruppe unterstützen.

Bleiben Sie mit Ihrem Franchisegeber und den anderen Franchisenehmern in Kontakt

Die meisten Franchisegeber investieren viel in Mitteilungen über neue Produktentwicklung, Tipps zur Fehlerbehebung, Angestelltenbeziehungen, bevorstehende Treffen und Versammlungen, Franchisenehmerleistungen und andere wichtige Neuigkeiten. Manchmal ist die Methode so altmodisch wie Briefe, Informationsblätter, Telefonanrufe und Faxe. Manchmal handelt es sich um neueste Techniken wie E-Mails, Intranetseiten (eine Art Internet in einem geschlossenen System, das nur Angestellten des Unternehmens zugänglich ist), und Webseiten. Oft ist persönliches Erscheinen gefragt: bei Schulungen, Außendienstbesuchen, Konferenzen und Versammlungen. Sie sollten jede Möglichkeit, Informationen vom Franchisegeber zu erhalten, nutzen und auch jede Gelegenheit nutzen, ihn zu informieren.

Das größte Plus beim Anschluss an ein Franchiseunternehmen ist das Netz der anderen Franchisenehmer im System. Franchisenehmer sitzen schließlich im gleichen Boot wie Sie und sind bereit, willens und in der Lage, Ihnen mit Ratschlägen zu Seite zu stehen und Ideen zu teilen. In manchen Systemen gibt es dafür Treffen der lokalen Franchisenehmer. Wenn es so etwas in Ihrem System nicht gibt, sollten Sie zusammen mit den anderen Franchisenehmern solche Treffen ins Leben rufen. In anderen Systemen gibt es Franchisenehmer-Eigentümerverbände, wo sich Franchisenehmer untereinander organisieren, um Ideen zu besprechen, gemeinnützige Programme zu starten wie eine Einkaufsgenossenschaft oder zusammenzuarbeiten, um Streitigkeiten mit dem Franchisegeber beizulegen.

Wenden Sie sich an den Deutschen Franchise-Nehmer Verband e.V., um herauszufinden, ob es an Ihrem Standort solche Treffen gibt, oder fragen Sie bei der für Sie zuständigen Regionalgeschäftsstelle des Verbands nach (siehe Anhang C).

Achten Sie auf die Einzelheiten

Der Erfolg liegt auch in den Pfennigen. Damit Sie Ihr Unternehmen erfolgreich leiten können, müssen Sie die Kosten senken und den Umsatz erhöhen. Kosten senken ist mehr, als nur den besten Preis für Rohmaterialien oder Lagerbestand zu zahlen. Kosten senken bedeutet, dass Sie sorgfältig prüfen, wie Ihr Unternehmen jeden Tag läuft.

Achten Sie auf Materialschwund. Bei Materialschwund handelt es sich um Waren, die plötzlich fehlen und nicht in den Büchern auftauchen, weil Sie von Kunden, Angestellten oder Lieferanten gestohlen wurden oder einfach die Geschäftsführung, das Lager und die Auftragsabteilung schlecht gearbeitet haben.

Wir alle laden schon einmal Familie oder Freunde zu uns ein. Oft denken sie, dass der Besuch im Unternehmen das Gleiche ist, wie zu Ihnen nach Hause zu kommen – alles ist umsonst. Denken Sie daran, dass Sie Unternehmer in Ihrem Unternehmen sind. Sie brauchen eine Politik für Familien- und Freunde, auch für die Freunde und die Familie Ihrer Angestellten.

Immer wenn ein Produkt verschwindet, beschädigt wird, vorbereitet, aber nicht verkauft wird, ist das Geld zum Fenster rausgeworfen. Der Betrieb eines Geschäfts trägt einem gewissen Schwund Rechnung (der Franchisegeber kann Ihnen sicher die Prozentsätze geben), aber Sie müssen ein Auge auf die Lieferungen, Lagerung, Produkthandling und Ladendiebstahl haben.

Wenn sie sehen, dass ein Lieferant Ihre Lieferung nicht korrekt behandelt, sprechen Sie ihn direkt darauf an. Das Gleiche gilt für Angestellte, die ein Produkt nicht richtig behandeln.

Planen Sie Ihre Arbeit. Schauen Sie sich andere Unternehmen an: Manche Tage sind geschäftiger als andere, und manche Tageszeiten bringen mehr Geschäft als andere. Lernen Sie, wie Sie richtig planen, damit Ihre Anforderungen erfüllt werden.

Und schließlich müssen Sie jeden Tag hart arbeiten. Es wird Tage geben, da möchten Sie sich nur einmal ein wenig zurücklegen und nicht an das Unternehmen denken. Wir möchten Ihnen nicht empfehlen, dass Sie sich Ihre wohlverdienten Pausen streichen, aber wählen Sie die Zeit, in der Sie Ihrem Unternehmen den Rücken kehren, mit Bedacht.

Zehn Fragen, die Sie sich vor dem Kauf eines Franchiseunternehmens stellen sollten

In diesem Kapitel

▶ Sammeln Sie, was Sie über den Franchisegeber und die Branche wissen

▶ Entscheiden Sie sich, ob Sie das Temperament, die Unterstützung und das Geld besitzen, um in ein Franchiseunternehmen zu investieren

▶ Verstehen Sie Ihren Vertrag und die anderen gesetzlichen Bestimmungen

▶ Finden Sie heraus, ob Sie und Ihr Franchisegeber profitabel sein werden

---

*E*s handelt sich um einen spannenden Lebensabschnitt. Sie schauen nach vorn und wägen Ihre Möglichkeiten gegeneinander ab. Vielleicht sind Sie gerade einer Festanstellung entkommen oder haben ein eigenes Unternehmen besessen und möchten gerne ein bisschen mehr Unterstützung, Schulung und Rückenstärkung, als Sie bisher hatten. Egal, aus welchem Grund, wir begrüßen es, dass Sie sich überlegen, Franchisenehmer zu werden. In diesem Kapitel stellen wir zehn Fragen, die unserer Ansicht nach ein guter Ausgangspunkt bei der Entscheidung für oder gegen einen Franchisekauf sind.

Kennen Sie den Franchisegeber?

Sie müssen den potenziellen Franchisegeber besser kennen als auf der Ebene "Netter Kerl mit einem gewinnenden Lächeln und einem guten Schwung beim Golf". Außerdem müssen Sie wissen, ob die Gelegenheit so viel versprechend ist, wie es die bunten Broschüren glauben lassen.

Wir möchten, dass Sie die Person hinter dem Händedruck kennen: Sie sollten die Prinzipien, die Überzeugungen und die Ethik Ihres Franchisegebers kennen. Damit Sie diese Information erhalten, müssen Sie eine Untersuchung der Möglichkeiten durchführen; dazu gehört, mit so vielen der aktuellen und auch der ehemaligen Franchisenehmer wie möglich zu sprechen. Schämen Sie sich nicht, Fragen zu stellen. Ihre Zukunft könnte von den Informationen abhängen, die Sie sammeln.

Die meisten der Franchisegeber möchten einen guten Eindruck auf Sie machen. Sie haben dicke Hochglanzbroschüren, der Verkaufsprozess ist gut durchdacht und ausgeführt. Dennoch, auch über einen scheinbar soliden Franchisegeber, erfahren Sie die Wahrheit erst, wenn Sie sich umgehört haben. Vertrauen Sie auf Ihre Nachforschungen. Wenn Sie Zweifel haben, suchen Sie nach einer anderen Gelegenheit. Es gibt genügend Auswahl.

Kann Ihr Hobby zum Unternehmen werden?

Es ist durchaus möglich, das Hobby zum Beruf zu machen, aber wo fängt man an? Gehen Sie zuerst einmal in sich, und fragen Sie sich, warum das Hobby so vergnüglich ist. Liegt es vor allem daran, weil Sie etwas für sich tun? Liegt es daran, dass Sie keinen Druck haben, die Ergebnisse Ihrer Mühen mit jemand anderem zu teilen? Gefällt es Ihnen, in einem langsamen Tempo zu arbeiten und sicherzustellen, dass alle Einzelheiten perfekt sind? Genießen Sie die Tatsache, dass Sie eine neue Methode zur Erledigung der Arbeit entwickelt haben?

Als Nächstes schauen Sie sich die Branche an, die mit Ihrem Hobby zu tun hat, und finden heraus, ob Sie jemand für das bezahlt, was Ihnen Spaß macht. Ein Hobby zu haben ist eine Sache – jetzt müssen Sie aber auch Geld für Ihre Mühen bekommen.

Forschen Sie viel. Surfen Sie im Internet, oder gehen Sie in die Bücherei und lesen Sie etwas über die Branche, die Sie gewählt haben. Holen Sie sich Material oder Literatur über die Unternehmen in der Branche, und finden Sie heraus, ob es sich um Franchisesysteme handelt. Lernen Sie die Trends im echten Leben kennen. Wählen Sie ein Franchiseunternehmen in einer Branche aus, die Ihnen gefällt, und wenn Sie immer noch geneigt sind, aus dem Hobby einen Beruf zu machen, sollten Sie vielleicht, um festzustellen, ob der Übergang machbar ist, eine Weile im Laden des Franchisenehmers arbeiten. Suchen Sie sich eine Teilzeitstelle bei einem Franchisenehmer am Ort, oder fragen Sie den Franchisegeber ob Sie in einer der unternehmenseigenen Niederlassungen arbeiten dürfen.

Vielleicht hatten Sie von Anfang an Recht. Ist es nicht erfreulich und lohnend, mit einer Beschäftigung, die Ihnen Freude bereitet, Ihren Lebensunterhalt zu verdienen?

Persönliche Bestandsaufnahme: Sind Sie bereit, es alleine zu versuchen?

Herzlichen Glückwunsch, wenn auf Ihrer Visitenkarte »selbständig« steht. Wenn Sie diese Eigenschaft besitzen, dann sind Sie daran gewöhnt, selbst für sich zu sorgen und zu tun, was getan werden muss. Einige der erfolgreichsten Franchisenehmer, die wir kennen, gehen mit viel Enthusiasmus und Engagement daran, Ihre Unternehmen zu den besten im System zu machen.

Vielleicht sind Sie ja unabhängig und daran gewöhnt, die Dinge auf Ihre Weise zu erledigen. Das könnte zum Problem werden, wenn Sie das Spiel nach den Regeln des Franchisegebers spielen sollen. Sie müssen so einiges bedenken, bevor Sie sich dazu entscheiden, sich unter die Franchisenehmer einzureihen. Stellen Sie sich also vorher ein paar Fragen:

- ✔ Können Sie Regeln, die andere aufstellen, befolgen, oder müssen Sie stets selber die Kontrolle behalten?
- ✔ Wird Sie der Franchisegeber in zwei oder drei Jahren, wenn Sie vielleicht nicht mehr so viel aktive Hilfestellung benötigen, nerven?

- ✓ Unterstützen Ihre Familie und Ihr Freunde Sie bei Ihrem Vorhaben, Franchisenehmer zu werden?
- ✓ Wie viel brauchen Sie zum Leben? Können Sie von dem zu erwartenden Verdienst aus dem Unternehmen leben?
- ✓ Arbeiten Sie gerne mit Menschen zusammen? Gefällt es Ihnen, wenn Sie die Entscheidungen treffen und wenn Ihre Mitarbeiter Ihnen Bericht erstatten? Glauben Sie, dass Sie haben, was man braucht, um erfolgreich zu sein?
- ✓ Sind Sie gesund genug und in der Lage lange Arbeitstage zu arbeiten?

Die Frage nach der Gesundheit kann man gar nicht oft genug stellen. Der Besitz eines laufenden Franchiseunternehmens kann eine große Herausforderung darstellen und eventuell auch einiges an körperlicher Arbeit von Ihnen verlangen. Sie werden häufig viele Stunden täglich arbeiten müssen und im ersten Jahr auch oft eine Sieben-Tage-Woche haben. Fragen Sie sich also, ob Ihre physische und geistige Verfassung das verkraftet.

Können Sie sich ein Franchiseunternehmen leisten?

Der Kauf eines Franchiseunternehmens ist eine Investition, oft die größte, die Sie jemals machen werden.

Manche Beträge können Sie über Ihre Kreditkarte finanzieren, wenn es um ein paar Tausender geht. Aber bei anderen müssen Sie mit Bargeld oder Krediten von mehr als einer Million arbeiten. Sie sollten sich also bei der Berechnung des Finanzbedarfs keine Umwege leisten. Nehmen Sie sich die Zeit, und rechnen Sie genau nach:

- ✓ Wie viel müssen Sie investieren? Wie viel können Sie sich leisten zu verlieren? Wie viel brauchen Sie zum Leben?
- ✓ Wie hoch ist die geforderte Gesamtinvestition, damit Sie den Franchisevertrag abschließen können? Welcher Teil der Investition lässt sich finanzieren? Können Sie jemanden finden, der bereit ist, in Sie und Ihre Zukunft zu investieren?
- ✓ Wie viel können sie als Franchisenehmer verdienen? Wie lange wird es dauern, bis Sie Break-even erreichen? Wie hoch ist der zu erwartende Rückfluss auf Ihre Kapitalinvestition? Erhalten Sie bei einer anderen Investition eine höhere Rendite? Gleichen sich die Risiken?
- ✓ Stellen Sie in jedem Fall sorgfältige Nachforschungen an, und zwar persönlich, lassen Sie sich das nicht von einem Franchisemakler abnehmen. Erforschen Sie die Branche und das Unternehmen im Internet, prüfen Sie die vom Unternehmen zur Verfügung gestellte Veröffentlichungen, sprechen Sie mit anderen und ehemaligen Franchisenehmern.
- ✓ Suchen Sie sich Hilfe bei professionellen Beratern: Bank, Steuerberater, Rechtsanwalt oder bei jemandem, dessen Geschäftssinn Sie vertrauen.
- ✓ Bewerten Sie in aller Ruhe und sehr genau die Geschäftsgelegenheit und ob sie es Ihnen erlaubt, Ihre finanziellen Vorstellungen zu verwirklichen.

Die Überprüfung Ihrer finanziellen Situation ist nicht gerade der spannendste Teil an der Investition in ein Franchiseunternehmen, aber Sie ist einer der Grundpfeiler des gesamten Prozedere.

Unterstützen Ihre Lieben Sie?

Bleiben Sie mit den wichtigen Leuten in Ihrem Leben in Verbindung. Sprechen Sie frei mit Ihnen über den Druck, der durch den Betrieb eines eigenen Unternehmens entstehen könnte, sowie über die Zeit, die es in Anspruch nehmen wird. Lassen Sie sie teilhaben, indem Sie die Risiken mit Ihnen besprechen, schließlich ist bei einer Investition in ein Franchiseunternehmen der Erfolg nicht zu 100 Prozent garantiert.

Ihre Lieben sollten verstehen, dass sich manche Dinge ändern werden, wenn Sie Ihr Herz und Ihre Seele in das Unternehmen investieren, und das Sie nicht mehr so verfügbar sein werden, wie Sie es früher waren. Erklären Sie ihnen, warum Sie die Investition machen möchten und was Sie sich von der Zukunft erhoffen und erträumen. Sagen Sie Ihnen, wenn sie dafür Opfer bringen müssen; dazu gehört vielleicht, dass Neuanschaffungen aufgeschoben werden müssen, bis das Unternehmen läuft, oder auch Stunden, die sie Ihnen dabei helfen müssen, den Betrieb zu führen. Geben Sie ihnen die Möglichkeit, an Ihren Träumen teilzuhaben und Sie zu unterstützen.

Achten Sie darauf, dass sie sich mit Ihrer Entscheidung wohl fühlen, bevor Sie durchstarten. Sie werden im Lauf der Zeit ihre Unterstützung benötigen. Außerdem müssen Sie sich auf Ihr Unternehmen konzentrieren und dürfen nicht von häuslichem Druck abgelenkt werden.

Tatsache ist, dass nicht nur Sie in das Franchiseunternehmen investieren, sondern alle, die Ihnen nahe stehen.

Verstehen Sie die Vertragsbedingungen?

Bei Franchising handelt es sich um eine Beziehung zwischen Franchisegeber und Franchisenehmer, die von einem schriftlichen Vertrag bestimmt wird. Wenn Sie Informationen über einen Franchisegeber sammeln, dann treffen Sie Franchisevertreter und -verkäufer, die Ihnen Versprechungen machen. Vergessen Sie jedoch nicht, dass die Verpflichtungen und Versprechen des Franchisegebers Ihnen gegenüber sowie Ihre Verpflichtungen und Versprechen ihm gegenüber, die rechtlich bindenden Verpflichtungen, sich in der schriftlichen Vereinbarung finden, die Sie unterzeichnen. Protokollieren Sie, was der Franchisegeber verspricht, wenn Sie sich darauf verlassen. Schließlich möchten Sie sicherstellen, das diese Versprechen sich im Franchisevertrag wiederfinden.

Sie müssen verstehen, was Sie unterzeichnen. Wenn Sie nicht selbst erfahrener Anwalt für Franchiseangelegenheiten oder ein Berater sind oder aktiv mit Franchising zu tun hatten, müssen Sie einen Rechtsanwalt haben, der Ihnen dabei hilft, den Vertrag zu verstehen. Sogar wenn Sie Erfahrung haben, ist es immer eine gute Idee, einen qualifizierten Anwalt zur Seite zu haben.

Bei Franchising handelt es sich um eine komplexe geschäftliche und rechtliche Beziehung. Der von Ihnen beauftragte Anwalt sollte in Franchiserecht qualifiziert und erfahren sein. Die Unternehmensberater, die Sie aufsuchen, müssen die Franchisebeziehung verstehen und idealerweise auch die Branche kennen, in der Ihr Franchisegeber tätig ist.

Lesen Sie den Vertrag zuerst einmal selber, und machen Sie sich eine Liste mit Ihren Fragen und Sorgen. Schauen Sie nach, was für Versprechen in den Gesprächen mit dem Franchisegeber gemacht wurden, und stellen Sie sicher, dass diese in der Vereinbarung enthalten sind, die Sie unterzeichnen sollten. Besprechen Sie Ihre Sorgen mit dem Franchisegeber.

Wenn Sie zufrieden sind und alle Ihre Fragen beantwortet wurden, arbeiten Sie zusammen mit dem Anwalt am Abschluss des Vertrags.

Sind die anderen Franchisenehmer froh über ihre Investition?

In den Vereinigten Staaten und einigen anderen Ländern erhalten Sie vom Franchisegeber ein Offenlegungsdokument. In diesem Dokument findet man eine Liste der Franchisenehmer des Systems und eine Liste von denen, die kürzlich das System verlassen haben. Wenn Sie außerhalb der Vereinigten Staaten in ein Franchiseunternehmen investieren, erhalten Sie vielleicht auch automatisch Informationen über Franchisenehmer – wenn nicht, sollten Sie darum bitten. Der wichtigste Teil Ihrer Nachforschungen ist, die Franchisenehmer kennen zu lernen.

Nehmen Sie das Telefon, und beginnen Sie zu telefonieren. Hört sich das nach viel Arbeit an? Vielleicht haben Sie Recht, aber wenn Sie Ihr Haus mit einer zweiten Hypothek belasten, sollten Sie sich besonders anstrengen, eine weise Entscheidung zu treffen, damit Ihre Familie nicht demnächst in einem Zelt übernachten muss, oder?

Wenn möglich, sollten Sie die Franchisenehmer in Ihren Standorten aufsuchen. Wenn es diesen recht ist, bleiben Sie ein bisschen im Geschäft. Achten Sie darauf, wie gut der Laden geführt wird, ob er sauber ist und ob die Mitarbeiter froh und produktiv sind. Vielleicht können sie sogar bei einigen mitarbeiten.

Wenn das Franchisesystem einen Franchisenehmerverband hat oder einen Franchisenehmerbeirat, sollten Sie die Nummer des Vorsitzenden erfragen und dort anrufen. Er oder sie kann eine gute Quelle für Informationen über das Franchisesystem sein.

Ist der Franchisegeber bekannt für Streitigkeiten?

Wie würde es Ihnen gefallen, sich in ein Unternehmen einzukaufen, das in der Vergangenheit bekannt für Streitigkeiten mit seinen Franchisenehmern wurde? Auch wenn ein Rechtstreit nicht bedeuten muss, dass der Franchisegeber schlecht ist, sollten Sie sich darüber Gedanken machen und die Sache näher untersuchen.

Allgemein gilt, dass Sie sich Gedanken machen müssen, wenn Sie auf einen Franchisegeber treffen, dessen Franchisenehmer ständig im Rechtstreit mit ihm liegen. Das ist eine Alarmglocke der lautesten Art. Natürlich deutet das auf Probleme mit einigen Franchisenehmern hin, aber es könnte auch auf ein schlecht geführtes Franchisesystem hinweisen oder auf ein System, das seinen Verpflichtungen nicht nachkommt. Manche Franchisegeber und Franchisenehmer lösen Probleme eben eher über ihre Anwälte als über die aktive Auseinandersetzung.

Wenn ein Unternehmen in einen einzelnen Rechtstreit verwickelt war, so ist das noch kein Hinweis auf ernste Probleme. Prüfen Sie, worum es bei der Sache ging. Was waren die besondern Umstände, und wie ging der Streit aus? Hatte der Rechtstreit etwas mit einem Vertragsbruch durch den Franchisenehmer zu tun, hat er seine Lizenzgebühr nicht bezahlt oder die Qualität vernachlässigt?

Achten Sie auch auf beigelegte Streitigkeiten sowie auf den Zeitpunkt der Auseinandersetzung. Das Management von Franchisesystemen ändert sich, und das kann entscheidende Auswirkungen auf die Beziehung zwischen Franchisegeber und Franchisenehmer haben. Häufig führte der ehemalige Geschäftsstil des Managements zu Streitigkeiten. Fragen Sie die anderen Franchisenehmer, ob die Punkte, um die es bei früheren Streitigkeiten ging, bei der neuen Geschäftsführung immer noch ein Thema sind. Achten Sie auch auf Klagen, die aus formalen rechtlichen Gründen abgewiesen wurden. Wenn die Grundlage für den Streit nach Ansicht des Gerichts nicht für eine Verhandlung ausreichend war oder die Klage wegen einer rechtlichen Formalität abgewiesen wurde, heißt das nicht, dass die zugrunde liegenden Punkte nicht berechtigt waren. Besprechen Sie Ihre Sorgen mit der Geschäftsführung des Franchisegebers sowie der Führung des Franchisenehmerverbandes oder -beirats.

Können Sie mit diesem Franchiseunternehmen Geld verdienen?

Wussten Sie schon: Gewinn ist kein schmutziges Wort, deshalb sind Sie im Geschäft. Sie möchten wissen, ob Sie genug verdienen, um davon zu leben und auch etwas für schlechte Zeiten zur Seite legen können. Sie wollen schließlich sicherstellen, ob das Geld, das Sie in ein Franchiseunternehmen investieren, so viel einbringt, wie andere Gelegenheiten, die sich Ihnen bieten, auch die ganz simple Möglichkeit, das Geld einfach auf die Bank zu bringen.

Sie wollen etwas an Ihrer Investition verdienen. Auch wenn der Franchisegeber Ihnen den voraussichtlichen Gewinn eines Standorts mitteilt, erhalten Sie die besten Hinweise darüber, wie gut Sie wirklich verdienen können, von den Franchisenehmern im System.

Wenn Sie mit etablierten Franchisenehmern sprechen, sollten Sie so viele Informationen aus Ihnen herausholen, wie diese bereit sind, preiszugeben. Nachfolgend ein paar Fragen, die Sie stellen sollten:

✔ Verdienen Sie etwas an der Investition in das Franchiseunternehmen?

✔ Wie lange hat es gedauert, bis Sie Break-even erreicht haben? Wie lange hat es gedauert, bis Sie angefangen haben, Geld zu verdienen?

- ✔ Hat der Franchisegeber die Investition korrekt eingeschätzt? Wenn nicht, wie viel mehr Geld haben Sie benötigt?
- ✔ Entsprach die Schätzung des benötigten Betriebskapitals der Realität? Wie viel haben Sie benötigt und wie lange hat es gedauert, bis Sie vom Unternehmen leben konnten?
- ✔ Haben Sie bei der Gründung des Franchiseunternehmens Fehler gemacht, die Sie Geld gekostet haben? Wie könnte ich das Problem umgehen?

Sehen Sie sich Anhang A an, dort finden Sie zusätzliche Fragen, die Sie stellen könnten.

Es ist eher unwahrscheinlich, dass die Franchisenehmer Ihre Gewinn- und Verlustrechung mit Ihnen teilen werden, aber es kann nichts schaden sie nach ihrer Rentabilität zu fragen. Wenn sie dazu bereit sind, dann können sie Sie mit Informationen versorgen, mit denen Sie die Finanzplanung für Ihren Standort machen können.

Folgende Informationen brauchen Sie:

- ✔ Standortgröße
- ✔ Anzahl der Arbeitsstunden pro Woche
- ✔ Art der benötigten Arbeitskräfte. Sie möchten wissen, wie viel es Sie kostet, ebenso qualifiziertes Personal in Ihrem Marktsegment einzustellen
- ✔ Kosten und Art der benötigten lokalen Werbung

Sie können sich ein Bild machen, oder? Die Beträge sind vielleicht gar nicht so nützlich, wie andere Informationen, auf denen Sie Ihre Finanzplanung aufbauen können. Was nutzt es Ihnen, wenn der Franchisenehmer DM 50.000 im Jahr für Arbeitskräfte zahlt, wenn in seinem Markt qualifizierte Arbeitskräfte zum Minimallohn zu bekommen sind, und Sie DM 20,00 pro Stunde dafür zahlen müssen? Sie müssen wissen, wie viele Mitarbeiter benötigt werden und was für Fähigkeiten sie mitbringen müssen. Arbeiten Sie mit Ihrem Steuerberater zusammen, um festzulegen, welche Informationen Ihnen bei der Planung der Finanzen helfen.

Verdient der Franchisegeber Geld, und woher kommt das Geld?

Sie werden sich darauf verlassen, dass der Franchisegeber die versprochenen Dienstleistungen erbringt und dass er das Konzept auf den aktuellen Stand bringt. Sie möchten einen Franchisegeber, der finanziell auf einer soliden Basis steht, und zwar nicht nur heute, sondern auch langfristig gesehen. Einem Franchisesystem mit finanziellen Problemen sollten Sie sich nicht anschließen, außer, Sie hätten gerne ein zusätzliches Risiko.

Neue Franchisegeber erzielen eventuell einen Großteil ihres Einkommens mit den zusätzlichen Gebühren, die sie den Franchisenehmern berechnen. Das ist normal.

Franchisegeber, die bereits seit längerem im Geschäft sind, sollten Ihre Systeme aus einem laufenden Einkommen finanzieren, wie zum Beispiel über die Lizenzgebühren, die sie von den Franchisenehmern einnehmen. (Lizenzgebühren sind die laufenden Zahlungen der Franchisenehmer an den Franchisegeber für die Benutzung der Marke und des Systems.) Was passiert mit dem Franchisenetz, wenn es langsamer oder gar nicht mehr wächst, weil die Einnahmen aus den Lizenzgebühren nicht ausreichen, um die Hilfsleistungen zu bezahlen?

Eine Franchiseorganisation, in der man sich auf die im Voraus zu zahlenden Gebühren der Franchisenehmer verlässt, ist auf Sand gebaut. Gelegentlich versuchen Franchisegeber mit finanziellen Schwierigkeiten, ihre Probleme durch den internationalen Verkauf von Gebieten zu lösen. Die großen im Voraus gezahlten Summen, die sie dann von den internationalen Franchisenehmern erhalten, lassen sie profitabel erscheinen. Die Gebühr wird jedoch nur einmalig gezahlt, und für die Kosten der laufenden Unterstützung der Franchisenehmer könnte ein Großteil der Gebühr draufgehen, und damit wären die zeitweise verdeckten zugrunde liegenden Probleme wieder da.

Achten Sie darauf, dass der Franchisegeber sich auf einer soliden finanziellen Basis bewegt und Ihnen auch langfristig Unterstützung gewähren kann. Lassen Sie die Finanzberichte des Franchisegebers von Ihrem Steuerberater überprüfen.

Versteht der Franchisegeber etwas von Franchising?

Es reicht nicht aus, dass der Franchisegeber den Grill bedienen oder einen Stoßdämpfer auswechseln kann. Das ist Ihr Job, der Job der anderen Franchisenehmer und der Job der Manager der unternehmenseigenen Betriebe.

Der Betrieb und die Expansion eines Franchisesystems sowie die Unterstützung der Franchisenehmer erfordert andere Fähigkeiten, als einen oder mehrere Standorte zu betreiben. Wenn Sie sicher sein wollen, dass der Franchisegeber die erforderlichen Fähigkeiten besitzt, antworten Sie auf folgende Fragen:

- ✔ Verfügt Ihr Franchisegeber über die richtigen Mitarbeiter, die Ressourcen und ausgebildetes Personal, um seinen Verpflichtungen Ihnen gegenüber gerecht zu werden?

- ✔ Haben Sie nach den Besprechungen mit dem Franchisegeber, nach der Prüfung seiner Unterlagen und nach Gesprächen mit den anderen Franchisenehmern das Gefühl, dass der Franchisegeber die richtige Einstellung hat, um ein Franchisesystem zu leiten?

- ✔ Besucht die Belegschaft des Franchisegebers Seminare über Franchising und Management? Wissen Sie alles über die neusten Änderungen in der Branche? Sind sie in Handelsverbänden der Branche vertreten oder beispielsweise im Deutschen Franchise-Verband e.V., bzw. im Deutschen Franchise-Nehmer Verband e.V.?

- ✔ Wächst die Kette? Kommen regelmäßig neue Standorte hinzu? Wie viele Standorte wurden in den letzten Jahren geschlossen? Finden Sie auch heraus, warum sie geschlossen wurden.

19 ➤ Zehn Fragen vor dem Kauf eines Franchiseunternehmens

✔ Wächst der Umsatz in den einzelnen Standorten? Das ist ein Unterschied zum Umsatzwachstum der gesamten Kette. Es könnten neue Läden hinzugekommen sein, und obwohl der Umsatz für die einzelnen Einheiten sank, könnte der Umsatz für das System wachsen. Stellen Sie fest, ob der Umsatz der einzelnen Läden steigt.

✔ Verfügt das Unternehmen über eine aktive Abteilung für Forschung und Entwicklung, die neue Produkte und Dienstleistungen einführt?

✔ Sind die Systemberater wirklich Berater und Ratgeber, oder fungieren sie lediglich als eine Art Systempolizei (inspizieren die Franchiseunternehmen und schreiben Fehltritte auf, aber bieten keine Hilfe und Anleitung an)?

Wir haben Ihnen 10 Fragen versprochen, und Sie haben 11 bekommen. Ein guter Franchisegeber geht über seine vertraglichen Versprechen hinaus, es ist an der Zeit, dass Sie etwas bekommen für Ihr Geld. Die letzte Frage war eine Art Bonus.

Die Franchiseentscheidung treffen

Dieser Anhang enthält eine Liste mit Frageebeispielen für Sie, die Ihnen bei der Bewertung eines Franchiseangebots helfen können.

Abschnitt I: Der Franchisegeber

1. Name des Franchiseunternehmens: _____
2. Adresse: _____
3. Kontaktperson: _____
4. Titel: _____
5. Telefon: (_____) _____
6. Fax: (_____) _____
7. E-Mail: _____
8. Webseite: _____
9. Datum der ersten Kontaktaufnahme: _____
10. Art der ersten Kontaktaufnahme: _____
11. Datum der ersten Begegnung: _____
12. Beschreibung des Franchiseunternehmens: _____
13. Gründungsdatum: _____
14. Datum des Franchisebeginns: _____
15. Anzahl der unternehmenseigenen Standorte:

    Aktuell _____ Letztes Jahr _____
16. Anzahl der Franchisestandorte:

    Aktuell _____ Letztes Jahr _____
17. Anzahl der Einheiten, die in den letzten 24 Monaten geschlossen wurden: _____

    Wo und warum? _____
    _____

18. Anzahl der in den letzten 24 Monaten zurückgekauften Einheiten: _____

    Wo und warum? _____
    _____

19. Namen, Adressen und Telefonnummern der Franchisenehmer, die das System in den letzten 24 Monaten verlassen haben:
    _____
    _____

20. Anzahl der Einheiten in Deutschland: _____

    (Bitten Sie um eine Liste der Franchisenehmer und der Standorte der Einheiten.)

21. Anzahl der Einheiten weltweit: _____

22. Voraussichtliche Anzahl von Franchises, die national und international in den nächsten 24 Monaten gegründet werden sollen: _____

23. Anzahl der Vollzeitbeschäftigten unter den Mitarbeitern: _____

    Name _____ Titel _____

    Aufgaben _____

24. Gibt es für die nationalen und die internationalen Franchisesysteme getrennte Organisationen?

25. Haben Sie den Eindruck, dass der Franchisegeber sich eher auf die Expansion des Systems konzentriert oder mehr auf die Leistungen der Franchisenehmer?

26. Ist die Unternehmensstruktur eher auf die Leistung der Franchisenehmer oder auf den Umsatz des Franchiseunternehmens ausgerichtet?

27. Was für Serviceabteilungen hat der Franchisegeber?

28. Nimmt das Unternehmen die Dienste eines Franchisemaklers in Anspruch?

29. Welchen Hintergrund hat das obere Management, welchen haben die Systemberater, die Schulungsleiter und das Personal zur Unterstützung der Franchisenehmer? Viele von diesen Informationen sollten Ihnen zur Verfügung gestellt werden, aber es ist eine gute Idee, sich in diesem Bereich um Antworten zu bemühen.

30. Droht dem Unternehmen ein Prozess, ist ein Prozess anhängig oder in der Schwebe?

31. Gibt es außer den bereits veröffentlichten Rechtsstreitigkeiten andere, die nicht als wesentlich betrachtet wurden?

32. Gab es in der Vergangenheit einen Bankrott beim Unternehmen, bei Tochterunternehmen, bei Mitarbeitern oder Franchisenehmern?

33. Wem gehören das Warenzeichen, die Patente auf Dienstleistungen etc.?

34. Wurde das Warenzeichen amtlich registriert?

A ► Die Franchiseentscheidung treffen

35. Sind wegen des Warenzeichens Streitigkeiten anhängig oder angedroht worden?
36. Wenn der Franchisegeber die Lizenz für das Warenzeichen besitzt, zu welchen Bedingungen besitzt er sie?
37. Liegen gegen das Unternehmen laufende, schwebende oder angedrohte Klagen seitens der Handelskammer, von staatlicher Seite oder von Regierungsbehörden vor?
38. Gibt es Überlegungen seitens des Unternehmens, das Franchiseunternehmen zu verkaufen oder zu übertragen?
39. Gibt es Mitarbeiter des oberen Managements oder in anderen Schlüsselpositionen, die sich überlegen, das System zu verlassen?
40. Grob umrissen: Welche anfänglichen und weiterführenden Dienste stellt der Franchisegeber zur Verfügung?
41. Grob umrissen: Was für Verpflichtungen hat der Franchisenehmer?
42. Hat der Franchisegeber ein Verfahren, um seine Franchisenehmer vor schlecht arbeitenden Franchisenehmern zu bewahren?
43. Wie hat der Franchisegeber diese Methoden in der jüngsten Vergangenheit eingesetzt?
44. Gibt es einen Franchisenehmerverband? Wenn ja, wie heißt der Vorsitzende und wie lautet seine Telefonnummer?
45. Gibt es einen Franchisenehmerbeirat? Wenn ja, wie heißt der Vorsitzende und wie lautet seine Telefonnummer?
46. Ist der Franchisegeber ein Unternehmen in öffentlichem oder privatem Besitz?
   (Wenn es sich um eine Publikumsgesellschaft handelt, bitten Sie um eine Kopie des Jahresberichts)
47. Handelt es sich beim Franchisegeber um eine Tochtergesellschaft eines anderen Unternehmens?
48. Steht dieses Unternehmen im Marktsegment in Konkurrenz mit den Franchisenehmern?
49. Wie sieht es mit den Finanzen des Franchisegebers aus? Überprüfen Sie seine Finanzberichte.
50. Macht der Franchisegeber Gewinn? Wenn die Quellen für die Einnahmen nicht offengelegt wurden (Franchisegebühren, Lizenzgebühren usw.), fragen Sie nach diesen Informationen. Es ist wichtig, dass Sie herausfinden, ob das Unternehmen Geld mit seinen Lizenzen oder dem System-Einkommen erzielt oder ob das Unternehmen nur dann gewinnbringend arbeitet, wenn es weiter Franchiseunternehmen verkauft.
51. Ist der Franchisegeber bereit, etwas von den Kosten zu finanzieren?
52. Ist der Franchisegeber bereit, über die Bedingungen für das Franchiseunternehmen zu verhandeln?

Abschnitt II: Kosten für ein Franchiseunternehmen

1. Wie hoch ist die Gesamtinvestition, um ein Franchiseunternehmen zu besitzen?

   Franchisegebühr _____

   Möbel, Anlagen und Einrichtung _____

   Einbauten in gemietete Räume _____

   Mieteinlagen _____

   Andere Einlagen _____

   Franchiseschulungen _____

   Reisekosten _____

   Vorräte _____

   Werbung und Broschüren _____

   Werbung für die Neueröffnung _____

   Anfänglicher bundesweiter Mittelbeitrag _____

   Lagerbestand _____

   Mitarbeiterkosten vor der Eröffnung _____

   Betriebskapital vor Break-even _____

   Betriebskapital, Lebenshaltungskosten _____

   Sonstige _____

   Gesamtsumme _____

2. Welche fortlaufenden finanziellen Verpflichtungen hat der Franchisenehmer gegenüber dem Franchisegeber, die Berechnungsgrundlage, Zahlungsmethode und Zahlungsfrequenz?

   Laufende Lizenzgebühren: _____

   Laufende Werbeabgabe: _____

   Berechnungsgrundlage: _____

   Andere laufende Kosten: _____

3. Welche Berichte werden vom Franchisenehmer erwartet? Fordert der Franchisegeber ein Audit der Berichte?

4. Gibt es Werbe- und Einkaufskooperativen?

5. Welche Verpflichtungen hat der Franchisenehmer in Bezug auf Werbe- und Einkaufskooperativen?

6. Muss der Franchisenehmer Produkte oder Dienstleistungen vom Franchisegeber kaufen? Wenn ja, verdient der Franchisegeber an den Einkäufen? Wie viel? Wie werden die Produkte vertrieben und wie lange dauert es, bis die Aufträge ausgeführt werden?
7. Macht der Franchisegeber Einkommensvorhersagen für bestehende Betriebe? Bitten Sie um eine schriftliche Kopie von etwaigen Einkommensansprüchen. Welche Grundlage haben die Einkommensansprüche?
8. Steht finanzielle Unterstützung zur Verfügung? Wie viel? Von wem?
9. Mietet oder kauft man den Standort?
10. Können Sie die Einrichtung und die Anlagen auch von jemand anderem als dem Franchisegeber mieten oder kaufen?
11. Dürfen Sie gebrauchte Ausstattungsgegenstände benutzen?
12. Stehen welche der vorhandenen Franchiseunternehmen zum Verkauf?
13. Legt der Franchisegeber das Layout des Standorts fest? Werden technische Zeichnungen zur Verfügung gestellt? Dürfen Sie das Design ändern?

Abschnitt III: Dienstleistungen des Franchisegebers

Die Standortentwicklung

1. Hilft Ihnen der Franchisegeber bei der Auswahl des Standorts?
2. Welche Art von Unterstützung bietet er an?
3. Unterstützt Sie der Franchisegeber bei den Mietvereinbarungen? Welche Art von Unterstützung bietet er an?
4. Unterzeichnet der Franchisegeber den Mietvertrag und schließt mit dem Franchisenehmer einen Untermietvertrag für den Standort ab?
5. Leistet der Franchisegeber bei der Planung bzw. dem Bau des Standorts Unterstützung? Welche Art von Unterstützung bietet er an?

Kundenmarktforschung und Marketing

1. Was für eine Art Kundenmarktforschung hat das Unternehmen durchgeführt?
2. Welche Ergebnisse hatte diese?
3. Was für eine Kundenwerbung empfiehlt das Unternehmen?
4. Was für Arten kooperativer Werbung werden eingesetzt?

5. Wie viel Prozent vom Umsatz werden für die Werbung und das Marketing empfohlen oder gefordert?
6. Gibt es Werbekooperativen? Wie sind diese strukturiert und was kosten sie?
7. Untersucht der Franchisegeber die Verwendung des Internets für den E-Commerce?

Schulungs- und Systemhandbücher

1. Worauf belaufen sich die Kosten für Standort, Dauer und andere Kosten der Anfangsschulung?
2. Wer muss an den Schulungen teilnehmen? Wie hoch sind die Kosten für die zusätzliche Schulung der Mitarbeiter?
3. Wie sieht der Schulungsplan aus?
4. Wer führt die Schulungen durch und was für einen Hintergrund bzw. welche anderen Aufgaben hat diese Person?
5. Wer kommt für Fahrtkosten, Unterkunft und Spesen auf?
6. Was für Themen werden in den Einführungsschulungen behandelt?
7. Wie werden die Mitarbeiter geschult, die nicht die Einführungsschulung des Franchisenehmers besuchen?
8. Liefert der Franchisegeber außer dem Systemhandbuch noch weiteres Schulungsmaterial für die Schulung der neuen Mitarbeiter?
9. Leisten die Mitarbeiter des Franchisegebers in der Phase vor der Eröffnung, bei der Neueröffnung und in der ersten Zeit tatkräftige Unterstützung? Wie sieht diese Unterstützung aus, was kostet sie und wie lange wird sie gewährt?
10. Gibt es in regelmäßigen Abständen weiterführende Schulungen? Was für Weiterbildungsmaßnahmen gibt es? Wer darf daran teilnehmen? Was kostet das Training?
11. Welche Themen behandelt das Systemhandbuch?
12. Wie häufig wird das Systemhandbuch aktualisiert?

Fortlaufend angebotene Dienstleistungen

1. Was für Dienstleistungen bietet der Franchisegeber anfangs und fortlaufend?
2. Handelt es sich dabei um Pflichtveranstaltungen oder werden sie auf Anforderung oder nach Laune des Franchisegebers gehalten?
3. Entstehen für die laufenden Dienstleistungen zusätzliche Kosten?
4. Welche Methoden nutzt der Franchisegeber zur Kommunikation mit den Franchisenehmern?

A ▶ Die Franchiseentscheidung treffen

Einzelheiten zu Finanzen und lokalen Betriebsabläufen

Merke: Wenn der Franchisegeber keinen Einkommensanspruch in den Franchiseunterlagen stellt, ist er vielleicht nicht in der Lage zu allen Ihren Fragen der Leistung der einzelnen Standorte eine Antwort zu geben. Das Fehlen eines Einkommensanspruchs ist für das Franchising nicht atypisch. Sie können Fragen wirtschaftlicher Art, die der Franchisegeber nicht beantworten kann, den Franchisenehmern stellen, wenn Sie diese anrufen, oder Sie holen sich die Antworten an anderer Stelle.

1. Wie viele Angestellte und Führungspersonen werden benötigt, um einen Standort bequem zu betreiben? Teilzeit? Vollzeit? Wie hoch sind die Kosten?
2. Ist die stille Teilhaberschaft erlaubt?
3. Ist bei den voraussichtlichen Kosten für die Mitarbeiter der Franchisenehmer als Manager dabei?
4. Worin gliedern sich die Umsatzkosten?
5. Ist das Unternehmen saisonabhängig?
6. Wie hoch ist der typische Break-even-Umsatz?
7. Wie hoch ist üblicherweise der durchschnittliche Umsatz für eine Einheit in der Anfangszeit?
8. Wie hoch sollten die Personalkosten in Prozent vom Umsatz sein?
9. Wie viel Schuldendienst kann sich das Franchiseunternehmen leisten?
10. Wie hoch ist die Rendite?
11. Wie groß muss der Standort sein?
12. In welchem Bereich bewegen sich die Kosten für Immobilien?
13. Wie lange wird es dauern, bevor das Franchiseunternehmen Sie trägt?
14. Müssen Sie sich um die Gebietsaufteilung oder Lizenzen kümmern?
15. Wie hoch sind die Anforderungen an Versicherungsschutz und wie hoch die Kosten dafür?
16. Wie lange dauert es durchschnittlich vom Kauf des Franchiseunternehmens bis zur Neueröffnung?

Das Gebiet

1. Gibt es ein exklusives Gebiet? Beschreiben Sie es, ist es gut definiert?
2. Darf der Franchisegeber unternehmenseigene Standorte im geschützten Gebiet eröffnen? Beschreiben Sie.
3. Gibt es innerhalb des geschützten Gebiets Teile, die ausgenommen sind (Einkaufszentren, Stadien, Arenen und so weiter)?

4. Vertreiben der Franchisegeber oder Tochterfirmen oder andere Lizenznehmer das Produkt oder die Dienstleistung innerhalb des Gebiets nach einer anderen Vertriebsmethode unter gleichem oder anderem Namen?

5. Können Sie sich den Standort oder das Gebiet aussuchen?

6. Führt der Franchisegeber Marktforschung für das Gebiet durch, um sicherzustellen, dass es ein Franchiseunternehmen trägt?

7. Wie groß muss die Bevölkerung sein, damit sich ein Standort trägt?

8. Wenn es kein geschütztes Gebiet gibt, was sieht die Firmenpolitik bei der Eröffnung neuer Standorte vor? In welcher Entfernung dürfen Standorte eröffnet werden?

9. Was für eine demographische Zusammensetzung braucht man, damit sich ein Franchiseunternehmen trägt?

10. Mit was für Verkehrszählungsergebnissen kann man sicher sein, dass das Franchiseunternehmen sich trägt?

11. Was sieht die Firmenpolitik in Bezug auf E-Commerce und Internetverkäufe vor?

12. Sind die Franchisenehmer am Umsatz, den der Franchisegeber mit E-Commerce in ihrem Marktsegment erzielt, beteiligt?

Marketing und Werbung

1. Wie kommen Franchisenehmer zu Verkaufsschlagern oder Kunden?

2. Wer kauft voraussichtlich die Produkte oder Dienste des Franchisenehmers?

3. Was für ein bundesweites oder regionales Werbeprogramm verfolgt der Franchisegeber?

4. Wie hoch ist das bundesweite oder regionale Werbebudget?

5. Wie hoch ist der Anteil der bundesweiten oder regionalen Beiträge, der in den beitragenden Marktsegmenten zum Tragen kommt?

6. Wie viel Prozent der nationalen oder regionalen Werbebeiträge wird für Verwaltungs-, Unternehmens- oder Behördenkosten aufgewendet?

7. Wo wird primär geworben? Kreuzen Sie alle zutreffenden Medien an:

Fernsehen, Radio, Straßenwerbung, Zeitungen, Magazine, Postwurfsendungen, Gutscheine, Public Relations, Internet, sonstige _____

8. Wie sieht das Werbeprogramm für die große Neueröffnung aus und was kostet es?

A ▶ Die Franchiseentscheidung treffen

Systemberatung

1. Welche Rollen und Verantwortungsbereiche übernimmt das Außendienstpersonal?
2. Mit wie vielen verschiedenen Standorten arbeitet ein Systemberater?
3. Welchen Hintergrund hat der Systemberater, der für Sie zuständig sein wird? Dürfen Sie sich mit dieser Person treffen, bevor Sie das Franchiseunternehmen kaufen?
4. Wie heißen die Franchisenehmer, die mit diesem Systemberater gearbeitet haben, und wie ist deren Telefonnummer?
5. Wie oft besuchen Außendienstmitarbeiter den Standort eines Franchisenehmers?
6. Wie hoch sind die zusätzlichen Kosten für den Franchisenehmer, wenn er um Hilfe bittet?

Markt

1. Wird in dem/den Bereich/en, den/die Sie sich ausgesucht haben, überhaupt ein Franchiseunternehmen angeboten?
2. Wenn ja, ist es in Betrieb?
3. Namen und Telefonnummern der anderen Franchisenehmer in diesem Gebiet.
4. Namen und Telefonnummern der ehemaligen Franchisenehmers des Gebiets, für das Sie sich interessieren?
5. Aus welchem Grund wurden sie verkauft, übertragen oder geschlossen?
6. Stehen in dem Gebiet, für das Sie sich interessieren, Franchiseunternehmen zum Verkauf?
7. Wie viele Interessenten gab es für das Gebiet, das Sie interessiert, in den letzten 24 Monaten?
8. Warum wurden die Franchiseunternehmen nicht weitergegeben, wenn Interesse bestand?
9. Hat der Franchisegeber eine Wettbewerbsanalyse für das Gebiet Ihres Interesses anfertigen lassen?
10. Wenn nicht, wer wird eine solche Analyse anfertigen?
11. Wenn ja, dürfen Sie diese sehen?
12. Wie viele Menschen wohnen derzeit in dem betreffenden Gebiet? Was für ein Wachstum ist in den nächsten fünf Jahren zu erwarten?
13. Werden neue Straßen oder Gebäude in dem Gebiet geplant, die Ihr Franchiseunternehmen betreffen?

Produkte und Dienstleistungen

1. Was für Produkte oder Dienstleistungen werden zurzeit als Erweiterung des Franchiseunternehmens geplant?
2. Wann werden sie eingeführt werden?
3. Wie hoch werden die zusätzlichen Kosten für das Hinzufügen neuer Produkte oder Dienstleistungen geschätzt?
4. Wie hoch ist die Nachfrage nach den Produkten oder Dienstleistungen? Handelt es sich um einen Fimmel, einen Hauptartikel oder einen Trendartikel?
5. Gibt es Einschränkungen für den Vertrieb oder den Verkauf des Produkts?
6. Gibt es Garantieprogramme? Wie wird es verwaltet, wie hoch sind die Kosten dafür?
7. Was für eine Preispolitik betreibt das Unternehmen?
8. Ist der Preis wettbewerbsfähig?
9. Sind die Lieferanten festgelegt oder dürfen Sie auch bei anderen Händlern kaufen als den angegebenen?
10. Wie wird das Produkt verpackt?
11. Entspricht die Verpackung den gesetzlichen Vorgaben?
12. Verbindet man eine berühmte Person mit dem Franchise? Was hätte es für Auswirkungen, wenn diese Person ihre Unterstützung zurücknehmen würde?

Franchiseeigentum

1. Sind alle Standorte im Besitz von Franchisenehmern?
2. Wenn es Standorte gibt, die in Unternehmensbesitz sind oder der Geschäftsführung oder anderen zugehörigen Parteien gehören, war das von Anfang an der Fall oder wurden die Standorte von den Franchisenehmern abgekauft? Wie viele wurden in den letzten 24 Monaten gekauft? Schreiben Sie das Datum und den Standort der jüngsten Erwerbung auf. Name und Telefonnummer des ehemaligen Franchisenehmers?

Sonstiges

1. Ist der Franchisegeber ein Mitglied des Deutschen Franchiseverbands?
2. Wie ernst nimmt der Franchisegeber die Franchisegesetzgebung?
3. Haben Sie das Recht, das Franchiseunternehmen zu übertragen?
4. Welche Einschränkungen gibt es für Sie hinsichtlich der Übertragung an einen anderen Besitzer, einschließlich der Erben im Todesfall?

A ► Die Franchiseentscheidung treffen

5. Wie können Sie den Franchisevertrag beenden?
6. Wie kann der Franchisegeber den Vertrag beenden?
7. Wie werden Streitigkeiten beigelegt? Schlichtung oder Mediation? Wo werden die Rechtsstreits entschieden?
8. Was für Einschränkungen gibt es hinsichtlich anderer Unternehmen oder Investitionen, solange Sie das Franchiseunternehmen besitzen?
9. Was für Verpflichtungen und Beschränkungen gibt es für den Franchisenehmer nach Vertragsende?

Allgemeine Franchisebegriffe

Suchen Sie die nachfolgenden Definitionen nicht in einem Fachwörterbuch für Recht nach. Wir möchten Ihnen eine Vorstellung davon geben, was die Menschen in der Branche meinen, wenn sie etwas sagen – wir wollen aus Ihnen keinen Franchiserechtsanwalt machen. Hier einige der allgemein im Bereich Franchising verwendeten Begriffe:

Anfangsinvestition: Die Anfangskosten, um ins Geschäft zu kommen, zu denen üblicherweise die Franchisegebühr, die Kosten des festen Anlagevermögens, Einbauten in Mietobjekten, Inventar, Einlagen, andere Gebühren und Kosten sowie das während der Anfangsphase erforderliche Arbeitskapital gehören.

Systemberater: Systemberater arbeiten meist für einen Franchisegeber: Ihre Aufgabe ist es, sicherzustellen, dass Franchisenehmer die Vorschriften des Franchisegebers befolgen. In guten Systemen sind Systemberater auch dafür verantwortlich, Franchisenehmern Rat und Unterstützung beim Betreiben ihrer Geschäfte zu geben.

Copyright: Der Besitz des Franchisegebers an Urheberrechten von Handbüchern und anderen veröffentlichten Materialien, die in seinem System verwendet werden.

Design: Hierzu gehört alles, was einen Standort wie alle anderen Franchisestandorte aussehen lässt: das Layout, die Farbgebung, Beschilderung, Logo und so weiter.

Deutscher Franchise-Nehmer Verband e.V. (DFNV): Der deutsche Verband, der die Interessen von Franchisenehmern vertritt.

Deutscher Franchise-Verband e.V. (DFV): Der deutsche Verband, der Franchising repräsentiert, Messen u.Ä. mit veranstaltet.

Erfolg: Wie definieren Sie Erfolg: Profit, Wachstum oder Rendite? In einigen Franchisesystemen beschreibt Erfolg einfach das Nichtvorhandensein von Misserfolg oder dass kein Standort schließen muss. Es hat womöglich überhaupt nichts mit Standortverkäufen oder Rentabilität zu tun.

Federal Trade Commission (FTC): Die Agentur der Regierung der Vereinigten Staaten, die Franchising reguliert.

Fortlaufende Schulung: In den meisten Franchisesystemen erhalten Sie und Ihr Geschäftsführungspersonal sowie die Belegschaft eine Einführungsschulung, wenn Sie zum System stoßen. In einem guten Franchisesystem ist die Schulung fortlaufend, d.h. dass der Franchisegeber Ihnen bis zum Ende Ihrer Franchisebeziehung immer wieder Schulungen anbietet.

Franchise mit Geschäftsformat (amerikanisch BFF): Wendy's, Midas und Mail Boxes Etc. sind Franchiseunternehmen mit Geschäftsformat. In einem Franchise mit Geschäftsformat ist es das Wichtigste, dass Sie vom Franchisegeber die Methode zum Führen des Unternehmens erhalten.

Lesen Sie die Definition von Produkt- und Warenzeichenfranchising nach, um zu verstehen, wie sich BFF davon unterscheidet.

Franchiseanwalt: Ein Franchiseanwalt ist ein Rechtsanwalt, der sich auf Franchising spezialisiert hat.

Franchiseberater: Ein Franchiseberater ist ein Unternehmensberater mit guter Kenntnis von der Gestaltung, Entwicklung und Betriebsabläufen im Franchising sowie der zugrunde liegenden Franchisebeziehung.

Franchisegeber: Die Person oder Gesellschaft, die dem Franchisenehmer das Recht gewährt, Geschäfte unter ihrem Warennamen oder mit ihren Dienstleistungsmarken zu betreiben.

Franchisegebühr: Wenn ein Franchisenehmer einen Franchisevertrag unterzeichnet, stellt er oder sie üblicherweise einen Scheck an den Franchisegeber aus – dies ist die Systemeintrittsgebühr. Die Gebühr ist der Preis für den Beitritt zum System. Diese Gebühr ist meist eine einmalige Gebühr, im Gegensatz zu einem Prozentsatz der Umsätze wie bei der Lizenzgebühr.

Franchisenehmer: Die Person oder Gesellschaft, die vom Franchisegeber das Recht erhält, unter dem Markenzeichen und unter dem Markennamen des Franchisegebers zu operieren.

Franchiseunternehmen: Jedes Franchiseunternehmen ist eine Lizenz – doch nicht jede Lizenz ist ein Franchiseunternehmen. Finden Sie das verwirrend? Eine Menge Leute fühlen sich hiervon verwirrt. Ein Franchiseunternehmen ist eine spezielle Art von Lizenz, die üblicherweise aus drei Elementen besteht: 1. der Franchisegeber genehmigt dem Franchisenehmer die Verwendung seines (des Franchisegebers) Namens und seiner Marke; 2. der Franchisegeber stellt dem Franchisenehmer Unterstützung zur Verfügung oder übt eine gewisse Kontrolle über die Art und Weise, in der ein Franchisenehmer sein Unternehmen betreibt, aus; 3. der Franchisenehmer zahlt dem Franchisegeber Geld. In den Vereinigten Staaten beträgt die Gebühr in einem Zeitraum von sechs Monaten US $ 500,00 oder mehr.

Franchisevertrag: Der schriftliche Vertrag zwischen Franchisegeber und Franchisenehmer. Der Franchisevertrag sagt jeder Partei, was sie zu tun hat und was nicht.

Franchising: Eine Vertriebsmethode; in anderen Worten, eine Methode für das Wachstum eines Unternehmens.

Gebietsfranchisenehmer: Wenn Sie mehrere Standorte eröffnen und betreiben möchten und gewillt sind, sich einem Franchisegeber gegenüber zur Entwicklung einer vorab vereinbarten Anzahl von Standorten innerhalb eines bestimmten Zeitraums – und einem vorgegebenen Gebiet – zu verpflichten, sind Sie ein Gebietsfranchisenehmer. Sie zahlen üblicherweise eine Gebietsgebühr für die Rechte, die der Franchisegeber Ihnen gewährt.

Gebietsschutz: Wenn ein Franchisegeber zustimmt, Ihnen ein Gebiet rund um Ihren Standort zu geben, in den er kein anderes Franchiseunternehmen oder systemeigenen Standort bringen wird, haben Sie ein exklusives oder geschütztes Gebiet. Das Gebiet kann recht klein sein – die vier Wände Ihres Geschäfts – oder es kann auch beträchtlich sein – Städte, Landkreise, Staaten oder Länder. Meistens ist es irgendetwas dazwischen.

International Franchise Association: Der amerikanische Branchenverband, der Franchising in den Vereinigten Staaten repräsentiert.

Lizenzgebühr: Der Franchisenehmer schickt dem Franchisegeber regelmäßig Schecks, um Teil des Franchisesystems zu bleiben. Gewöhnlich basiert die Zahlung auf einem Prozentsatz der Bruttoumsätze des Franchisenehmer, doch es kann auch eine feste Gebühr sein, bzw. sie kann auf einer anderen Grundlage berechnet sein. Diese fortlaufende Gebühr ist die Lizenzgebühr.

Machbarkeitsuntersuchung: Eine Untersuchung eines Unternehmens, in dem darüber nachgedacht wird, dieses zum Franchisegeber umzuwandeln. Das Unternehmen beauftragt üblicherweise eine Franchise-Beratungsfirma, die sich das Unternehmen ansieht und der Geschäftsführung ihre Meinung dazu sagt, ob aus dem Unternehmen ein erfolgreicher Franchisegeber werden kann.

Makler: Eine externe Verkaufsperson oder -firma. Gegen eine Gebühr, üblicherweise eine Kommission, verkaufen Makler Franchiseunternehmen für einen Franchisegeber.

Masterfranchisenehmer: Lesen Sie die Definition von Gebietsfranchisenehmer nach. Hier erhält der Masterfranchisenehmer zusätzlich zum Betrieb seiner eigenen Standorte noch das Recht, Franchiseunternehmen innerhalb des spezifizierten Gebiets des Masterfranchisenehmers an Sub-Franchisenehmer zu verkaufen. Der Masterfranchisenehmer stellt möglicherweise den Sub-Franchisenehmern einige der Dienstleistungen zur Verfügung, die der Franchisegeber bietet und teilt üblicherweise mit dem Franchisegeber die Franchise- und Lizenzgebühren, die vom Sub-Franchisenehmer gezahlt werden.

Offenlegungsdokument: In den Vereinigten Staaten auch als UFOC bekannt oder als Uniform Franchise Offering Circular. In den Vereinigten Staaten müssen alle Franchisenehmer ein solches UFOC mindestens zehn Geschäftstage vor Unterzeichnung eines Vertrags mit dem Franchisegeber oder vor dem Ausstellen eines Schecks an den Franchisegeber erhalten haben. Offenlegungsdokumente sind nicht überall in der Welt erforderlich. Im Offenlegungsdokument finden Sie Informationen über den Franchisegeber, inklusive der Verpflichtungen des Franchisegebers und der Franchisenehmer, zu Gebühren, Start-Up-Kosten und andere notwendige Informationen über das Franchisesystem.

Produkt- und Warennamen-Franchising: Pepsi und Ford sind Produkt- und Warennamen-Franchisegeber. In einem Geschäftsfranchise verkauft oder vertreibt der Franchisenehmer ein spezielles Produkt unter Verwendung des Warenzeichens, des Markennamens und Logos (Autohändler, LKW-Händler, Bauernhofausstattungen, Wohnmobile, Tankstellen, Autozubehör, Sprudel, Bier, Flaschenabfüllung) des Franchisegebers. Das Wichtigste, was Sie vom Franchisegeber erhalten, ist das von diesem hergestellte Produkt, nicht das System für den Betrieb des Geschäfts, wie dies bei Geschäftsformat-Franchising der Fall ist.

Provisionsschneiderei: Manchmal scheitern Franchisenehmer, und der fehlgeschlagene Standort geht in den Besitz des Franchisegebers über. In den Händen eines freien Unternehmers, der nicht die Möglichkeit hat, den Standort in Form eines Franchiseunternehmens an eine andere Person zu vergeben, wird der Standort wohl geschlossen werden, sofern der Standort nach Ansicht eines freien Unternehmers nicht umgewandelt werden kann. In den Händen einiger Franchisegeber wird dieser Standort jedoch sogar mit der Aussicht auf fortlaufende Fehlschläge weiterverkauft, manchmal immer wieder an neue Franchisenehmer, die alle nach und nach Fehlschläge erleiden. Dies ist keine weit verbreitete Praxis im Franchising – doch sie kommt vor. Hüten Sie sich also vor Franchisegebern, die Provisionsschneiderei betreiben.

Qualitätsstandards: Einige Systeme haben hohe Qualitätsstandards. Andere nicht. Wenn Franchisegeber die Qualität kontrollieren möchten, müssen sie Franchisenehmern jedoch in ihren Schulungen, Handbüchern und in der weiteren Kommunikation mitteilen, worin diese Standards bestehen.

Registrierung: Verschiedene Staaten in den USA verlangen von Franchisegebern die Übersendung seiner Offenlegungsdokumente zur Genehmigung, bevor er diese potenziellen Franchisenehmern vorlegt. Auf der Landesebene ist keine Registrierung erforderlich.

Retrofranchising oder Refranchising: Retrofranchising und Refranchising sind nicht dasselbe wie Provisionsschneiderei. Hier geht es um bestehende Standorte, die entweder bereits als Franchiseunternehmen betrieben wurden oder nicht, jedoch gegenwärtig vom Franchisegeber betrieben werden. Ein Franchisegeber, der bei Standorten Retrofranchising oder Refranchising anwendet, verkauft ein in Betrieb befindliches Geschäft an einen Franchisenehmer. In solchen Situationen hat der Franchisegeber die Erwartung, dass das Unternehmen erfolgreich sein wird. Siehe **Provisionsschneiderei**.

Schlüsselfertiger Standort: Von einem Franchisegeber errichteter Standort, der dann voll ausgestattet und betriebsbereit an einen Franchisenehmer verkauft wird.

Standort: Standort im Besitz eines Franchisenehmers oder systemeigener Betrieb.

Systemeigene Standorte: Die im Besitz eines Franchisegebers befindlichen und von diesem betriebenen Standorte. Diese sollten in ihrem Erscheinungsbild und ihrem Betrieb identisch zu denjenigen Standorten sein, die von Franchisenehmern betrieben werden.

Systemhandbücher: Die Bibel des Franchisesystems. In den Systemhandbüchern findet man Anweisungen dazu, wie der Franchisegeber den Betrieb des Standorts wünscht, und die weitere Geschäftspolitik hinsichtlich des Systems.

UFOC: Uniform Franchise Offering Circular. Siehe *Offenlegungsdokument*.

Umwandlungsfranchisenehmer: Eine unabhängige Geschäftsperson, die ein Unternehmen besitzt und sich dem Franchisesystem anschließen möchte. Er oder sie ändert den Namen des Unternehmens, übernimmt die Geschäftsmethoden des Franchisesystems und erklärt sich zur Zahlung von Gebühren bereit.

Vertriebsrechte: Rechte, die von Herstellern oder Großhändlern Einzelpersonen oder Unternehmen für den Verkauf ihrer Produkte gewährt werden.

Warenzeichen: Die Marken, Markennamen und Logos, die einen Franchisegeber identifizieren. Dies ist der Name, für den der Franchisegeber an seine Franchisenehmer Lizenzen vergibt.

Werbegebühr: Franchisesysteme betreiben – häufig viel – Werbung. Der größte Teil der Kosten für die Entwicklung von Marketingmaterialien für Verbraucher wird aus einem Fonds getragen. Je nach System werden aus dem Fonds auch die Kosten für die Platzierung der Werbung, die Sie im Fernsehen sehen und im Radio oder an anderer Stelle hören, bezahlt. Das Geld für die Erstellung und Platzierung der Werbung gelangt dorthin, wenn die Franchisenehmer einen Beitrag zum Fonds leisten. Das ist, was wir als Werbegebühr bezeichnen.

Adressen von Franchiseverbänden

Deutschland

Deutscher Franchise-Verband e. V. (DFV)
Paul-Heyse-Str. 33-35
80336 München
Telefon: 089/5307140
Telefax: 089/531323
Internet: www.dfv-franchise.de
Email: info@dfv-franchise.de

Deutscher Franchise-Nehmer Verband e. V. (DFNV)
DFNV Bundesgeschäftsstelle
Celsiusstraße 43, 53125 Bonn
Telefon: 0228/250300
Telefax: 0228/250586
Internet: www.dfnv.de
Internet: www.franchiserecht.de
Email: info@dfnv.de

DFNV Zentralgeschäftsstelle für Betriebswirtschaft
Brückenstraße 19, 59065 Hamm
Telefon: 02381/95595-22
Telefax: 02381/95595-10

DFNV Regionalgeschäftsstelle Adendorf
Kirchweg 50b, 21365 Adendorf bei Lüneburg
Telefon: 04131/99013-4
Telefax: 04131/99013-5

DFNV Regionalgeschäftsstelle Bamberg
Kronacher Str. 31, 96052 Bamberg
Telefon: 0951/96491-20
Telefax: 0951/96491-23

DFNV Regionalgeschäftsstelle Berlin
Grenzburgstraße 5, 12165 Berlin
Telefon: 030/7974800-8
Telefax: 030/7974800-9

DFNV Regionalgeschäftsstelle Dieburg
Dieselstraße 1, 64807 Dieburg
Telefon: 06071/20052-2
Telefax: 06071/20055-5

DFNV Regionalgeschäftsstelle Düsseldorf
Fritz-Vomfelde-Straße 34-36, 40547 Düsseldorf
Telefon: 0211/8369-268
Telefax: 0211/8369-270

DFNV Regionalgeschäftsstelle Essen
Kleine Buschstraße 48, 45143 Essen
Telefon: 0201/6461340

DFNV Regionalgeschäftsstelle Hagen
Feithstraße 142, 58097 Hagen
Telefon: 02331/4847330
Telefax: 02331/4847333

DFNV Regionalgeschäftsstelle Hamm
Brückenstraße 19, 59065 Hamm
Telefon: 02381/95595-22
Telefax: 02381/95595-10

DFNV Regionalgeschäftsstelle Lünen
Heinrichstraße 51, 44536 Lünen
Telefon: 0231/986017-2
Telefax: 0231/986017-1

DFNV Regionalgeschäftsstelle Meerbusch
Moerser Straße 89, 40667 Meerbusch
Telefon: 02132/759476-4
Telefax: 02132/759476-5

DFNV Regionalgeschäftsstelle Paderborn
Dahler Heide, 33100 Paderborn
Telefon: 05293/930758
Telefax: 05293/930756

DFNV Regionalgeschäftsstelle Rümmingen
Ringstraße 27, 79595 Rümmingen
Telefon: 07621/17070-8
Telefax: 07621/17070-9

DFNV Regionalgeschäftsstelle Straubing
Europaring 4, 94315 Straubing
Telefon: 09421/78533-0
Telefax: 09421/78533-5

DFNV Regionalgeschäftsstelle Verden/Aller
Johanniswall 2, 27283 Verden/Aller
Telefon: 04231/30344-12
Telefax: 04231/30344-9

DFNV Regionalgeschäftsstelle Werl
Dr. Abele-Weg 5, 59457 Werl
Telefon: 04231/30344-12
Telefax: 04231/30344-9

Österreich

Österreichischer Franchiseverband
c/o Syncon GmbH
Frau Mag. Waltraud Frauenhuber
Bayerhamerstraße 12/1, A-5020 Salzburg
Telefon: +43-662/874236-0
Telefax: +43-662/874236-5
Internet: www.franchise.at
Email: oefv@franchise.at

Schweiz

Schweizer Franchiseverband
Herr Dr. Christoph Wildhaber
Löwenstraße 11, CH-8023 Zürich
Telefon: +41-1/22547-57
Telefax: +41-1/22547-77
Internet: www.franchiseverband.ch
Email: info@franchiseverband.ch

Stichwortverzeichnis

A

Absatzgebiet 125
Anfangsinvestitionen 81, 91
anrufen 363
Arbeitsbuch 66
Arbeitskräfte 72
Arbeitsplatz
    Sicherheit am Arbeitsplatz 199
Arbeitsrecht
    Hinweise zum Deutschen Arbeitsrecht 219
    Rechte und Pflichten des Arbeitgebers 218
Aufgabenbeschreibung 87
Aufklärungspflicht 95
    Umfang 100
    Verletzung der 101
Ausbildung 113
    Ausbildungsplan 114
Außendienstbesuche 308
Ausstellungen 69

B

Banken 91
Bebauungsplan 82
Beeinträchtigung 132
Behinderte 218
    Behinderte als Angestellte 354
Berater 80, 331
Bericht 57
Besitzübertragungen 278
Betriebskapital 81, 83
Beweislast 101
Bewerbungsgespräch 200
    allgemeine Richtlinien 203
Bewertung des Unternehmens 276
Branche 60, 271, 360
    Hauptakteure 87
    unterteilte 303
Branchenanalyse 87
Break-even 361
Businessplan 108

C

Cashflow 90
Checkliste 77
Co-Branding 45, 256
    Standortwahl 258
    Tagesanteil 46
Cross-Default-Bestimmungen 250

D

Darlehensgeber 85
Deutsche Ausgleichsbank 102
Deutscher Franchise-Nehmer Verband e.V. (DFNV) 95
Dienstleistungen des Franchisegebers 120
Dienstleistungsfranchising 27
Diktator 32
Direktfranchisevertrag 41
Diskriminierung 200, 218
Diversifikation 244
Dual Branding 45

E

E-Commerce 71, 167, 268, 315
Einkaufskooperativen 56
Einkommen 90
Einkommenserwartungen 54
Einnahmen und Ausgaben 90
Einschränkungen 54
Einzelfranchisevertrag 41
Einzelhandelsverband 135
Entdeckungstag 74
Enthusiasmus 353
entstehende Märkte 48, 124
Entwicklungsrechte 234
Erfolgsquote 26
Erfolgsrezept 113
Ergänzungsabgabe 184
Erstinvestition 351
Erwerb mehrerer Franchiseunternehmen 233

Expandieren 225, 244
Expansion 304, 321
    allgemeine Regeln 322
    Finanzierung 237
    internationale 329
    Kauf verschiedener Franchisekonzepte 244
    Vor- und Nachteile 240
Expansionsstrategie 326

F

Fachwissen 80
Familie 60
Finanzbedarf 361
Finanzierung 79
    Finanzlage untersuchen 79
Finanzierungshilfen 85
Finanzplan 351
Forschung und Entwicklung 167, 367
    Timing 169
Fragenliste 66
Franchise
    Berater 109, 285
    Beziehung 32
    Branchen 39
    CD 67
    Eröffnung 113
    Handbuch 100
    Möchtegern 33
    Packagers 301
    Registrierung 291
    System prüfen 103
    Unterlagen 81
»FranchiseFactories« 253
Franchisegeber 30, 52, 359, 365
    Beziehung zu den Franchisenehmern 164
    Franchisenehmer unterstützen 307
    Kommunikation mit dem
        Franchisegeber 165
    Konfliktlösung 172
    Multi-Konzept-Franchisegeber 252
    Pflichten des Franchisegebers 170
    Schulungen 213
    unseriöser 95
    Unterstützung 170
    Unterstützung bei der Werbung 183
    Vorkaufsrecht 273, 278

Franchisegeber werden 288, 290
    allgemeine Kriterien 292
    Qualifikation 297
    Taktik 309
    Unternehmenseignung 290
    Unterstützung 299
Franchisegebühren 83, 104
Franchisegelegenheiten 69
Franchisekonzepte 298
Franchisemakler 65, 282
Franchisemöglichkeiten 37
Franchisenehmer 24, 51, 65
    Beratungsgremien 175
    der erste einer Kette 178
    die Beziehung zwischen den
        Franchisenehmern 173
    Franchisenehmerkollegen 162
    Kauf eines bestehenden Standorts 227
    Kommunikation 172
    Konflikte mit dem Franchisegeber 172, 173
    Multikonzept-Franchisenehmer 255
    neue Vorschläge machen 163
    Unterstützung der Franchisenehmer 366
    Verhaltensprofile 165
    Verkaufen 274
    Vorbildfunktion 208
    weitere Unternehmen erwerben 225
Franchisenehmer auswählen 347
Franchisenehmer werden
    Personal einstellen 324
Franchisenehmer-Franchisegeber-
    Beziehung 284
Franchisenehmerbeirat 33, 176, 269, 282, 312
Franchisenehmerverband 269, 385
Franchiseorganisation 366
Franchiserecht 98
    Festlaufzeit 73
    Haftungsfreistellung 268
    Marke 290
    neuen Vertrag aushandeln 266
    übergreifende Vertragsverletzung 42
    Übertragung der Besitzrechte 272
    Übertragungsgebühr 273
    Vertragsdauer 273
    Vertragsende 264
    Vorkaufsrecht des Franchisegebers 278
    Wettbewerbsverbot 284

Franchiseregelungen, gesetzliche 96, 97
Franchiseunternehmen 25
    bestehendes 72
    Gründungsphase 352
    Kundenstamm 72
    mit mehreren Standorten 41
    Vererben 272
    Verkaufen 271
Franchiseverkauf 275
Franchisevertrag 25, 34, 41, 106, 120, 248
    Änderungen 109
    Entwickeln 316
    Franchisevertrag verlängern 249
    Muster- 109
    Verlängern 263
    Verlängerungsoptionen 273
    Vertragsbedingungen verstehen 362
Führungskonzepte 116

G

Gebietsentwicklung 42, 341
    Rechte 233
    Vertrag 43
Gebietsschutz 35, 132
Gebietsverletzungen 268
Gebührenstruktur 325
Geldgeber 92
General Manager 121, 122
Geschäftsbedingungen 268
Geschäftsführung 88, 116
Geschäftsübersicht 316
Gesetzgebung 88
Gesundheit 58, 59, 361
Gewinn 364
Größenvorteile, Economies of Scale 246
Grundsatzfragen 62

H

Handelsmessen für Franchiseunternehmen 328
Hebelwirkung 42
    auf die Kosten 230

I

Informationsmanagement 312
Innovationen 118
internationale Expansion 71
internationale Partner 342
Internationales Franchising 329
    der US-amerikanische Markt 345
    Franchisegesetzgebung 335
    Franchisevertrag 343
    Gebühren 344
    kulturelle Unterschiede 344
    Produktakquisition 334
    Produkte oder Dienstleistung 333
    Rechtsprechung 331
    Rechtssysteme 334
    Warenzeichen 334
Internet 70
    Wiederverkaufslisten 282
Investitionsstrategie 38

J

Jointventures 341

K

Kapital 79
Kapitalbeschaffung 84
Kaufkraft 53
Kernmärkte 304, 305
Kleinunternehmer 64
Konkurrenz 295
Kontakt halten 357
Konversionsfranchising 29, 45
Kooperativen 149
Kosten
    Kosten senken 357
    Materialschwund 358
kritische Menge 230, 304, 326
Kundendienst 192, 356
    allgemeine Richtlinien 198
Kundenströme 124

L

Laufzeit 277
Lebenshaltungskostenindex 141
Leistungsindikatoren 309
Lieferanten 150
    auswählen 150
    bewerten 151
Lieferanten-Händler-Beziehungen 28
Lieferantenbeziehungen 116
Lizenzgebühr 25, 266, 366
    festlegen 301
    laufende 166
    umgekehrte Lizenzgebühr 134
    Unterstützungsleistungen 170

M

Machbarkeit 289, 290
Makler 305
Management 58
Marke 40, 105
    Markenentwicklung 40
    Markenphilosophie 116
    Markenunternehmen 52
Marken-Durchdringung 35
Markenbewusstsein 40
Marketing 88, 179
    Cross-Marketing 246
    Cross-Promotion 126
    Marketingmaterialien 325
    Marketingplan 180
Marktforschung 64, 75, 134, 294, 304
Marktsegment 87
Masterfranchisenehmer 44, 323
    Gebühr 44
Masterfranchising 234, 341
Messen 69
Mietvertrag 76
Minderheiten 50
Mitteilungsblatt 121, 175
Musterverträge 109

N

Netz der Franchisenehmer 357
Netzwerk 327

Neuanfang 74, 285
Neugründungen 351
nicht-traditionelle Standorte 45, 138, 139

O

Offenlegungsdokument 95, 363

P

Partner 31, 75
    Seniorpartner 31
Patentamt 105
Personal
    Arbeitsrecht 219
    Arbeitsumfeld 217
    Bewerbungsgespräch 200
    Einstellen 199
    Halten 216
    Motivieren 216
    Personal führen 57
    Schulen 212
    Suchen und finden 210, 212
Personalmanagement 116
Pizza-Franchisegeber 39
Preisaufschläge 104
Pro-Kopf-Ausgaben 49
Produkte
    Forschung und Entwicklung 167
    neue Produkte einführen 194
    Vorschläge einbringen 163
Produkte und Dienstleistungen 293
    Einführung neuer Produkte 168
    Einheitlichkeit 194
Produktions- und Vertriebsfranchising 27
Professionelle Berater 319
Provisionsschneiderei 47, 231
Prüfsiegel 103, 104

R

Rechtsanwälte 78, 107
    spezialisierte 105
Rechtsunsicherheit 98
Refranchising 46
Registrierung des Warenzeichens 340
Registrierung von Markenzeichen 331

Rekrutierung von Franchisenehmern 328
Reserven 78
Ressourcen 59
Retrofranchising 46, 230
Rücklagen 86
Rückstellungen 81

S

Schadenersatz 101
    Prozesse 101
Scheinselbständige 106
Schlichtung 173
Schulung 113
    Angestellte schulen 119
    Einführungsschulung 114
    Schulung per Internet 119
    Schulungsleiterausbildung 119
    Schulungsmaterialien 114
Schulungen 56, 98
    fortlaufende Schulungen 355
    Schulungsprogramme 53, 113, 322, 356
SCORE 64
Selbstauskunft 91
Senioren als Angestellte 354
Service Excellence 118
Sicherheit am Arbeitsplatz 221
Spiegeltest 75
Standort 123
    Absatzmagneten 126
    Auswahl 124, 226, 326
    Bau eines Standorts 142
    Beschilderung 128
    Besitz mehrerer Standorte 225
    Bewerten 125
    Einheitlichkeit der Standorte 267
    Erreichbarkeit 127
    Hebelwirkung 258
    Kundenströme 126
    Mietvertrag für Standort 140
    Optionen 131
    Standardbauplan für freistehende
        Standorte 143
    Typen 137
Steuerberater 107
strategische Entscheidung 72
strategische Entwicklung 338

strategische Planung 310, 327
Streitigkeiten 363
Sub-Franchisenehmer 44, 234
System 57
    Befolgen 352
    Eintrittsgebühr 43
    Zentrale 74
Systemberater 77, 115, 160, 307, 367
    Anzahl der Systemberater 171
    Aufgaben 161
    Besuche 161
Systemhandbuch 66, 120, 292, 322
    Personalfragen 200

T

Testkäufer 161
Transfergebühr 73

U

Übertragung 227
Übertragungsgebühr 279
UFOC (Uniform Franchise Offering Circular) 98
Umsatz 367
    Erhöhen 357
Umschlaghäufigkeit 26
Unternehmen
    Berater 108
    Bewerten 277
    Erweiterung 52
    Konzept 64, 86
    Kultur 311
Unterstützung
    bei der Büroarbeit 168
    durch andere Franchisenehmer 174
USA Today 38

V

Verbraucherbewusstsein 40
Verdienstausfall 100
Verhandlungen mit Franchisegebern 109
Verhandlungsinstrumente 279
Verkauf von systemeigenen Standorten 230
Verkaufsförderung 179
Verkaufsmethode 281

Verkaufspreis 280
Verlängerungsbedingungen 267
Verlängerungsverträge 264
    Gebühren 265
    Laufzeit 264
Verschuldung 85
Versicherungen 82
Vertrag 95
    Aufklärungspflicht 95
    Dauer 277
    Verlängerung, Änderungen 268
Verzeichnisse 67
Vielfalt 48
Vorkaufsrecht 227, 278

W

Wachstum 88, 295, 341
Wareneingang 152
Werbeabgabe 266
Werbemitteletat 183
Werbung 179
    bundesweite Kampagnen 183
    Genehmigung des Franchisegebers 189
    lokale 187
    Markennamen 181, 182
    Marktforschung 180
    Medien 180
    Wegelagerer-Werbung 306
    Wendy's Werbemethode 182
    Werbematerialien 189, 190
    Werbemitteletat 183
Wettbewerb 295
Wettbewerbsklauseln 248
Wettbewerbsverbot 284
Wettbewerbsvorteile 52, 299
Wiedererkennungswert 35
Wiederverkauf 275, 276
Wiederverkaufsnetze 281
Wirtschaftsprüfer 78

Z

Zahlungsaufschub 84
Zinsen 270, 271

368 Seiten, 2000
49,90 DM, 364,– ÖS
ISBN 3-8266-2911-6

Paul Tiffany und Steven D. Peterson

Businessplan für Dummies, 2. Auflage

Unternehmensplanung mit Erfolg

Sie sollten die Zukunft Ihres Unternehmens nicht vollkommen planlos dem Zufall überlassen. Um Ihre grandiosen Ziele zu erreichen, die Sie sich gesetzt haben – sei es mit einem neuen Unternehmen oder mit dem alten, das erneuert werden soll – brauchen Sie einen Businessplan.

Dieses Buch unterstützt Sie Schritt für Schritt bei der Erstellung eines Businessplans. Dabei werden Sie Dinge über Ihr Unternehmen erfahren, über die Sie sich noch nie Gedanken gemacht haben – die Ihnen aber helfen werden, die Konkurrenz zu schlagen. Der Businessplan wird sich als ein leistungsstarkes Werkzeug erweisen, um Ihren geschäftlichen Erfolg zu optimieren.

Sie erfahren:

✔ Wie Sie Ziele und Meilensteine formulieren
✔ Wie Sie den Markt einschätzen lernen, Kundenwünsche analysieren und Wettbewerber studieren
✔ Wie Sie Ihr Unternehmen von der Konkurrenz abheben
✔ Wie Sie Ihr eigenes Unternehmen analysieren und ein Budget aufstellen
✔ Wie Sie die Effizienz Ihrer Firma steigern
✔ Wie Sie Strategien für die Zukunft entwerfen
✔ Wie Sie Ihren Businessplan in die Praxis umsetzen

312 Seiten, 2000
39,90 DM, 291,– ÖS
ISBN 3-8266-2915-9

David Pogue und Scott Speck

Klassik für Dummies, 2. Auflage

Für mehr Spaß mit klassischer Musik

Interessieren Sie sich für klassische Musik, wissen aber leider viel zu wenig darüber? Oder suchen Sie einfach ein gut lesbares, fröhliches Buch zum Thema? Dann ist Klassik für Dummies das richtige Buch für Sie!

Lassen Sie sich von David Pogue und Scott Speck für die wundervolle klassische Musik begeistern. Sie werden von ihnen durch die Welt der berühmtesten Komponisten geführt und auf die schönsten Kompositionen aufmerksam gemacht. Es wird nicht lange dauern und Sie werden mit ganz anderen Ohren zuhören und die Musik – mit dem nötigen Hintergrundwissen – noch mehr genießen.

Sie erfahren:

- ✔ Woran Sie die großen Meisterwerke erkennen
- ✔ Die gesamte Musikgeschichte auf 72 Seiten
- ✔ Die Instrumentierung: Streicher, Bläser & Co.
- ✔ Musik-Theorie verständlich erklärt
- ✔ Tempo, Dynamik und Orchestrierung: Von Adagio bis Pianissimo
- ✔ Wissenswertes rund um den Konzertbesuch, das Anlegen einer Musiksammlung etc.

320 Seiten, 1999
89,– DM, geb., mit CD
ISBN 3-8266-0493-8

Bruno Grupp

Das DV-Pflichtenheft zur optimalen Softwarebeschaffung

Mit einem aussagekräftigen DV-Pflichtenheft stellen Sie die Weichen für eine erfolgreiche Softwareauswahl. Die meisten Probleme der Softwarebeschaffung und -einführung lassen sich durch ein übersichtliches und konkretes Pflichtenheft vermeiden. In diesem Praxiswerk zeigt Ihnen ein erfahrener Softwareberater, wie Sie eine Software- und Hardwarebeschaffung effizient und zeitsparend abwickeln können.

Das Buch vermittelt Ihnen einen Überblick über die zweckmäßige Projektorganisation für ein Softwarebeschaffungsprojekt. Sie erhalten eine präzise Arbeitsanleitung zum Aufbau einer bewertungsgerechten Leistungsbeschreibung für die Software- und Hardwareanbieter. Drei vorbildlich gestaltete Musterpflichtenhefte unterstützen Sie bei der Zusammenstellung und Formulierung Ihres unternehmensspezifischen Pflichtenheftes. Sie erhalten wichtige Hinweise zum Vertragsabschluss und ein komplettes Beispiel eines Software- und Hardwarevertrages.

Mit diesem praxisbezogenen Softwareratgeber läuft Ihnen kein Softwarebeschaffungsprojekt mehr aus dem Ruder.

Aus dem Inhalt:

✔ Wichtige Softwaretrends, die Sie kennen müssen
✔ Projektmanagement für eine erfolgreiche Softwarebeschaffung
✔ Fachliche und DV-technische Anforderungen an Standardsoftware
✔ Drei komplette Musterpflichtenhefte zur Softwarebeschaffung
✔ Ablaufschritte der Softwareevaluation bis zum Vertragsabschluß
✔ Die richtige Einführungsstrategie für Anwendungssoftware